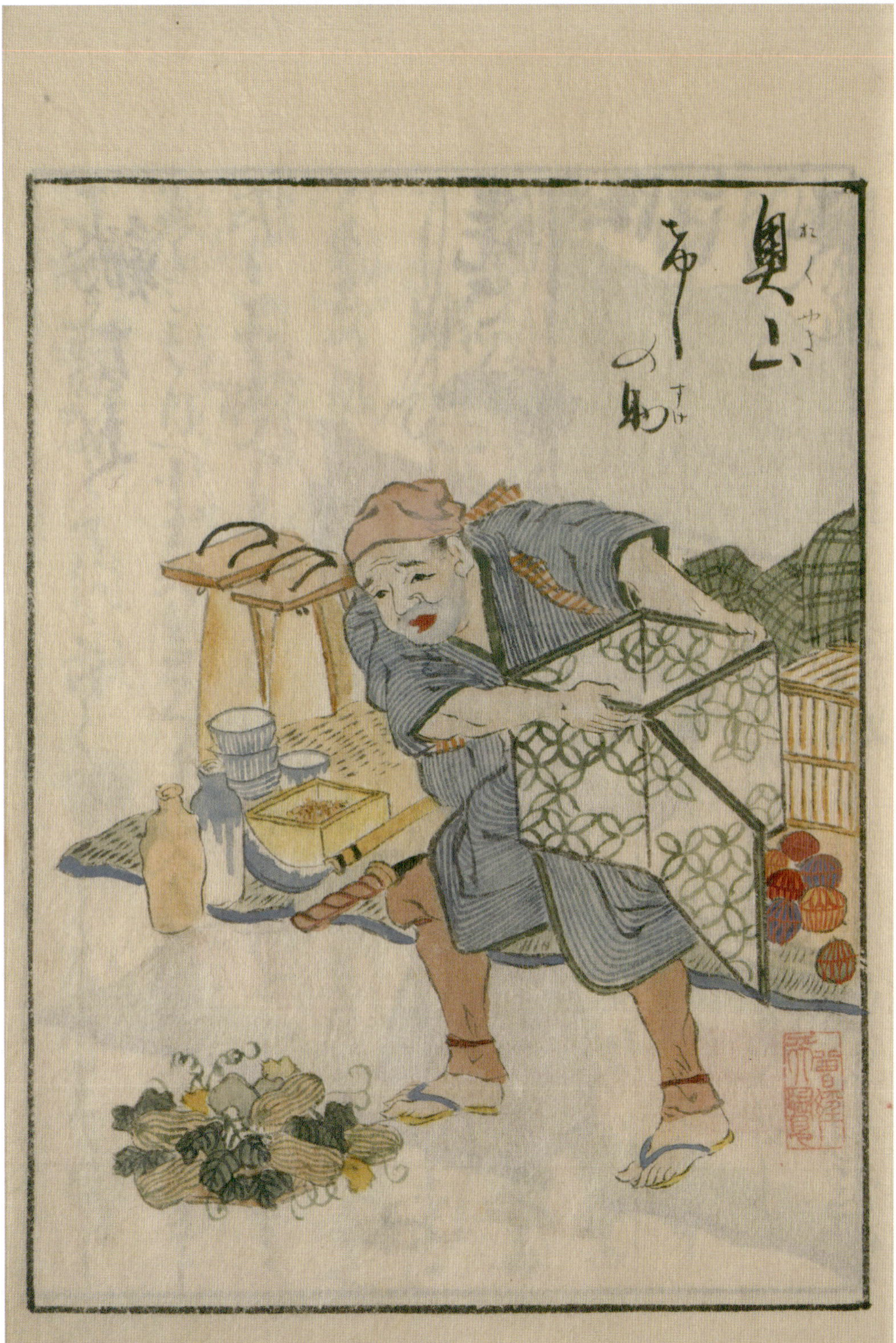

『盲文画話』（文政10年）より「芥子の助の植瓜術」

（国立国会図書館蔵）

養老瀧五郎「剣の刃渡り」（弘化３年）

（河合勝コレクション）

柳川豊後大掾「蝶の曲・金魚うつし」（弘化４年）

（日本浮世絵博物館蔵）

竹澤藤次「曲独楽水からくり」(天保14〜15年頃)

(河合勝コレクション)

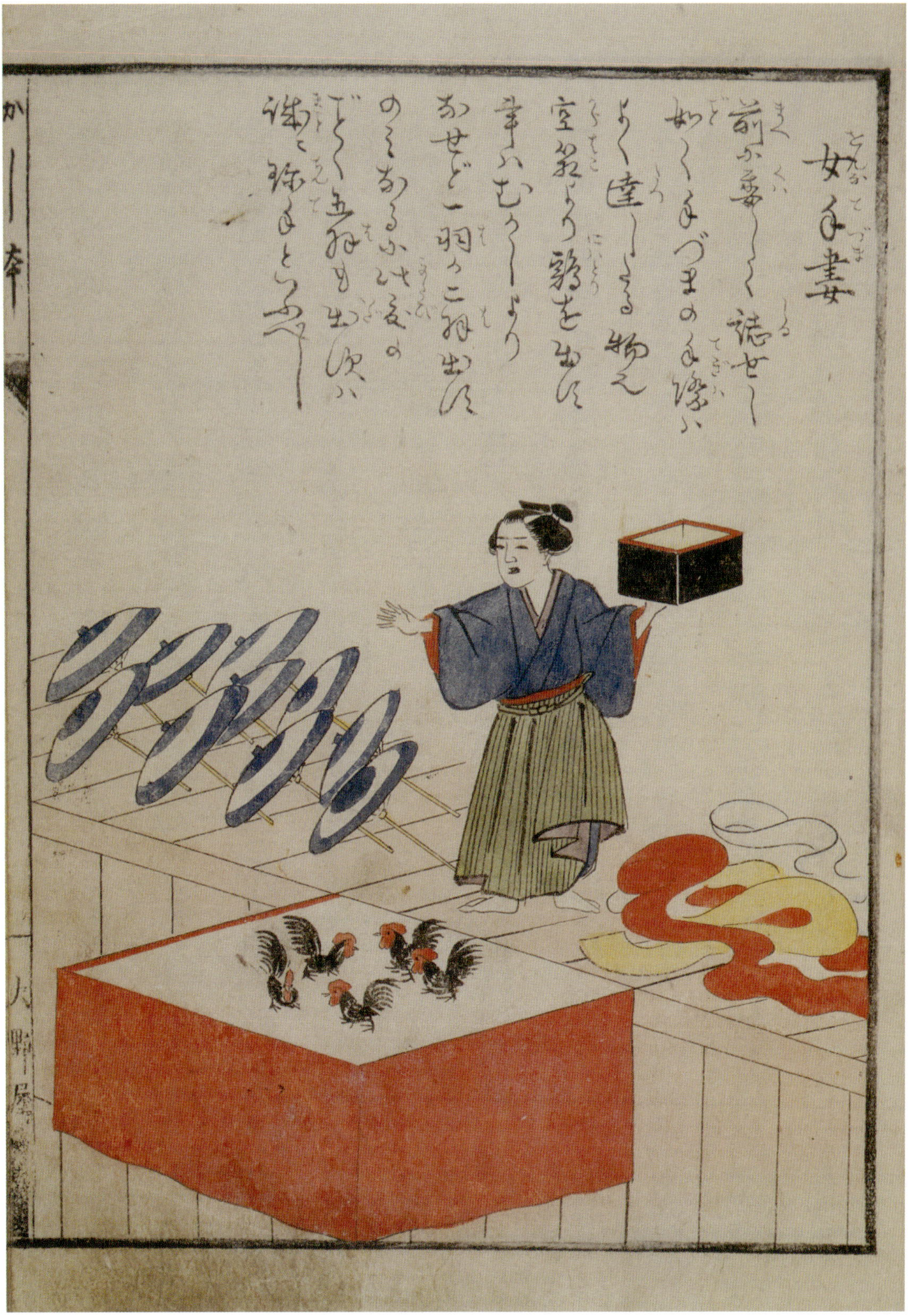

『名陽見聞図会 五編下』（天保7年）より「女手妻」

（公益財団法人東洋文庫蔵）

其二

水からくり桶《おけ》ぬけの事

前《まへ》に記《しる》せし漏斗《ろうと》のことく桶《おけ》ぬけの事とハ一切かハりハ甚妙し

○図《づ》の如《ごと》く大《おほ》なる桶《おけ》の中へ水を入湛る
おりて其中へ金《えい》なる数々の桶《おけ》か蓋《ふた》をなし
其蓋《ふた》にかくて縄《ぢやう》をおろして上《うへ》より
四方《しはう》へかくる縄の幕《まく》をおろせは其うちに桶《おけ》をぬけ出しめしく
むかしより折《をり》ふしこれ物《もの》となし

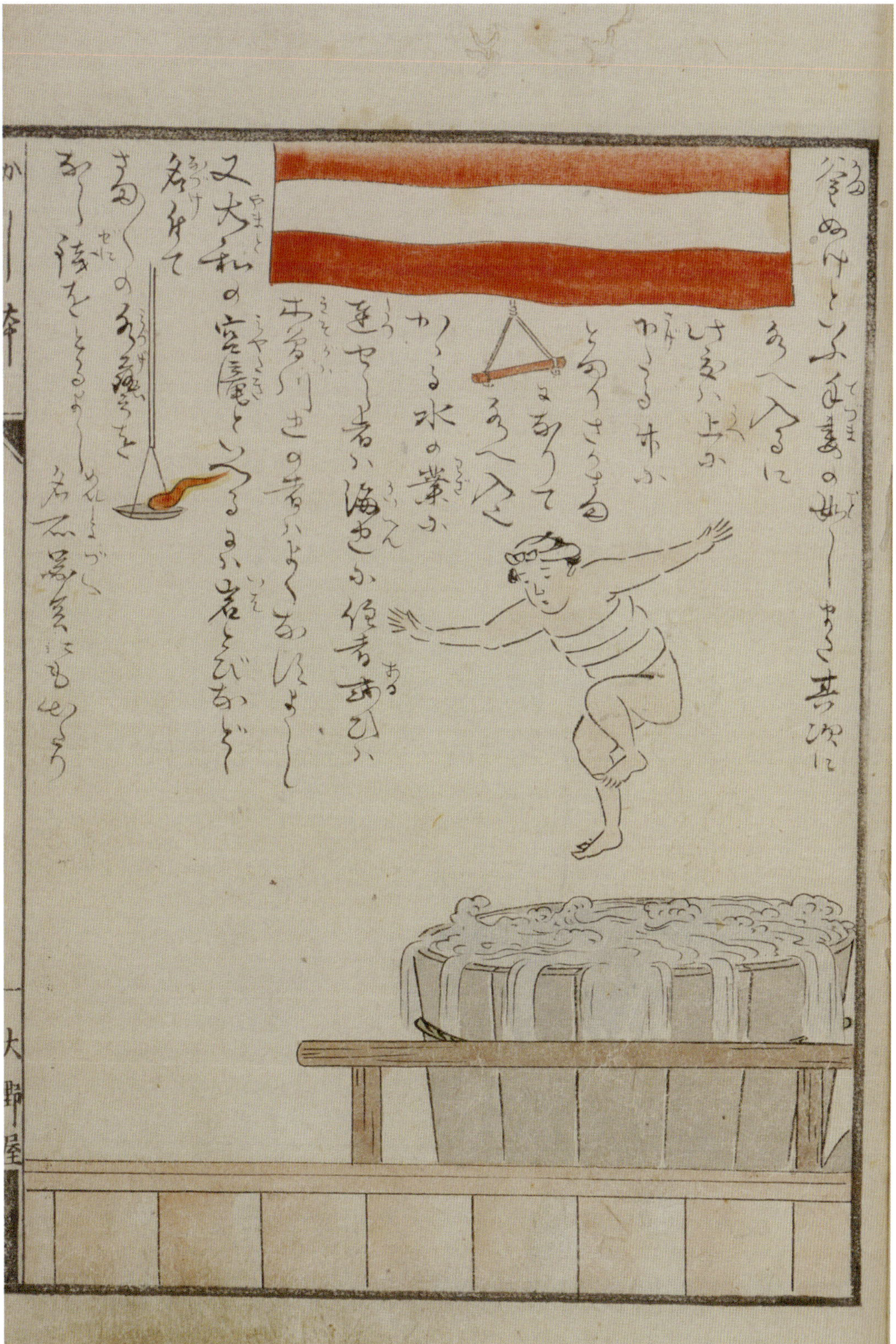

左右とも『名陽見聞図会 六編上』(天保8年)より「水がらくり桶ぬけ」

(公益財団法人東洋文庫蔵)

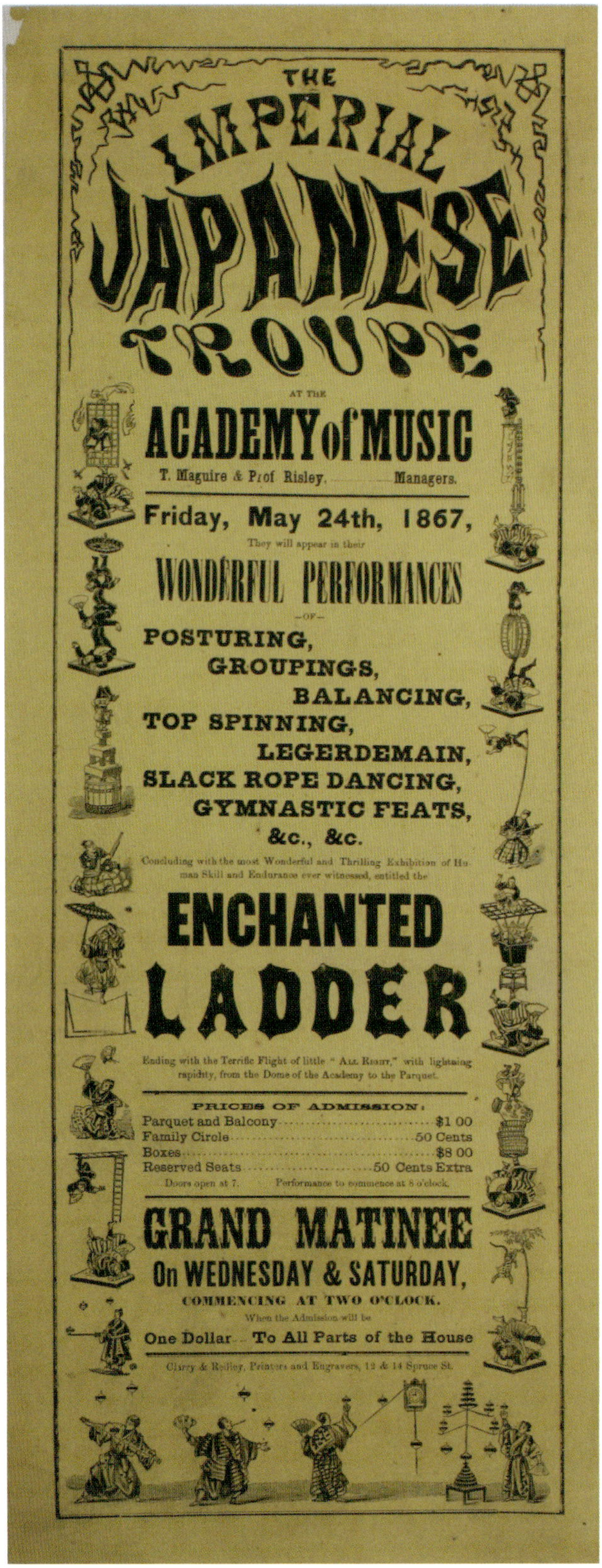

日本帝国一座ニューヨーク公演（1867年）

（河合勝コレクション）

日本奇術文化史

河合　勝・長野栄俊［著］

公益社団法人日本奇術協会［編集］

東京堂出版

ご挨拶

公益社団法人日本奇術協会
会長
渚 晴彦

昭和一一年（一九三六）に職業奇術家団体同好会（後の日本奇術協会）が発足して創立八〇周年を迎える平成二八年（二〇一六）に、協会として念願でありました日本奇術の歴史をまとめた書籍『日本奇術文化史』を刊行できることは、この上ない喜びであります。本書の執筆を担当していただいた奇術研究家の河合勝氏と歴史研究家の長野栄俊氏にあらためて感謝申し上げます。

思えば私がマジックを習い始めた頃は、映画「ヨーロッパの夜」でチャニング・ポロック師が見せた鳩出しの演技に世界中が沸きかえり、誰もが欧米のマジックに酔いしれた時代でした。そんな影響もあり、日本古来の手妻《てづま》・手品を演じる人は年々少なくなり、ごく一部の奇術師が寄席などで演じる程度になってしまいました。まさに日本手品は絶滅寸前の状況でした。

そんな折りの平成九年（一九九七）、文化庁は日本の伝統奇術「和妻《わづま》」を「記録作成等の措置を講ずべき無形文化財」に選択しました。これによって徐々に日本古来の和妻が見直され、最近では若手のマジシャンが和妻を取り入れた演目で世界に挑戦する姿も見られるようになりました。また平成二一年（二〇〇九）度からは文化庁主催による「本物の舞台芸術体験事業」に協会としても積極的に参加して、全国各地の小学校、中学校の児童・生徒に日本手品を含む優れたマジックを披露してきました。

本書の刊行によって今後も日本奇術「和妻」の伝承、普及がますます盛んになることを願っています。

ご協力いただきました多くの皆様に心より御礼申し上げます。

『日本奇術文化史』刊行にさいして

公益社団法人日本奇術協会参与
株式会社テレビランド代表取締役
澤田隆治

カード、コイン、ロープ、イリュージョンなどなど、奇術についてはその現象もテクニックも知っているが、私自身がプレイすることはまったくない。そんな私に、日本奇術界の快挙である『日本奇術文化史』の刊行に際し一文を寄稿する機会を得たことは、私が六〇年近いテレビ番組づくりのなかで、奇術の企画を数多く制作した実績と、日本奇術協会の参与の一人として、いささかでも日本奇術界に関わってきたことが理由によるものとお許しいただきたい。

七〇年前の敗戦直後に地方都市でラジオを唯一の娯楽として育った私だから、見て楽しむ芸能である奇術を見たのは、昭和三〇年（一九五五）、スタートして間もない大阪の民間放送のプロデューサーとして毎日のように寄席通いをすることになってからで、一陽斎正一、ジャグラー都一、吉田菊五郎の奇術を思いきり楽しんで見たのだ。というのも、漫才は番組を作るための下見でもあるので楽しむ余裕はなかったが、ラジオ出演のない奇術の高座は不思議さと口上のおもしろさがたっぷりと楽しめたのだ。一年もたつとネタは覚えてしまったが、〝なんでそうなるのか〟を探ることはタブーだと先輩に教えられたのを今でも守っているので〝いいお客さん〟なのである。三年でラジオからテレビの番組づくりへ私の仕事が変わると、演芸の番組のなかで最もテレビ向きの奇術を取り上げることが多くなった。そうなるとネタの勉強もする、海外のマジックの情報も集めるようになる、気がつくとすっかりマジックにハマっていた。

三〇年前、幸運にも日曜の夜九時の枠で演芸をメインにするテレビ番組をプロデュースすることになり、奇術の企画として、「松旭斎天勝の一代記」のドラマ化と、海外で活躍する日本人マジシャン島田晴夫師の妙技をロサンゼルスの「マジックキャッスル」の劇場で収録するという二本の企画を考え、その資料集めをした。以来、私の趣味に奇術の資料収集が加わることになり、ネタ本をはじめポスターやプログラムを多く集めた。それで感じることだが、日本の奇術についての研究は他の芸能に比べ多いとはいえない。近年、海外では近代マジックの始祖ロベール・ウーダンの研究書をはじめ、ハリー・フーディーニなど高名なマジシャンの伝記本が次々と刊行されている。

この『日本奇術文化史』をきっかけに日本でも多くの人が奇術について語り始めてくれることを祈念している。

日本奇術文化史

目次

第一部

日本奇術の歴史

長野栄俊

はじめに

第一部では日本奇術の歴史を述べることにする。ただし、それは「日本における奇術全般の歴史」ということを意味してはいない。「伝統的な日本奇術の歴史」あるいは「日本古典奇術の歴史」に主眼を置くということである。したがって、明治期以降、わが国に西洋奇術が導入され、それまでの伝統奇術との間で融合が見られるようになって以降の時代については、至って簡略な記載としている。

また、古代から明治期までを通史的に満遍なく叙述したいところではあるが、史料の残存状況に偏《かたよ》りがあることから、そうはなっていない。時代と扱った事象に偏りがあり、これまでの奇術史を再考した「各論」の寄せ集めになっている点を、あらかじめお断りしておく。

さて、本来ならば本書のタイトルには「和妻《わづま》」の語が使われるはずであった。というのも、平成九年（一九九七）五月二七日、文化庁は「和妻」の語によって、日本の伝統奇術を「記録作成等の措置を講ずべき無形文化財」に選択した（いわゆる選択無形文化財）。そしてこれに基づく補助金を受けて、本書が出版されることになったからである。

しかし、和妻の語は芸能の世界ではそれなりに市民権を得ているようだが、元来が近代以降、楽屋での符牒として用いられ始めたものであるため、わが国最大の国語辞典『日本国語大辞典』でさえこの語を立項していない。また、類似する「手妻《てづま》」の語にしても、江戸時代になって初めて使用されるようになったものであり、明治、大正、昭和と時代が下るにつれて、その使用頻度は著しく低くなる。どちらの言葉も特定の時代に限って用いられたものであり、これらを用いて古い時代のことがらを扱うことは誤解を生ずる恐れがある。そこで本書では、タイトルに「和妻」「手妻」の語は用いず、本稿で対象とした時代にはほとんど使われていない「奇術」の語をあえて選ぶことにした。

そのうえで、本書は日本の伝統奇術の歴史を、文化史的な文脈において捉え直そうと試みるものである。これからの奇術史研究においては、隣接する芸能分野はもちろんのこと、演劇や文学、出版や宗教といった、奇術に関連するあらゆる文化的事象への目配りが必要だと考えている。タイトルを『日本奇術文化史』とした所以《ゆえん》である。

——奇術史研究のあゆみ（通史・概説編）——

　これまでの芸能史研究においては、奇術の歴史が正面から取り上げられることは稀であった。例えば、藝能史研究會が編集した『日本の古典芸能』全一〇巻（一九六九〜七二）と『日本芸能史』全七巻（一九八一〜九〇）には、多くの執筆者による論考が寄せられている。しかし、奇術だけをテーマにしたものは一本もない。奇術や奇術的要素が芸能のなかで大きな位置を占めたことがあったにもかかわらず、それが等閑視されてきたことは、日本芸能史研究における欠落とさえ感じる。

　一方、奇術を実演し、愛好する人びとの間では、手順や技術の研究には高い関心が払われてきたが、その歴史研究となると、十分な関心が寄せられてこなかったのが実情ではないだろうか。それでも一部の奇術愛好家によって、または見世物研究の一環として、日本の奇術史研究を切り拓く重要な文献がいくつか執筆されてきた。また、幾人かによって研究の基礎となる奇術史料の集積も行われてきている。

　奇術史文献の詳しい書目については『日本奇術書目録』［河合勝 二〇〇二］を参照してもらうとして、ここからはそのうちの主なものを取り上げて簡単な解題を試みたい。研究のあゆみを振り返るなかから、これまでの課題と、これからの展望も見えてくるはずである（以下、敬称略）。

　通史的な奇術史の嚆矢《こうし》に位置付けられるのは、大田才《おおたさい》次郎《じろう》（一八六四〜一九四〇）が明治二五年（一八九二）に発表した「手品」である［大田才次郎 一八九二］。『風俗画報』第一〇〇号、諸芸能の歴史を略述する特集「余興」のなかの小品で、分量は五ページにも満たない。しかしながら、大田は江戸時代以来代々続く儒者の家の生まれで、和漢の書籍に精通した人物であった。そのため、東洋の古典籍に関する該博な知識をもとに、奇術に関連する史料を多数引用し、世に紹介したことは評価されてよいだろう。

　次に、奇術を含む大衆芸能研究、見世物研究の基本文献として名高い朝倉無声《あさくらむせい》（一八七七〜一九二七）の『見世物研究』を挙げたい［朝倉無声 一九二八］。本書は、著者没後の昭和三年（一九二八）、連載をまとめる形で刊行されたものである。無声朝倉亀三は、一時は帝国図書館司書として多くの古典籍に接することができる立場にあり、退職後は国書刊行会の叢書『近世風俗見聞集』や『新燕石十種』『見世物雑志』の編纂・校訂にも携わっている。また、見世物絵の収集にも力を入れ、奇術興行を含む絵ビラ（報条《ほうじょう》）や浮世絵などの貼り込み帖を作成した。現在、それらは『観物画譜』四冊（東洋文庫）、『観場画譜』六冊（日本浮世絵博物館）、『武江観場画譜』三冊（岩瀬文庫）、『摂陽観場画譜』二冊（同）として、各機関に伝来している。『見世物研究』は、諸書からの引用とこの画帖からの挿図とを組み合わせて構成されており、見世物を体系的に捉えようとした名著とされる。奇術に関連する項目としては、幻術《げんじゅつ》・放《ほう》下《か》・手品・緒小桶《おごけ》・幻戯《めくらまし》などがあり、本書によって初めて明らかにされたことがらも多い。しかし、その一方で引用や挿図の不正確さが指摘されており［川添裕 一九九九］、なおかつ歴史用語の誤解・曲解や演目名の創出なども多々見られる。それにもかかわらず、本書を盲信し、そのまま引用した書籍が多く刊行されており、参照にあたっては注意が必要となる。

なお、古河三樹《ふるかわみき》（三樹松とも。一九〇一〜一九九五）による昭和四五年（一九七〇）刊『見世物の歴史』は、「あとがき」にも記される通り、無声の『見世物研究』を根本資料にして、明治の見世物などの部分を補記したものである［古河三樹 一九七〇］。全体の七五パーセントが『見世物研究』の書き換えと引用から成り立っている点に厳しい批判も出されているが［服部幸雄 一九七〇］、補記にあたる数十ページの部分には「所々に知見を開かれる記述がある」とも評される［川添裕 一九九九］。

さて、ここからはポスト『見世物研究』に目を向けてみよう。終戦からあまり時間が経っていない昭和二七年（一九五二）、秦豊吉《はたとよきち》（一八九二〜一九五六）の名義で出版された『明治奇術史』は、わが国で初めてタイトルに「奇術史」の語がつけられた書物である［秦豊吉 一九五二］。帝国劇場社長なども務めた秦には、友人に『奇術随筆』の著者で奇術研究家の阿部徳蔵《あべとくぞう》（一八八九〜一九四四）がいた。その阿部の遺稿（未定稿）『近代日本奇術史』を下敷きにして『明治奇術史』は書かれたという。初めての奇術史でもあったことから、多くの奇術愛好家に読まれたが、確度の低い史料や情報をもとに書かれたためか、現時点ではそのまま信頼して読むことができない箇所が散見される。全体の三分の一を占める松旭斎天一《しょうきょくさいてんいち》伝も、昭和五一年（一九七六）、青園謙三郎《あおぞのけんざぶろう》（一九一九〜一九九三）による初の評伝『松旭斎天一の生涯』が刊行されたことにより、批判的に読むべきところが多くなっている［青園謙三郎 一九七六］。

昭和四五年（一九七〇）には、元新聞記者で初心者向けの奇術解説本も多く著した平岩白風《ひらいわはくふう》（一九一〇～二〇〇五）が『図説・日本の手品』を刊行した［平岩白風 一九七〇］。平岩はこの書で、伝授本（種明かし本）とそこに載る演目の変遷を通じて日本奇術の歴史を描いてみせた。江戸～明治期の数々の演目を分類し、多くの図版を用いながら、そのイメージを一般読者に伝えた点は高く評価されるべきものである。今なお多くの読者を持つことは、近年、新装版が出版されたことからもうかがえよう。なお、平岩には日本奇術史の流れを手際よくまとめた「日本の手品」という論考もある［平岩白風 一九八一］。

この後、これらの成果に続くまとまった書籍は長く登場しなかったが、今世紀に入ってからは、入手が容易な奇術史文献が立て続けに刊行されることになる。

直木賞を受賞した推理作家であり、奇術家としても知られる泡坂妻夫《あわさかつまお》（一九三三～二〇〇九）は、平成一三年（二〇〇一）に『大江戸奇術考―手妻・からくり・見立ての世界』を刊行した［泡坂妻夫 二〇〇一］。本書は、からくりや歌舞伎、料理、見立てといった奇術の隣接領域を取り入れた構成を取っており、それまでの江戸の奇術のイメージにさらなる深みを与えた。新書版という出版形態であるため、独自に発見された部分はあまり多くないように見受けられるが、特に歌舞伎と奇術との関わりに着眼した点は非常に示唆に富んでいる。

続いて平成二一年（二〇〇九）刊行、藤山新《ふじやましん》太郎《たろう》（一九五四～）による『手妻のはなし』は、自身、伝統奇術の演じ手として活躍し、その継承、復活にも力を尽くしてきた筆者ならではの日本奇術史である［藤山新太郎 二〇〇九］。冒頭で推測を交えて書くと断っている通り、随所に大胆な推測が織り交ぜられているため、読者には史実と推測とを見極める能力が求められる。しかし、全編を通して著者一流の話芸に基づく語り口調で書かれており、面白く、楽しく読ませることに成功している。その意味では、まさに手妻の「はなし」という性格の書籍である。一冊の書物としては古代～昭和期までを扱った初めての日本奇術の通史であり、特に自身も得意とする「蝶」と「水芸」の演目に多くのページを割いた点に特徴がある。なお、藤山には他に、昭和奇術師列伝『タネも仕掛けもございません』や［藤山新太郎 二〇一〇］、松旭斎天一の生涯を扱った評伝的読み物『天一一代』という二冊の著作もある［藤山新太郎 二〇一二］。

こうした読み物とは対極にある、実証に重点を置いた奇術史として登場したのが、平成二二年（二〇一〇）刊、松山光伸《まつやまみつのぶ》（一九四八～）による『実証・日本の手品史』である［松山光伸 二〇一〇］。『ザ・マジック』誌上での連載時タイトルが「実証・マジック開国史」であったことからもうかがえるように、特に幕末期~現代にかけて、日本の奇術が海外とどのような交流を持ったかを考察することに重点が置かれている。海外の奇術史文献や新聞等の史料を渉猟し、在外研究者から得られた情報をもふんだんに取り入れており、本書によって多くの通説の見直しがなされた点は特筆に値する。また、本書刊行後に新たに判明した事実や補足記事が、東京マジックのウェブサイト内「マジックラビリンス」に連載中である。松山はこうした日本奇術史の研究成果を、海外の奇術史研究誌にも英文で発表しており、FISM世界大会において三大会連続でHistory, Research and Scholarship特別賞にノミネートされている。

最後に近年のユニークな成果として、平成二四年（二〇一二）刊、横山泰子《よこやまやすこ》（一九六五~）の『妖怪手品の時代』を挙げておく［横山泰子 二〇一二］。横山は元来、幕末~明治期にかけての怪談文化、芸能文化論を専門領域とする研究者である。江戸時代の伝授本に、種や仕掛けによって怪異現象を作り出す娯楽が載っていることに着目した横山は、「妖怪手品」というキーワードを用いて江戸時代以降の日本の奇術史を読み解いた。また、海外との比較を通して、「妖怪手品」が世界的にも稀なものであることを明らかにしており、「比較奇術文化史」としての性格も持ちあわせた一冊と言える。

以上、概観してきたように、近年になってバラエティに富んだ奇術史文献が世に出てきており、日本奇術通史のアウトラインはすでに描かれたと言えよう。今後の課題としては、より厳密な史料批判を踏まえて通説の検証を行うことや、隣接する学問領域の成果を積極的に援用していくことなどが求められている。

――奇術史研究のあゆみ（奇術史料編）――

奇術史研究の基礎史料とすべく、奇術史文献の収集に先鞭をつけたのは緒方知三郎《おがたともさぶろう》（一八八三~一九七三）であった。緒方は昭和七年（一九三二）のニューヨーク滞在中、奇術雑誌『スフィンクス』の主筆ジョン・マルホランド（John Mulholland）の奇術文献コレクションに感銘を受け、帰国後、自らも文献の収集に取りかかった。日本の古奇術文献を中心とする約二七〇点のコレクションは、緒方の没後、国に買い上げられて「緒方奇術文庫」と名付けられ、現在は国立劇場に収蔵されている。

緒方のコレクションは戦前、TAMC（東京アマチュアマジシャンズクラブ）の『会報』に連載記事「日本に於ける奇術文献を語る」として紹介され、後に同会第五・七代会長となる坂本種芳《さかもとたねよし》（一八九八～一九八八）も著作『奇術の世界』の巻末に「奇術文献集録」を載せ、五〇種の日本の奇術文献を紹介している［坂本種芳 一九四三］。

坂本の集録に触発されたのが、近藤勝《こんどうまさる》（一九二六～二〇一一。本名は勝蔵）と山本慶一《やまもとけいいち》（一九二六～一九九三）の二人である。近藤は江戸から現代に至る奇術文献研究の収集と研究に没頭し、昭和二六年（一九五一）『奇術文献ノート』を創刊、「いのち死すまで奇術と共に」と題した創刊の辞を載せている。諸書や新聞雑誌等に載る奇術に関するあらゆる記載を抜き書きした「奇術ノート」、自身が所有する伝授本などを紹介する「古奇術書紹介」を連載、山本らの投稿協力も得ながら、平成一八年（二〇〇六）までに七六号を発刊した。体系だった誌面構成ではないが、多方面にわたる文献への目配りは他の追随を許さなかった。

一方の山本も奇術文献の収集に取り組むとともに、昭和二九年（一九五四）には目録『緒方奇術文庫 和書の部』を自費出版し［山本慶一 一九五四］、主な伝授本を解説付きで復刻頒布した。また奇術雑誌上に連載した伝授本関係記事に「奇術文献を語る」（『奇術研究』）［山本慶一 一九五六～五七］、「日本の奇術文献」（『ザ・マジック』）［山本慶一 一九九〇～九二］などがある。こうした成果の集大成として、晩年の平成四年（一九九二）には『緒方奇術文庫書目解題』の編集執筆を担当し、奇術伝授本を書誌学的に解説した［山本慶一 一九九二］。戦後の古典奇術研究をリードした山本のコレクションもまた、生前に日本文化振興会に寄贈され、現在は国立劇場に山本奇術文庫として収蔵されている。

緒方のコレクションは復刻版頒布の底本にもなり、多くの愛好家や研究者が稀少な奇術文献に触れるきっかけをつくった。昭和四八～四九年（一九七三～七四）にはTAMCの柳沢《やなぎさわ》よしたね（一九一〇～八二）が、一〇冊の伝授本を解説付きで復刻版として頒布した。また平成に入っては九～一二年（一九九七～二〇〇〇）に、高田史郎《たかだしろう》（?～二〇〇五）が緒方奇術文庫と河合勝コレクションを底本として、四六種四八冊の伝授本を復刻刊行している。高田の復刻本は原本の写真はもとより、全文翻刻、現代語訳、注解を伴っていた点に大きな特徴があった。なお、近藤勝も確認できる限りで一三種の伝授本を孔版で復刻頒布している。

従来の奇術文献のコレクションが伝授本を中心としたものであったのに対し、河合勝《かわいまさる》（一九四五～）のコレクションには、絵ビラやチラシといった一枚物が多く含まれている点に特長がある。また、このコレクションには、わが国最古の伝授本『神仙戯術《しんせんげじゅつ》』の初版本も含まれており、江戸〜明治期にかけての伝授本もほぼ網羅されている。河合は自身のコレクションを主な素材として、伝統奇術の演目のなかから「胡蝶《こちょう》の舞《まい》」「呑馬術《どんばじゅつ》」「水芸」「釣り物」「目付け絵」の五つについて史料紹介も行っている［河合勝 二〇〇八〜一二］。また、平成二三年（二〇一一）には大著『日本奇術演目事典』を発表し、第一五回日本自費出版文化賞大賞を受賞した［河合勝 二〇一一］。

江戸〜明治期にかけての主要な伝授本は、緒方・山本・河合のコレクションにより、ほぼ収集され尽くした感がある。しかし、興行の絵ビラ（報条）やポスター、プログラムの類は、その性格上、良好な状態で残存するものは数が少ない。現状では、先述した朝倉無声収集による画譜や国立歴史民俗博物館の見世物関係資料コレクション、河合勝コレクションなどが良質なコレクションとして挙げられる。このうち無声の画譜は『日本庶民文化史料集成第八巻 寄席・見世物』に収載され［藝能史研究會 一九七六］、歴博所蔵のものは『見世物関係資料コレクション目録』として公刊されているが［国立歴史民俗博物館 二〇一〇］、いずれも図版が小さく、解像度も高くないため、読み取れる情報には限界がある。今後、各地の博物館等での調査が進み、デジタルアーカイブでこうした奇術史料の画像が公開されていくことを願うばかりである。

——奇術史研究のあゆみ（年表編）——

奇術文献の収集と並行して進められてきたのが、史料上に現れる奇術に関連した記事を集め、それらを年表としてまとめる作業である。

この作業に先鞭をつけたのも朝倉無声であった。無声の見世物研究の基礎には『見世物年代記』という全一六巻（一七巻とも）からなる年表があった。年代ごとに随筆や記録類から見世物に関する記事を抜き書きし、図を貼り込んだり、コメントを付したりしたもので、奇術に関する記載も多い。しかし、全体のごく一部分しか公刊されておらず、残念ながら原本の所在も不明である。現在は東洋文庫に副本一四巻が収蔵されるも、いまだ翻刻公刊される予定はない。

山本慶一もまた、生涯にわたって幾度も奇術関係年表を作成し公表している。昭和二九年（一九五四）に私家版『てづまからくり年表』を出版し［山本慶一 一九五四B］、三〇年に「日本奇術演技年表（いつごろどんな奇術があったか）」［山本慶一 一九五五］、四三年に「ひと目でわかる明治奇術史年表」［山本慶一 一九六八］、五六年に「手品からくり年表」［山本慶一 一九八一］、そしてこれらの集大成ともいうべき「日本奇術史年表」を六一年に発表した［山本慶一 一九八六］。古代～現代までの記録・文献等の史料から奇術に関する主要な記事が検出されたことにより、その後の奇術史研究の基礎ができあがったと言える。

奇術に限らず、演芸や歌舞伎（芝居）、見世物の年表も、奇術史研究に資するところが大である。近代芸能史研究者の倉田喜弘《くらたよしひろ》（一九三二～）は、明治期の新聞から寄席と見世物・雑芸の記事を検索し、昭和五五～六二年（一九八〇～八七）にかけて『明治の演芸』全八巻にまとめた［倉田喜弘 一九八〇～八七］。これによって、史料的な裏付けを欠く『明治奇術史』を補って余りあるだけの豊かな情報がもたらされることになった。

また、これも倉田の仕事に端を発するものだが、国立劇場が編纂を進める『近代歌舞伎年表』（大阪篇全九巻、京都篇全一〇巻・別巻、名古屋篇全一七巻・別巻・刊行中）においても、一座を率いて全国を巡業した著名な奇術師の動向を知ることができる。

この他の見世物年表として川添裕《かわぞえゆう》「江戸見世物主要興行年表」［川添裕 一九九二］、土居郁雄《どいいくお》「近世大坂の見世物年表（一）～（三）」［土居郁雄 一九九二～九三］などがあり、地方の興行を扱ったものに薄田太郎《すすきだたろう》・薄田純一郎《すすきだじゅんいちろう》『宮島歌舞伎年代記』［薄田太郎・純一郎 一九七五］、安田宗生《やすだむねお》『近代熊本の劇場、活動写真、及び大衆演芸』［安田宗生 二〇〇七］、倉田喜弘「横浜の芸能 第一～五集」［倉田喜弘 一九九三～九七］、立川洋《たつかわひろし》「伏見御香宮祭礼における興行物年譜（その一）～（その五）」［立川洋 一九七四～七五］などがある。

これらの成果を踏まえ、平成二三年（二〇一一）から現在もなお更新が続けられているのが、蹉跎庵主人《さだあんしゅじん》によるウェブサイト（ブログ）「見世物興行年表」である［蹉跎庵主人 二〇一一～］。対象とする時代は慶長八～明治四五年（一六〇三～一九一二）までのおよそ三〇〇年間。公刊された文献はもちろんのこと、諸種のデータベースや古書目録に至るまで、多岐にわたる史料・情報を典拠にし、見世物に関する記事を引用して年表が作られている。奇術に関する項目も多く採録され、今後の奇術史研究には必要不可欠のものとなっている。

以上、日本奇術史研究のあゆみを、三つの項目にわけて振り返ってきた。本稿も、こうした先学の成果に負うところが大きく、とりわけ『実証・日本の手品史』と河合勝コレクション、「見世物興行年表」からは多大なる恩恵を蒙っている。この場を借りて心からの謝意を表する次第である。

なお、日本奇術史文献を振り返るという目的から、欧米の奇術史を紹介した文献は除外したが、高木重朗《たかぎしげお》（一九三〇～一九九一）著『大魔術の歴史』〔高木重朗 一九八八〕や前川道介《まえかわみちすけ》（一九二三～二〇一〇）著『アブラカダブラ 奇術の世界史』〔前川道介 一九九一〕、松田道弘《まつだみちひろ》（一九三六～）著『トリックスター列伝』〔松田道弘 二〇〇八〕など、手にしやすい文献があることも付記しておきたい。

〔注記〕本稿では、以下のようにして史料を引用する。

一、原本（画像等）が確認できるものは、なるべくこれに依り、翻刻本（刊行本）は参照するにとどめた。

二、読みやすさを考慮し、適宜、句読点や鉤括弧、傍点などを付した。

三、元々ついていないルビは丸括弧に入れた。

四、漢文体で読解が困難なものは、引用箇所に＊印をつけたうえで書き下し文とした。

五、割注は丸括弧に入れた。

第一章　古代

能や狂言、歌舞伎、浄瑠璃など、日本の伝統芸能の源流は、大陸渡来の「散楽《さんがく》」という芸能にあるとされる。そして日本奇術の起源もまた散楽に求められることは、奇術史の通説となっている。

散楽については多くの研究蓄積があり、多様な面から考察が進められているが、おおむね奈良時代ないしはそれ以前にわが国に伝来し、後に猿楽《さるがく》に推移したとする見方で一致している。しかし、日本の伝統奇術との関わりとなると、まともに論じられたことがほとんどなく、実のところわからないことが多い。そこで本稿では中国の散楽を概観し、その後で日本に伝わった散楽を奇術史の観点から捉え直してみたい。

――中国の散楽――

日本に伝えられた散楽の実態を知るために、まずは本場中国の散楽がどのようなものだったかをみておこう。伝来したのは、唐代（六一八～九〇七）の散楽（唐散楽）が主だったと考えられているため、唐代の諸制度を集大成した『唐会要《とうかいよう》』巻三三によりながら、その概要をみていきたい。

散楽は歴代これあり、その名は一つならず、部伍《ぶご》の声《せい》にあらず。俳優・歌舞・雑奏、総じてこれを百戯《ひゃくぎ》と謂《い》ふ。＊

散楽は唐朝以前の歴代王朝にもあったが、名前は一定しておらず、「部伍の声（国家によって編成された正規の楽）」でもなかった。「散」は「雅」と対立する概念で、散楽とは元来、民間に起った庶民的な楽舞・雑芸の総称であった。それらは漢代（前二〇六～二二〇）に「角抵《かくてい》（觳抵《かくてい》・角《かく》抵戯《ていぎ》）」ついで三国時代（二二〇～二八〇）には「百戯《ひゃくぎ》」と呼ばれていたが、隋《ずい》代（五八一～六一八）になると「散楽」の名称が見られるようになる。

唐散楽を構成する要素として「俳優歌舞的要素」「曲芸軽業的要素」「幻術的要素」の三つを挙げる捉え方や［能勢朝次 一九三八］、「物真似芸」「歌舞」「曲芸・軽業」「奇術・幻術」「人形舞わし」の五つのジャンルに分類する論などがある

［河竹繁俊 一九五九］。散楽とはこれら要素の総称であるため、特定の要素だけを切り出して検討することには問題があるが、本稿での関心の所在から、「奇術・幻術」「曲芸・軽業」に分類される演目だけを詳しく見ていくことにする。ただし、当時の演目は名称だけが伝わっていて、具体的な内容が判然としないものが多く、解釈に諸説あって、分類もあくまで便宜的なものである。

まずは「奇術・幻術」に分類される演目から見てみよう。『唐会要』で「幻伎《げんぎ》」として示される「激水化魚龍、秦王捲衣、筴鼠、夏育扛鼎、巨象行乳、神亀負岳、桂樹白雪、画地成川之類」「断手足、剔腸胃之術」がこれに該

魚龍の一種
「沂南画像石墓」（浜一衛『日本芸能の源流』角川書店1968より転載）

当するだろう（このうち「夏育扛鼎（夏育《かいく》、鼎《かなえ》を扛《あ》ぐ）」は、現代の重量挙げにあたる）。

「激水化魚龍（水を激《げき》して魚龍《ぎょりょう》と化す）」は、前王朝の正史『隋書《ずいしょ》』巻一五では「黄龍変《こうりゅうへん》」と呼ばれるもので、「舎利《しゃり》（含利《がんり》）」が水に激しく入って「比目魚《ひもくぎょ》（ヒラメの類）」に変じ、更には「黄龍」に化するという大がかりなイリュージョンである。舎利がどのようなものだったのか、また比目魚や黄龍をどのように表現したかなど不明な点は多い。

おおよそ、大型の張子や縫いぐるみを大勢の人で複雑に変化させたもので、現代における動物をかたどった張子灯篭に類似したものとみられている［傅起鳳・傅騰龍 一九九三］。また水辺で演じたため、水しぶきや霧、水煙などを効果的に使った水がらくりの一種だったとする見方もある［橋本裕之 一九九二］。

おそらく「魚龍」「蔓延《まんえん》（曼衍《まんえん》）」と呼ばれたものも同様のもので、これらは百戯や散楽の代名詞的存在でもあった。早いところでは『漢書《かんじょ》』巻九六下に、

孝武《（こうぶ）》の世（中略）酒池肉林を設け、以て四夷《（しい）》の客を饗し、巴兪《（はゆ）》・都盧《（とろ）》・海中・碭極《（ようきょく）》・漫衍・魚龍・角抵の戯を作《（な）》さしめ、以て之を観視す。＊

との記載があり、前漢・武帝《ぶてい》（前一四一〜前八七）の時代にはすでに演じられていたことが知られる。なお『唐会要』に載る「巨象行乳（巨象、乳を行《や》る）」や「神亀負岳（神亀、岳を負ふ）」など、大型動物や神山仙境の幻獣の名を伴う演目も、張子や縫いぐるみを用いた演目とみられるが、詳細は不明である。

「秦王捲衣（秦王、衣を捲《まく》る）」は、晋朝《しん》（二六五〜四二〇）の正史『晋書《しんじょ》』巻二三にある「斉王巻衣」に類似するものだろうが、これも具体的な内容はわからない。衣の中に人を入れると消えて失くなる奇術だという推測が示されている［尾形亀吉一九五四］。

「筰鼠」は、『三国志《さんごくし》』魏書《ぎしょ》巻二三に見える「筰児《さくじ》」を誤記したもので、四角い小箱の中に人間が身体を押しこむ奇術と考えられているが［榎一雄一九八三］、これも具体的なことはわからない。

「桂樹白雪（桂の樹に白雪ふる）」と「画地成川（地を画《かく》して川と成す）」は、現代の風景からくりに似た変景幻術とする解釈があるが［傅起鳳・傅騰龍一九九三］、その一方で神仙的故実をベースに奇術を取り込んだ滑稽劇だったとする見方もある［尾形亀吉一九五四］。「画地成川」については、後漢（二五〜二二〇）の宮中で演じられた雑芸を活写した『西京賦《さいきょうふ》』にも載っており、『隋書』巻一五に載る「抜井（井を抜く）」と同じく、地中から水を湧出させる奇術だったとする説がある［榎一雄一九八三］。

「断手足、剔腸胃之術（手足を断ち、腸胃を剔《えぐ》るの術）」は、一見すると危険術に思えるが、入れ子仕掛けの刀を用いたトリックの可能性が指摘されている［角田一郎一九八一］。このうち「断手足」は『後漢書《ごかんしょ》』巻五一に見える「自支解（自ら支《し》解《かい》す）」に該当し、自らの手足の関節を外す演目とする見方がある［尾形亀吉一九五四］。もう一方の「剔腸胃」は、身体の外側から刀剣などで腹部を突きえぐる意味ならば、『西京賦』に見える「胸突銛鋒（胸を銛鋒《せんぽう》に突く）」がこれにあたるだろうか。一方、口から刀を呑み込み、内から胃腸をえぐるという意味ならば、『西京賦』の「呑刀《どんとう》（刀を呑《の》む）」や同じ後漢の『平楽観賦《へいらくかんふ》』に出てくる「呑刃《どんじん》（刃《やいば》を呑む）」に同じと見なすことができよう。西晋代《せいしん》（二六五〜三一六）、自らの舌を切って再び繋いでみせる奇術「截舌《せつぜつ》（舌を截《た》つ）」が西域やインドからもたらされ、唐代になってこれが内臓を摘出してみせる「抽腸《ちゅうちょう》（腸を抽《ぬ》く）」という奇術へと派生し、盛んに行われるようになったという。しかし、これらは散楽の演目というよりは、祆教《けんきょう》（ゾロアスター教）や道教などの宗教的エクスタシイ（神秘的状態）による身体毀損《きそん》であったという推察もなされている［榎一雄一九八三］。このほか『唐会要』以外の文献でも、唐代以前に演じられていた奇術・幻術を見ることができる。後漢『西京賦』

に登場する「易貌分形《いぼうぶんけい》（貌《かお》を易《か》へ形を分かつ）」は、近代的な奇術の演目である「一人三化け」に類似するもの［傅起鳳・傅騰龍 一九九三］、あるいは分身の術［榎一雄 一九八三］といった解釈がある。さらに『後漢書』巻八六に「自支解、易牛馬頭（自ら支解し、牛馬の頭を易ふ）」とあることとの関連から、自ら関節をはずし、牛馬の首をつけかえる幻術だったとする見解もある［浜一衛 一九六八］。牛馬に関する奇術として『隋書』巻一五の「殺馬《さつば》（馬を殺すように見せかける奇術。「截馬《せつば》」とも）」や「剥驢《はくろ》（驢《ろ》を剥《は》ぐ）」に関連ある演目かもしれないが、詳細は不明である。

また唐の顔師古《がんしこ》が完成させた『漢書』の注釈に、唐代において西域から伝来したとみなされていた「幻術」の名を列挙した箇所がある。巻六一、安息《あんそく》（イラン北部の王国・パルティア）の王が漢の武帝に「眩人《げんじん》」を献上した箇所の註釈として、「眩」は「幻術」と同じであり、「即《すなわ》ち今の呑刀・吐火《とか》・植瓜《しょくか》・種樹《しゅじゅ》・屠人《とじん》・截馬之術」にあたるとする。このうち「吐火（火を吐《は》く）」は「呑刀」と対記されることの多いもので、後漢の『西京賦』『平楽観賦』にすでに見えている。「屠人（人を屠《ほふ》る）」は、人を殺すように見せかける奇術と思われるが詳細はわからない。「植瓜」「種樹」は「マンゴウ樹の奇術」すなわち観客の面前で瓜や棗《なつめ》、マンゴウなどの種を植えると、それが見る見るうちに芽を出し、実をつけ、食べられるようになるという奇術である［阿部徳蔵 一九三六］（第二部50・213・214）。四世紀初頭の神仙道教の書『抱朴子《ほうぼくし》』内篇巻三では、芸能としてではなく、仙術の一つとして「瓜果結実於須臾（瓜果《かか》を須臾《しゅゆ》に結実せしむ）」と記されている。これが南北朝時代になると、北魏《ほくぎ》（三八六～五三四）の都・洛陽《らくよう》の寺院の繁栄を描いた『洛陽伽藍記《らくようがらんき》』に、景楽寺《けいらくじ》の境内で演じられた奇術として「植棗種瓜、須臾之間、皆得食之（棗を植《う》へ、瓜を種《う》へ、須臾《しゅゆ》の間に皆得てこれを食ふ）」と見える。唐代に成立した『通典《つてん》』でも、北斉《ほくせい》代（五五〇～五七七）の「百戯」の一つとして「種瓜」が挙げられ、六世紀の中国では、すでに百戯散楽の一演目として盛んに演じられていたことを知ることができる。

このほか『法苑珠林《ほうおんじゅりん》』や『太平広記《たいへいこうき》』といった説話・小説類を集成した文献にも、奇術や幻術の類は多く記されるが、実演された可能性を判断することがより一層困難となるため、本稿では取り上げないことにする。

ここからは唐散楽のうち「曲芸・軽業」に分類される演目を概観しておく。現代ではジャグリングやアクロバットといった芸能領域に属するものであるが、奇術とは近接する領域として、長きにわたって併せて演じてこられてきた歴史がある。『唐会要』では「幻伎」の前に列挙する「跳鈴《ちょうれい》、擲剣《てきけん》、透梯《とうてい》、戯縄《げじょう》、縁竿《えんかん》、弄枕珠《ろうちんじゅ》」が該当するだろう。

「跳鈴（鈴を跳《おど》らす）」「擲剣（剣を擲《なげう》つ）」「弄枕珠（枕や珠《たま》を弄《もてあそ》ぶ）」の三つは、お手玉、トスジャグリングにあたる。遅くとも四世紀頃にはまとめられた『荘子《そうじ》』にすでに「弄《ろう》丸《がん》（丸を弄ぶ）」の語がみえ、三世紀頃の成立とみられる『列子《れっし》』にも「弄七剣、迭而躍之、五剣常在空中（七剣を弄び、迭《たが》ひにして之を躍《おど》らせ、五剣常に空中に在り）」とあって、古くからの演目だったことがわかる。鈴や剣、珠、枕など投げ上げるものにはヴァリエーションがあり、『旧唐《くとう》書《じょ》』巻二九によれば、南朝の梁《りょう》（五〇二〜五五七）では「弄椀珠伎」とも呼ばれたようである。

跳剣・跳丸
「沂南画像石墓」（浜一衛『日本芸能の源流』角川書店1968より転載）

「透梯（梯《はしご》を透《とほ》る）」は、梁では「透三峡伎《とうさんきょうぎ》」、後晋《こうしん》（九三六〜九四六）では「透飛梯《とうひてい》」と呼ばれたものと同じものであろう（『旧唐書』巻二九）。『西京賦』に出てくる「衝狭《しょうきょう》」すなわち矛を刺した輪を伎児がくぐり抜ける「籠抜《かごぬ》け」と同じく飛んで梯子を通り抜ける演技と考えられる。

「戯縄（縄で戯《たはむ》れる）」は綱渡りのことで、後漢代には「走《そう》索《さく》」「履索《りさく》」、三国時代には「高絙《こうこう》」とも呼ばれた。女性が演じることが多く、綱上で二人の演者が行き交ったり、

走索
「沂南画像石墓」（浜一衛『日本芸能の源流』角川書店1968より転載）

下駄を履いて渡ったり、弄丸を組み合わせたりして演じた。

「縁竿（竿に縁《のぼ》る）」は竿登りを基本とする空中技で、「都《と》盧尋橦《ろじんとう》（都盧橦《はたぼこ》に尋《のぼ》る）」や「縁橦《えんとう》（橦《はたぼこ》に縁《よ》る）」「獼猴幢伎」とも呼んだ。多くの演じ方があり、登り手が竿上で倒立したり、垂下したりすることがあり、また持ち手が竿を頭頂や肩、歯で支えたりもした。

このほか宋《そう》代（九六〇～一二七九）までの中国制度史である『文献通考《ぶんけんつうこう》』巻一四七には、「踏毬戯《とうきゅうぎ》（玉乗り）」「雑《ざっ》旋伎《せんぎ》（皿廻し）」「弄槍伎《ろうそうぎ》（後述）」「蹴瓶伎《しゅうべいぎ》（瓶を蹴って旋回させる）」「擎載伎（一人がもう一人を載せて歩く。『平楽観賦』の「巴兪」と同じか）」などが載り、『旧唐書』巻二九にも「舞盤伎《ぶばんぎ》（水盤をもんどり打ったり、座ったりして跳び越える。『西京賦』の「蹻濯」に同じか）」や「倒舞伎（武器を手に逆立ちして踊るダンス）」などが載っている。

頂竿（縁竿の一種）
「沂南画像石墓」（浜一衛『日本芸能の源流』角川書店1968より転載）

以上、唐散楽を中心に「奇術・幻術」と「曲芸・軽業」に分類される演目を概観してきた。散楽には「楽」の字がつくことからもわかるように、本来、音楽を伴ったものであり、また各演目は単独に存在したわけではなく、一

七盤舞（舞盤伎の一種）
「沂南画像石墓」（浜一衛『日本芸能の源流』角川書店1968より転載）

連の流れのなかで演じられたものであった点は注意が必要である［榎一雄 一九八三］。

また、後述するように、わが国の江戸時代の奇術伝授本に神仙思想の影響が強いことを想い起こすとき、散楽の古くからの演目に、神仙的世界に関係の深いものが見られたことに着眼しておきたい。

中国における散楽は、長く宮廷専属の人びとによって、儀式や外国使節歓迎の場で演じられてきた。しかし、王朝の交代や一時的な廃絶が、民間への解放につながり、一般の娯楽として寺院や都市の戯場でも演じられるようになっていった。宮廷散楽と民間散楽のどちらが日本にもたらされたものかの判断は難しいが、ここに掲げた演目のうち、日本の伝統奇術に直結しそうな演目も幾つか見られたことを確認し、先に進むことにする。

——奈良時代の散楽——

物真似芸を基調とする伎楽《ぎがく》を散楽の一種と捉えるならば、散楽は早ければ五世紀中葉、遅くとも欽明《きんめい》朝（五四〇?～五七二?）には調度とともに大陸からわが国に渡来したことになるという［末吉厚 一九九八］。しかし、その他の要素も含む本格的な招来となると、奈良時代に入ってからのことと見てよさそうである。

当時の中国は、東部ユーラシア一帯を版図とする強大な帝国・唐朝であった。一方の日本（倭）は、各地の豪族による連合政権から、中央集権的な律令国家への移行を模索する時期にあたり、先進的な文化を持つ唐朝から多くの文物や情報を取り入れようと努めていた。

唐朝は「朝貢《ちょうこう》体制」維持のため、国家間の通交だけを認めており、九世紀初め頃までは民間交流や私貿易を許さなかった。そこで日本は、舒明《じょめい》天皇二年（六三〇）に犬《いぬ》上《がみ》御田鍬《のみたすき》を大使とする第一次遣唐使を派遣して以降、寛平六年（八九四）に菅原道真《すがわらのみちざね》を大使に任ずるまで、都合二〇回にわたって国家が遣唐使を任命し、唐朝との間で外交関係を持った（実際の派遣は一五回）。律令制度や宗教、書籍をはじめ、風習や芸能など多くのものが遣唐使によってもたらされ、唐人を含むアジアの人びとも遣唐使に随って来日している。

大陸の先進文化は朝鮮半島諸国との交流を通じても日本に招来された。朝鮮半島を統一した新羅《しらぎ》（六七六～九三五）との間では、日本からの遣新羅使が二七回、新羅からの新羅使は四七回を数える。また渤海《ぼっかい》（六九八～九二六）に対しても、日本から一三回の遣渤海使が派遣され、渤海からは三四回の渤海使が来日している。両国との交流は、二国間だけの交流にとどまらず、日唐間通交の中継的な役割を担ったことにも注目すべきであろう。散楽は当初、こうした東アジアにおける国家間交流のなかで、わが国に伝来した芸能だったと考えられる。

ところが国家が編纂した国史のうち、主に奈良時代のできごと（六九七～七九一）を収めた『続日本紀《しょくにほんぎ》』には「散楽」の語は一か所も出てこない。わずかに天平七年（七三五）五月五日条に見える次の記事があるにすぎないのである。

天皇、北の松林に御《おは》しまして騎射《うまゆみ》を覧《みそなは》す。入唐廻使と唐《もろこし》の人と、唐国・新羅の楽《がく》を奏《つかへまつ》りて挊槍《ほこと》る。＊

使命を終えて帰国した遣唐使とそれに伴われて来日した唐人たちが、天皇の前で唐楽《とうがく》と新羅楽《しらぎがく》とを演奏し、あわせて「挊槍《ろうそう》（弄槍）」を演じたという。「弄槍伎」は、『文献通考』では散楽雑戯の一演目に挙げられており、投げられた槍を環に通す演技、あるいは両端が尖った木の棒をもてあそび、雅楽とともに演じたものとみられている。この時、帰国した天平度の遣唐使（七三三発、七三四～七三六帰）は、音楽文化を体系的に導入する目的があったと位置付けられているものであり［榎本淳一二〇一〇］、散楽も唐楽の一部として、この時本格的に招来された可能性が高い。

また『東大寺要録《とうだいじようろく》』（一二世紀前半成立）には、天平勝宝四年（七五二）四月、東大寺の大仏開眼供養会《かいげんくようえ》で「唐散楽頭」が二人おかれ、「唐散楽 一舞」が演じられたとあり、朝鮮半島系の散楽や伎楽系の散楽との競演が行われたことが推測されている［末吉厚一九九八］。しかし、ここには具体的な演目名が記されないため、残念ながら奇術・幻術的演目が大仏の前で演じられたことを文献史料から裏付けることはできない。

こうしてわが国に招来された散楽が、律令制度のなか

弄槍
『舞楽図』（国立国会図書館蔵）

に位置付けられた時期があった。太政官八省の一つ治部《じぶ》省《しょう》の下に、日本的歌舞と東洋的楽舞の教習や演奏を担う役所として雅楽寮《ががくりょう》がおかれ、楽師《がくし》が楽生《がくしょう》を教習し、かれらが宮廷の歌舞・楽舞を演じたのである。天平宝字元年（七五七）施行の「養老令《ようろうりょう》」職員令《しきいんりょう》雅楽寮条には散楽の規定は見られない。しかし、その注釈書『令集解《りょうのしゅうげ》』巻四に引用される尾張浄足《おわりのきよたり》の説によると、三人置かれた高《こ》麗楽師《まがくし》のうちの一人が散楽師であった。これは天平中期頃の実情を述べたもので、国家が朝鮮半島系の高麗楽のなかで散楽を伝習させていたことがうかがえる。

また、平安時代のことになるが、嘉祥元年（八四八）の太政官符（『類聚三代格《るいじゅうさんだいきゃく》』）では、高麗楽生一八人のうち二人が「弄鎗生」となっており、雅楽寮に散楽の演目を習い、演じる楽生がおかれていたことになる。このほか、令では伎楽の楽生を「楽戸」から出すことを定めているが、『令集解』所引の古記では、楽戸の内訳を「伎楽四十九戸、木登八戸、奈良笛吹九戸」と注釈する。「木登」は唐散楽における縁竿や都盧尋橦にあたるのだろう。

これまでの奇術史では、わが国が奇術も含めた唐散楽を一座ごとそっくりそのまま招来し、国家の職員としての地位を与えたものと捉え、あたかもそれが「奈良時代の国立雑技団」だったと評する向きさえある［藤山新太郎 二〇〇九］。

またそうした叙述の図版にしばしば用いられてきた絵画史料が、正倉院に伝わる「墨絵弾弓《すみえのだんきゅう》」と平安時代初期の唐楽・散楽を描いたとされる「古楽図（信西古楽図《しんぜいこがくず》）」の二つである。「墨絵弾弓」には縁竿や弄丸など軽業・曲芸の様子が描かれ、「古楽図」には「入壺舞《にゅうこまい》」「飲刀子舞《いんとうしまい》」「入馬腹舞《にゅうばふくまい》」といった奇術・幻術的演目や「四人重立」「神娃登縄弄玉」などの軽業・曲芸的演目あわせて一三の散楽図が描かれる。

これらが実際に日本でも演じられたのだとすれば、確かに「雑技団」の名に恥じない技術レベルの高さと演目の多彩さ、規模の大きさだと言うことができよう。ところが「墨絵弾弓」は外国製のものである可能性があり［河竹繁俊 一九五九］、古文献からの想像図である疑いも提起されている［角田一郎 一九八一］。またもう一方の「古楽図」も、近年では祖本である陽明文庫本の調査が進むなか、唐で成立したものが日本に招来された可能性を排除できないことが明らかにされ［福島和夫 二〇〇六］、日本成立説を認める立場からも、想像と参考資料などをつなぎ合わせた仮想の絵とする指摘がなされるに至っている［藤原良章 二〇〇四］。つまり、精密な史料批判を踏まえることなしに、安易に用いることは避けるべき絵画史料というわけである。

そこで現存する文献史料に限っていえば、奈良時代に演じられたことが確実な曲芸・軽業は、弄槍と縁竿の二つのみであり、奇術・幻術に至っては演じられた形跡がまったく確認できないことになる。規模の観点で日中の比較をすると、『唐会要』には「旧制の内、散楽は一千人」との記載があって、中国の宮廷散楽の規模が非常に大きなものであったことが明らかであるが、これに対する日本の雅楽寮は、令の規定では楽師・楽生の全体の人数でさえ判明する限りで約四〇〇名、このうち唐楽と三国楽などで構成される東洋的楽舞に限ると約一五〇名、散楽はさらにそのごく一部でしかなく、到底「団」を構成できるほどの規模を備えてはいなかった。

また別の観点でも、仏典に幻術の空しさを説く教えがあったことから、わが国が散楽を招来する際、あえて奇術・幻術だけを斥《しりぞ》けて入れなかったという推測も示されている［角田一郎 一九八一］。「中国にあったような、きわめて大規模におこなわれる幻術は、実のところ最初から日本に伝来しなかった」との指摘もあり［橋本裕之 一九九二］、これまでのように

縁竿の一種
「墨絵弾弓」（稲田奈津子「墨絵弾弓の模写・模造・文様」2008より転載）

奈良時代の散楽を日本奇術の源として過大に評価することは、見直すべき段階にきているのかもしれない。

――平安時代における散楽――

古代芸能史研究で散楽が取り上げられる際、必ず言及されるのが「散楽戸」のことである。『続日本紀』天応二年（七八二）七月一一日条に「勅、解却雑長上五十四人、廃餅戸散楽戸」という一文があり、次のように訓ずることが通例となっている。

勅《（みことのり）》して、雑色《（ざふしき）》の長上《（ちやうじやう）》五十四人を解却《（げきやく）》し、餅戸《（もちいひのへ）》・散楽戸《（さんがくのへ）》を廃《（や）》む。＊

一般的に、散楽戸とは、散楽の芸を習得させ、国家行事のための演じ手を確保するための機関と理解されている。先の記事については、散楽戸の廃止により、散楽が律令制度から外れて民間に広まっていく契機になったと解釈するか、あるいは逆にすでに国家による養成を必要としないほどに民間で散楽が広まっていたと捉えるかのどちらかである。いずれにせよ、古代芸能史における一つのエポックとして捉えるのが大方の見方であり、従来

の奇術史でもこのことを重く捉えてきたようだ［泡坂妻夫二〇〇一］。

　ところが、この散楽戸は、廃止の記事は確認できるものの、『続日本紀』や令のどこを探しても、設置されたとする記事はおろか、その他一切の記載が見当たらない。楽戸との関係についても不分明であることから、先の記事を「餅戸を廃し、楽戸を散ず」と訓んで、散楽戸の存在そのものを認めない異見も示されたほどである［林屋辰三郎一九五七］。また、存在を認める場合でも、特に伎楽のための教習機関だったと考えられるため［林屋辰三郎一九六〇］、散楽戸をただちに奇術・幻術や曲芸・軽業を教習、上演したものとまで考えることは難しい。このように実態が判然としない散楽戸に対し、あまりに大きな意味を与えすぎることは再考すべきであろう。それよりも、これ以後の平安時代に、かえって散楽の記事が多く見られるようになる点に注目したい。

　平安京に遷都されて四〇年以上が経過した承和四年（八三七）、『続日本後紀《しょくにほんこうき》』七月二五日条に次の記事が見られる。


　天皇、後庭に御し、左近衛府に命せて音声を奏し、玉及び刀子を弄せしむ。＊

　ここに「散楽」の文言は見えないが、原文に「弄玉及刀子」とあるのは、明らかに唐散楽の跳鈴・擲剣・弄枕珠などと同じで、お手玉の曲芸のことである。曲伎とし

弄丸
「墨絵弾弓」（稲田奈津子「墨絵弾弓の模写・模造・文様」2008より転載）

弄玉
『舞楽図』（国立国会図書館蔵）

ては基本的なものであることから、奈良時代にもすでに演じられていた可能性があるという〔角田一郎 一九八一〕。近衛府《このえふ》とは、内裏《だいり》の警衛や京内の巡検などを担った天皇側近の武官の府であり、これに属する近衛舎人《このえとねり》らが曲芸を演じたとみられている。

また八世紀から宮廷の年中行事として行われるようになる相撲節会《すまいのせちえ》においても、天皇の面前で相撲がとられたあと、散楽が演じられたとする記事が史書や公家の日記に散見される。古いところでは『日本三代実録《にほんさんだいじつろく》』貞観三年（八六一）六月二八日条、童相撲《わらわずまい》の記事に、

> 九番の相撲の後、勅有りて停め、左右互に音楽を奏し、種々の雑伎散楽、透撞《とうどう》、咒擲《じゅてき》、弄玉等の戯、皆相撲の節の儀の如かりき。＊

とあり、童相撲が行われた場で、近衛官人たちによって「雑伎散楽」が演じられたことが記される。四年後の貞観七年（八六五）七月二三日条、相撲《わらわずまい》節会の際に近衛官人によって演じられた「百戯」も同様のものだろう。ここで演じられた演目のうち「透撞」と「咒擲」は、それぞれ縁竿とトンボ返りを指すとする説〔角田一郎 一九八一〕、あるいは透梯と投げ剣・投げ槍とみる説とがある〔諏訪春雄 一九九八〕。また重明《しげあきら》親王《しんのう》『吏部王記《りぶおうき》』（『西宮記《さいきゅうき》』恒例第二「相撲事」所引）の相撲に関する記事（応和二年（九六二）八月一六日条）にも、

> 次散楽（侍臣五位六位、童部相交・走并びに弄玉・輪鼓）＊

とある。散楽として演じられたという「走」は「走り舞」（後述）であり、「弄玉」はお手玉、「輪鼓《りゅうご》」は鼓型の独楽に緒を巻き付け、廻しながら空中に投げ上げたり、受け取ったりするもので、現在ではディアボロの名で知られるものである〔岩橋小彌太 一九二二〕。

輪鼓
『年中行事絵巻』（国立国会図書館蔵）

相撲節会の舞楽のなかで演じられた散楽は、一一世紀初頭頃からは「猿楽《さるがく》」と表記されることが多くなる。平《たいらの》信範《のぶのり》の日記『兵範記《へいはんき》』保元三年（一一五八）六月二八日条には、相撲節会の際に演じられた猿楽（散楽）を記すなかに、

この間、雑芸等あり。呪師《しゅし》・蟾舞《ひきまい》・荒輪鼓・弄環《ろうかん》・高足《たかあし》・二足《にそく》、件の事等あり。＊

との記載がある。また院政期に成立した平安時代の儀式書『江家次第《ごうけしだい》』巻八の「相撲召仰」条にも、

狛犬・散更《さんごう》の中（一足《いっそく》・高足・輪鼓・独楽・呪師・侏儒舞《ひきひとまい》等あり）＊

と見える（『神道大系』本の頭注に「裏書云、散更、猿楽也」とある）。このうち「一足」「二足」「高足」はいずれも一本ないし二本の竹馬状の棒に乗って跳びはねる曲芸をいい、後に田楽《でんがく》を代表する演目となるものである［橋本裕之 一九八八］。「呪師」は、これまでの奇術史では「のろんじ」と訓じて、奈良時代の奇術を総称する語とされてきたが［朝倉無声 一九二八］、当時の文献史料ではそのような用例はまったく確認できない。ここでの「呪師」は、法会などで演じられた呪術的な歌舞をいい、「呪師走《じゅしばしり》」「走り舞」ともよばれたものである。「蟾舞」と「侏儒舞」は同じもので小人による舞踏をいう。

　このように平安時代、相撲と関連して演じられた散楽（猿楽）でも全体的に曲芸や歌舞の要素が色濃く、やはり奇術・幻術的要素は見いだすことができない。相撲節会は安元年間（一一七五～一一七七）に途絶したとされ、それに至るまで多くの記録が残されているが、そのいずれにも奇術的演目を演じたとする記載はないのである。

　さて、奈良時代に散楽を演じた楽戸または散楽戸とは、渡来人かその子孫たちを主要メンバーとして構成される芸能専業者集団だったと推定されている。これに対して平安時代、相撲節会という公的な場において散楽（猿楽）を演じたのは、武官である近衛官人たちであった。そのため、かれらでも無理なく習得できる遊戯性の高い演目が主に演じられるようになっていく［角田一郎 一九八一］。応和三年（九六三）成立の「散楽策問《さんがくさくもん》」（『本朝文粋《ほんちょうもんずい》』所収）は、当時の日本の宮廷散楽が本場中国のそれと比較して沈滞しており、日本的な滑稽物真似の要素が強くなっていた様子を伝えている。このような国風化の傾向が徐々に進むにつれ、散楽は猿楽へと推移し、能楽の母胎となっていく

のである。

以上、奈良～平安時代、公的な場で演じられた散楽においては、奇術的演目が演じられた痕跡をただの一つも見出すことができなかった。文献史料に記載がないからといって、演じられた事実を完全に否定し去ることができないことは言うまでもない。しかし、一方で軽業や曲芸的演目は、散楽として演じられたとする記載がいくつか確認できるうえ、例えば漢詩文や辞書の類にもそのことが取り上げられている。であるならば、奇術的演目も何らかの形で文献史料に載ってもよさそうなものだが、慎重な史料批判を必要とする絵画史料以外に、演じられたという記載を見出せないのである。

これらのことから、奈良～平安時代、国家間の交流のなかで招来された散楽には、奇術的演目が含まれていなかったとする先学の指摘は当を得ているように思われる［角田一郎 一九八一］。すなわち、朝倉無声の『見世物研究』以来、長く通説的に唱えられてきた、日本奇術の源流を奈良時代の散楽雑伎に求める説は、見直される必要があると結論付けられる。

※「弄環」という演目を、現代日本の伝統奇術でも演じられる「金輪の曲（リンキングリング、チャイナリング）」に推定する見解がある。また延長六～保元三年（九二八～一一五八）の相撲節会で演じられた舞楽（『舞楽要録』収載）のうち、「見蛇楽（還城楽）」を蛇使いの奇術を以《もっ》てする舞とみたり、「阿那支利（阿耶支利）」を馬の尻から入って口から出る「入馬腹舞」という「大業の散楽曲芸」とみたりする説があることを参考までに付記しておく［渡邊昭五 二〇〇〇］。

第二章　中世前期

前章では古代、宮中や相撲節会といった公的な場で演じられた散楽には、唐散楽で演じられたような奇術的演目は見られなかったことを確認した。ここからは時代を下らせ、中世前期（平安末期～南北朝期）において、わが国で奇術が演じられた痕跡をたどってみたい。まずは、諸社の祭や寺院での修正会《しゅしょうえ》（年始の法会）、その他私的、略式、即興的に演じられた散楽からみていくことにする。

――民間芸能者――

私的な場、略式の場での散楽は、近衛官人ではなく主に民間の職業的散楽者によって担われていった。藤原実資《ふじわらのさねすけ》の日記『小右記《しょうゆうき》』永延元年（九八七）正月六日条、円融院御堂前《えんゆういんみどうまえ》で行なわれた修正会の記事を見てみよう。

御堂前に於いて啄木舞《たくぼくまい》を覧ず。江州法師なり。舞の間に楽あり。又、弄玉者《ろうぎょくもの》あり。皆疋絹を賜ふ。還御す。初夜又御堂に出御す。音楽・咒師・啄木舞・雑芸等あり。後夜畢りて還御す。＊

「弄玉」や「咒師」といった散楽に特有の演目があること、「啄木舞」が木にのぼるキツツキを真似た散楽系の曲と推測されることから、この記事は修正会における散楽の記事として読むことができる［後藤淑 一九七五］。ここでは啄木舞を担ったのが「江州法師」とある点が注目される。また『本朝世紀《ほんちょうせいき》』長保元年（九九九）六月一四日条、祇園天神会《ぎおんてんじんえ》の記事には、

去年より京中に雑芸者あり。是則ち法師形なり。世に号して无骨と謂う（実名は頼信。世間、仁安等と交ぜる者）。件の法師等、京中の人をして見物せしめんがため、材を造りて、彼の社頭に渡すに擬す。＊

とあり、法師形の「无骨《ぶこつ（ほねなし）》」およびかれと同類視される「仁安」という二人の専業雑芸者の名を今に伝えてくれる。

このような法師形の芸能者の登場は、一〇世紀以後の律令制の解体に起因するところが大きいのだろう。律令制のもとでの出家得度《しゅっけとくど》は、政府の許可を得て行う「官度《かんど》」が基本であったが、やがて許可なく行う「私度《しど》」が横行

するようになる。延喜一四年（九一四）、三善清行《みよしきよゆき》が封進《ふうしん》した「意見十二箇条《いけんじゅうにかじょう》」でも、第一一条が「諸国の僧徒の濫悪《らんあく》、および宿衛舎人《しゅくえとねり》の凶暴を禁ぜんと請ふ」となっており、私度僧をめぐる状況が次のように記される。

諸国の百姓課役を逃れ、租調を逋《のが》る者、私に自ら髪を落し、猥《みだ》りに法服を著く。此の如きの輩、年を積んで漸く多く、天下の人民三分の二は皆これ禿首《とくしゅ》の者なり。これ皆家に妻子を蓄へ、口に腥膻《なまぐさ》を啖《くら》ふ。形は沙門《しゃもん》に似て、心は屠児《とに》の如し。＊

課役を忌避するために僧形の芸能者になったというだけでなく、人びとが法体《ほったい》に親しみを感じたということもあって、芸能者は剃髪して法服を身にまとっていったのだという［井上満郎一九八二］。

また、専業芸能者には僧形とは別に童名《わらわな》を名乗るものがいた点にも注目したい。『兵範記』仁平四年（一一五四）正月一三日条、法成寺《ほうじょうじ》の修正会の記事では、咒師一双を演じたのが「宮丈丸」、散楽を担ったのが「小景丸、面長、面平」とある。鎌倉時代末成立の百科全書『二中歴《にちゅうれき》』（内容は平安時代後期）第一三「一能歴」散楽条に列挙される散楽者名にも「白太丸」と「厄同丸（時任）」の名を見出すことができる。

「丸」がつく名は童名（幼名）であり、元服を機に改名されるのが普通である。しかし、これら散楽者は、おそらくは成人してからも童名を名乗り続けていたのだろう。河原者《かわらもの》や放免《ほうめん》なども同じように童名を名乗り続けたことが知られており、かれらが「聖俗の境界」にあるものとして聖別される存在だったものが、一四世紀頃を境にしだいに卑賤視の対象となっていくことが指摘されている［網野善彦一九九一］。この点、法体を現世の価値や人界を超越した存在とみながらも、一方で私度僧を「屠児（えとり。獣類を殺す業の人）」とみる観念にも通底するものがないだろうか。古代から中世にかけての散楽や民間芸能者を取り巻く状況が垣間見られる。

――『新猿楽記《しんさるがくき》』――

民間芸能者による芸能の様子を活写した著名な文章に、一一世紀半ばの成立、藤原明衡《ふじわらのあきひら》の作とされる『新猿楽記《しんさるがくき》』がある。本作は「猿楽見物する右衛門尉一家に託して都市京都の人間模様をえがいた職業尽くし」と評されるとおり［棚橋光男一九九七］、いわゆる「往来物の祖」に位置づけられるものである。そのため、職業尽くしにあたる本編部分はもちろんのこと、次に掲げる「猿楽の態《わざ》」尽くしで始まる序文についても、明衡が実際に見た光景をそのまま記録したものではない。しかし、架空の内容とはいえ、ここに挙げられた演目は、一一世紀前半の都市京都を舞台に現実に演じられていた芸能ばかりであろう。

> 予、廿余年より以還《このかた》、東西二京を歴観《へみ》るに、今夜猿楽見物許《ばかり》の見事は、古今におきていまだ有らず。就中《なかんづく》に呪師《のろんじ》・侏儒儛《ひきうとまい》・田楽《でんがく》・傀儡子《かいらいし》・唐術《とうじゅつ》・品玉《しなだま》・輪鼓《りゅうご》・八玉《やつだま》・独相撲《ひとりすまい》・独双六《ひとりすごろく》・無骨《ほねなし》・有骨《ほねあり》、延動大領《えんどうだいりょう》が腰支《こしはせ》・蝦漉舎人《えびすきとねり》が足仕《あしつかい》、氷上専当《ひかみのせんどう》が取袴《とりはかま》・山背大御《やましろおおいご》が指扇《さしおうぎ》・琵琶法師が物語・千秋万歳《せんずまんざい》が酒禱《さかほがい》、飽腹鼓《あいはらつづみ》の胸骨《むなほね》・蟷蜋舞《いもじりまい》の頸筋《くびすじ》・福広聖《ふくこうひじり》が袈裟《けさ》求め・妙高尼が襁褓《むつき》乞い・刑勾当《けいこうとう》が面現《ひたおもて》・早職事《そうしきじ》が皮笛《かわぶえ》・目舞《さかんまい》の老翁体《おきなすがた》・巫遊《かんなぎあそび》の気粧貌《けしょうがお》・京童《きょうわらわ》の虚左礼《そらざれ》・東人《あずまうと》の初《うい》京上り、いわんや拍子男《ひょうしおのこ》共の気色《きそく》・事取大徳《こととりだいとく》が形勢《けわい》、都《すべ》て猿楽の態《わざ》、嗚呼《おこ》の詞は、腸《はらわた》を断ち、頤《おとがい》を解かずということなきなり。＊

列挙される芸能の数々は「並行芸能系猿楽（呪師・侏儒舞・田楽・傀儡子）」「古猿楽系猿楽（唐術・品玉・輪鼓・八玉）」「芸能的物真似猿楽（独相撲・独双六・無骨・有骨）」「演劇的物真似猿楽（延動大領が腰支、以下略）」の四つに分類できるという［井浦芳信一九六三］。従来の猿楽（散楽）と比べ、物真似要素が強くなっていることに気づくが、とりわけ「演劇的物真似猿楽」に分類される芸こそが「新しい猿楽」の姿だとされる。

ここでは中心的要素である物真似芸ではなく、「古猿楽系猿楽（唐散楽に由来する小規模の幻術・幻伎・曲芸）」に分類される演目に着目したい。「輪鼓」を除く「唐術」「品玉」「八玉」の三語はこれまでには見られない初出語でもある。

唐術は他に類例のない言葉で、直訳すれば「唐からもたらされた術」となり、日本における新たな造語である。「術」の中身をめぐっては「幻術や外術の類で唐から来た目くらまし」［大曾根章介一九七九］、「中国伝来の手品や幻術」［重松明久一九八二］、「中国もしくは朝鮮半島より上古に伝来した弄剣・弄玉などの類」［川口久雄一九八三］といった解釈がなされている。奇術的要素が含まれていたとみる点については疑問視する向きもあるが［松山光伸二〇一〇］、唐術という語のこれ以降の用例が確認できないため、これ以上の検討は難しい。ここでは「唐」が、必ずしも唐朝だけを意味したわけではなく、広く中国大陸あるいは諸外国を意味した可能性があることを指摘するにとどめておく。

次に品玉であるが、これも中国散楽には見られないものである。室町時代末期の辞書『伊京集《いきょうしゅう》』では「丸」に「シナダマ」の振仮名があり、慶長二年（一五九七）刊の『易林本節用集《えきりんぼんせつようしゅう》』でも「弄玉」に「シナダマ」の振仮名がみられることから、品玉はお手玉の曲芸を意味したといわれている（さかのぼって平安時代〈九三四頃〉成立の国語辞典『和名類聚抄《わみょうるいじゅうしょう》』巻二には「弄丸」は「世間云、多末斗利」とあり、この頃は「たまとり」とよばれていた）。なお、院政期〜鎌倉時代前期の歌人・画家である藤原隆信《ふじわらのたかのぶ》の『隆信《たかのぶ》朝臣集《あそんしゅう》』には「廻文哥」として次の和歌が載っている。

しなたまも をかしなまひも まてしばし てまもひまなしかをもまたなし（品玉も可笑しな舞も 待て暫し 手間も隙無し 顔も又無し）

上から読んでも下から読んでも同じになる歌であり、「玉を使った曲芸も滑稽な舞もしばらく待ってくれ。手を動かす動作も間断なく、顔もまた顔といえない」という通釈がなされる［樋口芳麻呂 二〇〇一］。「かをもまたなし」の解釈に不審は残るが、品玉が手を間断なく動かす芸であり（おそらくはお手玉の曲芸）、滑稽な舞（物真似的要素か）と近しい芸として登場している点は注目される。

この品玉の語は後に奇術の意味と混交されて用いられるようになるが、それは江戸時代に入ってからのことと指摘されている［松山光伸 二〇一〇］。ところが一三世紀末から一四世紀初頭頃、僧良季《りょうき》によって書かれた『普通唱導集《ふつうしょうどうしゅう》』上巻「世間出世芸能二種」世間部には次のような記載が見られる。

品玉《シナタマ》　伏して惟《おも》ふ過去聖霊
縄を採る手の下には　切るもこれ速やかに、続くもこれ速やかなり
刀を呑む口の中には　目も及ばず、心も及ばず＊

唱導とは説教（説経）のことであり、僧侶は聴衆を飽きさせずに説教を聴いてもらう必要があった。そのための「唱導虎の巻」が本書である［村山修一 二〇〇六］。上巻では逆修《ぎゃくしゅ》・追《つい》善法会《ぜんほうえ》のための表白文《ひょうびゃくぶん》（法会に際して導師が仏前で読み上げる趣旨文）の用例が、さまざまな身分、職業などを想定し、それぞれに適した文を示している。世間部では、文士に始まり、武士や医師、陰陽師《おんみょうじ》や巫女《みこ》、紙漉《かみすき》や鍛冶など五八種の多様な職業が網羅され、品玉のほかにも管弦、音《おん》曲《ぎょく》、白拍子《しらびょうし》、鼓打、田楽、散楽、琵琶法師といった音楽遊芸関係の職業が挙げられている。

品玉向けの表白文に記される、縄切り（ロープ切り）と

呑刀《どんとう》の様子は、当時の品玉という芸能（者）を代表するイメージであったと考えてよいだろう。この史料からは、一つには鎌倉時代後期には品玉という芸能者が唱導の対象として想定せねばならないほど広範に存在していたこと、二つには彼らが縄切りや呑刀といった奇術的演目を日常的に演じていたことを導き出せる。品玉の初出例である『新猿楽記』の段階ですでに奇術的演目を演じていたのか、それとも当初は曲芸的演目を演じていたものが、約二〇〇年の間に次第に奇術的演目をも演じるようになったのかは判然としない。

　鎌倉後期の品玉が演じたという二つの奇術の演目のうち、縄切りが次に確認できるのは『尚嗣公記《ひさつぐこうき》』寛永二一年（一六四四）正月二一日条に「松田日向《まつだひゅうが》」が演じる「なはきり《（縄切り）》」である。享保期（一七一六～三六）頃の伝授本『たはふれ草』にも「縄の真中取て切、又真中とつて切、幾度もして本のごとく一つづきの縄にする事」として、縄の真中を切ると見せて、端を切る方法の手順が載る（第二部79）。

　一方の呑刀については、中国散楽の演目として頻出するもので、わが国では宝暦一四年（一七六四）刊の伝授本『放下筌《ほうかせん》』に「小刀を呑む術」が載る（第二部305）。この本には、刀身が抜ける小刀を使い、刀身を膝の間に落とし、柄だけを用いて呑んでいるようにみせるトリックが解説されている。伝授本にトリックや手順が載るということは、すなわちその演目がそれまでに長く演じられてきたスタンダードなものであることを意味するだろう。

　最後の八玉も類例の少ない語である。先に掲げた『和名類聚抄』「弄丸」の項に、春秋戦国時代の宜遼《ぎりょう》という人物の弄丸の技を評して「八は空中にあり、一は手中にあり」という一文が見える。八つ以上の玉を使ったお手玉ということで、八玉もこの種の芸にあたると思われる。

　以上、もし品玉と八玉とが、ともにお手玉を意味する語だったのだとすれば、わざわざ重複して二つを挙げないものと思われる。そこで「古猿楽系猿楽」として列挙される四演目を「唐術・品玉」と「輪鼓・八玉」との対句表現として分けて捉えてみると、具体的な演目内容は明らかにできないものの、前者は奇術系、後者はジャグリング（曲技）系のグループとして解釈できるのではないだろうか。

——田楽——

　次に『新猿楽記』の「並行芸能系猿楽（もともと独立して存在してきた芸能者が演じていたものが猿楽者によって摂取さ

れたもの）」に分類される演目から「田楽」を取り上げる。

田楽は院政期から鎌倉時代にかけて、日本の芸能の本流を占めたとされる［守屋毅 一九八五］。しかし、その芸態は時代や場面によって異なっており、ひとくちに田楽がどのような芸能であったかを述べることは難しい。それでも田楽研究においては、広義の田楽を「田植《たうえ》を囃《はや》す楽（田囃子《たばやし》）」「職業芸能者の田楽（職田楽）」「風流の田楽」の三タイプに分けて捉える見方が一般的となっている［山路興造 一九八一］。

これら田楽三態のうち「職業芸能者の田楽」とは、各地の寺社の祭礼（御霊会《ごりょうえ》・放生会《ほうじょうえ》など）で主に田楽法師によって演じられたものであり、その本芸は「田楽躍り」と「散楽系の曲技」であった。田楽躍りとは、笛・編木《びんざさら》・腰鼓《こしつづみ》を用い、並んだり、円形になったりしながら幾何学的な動きをする躍りのことである。一方の散楽系の曲技としては、高足《たかあし》・一足《いっそく》・二足《にそく》、刀玉《とうぎょく》・弄玉、輪鼓などが演じられており、相撲節会《すまいのせちえ》において演じられた猿楽（散楽）の演目にほぼ一致している。

近年では田楽の起源を農村や田植ではなく、都市や宮廷芸能に求める新たな見解が打ち出されている。たとえば、相撲節会で近衛官人が演じた散楽、怨霊をまつる御霊会で民間芸能者が演じた散楽などが、田楽の散楽的演目として流入し、融合していったというのである［藤原良章 一九九四］。その意味では、中世前期の田楽とは、古代の散楽の芸態を一部に引き継いだ芸能ということができるのだろう。

では、田楽における散楽的演目のなかに奇術の要素はあったのだろうか。管見では文献中にそのことを明記したものを見つけることはできないが、絵画史料にはいくつかの興味深い図像を見いだすことができる。

一二世紀後半、後白河院《ごしらかわいん》がつくらせたとされる『年中《ねんじゅう》行事《ぎょうじ》絵巻《えまき》』巻一三に、神社の境内で編木や腰鼓、笛を演ずる僧形の田楽法師らが取り囲む中、僧形の男が刀に舌

編木を鳴らす田楽法師
『浦島明神縁起』（『日本絵巻大成22』中央公論社1979より転載）

を這わせながら、それを目に突き立てている様子が描かれる。一般的には刀玉（弄玉、跳剣）を演じるところと説明されるが、刀を目に突き刺す動きや舌を出す行為は他に例をみない。なんらかのトリックを用いた芸であるなら、これは奇術とみなすことができる。実際、文化年間（一八〇四〜一八）刊の伝授本『手妻《てづま》秘密《ひみつ》の奥義《おくぎ》』には「小刀を目へ入レ或ハ呑てミせる手つま」が載っており、柄《つか》の中に刃が入るように仕込んだ小刀を使うトリックが示されている。また、舌を出しているところを重視するならば、中国で西晋《せいしん》代（二六五〜三一六）に演じられた「截《せつ》舌《ぜつ》」や刀を呑んでみせる「呑刀」の奇術の可能性もある。

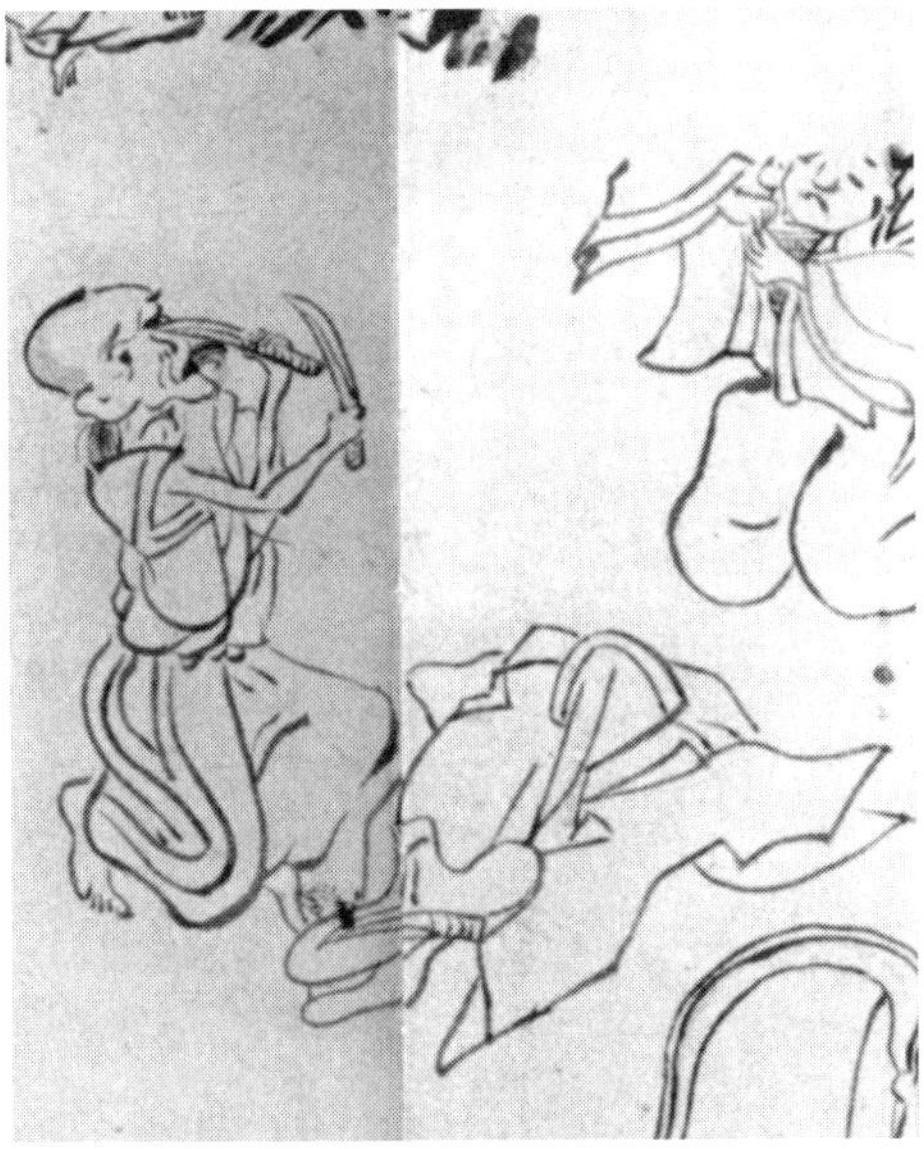

刀玉を演じる田楽法師
『年中行事絵巻』（『日本絵巻物全集24』角川書店1968より転載）

つぎに時代は下るが、一五世紀初頭ころの成立と推定される絵巻物『浦島明神縁起《うらしまみょうじんえんぎ》』にも、編木・腰鼓・笛などを演ずる田楽法師が取り囲む中、品玉（弄玉）をする僧形の芸能者が描かれている。この絵巻には詞書《ことばがき》がないため、詳しい事情を知ることはできないが、弘安二年（一二七九）八月二一日、筒川大明神《つつかわだいみょうじん》の遷宮の祭礼を描いたものとされる［小松茂美 一九七九］。図像からは水干《すいかん》を膚脱《はだぬ》ぎにして、四本の小刀と五つの玉（銅銭とも）、そして二本歯の足駄《あしだ》を用いて品玉をとる姿を読み取ることができる。この足駄とは現代の下駄のことだが、特に歯の高いものを高足駄《たかあしだ》と呼んでいた。高足駄には様々な用例が確認されているが、特に散楽とは深い関わりがある履物と考えられている点に注目してみたい［植木行宣 一九八二］。

江戸時代のことであるが、寛政一〇年（一七九八）刊、

品玉を取る田楽法師
『浦島明神縁起』（『日本絵巻大成22』中央公論社1979より転載）

山東京伝《さんとうきょうでん》著『百化帖準擬本草《ひゃっかちょうみたてほんぞう》』に、大道で高足駄を履きながら、豆・徳利・鎌の品玉を演じる辻放下・芥子《けし》の助《すけ》の姿が描かれる（第五章）。その様子は『浦島明神縁起』の田楽法師を彷彿とさせる。詳しくは後述するが、江戸時代の辻放下は、ジャグリングだけではなく、奇術的演目も併せ演じていた。

また『放下筌』では、大道で「五色の砂を水中に入、すこしも濡ざる術」を演ずる人物が高足駄姿に描かれ（第二部270）、一二世紀前半の成立とみられる『今昔物語集《こんじゃくものがたりしゅう》』にも「外術《げじゅつ》」を演ずる「下衆法師《げすほうし》」が「履たる足駄」を犬の子に変えてみせたとする話が載っている。奇術と高足駄との密接な関係を考えるとき、『浦島明神縁起』の田楽法師もあるいは奇術的演目を演じていたという推測が許されるのではないだろうか［橋本裕之 一九九一］。

田楽は、鎌倉時代末期以降は「猿楽の能（田楽能）」を主要芸とするようになり、それも次第に猿楽（いわゆる能楽）に取って代わられ、急激に衰えていくことになる。曲芸や奇術の演目もおそらくは猿楽に一部流入したとみられ、法隆寺『嘉元記《かげんき》』貞和四／正平三年（一三四八）八月七日条には以下のような記事がみられる。

西室前において鎌蔵《かまくら》猿楽と云々。ハヤワサ大刀、刀之上ヲフム（踏）。クセ事する物遊び了んぬ。一貫文給い了んぬるの内、五百文忌日銭在り。＊

ここに記される「鎌蔵猿楽」は、先にみた「江州法師」と関係があり、比叡山の鎌蔵にいた専業の散楽者とする説がある［後藤淑 一九七五］。この芸能者が演じた「刀之上ヲフム」は、養老瀧五郎《ようろうたきごろう》ら江戸時代末の「奇術師」たちがしばしば演じた「刀の刃渡り」を指すと考えられる（口絵・第二部2）。刀の刃渡りを見世物として興行したのは、『快談文草《かいだんぶんそう》』（寛政一〇年〈一七九八〉刊）によれば明和年間（一七六四～七二）のことという［朝倉無声 一九二八］。しかし、おそらく田楽のなかの散楽的要素を引き継いだ猿楽の演目としては、すでに南北朝時代から演じられていたということになる。

現代に伝わる田楽では、曲芸的な要素でさえ、わずかに刀玉や高足が形式的に伝えられているだけで、当時の演目を忠実に復元することは困難である。そのため上記のような断片的な史料から推測するよりほかないのだが、江戸時代の「奇術師」たちが演じた演目のいくつかが、田楽との関わりで、中世前期にすでに演じられたことが確認できるであろう。

——傀儡子《くぐつ》——

次に『新猿楽記』の「並行芸能系猿楽」にみえる、もうひとつの芸能、傀儡子を取り上げる。傀儡（子）とは人形舞わし、人形遣いの芸能である。延暦六年（七八七）にすでに「傀儡」の文字が見え（『西宮記《さいきゅうき》』巻四裏書）、同一三年（七九四）にも「久々都」と書かれた史料がある（『新訳《しんやく》華厳経《けごんきょう》音義私記《おんぎしき》』）。三国時代（四～七世紀）の朝鮮半島からすでにこの芸能が伝来していたとする見解があるが［末吉厚 一九九八］、その一方で日本固有の芸能として存在していたとする見方もある［林屋辰三郎 一九六〇］。

さて『新猿楽記』の成立から数十年後の一一世紀末～一二世紀初頭、大江匡房《おおえのまさふさ》が、この傀儡子（クグツ・カイライシ）と呼ばれた放浪の芸能民の生態を『傀儡子記《くぐつき》』に描いている。男女の傀儡子の生業を述べた箇所のうち、男傀儡子の部分に興味深い記載がある。

男は皆弓馬を使《わきま》え、狩猟をもて事となす。或は双剣を跳《おど》らせて七丸を弄《もてあそ》び、或は木人《もくじん》を舞わせて桃梗《とうこう》を闘わす。生ける人の態を能くすること、殆に魚龍曼蜒の戯に近し。沙石を変じて金銭となし、草木を化して鳥獣となし、能く人の目を□す。＊

男の傀儡子は狩猟を本業としながら、曲伎や傀儡戯、幻戯を演じたという。原文「跳双剣、弄七丸」は中国散楽の曲芸である跳剣や弄丸にあたる。また「舞木人、闘桃梗、能生人之態、殆近魚龍曼蜒之戯」の箇所は、木製人形（木人・桃梗）を使った人形まわしの様子が、あたかも中国散楽の幻術的演目である魚龍《ぎょりょう》・蔓延《まんえん》のようだと述べる。さらに「変沙石為金銭、化草木為鳥獣、能□人目」は、小石を銭、草木を鳥獣に変じてみせるもので、明らかに奇術的演目とみることができ、わが国で初めて具体的に奇術の様子を述べた文章として注目される。

ところが、作者の匡房は当代随一の大学者であり、全体に中国の文献からの引用が多くみられることから、先に引いた箇所は実際に目にした奇術の様子を描写したものではなく、中国の古事を引用した可能性があることが指摘されている［松山光伸 二〇一〇］。たとえば『白氏文集《はくしもんじゅう》』巻三「立部伎」にある「舞双剣、跳七丸（双剣を舞わせ、七丸を跳ねらす）」と『傀儡子記』の「跳双剣、弄七丸」は酷似しているし、実際にわが国では演じられたことが確認できない魚龍蔓延が大げさな譬喩として用いられている点などは明らかに文飾とみてよさそうである。

『傀儡子記』は「実態を伝える芸能資料ではなく、まずは漢文学のテキストとして、その表現に即して読み解くことが重要」との指摘もあり［小峯和明一九九〇］、奇術史の史料としては用いるには注意を要するものである。しかし、奇術の箇所については、管見では中国の文献に類似の表現を見いだせず、否定するだけの積極的な理由も見つからない。また、次に見るように、少し後に成立した説話文学中にも類似の奇術に関する記載が見られるのである。決して大掛かりな演目というわけではないことから、ここでは実演されていた可能性を認めておきたい。

――『今昔物語集《こんじゃくものがたりしゅう》』――

『傀儡子記』からわずかに時代が下った一二世紀前半の成立とみられる『今昔物語集』巻二〇に「天狗を祭る法師、男に此の術を習わしめんとする語《こと》第九」という説話が収められる。この話には、天狗を祭り、「外術《げじゅつ》（仏の教えに対する異端・外道《げどう》の術）」を授かったという京の「下衆法師」が登場する。

今昔、京に外術と云う事を好で役とする下衆法師有けり。履たる足駄・尻切などを急と犬の子などに成して這《はわ》せ、又懐より狐を鳴せて出し、又馬・牛の立る尻より入て、口より出など為る事をぞしける。

下衆法師の外術として、履いている足駄や尻切といった履物を犬の子に変える術、懐から狐を鳴かせて出す術、立っている馬や牛の尻から入って口から出る術の三つが挙げられる。また同巻の「陽成院《ようぜいいん》の御代、滝口、金の使に行く語第十」にも、滝口の武士道範《みちのり》が信濃国《しなののくに》の郡司《ぐんじ》から「墓無《はかな》き物に成しなど為《す》る事（ちょっとした物に変える術）」を習い、それを同僚の滝口の武士たちに披露するくだりがある。

滝口共の履置たる沓《くつ》共を、諍《あらそ》い事をして、皆犬の子に成して這せけり。亦、古藁沓《わらぐつ》を、三尺許《ばかり》の鯉《こい》に成して、大盤《だいばん》の上にして、生乍踊《いきながらおどら》せなど為《す》る事をなんしける。

両話ともに出典は不明とされるが、共通する主題は仏法から外れた術を習得した者を非難する点にあり、反仏法的存在である天狗の存在が見え隠れする。『今昔物語集』巻二〇は天狗譚《てんぐたん》を集成した巻としても知られ、人びとが「外術（奇術的演目）」に抱くイメージの源泉に天狗＝反仏法があったことがうかがえる。第九の下衆法師は、外術を演ずる僧形の雑芸能者をこのように表現したものであろうが、天狗を祭り、外術を習得した雑芸能者は「天狗」ならぬ「人狗《にんぐ》」であり「人に非ぬ者」として厳しく非難されている。そのうえで、下衆法師に弟子入りした男が禁を破って懐に隠し持っていた刀を天狗に見抜かれてしまい、その報復として法師が命を奪われるという天狗の不思議な力を示す奇譚《きたん》にもなっている。

同じく第十では、道範から外術を習得した陽成院が「帝王の御身にて、永く三宝に違《たが》う術を習い為《せ》させ給う事をなん、皆人誹《そし》り申けり」とあって、外術は三宝（仏法）に背くものとされ、やはり「天狗を祭て、三宝を欺」いたがため、院は狂気に陥ったとする。ここでは道範に術を授けた郡司が披露した男根消失の術も奇譚を彩る主要なテーマとなっている。

このように両話を読み解くとき、冒頭の導入部分に置かれた奇術的演目の列挙箇所は、いささか存在感に乏しく、主たるテーマたり得ていない。つまり、この部分は奇譚として特筆するに値しないありふれたことがらを描いたものであるのか、あるいは逆に他の文献等から引いてきただけで、実見していないため詳述できないか、そのどちらかなのであろう。先の『傀儡子記』と『今昔物語集』両話に出てくる奇術を以下の四つに分類し、少し詳しく考察してみよう。

①変化（無生物）「沙石（小石）→金銭」

パームpalmとよばれる手の平に品物を隠し持つ技術を用いた演目と推定できる。享保期（一七一六〜三六）の伝授本『たはふれ草』にパームを用いた変化の手順が解説されるが（第二部182）、これに先立つこと約六〇〇年前、すでに放浪の芸能者である傀儡子によってこの技術が用いられていたと考えられる。

②変化（小動物）「草木→鳥獣」「足駄・尻切・沓→犬の子」「古藁沓→三尺許の鯉」

朝倉無声が昭和初期になって「変獣《へんじゅう》化《け》魚術《ぎょじゅつ》」と命名したもので［朝倉無声 一九二八］、動物を隠しておく容器と大きな布があれば、小動物程度ならば当時でも演ずることは可能だろう。ちなみに『たはふれ草』には「笹の葉を泥鰍《どじょう》にする事」という演目が載っている（第二部200）。あらかじめ小さな竹筒にドジョウを入れておき、着物の袂にしのばせておく。水の入った容器に笹の葉を浮かべ、風呂敷をかぶせるうちに、竹筒からドジョウを水中に放ち、笹の葉を取り除くというトリックである。犬の子や三尺（約九〇センチ）の鯉というあたりは、あるいは漢文特有の誇張や文飾が含まれているかもしれないが、無生物を動物に変化させる奇術はこの時代でも可能だったのではないか。

③出現／操作「懐から狐（鳴かせる）」

生きた子狐を使うのであれば②と同じく、狐を入れた容器を衣服の中に隠し持つことがポイントである。また、幕末から明治初年には、口中の笛を吹き鳴らすことで、狐の尾だけが動いて鳴くように見せる芸があったという［菊池貴一郎 一九〇五］。籠を飛んですり抜ける「籠脱《かごぬ》け」を本芸とした大道芸人が、前芸として手ぬぐいで作った蛇を本物の蛇に変えたり、金輪や呑刀を演じたりしていたが、そのなかに狐の尾の芸があった。

狐の尾を取出し、口に笛を含みて狐の尾を左手《ゆんで》の手掌《てのひら》に受、右手《めて》にて撫る。狐の尾はキウと鳴て肩及び頸の巡りへ飛上ること幾度なるを、右手に握ればキユ〳〵〳〵と鳴を地上に投付る、キウ。足をあげて尾を踏むや、キウ〳〵キウーと鳴て死せるなり

現代、「アクションアニマル」や「スプリングパペット」の名で演じられるものの元祖といってもよいだろう。滑稽さを伴う演技が重要なポイントになる。

④貫通／脱出「馬腹術」

「古楽図（信西古楽図）」に描かれる「入馬腹舞」と同じもので、後に無声は「馬腹術《ばふくじゅつ》」と名付けている［朝倉無声 一九二八］。黒幕を用いたブラックアートであれば実現可能とする見方［河合勝・斎藤修啓 二〇〇九］や奇術ではなく、丈の大きな張子の馬の尻にねじり入って、口から這い出る楽舞と捉える説もある［傳起鳳・傳騰龍 一九九三］。①〜④のうち、この演目だけが大がかりなものでもあり、後に演じられたとする記録もないことから、実演の可能性は乏しいのではないだろうか［角田一郎 一九八一］（ただ

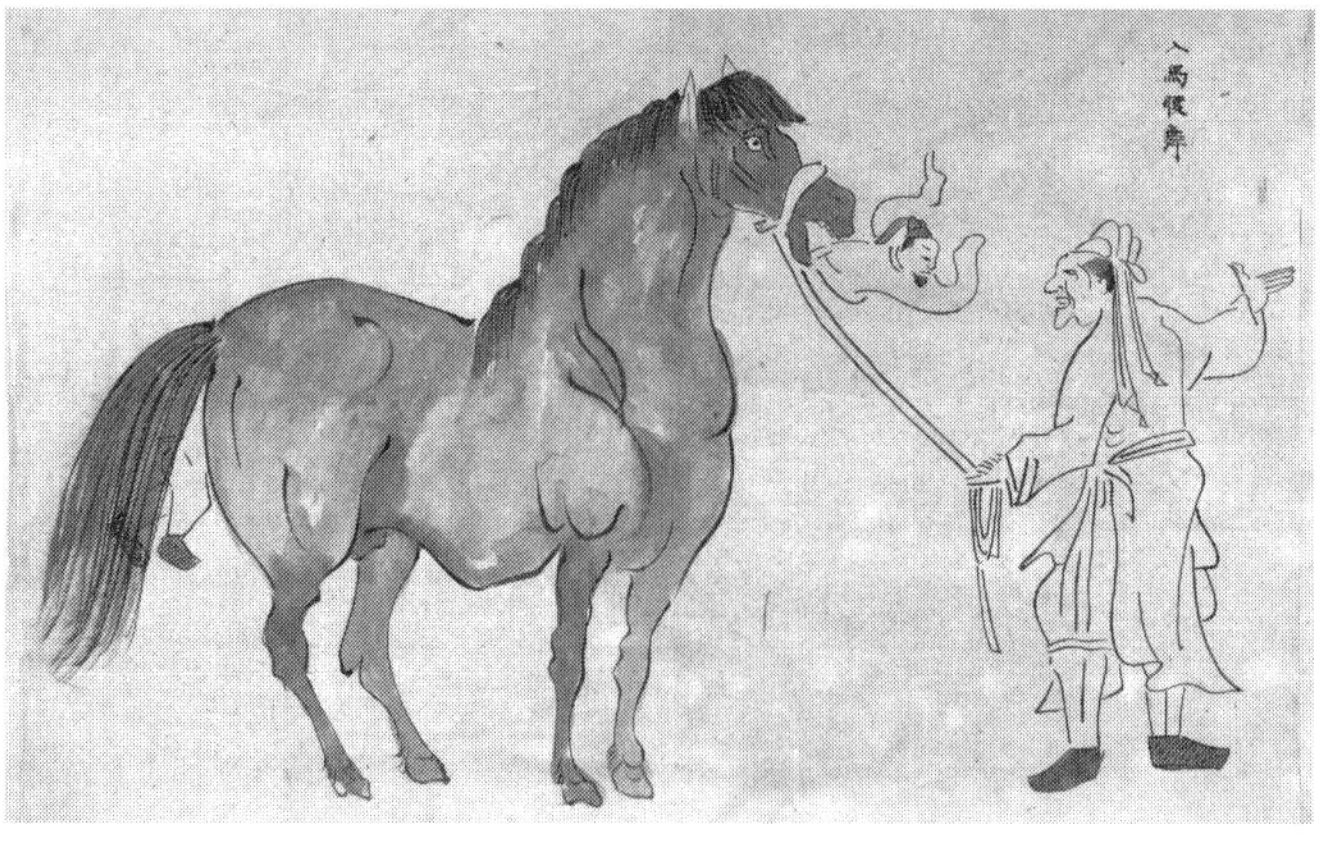

入馬腹舞
『舞楽図』（国立国会図書館蔵）

し、江戸時代の軍談『甲越軍記《こうえつぐんき》』や谷崎潤一郎《たにざきじゅんいちろう》『乱菊物語《らんぎくものがたり》』などの文学作品には登場する）。

『今昔物語集』はおそらく『傀儡子記』を典拠としては参照していない。であれば、『今昔物語集』の編者が物を変化させる奇術を、話の主題としてでなく、登場人物の背景設定としてだけ取り入れたのはなぜなのか。それはとりもなおさず、この時期すでにこうした奇術が雑芸能者によって普通に演じられていたため、あえて主題とするには及ばなかったとは考えられないだろうか。本稿では院政期にはすでにわが国で変化の奇術が演じられていたとする立場をとりたい。

前章では、古代の散楽に奇術的要素を見いだすことが難しいことを確認したが、中世前期になると、非常に断片的ではあるが、わが国でも奇術が演じられていた痕跡を見出すことができるようになる。

国家が招来した唐散楽からは幻術や奇術的な演目が除外されていたとする指摘を受け入れるならば、中世前期になって現れ始める奇術的な演目は、わが国で独自に誕生し、発展したのであろうか。いくつかの演目は唐散楽にも共通するものでもあり、やはり大陸や朝鮮半島の芸能から影響を受けたとする通説は認めねばならないであろう。ではどのようにして、それらの演目はわが国にもたらされたのだろうか。

最後に遣唐使が派遣されたのは承和五年（八三八）、帰国は翌年のことであり、この後九〇七年に唐朝は滅亡する。そして五代十国時代（九〇七～六〇）を経て、中国大陸では宋朝（北宋九六〇～一一二七、南宋一一二七～一二七九）が新たに興っている。

八世紀までの交流が遣唐使をはじめとする国家使節を介して行われていたのに対し、九～一四世紀は海商の往来がベースとなって、人・物の移動や情報の伝達が行われる「海商の時代」となる［榎本渉二〇〇七］。特に日中間往来の頻度はそれまでとは比較にならないほどに増加し、また「博《はか》多《た》綱首《こうしゅ》（博多居住の宋海商）」をはじめとする国内の居留宋人が存在したことは、文物の交易にとどまらずさまざまな文化の導入が行われたことを推測させる。

一〇世紀前半に成立した国語辞典『和名類聚抄』には、術芸部の雑芸類として「弄《ホコ》槍《トリ》」「弄《タマ》丸《トリ》」「擲《カヘリ》倒《ウチ》」、雑芸具として「傀儡子」「輪鼓」といった散楽系の曲芸に関わる演目や道具は立項されているが、奇術に関わるものは一切載っていない。しかし、一一世紀末～一二世紀初頭成立の『傀儡子記』や一二世紀前半成立の『今昔物語集』には奇術的演目が載るようになる。

幻術師の私的な渡来があったにせよ、一〇世紀までにはその可能性が乏しいという指摘もあり［角田一郎一九八一］、「海商の時代」を迎えてしばらくして、こうした演目がわが国に持ち込まれたとひとまずは考えておきたい。

第三章　中世後期

中世後期、雑芸能は新たに登場した「放下《ほうか》（放家・放歌とも）」とよばれる芸能者によって主に担われるようになっていく。このことは、時代が下るにつれ、猿楽が物真似や歌舞的要素を一層強めて猿楽能（能楽）や狂言といった演劇に性格を変えていったこと、また田楽が演目の形式化と固定化を進めて地方社寺の祭礼のなかに埋没していったこととも関係している。

そこで本章では中世後期を代表する雑芸能者である放下を取り上げ、ついでこの時期の後半に奇術を演じたとされる果心居士《かしんこじ》、飛加藤《とびかとう》、キリシタンにも焦点を当てることにしたい。

——中世後期の放下——

これまでの奇術史では、放下と奇術との関係について、たとえば次のような説明がなされていた。

> 室町時代（一三三八年〜一五七三年）になって起る放下僧は、寺社の境内や街の辻で勧進興行したが、手品は主な演目であった。この業は後に一般人に移って、放下師と呼ばれるが、庶民の中へ、手品の不思議な面白さを浸透させるのであった。［平岩白風 一九七〇］

一方、近年では、放下の芸は「手先の巧みさと軽快な動きによる曲技曲芸、中でも品玉が中心的なもの」であり、なおかつ、この時期の品玉の語は手品や奇術の意味を含まなかったとの見方が示されている。つまり、中世後期の放下師を「奇術師」とみることを疑問視する見解が提起されているわけである［松山光伸 二〇一〇］。

そこで本稿では、これまでの放下研究［盛田嘉徳 一九六三］で検出された関連史料に基づきながら、中世後期の放下の演目に奇術的要素がどの程度あったのかという視点から再検証を試みたい。

前代の雑芸能者たちと同じく、中世後期の放下もまたその芸態が詳しく記録されることは稀であった。しかし、いくつかの史料に放下の姿を見いだすことができる。まずは放下を題材とした謡曲から見てみることにしたい。観阿弥《かんあみ》（一三三三〜一三八四）作、世阿弥《ぜあみ》（一三六三?〜一四四三）改作とされる曲「自然居士《じねんこじ》」は、雲居寺《うんごじ》造営のための説法をしていた自然居士という喝食《かっしき》が、人買いから少女を救い出すため、クセ舞・中の舞・ささらの舞・羯《かっ》鼓《こ》の舞といった芸尽くしを披露するものである。「居士」とは在家の仏教信者であり、「喝食」とは禅宗にあって剃髪前の者をいう。自然居士は、永仁四年（一二九六）成立とされる絵巻物『天狗草紙《てんぐのそうし》』に、有髪・口髭・顎鬚、手にささらを持って舞い歌う姿に描かれ、詞書には「放下の禅師」と号したとある。実在の人物である自然居士は「放下僧の祖」に位置付けられており、いわば「巷間の禅

自然居士
『天狗草紙』（『続日本絵巻大成19』中央公論社1984より転載）

僧」とでも言うべき存在であった［原田正俊 一九九〇］。

ついで世阿弥作とされる「東岸居士《とうがんこじ》」でも、自然居士の弟子東岸居士は、有髪で羯鼓やささらを打ち囃し、舞いながら説教をする芸能者に描かれている。

そして宮増《みやます》作とされる世阿弥時代の曲「放下僧」は、父の仇討のため、放下と放下僧に身をやつした兄弟が、曲《くせ》舞《まい》・羯鼓舞《かっこまい》・小歌舞などを披露し、本懐を遂げるという内容である。本曲には「この頃人の翫《もてあそ》び候は放下にて候」との文言が見られることから、遅くとも一五世紀前半には「放下」ないし「放下僧」という語が用いられ、この芸能が盛行していた様子を見てとることができる。

以上のように、謡曲に登場する放下は、いずれも歌・舞を中心とした芸能を見せているのであって、奇術的要素はまったく確認できない。特に自然居士は「民衆を教化しようとして唱導と歌舞をクロスオーバーさせた」と評価されるように［松岡心平 一九九一］、演じた芸能の主要な部分はあくまで歌舞であった。

これに対して、都の貴顕の日記に出てくる放下は少し様相が異なっている。時代は下るが、後崇光院伏見宮貞《ごすこういんふしみのみやさだ》成親王《ふさしんのう》による『看聞日記《かんもんにっき》』には何例もの放下の姿が記録される。まずは応永二七年（一四二〇）二月一〇日条を見てみよう。

桂地蔵堂に参詣す。（中略）門前に放歌あり。太刀を以て跳《おど》り狂ふ。男共見物す。その風情奇得の由申す。輿を立て之を見る。誠に奇異の振舞ひ、説くべからざる也。＊

ここでの表記は「放歌」だが、放下の史料上の初見とされるものである。続いて同三二年（一四二五）二月四日条には次のように記される。

抑も放哥一人参る。手鞠、リウコ（輪鼓）舞、又品玉《シナタマ》、ヒイナ（雛）ヲ舞す。其れ興有りて酒を賜ふ。＊

この二つの記事に記された演目を詳しく見てみたい。まずは、どちらも「放下」ではなく「放歌」と表記されていることから、謡い物を主としていた可能性が指摘されている［渡邊昭五 一九九七］。「以太刀跳狂」の部分は、前代の田楽が演じていた刀玉《とうぎょく》や跳剣《ちょうけん》、呑刀《どんとう》に該当する曲芸の一種だろう。「手鞠」は現代人がイメージする手鞠突きではなく、鞠を放り上げて手玉にとる、一種の曲芸である［盛田嘉徳 一九六八］。また「リウコ舞」は相撲節会《すまいのせちえ》で散楽が演じていた輪鼓であり、雑芸を代表する演目の一つである。このことは一五世紀末に原本が成立したとされる『七十一番職人歌合《しちじゅういちばんしょくにんうたあわせ》』に、輪鼓柄の着物を身につけた放下が描かれていることからもうかがえる。「品玉」は一一世紀成立の『新猿楽記《しんさるがくき》』に登場しており、中世にはお手玉を内容とする芸だったと考えられてきた（詳しくは後述）。「ヒイナヲ舞ス」は「雛まわし」すなわち人形を用いた芸能であり、「糸操り人形」を想定する説がある［角田一郎 一九六三］。このように、一五世紀前半の京都で実際に活動していた「放歌（放哥）」の芸には、曲芸を主とした多岐にわたる雑芸の要素が含まれていたことを指摘できる。

放下の芸態を詳しく見るため、もう少し範囲を広げて関連史料を追ってみよう。「放下」の語は確認されないが、内容からみて放下の記事とされるものが、次の『法隆寺《ほうりゅうじ》記録《きろく》』貞和五年（一三四九）閏《うるう》六月七日条である。

御舎利殿ニ手マリ突児来、手マリヲ突（年十六、七計也）（中略）次日八日、礼堂ニテ突、上下諸人市成《いちをなす》。曲舞一、次手マリ、次ニホネナシ、小刀ヲ口ニ一クワエ、左右手一ツヽ、三以テカエル。

一六、七歳の「手マリ突児」が演じた芸のうち、「曲舞」は謡曲では自然居士が演じていたもので、鼓にあわせて謡いながら扇を持って舞ったものである。また「ホネナシ」は『左経記《さけいき》』万寿二年（一〇二五）正月一〇日条、法成寺修正会《ほうじょうじしゅしょうえ》の記事に出てくる「骨無」や『新猿楽記』に出てくる「無骨」にあたる。ホネナシを獅子舞が兼帯する「師子相撲」とする説があるが［井浦芳信 一九六三］、本稿では体に骨無きがごとく演ずる「アクロバット」とする見方に従っておきたい［浜一衛 一九六八］。「手マリ」や「小刀」の部分は、鞠や刀を放り上げて手玉にとる芸であることから、後の応永期の放歌の芸態にも通じている。

また『看聞日記』応永二三年（一四一六）三月二五日条には「手クヽツ（手傀儡）」が猿楽や輪鼓舞、獅子舞、曲舞など種々の舞を披露したという記事が見える。伴われた小童は「天骨物」だったとあるが、「无骨（ホネナシ）」と読めるのであれば、アクロバティックな演技も併せ演じたのかもしれず、手傀儡もまた放下に近い芸能者だったことをうかがわせる。

以上、何例かを確認しただけでも、放下やその周辺の芸能者がバラエティに富んだ芸を披露していたことがわかり、それこそが放下の芸態を特徴付けるものであったと言えそうである。このほか『お湯殿《ゆどの》の上《うえ》の日記《にっき》』明応三年（一四九四）正月二〇日条に「りうこまわしまいりて、色〳〵の事ともする」とある輪鼓廻しも、色いろな芸を披露したとあることから、放下と同種の雑芸能者だったと推測される。また『看聞日記』永享八年（一四三六）五月一六日条に「品玉《しなだま》仕《つかまつる》法師《ほうし》」が、軍記物語を語り、放歌をし、術を演じたとあるのも一種の放下であろう。

そこでさらに芸の多様さを確認するため、一四～一六世紀の史料に登場する放下およびそれに類似する雑芸能者の記事を、芸態ごとに分類したものが**表1**である。具体的な芸の内容を記載しないものもあるが、最も多いのは球形のものあるいは刀剣の類をお手玉に取る芸（手鞠・飛刀）で、ついで曲舞や羯鼓舞などの舞、そして輪鼓、品玉の順となる。

本稿の関心から問題となるのは、品玉という芸能の内容である。江戸時代に「しなだま」と言えば、伝授本『放《ほう》下筌《かせん》』に載る「しな玉の術」すなわち現在の「お椀と玉（Cups and Balls）」を意味することがあった（第二部110）。現代でもこの演目は伝統奇術の代表的なものの一つとして演じられているため、奇術の世界では「しなだま」イコール奇術というイメージがある。

しかし、近年、中世の辞書の読解等を通じて「品玉」が手品や奇術の意味を含むようになったのは江戸に入ってからのことである」との指摘がなされ、次のような定義がされるに至った。

表1　14～16世紀の史料に登場する放下とその芸態

No.	和暦	西暦	月日	芸能者	芸態													
					手鞠 引玉 弄丸	飛刀 太刀跳	舞 曲舞 羯鼓	放歌 歌 歌舞	尺八	輪鼓 リウコ	品玉 術	骨無	蜘蛛舞	猿楽	獅子	ヒイナ ヒナ クグツ	コキリコ	物語 平家語
1	貞和5	1349	閏6/7	手マリ突児	1													
2	貞和5	1349	閏6/8	手マリ突児	2	4	1					3						
3	応永23	1416	3/25	手クヽツ・无骨者			5			3		2		1	4	0		
4	応永27	1420	2/10	放歌		1		0										
5	応永32	1425	2/4	放哥	1			0		2	3					4		
6	永享7	1435	7/9	放歌	2			0		1						3		
7	永享8	1436	1/28	藤寿・石阿	11		3・6・9	2・5・8	1								4・10	7
8	永享8	1436	5/16	品玉仕法師				2			3							1
9	永享10	1438	1/14	藤寿・石阿														
10	嘉吉1	1441	4/8	放歌	1			0		2	3							
11	文安4	1447	3/22	石阿	1													
12	延徳3	1491	7/16	はうか			1											
13	明応2	1493	1/20	ハウカ			1											
14	明応2	1493	9/2	手くゝつ												1		
15	明応3	1494	1/20	りうこまわし						0								
16	明応8	1499	7/22	放歌者	2	3	1	0										
17	永正4	1507	1/18	放家小児	2					1								
18	天文12	1543	6/19	りうこひく物						1								
19	天文12	1543	6/28	りうこひき						1								
20	天文13	1544	4/14	はうか														
21	天正16	1588	2/1	くもまい・やゝこおとり				2					1					
22	天正16	1588	2/20	ほうか			1											
23	天正17	1589	3/15	ほうか														
24	天正18	1590	1/9	ほうか・ゑひすかき			1											
25	慶長3	1598	4/18	はうかのあやつり												0		
26	慶長3?	1598?	7/16	ハウカ														
27	慶長3	1598	8/26	ほうか			1				2							
28	慶長5	1600	2/7	ほうか														
29	慶長5	1600	3/23	ほうか														

数字は演じた順序。芸能者の名称から推測される演目は「0」。具体的な芸態を記さない場合は空欄。　[出典]1・2…『法隆寺記録』、3～10…『看聞日記』、11…『建内記』、12・14・15・18～25・27～29『お湯殿の上の日記』、13…『松梅院禅予日記』、16・26…『鹿苑日録』、17…『実隆公記』

品玉とは、中世に放下師が演じた鞠、綾竹、鎌、刀などを使う芸で、もとは弄丸という渡来の散楽芸である。近世になって手妻とも言われるようになる。放下師の芸の主体が手品（奇術）に移っていくと共に、品玉や手妻の意味で使われたり、個別の手品の演目の意でも使われたりするようになる。［松山光伸 二〇一〇］

この定義に従うならば、手鞠とは鞠を手玉に取った品玉の一種ということになる。では、『看聞日記』の応永三二年（一四二五）二月四日条および嘉吉元年（一四四一）四月八日条に、一人の放歌（哥）が「手鞠」と「品玉」とを別々の演目として演じたと記していることは、どのように理解すればよいのだろうか。

これは玉を用いた芸を「手鞠・弄丸（弄玉）」と呼び、「玉の代りに種々の品物を用いて演ずるのが品玉」と呼んだと解釈することができるのかもしれない［盛田嘉徳 一九六三］。しかし、『看聞日記』の筆者貞成親王は、永享八年（一四三六）正月二八日条では、「石阿」という芸能者の様子を次のように詳細に記している。

石阿、手鞠を付く。三つを以って之を付く（件の手鞠は石と云々）。茶碗・呉器手鞠取り合せ付く。其の打ち合う声キン〳〵と鳴る。盛台等を揵《(あ)》げ、出されて之を付く。手鞠を以って天井ノふちに次第ニ付けあ《(当)》つ。敢て落つる事無し。神変奇特の事なり。＊

石阿は鞠だけではなく、石や茶碗、呉器《ごき》（高麗茶碗）、盛台（料理を載せる台か）といった玉以外の様々な形のものを取り混ぜて手玉に取っているが、親王はやはりこの演目を「手鞠を付く（突く）」あるいは単に「付（突く）」と記載している。

万里小路時房《までのこうじときふさ》もまた日記『建内記《けんだいき》』の文安四年（一四四七）三月二二日条に石阿の演技を記録した。

石阿、いよいよ芸能を施す。其の儀石二つ（各拳の如し）で手鞠を突く。また茶碗と石で之を突く。又豆と石、茶碗と豆、又天目《(てんもく)》と石、程々之を突く。其の体、希代の壮観、未曾有の風情なり。＊

ここでもやはり石で「手鞠を突く」と表現し、その後これに茶碗や豆、天目茶碗を取り混ぜて曲取りする場合でも「突く」という動詞を用いているのである。

だとすれば、親王が記した「品玉」の語には、曲取りや手玉以外の意味があったとしか考えられないのではないか。そこで想起すべきは、第二章で紹介した『普通唱《ふつうしょう》導集《どうしゅう》』の記載である。ここには「品玉」という職業を代表するものとして、縄切りと呑刀の演目の様子が記されていた。同書の成立年代は、おおよそ一三世紀末から一四世紀初頭頃とされており、放下の登場以前には「品玉」の語に奇術の要素が含まれていたことを示している。したがって、その後に活躍する放下が演じた「品玉」の演目に奇術の要素がなかったと断じることはできないということになる。

最後に当時の国語辞典類に、放下がどのように記載されているかを確認しておこう。

文明期（一四六九～一四八七）以前に成立したいわゆる「古本節用集《こほんせつようしゅう》（用字集・国語辞典）」のうち、最古の部類に属する『雑字類書《ざつじるいしょ》（文明本節用集）』では「放下」の項に「ハウカ」と「ハナツ」の読みがついており、「下或作家哥。術者也」との説明が載る。つまり「放下」とは「放家」とも「放哥」とも表記される「術者」であった。

また、天文一七年（一五四八）成立の『運歩色葉集《うんぽいろはしゅう》』（静嘉堂文庫本。室町末期の写本）では、「放家」の語に「ハウカ」と「シナタマトルモノ」という二つの読みがつき、やはり「術者」という説明が見られる（現存最古とされる京都大学三冊本には「シナタマトルモノ」の訓はない）。

ここでまた「術者」の解釈が問題となってくる。第二章では「唐術」（『新猿楽記』）や「外術」（『今昔物語集』）が奇術系の演目を意味した可能性を指摘しておいた。こうした「術」のニュアンスを持つのであれば、放下を意味する「術者」にも「奇術師」としての要素を見出すことができるだろう。先にも掲げたが、『看聞日記』にも一例だけ、この「術」と同じ意味で使われたと思われる用例が認められる（永享八年五月一六日条）。

そこでこれまでのまとめとして、中世後期の放下を次のように定義しておきたい。

放下とは室町期初頭から姿を確認できる芸能者であり、放歌・放家とも表記され、時に手鞠突・輪鼓廻（輪鼓引）・

はうか（放下）
『七十一番職人歌合』（『日本の美術132』至文堂1977より転載）

手傀儡などとも呼ばれた。多様な芸を演じたが、その主要な演目は玉や刀を曲取りする手鞠突や飛刀であり、ついで鼓にあわせて謡（歌）いながら舞う曲舞や羯鼓の舞、輪鼓の舞などであった。この時期の放下が演じた品玉の演目には、奇術的な要素も含まれていたと考えられるが、その実態は明らかではなく、これを主な演目だったとまでは言うことはできない。放下が明らかに奇術を演じたことがわかるようになるのは、江戸時代になってからのことである。

本章での放下に関する考察はここまでとし、引き続き第四章でも江戸期以降の放下を取り上げることにする。

―果心居士《かしんこじ》―

中世末期（戦国〜安土桃山期）の奇術といえば、ほとんどの奇術史文献で取り上げられてきた人物に「果心居士」がいる（果進居士、化身とも）。小泉八雲《こいずみやくも》「*The Story of Kwashin Koji*（果心居士の話）」［小泉八雲一九〇一］や司馬遼太郎《しばりょうたろう》「果心居士の幻術」［司馬遼太郎一九五九］、山田風太郎《やまだふうたろう》『伊賀忍法帖』［山田風太郎一九六四］などの文学作品にも登場することから、一般にも名前の知られた人物である。人名辞典にも立項され、次のような説明が載る。

> 戦国・安土桃山時代の幻術師。永禄〜天正年間（一五五八〜九二）に、奈良、京都、大坂など近畿地方で名を知られた。（以下略）［名和弓雄一九九四］

江戸時代に入る頃までは、奇術に関する記録が極端に少ないことから、この時代を「手品の疑問時代」と呼ぶことがある［平岩白風一九八一］。

そのようななか、果心居士という固有名詞が登場する文献は数が多く、また豊臣秀吉《とよとみひでよし》や松永久秀《まつながひさひで》といった権力者を相手に術を用いて痛快な活躍を見せたとされることから、奇術史を彩る格好の人物として取り上げられてきたのだろう。果心を「古代型の最後の日本の幻人ともいうべき者」と評する向きさえある［郡司正勝一九八一］。

その一方で近年、果心が登場する文献に史料批判が加えられるようになり、「果心居士が実在の人物でない」とする指摘もなされるに至っている［松山光伸二〇一〇］。本稿でも、登場する史料の性質を再確認したうえで、その「幻術」が実演された可能性があるのかどうか、また後世の人びとがかれをどのように認識していたのかに留意しながら、果心居士という人物を捉え直してみたい。

果心に関する文献は早くから博捜されており、その初出文献は、愚軒《ぐけん》が著した『義残後覚《ぎざんこうかく》』という書物だという［鈴木敏也 一九三八］。本書は文禄五年（一五九六）の跋文《ばつぶん》を持つことから、果心が活躍したとされる時代からさほど時を隔てずに書かれたことになる。巻四の二「果進居士か《が》事」で披露された「術」を見てみよう。

ひとつは顔の形状を変える術である。自身の「おとがい《（顎）》をそろり〳〵とひねりければ、みるうちにかほ《（顔）》のなり大きになる」というもので「かほ二尺ばかりながく」なったという。また別の場面では「かほよこふとり《（横太）》て、まなこ《（眼）》まろく《（丸）》なり、はなきわめて《（鼻極）》たかく《（高）》、むかふ《（向）》歯一ぱい大きに見えわた」った。これを見た人びとは「こゝなる人のかほハふしぎ《（不思議）》さよ」「けほうかしら《（外法頭）》と云ものはこれなるべし」と言って驚いたという。

もうひとつの術は、天下無双をうたわれた兵法者（武芸者）を相手に「木刀をとつてたちあひ、やつ、といふと思へば、こびん《（小鬢）》をちやうと打」って負かし、兵法者は「夢のごとくにて更にたちすぢ《（太刀筋）》も覚えざる」様子であった。またこの兵法者と弟子が八人で一斉に打ってかかったところ、果心は姿を消して声だけで受け答えをしたという。

顔の形を激しく変える術といえば、一九七〇年代、日本のテレビで活躍した「クシャおじさん」が、縦に顔を縮める芸で人気を集めたが、逆に二尺（約六〇チセン）も長く見せたり、横幅を太らせたりなどできるものだろうか。

じつは江戸～明治期の奇術伝授本には、顔を長く見せる術が頻出する。宝暦一四年（一七六四）刊『放下筌』では「人の面、長く見せる術」としてオオカミの糞を用いる方法が示され、弘化三年（一八四六）刊『風流秘事袋《ふうりゅうひじぶくろ》』では光るミミズを用いる手順が載っている（第二部372）。また不思議なことに、この術に関しては西洋にも秘儀が伝わっており、「種馬と交尾したばかりの牝馬の、毒素をふくんだ分泌物をとって、これを新しいランプのなかで燃」やすと、その場にいる人の顔が馬の顔のように見えたという［澁澤龍彦 一九七七］。

人の首長く見せる術
『放下筌』（河合勝コレクション）

単なる変身願望なのか、その理由は想像もつかないが、人びとが顔の形を変えたいと考え、それを奇術の一つとして捉えていたのである。しかし、いずれの方法をとっても実効性は疑問であり、果心居士のこの記載はまず虚構とみてよいだろう。

もう一方の兵法者を相手にした活躍のうち、前者の木刀での立会いは剣術上の技術的な問題であって、決して不可能ではないが、後者の八方から打ち込まれながら姿を消すことは当然不可能であろう。

では実現不可能な術法を載せる『義残後覚』とは、どのような性格の書物なのだろうか。本書は怪異小説に分類されることもあるが、武辺話《ぶへんばなし》と奇談話とで構成される世間話（ハナシ）を集成したものである［高田衛 一九八九］。実在の人物や地名は登場するものの、たとえば織田信長《おだのぶなが》の家臣佐々成政《さっさなりまさ》が魚津城《うおづじょう》攻めの際に見たという「人玉の事」（巻三の三）や、毛利元就《もうりもとなり》の子小早川秀包《こばやかわひでかね》が僧の怨霊に取り憑《つ》かれて狂気に陥ったという「秀包懇霊つかせ給ふ事」（巻六の七）など、実際に起きたとは考えにくい話の設定として実在の固有名詞が登場している。つまり、記録というよりは「むしろ、伝承の世界に属し、説話の系譜に立つもの」として読む必要がある。

このようなフィクションとしての世間話を担ったのは、大名に抱えられた「御伽衆《おとぎしゅう》」（伽の者）であり、愚軒もこれに類する人物だったと推定されている。いくつか書承関係を想像させる先行文献の存在が指摘されてはいるが、基本的には「転々と話の中身が変容していく、口承文芸の世界の産物」と位置付けられているものなのである［笹川祥生 一九九二］。

ここからは『義残後覚』以後、話がどのように変容していったかを時代を追って概観しておこう。寛文一〇年（一六七〇）刊、中山三柳《なかやまさんりゅう》著『醍醐随筆《だいごずいひつ》』では「幻術のもの」果心居士は、松永久秀のもとで「閑暇《かんか》の時は語りなぐさむ」役目、つまり果心自身が御伽衆として登場している。ある夜、久秀が「幻術をつかって自分を怖がらせてみよ」と言ったところ、果心は人払いをして、灯りを消させた。するとにわかに空がかき曇り、五年前に死んだはずの久秀の妻が現れた。久秀が術を止めさせた途端、女の姿はたちまち果心に戻ったという。

この話は、寛延二年（一七四九）刊の読本《よみほん》『虚実雑談集《きょじつぞうだんしゅう》』（瑞竜軒恕翁《ずいりゅうけんじょおう》著）巻三「化身術」では、豊臣秀吉が「ふしきの事」を所望する形に変容している。秀吉には若い頃に関係を持った女がいたが、誰にもそれを話したことはなかった。化身《かしん》（果心）がすでに死んだはずのその女の姿を現したところ、秀吉は胸中の秘事を知られることを恐れ、化身を磔刑《たっけい》に処するよう命じる。ところが化身は磔の上で鼠に変化し、飛んできた鳶につかまって逃げおおせたという荒唐無稽な話である。

　また、元禄九年（一六九六）刊、林義端《はやしぎたん》が著した浮世草紙『玉箒木《たまははき》』巻四「果心幻術」では、果心が元興寺《がんごうじ》の塔上に登って衣服を脱ぎ着した話、猿沢池《さるさわのいけ》で篠《ささ》の葉を大魚に変化させた話、果心の幻術を疑った者の歯を楊枝で撫でて抜け落ちそうにした話、座敷を大洪水にしたうえで大蛇を出現させた話、そして先述の権力者の知られざる過去を暴いて霊を出現させた話の五つを載せる。

　このうちの登塔は単に度胸の有無の問題であり、篠葉を魚に変化させる術は後に伝授本にも手順が載るとおり、一七世紀にはポピュラーな演目だった（第二部200）。実現が困難そうな残り三つのうち、座敷を大洪水にする術は、一四世紀初頭の成立とされる史書『吾妻鏡《あずまかがみ》』第一六巻、正治二年（一二〇〇）一二月三日条にも同様の現象が載っている。将軍 源 頼家《みなもとのよりいえ》の側近僧、大輔房源性《だいふぼうげんしょう》は、右筆《ゆうひつ》や蹴鞠《けまり》などの諸芸に長けた人物で「無双の算術者」でもあった。源性が奥州松島に住む僧侶と算術自慢に及び、この僧が源性の周りに算木《さんぎ》を置いたところ、

> **時に霞霧の掩《（おお）》ふが如くにして四方太《（はなは）》だ暗くなり、方丈の内忽《（たちま）》ち大海に変ず。着す所の円座盤石となり、松風頻りに吹き、波浪の声急となり、心惘然《（もうぜん）》とし、存亡《（そんもう）》弁じがたき也。**

という有り様になった。源性が負けを認めると、たちどころに室内は元の様子に戻ったという。

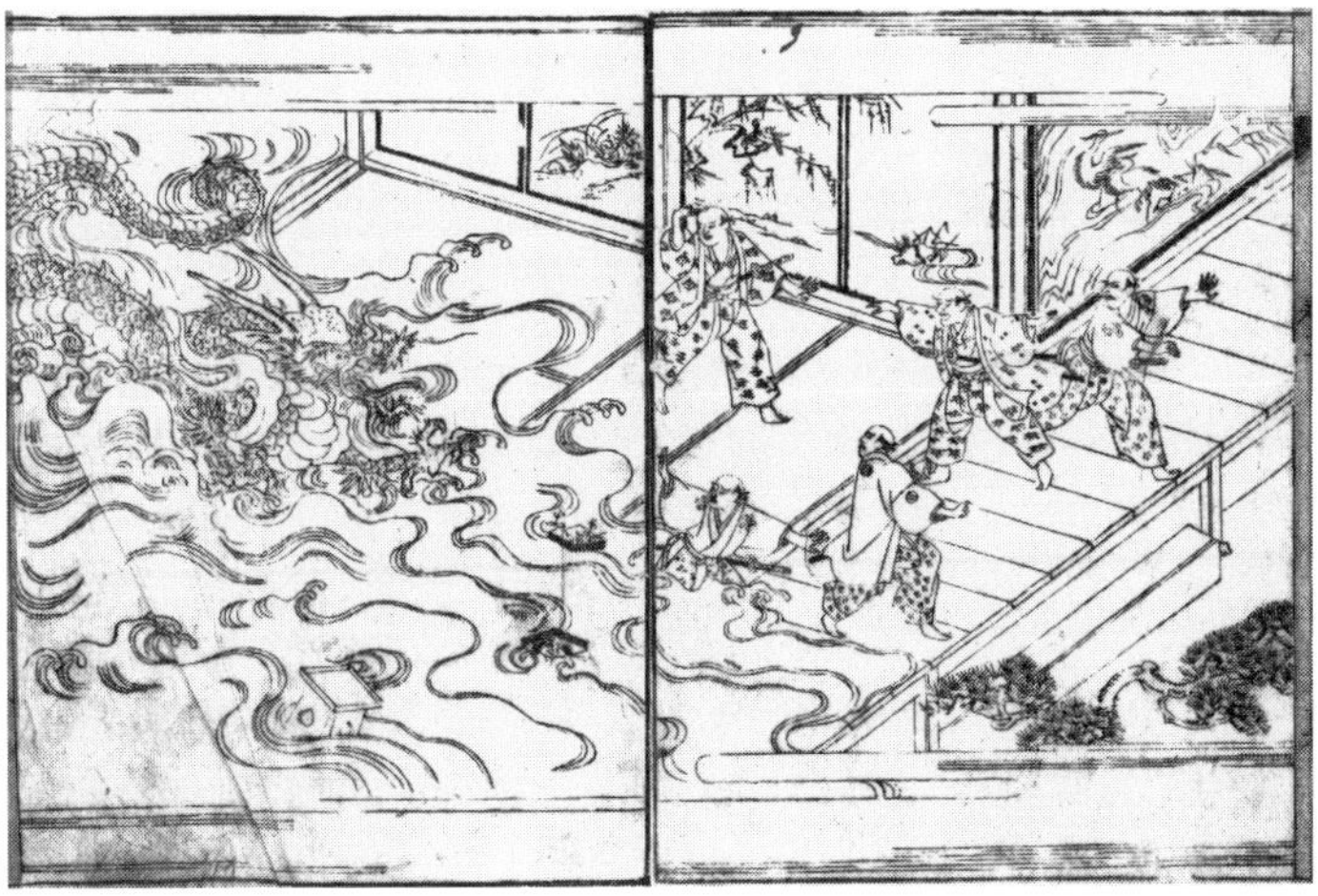

座敷を洪水にする果心居士
『玉箒木』（河合勝コレクション）

『吾妻鏡』といえば、鎌倉幕府の歴史を日記体に記述したもので、幕府の関与も推定されることから準正史に位置づけられる史料である。しかしながら、全てが一次史料を典拠とするものではなく、説話的記事や伝承を多く載せてもいる。このエピソードも当然のことながら、現実にあったこととは認めがたいが、後に浅井了意《あさいりょうい》の作とされる戦記物語『北条九代記《ほうじょうくだいき》』(延宝三年〈一六七五〉刊)にも巻二「太輔房源性異僧に遇ふ　算術の奇特」として取り込まれ、前近代の人びとが算術に対して抱いていた不思議さの感情をうかがわせている。おそらくは一七世紀頃には一定の浸透を見せていた話と思われ、果心の話にも取り込まれていったのであろう。

一九世紀中頃の伝授本は、この術の手順も示している。嘉永元年(一八四八)刊『秘事百撰《ひじひゃくせん》』に「座しきを大海にする法」として紹介されるものがそれで、白狐の糞の黒焼きを粉にして水に混ぜたものを部屋中に吹きかけ、煙を立てて扇で仰ぐと波打つように見えるのだという(第二部219)。先の顔を長くする術でもオオカミの糞を材料にしていたが、ここでも白ギツネの糞が秘薬として登場する。果心が大洪水を起こす直前に「何やらん呪文を唱へ、座敷の奥の方を扇にてさしまね」いたというから、あるいは実際に糞と煙、扇を使ったものだったのかもしれない。しかし、さらに「奥の方より長十丈ばかりの大蛇、角をふり口をあきて人々を目がけ、波を蹴立て出きたる」と記すところは、明らかに虚構に違いない。

このほかにも果心居士が登場する文献はいくつか挙げられるが、果心の生きた時代における記録は一点もなく、世間話(ハナシ)を記したものや浮世草紙、怪異小説の類などいわゆる文芸書ばかりである。また、総じて果心が披露したとする術の多くは、明らかに実現不可能なものであったり、先行する文献の記載をモデルにして書き継ぎ、変容させたりしたものが多い。

では、果心居士とはまったくの空想の人物であり、実在しなかったものと断定してよいのだろうか。慶安五年(一六五二)刊、中山三柳の随筆『飛鳥川《あすかがわ》』中第二には、

ちかき頃果心居士といふ人は、種々の奇特をなすとハ聞し。又此頃は、放下といふ術ありて、小童子にいたるまで奇妙なる事のミぞする。

として、果心の「奇特(不思議な力)」に続けて、一七世紀半ばの京都で活動していた放下の様々な術を列挙している。また時代は下るが、喜多村信節《きたむらのぶよ》が著した江戸時代の風俗百科事典『嬉遊笑覧《きゆうしょうらん》』(文政一三年〈一八三〇〉自序)

の巻五下「蜘舞《くもまい》」の項にも、

幻術は目くらまし也。永禄の頃、大和国に果心居士といふもの有て、奇怪《あやし》き事をしたるよし諸書にみゆ。それらの類、貞享・元禄の頃、塩屋長次郎といへる放下師、大刀かたな・牛馬を呑でみするものあり。

と記され、後代に活躍した放下師・塩屋長次郎《しおやちょうじろう》との類似性を説く（第五章）。つまり、江戸時代の人びとは、果心居士のことを、奇術的演目を見せる放下師の先駆的存在として捉えているのであり、あるいは実際その通りに優れた技術を持った放下師として果心居士は実在していたのかもしれない。そしてあまりにその手際が鮮やかで、かつ奇怪な行動を伴う人物だったことから、彼の事績がフィクションの核となり、尾ひれがついて、先に見たような世間話に発展していったとは考えられないだろうか。

推測の当否はともかく、ここでは江戸前期の人びとが、すでに奇術との関わりで果心居士を捉えていたことを重視したい。後の奇術史家が、明らかにフィクションと見なしながらも、果心の術を奇術史のなかに位置付けた源泉はすでにここにあったのである。

――飛加藤《とびかとう》――

同じく奇術史で注目されてきた人物に「飛加藤」がいる。「鳶加藤《とびかとう》」や「加藤（加当《かとう》）段蔵《だんぞう》」とも表記されるこの人物は、果心より少し前の永禄期（一五五八〜七〇）に活躍したとされる忍びの者である。果心同様、司馬遼太郎「飛び加藤」〔司馬遼太郎 一九六一〕や海音寺潮五郎《かいおんじちょうごろう》『天と地と』〔海音寺潮五郎 一九六二〕などの小説にも登場し、それらの元ネタとなった話は寛文六年（一六六六）刊、浅井了意による怪異小説集『伽婢子《とぎぼうこ》』巻之七「飛加藤」に収められている。長尾謙信《ながおけんしん》（上杉謙信）が治める春日山の城下に「術品玉《じゅつしなだま》に妙を得」た「名誉の竊盗《しのび》のもの」がやって来る。そのとき披露した「幻術」は、大勢の見物を前に牛を呑んでみせるというものだった。人びとが驚いていると、樹上から眺めていた者が、牛を呑んだように見えたのは、じつは牛の背に乗っただけで、本当は呑んでいないぞと暴き立てる。術師は腹を立て、今度は夕顔の種を蒔き、すぐに花を咲かせ、実をならせてみせた。そして小刀でその実を切り離したところ、先の樹上の男の首が同時に切り落とされてしまう。

謙信がこの術師を呼び寄せたところ、彼は一尺の刀さえあれば、どんな堀でも塀でも飛び越し、城に忍び入ることができることから「飛加藤」と呼ばれていると豪語した。そこで試しに家臣の家に忍び込ませたところ、難なくこれを成し遂げた。謙信は敵への内通を恐れ、家来に加藤を殺させるよう命じる。しかし、捕らえられた加藤は、徳利の口から三寸程の人形を二〇ばかり出して踊らせて見せ、家来たちが見入っている隙にまんまと逃げ失せたというものである。

　この話にも多くの虚構が取り入れられていることは明白であろう。まず、飛加藤自体、同時代の記録には出てこないため、実在したか否かがわからない。そもそも忍者はその性質上、公的な記録や文書類にはほとんど記されることがなく、史料から実在を証することは困難である。この場合も、活躍したとされる永禄期から約一〇〇年を経た文献にしか登場していない点を考慮すべきであろう。

　では忍者が「術品玉」を演じたという点はどうだろうか。天和元年（一六八一）に成立した紀州流の忍術書『正《しょう》忍記《にんき》』初巻には「忍出立《しのびしゅったつ》の習《ならい》」として変装術「七方出《しちほうで》の事」が載っており、忍者が「こむ僧・出家・山伏・商人・ほうか師・さるがく・つねノ形」の七つの姿に身を変えることが説明されている。この文献は江戸時代に入ってからのものだが、忍者が放下師や猿楽といった放浪の芸能者に変装することはよくあったことらしく、この点についてはある程度実態を反映しているようである。また付け加えるならば、忍術と奇術との間に親近性があったことにも注目しておいてよいだろう。

　ここからは飛加藤が演じたという「術品玉」や「幻術」の内容を検証してみたい。まずは即座に夕顔を実らせたという術について、『伽婢子』は、

> その場にて夕顔をつくる。二葉より漸々に蔓はびこり、扇にてあふぎければ花咲出つゝ、たちまちに実なりけり。諸人かさなりあつまり、足をつまだてゝ見るうちに、かの夕がほ二尺ばかりになりけるを、術師小刀をもつて夕顔の蔕《へた》を切ければ、松の木にのぼりて見たるものゝくび切落されて死けり。

と記している。いわゆる植瓜術（マンゴー樹の奇術）にあたるもので、中国の散楽で「植瓜《しょくか》」や「植棗種瓜《しょくそうしゅか》」の名で演じられたものである。わが国でも『今昔物語集』巻二八「外術をもって瓜を盗み食われる語第四十」に描かれていた（第二部50・213）。『今昔』の説話については、四世紀頃の中国で成立した志怪小説『捜神記《そうじんき》』の巻一「徐

光」を典拠にした翻案であるに過ぎず、「実際に見聞された実話でないことが明らか」とされるが［松山光伸 二〇一〇］、『伽婢子』が成立した一七世紀半ばには「生瓜事」として実演されていた可能性は高い。ただし樹上の男の首を切り落とすことが不可能なことは言うまでもない。

次に徳利から人形を出して踊らせる術について、『伽婢子』は、

錫子《すゞ》一対をとりよせ前にをき《置》ければ、錫子の口より三寸ばかりの人形廿《にじゅう》ばかり出てならびつゝ、おもしろくをどり《踊》けるを、座にありける人々目をすまし見けるほどに、いつのまにやらむ、加藤行さきしらずうせ《失》にけり。

と描く。紙人形を躍らせる演目は、享保期（一七一六〜三六）の伝授本『たはふれ草』に「はな紙にて人形を作り踊らす事」として手順が載っている。「見えない糸（ジャリ）」として「長き髪のけ《毛》」を用いる方法で、後の伝授本には「しげ糸・すが糸（縒《よ》りをかけていない一本の生糸）」や「馬の尾の毛」を使うものもあり、重たいものでなければ一度に何体かを操ることもできた（第二部47・48）。遅くとも加藤の話が文献に記された一七世紀半ばには、類似の演目が実際に演じられていたとみてよいだろう。

最後に牛を呑む大技、いわゆる呑牛術《どんぎゅうじゅつ》について考えてみよう。『伽婢子』は植瓜術の手順は詳細に述べる一方、呑牛術については「ひとつの牛を場中にひき出し、かの術師これをのみ侍べり」と極めて簡略に書くだけである。また『伽婢子』を参照したとみられる『北越軍談《ほくえつぐんだん》』（元禄一一年〈一六九八〉序）もまた「鳶加藤、其樹下の敷革《しきがわ》に踞《うずくま》り、傍より率《ひき》出せる牛を忽《たちまち》に呑とぞ見えし」としてディテールを記していない。術の内容は、元禄期（一六八八〜一七〇四）に活躍した塩屋長次郎《しおやちょうじろう》のいわゆる呑馬術《どんばじゅつ》とも関連するので、詳しくは第五章で考察するが、ここでは文献への登場という点で、呑牛術が呑馬術に先行して

はな紙にて人形を作り躍らす事
『たはふれ草』（河合勝コレクション）

いる点、また樹上から見下ろした者だけが呑牛術を見破ることができたとする点に着目したい。

牛馬を呑みこむ術を記した文献の初出は、寛文元年（一六六一）刊の軍学書『甲陽軍鑑末書結要本《こうようぐんかんまっしょけつようぼん》』であり、これより以前の記述は中国の文献にも確認できない。しかし、嘉慶一六年（一八一一）の自序を持つ清代の随筆『亦復如是《やくふくにょぜ》』（青城子編）巻四「有玩戯法者」には、呑棺術《どんかんじゅつ》とも呼ぶべき大技が次のように記されているという［岡田充博 二〇〇五］。

漢鎮に曾て有る玩戯法は、棺を呑み、腹に入れ、俄にして吐き出す。観者、堵の如く、其の術に咸神す。観者有り、帰りて其の異なるを婦に述ぶる。婦曰く、吾れ樓上に在り。只一人棺上に騎《（また）》がり、伏して走《（ゆ）》き過ぎ、徐《（おもむろ）》に又棺上に騎がり、退き走《（ゆ）》くを見る。並びに未だ見ず、如何にして呑み吐くかを。此れ亦た障眼の法なり。或《（あるひと）》曰く、障眼法、上より看下すと則ち看破し易し。＊

棺を呑み込み、また吐き出す「玩戯法《がんぎほう》」に見物人は感心していた。しかし、楼上の女は、演者がただ棺にまたがり、前に進んだり後ろに退いたりしているのを観ただけで、棺を呑んだり吐いたりするところは観なかったと言った。この呑棺術は「障眼法《しょうがんほう》（目くらましの術）」であり、上から見下ろすと見破りやすいのだそうだ。

飛加藤は牛を呑んだだけで吐き出しはしないが、樹上の者に術を見破られたとする点では共通する。現時点では『亦復如是』以前に呑棺術を載せる文献は見つかっていないが、小さな容器のなかに人や大きな物が入ってしまう話は中国の神仙譚や怪異譚に多くみられ、これらの物語からヒントを得て呑棺術や呑牛術が考案された可能性があるという［岡田充博 二〇〇五］。たしかに第一章で触れた「古楽図（信西古楽図《しんぜいこがくず》）」には、空想画の可能性はあるにせよ「入馬腹舞」や「入壺舞」が描かれていた。ただし、高いところから見ると術を看破できるとするくだりは他書に例

入壺舞
『舞楽図』（国立国会図書館蔵）

がなく、おそらくは呑牛術と呑棺術がともに共通する別の話を取り込んだものであることが推測される。

果心居士の話同様、飛加藤の話もまた、元はただ単に跳躍力に優れた実在の忍びに関する話だったのかもしれない。というのも『伽婢子』に先行する『甲陽軍鑑末書結要本』では「まいす《（売僧）》者嫌ふ三ヶ条の事」として、武田信玄のところに奉公に来た「とび加藤」が尺八一つでどんな堀塀でも飛び越せたという話と、長尾謙信のところにきた「うしをのむ術を仕る者」とはそれぞれ別人の話として記されているからである。つまり、元来、飛加藤の話に呑牛術は出てこず、後に別の話を融合させて、現在知られる形へと変容していったわけである。

この「別の話」が、わが国で独自に生み出されたものなのか、それとも中国に由来を持つものなのかは、史料不足のため、にわかには判断できない。しかし、呑牛術に関する簡略な記述と高所からの看破という骨子だけが、飛加藤の話に取り込まれ、次第に細部が充実して、虚構の物語として成長していったものと考えられるのである。

――キリシタンによる奇術――

さて、果心居士が披露したという、秀吉の昔の女の幽霊を出現させる話は、じつは「キリシタンによる奇術」の文脈においても語られていた。天正一五年（一五八七）にバテレン追放令が出され、迫害から逃れるため医師に姿を変えていた二人のキリシタン、市橋庄助《いちはししょうすけ》（告須蒙《ごうずもう》）と嶋田清庵《しまだせいあん》（寿問《しゅもん》）は秀吉の前で「術」を披露することになった。二人は過去に秀吉が手討ちにした女の幽霊を出現させたことからキリシタンであることが露見し、磔刑に処されたという話である。

二人は幽霊を現す前にいくつかの「奇妙の術」を見せたとされる。これまでの奇術史では、この「術」を「此両人がなせる手品の技を想ふに現今の西洋手品と異なることなし」と見ており［大田才次郎一八九二］、ひいては奇術史年表にまで二人のことが取り上げられるようになった［山本慶一一九八六］。

しかし、この話を載せる『南蛮寺興廃記《なんばんじこうはいき》』や『切支丹《きりしたん》宗門来朝実記《しゅうもんらいちょうじっき》』は、一八世紀中頃以降に成立した「実録的排耶《はいや》御用文学」に位置付けられる性質のものである。すなわち実録の体裁をとってはいるものの、キリスト教を排撃する目的で、作為伝承と史実とを混在させた文献なのであり、告須蒙と寿問の二人も創作された人物であるのだという［海老沢有道一九五四］。

では、キリシタンによる奇術の話は、取るに足らない「虚構」や「創作」として看過してしまってよいものなのだろうか。じつはこれらの話はいくつかの点で、奇術史上の興味深い情報を含んでいるものと考える。
まずは、二人のキリシタンが演じたという五つの奇術を『南蛮寺興廃記』によって見てみよう。

大鉢ニ水ヲ湛《たた》ヘ紙ヲ菱ノ如ク切テ水ニ浮ケレハ、忽《たちまち》魚ト成テ水中ヲ游ク。或ハ懐中ヨリクハンシンヨリ《観世縒》ヲ取出シ其端ヲ口ニテ吹ハ、縄ノ大キサニ成ル時御座敷ヘ投出セハ大キナル蛇トナル。又五穀ヲ盆ニ入レ砂ヲ蒔《まけ》ハ、小蟻ノ如ク動キ出テ段々ニ成長シ花咲実ル。又鶏卵ヲ掌ニ握テ手ヲ開ケハ、介ヲ割リ雛子ト成テ見ル内ニ鶏トナリ声ヲ発テ啼ク。又簾《れんちゅう》中ヨリ御庭ニ富士山ヲ出サセテ見ハヤ、ト所望アリケレハ、暫ク障子ヲサシテ外トヘ出テ、忽障子ヲ開ケハ庭上ニ富士山現ス。上下奇異ノ思ヲナシテ、アット感ス。又障子ヲサシテ暫シテ障子ヲ開ケハ、近江湖水ノ八景出現ス。或堺ノ浦・須磨・明石等悉《ことごと》クウツシ出ス。堂上堂下如何ナル神仙ヤラント両人ヲ怪シム。

一つめは、菱形に切った紙を大鉢の水に浮かべ、それをたちまち魚にして水中を泳がせるという演目である。これは実際に「白紙《しらかミ》、生《いき》たる鯲《どじやう》ニ化する術」として、宝暦一四年（一七六四）刊の伝授本『放下筌』にも種明かしが載っており、この時期の奇術としては一般的な演目だったと言える（第二部200）。

二つめの、取り出した観世縒《かんじんより》（こより）の端を口で吹いて縄に変え、それを座敷に投げると大きな蛇になったという演目は、伝授本には見られないが、すり替えを巧みに行えば、決して不可能なものではなかっただろう。

三つめは、五穀を盆に入れ、砂をまくと、たちまち芽を出し、花が咲き、実をつけるという演目である。果心居士のところでも確認したように、中国では古くから行われており、わが国でも遅くとも一七世紀半ばにはすで

白紙を切て水に入ば泥鰌となる術
『放下筌』（河合勝コレクション）

に演じられていたものである（第二部50・213・214）。

四つめの、手の中で鶏卵を孵化させ、見る間に親鶏にして鳴かせたという演目は、享保一五年（一七三〇）刊『璣訓蒙鑑草《からくりきんもうかがみぐさ》』に種明かしが載るからくり物「玉子ひよこと成、ひよこ庭鳥と成術」に類似している。また時代は下るが、嘉永元年（一八四八）刊『秘事百撰 後編』にも「桶の中へたまごを入、たちまちにわ鳥にしていくらも出す伝」が載る（第二部195）。どちらも掌中での孵化を現象とするものではないが、鶏と卵を使った演目が古くからあったことを推測させる。

では五つめの、庭に富士山や近江八景、堺や須磨、明石などを「ウツシ出ス」演目はどうだろうか。「ウツシ出ス」とあるからには、映写のための機材（プロジェクター）が必要となるわけだが、安永八年（一七七九）刊の『天狗《てんぐ》通《つう》』を見ると「幽魂幽鬼をあらハす術」として、すでに「影《かげ》絵《ゑ》眼鏡《めがね》」を使う方法が載っている。この時期、眼鏡屋では影絵眼鏡が扱われており、これに絵を描いた「目がね（ガラス板か）」を入れると、白壁に絵を写すことができたのである。種板となるガラスに富士山や八景の絵を描けば、庭先に広げた白幕にそれらを映し出すことも可能であった。

ただし、幻燈がヨーロッパで誕生したのは一七世紀中頃のことで、わが国への導入は一八世紀半ば以降のこと

おけの中へ玉ごを入、にわとりニするでん
『座敷即興手妻』（河合勝コレクション）

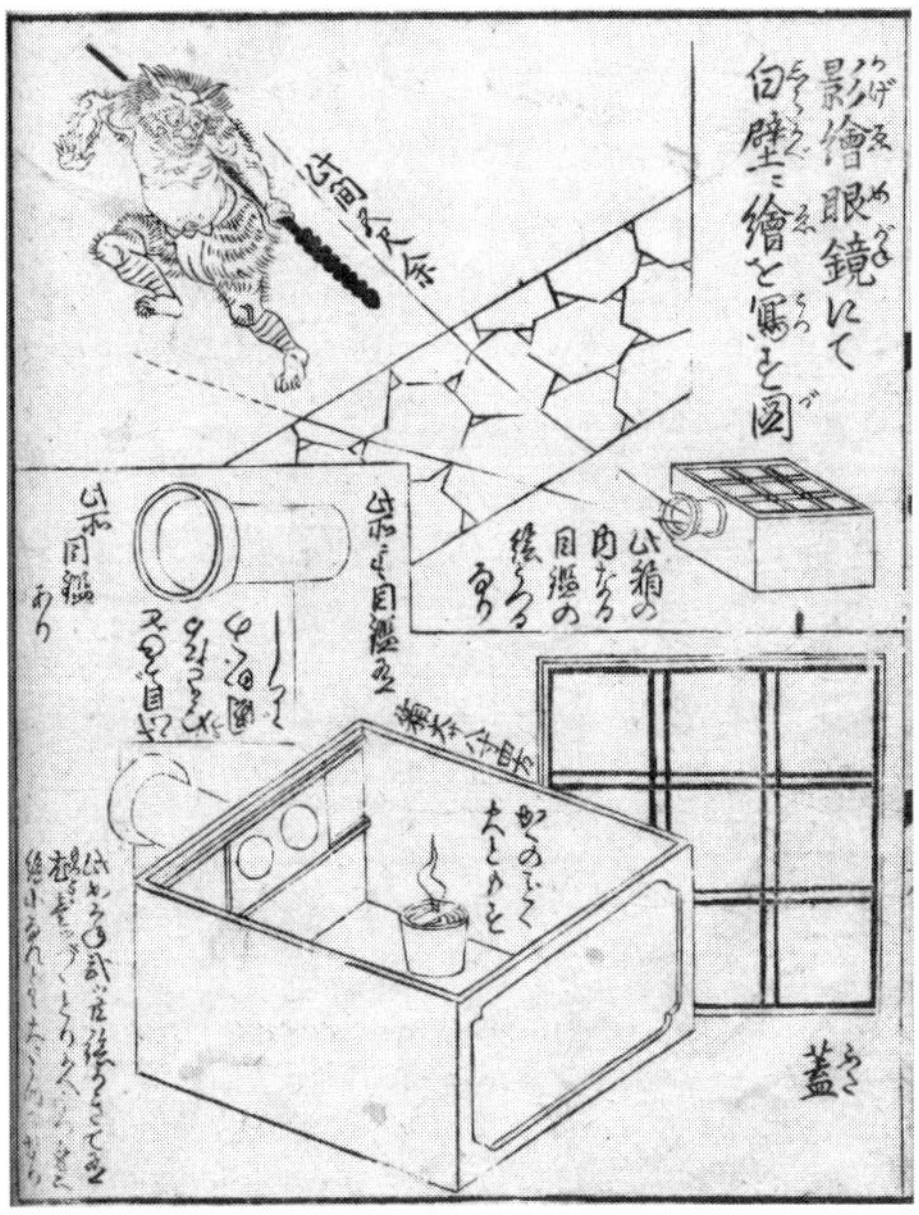

影絵眼鏡
『天狗通』（河合勝コレクション）

とされる［岩本憲児 二〇〇二］。したがって、秀吉の時代には「ウツシ出ス」奇術は実現不可能だったわけだが、百数十年を経た『南蛮寺興廃記』などの成立期（一八世紀中頃）には市中で機材が販売されるまでの流行を見せていたことになる。

以上みてきたように、『南蛮寺興廃記』に登場する演目を、秀吉の時代のものとして読もうとすれば、それは単なる虚構や創作ということで終わってしまう。しかし、話が成立した一八世紀中頃のこととして読むのであれば、その時点での奇術やそれを取り巻く社会の実態を反映したものとして読むことができるのである。

最後にこのキリシタンの話から、一八世紀中頃の人びとが抱く「奇術観」「奇術師観」が読み取れる点についても触れてみたい。

一八世紀中頃に成立した「キリシタン実録群」は、一七世紀前半刊の『吉利支丹物語《きりしたんものがたり》』などを下敷きにしながら、いくつもの話が追加されたものだという。とりわけ、キリシタンが妖術を使う場面が増えたという指摘は注目される。

時代が下るに従い、人びとがキリシタンに対して「憎悪や恐怖の念だけでなく、軽視蔑視の感情を抱」くようになったといい、それに伴ってキリシタンの放下師としての姿が追加されるようになったことは何を意味するのだろうか。

詳しい考察は第六章に譲るが、一八世紀は手品の伝授本が刊行されたことにも現れているとおり、人びとがあらゆるものに対して科学的興味を持ち始めた時代だった。そのため、すでに科学によって種明かしされてしまった演目を演じる「放下師としてのイメージ」をキリシタンに重ねあわせることで、キリシタンから「神秘性」を奪い、その妖術を「合理的に説明できるレベルに矮小化」させたのだという見方がある［菊池庸介 二〇〇五］。

また、告須蒙や寿問らは、当時、卑賤視の対象として差別の対象にあった「乞食」に身を落とした過去を持つ人物として描かれている。彼らが流浪者から異端の宗教者、そして放下師へと姿を変えたとする点も、人びとがキリシタンを蔑視するために必要な物語設定だったという［菊池庸介 二〇〇五］。すなわち、一八世紀中頃の放下師もまた、程度の差はあれ、蔑視の対象となっていたことを意味している。

しかし、この時期の奇術の演目や奇術師は、科学的に説明され尽くされるほどに矮小化された存在だったのだろうか。また、キリシタンに対する感情は「憎悪や恐怖」より「軽視蔑視」が勝るようになっていたのだろうか。

得体の知れないキリシタンと人智を超える芸で人びとの目を欺く奇術師のイメージは、ともに蔑視の対象でありながらも、それとは裏腹に畏怖の対象でもあったはずである。果心居士になり代わって女の幽霊を出現させたのは、「手づまの名人」でもあるキリシタンであった。一八世紀中頃の人びとが奇術や奇術師に抱くイメージは「にんげんのおよぶ事にあらず」(『切支丹宗門来朝実記』)という表現にいみじくも現れているのではないだろうか。

第四章　近世前期

第三章において、中世後期の放下《ほうか》は奇術を演じた可能性はあるものの、主たる演目は物を放り上げての曲取りであり、歌舞だったと述べた。しかし、近世に入ってからの記録に現れる放下は、明らかに奇術を演ずるようになっており、演目中にも奇術が占める割合が大きくなっている。またこの時代、広く名前が知られた幾人かの放下師が初めて登場してくる。

近世前期の放下の演目には、現代でも和妻や手妻の名の下に演じられ続けているものが数多くあり、その意味では、日本伝統奇術の直接的な源は、この時代の放下に求められるとさえ言えるのかもしれない。

本章でも、前章に引き続き、放下研究の成果［盛田嘉徳一九六八／守屋毅一九七一］に依拠しながら、奇術史の視点で一七世紀の放下を再検証していく。

――放下が演じた奇術（一）――

一七世紀前半の京都の記録には、前世紀に続き、禁中や寺院、屋敷などに出入りする「ほうか」の姿が散見される。ほとんどの記録が具体的な芸態を記さないなか、一人の演者の演目を詳細に録した日記がある。右大臣近衛《このえ》尚嗣《ひさつぐ》の日記『尚嗣公記《ひさつぐこうき》』がそれである。寛永二一年（一六四四）正月二一日、松田《まつだ》日向《ひゅうが》という放家《ほうか》が近衛家に呼ばれ、そこでの演目の数々が次のように記されている。

四条河原之者来、有放家《（ほうかあり）》。大夫松田日向。なハきり《（縄切）》、しな玉、かなハ《（金輪）》、以白紙為索麺事《（しらかみをもってそうめんとなすこと）》、文字焼、以息書文字事《（いきをもってもじをかくこと）》、稲妻帰火、立物《（たてもの）》、魚切続、俄作魚事《（にわかにさかなをなすこと）》、扇切続、千本松、六角ノヲゴケ、生瓜事、手中花火、絵雀飛事、吹玉事。右之放家之分所為也《（なすところなり）》。根本雖背理《（りにそむくといえども）》、当座驚目《（めをおどろかせ）》、奇妙也事。幷杉原十帖、銀一枚遣之。

また、同年七月一二日条にも、おそらく松田日向と思われる「術人」の姿が記されている。

今日、四条河原術人来。（中略）金輪、立物、索切《（さくぎり）》、切篠葉《（ささのはをきり）》ドヂヤウトナス、絵チガヘ舞雀、サルワカ《（猿若）》、品玉、扇切続、ヲゴケノ術、火舞、砂入水中乾事《（すなをすいちゅうにいれかわくこと）》、行灯之火、ハシコ立、長櫃抜《（ながびつぬけ）》、切続。右之放家所為之分《（なすところのぶん）》也《なり）》。

この両日の日記に記録された演目を詳しく見ていこう。まず「なハきり（縄切）」「索切《さくぎり》」は、一三世紀末～一四世紀初頭に成立した『普通唱導集《ふつうしょうどうしゅう》』の「品玉」の項で、「採縄手下 切是速続是速（縄を採る手の下には、切るもこれ速やかに、続《つ》ぐもこれ速やかなり）」と記されていたものである。つまり、遅くとも一四世紀初頭までには、切った縄を元どおりにつないで見せるロープ・マジックが品玉の演目として演じられていた。江戸後期刊の伝授本『手妻伝授《てづまでんじゅ》紫 帛《むらさきふくさ》』にも「ひとすじのなわを切てハつぎつぎ《（継）》してのち《（後）》、つぎめなき一ト筋の縄にする手妻」として手順が載り、「是ハ世間にて多クする手妻なり」との一文が見える。前代に続いて、縄切はポピュラーな奇術の演目だったのである。初めて伝授本で縄切の手順を紹介したのは、享保一四年（一七二九）以前に刊行された『たはふれ草』であり、以後の伝授本にも繰り返し掲載されていく（第二部79）。

ついで「かなハ」「金輪」は、複数の金属製の輪をつないだり、外したりするもので、現在も「リンキング・リング」や「チャイナ・リング」として演じられるものである。享保一五年（一七三〇）刊の『絵本御伽品鏡《えほんおとぎしなかがみ》』に「鉄輪役《かなわつかひ》」の姿が描かれることから、金輪だけを表芸《おもてげい》にした芸能者がこの頃までには存在していたことがわかる。伝授本では唯一、宝暦一四年（一七六四）刊の『放下筌《ほうかせん》』に手順が載っている（第二部86）。その後も大道芸として浸透していったようであり、金輪を演じる姿を描いた文献がいくつか確認されている。

同じく現在も続く演目に「紙うどん」や「うどん出し」の名で演じられる「以白紙為索麵事（白紙を以て索麵となす事）」がある。索麵の代わりにうどんを出す手順に『手妻《てづま》

鉄輪役（かなわつかひ）
『絵本御伽品鏡』（『日本風俗図絵7』日本風俗図絵刊行会1914より転載）

独稽古《ひとりげいこ》』（天保一四年〈一八四三〉刊）の「紙にて饂飩《うどん》を拵《こしら》へ喰伝」がある（第二部186）。

また「切篠葉ドヂヤウ《（泥鰌）》トナス」「俄作魚事（にわかに魚を作《な》す事）」とあるのも、麺の演目に手順が類似する。『たはふれ草』には「笹の葉を泥鰍《どじょう》にする事」が載り（第二部200）、素麺の演目と同様、風呂敷を用いて観客の視線を遮り、その間にネタを供給する方法が示されている。享保一四年（一七二九）刊『続たはふれ草』では「まないたの上に鉢をのせて出、此鉢の中へ鰌《どじょう》にても、又索麺にても、其外品々の物を出す術」として、鉢からどんなものでも取り出す演目に改良されている（第二部65）。

現代では濡れない砂として販売され、その製造法も紹介される「マジックサンド」が、すでにこの時期に「砂入水中乾事（砂、水中に入れ乾く事）」として演じられていた。これも伝授本『たはふれ草』に「砂を水へ入かきませて本のごとく乾ける砂にして散す事」として、蟇《ひきがえる》の油にまぶした細かな砂を用いる方法が載っている。なお、ここから派生した演目に『唐土秘事海《もろこしひじのうみ》』（享保一八年〈一七三三〉刊）に載る「五色の砂の曲」があった（第二部270）。

砂鉢に水を入素麺を出す事
『たはふれ草』（河合勝コレクション）

このほか両日ともに記録された演目に「しな玉」「品玉」がある。第三章でもみたように、品玉の本来的な意味は、球形のものを曲取りする弄丸《ろうがん》にあった。しかし、この時期の品玉の語は、明らかに奇術の演目の意味で用いられることがあった。天和二年（一六八二）刊『このころ草』では「しな玉のきよく《（曲）》」の手順が次のように記されている。

壱つの玉を二つになし、又引かへし五つなす。五つの

砂を水に入かきませて本のごとく乾ける砂にして散す事
『たはふれ草』（河合勝コレクション）

玉をもみけしつゝ、一つもなくそなしにける。

これは玉の増加と消失を現象とした奇術であるが、「お椀と玉（カップ・アンド・ボール）」としての用法であるかどうかは明らかではない。「お椀と玉」を意味する「品玉」の手順は、伝授本『放下筌』に詳細な説明が見られ（第二部110）、別法が『天狗通《てんぐつう》』（安永八年〈一七七九〉刊）に「手に持たる物を敷物の下に捻込む図」として紹介されている。一方、お椀を用いない玉の演目としては『放下筌』に載る「握たる玉を手の甲より打込、又抜取事」（第二部107）や「玉をのみて耳より出す戯れ」（第二部108）があった。

「六角ノヲゴケ」「ヲゴケノ術」の「ヲゴケ」とは聞きなれない言葉であり、どのような演目であるかを想像するのが難しいが、それは江戸後期の知識人にとっても同様のことだったらしい。文政一三年（一八三〇）頃、喜多村《きたむら》信節《のぶよ》によって著された『嬉遊笑覧《きゆうしょうらん》』には「緒小桶とはいかなる伎にかあらん。緒桶の内に入てなくなりなどする隠形《おんぎょう》の術にや」とあり、すでにこの頃には演目としてのヲゴケの内容はわからなくなっていた。内容を詳述した『このころ草』で確認してみよう。

おどけ《（麻小桶）》のしゆつ《（術）》と申は、わげた《（曲げた）》おどけ《（麻小桶）》のそこなし《（底無）》を三つかさねてとり出し、ぶたい《（舞台）》の先にすへほき《（据え置き）》つゝ、其内よりさまぐ〵のものとり出すこそふしぎ也。先一はん《（番）》に子共のもちあそび人形なとを取出し、そのつき《（次）》にがん《（雁）》、はと《（鳩）》、うづら《（鶉）》、かご《（籠）》、あんとん《（行灯）》、いき《（生）》たるうし《（牛）》をとり出し、ぶたい《（舞台）》を三度めぐ《（巡）》らしける。

文中に「おどけ」とあるのは「おごけ」の誤記で、漢字では「麻小笥」あるいは「苧笥」などとも書いた。底のない円筒形の桶のようなもので、六角形のものもあったらしい。『嬉遊笑覧』が推測するような消失現象を見せるものではなく、三つ重ねたヲゴケから人形や鳥、籠、行灯、ひいては牛までを取り出すプロダクション・マジックであった（第二部51）。

先に掲げた『尚嗣公記』寛永二一年（一六四四）正月二一日条の八日前、京都鹿苑寺《ろくおんじ》住持の鳳林承章《ほうりんじょうしょう》もまた、四条河原を訪れ、松田日向の芸を見物していた。日記『隔《かく》蓂記《めいき》』の正月一三日条には次のようにある。

四条に赴く。而して松田浮舟日向守の手術を見物す。緒籠器之術なり。妙奇特、目を驚かす者なり。＊

ここでいう「手術」は、後の「手妻」や「手品」に近いニュアンスで用いられたもので、明治期になってもこの用法は一般的なものだった。前代の「術」の語にも奇術の意味合いが含まれていた可能性を提起しておいたが、一七世紀には明らかに奇術の意味で用いられるようになったのである。同一の芸能者を、一方の日記では「ハウカ」と呼び、他方の日記では「術仕者」と呼んだ例も確認され、放下の芸態の変化に伴って呼称も変化してきている［守屋毅一九七二］。そして松田日向の「術」を代表したのが「緒籠器《おごき》之術」だったわけである。

残りの奇術的演目も駆け足で見ておく。「生瓜事（瓜を生《な》らす事）」は、第二・三章でも取り上げた、いわゆる植瓜術である（第二部50・213）。これもまた縄切り同様、中世から演じられていたものである。「以息書文字事（息を以て文字を書く事）」は『手妻早伝授《てづまはやでんじゅ》 初編』（嘉永二年〈一八四九〉刊）に載る「白紙に煙を吹かけ文字をあらハす伝」あるいは『珍術《ちんじゅつ》さんげ袋《ぶくろ》』（享保一〇年〈一七二五〉頃刊）に載る「口に水をふくミ文字を吹出す秘術」と類似の演目だろうか。「絵雀飛事」「絵チガヘ舞雀」は、後述する都《みやこ》右近《うこん》という放下師が江戸城で上覧に供した「絵、雀に成る放下」と同一のものである。伝授本では同一の演目は確認できないが、この時期幾人かの放下師によって演じられていることからみて、定番の演目だったようである。

「長櫃抜《ながびつぬけ》」は、詳細は不明ながら、長櫃からのエスケープ・マジックを演じたものと思われる。江戸時代の脱出術については、『続たはふれ草』（享保一四年〈一七二九〉刊）の「子ども釜ぬけの法」（第二部9）と『盃席玉手妻《はいせきたまてづま》』（天明四年〈一七八四〉刊）の「葛籠《つづら》へはいり紐を結ひ封をするに中なる人自由に抜いつる伝」（第二部8）とが別々の手順を紹介しており、脱出の手順にもヴァリエーションがあったことが確認されている。このほか、火や魚などを用いた演目もあるが、演目名だけから現象を知ることは難しい。

ところで、松田日向の演目の中には奇術以外のものも含まれていた。一人狂言を意味する「サルワカ（猿若）」、おそらくはシャボン玉を吹いてみせた「吹玉《ふきだま》」、手を使わずに皿を乗せた長い棒を顔や肩に立てる「立物《たてもの》（竪物）」、ハシゴを顔の上に立てて回したりする「ハシゴ立《たて》」、火を使った舞踏「火舞」、以上が曲芸や演劇的な演目である。

演目のレパートリーの多さは、中世後期の放下の伝統を引き継ぐものと言えるが、やはり奇術的な演目が占める割合が大きくなったことこそが、近世前期の放下の特徴と言えるだろう。ではなぜこの時期になって突然、放下が奇術を多く演じるようになったのだろうか。

理由の一つに唐人・高麗人の関与を想定する説がある

［守屋毅 一九七二］。屏風絵に描かれる放下に唐人の装束を身に付けたものが多く、また日記中でも「からい（高麗）のほうか」（『お湯殿《ゆどの》の上《うえ》の日記《にっき》』慶長六年〈一六〇一〉三月一七日）や「唐人放下」（『資勝卿記《すけかつきょうき》』寛永七年〈一六三〇〉八月二二日）といった文言が確認される。それまでの曲技的な放下の技芸に、奇術的要素を持ち込んだのが、こうした外来の芸能者だったというのである。しかし、これには疑問視する意見もある。文禄《ぶんろく》・慶長《けいちょう》の役《えき》（一五九二～九三、九七～九八）により、朝鮮・明と日本との関係は悪化しており、文化交流や交易が長く途絶えていたため、大陸の人びとが来日することは考えにくいというのである。そのため外来の芸能者と見えたのは、それを装った人びとだったとの推測が示された［松山光伸 二〇一〇］。

次に考えられるのは、記録こそされなかったものの、やはり中世後期の段階ですでに「品玉」や「術」の語に奇術が含まれていたと見ることである。西日本の各地に残る唐人町の地名からもうかがえるように、中世後期、日本国内には大陸の人びとが集住する町が存在するほどに盛んな交流が行われていた。文禄・慶長の役もまた、望まないものだったに違いないが、数万人規模での大陸の人びとの来日をもたらしている。日本に連行されてきた非戦闘員を含む被擄人《ひろにん》たちの手によって、陶芸や宗教、学問など、多くの分野で日本の文化の発展がもたらされたことは改めて指摘するまでもないだろう［内藤雋輔 一九七六］。奇術の演目もまた、中世後期を通じて、こうした人びとによって、徐々に大陸からわが国にもたらされていたと考えるべきではないだろうか。それがパックス・トクガワーナ（徳川の平和）の到来とそれに伴う興行地の整備、そして文禄・慶長の役という「国際的刺激」が働いたことにより、一挙に花開いたものと考えたい。

京都の医師・中山三柳《なかやまさんりゅう》が著した随筆『飛鳥川《あすかがわ》』（慶安五年〈一六五二〉刊）に次のような一節がある。

又此頃は、放下といふ術ありて、小童子にいたるまで奇妙なる事のミぞする。たとへば、砂《いさご》の上に種をまけば見るが内に爛蔓《らんまん》たる枝上に瓜茄《くわきや》を生し、或ハ竹葉を呪して大魚となし、或ハ手裏に熱火をかくし、又ハ腹中に白刃をさしこミ、などするたぐひ。種々の神変《じんぺん》、目をおどろかす事多かり。

ここで注目すべきは「小童子にいたるまで」の文言である。また、岡山藩池田家の藩主の日常を記録した『日《ひ》次《なみ》記《き》』には、寛文五年（一六六五）七月二一日条に「女放下師幷狂言師来而歌舞」との記事が見える［鈴木博子 二〇〇三］。一七世紀半ばには大人の男の放下師だけでなく、女放下師や子どもの放下師までが存在するほどに、奇術分野の広がりと発展が見られていたのである。

――放下が演じた奇術（二）――

さて、先に見た松田日向の記事は京都での記録だったが、一七世紀後半には江戸での放下の記録が豊富になる。

徳川家康の曾孫にあたる大名、松平大和守直矩《まつだいらやまとのかみなおのり》は芸能好きなうえ、筆まめで、明暦四～元禄八年（一六五八～九五）に至る『松平大和守日記』（以下『大和守日記』）を残している。このなかに江戸での放下の記事が多く見られる。以下、具体的な演目名を記したものをいくつか紹介する。

明暦四年四月二二日、酒田杢之丞《さかたもくのじょう》なる人物が日向太夫の一座を呼び寄せ、島原狂言と放下とを交互に演じさせた。島原狂言とは、京の遊郭島原での傾城《けいせい》買いを題材とした歌舞伎狂言で、当時大流行していたものである。放下の演目として「やうきう《（揚弓）》」「はさみ箱」「花見とこ」「門」「そろばん」の名が見えるが、いずれもどのような現象を見せたのかはわからない。単に奇術を見せるだけではなく、芝居仕立てのものだったり、日本文化に特有の「見立て」を取り入れたりした可能性もある。

同年五月一六日、直矩は内藤摂津守信良《ないとうせっつのかみのぶよし》の屋敷に招かれ、相模《さがみ》という人物の一座による島原狂言と放下を観ている。放下の演目は「かすみの天神」「むそうのひつ」「くりから」「しのびかご」「よねこひ」が記される。このうち「むそうのひつ」については、浮世草紙『人倫糸屑《じんりんいとくず》』（貞享五年〈一六八八〉刊）の「木戸番」の項に次のように口上が載っている。

是ハこれ、ほうか《（放下）》からくり夢想のからひつ《（唐櫃）》、御覧の通、四方釘じめにして、蓋の後にかきがね《（繋金）》有。此世忰《せがれ》を御目の前にていれ《（入）》、ふたをして四羽の鉄鎖をおろし、其上にもおたち《（立）》より《（寄）》のかた〴〵に封をつけさせニて、舞台の真中に直し置、太夫の文言の術にて、はつといふこゑ《（声）》の下よりふたの上え此子がいでる。

すなわち櫃からのエスケープ・マジックで、櫃に子どもを入れて、釘締め、繋金《かきがね》（鍵）をかけ、封をしたうえで、掛け声をかけると、子どもが櫃から脱出するという大技である。手際よく演じれば見応えがあったと思われるが、直矩の感想は「何《いずれ》もへた《（下手）》故ふでき《（不出来）》に御座候」という厳しいものだった。

同月二八日の晩には、直矩本人が日向太夫を屋敷に呼んで放下をさせ、合間に狂言も演じさせた。放下は「玉子のほうか」「門のほうか」「さけちうのほうか」「花見のとこ」「はさみ箱」「玉火」「そろばんのほうか」と見え、四月二二日の演目と合致するものもあるが、やはり内容を知ることは困難である。唯一「玉子の放下」だけが、鶏卵を用いた奇術の演目であった可能性を示唆する。現代の手妻にも、紙片を扇の上で膨らませるうちに本物の卵にする「紙卵」の演目が伝わっているが、これは日本最古の伝授本『神仙戯術《しんせんげじゅつ》』（元禄九年〈一六九六〉刊）に「吹紙鶏子（紙を吹いて鶏子とす）」として手順が解説されている（第二部175）。卵を用いた演目には、ほかにも『唐土秘事海《もろこしひじのうみ》』の「たまごをつぶせハ煙となる事」や、『たはふれ草』の「鶏卵ひとり飛で虚空をさして颺術《あがる》」などがあった。ただし、直矩からは「玉子のほうか、門のほうかはふでき也」との批評が加えられたことを追記しておく。

以上の三例は、いずれも芸能者が屋敷に招かれ、歌舞伎狂言の合間に放下を演じたもの、あるいはその逆に放下の間に狂言を演じた例である。これに対し、屋敷に招かれて放下だけを演じた記録もある。延宝八年（一六八〇）四月一八日、幕府の大政参与・稲葉美濃守正則《いなばみののかみまさのり》が、病中の将軍徳川家綱《とくがわいえつな》を慰めるため、江戸城二の丸に芸人一座を呼び寄せた。この時、松村又楽座の都右近《みやこうこん》は、放下を上覧に供したが、その演目が次のように記されている（『玉露叢《ぎょくろそう》』）。

三本松、毬の曲、枕返し、生鴨《(いきがも)》籠より二つ出る、山の薯《(いも)》鰻《(うなぎ)》になる、緒《(お)》よけの放下、玉子の曲、籠より小鳥出る曲、絵雀に成る放下

九つの演目のうち「三本松」は日向太夫の「千本松」に名前が類似するが現象は未詳である。「毬の曲」は中世の放下が演じた手鞠と同じで、おそらくは鞠の曲取りと考えられる。また「枕返し」は木枕を使った曲技で、その源は唐散楽の「弄枕珠《ろうちんじゅ》」にまでさかのぼることができる。おそらくここまでの三つは曲芸的な演目と見てよいだろう。

残りの六演目のうち「生鴨籠より二つ出る」と「籠より小鳥出る曲」は現象そのままを表現したものだが、伝授本に同一の演目は確認できず、手順も不明である。時代は下るが慶応三年（一八六七）刊の伝授本『秘事百撰《ひじひゃくせん》第三編』所載の「からの鳥籠に玉子を入、雀にかへる伝」（第二部191）に類似する演目かもしれない。「山の薯鰻にな る」とは、起こるはずのないことが実際に起こるたとえとして、また思いもよらない変化をすることを表現した諺である。両者ともヌルヌルして細長いものであることから、江戸時代の人びとの間では実際に薯が鰻に変化すると信じていた人もいたという［前田金五郎 一九八〇］。この諺を踏まえた上での演目名と思われるが、これも伝授本には見えない。「緒よけの放下」とはヲゴケのこと、「玉子の曲」と「絵雀に成る放下」は先述したとおりである。

江戸城にまで放下が呼ばれ、実際に奇術を演じたのはこれが初めてのことであったが、じつはこれより先にも江戸城内で放下を披露した芸能者がいた。『徳川実紀《とくがわじっき》』慶安四年（一六五一）二月二七日条は、

二丸に歌舞妓勘三郎、彦作両座の俳優を召て、放下、枕返し等の戯を御覧じ給ふ。

枕の曲（枕返し）
『絵本御伽品鏡』（『日本風俗図絵7』日本風俗図絵刊行会1914より転載）

と記している。ここに見える彦作《ひこさく》とは、江戸で若衆歌舞伎の座を初めて開いたとされる猿若彦作《さるわかひこさく》のことであり、一方の勘三郎は、初め彦作の座に属し、後に独立して猿若勘三郎座（後の中村座）を開いた猿若勘三郎《さるわかかんざぶろう》（初代中村勘三郎）のことである［小笠原恭子 一九八二］。

では何ゆえ、彼ら歌舞伎役者の一座の俳優が、放下や枕返しを演じたのだろうか。また、逆に放下師の日向太夫が放下だけでなく。島原狂言を演じたのは何故なのか。次に放下と歌舞伎との密接な関係についてみていきたい。

——放下と歌舞伎——

阿国《おくに》歌舞伎以降、寛永六年（一六二九）に江戸で禁止令が出されるまでの約二五年間は、いわゆる女歌舞伎の時代である。女歌舞伎では舞踊が中心であり、合間に挟まれたのは狂言や猿若による滑稽物真似であった。

ところが女歌舞伎の禁止により、並行して行われていた若衆歌舞伎が盛んになると、舞踊に代わって中心となったのは物真似的要素（狂言）であり、演目にも軽業芸との交流が見られるようになる。先に掲げた勘三郎一座は、

同年中に何度も江戸城に召されていたが、『徳川実紀』では「躍御覧ぜらる」（二月一三日）、「狂言御覧じたまふ」（二月二九日）などとあって、彼らの演目の主要なものが踊と狂言、そして放下や曲技を含む軽業芸の三種であったことをうかがわせている［諏訪春雄 一九六六］。このことは若衆歌舞伎の芸団中に、放下や枕返しを演ずる見世物芸人が抱えられていたことを意味している［守屋毅 一九七一］。

若衆の舞踊が衆道《しゅうどう》（男色）と結びついたことが問題になってくると、承応元年（一六五二）今度は若衆歌舞伎が全面禁止されることになる。そこで前髪を剃った野郎頭の男達が「物真似狂言尽」を演ずるとして、歌舞伎再興を願い出て、間もなくこれが許可された。これ以後、元禄歌舞伎時代の到来までの約三〇年間を野郎歌舞伎時代と称している。

野郎歌舞伎では、女歌舞伎の頃には合間に演じていた滑稽物真似（狂言）をすっかり同化してしまい、演劇的な要素を強めていた。そこで次に歌舞伎が摂取を図ったのが、放下に代表される見世物芸（軽業芸）であった。この時期の番組をみると、物真似狂言（島原狂言）と放下とが、独立した演目のまま交互に演じられていたことがわかる。こうした交互上演形式は徐々に減少していき、貞享期（一六八四～八八）には放下の芸や軽業は本狂言の筋のなかに同化吸収されて演じられるようになっていく［郡司正勝 一九五二］。

一七世紀の半ばから後半にかけては、放下の側でも歌舞伎への傾斜と接近を強めていた。これは奇術という芸の性質上、常小屋で継続興行することが難しかったこと、また放下師のなかに狂言作者としての才能を持つ者がいたことなどに起因するとされる［松山光伸 二〇一〇］。そこで、ここからは二人の著名な放下師の動きを通して、歌舞伎の形成期に奇術が果たした役割についてみていきたい。

――松田日向太夫――

松田日向（日向太夫）については、関連史料を博捜した該博な研究があるが［前田金五郎 一九五〇］、日向太夫と江戸のからくり細工人・松田《まつだ》播磨掾《はりまのじょう》とを同一人物とする見方に立ったものであるため、参照するには注意が必要となる。放下研究や歌舞伎研究では、両者を別人と考えるのが一般的であり、本稿でもこれに従って論を進める。

日向太夫は、先に取り上げたように、史料上では寛永二一年（一六四四）正月に「松田浮舟日向守」の名で初めて登場している。京都の四条河原で「手術」を見せており、時に御所や寺院などにも呼ばれて放下を演じていた。得意としたのはヲゴケの術である。俳諧句集『山水十百《さんすいとっぴゃく》

韻《いん》』（江島為信《えじまためのぶ》著、延宝七年〈一六七九〉跋）には、

鼠にはねのはへし鴬
人の目を松田浮舟霞ませて
四条河原をこする夕暮

と詠まれ、『西鶴大矢数《さいかくおおやかず》』（延宝九年〈一六八一〉刊）でも、

花に鳥芋笥《ヲゴケ》を遣ふと鳴せたり
若緑たつ松田うき舟

と詠まれている。

次に日向太夫の名が見えるのは、明暦二年（一六五六）八月、加賀金沢でのことであり、『政隣記《せいりんき》』には次のように記されている。

従江戸《えどより》、歌舞伎座日向太夫加州江来り。於本願寺芝居を構へ、歌舞伎を興行す。金沢貴賤見物す。

ここでの日向太夫は歌舞伎一座を率いており、一見すると四条河原で放下を演じていた人物とはまったくの別人のようにも思える。ところが同四年以降には『大和守日記』の江戸の記事に、歌舞伎に関わる形で日向太夫が多く登場してくる。明暦四年（一六五八）四月一六日条によると、直矩は江戸の見世物街、芝居町として栄えていた「酒井町（堺町）」へ家臣を見物に遣わしており、その見物の覚えが次のように引かれている。

見せ物にては、一くじやく《孔雀》、一寸ほうし、一いんこうたうたい、一鸚鵡《おうむ》、一れんとび《連飛び》、一島原、一番左近所にて二番、二ニみやこ伝内所にて二番、三ニ日向太夫所にて二番見物申候。

これによれば、当時流行の島原狂言が「左近所」「みやこ伝内所」そして「日向太夫所」の三座で見物できたという。同日記には、同年四月二二日、五月二八日の記事にも、島原狂言と放下とを交互に演じた様子が記されることは先述した通りである。

さて、野郎歌舞伎の座を率いた日向太夫の名は、万治三年（一六六〇）七月二七日条以降は、「古　都日向太夫《いにしえのみやこひゅうがだゆう》座」あるいは「古　都伝内日向太夫《いにしえのみやこでんないひゅうがだゆう》座」として登場するようになる。これは日向太夫座が後述する古都伝内の座と合同興行を行うようになったことを意味している。一一月二五日の記事からは、この合同座に若衆方一〇人

をはじめ、万狂言方八人、小唄三人、囃子五人など総勢四〇名の役者や囃子方が出演していたことが読み取れる。ただし、一〇月二一日条には「日向太夫座にておもしろき狂言いたす（中略）いつれも子供もの〻由」とあり、また翌四年二月二二日条には「松田日向座女方小太夫、古都座とうけ（道化）方彦九郎」との記載が見られ、両座は独立性を保ったまま合同していたものと思われる。

ともに放下師から転じた両座の合同興行にもかかわらず、判明する限りでは独立した放下の演目は一つも演じられなくなっている。これはすでに二人が舞台を退き、芸団経営者になっていたためとみられている［守屋毅一九七一］。

この後、寛文三年（一六六三）一一月一四日条に「古へ日向太夫座二つに成」とあり、その後しばらく日向太夫の名は見えなくなる。そして同七年正月二六日条では「木引町へ見物ニ遣之。日向大（夫カ）元座也（中略）狂言十一番見之」とあり、日向太夫座は堺町から木挽町に移転していたことがわかる。そしてこの記事を最後に日向太夫の名は『大和守日記』からは消えてしまう。

しかし、天和期（一六八一～八三）成立の江戸名所めぐり『紫《むらさき》の一本《ひともと》』の「祭礼」の項に、

白山（略）こゝにて日向太夫と云放下太夫、芝居を仕る。染之丞、幸之助、小源太など云ふ陰郎《かげま》ども女形、若衆形をする。一芝居一芝居の円座売り、銭取る者どもも、みな在郷の物くさ太郎の初心者なり。

と見え、江戸の白山権現で宮地芝居《みやちしばい》（小芝居）に転落した日向太夫の姿を見出すことができる。また、井原西鶴《いはらさいかく》の『世間胸算用《せけんむねさんよう》』（元禄五年〈一六九二〉刊）にも、

今時は仕かけ山伏とて、さま〴〵ごまの檀にからくりいたし、白紙人形に土佐踊さすなど、この前松田といふ放下師がしたる事なれども、皆人賢過ぎて、結句近き事にはまりぬ。

とあり、上方に戻ったと見られる松田日向太夫の姿が描かれている。

――都伝内――

松田日向太夫とともに一七世紀を代表する放下師が都伝内である。ところが、都伝内を名乗った人物は複数あり、また都右近との関係も詳らかにし得ず、この人物についてはいまだ定説をみていないのが現状である。

伝内の記録上の初見は、先に引いた『大和守日記』明暦四年（一六五八）四月一六日条で、島原狂言の座元「みやこ伝内所」として登場している。関根只誠《せきねしせい》（一八二五～九三）による編纂資料『戯場年表《ぎじょうねんぴょう》』によると、寛永一〇（一六三三）正月二二日に「都伝内堺町に芝居櫓御免」と見え、また正保二年（一六四五）には「市村宇左衛門、作者都伝内と相談の上二番続きの狂言を取仕組、一切毎に上より黒幕をおろす。今のふりおとしなり、伝内は後座元となり」とあって、かなり早い時期から江戸歌舞伎に関わっていたとの記載がみられる。しかしながら『戯場年表』には出典が明記されていないことが多く、後にこれを補訂して『歌舞伎年表』を編纂した伊原青々園《いはらせいせいえん》は寛永一〇年の記事を疑問視している。

江戸時代、歌舞伎興行の官許を受けた「大芝居」としてよく知られるものに「江戸三座（中村座・市村座・森田座）」があったが、この三座に定まるまでには諸座の興亡があった。伝内の都座も浮沈を経験した座元の一つである。万治三年（一六六〇）、松田日向太夫と相座元となり「古都伝内日向太夫座」として興行を行っていたことは先述した。翌年、上方から有名な役者が大量に下ってきたことを受け、一〇月に古伝内座は分裂し、新たに新芝居（新伝内座）が誕生する。堺町ではしばらくは「新芝居（新伝内座）」「古日向座（古都伝内日向太夫座・いにしゑ座）」「勘三郎座（鶴屋勘三郎座、後の中村座）」の三座が大芝居として興行を行うことになった。寛文二年（一六六二）刊の役者評判記『剥野老《むきところ》』でも「いにしゑ座」の俳優が大勢取り上げられており、その隆盛を見ることができる。ところが同三年一一月、古日向座は再び分裂し、今度は古日向座自体が「ほとんど壊滅に近い状態」になったという［波戸祥晃 一九六七］。

ここまでの経緯を見る限り、伝内が放下師の過去を持つ人物であることは微塵も感じさせない。しかし、謎多き伝内の前身についての貴重な記録が残されている。享保五年（一七二〇）、伝内の子孫が大芝居の座元に復帰するために町奉行所に請願した際の経緯が『百戯述略《ひゃくぎじゅつりゃく》』に引かれている。

覚

橘町三丁目源兵衛店

いにしへ伝内

右伝内儀、六十年程以前、神田明神於社地、久三郎と申放下師にて、小芝居仕候、其後堺町へ引越、伝内と名を改、小芝居仕罷在候処、其節上方より放下師罷下り、都伝内と申、堺町にて芝居仕候に付、前廉より罷在候伝内は、いにしへ伝内と申、右両人堺町にて銘々に芝居仕候処、四十年程以前迄、両人共に芝居仕、其後相止候に付、只今に至り、大芝居取立願難成《なりがたき》儀に御座候間、私共方にて取上不申《もうさず》候、以上、

十一月十九日　中山出雲守

大岡越前守

右者享保五年于十一月十九日、大久保佐渡守殿へ、出雲守より被書上候《かきあげられそうろう》由に御座候。

これによると、伝内の前身は、万治三年（一六六〇）頃、神田明神の境内地で小芝居を演じていた放下師久三郎という人物だという。その後、伝内と改名して堺町に移り、小芝居興行をしていたところ、上方から都伝内という放下師が来て芝居興行をすることになった。そこで元久三郎の伝内の方が「いにしへ伝内」を名乗り、両者ともに延宝八年（一六八〇）頃まで堺町で芝居興行を続けたのだという。

また、享保一七年（一七三二）成立『八十翁疇昔話《はちじゅうおうむかしばなし》（昔々物語《むかしむかしものがたり》）』の野郎歌舞伎の起こりを説いた箇所に、「上方より、いにしへ伝内と云者下り、二座に成て（後の中村座と伝内座―筆者注）、其後段々にはやり（以下略）」との記載があり、いにしへ伝内もまた上方から来た人物だったとされる。そこで、この放下師久三郎を、『隔蓂記《かくめいき》』寛永二一年（一六四四）の記事に見える「久左（左三）」と同一人物だとする推測が提起された［守屋毅 一九七一］。『隔蓂記』二月一〇日条には、

術師之久左といふ者有り。今日呼び寄せ、術仕らせ、見物を遂ぐる也。久左は麩屋なり。（中略）種々無量の術を仕る也。＊

とあり、同年四月三日条にも、

術人の久三を呼び、而《しこう》して手作を見物するなり。（中略）書院に於て久三を呼び、品玉取るを見るなり。＊

とあって、「品玉」や「無量之術（多くの物を取り出すプロダクション・マジックか）」を演じる姿が記録されている。

仮に久左（久三郎）といにしへ伝内とが同一人物でないにせよ、いにしへ伝内が放下の演目を演じ、評判をとっていたことは、天和二年（一六八二）刊『このころ草』から証される。先に品玉とヲゴケの解説として引いた文は、じつは「さかい町《（堺）》にいにしへの伝内といふほうか《（放下）》のしばゐ《（芝居）》あり。しな玉もたね《（種）》なければとられね共、そのしなをか

くしつゝ、じゆつ《（術）》をつか《（遣）》ふのおもしろさにたちよりけんぶつ《（見物）》する」との一文で始まっており、「前代未聞の上手なれは、いにしへの伝内とこそ申ける」という文で締めくくられている。本書の刊行時期からみて、伝内が大芝居の座元から再び小芝居へと転落した後の姿を描いたものだという。

次に問題となるのは、江戸城内で放下を演じた都右近と伝内との関係である。このことについて、松平直矩は延宝八年（一六八〇）正月八日条の日記で興味深い記述を残している。

堺町木挽町見物之座書ニ遣之。
堺町ニハ、鶴屋中村勘三郎座、市村竹之丞座。
　右両座芝居大狂言、但勘三郎は追出也。
操の座ハ、大薩摩、是を下りさつまと云之也。丹波和
　泉太夫、土佐座、都長太夫座也。
せつきやうにハ、大坂七太夫座、石見座、両座也。
籠抜ハ、竜王蓮之丞座、飛竜勝之介座、藤巻嘉信座、伝
　内座也。
子共狂言、万能丸一円、松村又楽座、此座ニハ本伝内、
　只今都右近と申、枕返しも仕よし。
見せ物ハ、孔雀、大蛇（塩漬）、牛の生替女、獏、かち
　也。
木挽町ニハ、大狂言、山村長太夫座、森田勘弥芝居、竜
　尾連之助座、籠抜狂言有。

一〇代前半の子供歌舞伎を演ずる松村又楽座に、もとは伝内といっていたが、今は都右近と名乗る人物がおり、枕返しの曲技を演じている、とある。一方、曲技の籠抜け芝居を見せる四座のなかにも伝内座の名が見える。どちらかが古伝内で、他方が新伝内ということになる。

『大和守日記』延宝八年正月二一日条には、直矩が伊勢講に際して「都伝内、松村又楽」を屋敷に呼んだ際の番組が記録されている。子供狂言と放下が交互に演じられており、都伝内が「鞠の曲」「枕の曲」「いも《（薯）》のくき《（茎）》てう《（蝶か）》の曲」「山のいも《（薯）》うなき《（鰻）》の曲」を演じたとある。このうち「いものくき」以外の演目は、同年四月一八日に江戸城西の丸において都右近名義で演じたものと同じである。なお、太夫の松村又楽は一二、三歳の少年と記されることから、実質的な座元は伝内だったとみてよさそうである。

子供狂言との関係では『古今《ここん》四場居《しばい》百人一首《ひゃくにんいっしゅ》』（元禄六年〈一六九三〉刊）の「都伝内」の項に「九つや十の子共げい《（芸）》しつけても、上手なればこそおちついたる諸芸」との評がみえる。同項は「古《（いにしえ）》の御名の芸師の多けれどあ

まりほめてや人の恋しき　都伝内」とあることより、この都伝内が古伝内を指していたことがわかる。

以上の史料から判断するに、延宝八年、子供狂言の松村又楽座に関わり、都右近を名乗って江戸城で放下を演じたのは、古伝内の方だったことになる。ではなぜ、古伝内は右近と改名する必要があったのだろうか。これについては、都伝内の名ではどちらの伝内かを理解してもらいにくく、また座元として定着している伝内の名よりは、他の芸人に名前負けしない右近の名を使ったとの推測が示されている［松山光伸二〇一〇］。これに加え、少年又楽の名で一座を構えねばならない何らかの事情があったことも考慮しなければならないだろう。

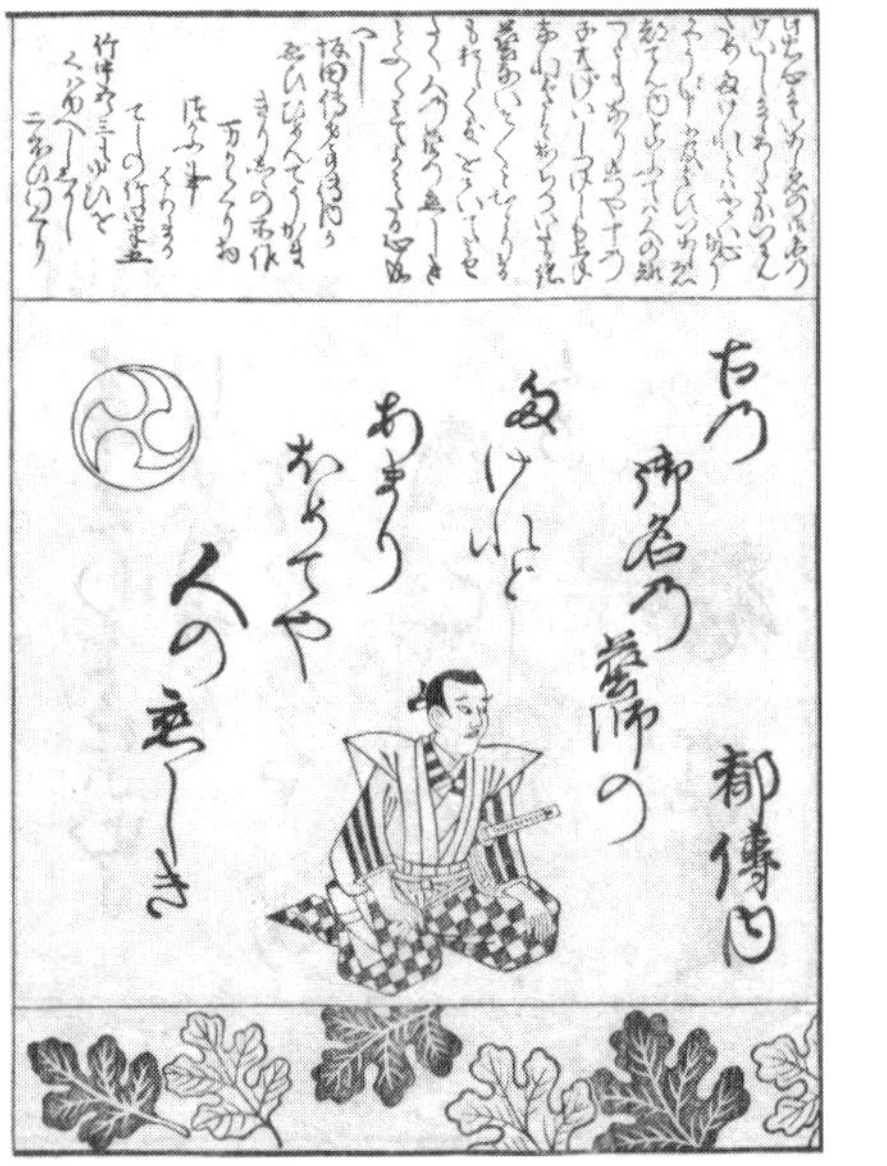

都伝内（いにしへ伝内）
『古今四場居百人一首』（国立国会図書館蔵）

一時は大芝居の座元まで務めたにもかかわらず、松田日向太夫、都伝内ともに放下の小芝居に身を転ずることになった。これはこの時期が江戸四座（中村座・市村座・森田座・山村座）の確立期にあたっており、大芝居からの圧力に圧されたからだともいう［前田金五郎一九五〇］。しかし、放下師は歌舞伎の世界からただ単に消えていったわけではない。放下師が座元となって、元禄歌舞伎の時代に活躍する若い役者を育てたことは、演目内容や所作事などいくつもの点でその発展に大きな影響を及ぼしたのである［諏訪春雄一九六六］。

※寛政五年（一七九三）一〇月、中村座が経営不振のため休演となり、古伝内の子孫を称する都伝内が都座を再興、同九年一一月に中村座が再興されるまで控櫓として興行を行った。この控櫓に名乗り出た際の請願が『撰要類集』に残されている。都右近を古伝内とする先の結論とは異なる内容だが、参考までに引いておく。

先祖都伝内儀、往古大坂表ゟ御当地江罷下、芝居興行仕、明暦三酉年類焼後、青屋町ニ興行仕候節、京都ゟ都伝内与申もの罷下、放下師ニ而芝居興行致候ニ付、出入ニ相成候処、内済致し候、先祖伝内儀者いにしへ都伝内与唱、京都ゟ罷越候伝内者都右近与相改候由承伝（以下略）

――放下の「場」――

最後に一七世紀の奇術がどのような「場」で演じられたのかをみて、本章を終えることにする。

京にあった頃の松田日向太夫は「四条河原之者」と記されており、『隔蓂記』の著者鳳林承章《ほうりんじょうしょう》も日向太夫の「緒籠器之術」を見物するために知人と連れ立って四条河原に赴いている。浅井了意《あさいりょうい》著『出来斎京土産《できさいきょうみやげ》』（延宝五年〈一六七七〉刊）は、一七世紀中頃の「四条川原」の様子を次のように述べている。

祇園町二町ばかりの西ハ河原おもてなり。橋ひとつさかひ《(境)》て西にも東にも芝居をかまへ《(構)》て鼠戸をしつらひ、さま〳〵見物すべき事あり。狼のいけ《(生)》どり《(捕)》、犬猿の芸、又ハ居合、兵法、枕返し、品玉、捕手、斗鶏《とけい》のからくり、あるひハ魚鳥のめつらし《(珍)》き、生れそこなひ《(損)》の人なんど、声〳〵によバ《(呼)》ゝりミするもあり。

多くの芝居小屋、見世物小屋の立ち並ぶ芸能興行街の喧騒が伝わってくるようである。ところで、この頃の「小屋」は常設の建築物ではなかった。洛中洛外図などをみると、河原の屋外空間を竹矢来《たけやらい》と莚《むしろ》で囲むか、あるいは板囲いをめぐらせて区切っただけの簡易なものだったことがわかる。鼠木戸と呼ばれる小さなくぐり戸をぬけて「劇場」内に入っても、観客席は完全なる野外である。屋根はなく、文字どおりの「芝居」すなわち土間で、観客は銘々持ち寄った莚や毛氈《もうせん》に腰を下ろすよりほかなかった。舞台に屋根がついたり、板葺屋根の桟敷席が設けられることもあったが、基本的には屋外で芸能を楽しんだのである。そのため雨風など気候の変化で興行が中止されることもあった。

貞享元年（一六八四）刊『雍州府志《ようしゅうふし》』巻八「芝居」の項によると、京都における芝居や見世物の興行地が四条河原に限定されたのは、元和期（一六一五～二四）、京都所司代・板倉伊賀守勝重《いたくらいがのかみかつしげ》の命によるものという。同書も四条河原の様子を次のように紹介している。

常の芝居（中略）今の四条河原に移す。傀儡の外、雲舞幷びに幻術、連飛、輪脱、緒小桶、水操及び珍禽、奇獣或は矮人、長女、又雑品の芸術を施す者各々場を開く。是れ近世の流風なり。＊

二書に列記される見世物芸のうち「品玉」「幻術」「緒

小桶」が奇術の演目にあたり、「枕返し」や「雲舞《くもまい》（蜘《くも》舞《まい》）」「連飛《れんとび》」「輪脱《わぬけ》」などが曲技の演目である。なお「捕手」について、朝倉無声は『見世物研究』では「柔術の一名」と述べるが、その一方で『見世物年代記』では「恐らく縄たらしの事なるべし」と記している。「縄たらし」については、これも四条川原の殷賑《いんしん》を記した『不可得物語《ふかとくものがたり》』（正保五年〈一六四八〉刊）が見世物の一つとして描いており、柳亭種彦《りゅうていたねひこ》（一七八三〜一八四二）の『柳亭筆記《りゅうていひっき》』は、

縄たらしといふ最《いと》ふるき眼くらましのカブキあり。一人は盗賊に打扮、一人はこれを縛め、カブキを《（終）》はれば、かの縛し縄おのづから解る放下なり。故に盗人縄たらしともいふ。たらしは欺クなり。子供たらしのたらしにおなじ。

と解説している。

さて、『隔蓂記』によれば、京の人々のうち高貴な身分の者だけは、河原に赴かずとも、自身の屋敷に芸能者を呼び寄せ、そこで放下を演じさせることができた。寛永一三年（一六三六）七月二二日条には「晩、ホウカヲスル加兵衛呼之、見術也」とあり、慶安三年（一六五〇）二月二六日条にも「術師長三郎、種々致術《（じゅつをいたし）》、而各令見物《（けんぶつせしむ）》也」とある。また仙洞御所《せんとうごしょ》に放下が呼ばれたときのことも「今日の太夫は長嶋玉之介、竹田四郎兵衛、この両人。この外、種々芸者これ有るなり。枕返は四郎兵衛、緒小器之術・手鞠は玉之介なり。種々奇妙、今古希有、公私肝胆を徹す事なり（＊）」と記され、松田日向太夫や久三《きゅうざ》以外にも名の知られた放下師があって、彼らが屋敷に招かれていたことを伝えてくれる。

こうした京の様子に対して新興都市の江戸はどうだったのだろうか。先に『大和守日記』に登場する堺町の様子をいくつか引用しておいたが、貞享四年（一六八七）刊の地誌『江戸鹿子《えどかのこ》』に「堺町」は次のように紹介されている。

堺町ふきや町の二町は、古しへより、操り、見せ物、又は狂言つくし、ある《（或）》ハ放下の品玉、綱《なわ》切の曲を業とする者とも寄あつまり、終日の歓楽をなす地なり。

隣接する堺町と葺屋町は、現在の中央区日本橋人形町三丁目にあたる。「狂言つくし」とあるのは歌舞伎の芝居小屋を指し、堺町には中村勘三郎芝居（後の中村座）があり、葺屋町には市村竹之丞芝居（市村座）があって、あわ

せて二丁町と呼ばれる芝居町であった。『延宝《えんぽう》九《く》　辛酉年《かのとりとりどし》堺町葺屋町之図《さかいまちふきやまちのず》』を見ると、堺町には見世物小屋が四軒と「伝内」の名、葺屋町には一軒の見世物小屋と「都伝内」の名も記されている。中村座の控櫓を務めたことから鑑みるに、堺町の「伝内」の方が古伝内であろうか。二丁町は狂言芝居（歌舞伎）だけでなく、放下が演じる品玉や縄切りも見物できた。そしてまた二丁町は男色を売る店が軒を連ねる売色空間でもあったことが指摘されており［武井協三 二〇一三］、江戸随一の「歓楽」街として知られる場であった。

堺町・葺屋町につぐ芝居町が木挽町（現在の中央区銀座）であり、延宝八年（一六八〇）時点で、芝居小屋では江戸四座の山村長太夫座と森田勘弥芝居があったほか、籠抜けの竜尾連之助座などがあった。なお、小芝居に転じた松田日向太夫が寛文七年（一六六七）頃に一座を構えたのもこの木挽町であった。

さて、京都の貴紳が放下を屋敷に招いたように、武家の屋敷もまた奇術が上演される「場」の一つであった。大名たちは行事に際しての振舞いに伴う馳走として、また特に行事とは関係なく客への馳走や慰みとして芸能者を屋敷に呼んでいる［林公子 一九九〇］。紀州藩付家老《つけがろう》三浦家の儒医・石橋生庵《いしばしせいあん》が著した日記『家乗《かじょう》』を例にみてみよう。元禄八年（一六九五）二月六日、紀州南雑賀《みなみさいか》にあった三浦別邸では「朝日之祭」があり、林保宅《はやしほうたく》という芸人が屋敷に呼ばれ、独狂言と幻術が演じられた。その時の演目が次のように記される。

保宅幻術　銭之曲、神通幣速、結手巾、ホウタウシ、呑小刀、弘法ツリ水
独狂言　碁打、和田宴、座頭、立聞、骨皮

保宅が演じた幻術の演目をみると、コイン・マジックをはじめ、古典的な呑刀を演じているほか、「神通幣速《じんつうへいそく》」は『放下筌』（宝暦一四年〈一七六四〉刊）に載る「幣帛《へいはく》おのれと動く術」、「弘法ツリ水」は『秘事百撰 後編』（嘉永元年〈一八四八〉刊）に載る「茶碗つり水のでん」（第二部166）を指すのであろう。いずれも決して高度な技術を要する演目とは思えないが、地方の城下に一人で幻術と独狂言とを演じる芸達者な人物がいたことは特筆されるべきであろう。なお、同一〇年閏二月八日、保宅は藩の許可を得て和歌山城下九丁目に歌舞伎座を構え、興行主になっている［宮本圭造 二〇〇三］。

また、対馬藩宗家の『江戸藩邸毎日記《えどはんていまいにちき》』延宝三年（一六七五）正月一九日条には、特段の行事や祝い事ではない

のに、屋敷に芸能者が招かれた記事が確認できる［鈴木博子 二〇二三］。

昼過　御前様　市正様御奥様　御書院へ御出　放下并犬之芸能なと仕者被召寄《めしよせられ》、御見物被遊《あそばされ》、御家中侍共不残《のこらず》見物被仰付《おおせつけらる》　酉之刻　御入被遊也

藩主宗義真《そうよしざね》の正室栗（御前様）、姪の三（市正様御奥様）を慰めるために「放下并犬之芸能なと仕者」が藩邸に呼ばれ、御家中侍共も残らず見物を許されたとある。

こうした藩邸での座敷芝居については、加賀藩のような大藩の場合、藩邸の家臣全員が見物を許されるとなると一度には「場」に入りきらない。そのため、二交替制で座敷と白洲での見物を許された人数は九〇〇人近くにもなったという［鈴木博子 二〇二三B］。

ところで放下に限らなければ、大名家の記録には役者を屋敷に招いた座敷芝居の例が数多く確認される。しかし、じつは江戸では役者が屋敷に赴くことは固く禁じられていた。確認される最初の禁令が、明暦元年（一六五五）五月のものである（『御触書寛保集成』二六八八）。

跡々より御法度之通、狂言尽、御大名御屋敷方え御呼候共祗公仕間敷候《しこうつかまつるまじくそうろう》。勿論いしやう《衣装》けつかう《結構》成もの着せ申間敷候《もうすまじくそうろう》。其上人多におこりたる狂言仕間敷候事。放下御屋敷方え被召寄候共《めしよせられそうろうとも》、放下の外かふき《歌舞伎》之まね《真似》島原之体少も仕間敷候。狂言尽のもの、たとへ一両人御屋敷方より御呼候共、罷越、島原之真似仕ましき事。

ここでは「狂言尽」すなわち歌舞伎の役者は、招かれたとしても、大名屋敷に行ってはいけないとされる。この禁令は、承応元年（一六五二）の若衆歌舞伎禁止の延長線にあるもので、大名と役者の男色関係を抑止することが目的の一つであり、同時に芝居興行を芝居町に封じ込めることがもう一つの狙いであった。そのため島原狂言さえ演じなければ、放下が大名屋敷に赴くことは許容されていたのである［林公子 一九九〇］。『大和守日記』をはじめ、いくつかの大名家の記録が伝わったおかげで、放下の座敷芝居の記録が今に伝えられているが、記録されなかった事例、記録が今に伝わらなかった事例も数多くあるはずである。

このほか、寺社の境内地も奇術上演の主要な「場」であった。三都に限らず地方の寺社でも、秘仏の開帳や祭礼に際して多様な興行が行われていた。石橋生庵の日記

『家乗』延宝八年（一六八〇）の記事には興味深い記載が見られる。一つめは三月二八日条で、紀州の慈光山明王院《じこうざんみょうおういん》で同月八日から薬師の開扉があり、一五日から孔雀の見世物と籠抜けの興行が行われたという。

籠抜座　蜘蛛舞（七才子）両人（軽飛曲中有籠抜、輪抜、蠟燭、傘曲）、薩摩万六物贋、幻術三段（天狗唐櫃、鶉変化、天狗通筥）大夫吉田学遊

ここには籠抜座《かごぬけざ》とあるが、細長い籠を飛び抜ける曲技だけでなく、歌舞伎役者薩摩万六《さつままんろく》による物真似芸、吉田《よしだ》学遊《がくゆう》による幻術も併せて行われていた。演目名だけで現象は記されないが、推測するならば、「天狗唐櫃《てんぐからびつ》」はエスケープ・マジック、「鶉変化《うずらへんげ》」は卵を鶉に孵化させるもの、「天狗通筥《てんぐかよいばこ》」は二つの箱の間を物体が移動するように見せるものであろうか。また、四月一二日条にも明王院で行われた籠抜興行の記載がある。

蜘蛛舞　緒桶、夢想続松（長大夫）、二人軽業（太夫浅山立之介裾返）、万六六方龍宮早鍋

今度も籠抜けだけでなく、長太夫による蜘蛛舞《くもまい》（綱渡り）や緒桶《おごけ》、夢想続松《むそうつづきまつ》（不詳）も演じられたとある。

一七世紀の後半、地方にまで放下の興行は広がりを見せており、またそこで演じられる演目も中央と比べて遜色のないものとなっていた。そしていよいよ次の一八世紀は、素人が本を通じて奇術を習得できる時代となり、日本の奇術文化が大きく花開くこととなる。

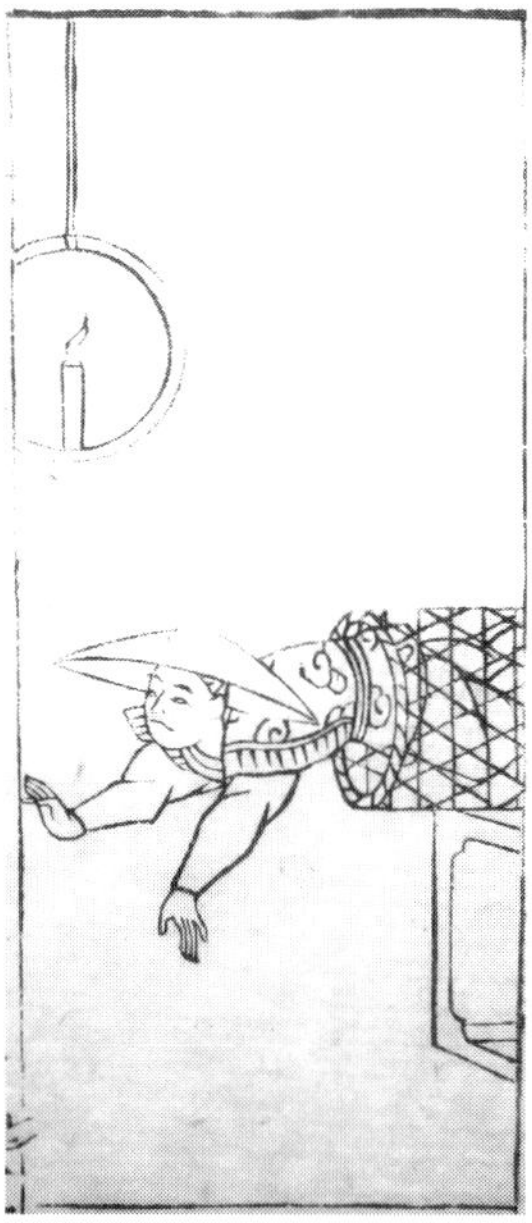

籠脱
『和漢三才図会』（河合勝コレクション）

第五章　近世中期（一）

第四章では、江戸時代に入って、放下が奇術を演じた史料が多く確認されるようになったこと、多様な演目が演じられるようになっており、地方の人びともそれらを享受する機会があったこと、また放下が歌舞伎の形成期に果たした役割などをみてきた。

　本章では、まず元禄期に活躍した塩屋《しおや》長次郎《ちょうじろう》という高名な放下師を取り上げ、その得意演目とされる大技「呑《どん》馬術《ばじゅつ》」について考察する。次にこの時代、大道で奇術を見せる辻放下の活躍が目立つようになることから、かれらの姿を図版を用いながら紹介していく。

――塩屋長次郎と呑馬術――

　元禄期（一六八八～一七〇四）に名前の知られた放下師に塩屋長次郎（塩の長次郎、塩売長次郎とも）がいる。「手品師の元祖」にも位置付けられる人物で［郡司正勝一九八一］、呑馬術を演じたとされることでもよく知られている。

　呑馬術とは、口から生きた馬を呑み込むという大技であるが、この現象を「呑馬術」と名付けたのは朝倉無声が最初である。したがって、江戸時代の書物に呑馬術の語が使われたことはないが、本稿では便宜上この語を用いることにする。

　馬と聞いて、現代の私たちが想像するのはサラブレッド（体高約一・六メートル）であるが、江戸時代の日本馬は、これよりかなり小さく、ポニーに分類される小型馬であった（体高約一・二～一・三メートル）。しかし、いかに小さいとはいえ、これを口から呑んでしまうことなどできようはずがない。では、長次郎はどのようにして馬を呑んだのであろうか。

　呑馬術に関しては、関連史料を集成し、検討した研究があるため［河合勝二〇〇九］、その成果に拠りながら論を進めていきたい。

　長次郎の呑馬術が黒技（ブラック・アート）だった可能性があることは、すでに戦前から指摘がなされていた。オーストリアの奇術師オットカル・フィッシャー（Ottokar Fischer）は、著作『*Das Wunderbuch der Zauberkunst*』（奇術怪書。一九二九年刊）において、一九世紀前半に欧州で演じられた、黒技を用いた「馬の消失」を紹介している。黒ビロードを張りつめた舞台に白馬を立たせ、これに白布をかける。白布には同じ大きさの黒ビロードの布が裏側に重ねられており、白布だけを取り去ると、馬は黒ビロードに覆われているため、舞台から消失したように見えるというものである。この本の日本語訳が発表された際、長次郎の呑馬術も黒技であった可能性があわせて示唆されたのである［緒方知三郎 一九四〇］。

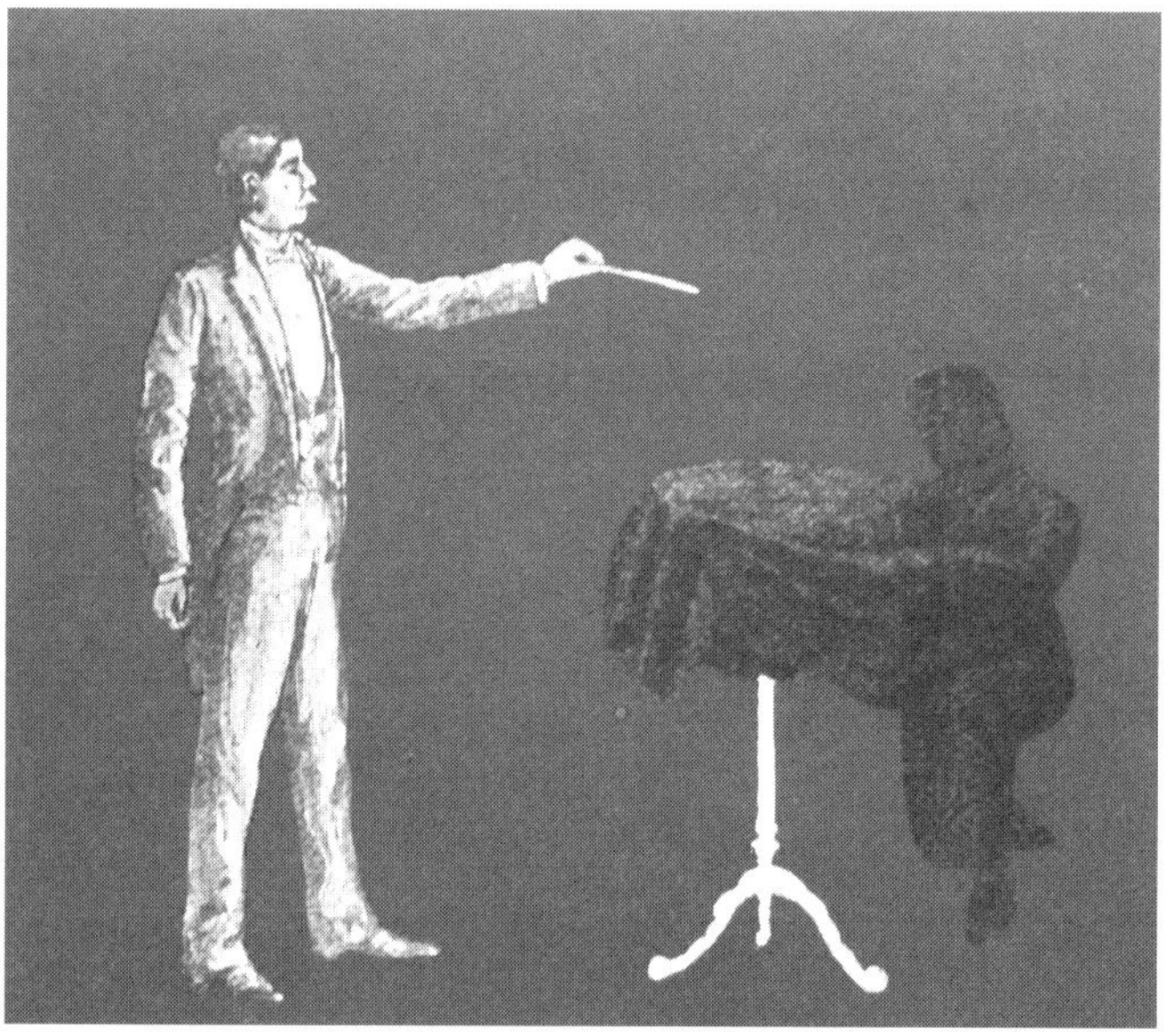
黒技（ブラックアート）
（坂本種芳『奇術の世界』力書房1943に掲載された写真）（河合勝コレクション）

戦後になってこの説は補強されることになる［山本慶一 一九五六］。長次郎の呑馬術でも、馬に黒幕をかけたか、あるいは幕の後ろに徐々に隠したのではないか、というのである。その根拠として、長次郎が自身の小屋を持っており、囲いさえあれば昼でも舞台を暗くできたこと、享和三年（一八〇三）刊の歌舞伎解説書『戯場訓蒙図彙《しばいきんもうずい》』に黒技を使った骸骨の仕掛けが紹介されていること、江戸後期刊の伝授本『手妻伝授《てづまでんじゅ》 紫 帛《むらさきふくさ》』に「六尺ある棒をうのミ《(鵜呑)》にする手妻」の解説が載っていること、以上の三つが挙げられた。

このうち三番目の六尺（約一・八メートル）の棒呑みについて

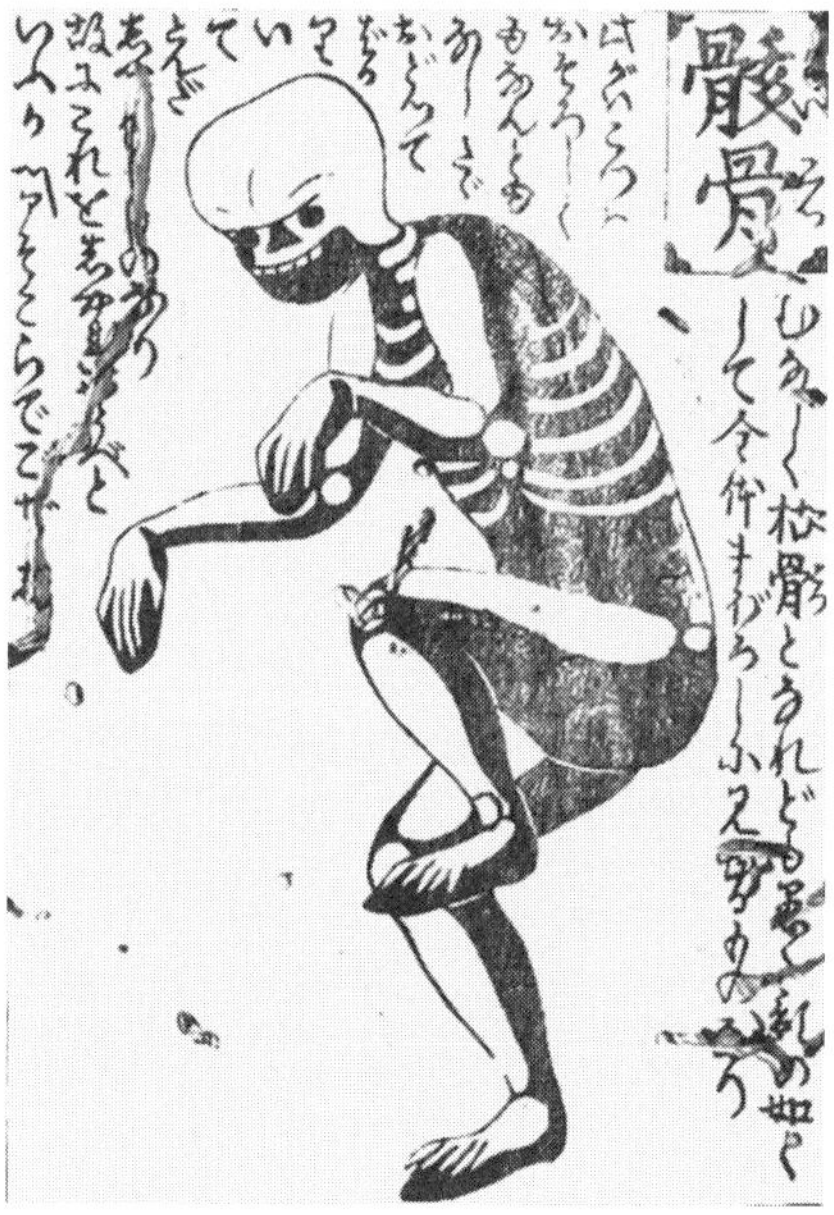

骸骨（黒技）
『戯場訓蒙図彙』（早稲田大学図書館蔵）

は、少し補足説明がいるだろう。刀を呑む芸は一七世紀以前の放下も演じていたが、六尺もある棒を呑めたとは考えにくい。『手妻伝授紫帛』によれば、まず背後に小さな穴を開けた黒幕を張り、観客を片側に寄せておく。演者は観客からは見えないようにして、棒を呑むと見せて黒幕の穴の中に棒を滑らせて隠す。すると観客側からはまるで棒を呑んでいるように見えるというものである（第二部306）。ただし「此手妻ハ手練なくてハ出来難き手妻なり」と述べられているように、演者の技術と演技力が求められる。このように黒幕にものを隠して呑んだように見せる手法が解説されていることから、呑馬術でもこの種の方法を用いたと考えたわけである。

　さらにこの黒技説を補強する見解も示された［平岩白風一九八一］。黒幕を張った舞台の前面に、照り返しをつけた蝋燭照明を並べ、客席側だけを照らすことで、舞台は黒一色に飽和する。次に黒布を張った板から横向きにした漏斗形を切り抜いておく。演者は板の切れ込んだ漏斗の口の辺りに自らの口を構えておき、板と背後の黒幕との間に馬を通せば、舞台からは馬が細くなって演者の口の中に吸い込まれていくように見えるという。この方法を使えば、人が馬の体内を通り抜ける馬腹術も可能だとする。また、長次郎の贋物が何人もいたとみられることから、呑馬術は「仕掛けと方法を知れば、誰にでもできるということを意味している」としている。

　黒技で説明する説は他にもある［泡坂妻夫二〇〇一］。他人がすぐ真似られたこと、芝居小屋の中で演じられたこと、また安政五年（一八五八）刊の歌舞伎解説本『御狂言楽屋本説《おきょうげんがくやのほんせつ》』に三種のブラック・アートの解説があること、さらに白馬を使ったとされることなどから、二枚の黒幕の間に白馬を通す方法を用いれば、呑馬術は可能だという。また当時の劇場内は照明が暗いため、「よほど大胆なことを演じても通用した」とまで述べられている。

　果たして、呑馬術とは黒技を利用したものであり、誰にでもできるほど容易な演目だったのだろうか。近年になって、黒技説を真っ向から批判する見解が出された［松山光伸二〇一〇］。これによれば、ブラック・アートを実現するには光のコントロールが最も重要になるという。しかし、元禄期の芝居町の芝居小屋は客席が青天井であり、舞台上を真っ暗闇にすることはできない。全蓋式の劇場ができるのは享保三年（一七一八）以降のことである。また芝居で灯火を使うことは禁じられており、興行は夕暮れ前には終えるよう町奉行からの命令が下っており、明るい昼間にしか興行はできなかった。これらのことから、元禄期にブラック・アートが演じられていたとは考えられないと結論付けたのである。さらには宮地芝居や座敷芝居での可能性をも検討し、それらも完全に否定している。

では、長次郎が活躍した元禄期の史料において、呑馬術はどのように記されているのだろうか。代表的な二つの史料を検証してみたい。

まず、大田才次郎の「手品」以来、長く引用されてきたものに『軽口幾世餅《かるくちいくよもち》（いくよ餅）』がある。この史料は昭和三年（一九二八）刊『見世物研究』または文政九年（一八二六）刊『還魂紙料《すきかえし》』から孫引きされることが多く、だれも原本を見ていないようである。元禄一四年（一七〇一）刊、みやこ又平著『軽口幾世茂地《かるくちいくよもち》』を指すものともいわれるが、それも定かではない[岡田充博二〇〇五]。ところが、元禄七年（一六九四）正月刊『当世《とうせい》かる口男《くちおとこ》』の巻五をみると、以下に引くように、長次郎に関する当該の記載を見いだすことができる。

九　塩売《しほうり》長次郎が手品《てじな》

江戸堺《さかい》町にて、今度《こんど》上方《かた》より罷下《まかりくだ》りました塩売長次郎、根本《こんぽん》は是《これ》じや。ありや〳〵馬《むま》をのミます、只今牛《ただいまうし》をのミますと、木戸口《きどぐち》にて呼《よハ》れど、塩売長次郎とある芝居《しばゐ》、四五軒《けん》もあれバ、いつれが正身《しやうじん》ならんとはいりかねて、木戸口よりのそくばかり也。木戸番《ばん》、さあ、はやいが徳《とく》じや、ゑいとう〳〵といへとも、のぞくはかり也、其中《なか》に、子共四五人立《たち》ならびて、のぞき居《ゐ》たれば、木戸番腹《はら》をたてゝ、こゝな子ともハ、此芝居《しばゐ》になにがおもしろひ事があると、いふてしかつた。

本書は軽口や笑話を集めた咄本《はなしぼん》の一種で、本話も当然のことながらクスっと笑える小咄として掲載されたものである。すなわち、長次郎の芝居の木戸番が口上を述べて客を呼び込もうとしたが、中を覗くだけで誰も入ろうとしない。子ども達が四五人並んで中を覗き込んでいたので、立腹のあまり木戸番は「こんな芝居の何が面白いんだ！」と言って叱ったという咄である。

塩屋長次郎芝居
『当世かる口男』（『未刊軽口咄本集 下』古典文庫 1976より転載）

咄の肝は、自身が客寄せする芝居を悪く言ったというオチの部分にあることは言うまでもない。そのため、長次郎が上方から江戸に下ってきたことや、口上のなかで「ありや〱馬をのミます、只今牛をのミます」と言ったこと、「塩売長次郎とある芝居」が四五軒もあったことなどは作り話ではなく、実態を反映しているのであろう。しかしだからと言って、本当に馬や牛を呑む芸を見せていたと限らないことは、見世物の口上の性質を考えてみればすぐにわかることである。元文元年（一七三六）刊『口《くち》よせ草《ぐさ》』にもこんな句がある。

ぎやうさんな 大声を売る 小見せ物

大声で大仰な口上を述べ立てて、一人でも多くの通行人を立ち止まらせ、木戸口の中に呼び入れることが木戸番の仕事である。貞享五年（一六八八）成立『人倫糸屑《じんりんいとくず》』（改題して『世《よ》の昼狐《ひるぎつね》』）の「木戸番」の項には、おおよそ次のようなくだりがある。

見世物の「看板にはいつハり（偽）あり。いふ事ハうそ（嘘）也」と大体の検討をつけてはいるが、それでももしかしたらと思い直して見世物芝居に入ってみる。結局は誇大なことに騙されてしまうわけだが、そのことを悪く言って帰る者もいない。恥ずかしさを表に出すことなく、「さてもあれを見いでハ」などと言って芝居から出てくる。こうなれば木戸番はしめたもの、「今出てきた方には評判だよ」と言えば、入場を思案していた者もこの一言で入ってしまう。「うそ（嘘）のかは（皮）（全くの嘘）」をまことしやかに言う木戸番の口上に、木戸銭三文くらいを取られても惜しくはない。

「とんだ霊宝」や「大板血《おおいたち》」を例に出すまでもなく、見世物芸に大げさな口上を述べ立てる木戸番はつきものである。長次郎は実際に刀などを呑む芸は見せたのかもしれないが、木戸番はそれを牛馬までも呑むと誇大に宣伝した可能性もあるのではないか。

次に見るのは、元禄五年（一六九二）頃の成立とされる、井原西鶴《いはらさいかく》著『西鶴独吟百韻自註絵巻《さいかくどくぎんひゃくいんじちゅうえまき》（「日本道《にほんどう》に」の巻《まき》）』である。西鶴自作の俳諧百韻に自身で註を加えたもので、挿絵は別人の手になるものという。長次郎が出てくる箇所は第五三句の自註のなかにおいてであり、挿絵には呑馬術を演じる長次郎の姿も描かれている（第二部1）。

魔法にもせよ不思議成《なる》隠れ簑《みの》

「鰤に羽子《はね》のはへたる」を魔法にしての付かた也。「天野川」といふ目くらがしは、思ひもよらぬ所より鯉・

鮒を出し、又「隠れみの」といふには、座敷に島を見せ、数々のたから物を出しける。是、皆種あつていたす事也。此程、塩売長次郎と申せしほうか（放下）師、さま〲の事を仕出しける。中にも、ちいさい口へ馬を呑ける、「きのふは誰が見た」「けふは我が見た」といふ。是も『つれ〲』に書し、応長の比の鬼なるべし。

第五二句「鰤《ぶり》には羽子《はね》がはへて飛年《とぶとし》」は「鰤に羽根が生えて飛ぶように売れる」という意味の比喩表現を用いた句だが、これを実際の「魔法」と見なして付けたのが、第五三句「魔法だとしても不思議なのは隠れ蓑だ」という意味の句である。ここには「天野川」と「隠れみの」という二つの奇術の演目が示され、これには種があって演じられることだと述べる。前者は「空中魚釣り」のようなもの（第二部202）、後者は「宝の手箱」などのプロダクション・マジックの類を指すのだろう（第二部53）。そして近頃、塩売長次郎という放下が演じる呑馬術を、昨日は誰が見た、今日は誰が見たと言っているが、これはまさに『徒然草《つれづれぐさ》』に出てくる「応長《おうちょう》の頃の鬼」だと締めくくっている。

「応長の頃の鬼」という慣用句は『徒然草』第五〇段がもとになっている。応長の頃（一三一一〜一二）、伊勢国から、女が鬼になったものが京都に上ってきたということがあった。二〇日の間、人びとは毎日のように「昨日はどこそこに鬼がいた」「今日はどこそこに来るだろう」など言い合っていた。実際に見たという人もなく、嘘だという人もいない。上下貴賤みな鬼の噂ばかりをして、とうとうパニックをひきおこしてしまったという話である。西鶴は貞享元年（一六八四）刊『好色二代男《こうしょくにだいおとこ》』のなかでも「噂斗《うハさばかり》にて慥《たしか》成事ハしれす（知）。是も応長の比《ころ》の鬼《おに》が爴《つかミ》申やといふ」としてこの慣用句を使っており、人の噂で確実ではないこと、ウソ・デマの喩えとして「応長の頃の鬼」は用いられている［福田益和 一九九七］。

つまり、長次郎の呑馬術を見たという情報を、西鶴は不確かな噂と捉えたわけである。したがって、この句の挿絵も、実見した上で描いたものであったはずはなく、別の人物が西鶴の自註を読んで空想で描いたものに他ならない。

以上、長次郎の活動時期にあたる元禄期の史料二点を再検証したが、いずれも口上や噂といった不確実なものでしかないことが明らかになった。じつは呑馬術の様子を記録した同時代の史料というものは存在していない。

では、長次郎とは一体何者だったのか。ここからは、大名の日記や藩政史料など、武家側の記録に現れる現実の長次郎について見ていこう。
まず『大和守日記《やまとのかみにっき》』元禄五年（一六九二）三月一一日条は、松平直矩《まつだいらなおのり》が内藤紀伊守弌信《ないとうきいのかみかずのぶ》の屋敷に招かれ、芸能を振舞われた際の記録である。「ほうかは塩売長次郎。是ハ塩屋塩、何も長次郎と名乗在候内のよし聞」とあって、長次郎を名乗る人物が何人もあったことを示唆している。

また、演目の一覧（番付）が次のように書き留められている。

番付

一扇子目の内へ入事、一大日如来方便の銭、一猩々乱銭（長二郎）、一長柄のひさく《（柄杓）》（出来山万世）、一小刀のみ、一壱紋通銭、一夢中釣銭（長二郎）、一手鞠の曲（万世）、一小町銭、一八文銭一倍事、一空海ふうし水（長二郎）、一白刃取（万世）、一八文銭手の内より貫事、一銭人の頭へ打込事、一手中曲（長二郎）、一徳利茶碗曲（万世）一手の内揚弓、一誰か袖、一源氏の白旗（長二郎）

長次郎と出来山万世の二人の放下師が演技をしたとあり、翻刻だけでは判断が難しいが、万世の名が記された四つの曲技的演目以外は、全て長次郎が演じたとみてよいだろう。ここでは一つ一つの細かな現象までは明らかにし得ないが、長次郎が銭を用いた演目を多く演じたことに気づく。そして呑馬術の口上やデマとの接点として注目されるのは「小刀のみ」の演目である（第二部305）。元禄一六年（一七〇三）刊の雑俳書『たから船《ぶね》』にも、

曲りくねつた物で社《こそ》あれ
釼を呑 不動塩屋の 長二郎

の句が載り、長次郎の得意演目の一つに刀剣呑みがあったことが明らかである。なお、刀剣呑みには、トリックを用いて呑んだように見せる奇術と、実際に喉に入れて

刀を呑む放下師
『群蝶画英』（河合勝コレクション）

しまう曲技とがあったが、長次郎の演じたものがどちらだったかはわからない。

次の『守山御日記《もりやまごにっき》』元禄六年（一六九三）九月二三日条は「御慰」のため、陸奥守山藩の江戸藩邸に浄瑠璃の土佐太夫一座と放下の長次郎一座が呼ばれた際のものである。本史料には「放下師 塩屋長次郎、相手弐人」とあるだけで具体的な演目名などはわからない［安田富貴子一九八七］。鳥取藩『御目付日記《おめつけにっき》』にも同年一一月二二日条、藩主池田《いけだ》光仲《みつなか》の正室・芳心院《ほうしんいん》を慰めるため、常盤屋《ときわや》九左衛門《くざえもん》、二郎《じろう》左衛門《ざえもん》、塩屋長次郎の三人の放下師を藩邸に呼んだ記事が載る。九左衛門と二郎左衛門は「立芸《たてげい》仕《つかまつり》候《そうろう》」とあって、竪物《たてもの》を演じたと思われるが、長次郎は「ほうか仕」とあるだけである［守随憲治一九五七］。仮に呑馬術のような大きな演目が演じられていたのであれば、それが記録されていてもよさそうなものだが、簡略な記録しか残されていない。

そして『家乗《かじょう》』元禄一〇年（一六九七）三月二三日条は、紀州の儒医・石橋生庵が元禄四年に完成した湯島聖堂に参拝した際のものである。

> 湯島菅廟、又観放下。九歳小児（号珍斎）、脱箱曲。長次郎、銭之曲。十二歳之女、竹葉化為鰌、又濡沙為乾沙及赤砂。

ここでは長次郎は九歳と一二歳の子どもの放下師を伴っている。「脱箱曲《ぬけばこのきょく》」はエスケープ・マジックであろう。少女が演じた演目は第四章でも取り上げた、竹の葉がドジョウになるもの、濡れた砂が乾くあるいは赤い砂になるものである。長次郎自身はやはり「銭之曲」を演じている。宝永四年（一七〇七）大坂竹本座初演、近松門左衛門作『心中《しんじゅう》重井筒《かさねいづつ》』に、舅の宗徳のセリフが次のように記される。

> 銭を一文つまんで、肩へ手をかう振り上げ、投げる顔で塩の長二郎、銭は手に止まつた。

これは、吝嗇《りんしょく》ゆえ賽銭を投げると見せて投げない方法を娘に説明するくだりであるが、こうした銭を用いた手品的手法の代名詞として長次郎の名が用いられている。このことからみても、もう一つの長次郎の得意演目にコイン・マジックがあったことは確かである（第二部93〜102）。

そして最後が江戸を遠く離れた豊後国《ぶんごのくに》（大分県）『府内《ふない》藩記録《はんきろく》』の年不詳八月二六日条である。この断片的な記録は、直後に閏《うるう》八月の記録を含んでいることから、元禄四年（一六九一）・同一五年（一七〇二）・宝永七年（一七一〇）のいずれかに該当するとみられている。演目内容は確認できないが、次のように記される。

大坂からくり放下太夫塩屋長次郎女両人、せつきやう（説経）かたり（語）人数七人、浜市ニ而小芝居可仕由ニて罷下候由、中柳町庄助書付差上。

江戸から大坂に戻った長次郎が、豊後にまで巡業に出ていたことを示している。府内藩領にある由原八幡宮《ゆすはらはちまんぐう》（現在の柞原《ゆすはら》八幡宮）では、毎年八月に祭礼市である「浜之市」が開かれ、ここで多彩な芸能興行が催されていた。浜之市は一七世紀後半までには西国で讃岐国《さぬきのくに》（香川県）金比羅《こんぴら》、安芸国《あきのくに》（広島県）宮島《みやじま》と並ぶ主要な興行地となっており、元禄～享保期（一六八八～一七三六）には、上方で評判となった芸団が、これらを巡業するコースを形成していた〔神田由築一九九四〕。

銭の曲（極秘かよひの銭）
『手品秘伝図巻』（河合勝コレクション）

浜之市の興行で興味深いのは、期間中の市における売買高を記録した「寄目録《よせもくろく》」が藩主に提出されていたことである。同年九月朔日条所載の「寄目録」から、芝居（芸能）に関する部分を抜き出し、八月の記録などから興行内容などを補ったものを示しておく（カッコ内は一座の人数）。

①からくり放下ものまね芝居太夫本美濃屋平左衛門・大和屋市郎兵衛（五五人）　一貫七八二匁
②大坂水右衛門犬芝居（六人）　七二〇匁
③大坂からくり放下太夫塩屋長次郎（二一人）　四九三匁
④かたわものくも舞小芝居へんふく（六人）　二二八匁
⑤大坂道頓堀三ッ寺太夫森岡清兵衛からくり夢想櫃小見世芝居（六人）　三貫九二二匁
⑥浄瑠璃太夫本芝居大坂竹田六三郎（三三人）　四貫一四三匁
〆　一一貫二八八匁

この「売買高」が単純な入場売上を意味するかどうかは検討が必要だが、ここでは③長次郎座における金銭の移動が、他の一座に比べて決して多くはなかったことだけが読み取れれば、史料紹介の目的は十分に達成される。

以上、実際の「記録」に出てきた長次郎を見てきたが、そこには呑馬術を得意芸とする「放下の完成者」［藤山新太郎二〇〇九］の姿はどこにも見出すことはできず、確認できるのは意外なほどありきたりな放下師の姿だけであることに当惑すら覚える。ではなぜ、呑馬術と長次郎とが結び付けられ、長次郎はかくも有名になってしまったのだろうか。

若狭国《わかさのくに》（福井県）小浜《おばま》の商人・木崎惕窓《きざきてきそう》は、宝暦一〇年（一七六〇）の跋文を持つ著作『拾椎雑話《しゅうすいざつわ》』のなかで長次郎を次のように取り上げている。

又其時代（貞享・元禄—筆者注）**に長次郎と云者有。壱升の塩を五升にも壱斗にもはかり、是より塩の長次郎と呼。牛を呑、馬をのむ。楊枝をくわへ、其先に大梯子を懸け、諸人の眼を驚かす術尤も上手なり。諸国まで其名かくれなし。**

一見すると上方で活躍していた長次郎の名声が、小浜にまで届いていたことを示すかのように読むことができる。しかし、ここにもフィクションの影響がなかったとは言えない。

宝暦九年（一七五九）初演の浄瑠璃『難波丸金鶏《なにわまるこがねのにわとり》』は、忠臣蔵をベースに豪商淀屋辰五郎の娘の事件を題材にした作品であるが、本作に淀屋の手代新七の兄として長次郎が登場している。「飯綱《いづな》の法」と呼ばれる奇術をみせ、「一升の塩も一斗に量」った長次郎（第二部64）が、座敷を海にして大蛇を見せる場面もある（第二部219）。また「イヤさつきあちら町でシナダマ取て、小刀や茶碗を呑で見せたれば、此馬呑そ、呑で見いとむりやりに呑して置て、今又戻せと無理いはるゝ」とあって、呑馬術を強いられた長次郎が町のゴロツキとやり合う場面もみられる。塩を増やして量る目くらましや呑馬術に関する記載もあり、本作が長次郎伝説の浸透に果たした役割は見落とせない。

しかし『拾椎雑話』には呑馬術だけでなく、「牛を呑む、馬を呑む」とあって呑牛術にも言及している点に着目したい。先に掲げた『当世かる口男』でも「ありや〳〵馬をのミます、只今牛をのミます」とあり、元禄一五年（一七〇二）刊『五ケ津余情男《ごかつよせいおとこ》』では「酒《さけ》のむ口もと牛豬《うしぶた》にても飲《のむ》へしとおもハれ、しほや（塩屋）長次郎が木戸《きど》十二文半《はん》の足《あし》に相応《さうをう》の手して盃持《さかづきもつ》」とあって、呑豚術さえ見える。享保二年（一七一七）刊の俳書『初心もと柏《しょしんもとかしわ》』には、

朝霧や　さても富士呑ム　長次郎
しほや長次良（郎）といふ者、世にいでゝ放下ス。目前の山海、行路の牛馬を忽ニのみ隠す。（以下略）

とあり、朝の霧が富士を呑み隠す様子を、目の前の山や海、道端の牛や馬さえたちまちに呑んでしまう長次郎に掛けている。

　では、現実に呑馬術が演じられていないとすれば、人が馬を呑むという奇想天外なアイデアはどこからもたらされたのだろうか。一つの源として『絵本百物語《えほんひゃくものがたり》』に載る「怪奇民話」をあげる説がある。天保二年（一八三一）刊、桃山人《とうさんじん》著、竹原春泉《たけはらしゅんすい》画『絵本怪談揃《えほんかいだんそろえ》』（天保一二年〈一八四一〉『絵本百物語《えほんひゃくものがたり》』と改題）に「第四　塩の長司」と題された怪談が載っている。

　馬を数多く飼っていた「塩の長司」という人物は、馬が死ぬとそれを塩や味噌に漬けて食べていた。あるとき、肉がなくなったので、老馬を打ち殺して食べてしまった。すると夢の中に「老馬の霊」が出てきて、長司の口に入り込み、「腹中をいためなやまして」出て行った。それから毎日、長司は馬の霊に苦しめられて大声で叫び、とうとう百日後に死んでしまう。以後、狼狽え騒ぐことを「長次郎馬でも呑だか」と言い習わすようになった、という話である。そしてこの話は『正応記《しょうおうき》』なる書物に載っているとする。

　先の説では、放下師の塩屋長次郎は、この「怪奇民話」を巧みに利用して「不思議な放下師としてのイメージ作り」を行ったと解釈するのである〔松山光伸 二〇一〇〕。

　しかしこの『絵本怪談揃』と呑馬術とを結びつけるには、いくつかの不審な点がある。まず『正応記』という書物の存在が確認されておらず、管見では塩の長司という人物が馬の霊に悩まされる話も他書には確認できない。つまり「怪談の流布」という前提がそもそも成立しないのである。次にこの話は馬（の霊）が口の中に入ってくる話であって、呑む話ではない。挿絵は確かに馬を呑んで

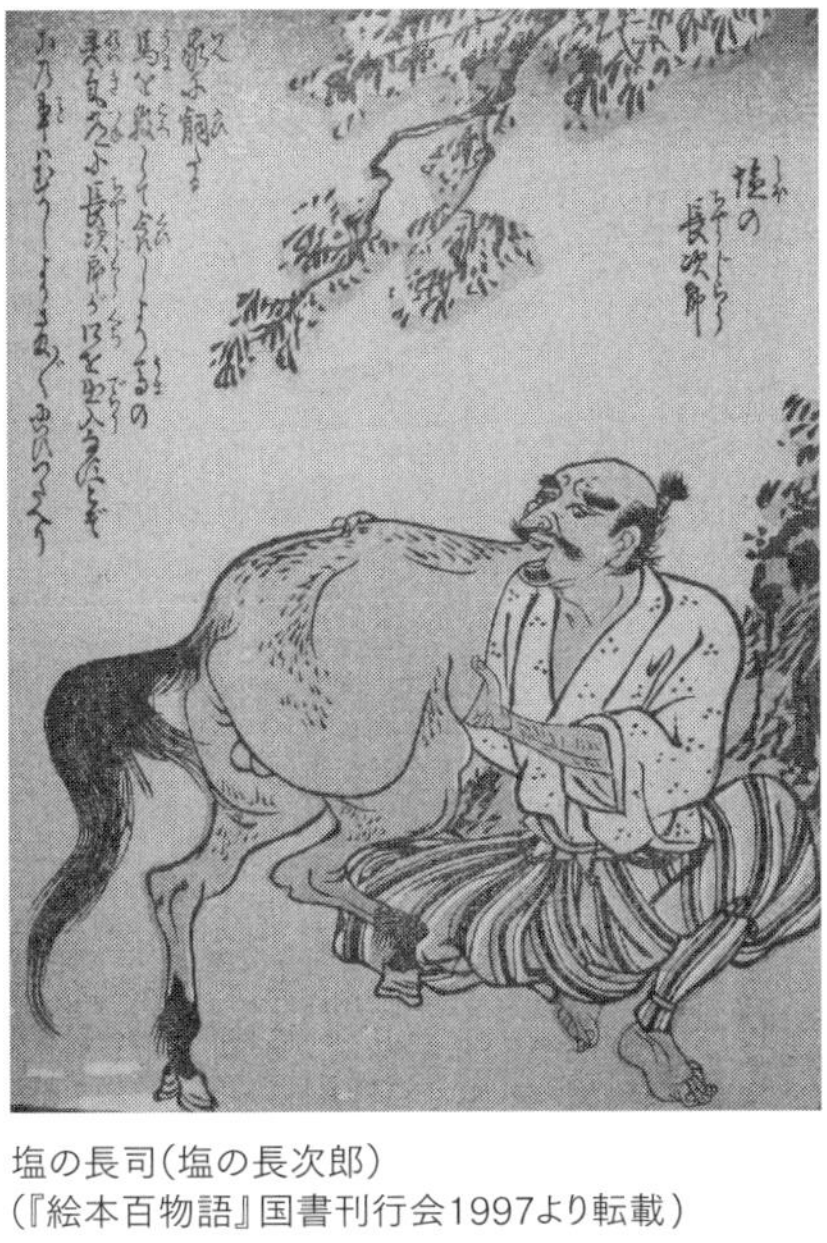

塩の長司（塩の長次郎）
（『絵本百物語』国書刊行会1997より転載）

いるように見えるが、挿絵がつけられたのは天保期の本書が初めてのことであろう。本書刊行以前、耳から聞くだけの「民話」において、先の話が馬を呑む術に結びつけられるものだろうか。そして三点目は、この話は「塩の長司」の題名をつけられた長司の話だったはずが、最後にはいつのまにか「長次郎」の名前を使った慣用句の説明になっており、挿絵もまた「塩の長次郎」と題されている。

以上のことから導き出される推論は、本書に記される民話が初めに流布していて、後に長次郎の呑馬術に利用されたのではなく、逆に長次郎の呑馬術の噂からこの怪談が生み出されたというものである。事実、本書には四四の怪談、妖怪が収録されているが、このうちのいくつかが著者によって名称等が創作されたものだという［多田克己 二〇〇六］。

では、長次郎の口上に出てきた呑馬術、あるいはその後の呑馬術伝説に影響を与えた話は別にあったのだろうか。それが、第三章で取り上げた飛び加藤の呑牛術の話である。寛文元年（一六六一）刊の軍学書『甲陽軍鑑末書《こうようぐんかんまっしょ》結要本《けつようぼん》』に「長尾謙信、うし《（牛）》をのむ《（呑）》術を仕る者来て、かくのことくなるを、ある者又木へのぼり見出して、うし《（牛）》にのる《（乗）》そとよは《（呼）》ゝる」とみえ、すでに一七世紀の半ばには口から牛を呑む術の話が版本で流布しており、後には『甲越軍記《こうえつぐんき》』（文化四〜文政八年〈一八〇七〜二五〉刊）などにも取り込まれている。口上や俳諧の自註に呑牛術への言及があったのも、先に呑牛術の話の存在があり、その影響を受けたことをうかがわせる。

これがいつしか馬だけに収斂《しゅうれん》していくのは、「馬」の語にカルタ（花札）の第一一の札を指す意味があり、めくりカルタで賭博をする隠語を「馬を呑む」といったこと、また「白馬」の語が濁り酒を意味し、それと「呑む」という動詞が結びつきやすかったこと、さらに牛馬の売買にあたった博労《ばくろう》が時に「馬喰」と書かれたことなどが影響したと考えるのは牽強付会に過ぎようか。

なお、呑馬術を演じたとする放下師は長次郎だけではなかった。宝暦〜明和期（一七五一〜七二）の成立とされる奇談書『三州奇談《さんしゅうきだん》』巻之四「陰陽幻術」に、

宝暦の初、浅野川博労町に高田大林坊と云幻術者有。（中略）あたりの若き人々に妙術を見するに、何れも左慈《（さじ）》管輅《（かんろ）》が思ひをなす。或は池に望みて鯉鱸《（こいすずき）》を得、水を汲で酒となす。草花時ならぬに開き、異鳥忽然《（こつぜん）》として来る。或は馬をのみ、魚荷を鼻へ入るなど、人のおとがい《（頤）》を解く。

とあり、高田大林坊《たかだだいりんぼう》なる幻術者が加賀国《かがのくに》（石川県）金沢で演じたとする妙術のなかに呑馬術が見えるのである。これは長次郎の呑馬術の影響か、あるいは『甲陽軍鑑末書結要本』の呑牛術の影響か、いずれかはわからないが、当時の人びとが考える「妙術」に牛馬を呑むという行為があったことだけは確かであろう。

最後に蛇足となるが、海外に紹介された呑馬術について触れ、長次郎と呑馬術に関する考察を終えることにしたい。幕末に来日した外交官Aimé Humbert（エメ・アンベール）は、帰国後の一八七〇年、パリで『*Le Japon Illustré*』（幕末日本図絵）を刊行した。そのなかで呑馬術の挿絵を載せたとされている。銅版画で細密に描かれているため、一見すると実見した演技を描いたかに見えるが、じつはこれは文政二年（一八一九）刊『北斎漫画《ほくさいまんが》』第十編に描かれた「吹馬」の絵をリライトしたものであることが判明している。『北斎漫画』がスケッチだけでなく、多くの空想画を載せていることはよく知られているが、特に第十編は戯画本としての性格が強いとされる［清水勲 二〇一四］。北斎もこの演目を実見して描いたわけでないことは、「掌中浪」や「壺中仙」といった実現性の低い演目と同じ箇所に描いていることからも明らかであろう。また、馬を呑み込むの

吹馬（後方）
『幕末日本図絵』（河合勝コレクション）

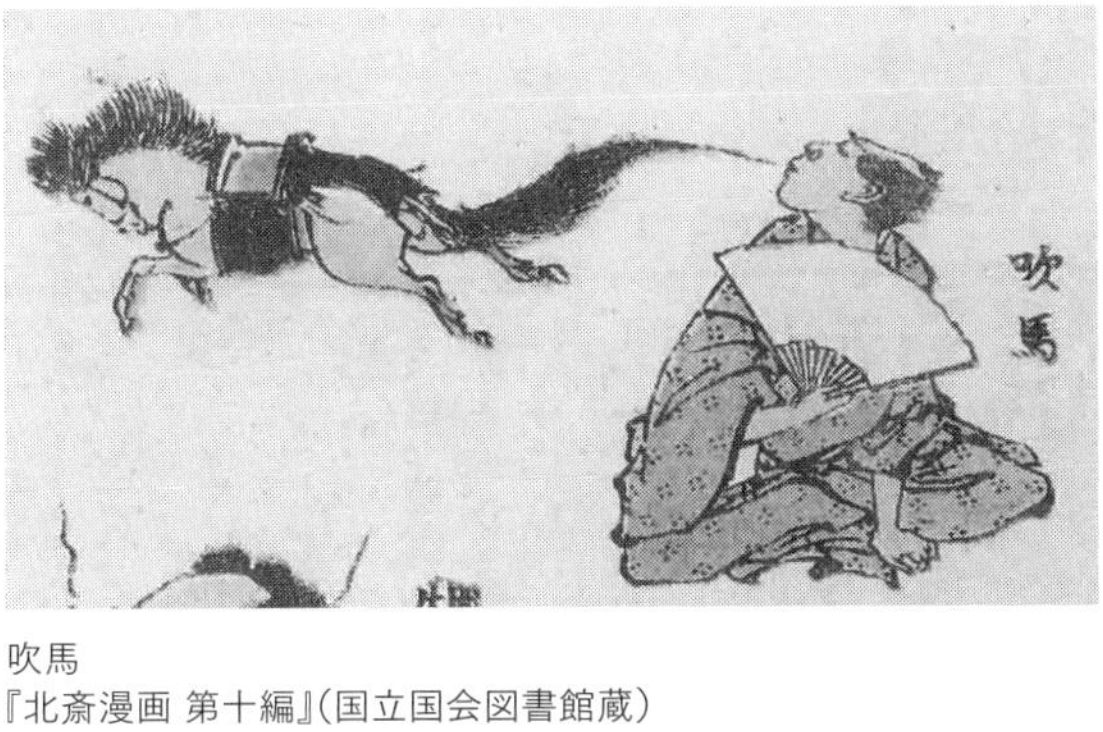

吹馬
『北斎漫画 第十編』（国立国会図書館蔵）

ではなく、馬を吹き出す術のように名付けられている点も注意が必要である。あるいは呑馬術とは別に「吹馬」に関する話も存在するのかもしれないが、これ以上の詳しいことはわからない。

――辻《つじ》放《ほう》下《か》（一）　芥《け》子《し》の助《すけ》――

武家や公家、僧侶の記録に登場した放下師たちは、芝居町で自身の見世物芝居を構えていたり、貴紳の屋敷に招かれて座敷芝居を演じたりしていた。これに対し、盛り場や社寺の境内、火除明地《ひよけあきち》（空き地）などに小屋掛けしたり、大道で辻立ちしたりして演技を披露した芸能者もいた。このうち特に後者の、筵《むしろ》を敷いた上で諸芸を披露し、見物人から投げ銭を得ていた者たちを辻放下と呼ぶ。辻放下による演技は、奇術を楽しむ層の拡大につながったと考えられることから、その活動を図版を中心にしながら見ていきたい。

辻放下の語は、延宝九年（一六八一）刊の『西鶴大矢数《さいかくおおやかず》』第二七に、

蜀魂《ホトヽキス》口を叩て辻放下
一度ハうたふに泪な添ひそ

と詠まれており、また西鶴著『万《よろず》の文反古《ふみほうぐ》』四巻（元禄九〈一六九六〉年刊）でも「見物《けんぶつ》事ハ銭《ぜに》の入《いら》ぬ辻《つじ》ほうかにも目をふさぎ…」との表現が見え、一七世紀の後半には、上方ですでにこうした芸能者が存在していたことをうかがわせる。

彼らの演じた演目は奇術だけに限らない。元禄三年（一六九〇）刊『人倫訓蒙図彙《じんりんきんもうずい》』の「放下《はうか》」の項をみると、

放下は、字訓の意《こゝろ》、はなち《（放）》くだす《（下）》也。禅家《ぜんけ》にをゐて、諸縁を打捨《うちすつ》るを放下《はうげ》するといふ、其心也。縦《たとへ》ハ鼻の上に立物《たてもの》をし、枕をかさねて自由につかい《（遣）》、山のいも《（薯）》を鰌《とぢやう》にするたぐひ《（類）》、皆是変化《へんげ》ふしぎ《（不思議）》のてい《（体）》をなす事、万事の当躰《たうたい》を放下して、物にとゝこほり《（滞）》なき躰にしるすゆへに、放下といふ也。あや折、金輪《かなわ》つかい、皆放下なり。

とあって、「放下」の字義を解くとともに、彼らが立物（竪物）や枕返し、山の薯《いも》をドジョウにする奇術の類を演じていたとする。また、文織《あやおり》（綾織）や金輪遣《かなわつか》いと呼ばれる芸能者もみな放下の一種だと記している。実際、この本の挿絵を見ると、放下は顔の上で竪物あるいは皿回しを演じており、筵の上には金輪や刀、輪鼓らしきものが

置かれているのが見える。
　また同書「綾織《あやおり》」の項には「二ツ三ツ四ツの竹をもって、上下へあけおろす手品をいふ也」と見える。ここにいう「手品」はいわゆる奇術だけを指しているのではなく、巧妙な手さばきによる技という意味で使われている。挿絵には、太鼓にあわせて、綾竹と鞠、鎌を手玉に取っている様子が描かれている。

はうか（放下）
『人倫訓蒙図彙』（国立国会図書館蔵）

　このような辻放下のことを「豆蔵《まめぞう》」と呼ぶこともあった。正徳期（一七一一〜一六）に成立した百科事典『和漢《わかん》三才《さんさい》図会《ずえ》』巻一六「竪物《たてもの》」の項には、豆蔵の語の説明が次のように注記されている。

貞享、元禄の比、乞士《（こっし）》有り。豆蔵と名づく。市衢《ツヂ》に立ち、毎に重き物を捧げて銭を貰《モロ》ふ。児をして梯《（はしご）》に登ら

あやおり（綾織）
『人倫訓蒙図彙』（国立国会図書館蔵）

しめ、楊枝を噛《クワ》へて、その梯を楊枝の端《ハシ》に立て、起居行止《ききょこうし》、意に任す。児、亦以て常となして怖じず。或は長鎗《ヤリ》を用ひて倒《さかさま》に立て、鉾を鼻の尖りに中《あ》てて行く。或は稈心《シベ》一条を用ひて、鼻の尖りに立てて、稈心顚仆《てんぷ》せず。蓋し軽重懸隔《けんかく》共に奇異なり。然るに練磨のみ。

すなわち、貞享～元禄期（一六八四～一七〇四）、豆蔵という力持の乞食があり、辻立ちして重い物を持ち上げ、時に梯子に子どもを登らせてそれを曲持ちする芸を見せていた。その一方で、藁《わら》しべ一本を鼻の先に立て、倒れないようバランスをとることもできたという。重いものと軽いもの両極に隔たったものでも、練磨によって自在に操ったのである。

また、宝暦八年（一七五八）刊『斎諧俗談《さいかいぞくだん》』巻三では、

竪物（たてもの）
『和漢三才図会』（河合勝コレクション）

この『和漢三才図会』に類似する説明を載せ、豆蔵は摂《せっ》津国《つのくに》（大阪府・兵庫県）にいた乞士《こっし》（乞食）の名とする。さらに、これを引いた『嬉遊笑覧《きゆうしょうらん》』（文政一三年（一八三〇）自序）巻四は「此者より、豆蔵といふ名は起りしにや。これも、其者の渾名なるべし」とし、実在の豆蔵の名がいつしか辻放下全般の異名になったことを伝えている。

ところが、貞享期に先立つ天和二年（一六八二）、江戸で刊行された『このころ草』では、少し異なった説明がなされている。

世にものまね《物真似》をして、さま〳〵《様々》の口をきくまめ蔵といふものあり。町〳〵こうじ〳〵《小路》にて人よせをし、かど

豆蔵
『このころ草』（『新編稀書複製会叢書 第34巻』臨川書店1991より転載）

〱にはいくわい《（徘徊）》して、人のいや《（嫌）》かるさし合をせりふ《（台詞）》にいひまじへ、むだ口をきく。往還のものいそき《（急）》のやう《（用）》をうちわすれ《（忘）》、きをとられてけんぶつ《（見物）》すといへとも、銭をとらねハはら《（腹）》をたて、これよりしてほうが《（放下）》をはじめ《（始）》んといひもあへず。こし《（腰）》よりたけ《（竹）》をぬき《（抜）》いだし、はち《（鉢）》のそこ《（底）》におしあて、さしあけ《（上）》つゝ、きり〱とまわし《（廻）》て、はな《（鼻）》の下にたてゝきよく《（曲）》をする。あるひハさゝら、玉のきよく《（曲）》、ワきざし《（脇差）》をぬき出し、切さきをひたい《（額）》にあて、あそこやこゝに、とび廻し、一生のそのうちは袖こひ《（乞）》をこそいたしける。

これによれば、豆蔵は辻に立って物真似をし、人をからかうような軽口をきく。竹の先で鉢を廻し、鼻の下にそれを立てたり、脇差を額にあてたりする芸で、投げ銭を求めたという。こちらの方が時期も早く、上方における力持の豆蔵の名が辻放下の代名詞に転化し、広まったとする説には合致していない。

江戸後期になると「みや《（宮）》寺など賑ふ所には、必ず豆蔵といへる乞士あり。そは重きものを曲持にし、あるいは滑稽をいひ、人の笑ひを催せり」（文政二年〈一八一九〉序『麓《ふもと》の花《はな》』下）とあって、単に手先の技を見せるだけでなく、弁舌たくみに人びとを楽しませた者を豆蔵と呼んだようである。豆蔵については、いくつかの川柳が確認されるが、次に掲げるものが、最もその本質をついているのだろう。

口に出来る程しやべるから豆蔵　（『佐久良鯛《さくらだい》　二編』）

すなわち、口に豆ができるほど、しゃべりの芸をみせるから豆蔵、と解釈されるものである［母袋未知庵 一九四三］。

さて、その豆蔵の代名詞ともいうべき存在が、江戸の芥子《けし》の助《すけ》（芥子之介とも）である。こんな川柳がある［母袋未知庵 一九四三］。

唐《から》に左慈《（さじ）》　扨《（さて）》日本に　芥子之介　（『柳多留《やなぎたる》　八〇編』）

左慈は後漢末期の方士、つまり神仙の術を身につけた者であり、『三国志演義《さんごくしえんぎ》』や『捜神記《そうじんき》』などでは奇跡を見せる術師として描かれる人物である。これに比する日本の術師、芥子の助とはいかなる人物なのか。史料上の初出は、宝永期（一七〇四〜一一）刊の『今様踊《いまようおどり》くどき』とされる［朝倉無声 一九二六］。

…富士山の大雪も、うらが力でけしの介、三国一がんどうじ丸、瓜の蔓にけしの介…

富士の雪さえ消してしまう芥子の介（「消し」と「芥子」を掛ける）とあるのは、富士を消した朝霧にかけて詠まれた塩屋長次郎を思い起こさせる。「瓜の蔓」は、おそらく植瓜術と関係があるものだろう（後述）。

芥子の助について最も詳細な説明をするのは、『盲文画話《ももんがわ》』（文政一〇年〈一八二七〉序）である（口絵）。

こハ小屋の非人なりしか、浅草のけしの助とて、江戸中知らざる者なき豆蔵なりけり。第一の芸ハ毬、陶器《とくり》、鎌、刀、玉に交て、豆さへ手玉に取。鎌、刀ハ手に取毎に、同しく落る豆を切割るに、十に十はづ《（外）》る事なく、手玉の内に切割る。尤、一本足の高足駄はきてする也。或は品玉、又は少《ちいさ》き屏風様の物を、角《かく》に箱の如く畳ミ、其内へ小玉、或はとくり抔《（など）》入て、鯲《（どじょう）》、鳩なとに変じさせ、又種成《たね》とて何か蒔《まへ》て、暫時に木綿にて造りし真桑瓜、実・花・葉まで栄へて顕わるゝ。其外、色々の手妻して、日々大入なり。観音参詣の者ハ、此けしの助見ざる者ハなき如く。其業古風ながら、頗《（すこぶる）》名人といゝつべし。明和頃まて有て没したる由。其子、其孫、今に至りても跡を継、不絶《たいず》けしの助と呼。今ハ次第に器用になりて、放下もさま〴〵珍らしき芸を尽せども、初代けしの助の如く、名人とハ云ず。名人と唱へるハ何芸にても、又格別の事なり。同頃上野山下に鶴吉とて同し芸にて是又上手なりとて、名高かりき。

順を追って読んでみよう。まず、芥子の助は「小屋の非人」だとある。これは独り芥子の助だけに該当することではなく、辻放下（豆蔵）全般、ひいてはからくり、あやつり、説経など各種の大道芸全般にあてはまることである。彼らは、身分は一般の町人でありながら、稼業についてだけは、乞胸《ごうむね》仁《に》太夫《だゆう》を通じて、非人頭《ひにんがしら》車善七《くるまぜんしち》の支配を受けていた［高柳金芳 一九八一］。『近世風俗志《きんせいふうぞくし》』巻之七「辻放下」の項にも次のように見える。

石などを投げ、手玉を取り、曲受け致し、そのほか手妻など致し候。当時、善七手下《（てか）》非人ども、浅草寺中境内に致し罷りあり候。

次に芥子の助の挿画には「奥山けしの助」と書かれ、本文中にも「浅草のけしの助」とあり、かれの活動の場が金龍山浅草寺の奥山にあったことを伝えている。当初、江戸では堺町・葺屋町・木挽町など従来の芝居町以外での見世物や芝居は禁じられていたが、元禄期（一六八八〜一七〇四）頃からは寺社の境内地や火除地（明地）などに新たな盛り場が生まれていった。時代は下って一九世紀半ば以降成立の『近世風俗志（守貞謾稿）』後集巻之二「見世物」の項に「京師は四条河原を専らとし、大坂は難波新地、江戸は両国橋東西、浅草寺奥山を専らとす」とあり、浅草寺奥山が江戸の代表的な盛り場のひとつとなっていたことがわかる。

江戸の地誌『江戸鹿子《えどかのこ》』のパロディ作品である『無弾《むだ》砂子《すなご》』（天明六年〈一七八六〉序）には、浅草寺奥山をモデルにした「奥山村」の項が立てられており、「此所、真桑瓜がどぜうに化《け》し之介、豆と徳利の名物」との説明が載る。浅草奥山といえば「化《け》し之介」、浅草寺の観音参詣者で芥子の助の姿を見ない者はいないというほどであった。

この『無弾砂子』に見える四つの道具、真桑瓜、泥鰌、豆、徳利は、芥子の助の演目を表すシンボルと言える。『盲文画話』には第一の芸として、毬、徳利、鎌、刀、玉、豆を交えて手玉にとる芸を見せたとあり、鎌や刀で落ちてくる豆を切り割って、一つも外すことがなかったという。次の川柳は、芥子の助の主要芸を詠んだものだが、豆には女、徳利には酒の意味が掛けられている［母袋未知庵 一九四三］。

いつ見ても豆と徳利わるくなし（『柳多留 一一一編』）

豆と徳利で身上なげ《（投）》ほう《（放）》り（『柳多留 五二編』）

また、『盲文画話』の挿画を見ると、筵の上にいくつかのお椀が描かれることから、芥子の助が品玉を演じていたことがわかる。ここで言う品玉とは、伏せたお椀の中で玉が移動したり、消失したりする現象を見せるもので、現代では「お椀と玉」の名で演じられるものである。

真桑瓜は、挿画にも描かれる植瓜術で出現させたものである。地面に穴を掘り、種を蒔いて屏風で囲み、しばらくすると真桑瓜の実、花、葉が生えて来るように見せた。現在よく知られる演じ方と異なる点は、小さな屏風のようなものを四角く組んで使う点である。植瓜術だけでなく、小玉や徳利をこの屏風の中に入れ、泥鰌や鳩などの生き物に変える技も見せていた（第二部50）。

この芥子の助は明和期（一七六四～七二）頃に没し、その子も孫も芥子の助を名乗ったというが、名人と呼ぶべ

芥子の助
『百化帖準擬本草』（早稲田大学図書館蔵）

きは初代の芥子の助だけだったとされる。

二代目芥子の助については、大田南畝《おおたなんぽ》の『半日閑話《はんにちかんわ》』巻一二、明和六年（一七六九）二月の「浅草寺開帳・浅草名物」の項に「△罌粟《けし》の助（品玉、今は二代目也）」とあり、安永五年（一七七六）正月刊『当世爰かしこ《とうせいここ》』に「芥子之助ハ露ときへ（消）て、鶴吉が横平《おうへい》に羽をのして」との文言が見えることから、その活動期は明和期〜安永四年頃（一七六四〜七六）あたりだったと推定できる。したがって、宝暦末・明和初〜安永・天明期（一七六四〜八九）の記憶をもとに書かれたという『只今御笑草《ただいまのおわらいぐさ》』（文化九年〈一八一二〉序）に出てくる芥子の助は、二代目のことを書いたものではないだろうか。

けしのすけ
『只今御笑草』(『続燕石十種4』国書刊行会 1909より転載)

うつかりと放下見る人かせぐ人
世のつり合も豆と徳利
　　芥子之助
これもまた、観音の奥山に出て人を集め、豆と徳利を手玉にとりて、合には鎌をなげて、空中にて豆切るのれんまん（練磨）。其外、金輪、まくらの曲、放下、手づまのしなじな（品々）。今もその跡のこりて、浅草寺の境内に見る事のあれば、くわしくいふにおよばず。

二代目は曲取りをはじめ、金輪、枕返しも演じていたとあり、同書の挿画にも三本の金輪が描かれている。

なお、江戸市井の風俗を描く『飛鳥川《あすかがわ》』（文化七年〈一八一〇〉序）には、

其頃（享保期頃―筆者注）、芥子の助といふしな玉遣ひは、是も噺し面白し。豆と徳利と石とを手玉にとる事妙なり。

とあって、やはり初代の芥子の助は豆蔵と呼ばれただけあって、面白い噺しを交えながら、曲技や奇術を演じていたのである。

――辻放下（二）鶴吉《つるきち》その他――

二代目の芥子の助と同時代、上野山下に鶴吉という辻放下がいて、同種の芸を演じて評判を得ていた。鶴吉は尾張国の生まれで、江戸で活躍した後、再び郷里に戻った。そのため、名古屋の文人・高力猿猴庵《こうりきえんこうあん》が『名陽旧覧《めいようきゅうらん》図誌《ずし》』（文化三～文政三年〈一八〇六～二〇〉成立）において、その生涯を詳しく紹介している。

広小路鶴吉
『名陽旧覧図誌 三』（公益財団法人東洋文庫蔵）

広小路鶴吉

明和安永の頃、柳薬師前へ出て役者こわいろ（声色）、物まね、かる口ばなしに名高かりし者なり。当地に在し事年月を経て江戸にいたり、山下辺において徳利の評判のあまり、黄表紙の草草紙鳩八幡大豆徳利といふものに此つる吉が伝をのせたり。再び此地にかへ（帰）りて老後ハていはつ（剃髪）して、其子なるものが車にのせ、町を引あるき、物を乞ふ。実《まこと》辻物まね師の最第一なりし。

この記述に沿って、鶴吉について紹介していく。まず、江戸に出る前は柳薬師前で役者声色、物真似、軽口話で評判をとったとある。柳薬師とは、名古屋城下広小路に面した臨済宗新福院の別称である。毎夏の夜開帳には見世物小屋が立ち並び、大須観音（北野山真福寺）などと並ぶ、名古屋の盛り場の一つであった。

江戸に出た鶴吉が定場とした上野山下は、東叡山寛永寺の南にあった火除空地で、初めは岡場所として発展し、後に盛り場化した場所である［吉原健一郎 一九九六］。ここで披露した「徳利」の芸で、一時は二代目芥子の助と江戸での人気を二分した。その後は、前掲の通り、安永四年（一七七五）頃に芥子の助が死去すると、鶴吉の一人天下となる。

天明六年（一七八六）に刊行された黄表紙『鳩八幡豆《はとはちまんまめ》兼《と》徳利《とくり》』には鶴吉が実名で登場しており、曲取り、植瓜術などの技で大活躍を見せている。また、曲技的演目の他に奇術的な演目も演じたことは、大田南畝の「丐者伝《かいしゃでん》」という短文に見ることができる。

一小屏で囲ひ、覆ふに帷《まく》を以てす。而して屏帷《へいい》を徹し、その中に物無きを示す。又屏で囲ひ、帷で覆ふ。頃刻《けいこく》して徹するに、一つの青鳩あり。躍如して出づ。衆絶叫して奇と称す。但し捷《しょう》なるのみ。幻《げん》に非ざるなり。

＊

これも芥子の助が演じた、小玉や徳利を泥鰌や鳩に変じた演目に類似する。小さな屏風で囲いをつくり、上から幕をかける。そして幕を一旦とって中に何もないことを示し、再び幕をかけ、しばらくすると中から青鳩が飛び出すという手順である（第二部50）。この「丐者伝」によると、鶴吉の容貌は「奇偉」であり、身長は高足駄の分を含むためか七尺（約二・一メートル）もあり、「眼光爛々《らんらん》」として人を射たとある。晩年は名古屋に戻って剃髪し、子の引く車に乗って、物乞いをしたと伝えられている。

鶴吉や二代目芥子の助の次世代、一九世紀になるが、その時代には三代目芥子の助、さらにその弟子の東徳蔵《あずまとくぞう》という放下師の活躍が確認できる。先に紹介した『只今御笑草』の「芥子之助」の項目につけられた石塚豊芥子《いしづかほうかいし》（一七九九～一八六二）の補注に以下のような記載が見られる。

芥子之介、弟子に東徳蔵と云者に此業を伝へたり。此徳蔵ト云者は、房州磯村の生れにて、江戸ゑ来り、けしの介の弟子と成。中頃に、師匠の金輪を盗て上方ゑ上り、修行して又江戸ゑ帰り、浅草観音寺境内にて、東竹蔵（手妻名人）、きも八（めだかの身ぶりの名人なり）三人にて大当り、其後、湯しま天神ゑ徳蔵壱人り出たり。

徳蔵は金輪を得意として人気を集めたようだが、多くの辻放下が金輪を得意としたことは、諸書に描かれた挿画からもわかる。延宝～寛延期（一六七三～一七五一）の放下師を多く描いた『半百人一句《はんひゃくにんいっく》』（寛延二年〈一七四九〉序）

鉄輪
『半百人一句』（大阪府立中之島図書館蔵）

には、輪を投げ上げる「鉄輪（金輪）」の様子が描かれている。この後に落ちてくる輪を受け止めて、いつの間にか輪を繋ぐという手順を見せたのであろう。

『金草鞋《かねのわらじ》 二編』（文政三年〈一八二〇〉刊）に載る「かなわ」は、豆蔵が三味線にあわせて輪を操る様子が描かれている。小さな子ども達が駆け寄り、子をおぶった母親も見物に加わる微笑ましい光景である。口上から判断するに、首にかけた金輪を抜く手順を見せたようである。

かなわ
『金の草鞋』（河合勝コレクション）

また『名陽旧覧図誌』には、明和期（一七六四～七二）に名古屋広小路東掛所（真宗大谷派名古屋別院）における「手妻つかひ江戸兵衛」の立ち姿が描かれる。合計六本の金輪を扱い、背後の莚にはお椀と玉の道具がみえる。単身ゆえ三味線のお囃子に合わせることもできないため、自身が口ずさんだお囃子が「おてんてれつく、すてゝこてん……」と記されている。

江戸兵衛に限らず、多くの豆蔵は自身の口で囃し唱えたことから、彼らのことを「おててこ」あるいは「おて

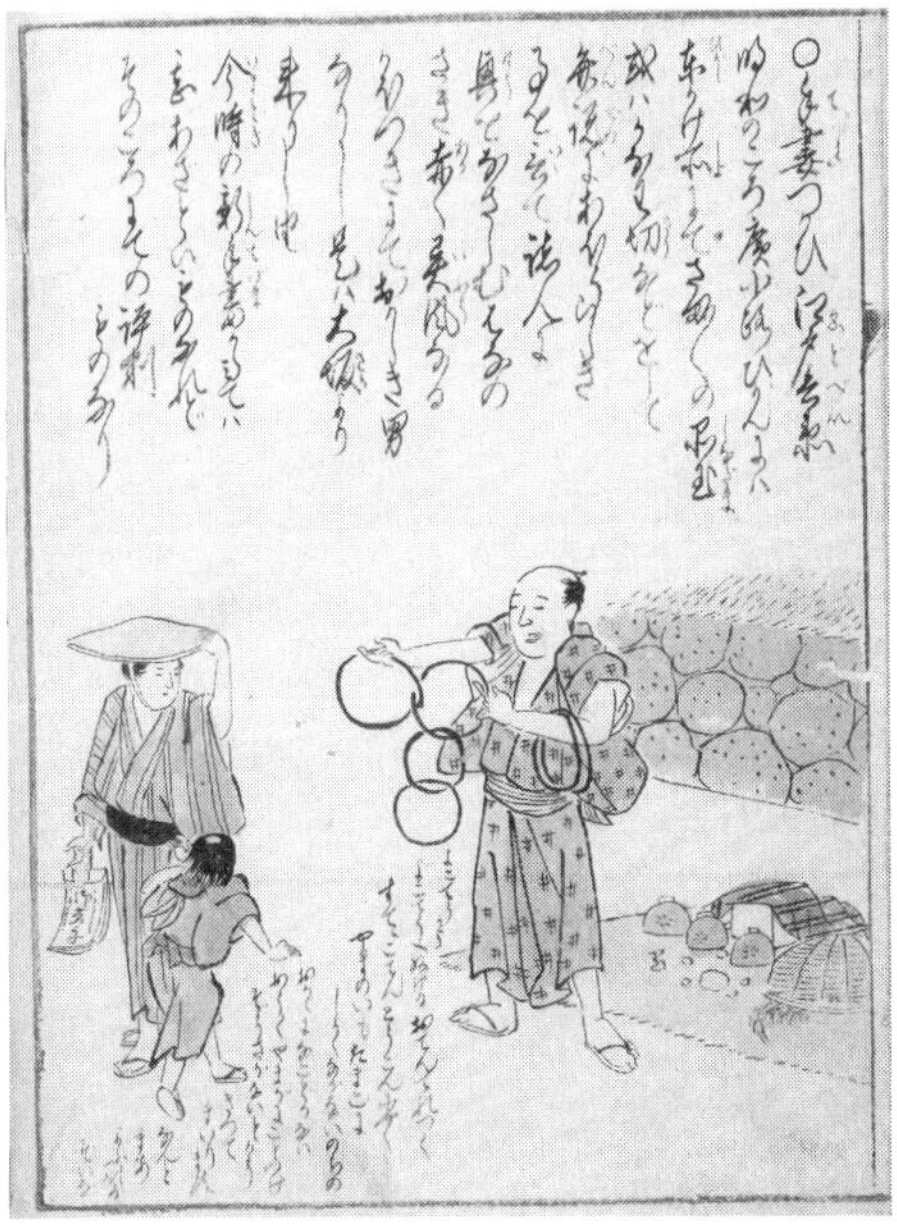

手妻つかひ江戸兵衛
『名陽旧覧図誌 三』（公益財団法人東洋文庫蔵）

てこてん（おでこでん）」と称することもあった。『半百人一句』にはお椀と玉を演じる「オテヽコ」が描かれ、また『絵本家賀御伽《えほんかがみとぎ》』（宝暦二年〈一七五二〉刊）にも大坂天満宮境内における「おてゝこてんの品玉」が描かれる。両者に共通するのはお椀と玉以外に笊《いかき》（ざる）から尻尾のようなものが見えることである。伝授本『放下筌《ほうかせん》』によれば、当時のわが国の「しな玉（お椀と玉）」では、クライマックスに笊から「猫、狗子、よこづち」を出す手順があった（第二部110）。生きているものを用いたのか、ぬいぐるみのようなものを使ったのかはわからないが、現在のカップ・アンド・ボールには見られない手順である。

最後にもうひとつ辻放下の異称を見ておこう。『半百人一句』には、小刀を呑む男としな玉の道具が描かれ、「江辺守」と記された場面がある。同書だけでは読み方が分

おてゝこてんの品玉
『絵本家賀御伽』（『日本風俗図絵7』日本風俗図絵刊行会1914より転載）

オテヽコ
『半百人一句』（大阪府立中之島図書館蔵）

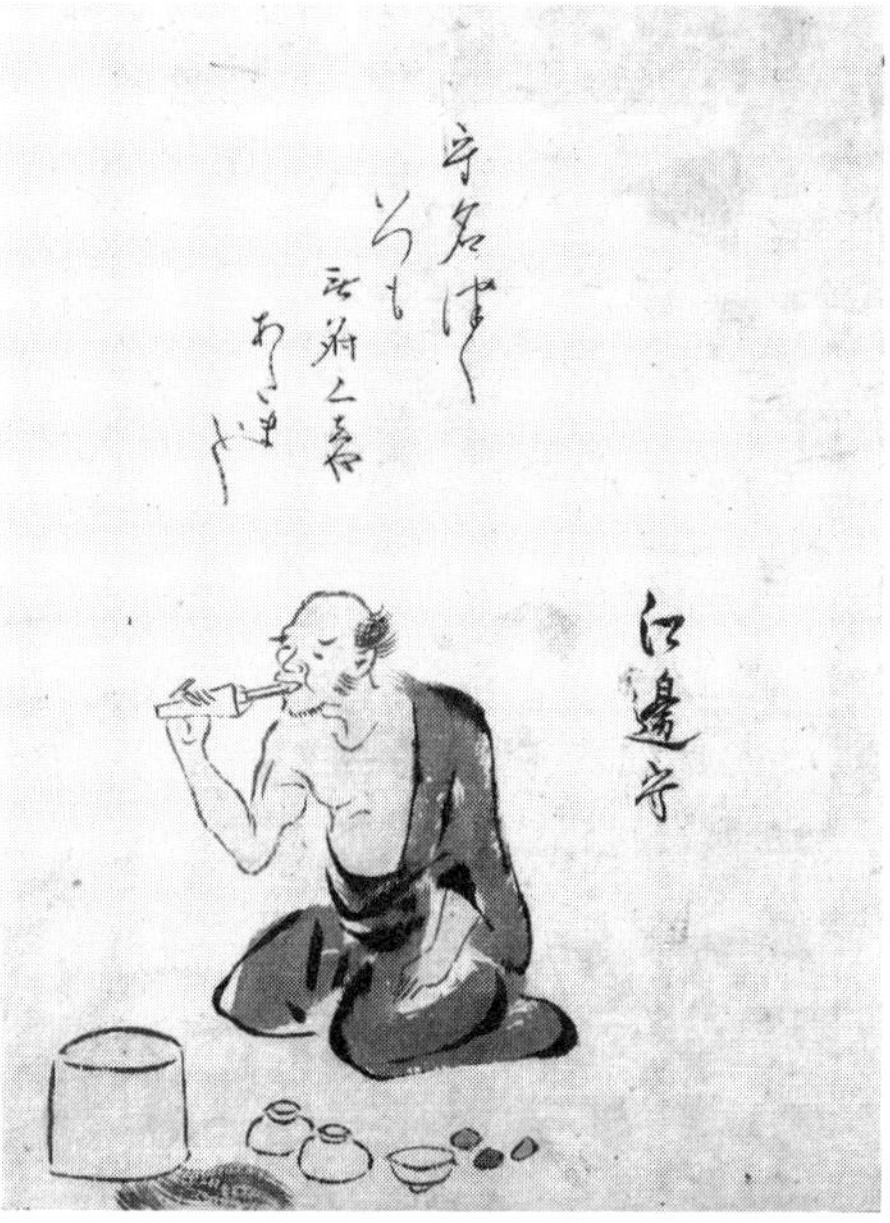

江辺守
『半百人一句』（大阪府立中之島図書館蔵）

からないが、『鳥羽絵三国志《とばえさんごくし》』（江戸中期成立）の一コマから「ゑへんのかミ」と読んだことが判明する。演者のセリフとして「ゑへんといふ（言）とはなから（鼻）出る」とあり、玉や豆を目や鼻から出して見せたのかもしれない（第二部108・109）。両書を見比べると、髪型や片肌脱ぎしていると

ゑへんのかミ
『鳥羽絵三国志』（河合勝コレクション）

ころが一致することから、二書に描かれたのは同一人物とも見受けられる。だとすれば「江辺守」は辻放下の異称としての一般名詞ではなく、固有名詞だった可能性もある。

ここまで主に一八世紀を対象に、辻放下の諸相を見てきた。奇術的演目を演じたことが推定される史料に限って取り上げたが、ほかに表芸《おもてげい》を持つ中で、奇術も併せて演じた者も多くあったに違いない。

冒頭にも述べたが、辻放下は奇術の裾野を間違いなく広めたと言える。というのも、一七世紀の著名な放下師たちの演技を見るには、木戸銭を払って芝居に入るか、または屋敷に招いて見る、という方法しかなかった。これができたのは金銭に余裕がある一部の階層だけである。これに対し、大道や境内における辻放下の芸には「只見《ただみ》」もあり得た。

先に掲げた『百化帖準擬本草《ひゃっかちょうみたてほんぞう》』の芥子の助の挿画には見物人のセリフに「太郎兵衛、ざるをまハ（廻）したら、はやくにけ（逃）よふ」とあり、川柳にも「豆蔵のあふぐ扇に人が散り」というものがある。辻放下が演技を終え、見物料をもらうために扇や笊を回した途端、それまで取り巻いていた観客連中が蜘蛛の子を散らすように逃げ去るこ

とがあった。その一方で、彼らの演技に感じ入れば、惜しまず銭を投げ入れた観客もいたことは、莚に散らばった銭が『絵《え》本《ほん》雨《あま》やどり』（安永九年〈一七八〇〉刊）に描かれていることからもうかがえる。

辻放下
『絵本雨やどり』（河合勝コレクション）

諸書に描かれた見物客は、老若男女を問わず、身分も町人に限らず武士の姿も見える。かれらは放下をゆび指したり、口に手を当てて笑ったり、互いに顔を見合わせたりするなど、じつに熱心に演技を楽しんでいる。すぐれた演技を見せる演者があり、それを見て代金を支払う観客がいて、芸能は進歩する。その意味で、わが国における奇術という芸能の受容層を広め、奇術の演目の発展や手順の向上などについて、辻放下の果たした役割は大きかったと言えるのではないだろうか。

第六章　近世中期（二）

日本の奇術史にとって、近世中期という時代は奇術の「伝授本」文化が花開いた時期にあたる。伝授本とは一般的な用語ではないが、奇術の種明かしを載せた書籍の意味で用いられるものである。ただし、この時期の伝授本は、奇術の種明かしだけを載せているわけではなく、秘伝やまじない、遊戯、からくりなどもあわせて解説している点に特色がある。

一七世紀末、わが国で初めてとなる伝授本『神仙戯術《しんせんげじゅつ》』が刊行され、続く一八世紀には世界にも類を見ないほどすぐれた内容、装丁を持った伝授本が続々と刊行された。出版された伝授本の一覧および主要な本の解題については、第三部の記載に譲るとして、ここでは刊行に携わった人びとに焦点をあて、日本の伝授本文化について紹介することにしたい。

――馬場信武《ばばのぶたけ》と『神仙戯術』――

わが国最初の伝授本『神仙戯術』は、元禄九年（一六九六）に京都の書林から刊行された。本文は漢文体だが、ヲコト点や返り点、訓が付けられ、和訳文が添えられている。巻頭に「陳眉公《ちんびこう》著述」とあることは以前から知られていたが、巻末に「馬場源信武」の識語がある初版本が発見されたことにより、馬場の編集関与が明らかなものとなった。

しかし、陳眉公こと陳継儒《ちんけいじゅ》（一五五八～一六三九）という人物は明代の書家・画家であり、中国ではこれまで本書の底本となる書物の存在が確認されなかった。そのため、馬場が陳眉公に仮託し、自身で同書を書いた可能性も示唆されていた〔傅起鳳・傅騰龍 一九九三〕。また元禄一二年（一六九九）刊『続神仙戯術《ぞくしんせんげじゅつ》』に、編者として馬場信武の名前しか記されていなかったことも、その疑念を強める原因となった。

ところが二〇一六年に入り、奇術文献収集家の「魔幻先生」から、中国で同書の初版本が発見されたとの情報がもたらされた。碧雲散仙《へきうんさんせん》の編にかかるもので、上下二巻本、刊記には「正徳庚午■利■■■林熊氏厚徳堂新刊」とあり、明代の正徳五年（一五一〇）に厚徳堂という書林から刊行された本である。この明代初版本の一部内容と、日本の元禄版とを写真で比較すると、細かな用字等を除いて項目名や内容はほぼ一致する。明代の初版本には全一一八項目が収載されているといい、『続神仙戯術』の項目も同書で確認できる。

　さらに魔幻先生からは『神仙戯術』と他書との合刻本が存在することも教示を受けた。この本は上下二段組で、

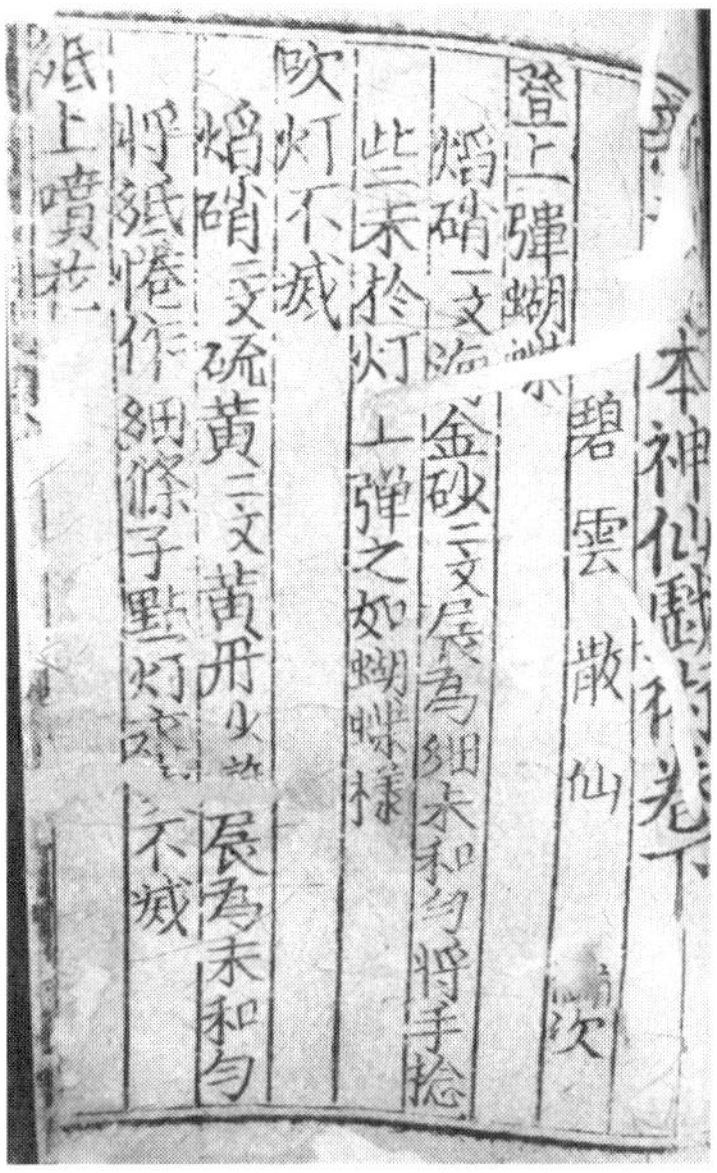

『神仙戯術　下巻（明代・正徳五年初版本）』
下巻巻頭
（魔幻先生画像提供）

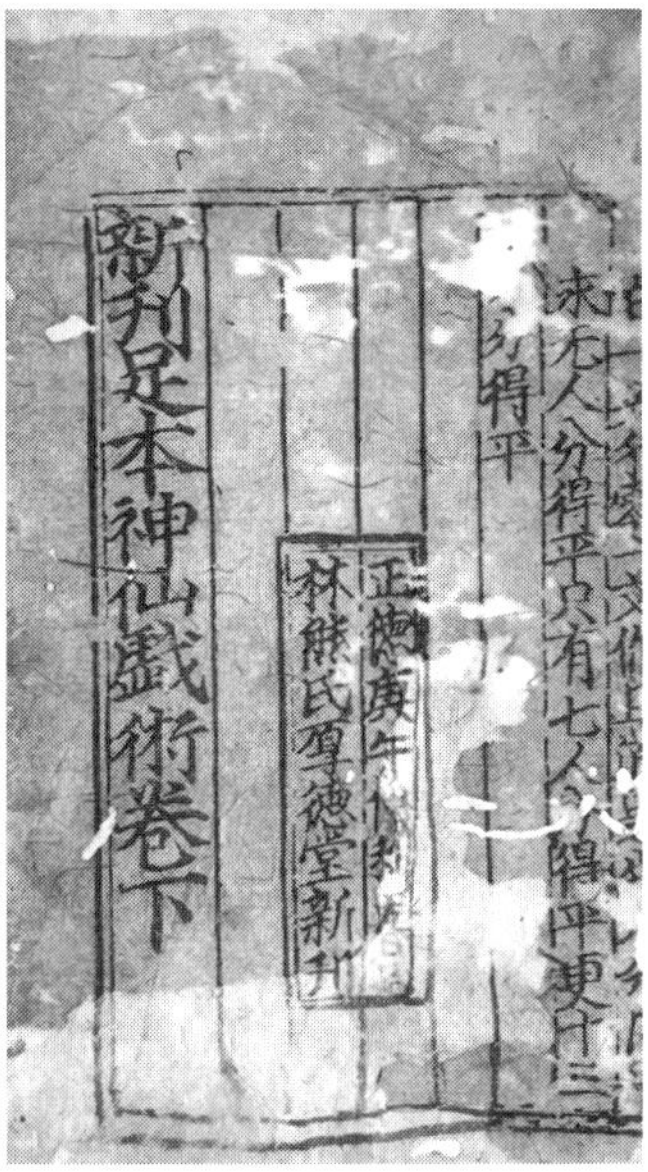

『神仙戯術　下巻（明代・正徳五年初版本）』
刊記
（魔幻先生画像提供）

やはり明代に刊行されたものだという。途中の丁から上段に『神仙戯術』の内容が載せられており、著者名は記されていない。明代初版本から項目数を絞った抄録版のようだが、一部には文章の相違も見られる。こちらも日本の元禄版と比較すると、完全に一致する項目もあれば、若干内容が異なるものもある。下段には「請仙帖」「焼鮮厭符」「明念焼符呪」「焼召将呪符」といった呪符に関す

『神仙戯術　下巻（明代・正徳五年初版本）』
（魔幻先生画像提供）

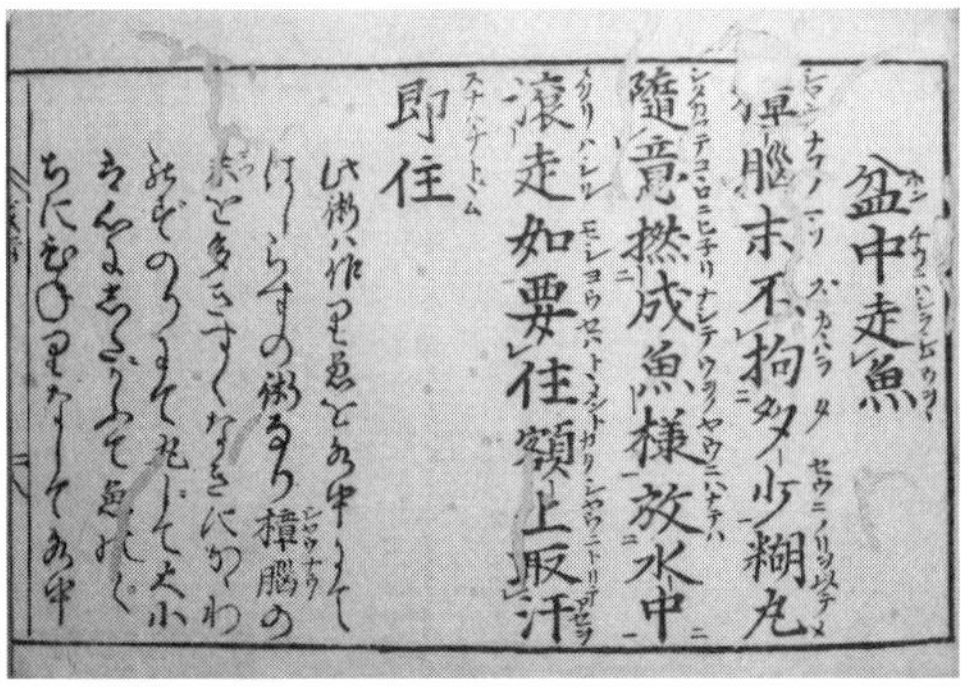

『神仙戯術（日本・元禄九年初版本）』
（河合勝コレクション）

る記事が載り、上段の『神仙戯術』が始まる直前の部分にもやはり呪符に関する記事が確認できる。残念ながらこの合刻本の書名や著者名、刊年などは不明である。

　以上のことから、馬場が元禄期に日本で刊行した正続二冊の『神仙戯術』は、明で刊行された本から項目をそ

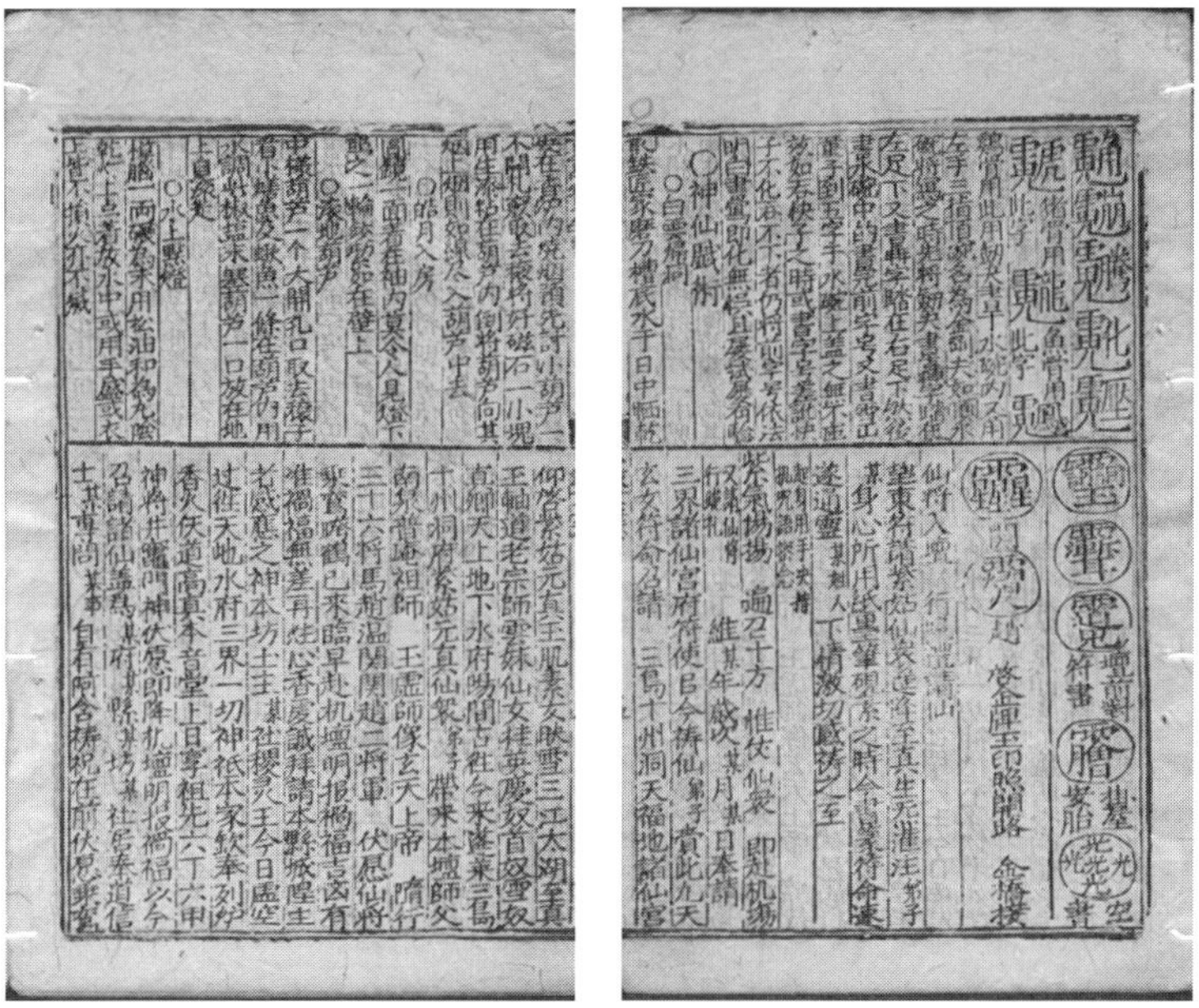

『神仙戯術（明代・合刻本）』
（魔幻先生画像提供）

れぞれ二〇ずつ抄録し、これに漢文訓読と和訳を載せたものであることが明らかとなった。

　さて、では馬場はどのような経緯で本書の訳出に取り

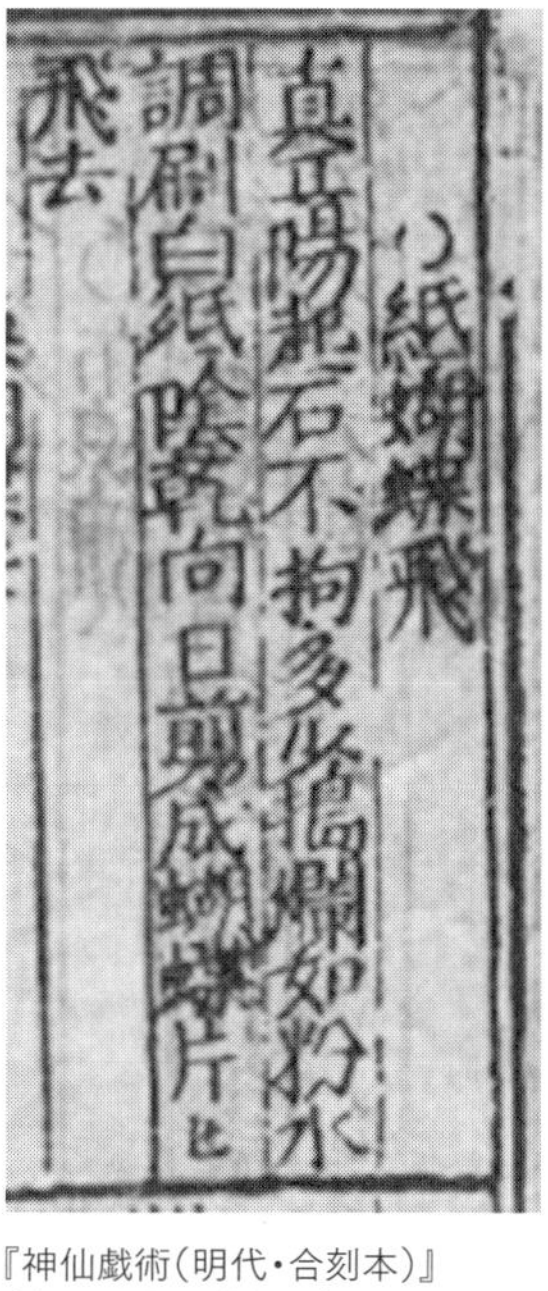

『神仙戯術（明代・合刻本）』
（魔幻先生画像提供）

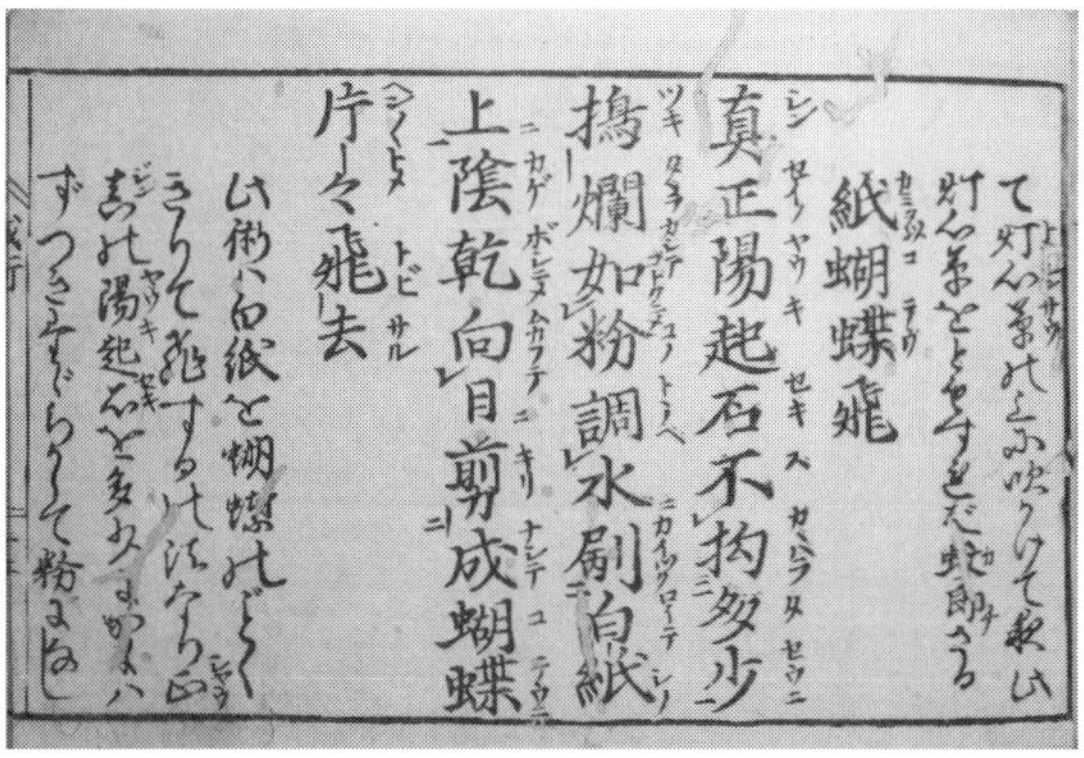

『神仙戯術（日本・元禄九年初版本）』
（河合勝コレクション）

組んだのだろうか。馬場信武（?〜一七一五）は京都の医者、儒者、軍記作者である。馬場については、これまでに『通俗続後三国志《つうぞくぞくごさんごくし》』を著した軍記作家としての側面について［長友千代治 一九七六］、また卜占書の著者としての側面［ハイエクマティアス 二〇〇八］について考察されてきているので、ここでもそれらの成果に拠りながら考察を進めたい。

馬場は、初め天台宗照光院門跡道尊法親王《どうそんほっしんのう》に仕え、図書役として中国思想を中心とする多くの書物に接することができた。そこで得られた豊富な知識をもとに医者に転じ、医業の暇に中国軍記の和解《わげ》（和訳）や中国卜占説・易書の和解・俗解（通俗的な解釈）などの著作活動を行った。また、主に自身の著作を刊行するため、教来寺《きょうらいじ》（経来寺・教来石）弥兵衛《やへえ》の名で書肆《しょし》も営んだとされる（教来寺は『続神仙戯術』を版行）。

日本古典籍総合目録データベースによれば、馬場の著作は三四種を数えるが、これまで最も早い時期の著作とされてきたのが、明代の占法書『家伝邵康節先生心易卦数《かでんしょうこうせつせんせいしんえきけすう》』を和解・俗解した『梅花心易掌中指南《ばいかしんえきしょうちゅうしなん》』である。同書は元禄一〇年（一六九七）正月、京都の書林永田調兵衛《ながたちょうべえ》と上坂勘兵衛《こうさかかんべえ》から出版された。『神仙戯術』の出版はこの前年、元禄九年のことで、同じく京都の書林・菱屋勘兵衛《ひしやかんべえ》と井筒屋平左衛門《いづつやへいざえもん》から刊行されている。

さて、馬場は多くの中国文献を俗解しているが、大部分は明代のものであったとの指摘がある。また、かれが和解した卜占書の多くは、占いを専業とした人のためのいわゆる「実用」の書であった。たとえば、元禄一六年刊の『通変八卦掌中指南《つうへんはっけしょうちゅうしなん》』では、占い手の説得力を高めるために、銭を使った「人ノ年ヲ問《とわ》ズニ年ヲ知ル」トリックを載せている［ハイエクマティアス 二〇〇八］。また、同書の第五巻は「秘密符法」という呪符を解説する巻となっており、別に『呪符秘法《じゅふひほう》』という著作もあるようだ。

このような馬場の経歴を眺めるとき、『神仙戯術』出版の経緯について、次のような推測が成り立つのではないか。馬場はこの時期、呪符を含む明の卜占書の和解に取り組んでいた。そして、明で出版された、初版本ではない『神仙戯術』を手にしていたはずだ。というのも、初版本に明記される碧雲散仙の名を使わず、著名な陳眉公を著者に仮託して日本版を出版しているからである。おそらく底本には、前掲した合刻版のように、著者名が記されていなかったものを用いたのではないか。元来、卜占・呪符の本と『神仙戯術』とは非常に近い分野の内容を持つ。だからこそ、合刻版として出版されたのであるが、その後の馬場の著作群をみるかぎり、彼の関心の重心は卜占や呪符の記載の方にあったはずである。

ところが馬場には、知識人だけが知り得る中国思想の知識を、実用的に使いたい人のために、文字通り「和《やわ》ら解《げ》て」提供したいという執筆意欲があった［ハイエクマティアス 二〇〇八］。折しも一七世紀後半という時代は「秘術公開時代の幕開け」にあたっており、元禄一二年（一六九九）には、わが国最初の一般向けのまじない本『呪《じゅ》詛《そ》調《ちょう》法《ほう》記《き》』も刊行されている［横山泰子 二〇一二B］。奇術とまじないとが未分化だった時代、それらの秘術の公開欲求に応えるため、馬場は奇書『神仙戯術』を和解することにしたと考えられるのである。同書は「奇術書というよりはむしろ面白実用豆本といった性格に近い」との指摘もあるとおり［松山光伸 二〇一〇］、二〇項目の解説のうち、奇術の伝授らしきものは半分程度で、残りはまじないや生活の知恵の伝授である。同書に続く日本の伝授本の多くが、こうした呪術や生活術などを載せる「実用」の書としての性格を持ち続けたのは、最初の伝授本『神仙戯術』の影響を受け続けた結果なのかもしれない。また、そのことはとりもなおさず、わが国の伝授本の歴史が、一六世紀初頭の明で出版された『神仙戯術』の影響を受け続けたことをも意味するのである。

――多《た》賀《が》谷《や》環《かん》中《ちゅう》仙《せん》――

享保期（一七一六～三六）、立て続けにすぐれた伝授本を世に送り出したのが多賀谷環中仙（い三《ぞう》）である。「環中仙に匹敵する作者は、その後の二百年を見ても何人も出ていない」と絶賛される人物であるが［藤山新太郎 二〇〇九］、いかなる経歴の持ち主なのだろうか。

確認される著作は七種とさして多くはない。しかし、そのいずれもが、それぞれの分野で高く評価される本ばかりである。以下に列挙する。

①『珍《ちん》術《じゅつ》さんげ袋《ぶくろ》』　享保一〇年（一七二五）以前刊
②『続《ぞく》懺《さん》悔《げ》袋《ぶくろ》』　享保一二年（一七二七）刊
③『初《しょ》心《しん》算《さん》法《ぽう》早《はや》伝《でん》授《じゅ》』　享保一二年（一七二七）刊
④『和《わ》国《こく》智《ち》恵《え》較《くらべ》』　享保一二年（一七二七）刊
⑤『璣《からくり》訓《きん》蒙《もう》鑑《かがみ》草《ぐさ》』　享保一五年（一七三〇）刊
⑥『当《とう》世《せい》影《かげ》絵《え》姿《すがた》鏡《かがみ》』　享保一五年（一七三〇）序
⑦『唐《もろ》土《こし》秘《ひ》事《じの》海《うみ》』　享保一八年（一七三三）刊

このうち①②⑦が奇術の伝授本、③④は数学遊戯の書、⑤は竹田からくりの解説、⑥は影絵遊びの本である。また、これらの出版のほとんどに、京都の書林蓍《めど》屋《きや》（めと木屋）が関わっていることに注目しておこう。

さて、環中仙であるが、③に「尾州名古屋之産、本名不破仙九郎、洛陽多賀氏環中仙元陳自序」とあることより、本名は不破仙九郎《ふわせんくろう》元陳といい、名古屋の生まれ、京都在住で、環中仙は号であったことがわかる。号の由来について「輪中ニ住ス。故に自ラ環中仙ト称ス」とする説があるが［遠藤利貞一九一八］、典拠は明らかではない。また、職業を医者や和算家とする説もあるが、これは和算家が医者から出た者が多かったことによる推測だろう。享保一七年（一七三二）序『万金産業袋《ばんきんすぎわいぶくろ》』に「京にての石印司ハ（京四条通小橋西へ入ル町）多賀谷仙治郎」とある人物を環中仙とみる説が最も説得力がある［吉田光邦一九七四］。

では、環中仙が何冊ものすぐれた伝授本を書いた経緯とは、どのようなものだったのだろうか。①の序文には、中国の仙人たちが「碧桃《(へきとう)》の花蘂《(かずい)》酒に酔てしな〳〵《(品々)》たハふ《(戯)》れ遊ひし術一巻となつて予か家に伝る事年久し」とあり、⑦の序文にも「乾坤《けんこん》の諸仙等《しよせんら》、此所《このところ》（神仙《しんせん》の都《みやこ》―筆者注）に集て、九節《きうせつ》の菖蒲酒《しやうぶしゆ》に酔て奇恠《きくわい》をなせし数巻、ふしぎの古筥《ここ》より出しまゝ」とあり、どちらも仙人が書いた伝授本が家に伝わっていたため、それを広く刊行することに決めたという文意である。もちろん真実を記したものとは思えないが、わが国最初の伝授本が『神仙戯術』と名付けられたものであったことも想起すると、当時の人びとが、奇術を中国の神仙思想に源を持つものと考えていたことがうかがえる。また彼自身、自らの名乗りを仙九郎と称し、環中仙と号していたことも、その関心の所在を示すものと言えるかもしれない。

その一方で、これらの書物が、仙人たちが酒席での戯れに演じたものを書き留めたものとしている点も注目される。②の巻末「書林含霊軒蔵板目録」には「珍術懺悔《(ちんじゅつさんげ)》 其外陰《(かげ)》絵《え》の仕やう《(様)》、酒の上の曲、珍しき戯をあらハす」とある。神秘性とは対極にある酒席の座興で、奇術を演じるために同書を活用できるという謳い文句である。特に上方においては元禄期（一六八八～一七〇四）以降、町人文化の高揚がみられ、こうした座敷芸を演じる機会が増えていた。

また、後刷版①の巻末広告には「珍術さんげ袋《ぶくろ》 二巻 昼夜参会の節、即座に奇妙を顕ハし、其外陰《(かげ)》ひらかな絵入 全部二冊 月待《(つきまち)》、日待《(ひまち)》、庚申待《(こうしんまち)》、夜はなし《(咄)》の節、座興に気をかへて、うき世手づまの珍術、紙さいく《(細工)》、当世かげ絵の仕やう、其外品々を出し、座中の一笑とす」とあって、酒席ならずとも、徹夜で人びとが集まる機会の慰みに、奇術を演じて座興としてはどうかと勧めている。後の伝授本が『仙術日待種《せんじゅつひまちぐさ》』や『新板《しんばん》ざしき手妻《てづま》』と名付けられたのも、演じる場を踏まえてのことであった。環中仙の著作では、⑥の『当世影絵姿鏡』で伝授する影絵も、こうした座興の場で演じることを想定したものだった。

　ところで、本稿では詳述する余裕はないが、わが国の奇術の発展に、からくりが果たした役割は小さくはない。一八世紀初頭に人気絶頂を迎えていた竹田からくりの仕掛けを赤裸々に解説したのが、⑤『璣訓蒙鑑草』である。同書は単にからくりの機構を示しただけでなく、「狡猾とも言えるトリック」や「欺しのテクニック」までをも詳述したもので、奇術の伝授本としても読めるものだという［泡坂妻夫 二〇〇一］。

　同書の出版もまた、人びとの関心が種明かしに向くようになった「秘術公開時代」の要請を受けてのことだったと思われる。しかし、プロにとっては、秘術の公開は興行の妨害にしかならなかったはずである。そこで、環中仙は相応の対価をかれらに支払ったからこそ、何種類もの伝授本を出版できたのだとし、相当の資産を持つ人物だったとの推測も示されている［藤山新太郎 二〇〇九］。

　最後に、環中仙の数学マジックについて取り上げておこう。現代でも書店に行けば数学マジックを扱った書籍を幾種類か入手できるほど、数学とマジックとの間には親近性が認められる。このことは奇術やまじない、そして数学が未分化だった時代には、より一層その傾向が強かった。第三章で紹介したが、『吾妻鏡《あずまかがみ》』には、算術者が算木を用いて室内を大海に変ずる術を見せたという話が載り、それが一七世紀の戦記物語にまで取り込まれている。これは時代が下っても、数学の持つ不思議さが薄れていなかったことの一つの表れだろう。

　環中仙は、④『和国智恵較』の序文において「今世に怪む品々を記《しるし》て、委《こと〱》く其源《みなもと》の術をあらわし、世人の怪を解《と》く」として、数学的な「怪《あやし》み」を解き明かすため、つまりはここでも秘術を公開するために同書を著すと述べている。④では一八種の数学パズルとその解を載せ、①では「三十の碁石を人に渡し、左右へわけさせ、其数をいふ事」、②では「方積の石を人に目を留させ、いつれの

『和国智恵較』
（河合勝コレクション）

者といふ事」など初歩的な数学の知識を応用した演目を解説している。

これまでの伝授本研究では、著者たるべき四つの条件として、

・専業の芸能人ではない
・仕掛けを理解することができるほどの知識がある
・文才があり、本を出すことに熱意がある
・余裕がある

の四つが示されている［横山泰子 二〇一二］。環中仙の詳しい経歴等は明らかにし得ないが、かれがこの四つの条件を十分に満たしていたであろうことは確かそうだ。

——蓍屋《めどきや》伝兵衛《でんべえ》と蓍屋《めどぎや》勘兵衛《かんべえ》——

伝授本出版に至る経緯を記した文章が『続懺悔袋』序に見られるので紹介しておこう。

ある日上坂氏来り、是（広成子《こうせいし》が黄帝《こうてい》に書き与えた戯術——筆者注）を見て曰、誠に是は珍書なり。桜木にうつさ《写》はよき童蒙のたのし《楽》ミならんと。終に其言に取ついて筆を染れは、先に撰する「さんけ袋」に続く物となりぬ。

この「上坂氏」こそが、同書の出版をプロデュースした蓍屋（めと木屋）である。享保期（一七一六〜三五）、伝授本の出版に関わった京都の蓍屋には、伝兵衛（含霊軒《がんれいけん》）と勘兵衛（霊蓍軒《れいしけん》）の二人がいたが、同書初版本の刊記には「京都めと木や伝兵衛」とある（めと木屋勘兵衛版の初版もあるという）。また『璣訓蒙鑑草』や『唐土秘事海』も伝兵衛が版元となっており、この時期、この版元が伝授本出版に果たした役割は見過ごせない。

蓍屋伝兵衛と蓍屋勘兵衛との関係については、今後さらなる調査の余地が残されているが、本稿では勘兵衛だけを詳しく取り上げることにする。勘兵衛については、すでに書誌学的考察が進められており、ここではその成果を参照しながら論を進めたい［宮本祐規子 二〇一二］。

蓍屋勘兵衛家は、京都の老舗書肆出雲寺《いずもじ》家の別家衆で、寛文六〜天保二年（一六六六〜一八三一）頃まで京都で営業を続けていたことが確認されている。堂号は向陽堂《こうようどう》、霊蓍軒といい、姓は上坂《こうさか》氏、初代の名は兼勝《かねかつ》といった。兼勝は初め、菱屋を称し、享保七、八年（一七二二、三）頃から蓍屋と改称している。また、天保二年刊『京都《きょう》買物《かいもの》独《ひとり》案内《あんない》』の広告によると、書物・古本・経典のほか家伝の腹痛の薬「金龍丸」も売っていた［藤實久美子 二〇〇五］。

さて初代の勘兵衛兼勝であるが、まずはこれまで取り

上げた二人の伝授本著者との関係を見ておこう。

馬場信武との関係について、元禄九年（一六九六）刊『神仙戯術』の版元に菱屋勘兵衛の名で出ており、翌一〇年刊『梅花心易掌中指南』と同一六年刊『初学擲銭抄《しょがくてきせんしょう》』の版元に上坂勘兵衛として名前が載っている（いずれも相版）。特に『梅花心易掌中指南』の刊行については、兼勝の意向が強く働いたと同書の序文に見えており、両者の親しい関係が指摘されている［長友千代治一九七六］。

次に環中仙については、享保一二年（一七二七）刊『初心算法早伝授』と同一五年刊『当世影絵姿鏡』の初版版元として、また同一八年には『珍術さんげ袋』二巻と『続懺悔袋』二巻をまとめて四冊の形で板行している。

このように兼勝が二人の著作を世に出す役割を果たしたことだけでも、伝授本史上に特記されるべきことであるが、それだけにとどまらず、じつは兼勝自身も作者として伝授本を執筆していたのである。

享保一四年（一七二九）刊『続《ぞく》たはふれ草《くさ》』の初版本には、巻末に「さくしゃかねかつ」とあり、版元も自身の書肆「めと木屋勘兵衛」が務めた。これが寛政六年（一七九四）再刻本では作者名が削られ、巻頭序文に「作者鬼友」と追記されている。このことから、鬼友《きゆう》は菱屋勘兵衛兼勝のペンネームだと考えられるようになった。また、同書に先立つ『たはふれ草』正編は、いまだ初版の刊年が明らかにされておらず、著者名が明記されたものも確認されていないが、これも兼勝の著作と考えられている［山本慶一一九九二］。

このように版元自身が伝授本を著しているのは、馬場信武が『続神仙戯術』を自身の教来寺弥兵衛から出版した例があり、次に紹介する平瀬輔世《ひらせほせい》にも通じることである。

兼勝には『たはふれ草』以外にも、上坂兼勝名義で『通《つう》俗台湾軍談《ぞくたいわんぐんだん》』、源兼勝名義で『文字合《もじあわせ》』と『初製目付字《しょせいめつけじ》』、上坂某名義で『背紐《うしろひも》（新撰何曾遊ひ《しんせんなぞあそ》）』の著作がある。このうち享保一三年（一七二八）刊『背紐』はいわゆる「なぞかけ」や隠語を集成したもので、兼勝の遊び心がうかがい知れる。また同年刊『初製目付字』は、相手の選んだ文字を当てる数学マジックを載せたものである（第二部235）。有職故実書の『簾中抄《れんちゅうしょう》』の書き継ぎ部分に、すでに「いろは文字くさり」という目付字のことが載っており、遅くとも一四世紀にはわが国で目付字が行われていたことがわかっている。その後、和算の流行に伴い、目付字ならぬ目付絵も相次いで刊行されたが［河合勝二〇一二］、同書はその早い時期のものである。

ところで、蓍屋の「めどき」とは、占筮《せんぜい》に用いる五〇本の細長い棒のことであり、これが後に竹製の筮竹《ぜいちく》となった。蓍屋勘兵衛は、初期に馬場信武の易・卜占書を刊行しており、あるいは当初はその分野の本を扱う書肆として出発したのかもしれない。しかし、勘兵衛は「新しい潮流を見るに敏な書肆」だったとされており、時流にあった多様な本を出版している。奇術の伝授本もそうした時代の要請に応じて執筆、出版されたものだったと言えよう。

――平瀬輔世《ひらせほせい》――

宝暦一四年（一七六四）刊の『放下筌《ほうかせん》』と安永八年（一七七九）刊の『天狗通《てんぐつう》』は、江戸の奇術本の中でも特別に高度な内容を持つと評される［泡坂妻夫二〇〇一］、ここからはこの二書の著者、平瀬輔世を取り上げる。

平瀬はまたの名を千草屋新右衛門《ちぐさやしんえもん》という大坂の商人である。千草屋は堂号を赤松閣《せきしょうかく》と称する書肆であり、薬の調合所も兼ねていた。江戸時代には本屋が薬屋を兼務したことは珍しくなく、江戸の老舗書肆である須原屋茂兵《すはらやもへ》衛《え》や、先に見た蓍屋勘兵衛も同様であった。元は本といえば中国から輸入するものであり、薬も輸入に頼っていた。そのため両者を一緒に扱うこともあったのである［鈴木敏夫一九八〇］。

さすがに調合所だけあって、平瀬の伝授本の演目には特殊な薬種を用いたものが散見される。たとえば『放下筌』に載る「鍋かぢりの術」では、食べた鍋を後から吐き出させるために、寄生虫駆除薬として使われる「雷丸《らいがん》（中国産の菌体）」をあらかじめ鍋に塗っておくよう指示している。また『天狗通』に載る「水を赤くする術」では、蛭《ひる》を干した「水蛭《すいてつ》」の粉末溶液に塩を入れる方法が示される。実効性のほどは疑問であるが、薬種商へ行かなければ入手できないものばかりである。赤松閣への来店を促すための、一種の広告かとの疑念も湧いてくるが、実際に『放下筌』の巻末には赤松閣で扱う各種の薬が効能・価格とともに宣伝されている。このことは一九世紀の伝授本著者、智徳斎《ちとくさい》こと船越敬祐《ふなこしけいすけ》が『秘事百撰《ひじひゃくせん》』を施本《せほん》として無料で配布しながらも、巻末に自著『妙薬奇覧《みょうやくきらん》』の広告を載せていることと相通ずるものがある［横山泰子二〇〇九］。

さて、『放下筌』は「しな玉（お椀と玉）」（第二部110）と「金輪の曲」（第二部86）の手順を載せ、『天狗通』は「しな玉」の別法や「茶台をひもに通し人ニ持せ置、ぬく事（天狗通し）」（第二部72）、「鳥目《ちょうもく》十銭持《もち》、一銭ツヽ左右の手ニ通事《かよふ》（通いの銭）」（第二部97）など、現代でも演じられる本格的な正統派の演目の解説をしていることで評価が高い。ところが、両書には逆に遊び心いっぱいの「妖怪手品」も多く載せられている点に注目したい。伝授本文化を知る上で、この点にも目を向けてみよう。

妖怪手品とは「幽霊出現などの怪異現象を、種や仕掛けによって人為的に作り出す娯楽」と定義されるもので［横山泰子 二〇一二］、これが多く載せられていることがわが国の伝授本の特徴の一つと言える（第二部360～363）。たとえば『放下筌』は「狸七ばけの術」や「鬼火を現ずる術」「川太郎をよび出す術」などを載せ、『天狗通』も「鳳凰をあらハす事」や「壺の中より龍天上する術」など、いずれも種がわかれば、そのくだらなさに吹き出してしまう程のものばかりである。

ではなぜ平瀬はこのような妖怪手品を伝授本に多く採録したのだろうか。『放下筌』序文には次のような一節がある。

> 今迄世にばけ物の本あまた（数多）ありといへども、皆怪《あやし》く恐敷《をそろしき》のみにて、其変化《へんげ》の正体しるべからず。黄金の精が人に変じ、川太郎が女にばけ、天狗が小性になりたる類あれ共、ばけ様《よう》を見たる人なし。然る時ハ人、其妖怪を恐れて神明の如く貴《たつとむ》ことあり。人は万物の霊長なれバ、人こそばけて畜類をたぶらかす程に有べき也。

平瀬は「しな玉の術」や「手ずま（妻）」を解説するだけでなく、「人作《にんさく》の妖怪《ばけもの》の作様《つくりよう》」も本書に著すのだと言っている。不可視で不可思議な妖怪に姿を与え、座興の「妖怪手品」として再現しようとしたことからは、彼が『日《に》本《ほん》山《さん》海《かい》名《めい》物《ぶつ》図《ず》会《え》』という物産案内書を著したことに共通する「まなざし」が読み取れるのだという。同書は、地方から切り離され、市場で「モノ」として売られる産物

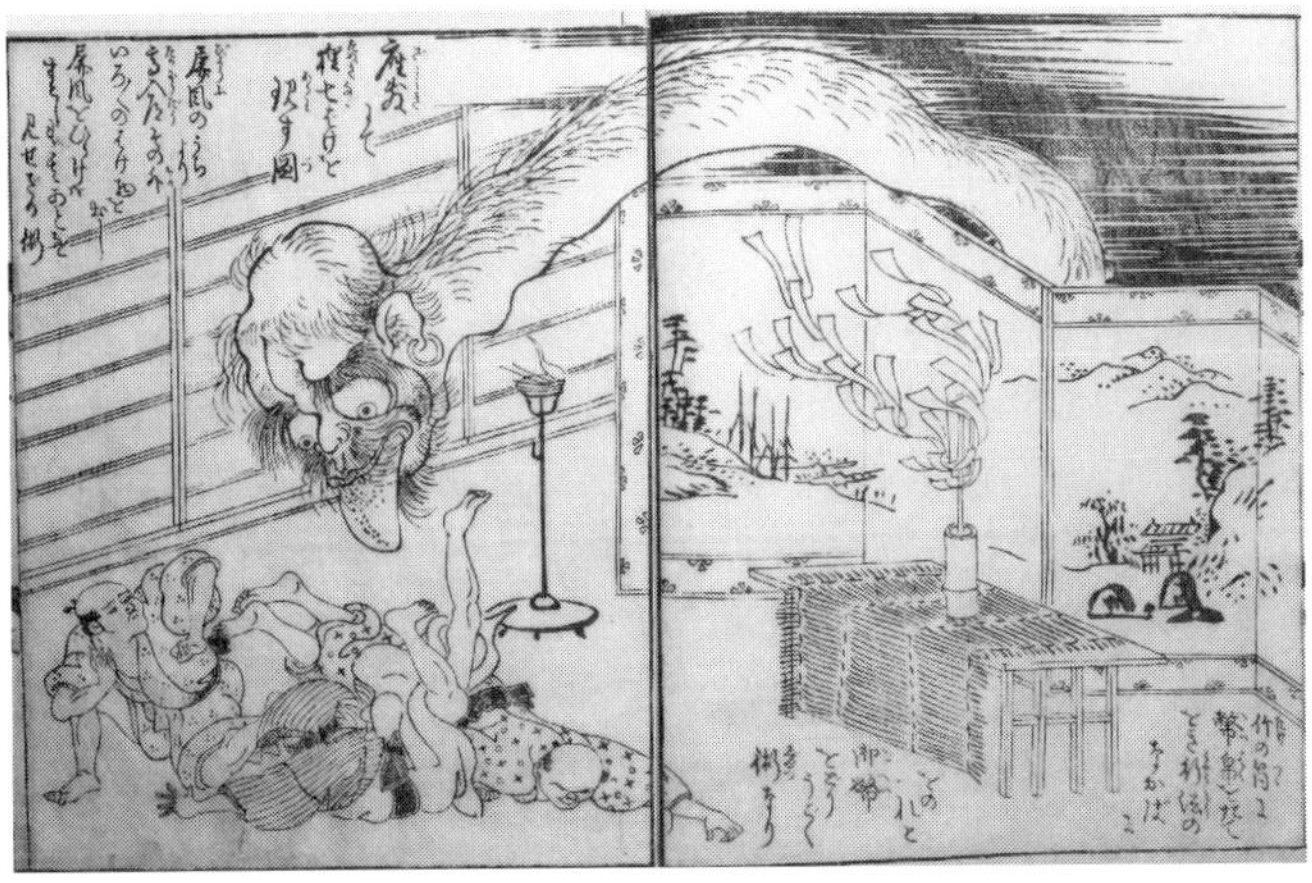

狸七ばけ
『放下筌』（河合勝コレクション）

が、どのような場で、どのような技術によって生み出されるのかを説いた一種の「種明かし本」であった。一八世紀後半とは「背後の仕掛けを説明する」形での「視覚化」が社会全体に広がろうとしていた時代にあたり、平瀬がこのような時代に商人として大坂の町にいたからこそ、こうした「まなざし」を持ち得たのだという［松嶋健 二〇〇二］。

平瀬の「視覚化」へのまなざしは「妖怪手品」だけに表れているわけではない。『放下筌』と『天狗通』の二書が、「しな玉」や「通いの銭」など、いわゆる正統派の演目も詳細に解説していることは先に述べた。種明かしの箇所を見ると、多くの図版を用い、演ずるための手順を段階的に、かつ克明に「視覚化」していることがわかる（第二部97・110）。こうした手法はそれまでの伝授本にはみられなかったものであり、江戸時代のその後の伝授本にも見出すことはできない。平瀬が持ち得た透徹した合理的精神が、この手法にも表れていると言えよう。

なお、『天狗通』には、丸行灯《まるあんどん》を用いた「大なる人の頭たちまち消うせる事」や「影絵目鏡《かげえめがね》（幻灯機）」を用いた「幽魂幽鬼をあらハす術」など、光学的装置を用いた演目をいくつか載せている点も他書には見られない特徴として注目される。

―一九世紀の伝授本と伝授屋―

ここまで一八世紀の伝授本に携わった人たちを通して、伝授本の諸相を紹介してきた。この後、一九世紀になっても伝授本は数多く出版されていくが、採録される演目そのものは一八世紀の伝授本の焼き直しが多くなる。しかし、判型の小型化を進めることで低価格化が図られ、多くの人びとの手に渡ることになる［山本慶一 一九九二］。

一九世紀の伝授本で特徴的な点に、挿絵が多く入れられ、親しみやすい本になったことがあげられる。安芸国《あきのくに》広島の出身で大坂に住んだ戯作者、十方舎一丸《じっぽうしゃいちまる》が著した一連の伝授本群がある。天保一四～嘉永二年（一八四三～四九）に刊行された『手妻独稽古《てづまひとりげいこ》 初編』『風流秘事袋《ふうりゅうひじぶくろ》 初編』『手妻早伝授《てづまはやでんじゅ》 初編』『同 二編』が主要なものであるが、これらは明治になってからも改題されたり、絵表紙がつけられたりして、長く読まれ続けた。一丸の伝授本には読んで楽しい軽妙な文が書かれ、見て愉しい挿画が描かれる点に特徴がある。伝授本は奇術を実演するためだけに読まれたというよりは、読み物として読まれたことも多かったのではないか［横山泰子 二〇一二］。

このように楽しく読まれるための工夫がなされる一方、小型の判型に文章を詰め込んだために、解説は簡易なものとなってしまい、一読しただけでは種明かし部分の理解が困難な本が多くなった。そもそも、わが国に伝授本が誕生して以降、人びとはこれらを読んだだけですぐに奇術を演じられるようになったのだろうか。すでに一八世紀の段階から、『放下筌』『天狗通』を例外として、伝授本における演目解説はいずれも簡単な解説にとどまっていた。このことについて、別に伝授屋や手品屋がいて、彼らが手取り足取り素人に手順を伝授していたからこそ、伝授本の出版も成り立っていたという推測が示されている［藤山新太郎 二〇〇九］。

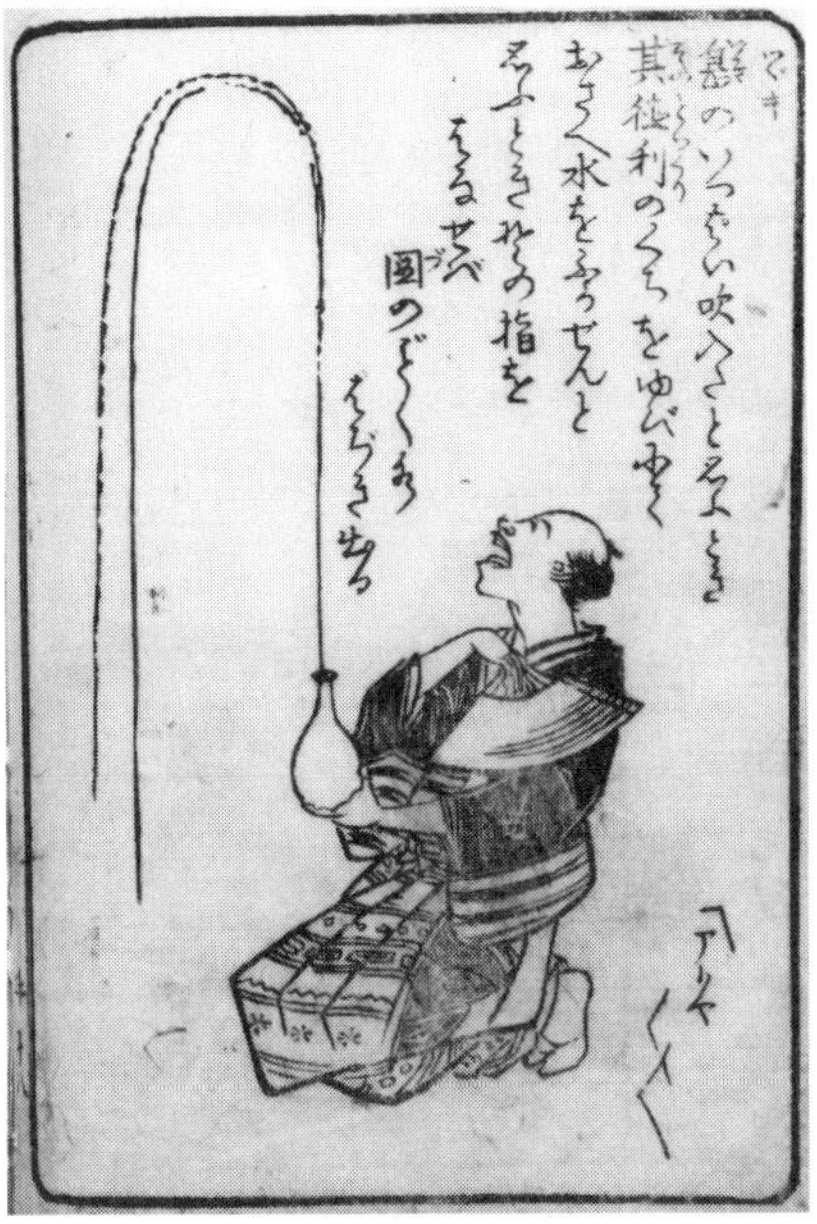

『手妻早伝授　初編』
（河合勝コレクション）

『見世物雑志《みせものざっし》』、文政五年（一八二二）の箇所にみえる記載は、専門の伝授屋ではないが、奇術の伝授により対価を得ていた人がいたことを示している。

当春、玉屋町の道具屋平兵衛が（東側なり）所江、京都（仏光寺通柳馬場）田川三朝と云者、止宿滞留す。細密なる画を米壱粒ニ、日本の図・世界の図・尾張名所・百人一首・六歌仙・題目・南無阿弥陀仏を書て、絶奇の妙也。又石を柱ニ付、石を水ニうかし《（浮）》、釣鐘とちやうちん《（提灯）》とを、同しおもさ《（重）》に見せなどいたす。手つまの上手にて、伝受を百疋づヽにて致スよし。

田川三朝《たがわさんちょう》という京都の住人が名古屋に滞在し、米粒に細密画を描いたり、日本の伝統奇術の演目の一種である取り付け物や浮き物（第二部329）、釣り物（第二部314）を見せるなどしていた。田川はこうした手妻（釣り物や浮き物など）が上手だったため、金百疋でこれらを伝授していたというのである。

釣り物や付け物の伝授については、『蘭法奇妙釣物之伝《らんぽうきみょうつりものので》《でん》』という題を持つ、おそらく伝授屋の店頭に置かれたと思しき絵目録本が伝来している。三六種の釣り物や積み物が彩色画で載せられており、そこには「釣物《つりもの》拾ヶ条金百疋」「附物《つけもの》拾ヶ条金百疋」「積曲《つみきょく》拾五ヶ条金百疋」と価格表も載っている。

本の形をした伝授本ではないが、一九世紀以降、多くつくられた一枚刷りの包紙にも、伝授屋の存在を示すものがある。この一枚刷りには「水の中ニ◎(銭)をうかす(浮)でん(伝)」や「八寸釘をしたニとふす(通)でん(伝)」など二種の奇術を含む一〇種の秘伝が載っており、「蘭方口伝書《らんぽうくでんしょ》」と書かれた包紙には、次のように記されている

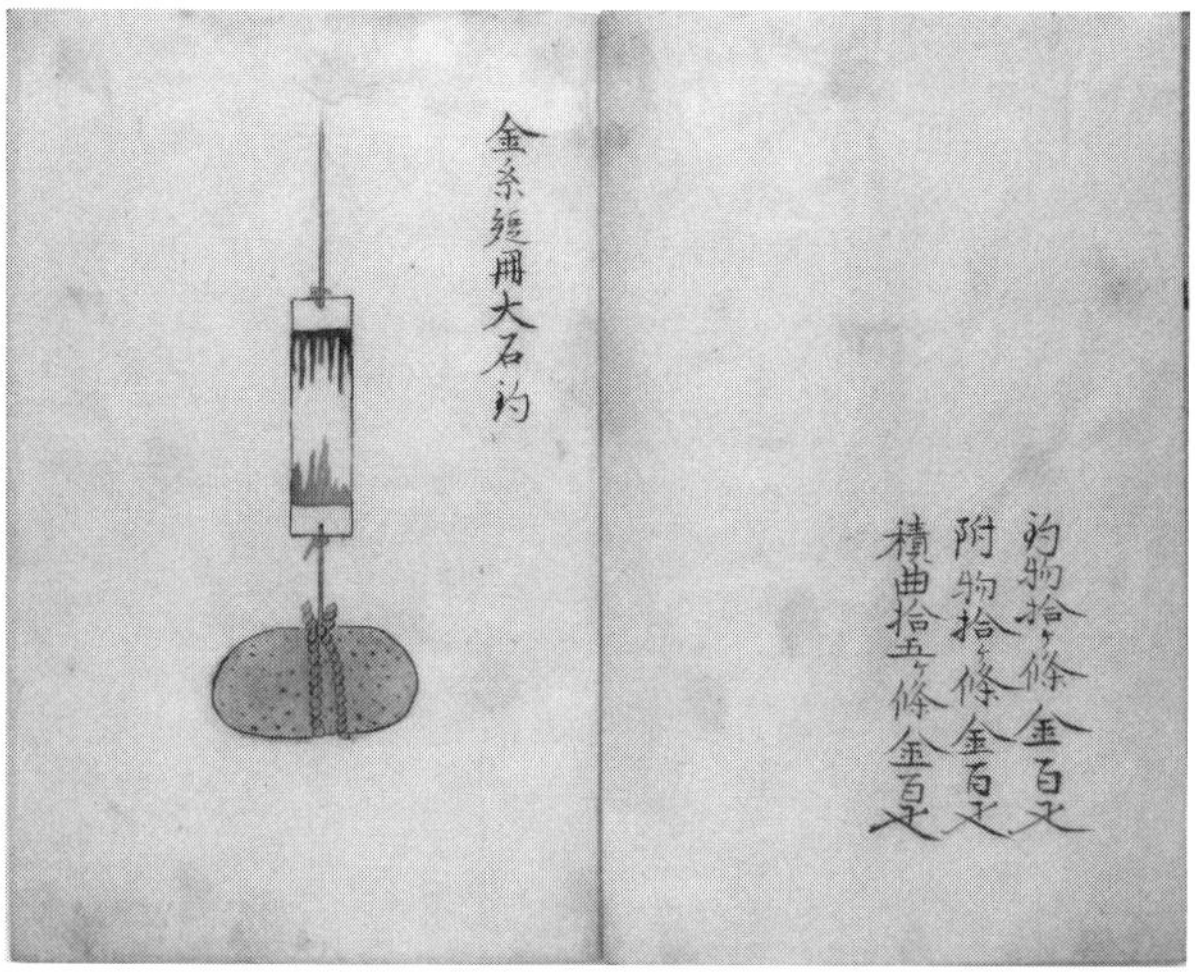

伝授の価格表
『蘭法奇妙釣物之伝』(国立劇場蔵)

各此内ニ壱ヶ条ニ而(て)も相わかりかね候得(そうらえば)は、いつなん時ニ而もわたくしたく(私宅)江、たづね(訪)ニ御こし(越)被下候得(くだされそうらえば)は、その節、なん時ニ而も御ひでん(秘伝)可申上候(もうしあぐるべくそうろう)。

大坂新町橋西ノ辻西江入
丹波屋文治郎宅ニ而　和吉

また、おそらくは一九世紀に入ってからのものと思われるが、次のような伝授屋の口上文も伝わっている。

口上

此度、風流即席手品芸、その外徳用向数々、珍ら敷(しき)業

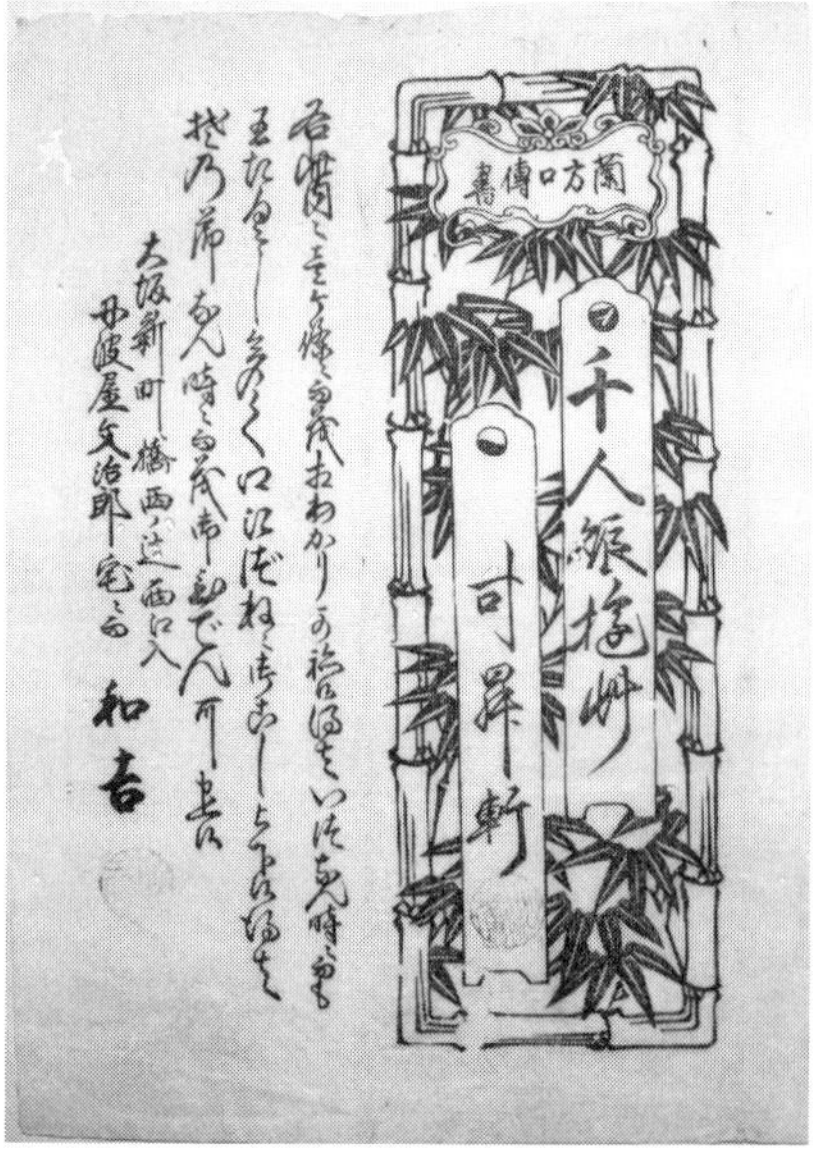

伝授屋の挨拶文
「蘭方口伝書(一枚刷り伝授書)」包紙(河合勝コレクション)

御指南仕る。御このミ《（好）》御方様は御入来可被下候《（くださるべくそうろう）》。右之業、御座敷も相つとめ申候間、御ひゐき《（贔屓）》之程、奉希候《（こいねがいたてまつりそうろう）》

右之外手妻たね《（種）》道具品々うり《（売）》申候

江戸本八丁堀五丁目

洗湯筋向　柏屋吉兵衛

江戸本八丁堀五丁目住の柏屋吉兵衛《かしわやきちべえ》が、即席手品を指南するので、希望者は習いに来て欲しいとある。また呼ばれれば、お座敷で芸を披露するし、手妻の種・道具なども販売するとも書かれている。

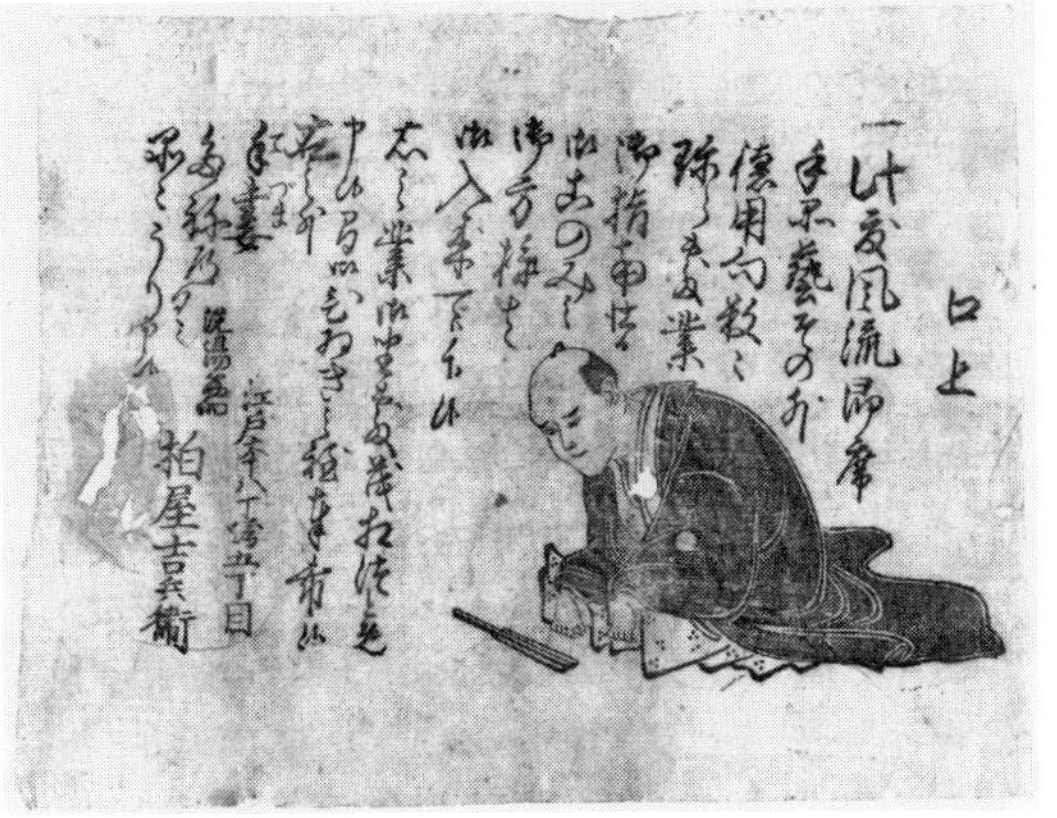
伝授屋・柏屋吉兵衛口上
（河合勝コレクション）

奇術の種や材料を売る「手づま屋」については、慶応三年（一八六七）刊『秘事百撰 三編』所載「なげ玉拵様《こしらへよう》の伝」として「紙にこんごう《（金剛）》砂と銀どんどろを包ミ、糸にて口をかたくゝ《（括）》るべし」と解説し、「但シ銀どんどろハ手づま屋に有、こんごうしや《（金剛砂）》ハびひどろや《（ビードロ屋）》にあり」と注記する。「なげ玉」とは手投弾のおもちゃのようなもの、「銀どんどろ」は花火の一種と思われるが、こうした特殊な材料を「手づま屋」が扱っていたのである。そしてこの時代、このような商売が成立するほど広範に奇術に親しみ、実演しようと考える人たちが存在していたということに、何よりも驚かされるのである。

第七章　近世後期（一）

一九世紀の前期から中期にかけて、日本の奇術は「飛躍が無いままで明治にはいる」時期と区分されたこともあるが〔平岩白風一九八一〕、それは伝授本の分野に限ってのことであり、プロ奇術師の興行について言えば、この時期、日本の伝統奇術は最盛期を迎えたと言える。何人もの名人が出て江戸や大坂を中心に華々しい活躍をみせ、演目は従来あったものに工夫が加えられて完成度を高めた。

この時期に大成した演目の一つに、紙でつくった蝶を扇子であおぎ、生きたように飛ばすものがあった。演者や流派によって「うかれの蝶（浮連《うかれ》の蝶）」や「蝶の曲（蝶の一曲）」「胡蝶《こちょう》の舞」「胡蝶楽《こちょうがく》」「蝶のたわむれ」など呼び方はさまざまであり、細かな点で手順や型、口上などが異なっている。そこで本稿では史料の引用箇所以外では、この演目を単に「蝶」とだけ呼ぶことにする。

蝶は江戸時代中期には演じられていたとみられるが、それを大成したのは、この時期に活躍し、名人とうたわれた柳川一蝶斎《やながわいっちょうさい》の工夫によるものとされる。以下、本章では、蝶の演目の変遷と実演の記録をたどりながら、一蝶斎とその一門の動向を追うことにする。

――伝授本にみえる蝶――

蝶がいつから演じられていたかを明確にすることはできないが、伝授本には早い時期から手順が示されている。元禄九年（一六九六）刊『神仙戯術《しんせんげじゅつ》』所載の「紙蝴蝶飛（紙ヲ以テ蝴蝶ヲ飛ス）」は、一見すると科学的知識を用いた手順を示しているように見える。まず、陽起石《ようきせき》の粉末を水溶液にして、それを塗った紙を日陰に乾しておく。飛ばしたい時に紙を蝶の形に切り、日のあたるところに持っていくと蝶は飛び去る、というのである。実現性はいささか疑問だが、ここでは紙の蝶を飛ばすというトリックが、一六世紀初めの明においてすでに構想されていた点に注目したい。

また、享保一二年（一七二七）刊『続懺悔袋《ぞくさんげぶくろ》』所載の「紙にて作りたる蝶を飛ばす」には、糸を使って蝶を飛ばす方法が載っている。紙蝶に糸をつけ、その糸を欄間《らんま》にくぐらせて自らの帯に挟み込み、自身が立ち退くことで蝶を飛ぶように見せるというものである（第二部40）。これが嘉永二年（一八四九）刊『新撰《しんせん》てづ満《ま》の種《たね》』所載「かミ《紙》にて作りたる蝶をとバ《飛》すでん」になると、まったく同じトリックを用いながらも、扇子や団扇であおぐ手順に変わっている。

糸を使う別の方法としては、文政一〇年（一八二七）刊『秘事百撰《ひじひゃくせん》』の「蝶をたゝ《立》せる法」に、糸の真ん中に蝶をつけ、片方の糸の端を畳、もう片方を自分の髷《まげ》につけ、扇であおぐ方法が載る（第二部48）。これは伝統奇術の世界で「ヒョコ」と呼ばれるトリックであり、この「見えない糸（インビジブルスレッド）」を「ジャリ」と呼んでいる。またジャリを直接髷につける「一本づり」と呼ばれる方法（『妙術座舗手品《みょうじゅつざしきてじな》』）（第二部44）や扇につける方法（『西洋魔法鏡《せいようまほうかがみ》』）（第二部41）、二羽の蝶の糸を指先で持ちながら扇子であおぐ方法（自筆本『花《はな》の笑顔《えがお》』）（第二部42）なども示されている。

紙の蝶飛す伝（一本づり）
『花乃笑顔』（河合勝コレクション）

このほか宝暦五年（一七五五）刊『仙術夜半楽《せんじゅつやはんらく》』の「あふぎ《扇》の絵の草花に蝶たハむるゝ術」では、棕櫚箒《しゅろぼうき》から毛を一本抜いて蝶に結び付け、扇の骨の間から出して操る方法が載っている。扇を用いた蝶の手順が記されたのは、この伝授本が初めてのことである（第二部39）。

以上のように、一七世紀末にはすでに蝶のトリックの構想はわが国に伝来しており、その後の伝授本にも続々と手順が載せられている。これらのことから、遅くとも一八世紀には蝶の原型となる演目が、素人のお座敷芸として演じられていた様子をうかがい知ることができる。ま

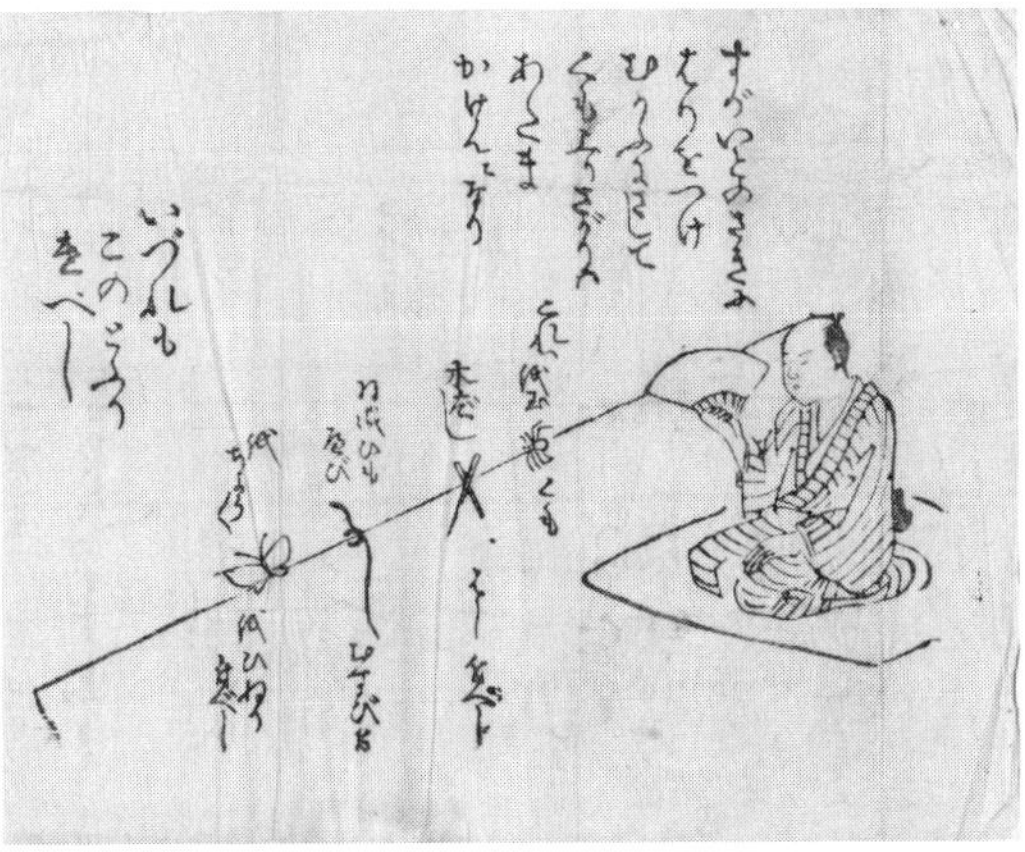

ヒョコ（左端に紙蝶々）
（河合勝コレクション）

た伝授本に載る手順として、陽起石を用いるものを除くと、「糸を使うヒョコの方法」「糸を使う別の方法（一本づり）」「しゅろの毛を使う方法」という三つの方法に分類されることが確認できた［河合勝 二〇〇八］。

――柳川一蝶斎《やながわいっちょうさい》の登場とその師――

奇術史の通説では、プロの奇術師が興行で演ずるような蝶を大成したのは、柳川一蝶斎ということになっている。しかし、この一蝶斎という人物は人名辞典にも載るほどに著名でありながら、その生涯にはいまだ謎の部分が多い。そこでここからは、これまでの奇術史に描かれてきた一蝶斎像を詳細に再検討していくことにする。

まず、史料上に一蝶斎がいつから登場するかであるが、奇術史の年表では、享和二年（一八〇二）四月から江戸奥山で興行を始めたとされている［山本慶一 一九八六］。これは明治一五年（一八八二）二代目養老瀧五郎《ようろうたきごろう》が著した「手品芸業元祖《てじなげいぎょうがんそ》調記《しらべのき》」の記載に拠るものであろう（『遊芸由緒書《ゆうげいゆいしょがき》』所収。以下「調記」）。しかしこの「調記」は養老派の正当性を主張するために書かれたものであり、また手品の起源を大化の改新時にまで遡らせるなど「多くの疑問点があり注意を要する資料」であることが指摘されている［松山光伸 二〇一〇］。この指摘は「調記」を改訂したとみられる明治二七年（一八九四）刊、原田芳五郎著『遊芸起源《ゆうげいきげん》』についても当てはまる。そこで本稿では「調記」と『遊芸起源』の記載は、参照する程度にとどめて論を進めることにする。

では、次に一蝶斎の名が出てくるのはいつだろうか。これも諸書が引く史料であるが、斎藤月岑《さいとうげっしん》が嘉永元年（一八四八）に完成させた『武江年表《ぶこうねんぴょう》』、その文政二年（一八一九）の項に次のような記載があるという。

此節、葺屋町川岸に、大坂下り谷川定吉手品興行。うかれの蝶とて、扇にて蝶をつか《（遣）》ふ。一蝶斎は是れを学《（まね）》びしなり。

定吉《さだきち》が大坂から江戸に下って「うかれの蝶」を演じたのはこの年のことらしい。しかし一蝶斎が学んだのは、文政二年よりも後のことと読むことも可能であり、うがった見方をすれば直接的な師弟関係はなく、一蝶斎が一方的に「まねぶ（「学ぶ」の本来の意味）」とも読める書きぶりである。また何よりこの文章は、実は月岑によるものではなく、［只補《しほ》］と頭書されるように、後になって演劇研究家にして珍書蒐集家だった関根只誠《せきねしせい》が『武江年表書《ぶこうねんぴょうかき》入《いれ》』として著したものなのである。『見世物研究』では、この記載を多様な書籍を抄録した『誠垓只録《せいがいしろく》（只誠埃録《しせいあいろく》とも）』という書物に拠るものとするが（筆者未確認）、あるいは次に示す文政七年（一八二四）刊、式亭三馬《しきていさんば》著『茶番《ちゃばん》早合点《はやがてん》』第二編に見られる記述を典拠の一つに挙げられるのかもしれない。

此ころ大坂より谷川定吉・同しげ野といふ者下り、ふきや町川岸にて紙の蝶つかひ、大当りしたり。

同書の挿絵では、即席に拵えた羽根突きの羽根を一羽の蝶に見立て、扇子であおぐ男の姿が描かれる。これらのことから、文政七年をさほど遡らない時期に、大坂から江戸に下った谷川定吉としげ野が、葺屋町川岸にて蝶の興行を行い、大当たりをとったことが、ひとまずは確認できる。

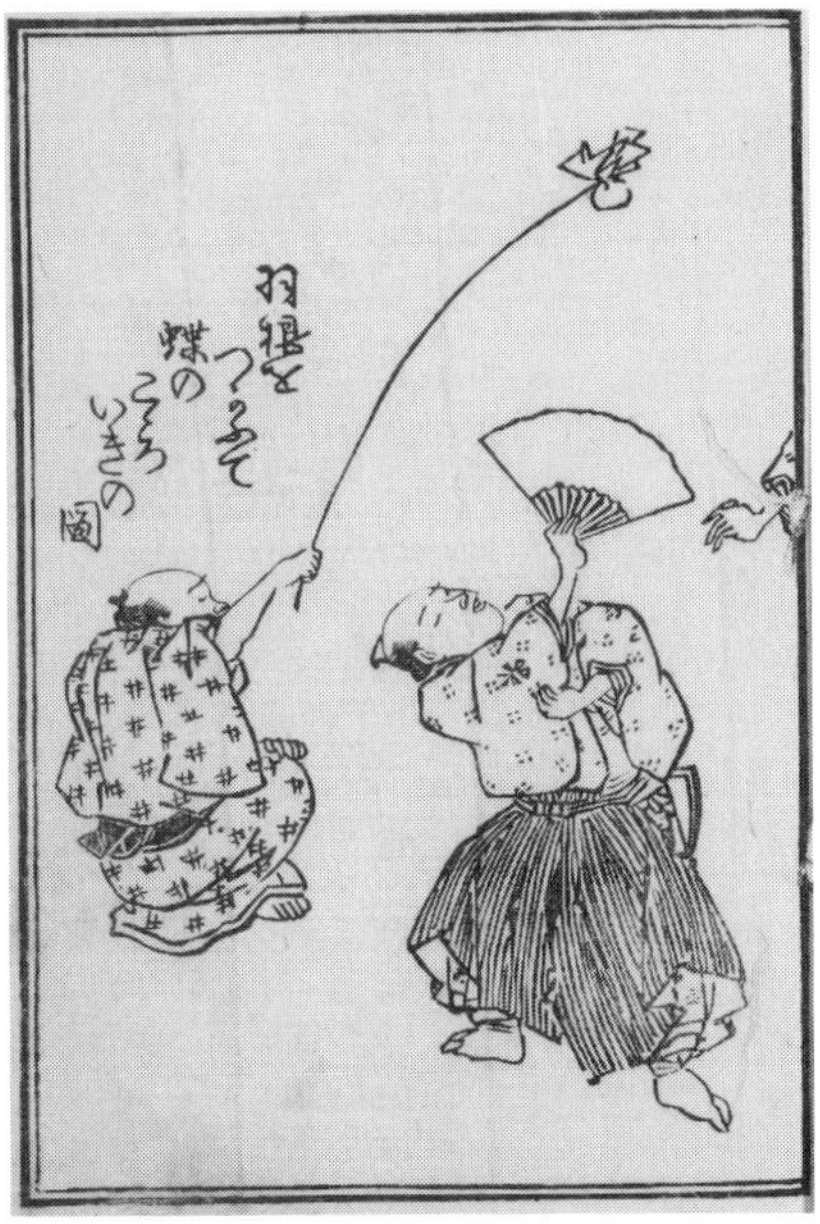

一羽蝶
『茶番早合点第二編』（早稲田大学図書館蔵）

定吉に関しては他の記録が見あたらないが、しげ野については気になる記録が存在する。一〇年以上時代は下るが、天保七年（一八三六）九月、名古屋大須における糸細工女手妻興行で、「伊藤しげの」という女太夫が「紙にて蝶を作り、是をはたらか《（働）》せ見」せたという（『名陽見聞《めいようけんもん》図会《ずえ》』。口絵）。『見世物雑志《みせものざっし》』に載るこのときの興行の挿図には、しげのが左手に持った黒いお盆の縁に一羽の蝶が描かれ、右

伊藤しげのの蝶（お盆の上部）
『見世物雑志』（早稲田大学図書館蔵）

手には扇子が見える。伊藤弥八《いとうやはち》ら大坂男芸者三人と組んでいることから、自身も大坂から来たと推測できる。また、同年一一月にも名古屋清樹院入口で再び糸細工手妻興行を行っており、今度は藤川定吉《ふじかわさだきち》らと一座を組んでいる。偶然の一致かもしれないが、大坂から来たしげのという女手妻師が、定吉と組んだこと、蝶を演じたこと、という二つの共通点を持つことは注目される。

さて、谷川定吉・しげ野と一蝶斎との接点は、先に掲げた只誠の記載以外には確認がとれない。しかし、文政期（一八〇四～三〇）に一蝶斎が蝶を演じていたことをうかがわせる記載は他にもある。文化～天保期（一八〇四～四四）の江戸風俗を詳述した『江戸沿革《えどえんかく》（江戸《えど》風俗惣《ふうぞくそう》まくり）』（弘化三年〈一八四六〉成立）に「文政度は一蝶斎といふて、紙の蝶を生るが如く遣ふ」と見える。また文政一四年《ママ》（一八三一）刊、柳亭種彦《りゅうていたねひこ》作『冨士裾《ふじのすそ》うかれの蝶衙《ちょうとり》』の主人公は「娘手妻の太夫花川胡蝶（小蝶）」といい、本書見返しには蝶を演ずる胡蝶（小蝶）の姿が描かれる。主人公のモデルとなったのは、一蝶斎あるいは同門の小蝶（後述）であろうか。これらのことから、一蝶斎が文政期に蝶を演じ、広く人気を集めていたことは認められるだろう。

以上から推測できることは、文政期、大坂から下って江戸で蝶を演じた定吉、同時期に江戸で蝶を演じ始めた一蝶斎、この二つのことがらを関連づけて、先の只誠の記載が生まれたとは考えられないだろうか。いずれにせよ、現在確認される史料に限って言えば、定吉と一蝶斎との関係に言及したのは只誠の著作だけであり、その関係は決して明瞭なものとは言えない。したがって、定吉が一蝶斎の「芸質《げいだち》」を見抜いた上で秘伝の蝶を伝授したとする解釈［藤山新太郎 二〇〇九］は、やはりあくまで想像の域を出るものではないだろう。

では一蝶斎は誰に就いて手妻を習ったのだろうか。『平凡社大百科事典』の「柳川一蝶斎」の項目には次のような解説文が載っている。

花川胡蝶の蝶
『冨士裾うかれの蝶衙』（河合勝コレクション）

初代養老滝五郎の門弟で、初名は柳川《やながわ》蝶《ちょう》之助《のすけ》。（中略）一八三七年（天保八年）に将軍の上覧を仰ぎ、のち柳川《やながわ》豊後大掾《ぶんごのだいじょう》藤原《ふじわらの》清高《きよたか》を受領した。［倉田喜弘 一九八五］

そこで、ここからは一蝶斎の師を養老瀧五郎とする説を再検討してみよう。典拠は信憑性の高くない「調記」だと思われるが、なおかつその史料解釈をいくつかの点で誤っているようである。

「調記」では六件の「上覧」関連記事を載せるが、全て奇術師の名前を先に記した後に、どこで、あるいは誰の上覧に備え勤めたという書き方になっている。このうち徳川将軍の上覧について述べたのは、文政二年（一八一九）九月、初代養老瀧五郎が一一代将軍家斉《いえなり》の上覧に備え勤めたとする記事だけであり、天保八年（一八三七）九月の記事は、同じく初代瀧五郎が幕府老中の付添いのもと上野宮《うえののみや》の上覧に備え勤めたものと読むことができる。

また「調記」に拠る限り、初代瀧五郎と一蝶斎との関係については触れた箇所はない。柳川蝶之助については、二代目瀧五郎の門弟として登場し、明治一二年（一八七九）八月、師匠の名代として上野での上覧に備え勤めたという記載があるだけである。

すなわち、弘化四年（一八四七）に豊後大掾を受領していた初代一蝶斎と、明治一二年に二代目瀧五郎の名代を勤めた蝶之助が同一人物であるとは考えられず、また初代一蝶斎の師匠を養老瀧五郎（初代）とする見方も成り立たないわけである。

※「調記」における一九世紀中の上覧記事四件は、以下のように区切って読むべきであろう。

① 右鈴川伝五郎ノ末家手品芸業
　家名改初代　養老滝五郎
一文政二年九月神田明神ノ祭典ノ節被召出
将軍家斉公殿ニ奉上覧ニ備エ相勤候

② 初代　養老滝五郎
一天保八酉年九月上野山王宮祭典ノ節被召出
上野宮様御老中御附添上覧奉備以相勤申候

③ 二代目養老瀧五郎他出ニ付
　名代　柳川蝶之助
一明治十二年八月
上野エ被召出奉上覧ニ備エ相勤申候

④ 芝区車町六番地 西井庄吉事
　芸名二代目　養老瀧五郎
一明治十四年十一月廿四日

御浜御殿ヱ被召出奉上覧備相勤中候

また、天保八年九月の上覧が仮に将軍家に関するものであるなら、同年八月には一二代将軍家慶が補任されているため「将軍家慶公殿ニ奉上覧…」と記したはずである。さらに②と③の記事の間には、著者の師匠である初代瀧五郎の死去、著者自身の二代目襲名、そして「御改正（明治維新あるいは廃藩置県のことか）」といった記事が明記される。したがって②の天保八年の記事を二代目瀧五郎に関するものと読むことはできず、また蝶之助が名代として将軍の上覧に備え勤めたと読むこともできない。

一蝶斎の師に推定される三人目に近江屋庄次郎《おうみやしょうじろう》がいる。昭和四年（一九二九）刊『落語系図』に記されていることから、その後の系譜類にも引用されている〔山本慶一 一九七四〕。この『落語系図』は、幕末〜明治初年に成立した『本朝話者系図』（以下『話者系図』と略）を増訂したものであり、後者の方が正確で詳しい情報が記されていることから〔今岡謙太郎 二〇一五〕、本稿でもこれに依拠して論を進める。同書「座敷手品部」には七人が立項され、最初に登場するのが「近江ヤ庄治郎」である。説明には「一蝶斎之師也。手品之業をはし（始）む。実娘小蝶」とだけある。続く二人目「柳川豊後大掾」の項は次のようである。

初メ初代円生門人万生。庄治郎ニッき手品名人となり一蝶斎。後ニ授領す。御成先御用相勤む。

この二つの記載を信頼するならば、一蝶斎は初め落語家の初代三遊亭圓生《さんゆうていえんしょう》（一七六八〜一八三八）に入門後、近江ヤ庄治郎に師事して手品を修行。名人となって一蝶斎を名乗り、のち豊後大掾の号を受領したことになる。

先述の通り、文政期に一蝶斎が蝶を演じたとする記載はあるが、これはおそらく同時代の記録ではないため、一蝶斎を名乗り始めた時期を明確にはできない。現時点での初見記事は、天保一〇年（一八三九）四月成立『為御《ごらんの》覧《ため》噺連中帳《はなしれんちゅうちょう》』の「手妻遣《てづまつかい》」の項に「鈴川春五郎《すずかわしゅんごろう》」とともに「柳川一鳥（蝶）斎」とあるものである。

『落語系図』は、かれを「近江屋一蝶斎」として立項したうえで、「二代目近江屋庄次郎となり（中略）後に一蝶斎」に改名したとする。しかし、原典の『話者系図』では、一蝶斎が近江屋の屋号を名乗った記事は見られない。

この近江屋について、『落語系図』（および『話者系図』）以外に記載が見られないことから、一蝶斎の師を初代鈴川春五郎と推定したうえで、近江屋を鈴川に関係のある「からくり細工やてづまの小道具の製作工房（または販売店)」だとする推測が示されている［藤山新太郎 二〇〇九］。しかし、そもそも初代春五郎については『話者系図』に「初代圓橋門人岩生と云。青山千駄ヶ谷ノサン。手品大道具大人となる」とあって、門人に挙げられるのは「瀧五郎、春五郎、春德」の三人だけである。同書はおそらく存命中だった一蝶斎や春五郎をも知る人物によって執筆されたものであり、また全編を通して人名の重出が各所に見られることから、春五郎と一蝶斎に師弟の関係があれば必ずそのように重ねて記したはずである。また近江ヤを手品屋とする推定は根拠が薄く、再考の余地があるものと言える。

さらに『話者系図』は「柳川一蝶斎」ではなく、「柳川豊後大掾」の名で立項している点にも注目したい。大掾《だいじょう》号《ごう》とは、芸能者や医師などを含む広義の職人が、朝廷や三門跡《さんもんぜき》（勧修寺《かじゅうじ》・仁和寺《にんなじ》・大覚寺《だいかくじ》）などから国名・官名を称号として授与されたものの一つである。一般的には、補《ぶ》任状《にんじょう》とともに国家の官位を得ることが、職人が渡世の権利を主張、実現するために有効な手段であり、近世後期にはその受領志向が強まったとされる［山口和夫 一九九〇］。天保八〜嘉永三年（一八三七〜五〇）には大覚寺門跡の江戸役所「嵯峨御所江戸御役所」が開設され、江戸での受領を可能にしたという。

しかし絵ビラの口上によれば、一蝶斎は天保一一頃〜弘化四年（一八四〇〜四七）の間に、長期間京都に滞在していたらしく、彼の地で受領を果たした可能性が高い。なお、一九世紀、奇術の分野で大掾号を受領したのは、初代一蝶斎と後述する生駒近江大掾《いこまおうみのだいじょう》の二人だけである。

※近江ヤの実娘小蝶については、天保六年（一八三五）六月、安芸宮島での九州上り女足芸清山の一座の興行に加わっていた「女太夫小蝶」との関係が検討されるべきか。絵ビラによると、「女太夫 小蝶」は「前芸坐敷手づま」として「さらし・玉子のきょく・うかれ蝶・すがらミのくも・せいろう」を演じており、少し後の時期の一蝶斎の演目と重なる部分が多い。また小蝶も柳川姓を名乗ったとすれば、『富士裾うかれの蝶衢』の主人公「花川胡蝶」との音の上での類似が指摘できる。

――柳川一蝶斎の蝶――

ここからは蝶の演目内容の変遷について確認する。伝授本に載る蝶と定吉の蝶、そして一蝶斎の蝶にはどのような違いがあったのだろうか。

まずはタネの部分から検証する。それまでの蝶がヒョコを原型としたものであったのに対し、一蝶斎の蝶は糸

（ジャリ）の片方の先端に蝶を取りつけ、もう片方の端を髷に結ぶ「一本づり」によるものだったとされる［樋口保美一九八一］。文政期以前に刊行された伝授本にも蝶の演目は載っているが、確かにヒョコや棕櫚《しゅろ》の毛を用いる方法は載っていても、一本づりによる方法は示されていない。もちろん、書かれることを禁じられた秘伝だったために、伝授本には掲載されなかったとも考えられる［河合勝二〇〇八］。しかし、技術的にはヒョコより一本づりの方が扱い方は難しく、蝶の動きにもより変化が出るとされることから［山本慶一一九六〇］、一本づりとは、工夫によってヒョコから進化したタネだと考えたい。また、定吉の蝶が江戸で大当たりをとることができたのは、この一本づりを初めて江戸に持ち込んだからだとする見解がある［藤山新太郎二〇〇九］。いずれにせよ、文政期が蝶の演目にとって大きな進化の時期にあったことは間違いなさそうである。

次に蝶の数に着目する。現在演じられる蝶では、初めは白紙で拵えた一羽の蝶（男蝶）だけを飛ばし、ついでもう一羽（女蝶）を加えて二羽蝶とし、最後は紙吹雪（落花《らっか》）を男蝶と女蝶の子蝶＝千羽胡蝶に擬えて演技を終える。こうした型がつくりあげられたのはいつのことなのか。

一蝶斎が学んだ「うかれの蝶」が一羽蝶だったことから、名を一蝶斎にしたという伝承もあるらしいが［山本慶一一九六〇］、果たして早い時期の蝶は一羽蝶だったのだろうか。文政七年（一八二四）刊『茶番早合点』では、定吉の「うかれの蝶」を真似る様子が一羽蝶に描かれ、天保七年（一八三六）、名古屋での伊藤しげの蝶も一羽蝶として描かれていた。しかし、描かれた蝶が一羽だからといって、彼らの手順に二羽蝶がなかったとは言い切れない。一羽蝶のシーンだけが選ばれて描かれたかもしれないからだ。逆に文政一四年《ママ》（一八三一）刊『冨士裾うかれの蝶鵆』の見返し絵では、すでに千羽胡蝶が描かれる。当初は一羽蝶だったものを大切《おおぎり》の芸に相応しくするために二羽蝶と千羽胡蝶の手順を加えたとする説［山本慶一一九六〇］と、従来から蝶のフィナーレは吹雪で終わらせていたところへ二羽蝶を取り入れることにより、吹雪に千羽胡蝶の意味を付与したとする説［藤山新太郎二〇〇九］とがある。正否の判断は難しいが、一羽が二羽になり、最後に千羽胡蝶になるという手順が完成したことにより、蝶の演目は「蝶の一生を語る」ストーリー性を持つ「芸術」になったと評価される［藤山新太郎二〇〇九］。

では実際に一蝶斎が演じた蝶はどのようなものだったのか。まずは絵画史料を手がかりにたどってみよう。一蝶斎の興行絵ビラのうち、確認される最古のものは天保一五年（一八四四）九月、安芸国宮島《あきのくにみやじま》興行のものである。

「元祖一流蝶の一曲　東都　柳川一蝶斎」という題があり、蝶、水芸、水中吊《つ》り灯籠（第二部141）、蒸籠《せいろう》（第二部54）、三社の当て物（第二部242）、龍宮浦島の曲（第二部15）の六演目が描かれる。蝶の絵からは、剃髪した一蝶斎が片膝を立て、右手に扇子、左手に持った花に二羽の蝶が戯れる様子を見て取ることができる。

　また弘化四年（一八四七）四月の絵ビラ「元祖一流蝶の一曲」は、一蝶斎が豊後大掾を受領し、弟子の文蝶《ぶんちょう》が二代目一蝶斎を襲名した際、江戸浅草観音境内でのお披露目興行時のものである。新たに加わった演目に「小幡小《こはだこ》平次《へいじ》蒸籠《せいろう》抜《ぬ》け」（第二部12）や「狐の化され」（第二部13）、「茶釜の曲」（第二部14）などが見え、蝶の演目では一蝶斎（豊後大掾）が一〇羽の蝶を飛ばす様子が描かれる。また「自弘化四年三月、於浅草奥山興行」という朱筆の書き入れのある歌川芳豊作の浮世絵では、一蝶斎（豊後大掾）は一四羽の蝶を飛ばしている（口絵）。以上のように絵画史料を見る限りでは、天保～弘化期（一八三〇～四七）には二羽蝶と千羽胡蝶の手順をふくむ蝶が演じられていたことが確認できた。

　つぎに文字史料から一蝶斎の蝶をたどってみよう。同

初代柳川一蝶斎　初期の絵ビラ
（『宮島歌舞伎年代記』国書刊行会1975より転載）

初代柳川一蝶斎の蝶
絵ビラ『元祖一流蝶の一曲（弘化4年）』
（河合勝コレクション）

時代の日本人が彼の演技を詳細に記録したものは現在のところ確認できず、後世になって書かれたものがいくつかあるだけである。そのうちの一つに、幕末明治期の漢学者信夫恕軒《しのぶじょけん》（一八三五〜一九一〇）が漢文で著した伝記「柳川一蝶斎伝」がある。執筆時期は明確にできないが、明治二九年（一八九六）刊『名家談叢《めいかだんそう》』に掲載され、後に「鼻祖《びそ》柳川一蝶斎伝」と改題改稿されたものが大正七年（一九一八）刊『恕軒遺稿《じょけんいこう》』に収められた。『名家談叢』が初出とすれば、六〇歳も過ぎた恕軒が「幼時、母に従ひ亦瞥見《べっけん》」した際の記憶をたどって書いたものということになる。

ここに記される一蝶斎は「年五十有余。白皙隆準《はくせきりゅうせつ》にして、眉目俊爽《びもくしゅんそう》（色白で鼻が高く、顔かたちはさわやかでさっそうとしている）」と表現されている。弘化四年（一八四七）の絵ビラ口上には「七ケ年以前、不調法なる忰《せがれ》文蝶召連、芸道修行の為上京仕候所、かの地ニて永らく御ひいきニ相成」とあることから、天保一一年（一八四〇）頃から弘化四年（一八四七）の間、一蝶斎は江戸にはいない。江戸生まれの恕軒の年齢もあわせて考えると、この伝に描かれる一蝶斎は、天保一〇、一一年頃（一八三九、四〇）の様子になるだろうか。大切《おおぎり》に演じられた蝶の様子をみてみよう。

最後に紙を拈《ひね》りて蝶と為す。一雌一雄《いっしいちゆう》、扇を把《と》りて風を送れば、載《すなは》ち翺《か》け、載《すなは》ち翔《と》ぶ。之《これ》に頡《とびあが》り、之《これ》に頏《とびくだ》る。或は花に戯れ、或は水を飲み、或は孳尾《じび》す（交尾して子を産み育てる）。扇にて雌雄を隔てれば、忽《たちま》ちにして離れ、忽ちにして合ふ。離るは則ち数尺。合ふは則ち分寸。人の衣袂《いべい》に止まるが若《ごと》く、渠《かれ》の頭上に捿《す》むが若し。真に羽有りて飛び、目有りて止まり、口有りて歙《す》ふが如《ごと》し。載《すなは》ち二蝶を掌上《しょうじょう》に舎《と》り、便面《べんめん》にて一麾《いっき》す（扇でひとたびさしまねく）。則ち千万の胡蝶に化して散る。満場雪の如し。＊

このとき恕軒は数えで五、六歳、はるか昔の記憶を想起しながら、この伝が著されていることから、受領のずっと後の演技や二代目、三代目の演技の記憶が混入している可能性は皆無ではない。しかし、幕末〜明治初期の柳川流の蝶を知る上では参考になる文章であろう。

また開国後、来日した外国人の接待に日本の伝統奇術がしばしば演じられ、その詳細な記録が外国人たちの手によって残された。演者の名前が正確に記されたものはないが、従来の奇術史ではいずれもが一蝶斎によるものだったことが推定されている。確認できる限りで一蝶斎の蝶を記録した外国人には、一八五八年四月二二日の様子を記したヒュースケン（駐日米総領事ハリスの通訳）、一八五八年八月二五日の記録を残したオリファント（英エルギン伯爵の秘書）と英使節団艦長オズボーン、一八六〇年五月三一日の様子を記した英領香港のスミス主教と英陸軍将校バーリントン、このほか詳しい日時は不明だが一八六三～六四年の様子を著した遣日スイス使節団長アンベール、米商人ホールらがいる。かれらの記録は、帰国した後にまとめられたものもあり、同時期の記録というには慎重になるべき点がある。しかし、バーリントンによれば「香港から来た主教は手帳をひろげると、せわしげにメモを取っていた」とあり、これらの記録の一定程度の正確さも担保される。では最も詳細な記載を持つ、そのスミス主教の記録をみてみよう。

まず屏風がととのえられ、ついで空気の流れが入念にしゃ断され、さらに光の量も調整された。つぎに手品師は、うすい白紙を何枚かねじるように切るとチョウの形にした。まず体の部分をつくり、ついで羽根をつくり、さいごに適当な大きさと重さがあるものにした。つぎに右手で扇子をぱたぱたとあおぐと、一匹のチョウがうごきだした。一方、左手の扇は風の流れを調整し、さらにこの人工の昆虫がひらひらとあちこち飛んでいくかじ取りをした。チョウをあやつる者は、思いのままに、それを空中高くひらひらと飛ばしたり、不規則な屈託のない飛行をさせることができた。チョウは、左手にもった扇の端をかすめて飛んだり、水鉢の外側のへりの上を飛んで行ったりしたが、しまいには水の入った容器の上にしずかに留まった。チョウは、ちょっと休んだあと、気まぐれに舞いつづけ、徐々に天井にむかって飛んで行った。が、ふたたびその休息所にもどってきた。つぎにつがいのチョウが、ひらひらと舞い上がり、天井のほうにむかって行くときとか、部屋のあちこちを飛び舞うとき、じゃれついた。その間ずっと手品師は、右手の扇で紙でつくった昆虫に原動力をあたえることや左手の扇を斜めにして気流を調整することに気を使っていた。ついに、芸の極致として、左手の扇をしまうと、右手の扇でつがいのチョウをを仲よく二本の花のまわりでじゃれつかせた。それが引きおこす錯覚は、申し分のないものであった。こういった元気な生き物が、われわれの面前で作られた、ただの人工のチョウであったとは、ときに信じがたいことである。（中略）小さなチョウは、とうとう花びらの上に留まった。紙吹雪がまき散らされた。老人は扇を用いて、つがいのチョウを不意に部屋の中に突入させ

た。そして外国人や日本人の見物人の拍手かっさいをいつまでも浴びながら、おじきをすると退場した。
［スミス 二〇〇三］

このように、万延元年（一八六〇）には、すでに現在よく知られるような一羽蝶、二羽蝶、千羽胡蝶のすべての手順が盛り込まれていたことが明確である。しかしその一方で、現在の演技のように、二羽蝶の死後、その子たちが千羽胡蝶となって舞う、というストーリーは外国人には理解されなかったようである（あるいはそのような手順ではなかったかのどちらかであろう）。

ところで、外国人による記録では、蝶の動きのリアルさが称賛され、その可憐な動き、愛らしい動きに注目が集まっている。現代のわれわれもまた、蝶の演目をそのように見ているように思うが、当時の日本人も西洋人や現代人と同じような受け止め方をしたのだろうか。

わが国の民俗では、蝶を死者の魂の変じたものと捉えたり、その出現を凶兆と見たりすることが多かった［鈴木棠三 一九八二］。そのため蝶の妖術使いが登場する物語も多く書かれ、安政二年（一八五五）初編刊『北雪美談時代加々美《ほくせつびだんじだいかがみ》』などはその代表的なものであった［佐藤至子 二〇〇九］。本作には、主人公である蝶の妖術使い藤浪由縁之丞春辰《ふじなみゆかりのじょうはるとき》が、紙で作った二つの蝶を一つの大きな蝶に化し、敵めがけて飛びかからせるシーンが出てくる。これは明らかに二羽蝶に影響を受けたものといえよう。このようなイメージを持つ蝶であるがゆえ、一蝶斎の蝶も「どこか不気味な」「一種の妖怪手品」として受け止められていた可能性が指摘されている［横山泰子 二〇一二］。

―一蝶斎、蝶以外の演目―

さて、一蝶斎といえば蝶、のイメージが強いのだが、じつは蝶と並んで当たり芸となったものに「蒸籠」があった。年不詳「怪談大仕掛座鋪手品《かいだんおおじかけざしきてじな》」という題の絵ビラには、題両脇に「元祖蝶の一きよく《（曲）》」と「一流蒸籠《いちりゅうせいろう》奉御覧入候《ごらんにいれたてまつりそうろう》」とが一対のものとして書かれている。

伝統奇術における「蒸籠」とは、大きく分けて二系統の演目を指したようである。一つは現代では「万倍《まんばい》」やプロダクション・マジックなどと呼ばれるもので、重箱や底のない箱、四枚の板を組み上げた蒸籠などからダルマや傘、提灯、のべ（和紙・シルク）などを次つぎと取り出す演目である。当時は「三味線箱」「宝の手箱（日本蒸籠）」「組み上げ蒸籠」（第二部52～54）などとも呼ばれた。天保一五年（一八四四）宮島の絵ビラには、欄外に「傘十四本」、だるま「十五つ」と取り出された物の数がメモされている。再びスミス主教の著作から、一蝶斎の組み上げ蒸籠の様子をみてみよう。

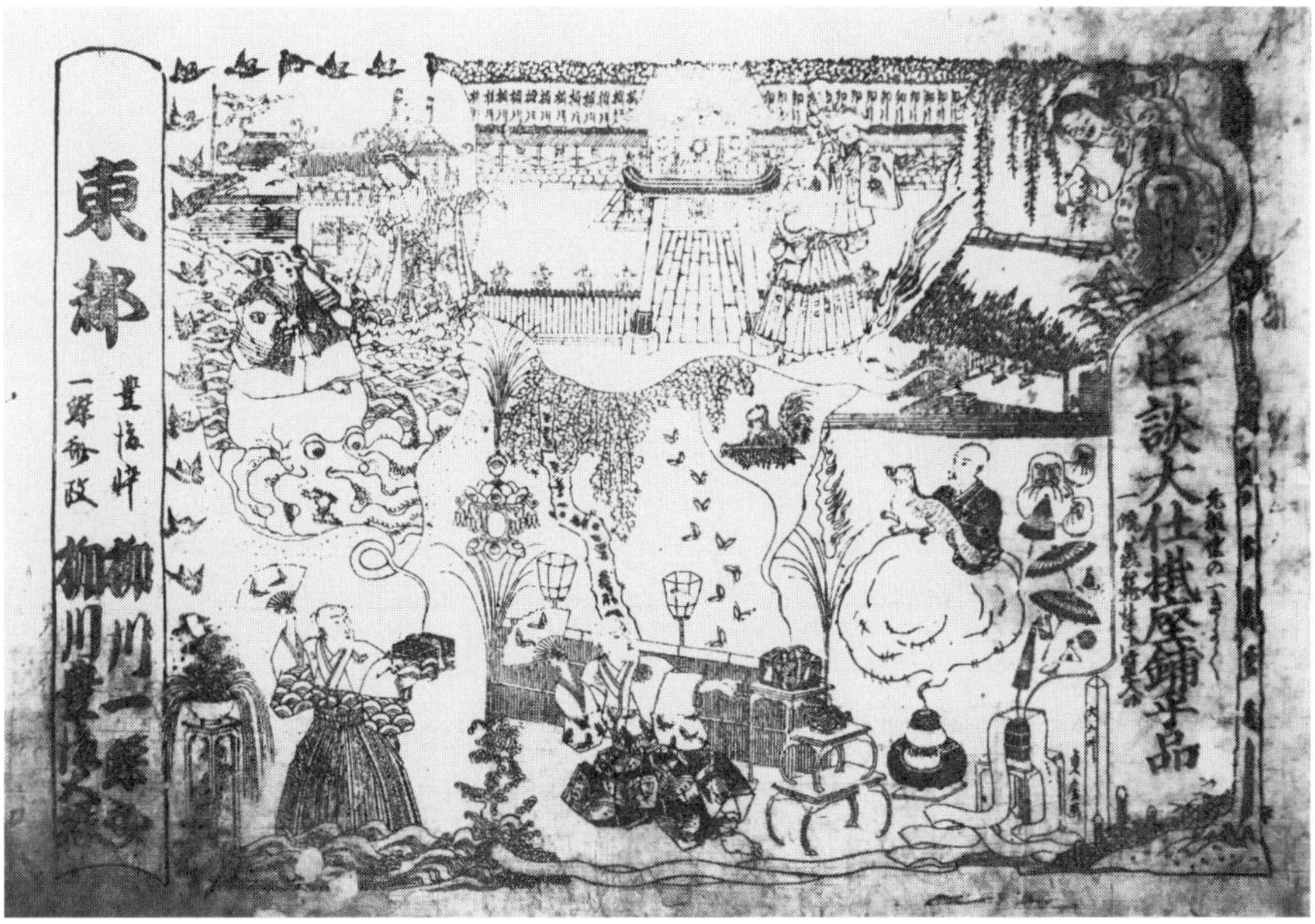

初代柳川一蝶斎の絵ビラ『怪談大仕掛座鋪手品(年不詳)』
(河合勝コレクション)

> 箱が一つ一つ組み立てられ、観客のいる所でしっかりとくぎ付けされた。観客はその箱を手でさわり、その構造をよく見るようにいわれた。(中略)ついに老人は扇子をポンとたたくと、小さな箱をこだまさせた。すると見物人の中から大きな拍手がおこり、ついでかれは箱の中味を取りだしたが、それに五分ほどかかった。最初に現れたのは、食物が入っている鉢であり、道化役者とその助手は、それでもって食事をとった。そのつぎに出てきたのは、粘土から作ったたくさんの偶像である。それから更にたくさんのもっと大きな偶像が出てきたが三つの箱がいっぱいになるほどの量であった。ついで箱の中から長々としたリボンが現われ、つづいて大きな巻紙が出てきたが、それは急に見えなくなったかと思ったら花火となり、さいごには普段用いるふつうの傘に変わった。

もう一つの系統の蒸籠は「蒸籠抜け」(第二部12)と呼ばれるもので、一蝶斎は「小幡小平次《こはだこへいじ》」の芝居仕立てでこれを演じた。小幡小平次とは「女房の間男に殺された歌舞伎役者が祟りをなした話」の登場人物である。この怪談をもとに享和三年（一八〇三）山東京伝《さんとうきょうでん》は読本《よみほん》『復讐《ふくしゅう》奇談《きだん》安積沼《あさかのぬま》』を執筆、妻の愛人にだまされて安積沼に沈められる小平次を描いた。また本作の流行を受けて文化五年（一八〇八）四代目鶴屋南北《つるやなんぼく》によって劇化された『彩入御伽草《いろえいりおとぎぞうし》』では、水中早替りを交えた尾上松助《おのえまつすけ》（初代尾上松緑《しょうろく》）の演技が好評を博した［横山泰子一九九七］。

一蝶斎（豊後大掾）の蒸籠抜けは、弘化四年（一八四七）の絵ビラ口上に「大坂表ニて新工《しんく》風《ふう》　仕《つかまつり》　候《そうろう》　大仕掛怪談も、小はだの里ニ小平次が、深きうらミもあさかの沼、引入られし水中に」とあるように、化政文化を代表する怪談として多くの人びとに享受されていた小平次物を、奇術とうまく融合させたものだった。

この時の蒸籠抜けは余程当たったらしく、この演目を描いた錦絵が二種確認されている。一つは歌川国芳《うたがわくによし》作で、台上に置かれた浅い二段重ねの蒸籠から幽霊人形を片手で持った一蝶斎（豊後大掾）が出現するシーンが描かれ「小はだ小平次せいろうぬけ」「古今無類大当り〳〵」と記されている。もう一つは歌川芳豊《うたがわよしとよ》作で、自身の体よりも大きな骸骨人形を操る一蝶斎（豊後大掾）が描かれる。では、その具体的な手順はどのようなものだったのか、今度は『見世物研究』に引かれる古老の談話に耳を傾けてみよう。

> 小平次に扮装つた豊後大掾が、舞台に重ねた大蒸籠を出没しては、妖怪人形を生あるものゝやうに遣ひ、或は幽霊に早替りなどをするので、ドヽ光線の応用で骸骨を踊らせて打出すのであつた。

一部文意がとりにくい箇所もあるが、一蝶斎（豊後大掾）は小平次に扮装しており、おそらくは歌舞伎で使われていた「セリ」という舞台機構によって自身が蒸籠から抜け出てきている。また「妖怪人形手品の曲」とも記されるとおり、この演目は人形を生きているように操ったところに主眼があったのかもしれない。さらには尾上松助による芝居が早替りを売りにしたものだったことか

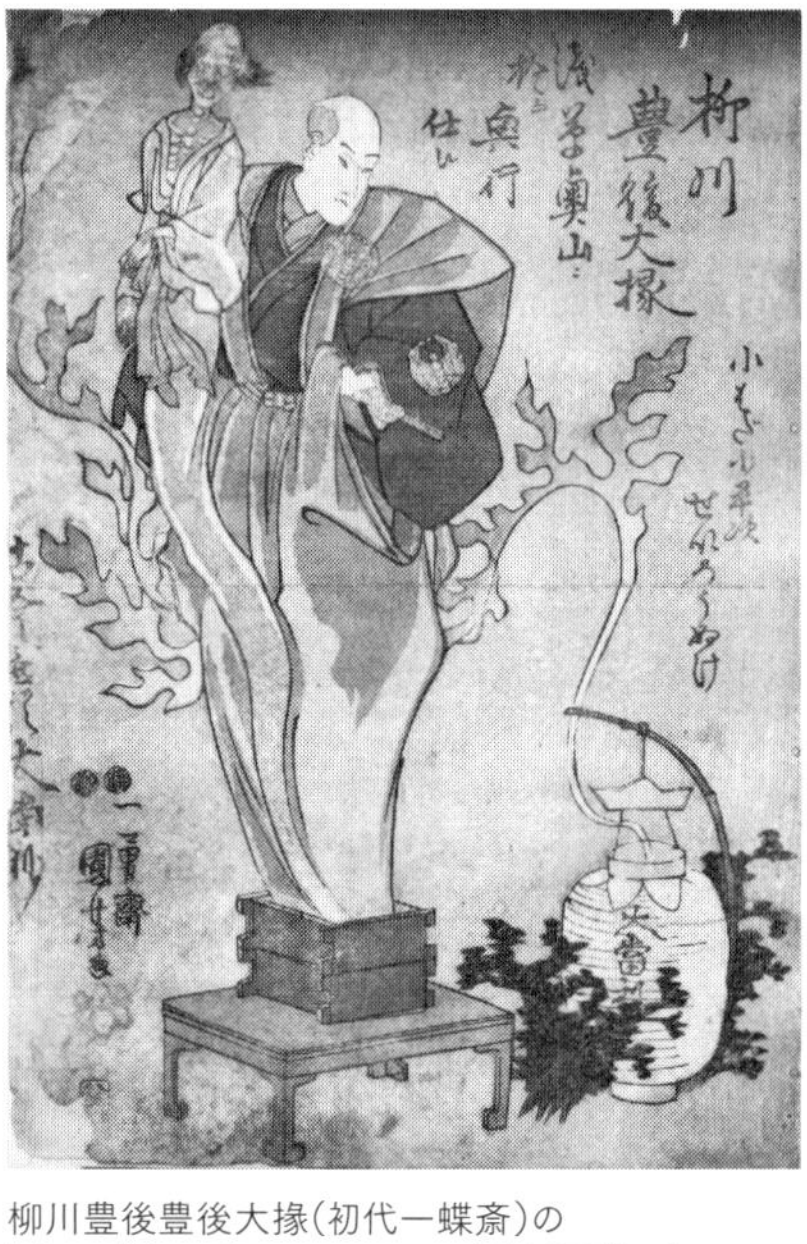

柳川豊後豊後大掾（初代一蝶斎）の
「小はだ小平次せいろうぬけ」（歌川国芳画）
（川添裕コレクション）

ら、これに類似した手順も取り入れられたようだ。

こうした芝居仕立ての奇術が演じられたことが確認できるのは、天保期に入ってからのことであり、明治四一年（一九〇八）の回想記事にも、

> 柳川豊後大掾全盛時代は舞台へ大道具を飾り、手品に倣つて狂言をしたから、竹澤藤治、早竹虎吉、松井源水なぞと同じ流儀で、高小屋物中《たかごやものうち》の屈指となつて、浅草奥山乃至は両国広小路等で、屢々《しばしば》興行したものであつた。小幡小平次《こはだこへいじ》、龍宮玉手箱《りゅうぐうたまてばこ》、和唐内虎狩《わたうないとらがり》なぞと云ふ、切舞台物《きりぶたいもの》が許多《たくさん》あつた。

とある［猪隈入道一九〇九］。龍宮玉手箱の演目（「龍宮の曲」）については、天保一五年（一八四四）の宮島の絵ビラや弘化四年（一八四七）浅草の絵ビラにも描かれ、当時を知る古老の談話には次のように回想されている（『見世物研究』）。

> 舞台は龍宮城門外の背景で、浦島に豊後大掾、乙姫に一蝶斎が扮装つてゐる。（中略）やがて乙姫はしを〳〵と上手へ這入ると、入違ひにゼンマイ仕掛けの大蛸が、玉手箱を戴いたまゝ不恰好に這つて来る。浦島は玉手箱を取上げて舞台中央の前面に置くと、大蛸も亦上手へ這入る。浦島は懐かしげに玉手箱を暫く眺めて居たが、思ひ切つたといふ風で、紐を解き蓋を開けるや否や、箱中から濛々と黒煙が立昇ると同時に、浦島の姿は忽然と消えたかと思ふ間もなく、蝶模様の派手な衣服に、同じ模様の袴と早替りした剃髪の豊後大掾が、迫《せり》上《あ》げ仕掛けで悠々と現はれる。そこで一礼の後大扇子を開いて、紙の蝶をさながら生きてゐるかのやうに遣ふので、それが済むのを一切《ひときり》として幕になる。

また、弘化四年の絵ビラ口上に「（前略）水中に、かよふ燈籠ハ竜宮の、けいしよく《（景色）》をうつす大からくり」とあり、二代目一蝶斎を描いた歌川芳藤《うたがわよしふじ》の錦絵には浦島人形を操る二代目と水芸、吊り灯籠の様子がみえる。これらのことから推測するに、龍宮の演目とは芝居仕立てでありながら、蝶の演目へと続く大掛かりなからくりの仕掛物を用いた演目だったようだ。

一方では紙と扇子、糸だけを使う熟練の手技によった蝶の演目、もう一方では大仕掛けなからくりや大道具を用い、芝居を取り入れた「小幡小平次蒸籠抜け」や「龍宮玉手箱の曲」などを演じた一蝶斎。豊後大掾を受領し、弟子に二代目を襲名させた一三年後の万延元年四月一一日（一八六〇年五月三一日）、かれはスミス主教ら並み居る

外国人たちを前に熱弁をふるい、これから見せる自らの芸を厳しく批評したという。

わたしはいまや老人であり、年は七十歳です。四十年前の男盛りのときであれば、その妙技でもって皆さんを驚嘆させたでありましょう。だがいまや老齢ゆえに、その力はありません。名声を博したのはとうの昔のことです。しかし、かつてわたしの芸をご覧いただいた高貴なる皆様のことを思いだし、これより簡単な手品をお見せいたしますが、どうかご覧ください。［スミス 二〇〇三］

外国人に蝶の演目を披露していた頃、一蝶斎は数えで七〇歳前後の老人だったようだ。しかし、かれの演じた蝶は多くの外国人の心をとらえ、その妙技は西洋の国々に紹介されることになった。

そして一蝶斎は多くのすぐれた弟子たちを育て、明治三年（一八七〇）頃に没したと考えられている［松山光伸 二〇〇六］。まぎれもなく、柳川一蝶斎は幕末期の日本を代表する奇術師だったと言えよう。

――柳川一門の活躍――

初代一蝶斎から芸を継承された弟子たちにはどのような人物がいたのだろうか。史料からは豊蝶《ぶんちょう》、黄蝶《きちょう》、扇《せん》蝶《ちょう》、小蝶斎《こちょうさい》、蝶玉斎《ちょうぎょくさい》、蝶十郎《ちょうじゅうろう》、長七郎《ちょうしちろう》、蝶太郎《ちょうたろう》といった名前を拾うことができるが、このうちの誰が初代の直弟子だったかは判然としない。また、三代まで続いた一蝶斎の名跡をめぐっても、複数人が三代目を名乗った形跡があり、一門の全体像を見えにくくしている。近年、柳川一門については詳細な検討が加えられつつあり［松山光伸 二〇〇六・二〇一三］、ここではこうした先学の成果に依拠しながら代表的な門人をとりあげたい。

まず『話者系図』に載る人物からみてみよう。「座敷手品部」で豊後大掾の次の項は「二代一蝶斎　初代忰大治郎。アメリカへ渡る」となっている。弘化四年（一八四七）、初代一蝶斎の受領披露の際、二代目一蝶斎を襲名した人物は前名を文蝶といった。絵ビラには初代の「忰」と記され、同じく『落語系図』にも「初代一蝶斎の実子」とある。しかし、『絵入朝野新聞』明治一九年（一八八六）六月四日の記事には「二代目の一蝶斎ハ故人になりし落語家一笑斎喜楽の忰にて通称を大次郎と云ひて（中略）昨年久々にて上州へ赴き興行中病死」とあり、文蝶と大治郎（大次郎）とが別人であった可能性も残される（養子の「忰」という可能性もあるが）。二代目は初代に比べると技量はさほどでもなかったらしいが、竜宮玉手箱（龍宮浦島の曲）を演ずる錦絵が国芳の筆で二種類描かれている。嘉永三年（一八五〇）刊『高名時花《こうみょうときのはな》三幅対《さんぷくつい》』には「奇芸アサクサ柳川豊後大掾」と「手品アサクサ柳川一蝶斎」とが載り、また明治元年（一八六八）刊『歳成記《さいせいき》』の「鳴物屋よせ」にも「豊後」と「一蝶斎」とが一緒に載っていることから、初代改豊後大掾と二代目一蝶斎とが同時期に活躍していたことは間違いない。なお、渡米の詳細については未確認である。

二代目柳川一蝶斎の「龍宮浦島の曲」（歌川国芳画）
（日本浮世絵博物館蔵）

　つぎに『話者系図』で二代一蝶斎に続くのが「生駒近江大掾」である。詳しい説明があるので以下に引く。

　八丁堀ノサン。初代一蝶斎門人分。三ッ蝶の達人。上阪なして明治四未年御一新ニ付、大掾号御廃ニ付一蝶斎と改。

「門人分三ッ蝶」の箇所を「門人。分《わけ》三ッ蝶の達人」と読む解釈もあるが［山本慶一一九六〇］、本稿では前半部分を門人に準じる「門人分」と読んだ。実際、柳川の屋号も名乗っておらず、何らかの事情で初代から蝶を習い、三羽蝶で有名になった人物なのだろう。初見は、文久元年（一八六一）刊『芸園通家《げいゑんつうか》 三是相流行合性《さんぜさうときにあいしやう》 第初輯』である。また「生駒近江大掾事三代目柳川一蝶斎」という題を持つ年不詳の絵ビラも伝わることから、明治四年（一八七一）以降に近江大掾から三代目一蝶斎を名乗ったことは確実であろう。絵ビラから確認できる演目は、蒸籠や大道具を使った怪談手品などである。

　ところで、明治五年（一八七二）九月に旅券を取得し、六年八月から七年一〇月頃までオセアニアを巡業した一座の中に「Echousi（一蝶斎）」を名乗った奇術師がいた。

旅券記録では柳川長七郎、五三歳と記される人物で、座長格で加わっている。一座は「Siamese（シャムの）」の名を冠するサーカス団に組み込まれて各地を巡業し、契約の満了に伴い、七年末から八年の早い時期に長七郎だけが単身帰国した［松山光伸 二〇一二］。この長七郎と生駒近江大掾とを同一人物と見なす説が発表されている［松山光伸 二〇一三］。つまり明治初年まで生駒近江大掾を名乗っていた人物が、のちに柳川長七郎、三代目柳川一蝶斎を名乗ったというのである。直接的に三者を結びつける史料は確認できないが、蓋然性は高いだろう。帰国後、二代目は健在だったため、二人の一蝶斎が並立した時期があったことになる。

柳川一門で、長七郎より早くに海外へ雄飛した人物に柳川蝶十郎がいる（渡航時は前名のアサキチで通した）［倉田喜弘 一九九四］。慶応二年（一八六六）四月九日、幕府が海外渡航差許布告を出すと、これにいち早く応じたいくつかの芸人一座が存在した。蝶十郎が加わったのは、英国人グラント率いる「The Japanese Troupe（日本人一座）」で、曲独楽《きょくごま》の松《まつ》井《い》源水《げんすい》一家四人、軽業の鳥潟《とりかた》小三吉《こさんきち》一家五人、そして手品の柳川蝶十郎一家三人、合計一二人で構成されていた。同時期に米国人リズリーに率いられた「Imperial Japanese Troupe（日本帝国一座／帝国日本人一座）」（口絵）が東廻りでパリ万博の会場を目指したのに対し、グラントの一座は西廻り航路を取り、一八六七年二月、ひとまずはロンドンに到着した。折からのジャポニズムの流行も追い風となり、ロンドンでの三ヶ月に及んだ公演は大評判となった。特に源水の曲独楽と蝶十郎の蝶が注目を集め、『イラストレイテッド・ロンドン・ニュース』紙上にも挿絵入りで紹介されている。また、同年七月パリに渡ってからの演技の様子も『フィガロ』紙七月二二日号に掲載された。渡仏中の渋沢栄一《しぶさわえいいち》がそれを翻訳して『航西日記《こうさいにっき》』に載せているので、これによってフランス人の目に映った彼の演技をみてみよう。

アサキチ（柳川蝶十郎）の蝶
『イラストレイテッド・ロンドン・ニュース』（河合勝コレクション）

魔法を以て蝶を使用する、有名なるアサキチも称すへしとす。（中略）○手品の仕方ハいかにも奇麗なりしが、其為す所衆人の目に触るヽ様なり。是更に狭き座敷に於て、是を旋すに適すべし○アサキチ、盃中に水を盛り、是を倒し、其下に敷ける白紙の中より画ける紙を引出せし業ハ工《たくみ》なりといへとも之を見るもの少かりし○紙の紐二重箱の伎ハ未熟といふべし。衆人側にある撒きちらし紙に属目《しょくもく》せる間に、傘中に於て虎の形に変し、其態《そのわざ》を学《まね》びしハ小児を怖《おど》すにハ事足るべし。

フランスでも蝶十郎（アサキチ）の蝶は有名になっていたようだが、その他の演目はあまり評価が高くない。ここで注目されるのは最後の「虎」の演目である。これは「和唐内虎狩《わとうないとらがり》」と呼ばれたもので、芝居『国性爺合戦《こくせんやかっせん》』における「千里ヶ竹」の虎退治の話と、蒸籠の演目とを組み合わせたものである（第二部17）。蒸籠から何メートルにも及ぶ葉付きの青竹を取り出す「青竹の曲」（第二部23）をおり混ぜ、その竹の陰から虎のぬいぐるみを出し、自らは和唐内に早替りするものであるが、日本人なら馴染みの和唐内（和藤内）の虎退治もフランス人の目には児戯に映ったらしい。

グラント一座はその後、ベルギー、ドイツ、イタリアなどを巡業するも、一八六八年九月、グラントの持ち逃げにより解散の憂き目にあう。その後、新たな雇い主仏国人ルエによる巡業に蝶十郎が加わったか否かは不明である。

ところで、明治九年（一八七六）になって帰国した鳥潟小三吉は国内を巡業したが、一三年頃の一座の絵ビラ「ヨロパ渡り大軽業」に「入太夫柳川一蝶斎」と記され、虎狩の様子が描かれている。鳥潟一座に加わった一蝶斎は『山形新聞』一三年一〇月五日号によれば「東京より其名も高き名人柳川一蝶斎」と記される人物で、欧州巡業を

和唐内虎狩
「鳥潟小三吉絵ビラ」（河合勝コレクション）

ともにした蝶十郎だった可能性がある。蝶十郎が帰国後に一蝶斎を名乗ったのだとすれば、『埼玉新報』明治一二年三月一九日の記事にある「慶応二寅年より洋行して一昨十年に帰国」したという一蝶斎とも符合する。

柳川一門最後の名人として、明治二九年（一八九六）に正式に三代目一蝶斎を襲名した人物をみておこう。唯一、本人の回想談［柳川一蝶斎 一九〇六］や没後の伝記［猪隈入道 一九〇八］が残され、また詳細な調査研究も行われているため［松山光伸 二〇〇六・二〇一三］、これらによってその生涯を振り返ることにする。

本名は青木治三郎、一六歳で初代一蝶斎に入門し、初名は柳川蝶之助（介）といった。慶応三年（一八六七）に出国した「Lenton and Smith's Great Dragon Troupe of Japanese（レントンとスミスのグレート・ドラゴン一座）」に加わり、アジア各地の居留地とオセアニアを巡歴、蝶や女夫《めおと》引出し（第二部60）などの芸を演じている。明治二年（一八六九）五月に帰国後は、西洋奇術師「首斬《くびきり》の太夫《たいふ》」として各地を巡業したというが、類似の興行が増えたため、再び日本手品に逆戻りする。寄席に出るようになって春風《はるかぜ》蝶柳斎《ちょうりゅうさい》と改名し、明治二五年（一八九二）七月、鍋島侯《なべしまこう》爵邸《しゃくてい》で明治天皇の天覧を賜った。天覧では、白紙を火中に入れて吹流しを取り出し、その中から鶏を取り出す「白《はく》紙練磨《しれんま》ノ早業《はやわざ》」、詳細は不明ながら糸操りの鳥羽屋紫朝《とばやしちょう》に倣ったという「操《あやつり》獅子《じし》ノ曲《きょく》」、そのほか「導成《ママ》寺小金の鞠」「独楽ノ曲」「玉中通ヒノ游部魚」（第二部6）などを演じたという（『明治二十五年七月御臨幸之記』）。先に生駒近江大掾や蝶十郎らが三代目を名乗っていたにもかかわらず、明治二九年（一八九六）に正式に三代目一蝶斎を襲名できたのは、天覧を賜る実力の持ち主だったこと、二代目とのつながりを保っていたことなどが理由に挙げられている。四二年の訃報記事（『文藝倶楽部』一五巻五号）には、

此の人日本手品の名人にして、道具建沢山の威かし芸

三代目柳川一蝶斎の蝶
『文藝倶楽部』15巻5号（河合勝コレクション）

> をせず、天覧を辱《かたじけな》うしてもついぞ売物にせず、十年一日同じ事をして飽かれざる名物なり

として、その名人ぶりが賞賛されている。なお、治三郎には初名が小蝶《こちょう》、後に蝶之助《ちょうのすけ》を名乗った女弟子がいて、その美貌を賞賛されていたが、彼女を取り上げた明治一八年（一八八五）七月二日の『読売新聞』の記事に「柳川小蝶ハ柳川一蝶斎の門弟」とあり、治三郎もまた明治二九年の正式襲名以前、あるいは蝶柳斎と名乗る以前に一蝶斎を称していた可能性がある。

以上見てきたように、柳川一門には海外で活躍した人物も多く、初代譲りの蝶の演目や蒸籠、大仕掛けの演目などを得意とした。そして明治初年の初代の没後はそれぞれに一蝶斎を名乗ったとみてよいだろう。しかし、正式な三代目（青木治三郎）の没後は名跡を継いだ者も確認できず、柳川派の隆盛は終わりを告げたようである。

なお、本章では柳川派の動静を通して蝶の演目を見てきたが、絵ビラや新聞記事などからは、養老瀧五郎、鈴川春五郎、隅田川浪五郎《すみだがわなみごろう》らも蝶を演じたことがわかっており、柳川一門の専売ではなかったことが明らかである［河合勝 二〇〇八］。このうちリズリー一座に加わって欧米を巡業した浪五郎は、出国前の幕府の調書にも「職分」として「蝶々遣《ちょうちょうつか》ひ其外」と記すほど、蝶を得意としていた。蝶十郎（アサキチ）とともに、日本の伝統奇術の演目を西洋に広めるきっかけとなった人物であることを特記しておく［倉田喜弘 一九九四］。

第八章　近世後期（二）

一九世紀、「蝶」とともに芸としての質を飛躍的に高めた演目に「水芸」があった。水芸とは、舞台上に設置された器物や、演者が手に持った器物、演者の身体などから水が噴き上がるもので、これもまた日本の伝統奇術を代表する演目の一つと言える。ただし「水芸」という名称が現れ、定着していくのは明治時代になってからのことで、それまでは「水がらくり（水機関）」「水しかけ」「水の曲」などと呼ばれていた［河合勝 二〇一〇］。本稿では煩雑さを避けるため、史料の引用箇所を除き、時代を問わずに便宜的に「水芸」の名称で通すことにする。

現在もなお演じられている水芸の特色は、単に水を操る芸というだけではなく、水を下から上に噴き上げるということが一つの前提となっている。上から下に流れたり、垂れたりするだけのものは水芸とは呼んでいない。また、現代に伝わる水芸の型ができあがるまでには「綾取り」「スイッチ」「ストーリー」の三つが備わる必要があったという［藤山新太郎 二〇〇九］。

では、水芸は完成までにどのような経緯をたどったのだろうか。手始めに朝倉《あさくら》無声《むせい》『見世物研究』の記載を再検証しながら、水芸の成り立ちをみていくことにしたい。

――水芸の元祖――

『見世物研究』は、水芸の始まりは水がらくりにあるとし、次のように説いている。

京阪で見世物とした水ガラクリは、後世に水芸とも呼ばれたもので、水に縁のない所から噴出させる装置であつた。これは寛文の頃大阪の水学が元祖で、後山本弥三五郎（受領飛騨掾）に伝へてから、大に行はれる事となつた。［朝倉無声 一九二八］

無声は「水がらくり」を水芸の前名のように捉えていたようだが、そもそも「水がらくり」という言葉には、いくつもの意味があった。第一に「水力を利用したからくり」という意味で使われており、たとえば水車を動力源にして人形を動かす「薩摩の水からくり」（国の選択無形民俗文化財）などがこれにあたる。第二として古浄瑠璃において「水槽を設けて水上もしくは水中で人形の演技が行なわれるもの」という意味で使われていた〔山田和人一九九八〕。第三は、第二と共通する点もあるが、歌舞伎の「非日常的な場面の演出手段の一つ」として、たとえば役者が「水舟《みずぶね》」と呼ばれる水槽を濡れずに通って別の場所に抜けるからくりなどがあった〔長沢眞希子一九九四〕。そして最後の第四が、据え付けの細工物で、高所から水を流したり、器物から水を出したりするものがあった。このうちの水を噴き上げるものが特に水芸と呼ばれるようになったと考えて差し支えないだろう。これら四つは便宜的な分類であり、必ずしも単体で成り立ったわけではなく、組み合わせて演じられることもあった。

さて『見世物研究』の記載に戻ろう。ここに出てくる水学とは、水に関する分野で異能を発揮した技師、水学《すいがく》宗甫《そうほ》を指している。上方から佐渡の鉱山に招かれ、寛永一四年（一六三七）に「竜樋《りゅうひ》」、承応二年（一六五三）には「水上輪《すいじょうりん》」という揚水機《ようすいき》（アルキメデスポンプ）の製作法を伝えた人物という〔麓三郎一九五六〕。また、延宝六年（一六七八）成立の『俳諧江戸広小路《はいかいえどひろこうじ》』に、

水学も乗物か《（貸）》さん　あまの川

という桃青《とうせい》（後の芭蕉《ばしょう》）の句が載る通り、承応元年には水学船と呼ばれる快速船を考案した人物としても知られている。井原西鶴《いはらさいかく》『独吟百韻自註絵巻《どくぎんひゃくいんじちゅうえまき》（「日本道《にほんどう》に」の巻《まき》）』に「水覚といへる盲人、工夫のふかき者にて」とあり、当時有名な技術者であったことを物語っている。

この水学の技術が、水がらくりという芸能の分野に伝えられたことについては、宝永二年（一七〇五）刊の浮世草紙『棠大門屋敷《からしなだいもんやしき》』に次の記載が見える。

からくり細工ハおやま五郎兵衛、其子山本弥三五郎、是を伝て無双の名人となす。（中略）別而《べっして》、水学の術を得、水中に入て水中より出るに衣服をぬら《（濡）》さす、纔《わずか》なるはさ《（挟）》ミ箱にふねを仕込、川水に浮て用を達す。

この文により「術」の詳細は不明ながら、水学と山本《やまもと》弥三五郎《やさごろう》とがつながってくる。弥三五郎は、からくり人形細工人・人形遣い・浄瑠璃作者として活躍し、元禄一三年（一七〇〇）に飛騨掾《ひだのじょう》を受領、翌年には河内掾《かわちのじょう》に重《ちょう》任《にん》された人物である。大坂と江戸で竹田系のからくりもの、および独自の手妻人形で名を上げていることから〔三田村鳶魚一九三〇〕、彼の「水がらくり」とは先述した第二の意味での「水上もしくは水中で人形の演技を行うもの」だったことになる。弥三五郎が得意にした水がらくりの一つが、

享保一五年（一七三〇）刊『璣訓蒙鑑草《からくりきんもうかがみぐさ》』に「水の中へ人形つか《（遣）》ひながらはい《（入）》る」として種明かしされているが（第二部25）、これは元禄期の歌舞伎の舞台でも使われていた［長沢眞希子 一九九四］。こうした古浄瑠璃における水がらくりの導入は、弥三五郎の登場を待つまでもなく、延宝期（一六七三～八一）にはすでに京都の伊藤出羽掾《いとうでわのじょう》・山本角太夫《やまもとかくたゆう》（後に相模掾《さがみのじょう》・土佐掾《とさのじょう》を受領）の芝居でも盛んに行われていた。

このように、水学と弥三五郎はともに水を操る優れた技術を有していたという点では共通するが、彼らの技術が器物から水を噴き上げる水芸に直結するものだったかというと、いささかの疑問が残る。無声が彼らを元祖に位置付けたのは、必ずしも適切ではなかったように思う。

――水を出す器物――

では、器物から水が出る水がらくりは、どの時期までさかのぼれるのだろうか。享保一四年（一七二九）六月刊の俳書『さきかた』には、京都四条河原の夕涼みの様子が描かれ、なかに「臥龍竹《がりょうちく》」の幟《のぼり》の立つ小屋が一軒描かれている。臥龍竹とは、この年に流行った水がらくりの見世物で、三層建ての大掛かりなものであった。六角形に組んだ樋が上層に仕掛けられ、そこから水が雨かシャワーのように降り注ぎ、中層にある水盤でその水を受け、さらに一本の樋を通して下層の水槽に設置した水車を回す。下層に溜まった水は、からくりを使い、節を抜いた葉付きの青竹を通して上層まで循環させたため、水槽の水はいつまでも溢れることがないという不思議さがあった。

この見世物は京都でかけられただけでなく、河内《かわち》の八《や》尾地蔵《おじぞう》（常光寺《じょうこうじ》）の地蔵盆会《じぞうぼんえ》でも行われた。河内国大ヶ塚村で酒屋・油屋を営んだ豪農、河内屋の当主が何代かにわたって書き継いだ『河内屋年代記《かわちやねんだいき》』という記録があり、その享保一四年七月二四日の項に「八尾地蔵へ参詣ス。

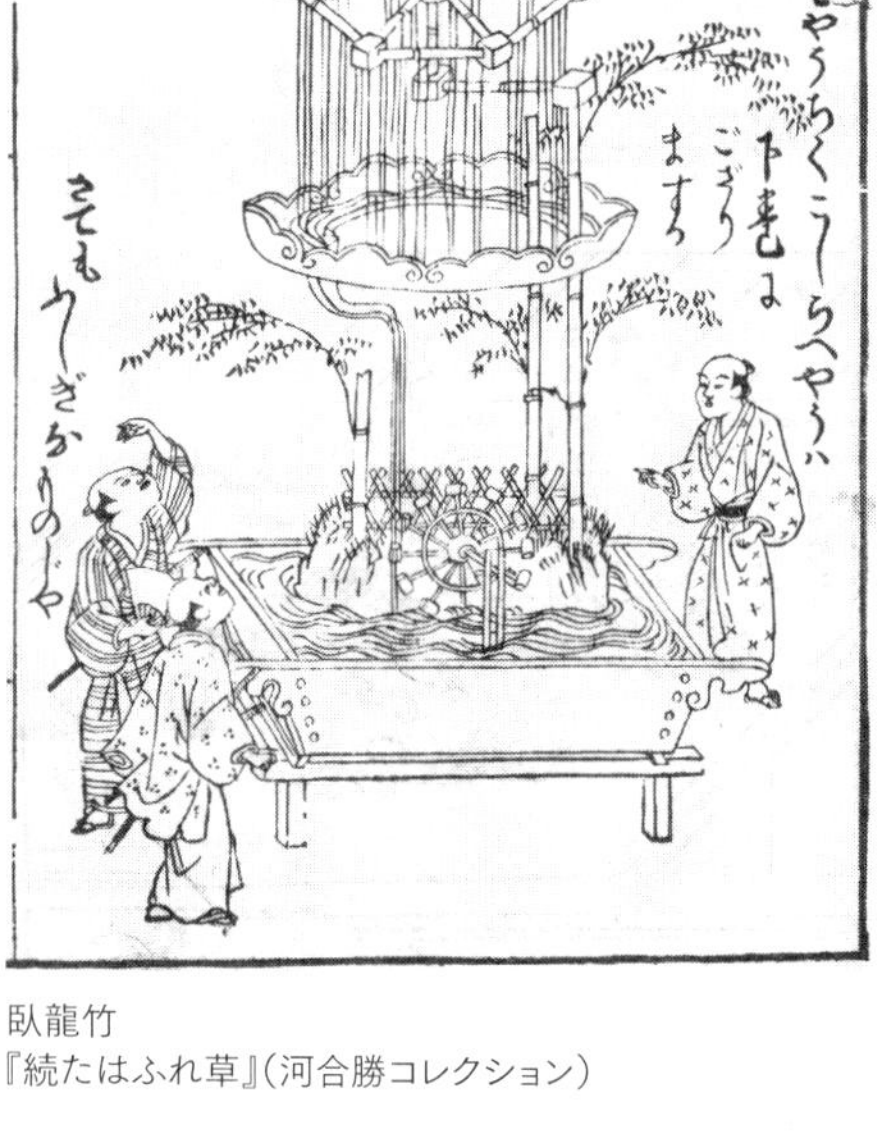

臥龍竹
『続たはふれ草』（河合勝コレクション）

孔明ノ臥龍竹トテ水カラクリ見之」との記載がみえる。中国三国時代の諸葛亮孔明《しょかつりょうこうめい》が、才能を持ちながら人に知られずにいたことから臥龍《がりょう》と呼ばれた故事に掛け、八尾では「孔明ノ臥龍竹」という名称で興行したのだろう。臥龍竹をよんだ狂歌「音にきく雨とおもひてちと水にぬる《（濡）》とも竹を見にいかふめい」にも「行く」と「孔明」を掛けた文言が見られる。なお、同年九月には京都伏見御香宮《ごこうぐう》でも「ぐわ《（臥）》龍竹見セ物芝居」の興行が行われている。

このように上方で流行った臥龍竹だが、同年八月、京都で刊行された伝授本『続《ぞく》たはふれ草《ぐさ》』に早くも種明かしが載り、水を勢いよく上層へ押し上げるためのポンプの仕組みとして、革袋と逆止弁の製作法が示されている。また同書には、床机《しょうぎ》上の衣桁《いこう》に吊った玉から水が流れ出る水がらくり「龍泓玉《りゅうこうぎょく》」も紹介されている。その仕掛けは、別の場所の高所に設置した水桶から地中に筧《かけい》を通し、床机の足、衣桁の柱、吊り紐の中などを通して、人目に触れないように水を高所の玉まで上げるというもので、逆サイフォンの原理を応用したものである。

また、享保一五年（一七三〇）刊『璣訓蒙鑑草』では、透明な水が空中に吊った器を通ると五色に分かれて流れ出る「錦龍水《きんりょうすい》」や臥龍竹に非常によく似た「異龍竹《いりょうちく》」の仕掛けを載せる（第二部28）。いずれも水を用いた据付型の細工で、水神の象徴である「龍」の字がついている点が共通している。その意味では享保五年（一七二〇）三月に京都北野七本松で行われた「飛龍竹《ひりょうちく》」や、同一四年九月に大坂下り「あまや庄兵衛」が豊後府内《ぶんごふない》で行った「水からくり龍玉」なども同種のものだった可能性がある［蹉跎庵主人 二〇一一〜］。

このように、享保期に大いに流行した水がらくりでは

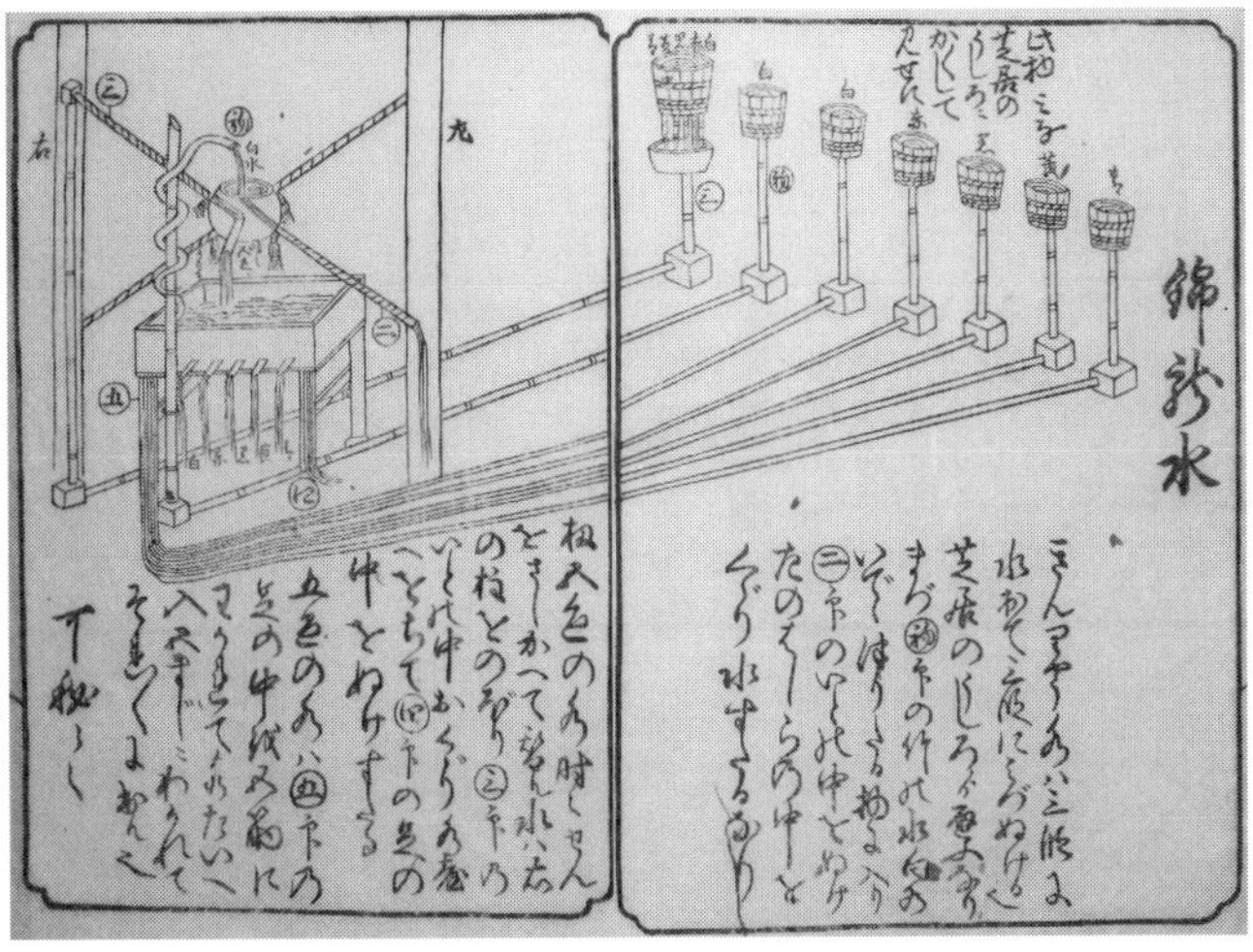

錦龍水
『璣訓蒙鑑草』（河合勝コレクション）

あるが、後の水芸との間には決定的な相違点が認められる。それは水芸が下から上に水が噴き上がるのを見せたのに対し、享保期の水がらくりの見世物は、高所に設置した器物にいかに人目に触れないような装置を用いて水を上らせて供給するか、またそこから流れ落ちる水の不思議さをどのようにして演出するかという点にあった。『璣訓蒙鑑草』の「異龍竹」の図版では、見世物の演者が「さあ〳〵此度の大当り、異龍竹ハ是じや。此水の上るせ《(井)》いを御覧しませ」と口上を述べ、観客もまた「何とも水か上へのぼりて雨の如くふるハ、かワ《(変)》つたしかけじや」と感想を漏らし、両者の不思議は「水が上る」不可視の仕掛けにあったわけで、水が噴出することにあったわけではない。

一方の水芸の本質とは、自然の理に逆らって水を噴出させて「水の動態の魅力」を見せることにあり、噴水の発達の歴史に位置付けられるものと考えられる［佐藤昌 一九九九］。また、単純に人が「水が飛ぶのがとにかく嬉しい」という気質を持つものだとすれば［川添裕 二〇〇三］、享保期の水がらくりでは、それらの目的を十分に満たすことはできていない。

――水を噴出する器物――

一八世紀の伝授本には、器物から水を噴き上らせる演目がいくつか確認できる。宝暦五年（一七五五）刊『仙術《せんじゅつ》夜半楽《やはんらく》』所載の「徳利より水をふき出すじゆつ《(術)》」（第二部33）は、気圧を利用して徳利の中の水を噴出させる仕掛けで、現代ではペットボトルとストローを用いた科学マジックとして知られている。しかし、この方法は水芸の舞台に応用されたことはなかったと考えられている［河合勝 二〇一〇］。

では水芸に応用されるような演目は、この時期の伝授本に載ることはなかったのだろうか。じつは享保期の伝授本のなかには一点だけ、後の水芸につながる演目が確認されている。享保一八年（一七三三）刊『唐土秘事海《もろこしひじのうみ》』に載る「蝋燭の真《(芯)》より水を出す事」（第二部30）がそれで、水を噴き上げ、飛ばす現象を見せており、「水芸の元祖的現象」に位置付けられるものである［平岩白風 一九七〇］。この時点では、この演目が単体で興行にかけられた形跡は認められないが、ロウソクの炎の中から、火の対極にある水が噴き上がるインパクトの強さから、その後は興行にも取り入れられており、幕末や明治期の水芸の興行絵ビラに存在を確認できる。逆サイフォンの原理を用いて、高所の水桶から落とした水を、もう一度上げてロウソクに仕掛けた穴から上向きに噴出させる仕掛けであり、現代に伝わる水芸の基本的な仕掛けにも共通するという［藤山新太郎 二〇〇九］。

ところで、この演目の手順を述べた箇所に「ところてん屋のかくに高き所に水を入レ《(置)》をけば」との文章がみえ、『続たはふれ草』に載る「龍泓玉」の仕掛けのひとつ「かけ樋《ひ》」を説明した箇所でも「ところてんやに用る竜の口といふものなり」とある。当時のところてん屋には、水がらくりに応用できるような装置があったのだろうか。時代は下るが、天保一〇年（一八三九）刊、墨川亭雪麿《ぼくせんていゆきまろ》作の合巻《ごうかん》『江戸《えど》紫《むらさき》浪花飛梅《なにはのとびむめ》』では、ところてん屋の店先で

ところてん屋の店先
『江戸紫浪花飛梅』（九州大学附属図書館蔵）

水が噴き上がっている様子が確認できる。伝授本の説明によれば、これもサイフォンの原理を用いたものということになる。器物から水を噴き上げるからくりのルーツの一つが、ところてん屋の店先にあったとは意外な事実である。

さて、このような器物から水が噴出する水芸は、一八世紀を通じてどのように発展していったのだろうか。再び『見世物研究』の記載に戻ってみよう。

> 水がらくりは延宝度以来、三都で時々興行されたものゝ、世評にも上らなかつたのは、装置が簡単なので、直ぐ見古されたがためであらう。それを改良して、意想外の所から水を噴出させ、看客を驚かしたのは、文化三年の夏に京都四条川原で興行した時からであらう。

ここにいう「水がらくり」が具体的に何を指すかはわからないが、無声によれば、文化三年（一八〇六）の興行までの間、水がらくりは見古されてしまっていたとする。ところが「見世物興行年表」で検索すると、寛保二年（一七四二）豊後府内《ぶんごふない》、宝暦一二年（一七六二）会津若松《あいづわかまつ》、天明元年（一七八一）摂津尼崎《せっつあまがさき》、同二年（一七八二）美作一《みまさかいちの》宮《みや》と大坂難波新地《なんばしんち》、天明五年（一七八五）名古屋大須《おおす》、寛

政元年（一七八九）美作一宮、同七年（一七九五）大坂難波新地など、三都に限らず多くの地域で水がらくりの興行が続けられていたことが明らかとなる。このうち、天明二年大坂難波新地での「水がらくり」興行については、「なんばしんち大すゞみゑづ《（涼み絵図）》」という摺物《すりもの》に絵が載っており、三重塔頂上にある宝珠あたりから水が二手に分かれて噴き上がる様子を確認できる。また、すでに伝授本にも仕掛けが載ったことから考えても、おそらく文化期（一八〇四～一八）を待たずして、器物から水が噴出する水がらくりが存在していたと考えてよさそうである。

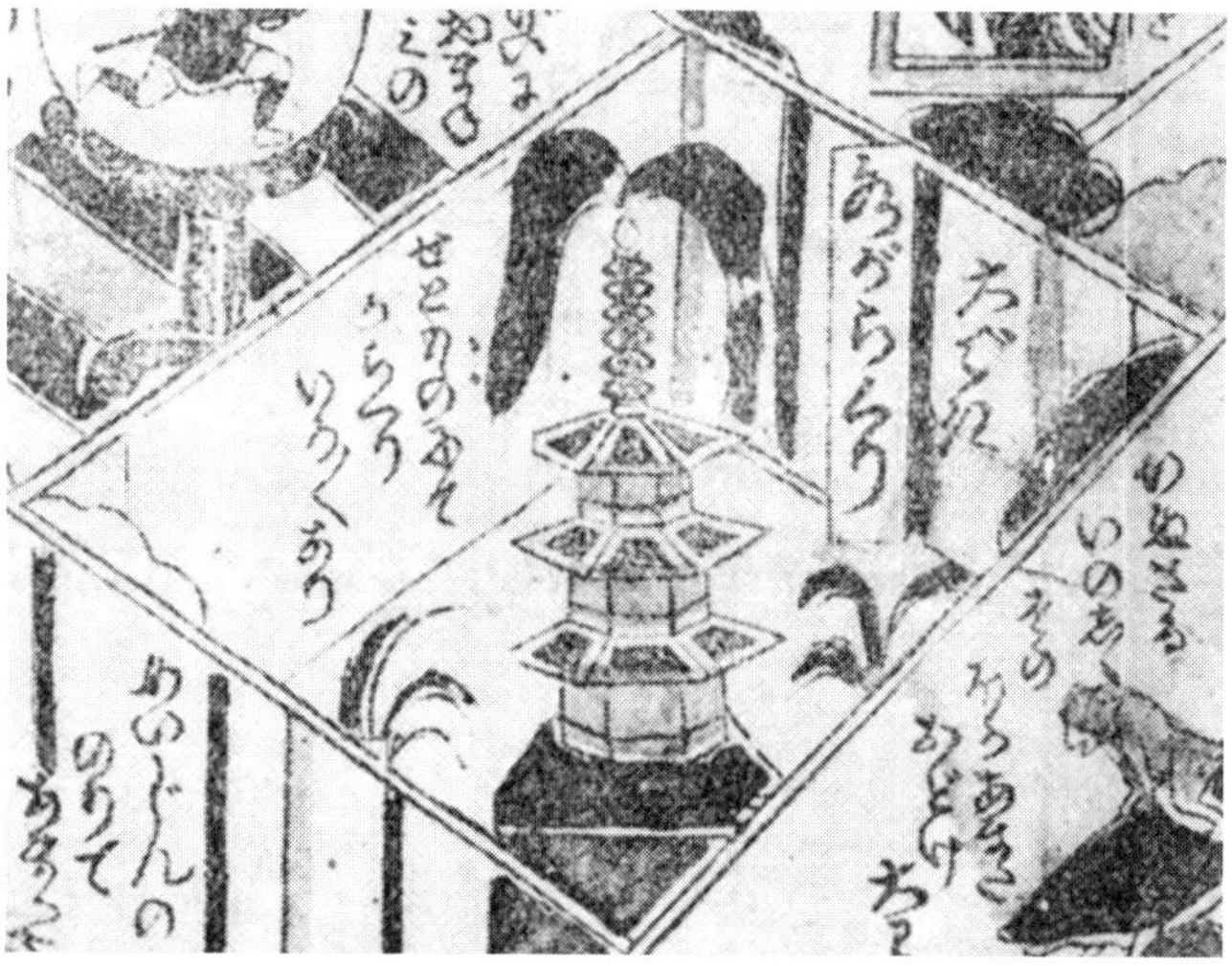

天明2年の水がらくり
『摂陽奇観』（『浪速叢書』浪速叢書刊行会1929より転載）

　さて、無声が着目した文化三年の水がらくりの記録であるが、著者は尾張藩士の高力種信《こうりきたねのぶ》、猿猴庵《えんこうあん》と号した人物である。『猿猴庵日記《えんこうあんにっき》』と呼ばれる彼の日記は、文化三年夏、京都四条河原で評判をとった水がらくりが、同年八月名古屋広小路柳薬師《やなぎやくし》で興行され、大繁盛したことを記している。

下にハ小石を敷、芝を植て、其上に松の枝、猿猴の作

文化3年の水がらくり
『猿猴庵日記』（国立国会図書館蔵）

りもの柿持たる中ゟ《より》水吹上る。図の如く、たはこほん《煙草盆》のきせる《煙管》ゟ水吹出す。又ハ神酒つほ《壺》、てうし《銚子》、手水鉢、ひしやく《柄杓》、取分《とりわけ》刀かけにかけたる刀の身より水を吹上る。或ハ石の上に居たる下駄のはなお《鼻緒》よりも水を出せり。至て珎《めず》らしく奇観といふへし。

従来の奇術史文献には、この興行をもって「今日の水芸の機構の大本となった」と高く評価する見解がみられる。「水そのものが二間（三・六メートル）も吹き上がったというのも、この興行が初めて」であり、さらには「水が数十ヶ所から一斉に吹き上が」るほど「大舞台に使える芸として生まれ変った」からだという［藤山新太郎 二〇〇九］。

確かに『見世物研究』において、無声は「高さ二間計りに水を噴上げるのであるが、それが日に映じて、さながら小虹のやうな美観であつたといふ」と記し、また「銚子や刀を初め、煙草盆、煙管、手水鉢の柄杓などから、一斉に水を噴出さすので、龍宮城もかくやと計りの評判市中を動かした」と述べている。ところが、じつは典拠となった『猿猴庵日記』には、水の高さや一斉噴出に関する文章はまったく見られず、先の文は無声が後から付け加えたものだったのである。また噴き出す水の本数も、挿絵を見る限りでは一〇本足らずであり、数十ヶ所には程遠い。したがって、この興行自体を過大に評価することには慎重になる必要がある。

天明二年（一七八二）の摺物においては、水を噴き上げる三重塔の両脇に、おそらく瀬戸物から噴き上がったと思しき水が二ヶ所に描かれている。つまり、本数は多くはないが、同時に何本かを噴出させる水がらくりが、文化三年（一八〇六）を待たずともすでに存在していたことは確かである。ただし、見巧者の猿猴庵が特記したように、刀身や鼻緒からの噴出は新しい趣向だったのかもしれない。

その後、文政一二年（一八二九）六月にも名古屋広小路で水がらくりの見世物がかかった。小寺玉晁《こでらぎょくちょう》の『見世《みせ》物雑志《ものざっし》』には、扇子の地紙《じがみ》や煙管の吸口、煙草盆、刀身、吊灯籠《つりどうろう》、蝋燭の芯、手拭い掛け、虫カゴなどから水が噴き上がる様子が描かれており、その後の水芸の舞台で使われる器物からの噴出がほとんど出揃った感がある。

――手にした器物から噴出する水――

水芸の歴史における次の画期とされるのが「満干《みちひ》の玉」であり、これをもって「水芸の歴史の中の大革命」と位置付けられている［藤山新太郎 二〇〇九］。天保八年（一八三七）六月、名古屋広小路の柳薬師夜開帳に際して、竹田正五郎《たけだしょうごろう》なる人物が「水がらくり」を演じた。「満干の玉」と「桶ぬけ」（口絵）という二つの演目を代わる代わるに演じたのだという。猿猴庵の弟子、小田切春江《おだぎりしゅんこう》が著した『名陽見聞図会《めいようけんもんずえ》』の記事により、「満干の玉」の様子をみてみよう（第二部36）。

此満干の玉といへるハ、びいどろの玉を手に持、さし出し居るに、初ハ其玉に水なし。然るに、その玉中いづく共なく次第に水まさりて、後にハ図の如く玉の上より水吹き出すなり。又干潟となります、との口上にしたがひ、玉中の水半減。是にて一切《(ひときり)》の替り〳〵。

手にしたガラス玉にしだいに水が溢れてきて、ついにはそこから水が噴き上がり、口上にあわせて今度は水が半減するというもの。演目名のモデルとなったのは、記紀神話の一つ、海幸山幸《うみさちやまさち》の神話で、弟の山幸彦《やまさちひこ》（彦火火出見尊《ひこほほでみのみこと》）が海神宮《わたつみのみや》で手に入れた潮の干満を司る宝物が「満珠《まんじゅ》（塩盈珠《しおみつたま》・潮満瓊《しおみつたま》）」と「干珠《かんじゅ》（塩乾珠《しおひのたま》・潮涸瓊《しおひのたま》）」であった。これが後の『太平記《たいへいき》』になると、神功皇后《じんぐうこうごう》の使者として安曇磯良《あずみのいそら》が龍宮城から持ち帰る神宝ということになる。いずれにせよ、庶民がイメージする「水を司る宝物」が「満干の玉」だったわけである。

さて、この満干の玉のどこが画期的かというと、それまでは据付型の器物から水が噴出していたものが、この演目では演者が手にしたガラス玉から水が噴き上がるようになった点である。これより前の興行記録や伝授本では、手に持った器物からの水の噴出を記したものは、現在のところ確認できない。

では、手にした器物には、どのようにして水を供給したのだろうか。据付型の器物への水の供給は、楽屋高所の水桶から逆サイフォンの原理を応用し、樋を見えないようにして器物まで引っ張ってくればよかった。しかし、手にした器物から噴出させるには、まずは水を供給するための携帯型ポンプを、演者の衣服や掌中に仕込んでおくことが必要となる。伝授本によれば、携帯型ポンプに使われたのは、フグの皮や三味線の皮でつくった袋、合羽《かっぱ》（桐油紙《とうゆし》や油紙）、桐油漆《とうゆうるし》を塗って強度を高めた革袋などであった。このうちフグの皮については、歌舞伎の仕掛けや小道具を図説した『御狂言楽屋本説《おきょうげんがくやのほんせつ》』（安政六年〈一八五九〉刊）において、「走る血（血糊）」が「鰒《ふく》の皮にてこしらへ、のり紅をいれるなり」と書かれており、芸能の現場での使用は一般化していたようである。

次に必要となるのは携帯型ポンプと器物とをつなぐ管およびジョイント部品である。据付型の器物と楽屋の水桶とをつなぐには、木や竹でつくった樋、そしてジョイントに木製の升を用いればよかった。しかし、手に持った器物とポンプとを接続する場合、管は衣服に隠さねばならず、ある程度に曲がる管あるいはジョイントが必要となってくる。ゴム管が現れるまでは「ヒヨロと云つて針金を巻いて其上を油紙で包み糸でギリ〳〵巻付けて護《ご》謨《む》管《くだ》の代用物を拵へ不必要の所は竹を使つて居た」という明治の奇術師、松旭斎天一《しょうきょくさいてんいち》の談話が伝わる［わかば　一九〇五］。しかし、果たして天一の語るように、明治一〇年代に至るまでゴム製品は普及していなかったのだろうか。

明治一九年（一八八六）刊の伝授本『西洋利学伝授物《せいようりがくでんじゅもの》』に「扇子水げい《（芸）》ので《（伝）》ん」の手順として「くだごぶ（管ゴム）」を使うと書かれ、これが奇術分野でのゴム管の初出とされる。ゴム管に限らなければ、明治一三年（一八八〇）刊『御伽秘事枕《おとぎひじまくら》』では「ルーデサック（コンドーム）」の代用品として「蝋引き紙の効用」が載り、同一四年刊『御伽智恵競《おとぎちえくらべ》』では「小さき穴より大入道を出す法」として「白き護謨《ごむ》製の大なる睾丸笛《きんたまふへ》（金玉笛。竹笛のついたゴム風船）」が載るのが早い例だという［平岩白風　一九七〇］。

しかし、医学史を繙くと、意外にもゴム管の普及は「満干の玉」が登場した天保期にまで遡ることができそうだ。文政元年（一八一八）、オランダ商館長ブロンホフが長崎から江戸に参府した際、医官ハーゲンが蘭方医の杉田立卿《すぎたりゅうけい》に一本のゴム製カテーテル（医療用の管）を贈ったのが、ゴム管のわが国伝来の初めである。立卿は早速これを道具師一得斎《いちとくさい》に模作させ、以後、天保元年（一八三〇）頃には蘭方医の間ではゴムカテーテル（測胞子《そくほうし》）が使われるようになっていたという［森納　一九七九］。

天保一四年（一八四三）序、船越敬祐《ふなこしけいすけ》著『黴瘡茶談《ばいそうさだん》』という梅毒書の巻末には「新製ゴムカテイテル」の広告が載り、値段は「壱匁《もんめ》五分《ぶ》」とあって、民間にも安価で市販されていたことが指摘されている。ちなみに直接的な関与は認められないが、このゴムカテイテルの販売者である船越は、智徳斎《ちとくさい》の号で文政一〇年（一八二七）に伝授本『秘事百撰《ひじひゃくせん》』を出版した人物でもある。さて、広告文には「ゴムカテイテルハ和《やはら》かにて、のびる、切《きれ》る、いたむ等の気遣ひなく、至て用ひぐあ《（具合）》ひ宜き物也」とあって、尿道カテーテルとして優れた性能を有したようだが、性能的には水芸の管やジョイントにも十分に使えそうである。柔軟なゴム管の普及と、水芸の「大革命」に位置付けられる「満干の玉」の上演が、同じ天保期であることは単なる偶然としては片付けられないように思うがいかがだろうか。

――曲《きょく》独楽《ごま》と水芸――

携帯ポンプと屈曲自在の送水管が整うことで、水芸は新たな段階へと進む。さらなる「新境地」を開いたのは曲独楽師の竹澤藤治《たけざわとうじ》（藤次とも）とされる［祐田善雄一九六一］。

ここで少しだけ目を転じて、独楽と奇術との関わりの歴史をみておきたい。そもそも、わが国における独楽の歴史は、藤原京からの遺物が確認できることから七世紀にまで遡ることができるという。承平期（九三一～九三八）成立の『倭名類聚抄《わみょうるいじゅうしょう》』には孔のある独楽（半鐘独楽・ごんごん独楽）の説明が載り、また散楽の演目の一つには鼓型独楽の輪鼓《りゅうご》（ディアボロ）が含まれるなど、平安時代には大陸や朝鮮半島から伝来した独楽が広がりを見せていた。その後、円錐形の独楽を紐や布片で加速させながら叩いて廻す鞭《むち》独楽（叩き独楽）、巻貝の先端を削ったものに糸を巻いて廻す海螺弄《ばいまわし》（ベイゴマ）など、独楽の形態と廻し方、流行は変化していった。そして近世初頭頃の博多独楽の誕生により、独楽は曲技として新たなる展開を見せることになる。博多独楽とは、轆轤《ろくろ》挽《び》きの木台に鉄芯を打ち込んで芯棒としたもので、それまでの独楽に比べると、長い間、静かによく廻るようになっている［福岡県教委一九六二］。

元禄一二、三年（一六九九、一七〇〇）頃、博多石堂町《いしどうまち》の市太郎《いちたろう》という一二、三歳の少年が、大坂道頓堀《どうとんぼり》で「こまの曲」の興行をして大勢の見物を集めたといい、その後は京・江戸・尾張・紀伊などでも博多の子どもたちによる曲独楽興行が流行を見せた（『博多古説拾遺《はかたこせつしゅうい》』）。また『傾《けい》城色三味線《せいいろしゃみせん》』が伝える、同一三年に四条河原で曲独楽を廻して大人気になった初太郎も市太郎を誤記したものという［筑紫珠楽一九七七］。具体的な曲技の内容は不明ながら、元禄期（一六八八～一七〇四）には博多独楽の普及により、独楽が曲芸興行として成り立つほどの進化をみせていたことがわかる。

この時期の曲独楽の演目を推測させるものとして、伝授本に載る独楽の演目を確認しておこう。享保一五年（一七三〇）刊『璣訓蒙鑑草』に載る「曲ごま」は、豆腐や灯し火、茶の泡の上で独楽を廻すというもので、独楽の芯棒を受けるタネ（魚の鱗や金具）を見えないように仕込んでおくというものであった（第二部180・181）。また、天明四年（一七八四）刊『仙術日待種《せんじゅつひまちぐさ》』には「糸の上にこまをまわす術」として、博多独楽の芯棒の先をロウソクの形になるようヤスリで削る方法が載っている。

この間にも名古屋、豊前府内、会津若松、出羽庄内《しょうない》、美作津山《つやま》など全国各地で曲独楽の興行が行われた記録が確認できるが、とりわけ天明七年（一七八七）江戸から大坂に上って曲独楽をみせた博多《はかた》永蔵《えいぞう》の興行記録は注目される。『摂陽《せつよう》奇観《きかん》』は、永蔵が披露した曲独楽の番組を九四種にわたって記しており、なかには現代の曲独楽でも演じられる「風車」や「衣紋《えもん》ながし」なども見えている。また寛政期（一七八九～一八〇一）頃には、鐘から吊るされた細糸を独楽が伝って上る「道成《どうじょう》寺《じ》鐘入《かねいり》」や神社をかたどった箱に独楽が入っていき仕掛けが発動する「宮入《みやい》り独楽」が演じられるようになるなど、曲独楽の技術の高度化は進んでいった。しかし、この時期には、演目名からは水芸との関連を予測させるものはまだ確認できない。

曲独楽は独楽廻しそのものの高度な技術が必要なのはもちろんのことであるが、伝授本が明かすように、精度の高いバランスのとれた独楽と巧妙なタネをも必要とした芸能であった。その意味では曲独楽とは「手妻と曲芸の中間にある芸」に位置付けられるものと言える［藤山新太郎 二〇〇九］。一九世紀に入ると、曲独楽と奇術とは技や演出の相互交流を図るようになり、曲独楽の進化が水芸の発展に大きな役割を果たしていく。その最大の立役者が先述した竹澤藤治であった。

竹澤藤治は江戸後期から明治期にかけて三代あり、藤治を名乗った人物は四人を数える。竹澤藤治といえば、弘化期（一八四四～四七）に活躍した二代目（明治期には初代と数える）が取り上げられることが多いのだが、じつは文政元年（一八一八）「西御丸様（徳川家慶）」の御成先御用《おなりさきごよう》を務め、独楽廻しの上覧を果たした竹澤藤司という人物がいた。この藤司が弘化期の藤治と同一人物なのか、あるいはその先代にあたるのか判断が難しいが、相当の技量を持った人物であることは間違いないだろう。この藤司のものと思われる年不詳『江戸の花 一流曲独楽 竹澤藤司』と題した絵ビラが伝わる。ここには「豆腐こま」や人形を組み合わせたからくりもの、「曲こま四天王寺伽藍めぐり」「おらんだ帆づなのぼり」「津島祭りだんじり曲こま」といった演目が描かれている。注目すべきは左下に「水中うかれのこま」として、台に置かれた鉢の水の上で、独楽が水を噴き上げながら廻る様子が描かれていることである。文政期（一八一八～三〇）の藤司のものであれば、図で確認できるものとしては、噴き上がる水と独楽とが組み合わされた最初期のものであろう。また垂直に七個積み上げた卵の上で廻る独楽や刀掛けの刃の上で廻る独楽も、後の水芸との関わりで注目される。

さて、弘化期に活躍する藤治であるが、確認し得る初出は、天保一二年（一八四一）春、大坂難波新地での興行が大流行りとなったという『近来年代記《きんらいねんだいき》』の記事である。「宮嶋見廻り」「くわいらう《（廻廊）》ぬけ《（脱）》」のほか「野原ノ一ツ家よりゆうれい《（幽霊）》出し」といった芝居仕立ての演目がすでに演じられている。同一四年六月には、安芸宮島における太夫本藤治、若太夫万次《まんじ》、連名の触込番付「江戸の花一流曲独楽」が伝わる。

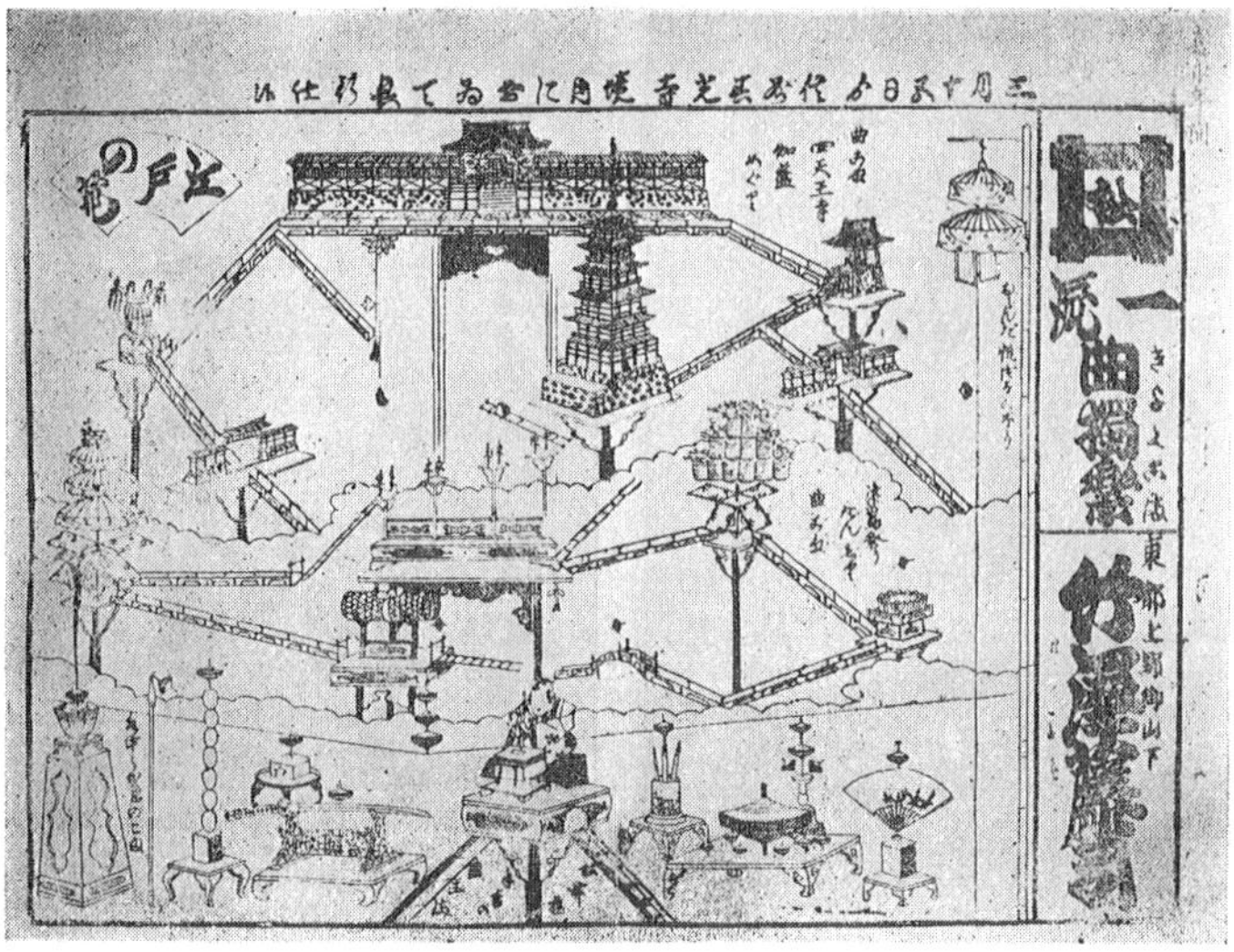

水中うかれのこま（左下）
竹澤藤司絵ビラ『江戸の花 一流曲独楽』
（『日本庶民文化史料集成8』三一書房1976より転載）

そして藤治の名を高からしめたのは、天保一五／弘化元年（一八四四）二月から始まった江戸両国広小路での興行だった。『武江年表《ぶこうねんぴょう》』によれば、西広小路に「大なる仮屋《こや》」をかけ「こまに手妻の曲とゼンマイからくりを交へて見せ物」とした興行は大入り大評判で、藤治を描いた錦絵が数多く売り出され、手ぬぐいまで出されたという。

この時の絵ビラを見ると、従来の仕掛けものに加え、「金毛九尾三国渡《きんもうきゅうびさんごくわたり》」の文字と九尾の狐の姿が描かれているのが確認できる。これは「殺生石《せっしょうせき》」をベースにした芝居仕立てで曲独楽を演じたもので、九尾の狐が宙乗りで現れるなど、非常にスケールの大きな舞台であった。そのため、藤治と狐を描いた錦絵が何種類も出された。

さて、水芸との関連についてだが、まずは国芳によって描かれた錦絵を見てみよう（口絵）。中央で「衣紋流し」を演じる藤治の左側には、ロウソクの芯から水が噴き上がり、その上で独楽が廻っている様子が見える。また右手には鉢に浮いた葉っぱの上で独楽が廻り、心棒から水が噴き上がっている。このように独楽と据付型の器物からの噴水を組み合わせて演じる方法は、おそらくは文政期の藤司以来、竹澤の家に伝承されてきたものと思われる。
また、器物と組み合わせただけでなく、やはり芝居仕立てで大掛かりに水を用いたのが「一流《いちりゅう》曲《きょく》独楽《ごま》龍宮《りゅうぐう》玉《たま》取《とり》」という演目である。これも国芳による錦絵があり、フ

竹澤藤次「一流曲独楽龍宮玉取」
（日本浮世絵博物館蔵）

竹澤藤治の龍宮玉取
竹澤藤治・萬治絵ビラ『元祖一流曲独楽』
（河合勝コレクション）

グヤタコを模した独楽が、水と一緒に舞い上がる様子が描かれている。絵ビラを見ると、何本もの水が噴き上がり、藤治自身も噴き上がる水の上に乗っているかのように見える。これは歌舞伎の舞台で使われる「セリ上げ」の機構を用いたものといい、別の錦絵では噴き上がる水の上にいる藤治が、さらに左手の上で独楽を廻し、その独楽の心棒からも水を噴き上げさせている［川添裕 二〇〇三］。

このように据付型器物からの噴水だけでなく、手にした独楽からの噴出、さらには舞台面全体に水が噴き上がるという大掛かりな舞台は、多くの人びとを魅了し、また後の水芸の発展にも大きな影響を及ぼしたものと思われる。

一見すると、曲独楽と水芸との間に接点はなさそうに思えるのだが、じつは今なお演じられる水芸の中に、曲独楽時代の名残を見出すことができる。現代の水芸の太夫は右手に扇子、左手に羽子板を持ち、そこから水を噴出させる。この羽子板こそが、曲独楽の名残なのである。曲独楽では独楽を廻す前、その敷物として羽子板を用い、独楽を移動させる際にもこれを用いる。

また、明治時代に水芸を大成したとされる初代松旭斎天一の写真を見ると、長煙管の雁首の火皿から噴き上げる水芸を演じている（第二部38）。これも同じく曲独楽の

道具で、先に見た錦絵の藤治も長煙管を持っていた。曲独楽では「衣紋流し」に移行する前に長煙管を使った「雁首」という演技を行っていたのである。もっとも、煙管の羅宇《らう》（火皿と吸口をつなぐ竹の管）は細長い管であるため、水を通す管にも適していたのだろう。吸口と雁首をつける前の羅宇の部分だけを水芸に用いていたという回想談も伝わっている［山口廣一 一九三四］。

今でこそ水芸の手順に独楽は含まれなくなっているが、天一は欧米巡業から帰国した翌年の明治三九年（一九〇六）の段階でも、「電気応用の自由噴水」と題した水芸において、まだ独楽の手順を取り入れている。天一の場合、竹澤藤治の流れを直接に汲んでいるわけではないが、やはり水芸全般の進歩に、曲独楽の果たした役割は大きかった。とりわけ江戸や大坂で大評判となった竹澤藤治の影響は看過できないであろう。

二代目松旭斎天勝の水芸（左手には羽子板）
『すりいだいや』1976年7月号より転載（河合勝コレクション）

煙管吸口より水吹上ル伝
『手品秘伝図巻』（河合勝コレクション）

――諸芸が取り込んだ水芸――

水芸の歴史において「手妻の水芸」と「曲独楽の水芸」の二系統を想定する見解もあるが、この時期の芸能は他の芸人が演じて当たったものは、すぐに自分の芸にも取り込んでおり、整然とした系統などは確認できないようにみえる。隣接する分野で、互いの演目のよいところを摂取しあっているのが実態であろう。したがって、幕末頃には、ジャンルを問わず、奇術、曲独楽、軽業、足芸、曲持など多様な分野の絵ビラに、水の噴き上がる絵を見出すことができるのである。

たとえば、弘化三年（一八四六）江戸両国広小路において「新つるぎの刃渡」を演じ、人気を得た養老瀧五郎《ようろうたきごろう》がいる。江戸時代後期から明治時代にかけて、瀧五郎を名乗った者は何人もあって、この弘化期の瀧五郎が誰に当たるかは不明である。しかし、大坂から下ったとする口上（口演）が確認でき、二代目鈴川春五郎《すずかわしゅんごろう》を襲名したいわゆる初代養老瀧五郎とは別人のようである。ともかくもこの時の瀧五郎は、日本刀を梯子のように組んだ上を裸足で渡る刃渡りに、水芸を取り入れている。錦絵や絵ビラ（口絵・第二部２）を見ると、片手に宝珠を持ち、そこから水が噴き上がっているのが確認できる。ただし、これだけでは天保八年（一八三七）竹田正五郎による「満干の玉」と大きな違いはなく、ただ刃渡りと組み合わせた点に新鮮味があっただけである。

ところで、養老瀧五郎については、鈴川春五郎の水芸の仕掛けを受け継いだ人物であり、晩年瀧翁斎《たきおうさい》と改称してからは「水芸の元祖」を名乗った人物として、これを高く評価する向きがある［藤山新太郎 二〇〇九］。しかし、仮に瀧翁斎（瀧五郎ではなく）を「水芸の元祖」と認めるにせよ、鈴川の仕掛けを受け継いだとする点には疑問が生じる。というのも、初代や三代目の春五郎が水芸を演じたとする記録はまったく確認できないからである。また、前章で取り上げた「手品芸業元祖調記《てじなげいぎょうがんそしらべのき》」の記載が正しいのであれば、二代目鈴川春五郎改め初代養老瀧五郎は、明治一二年（一八七九）以前には亡くなったとされている。だとすれば、一三年まで存命だった瀧翁斎と同一人物であるはずがない。つまり「鈴川派」の初代瀧五郎（江戸青山の生まれ）と、大阪で没した瀧翁斎とは別人ということになるのである。

またそもそも「調記」の記事を信用しない立場に立ったとしても、慶応二年（一八六六）海外渡航前の隅田川浪《すみだがわなみ》五郎《ごろう》を取り調べた際の記録『市中取締書留《しちゅうとりしまりかきとめ》』の存在は無視できない。これによれば、慶応二年の時点で、弘化二年（一八四五）に存命だった瀧五郎はすでに「先代」と呼ばれており、改称や隠居あるいは死去等の事情によって、二代目を襲名した人物が存在していたことを物語っている。この人物こそが「調記」を著した西井庄吉であり、彼は明治になる前に二代目を襲名していたことになる。西井は同一五年に二代目瀧五郎の名で「調記」を提出しており、彼が瀧翁斎を名乗った事実も確認できない。したがって『本朝《ほんちょう》話者《わしゃ》系図《けいず》』に、瀧五郎が「明治四年春尾州ニ刺《(剃カ)》髪して瀧翁斎と改む」とある記載を疑う必要が出てくるのである。鈴川派の瀧五郎が瀧翁斎になったのでないとすれば、「瀧五郎は水芸の元祖」という言説自体も成り立ち難くなる。

養老瀧五郎の名前が記された絵ビラは、明治期のものと判明できる二点を含め、現在六点が確認できる。これらには確かに水芸は描かれているが、いずれも据え付けた器物からの噴出や手にした宝珠・扇子・鉢等からの噴き上げを描くだけで、特段「水芸の元祖」を感じさせるほどの目立った演目は見られない。ただ、四点の絵ビラが人の頭からの噴出を描いている点が注目されるだけである。

養老瀧五郎の水芸
絵ビラ『大坂風流手品 養老瀧五郎』(河合勝コレクション)

しかしこれも瀧五郎が創作したものではなさそうである。頭上からの噴水という視点で絵ビラを探すと、嘉永二年（一八四九）、大坂西堀新築地御池橋で大人気となった「江戸登り新工夫 大水がらくり」の絵ビラに、「口上あまからや」の頭から水が噴き上がる場面を見出すことができる（第二部37）。器物を通さず、人体から直接に水が噴き上がるのは、これが最初の例と思われ、この時の様子を記した『近来年代記』にも、

> 口上あまから屋儀兵衛のわげ《(髷)》の先ゟ《(より)》口上ニをう《(応)》じ水気立登り、其興有事《(そのきょうあること)》古今めつら《(珍)》しき。

と見え、その珍しさが書き留められている。このあまから屋（甘辛屋）儀兵衛という人物は、『近世風俗志《きんせいふうぞくし》』によれば大坂の「蕃椒《とうがらし》粉売り」で「諧謔をよくし、買ふ人の求めに応じてこれをなす。あるいは観物これを雇ひて演舌をなさしむ」とあり、コミカルな口上でトウガラシを売っていたところを見込まれ、「観物（見世物）」の「演舌

（口上）」を言うようになった異色の人物である。いろいろなジャンルの絵ビラにも登場することから、幕末の大坂では人気の人物だったようだ。その彼の髷から水が噴き上がるのだから、観客は大層喜んだにちがいない。現代の水芸でも太夫と後見（からかい）とのコミカルなやり取りのなかで、頭上からの噴水が取り入れられることがあるが、その源は養老派の水芸ではなく、あまから屋儀兵衛に求められるのかもしれない。この興行は絵ビラだけを見ると、人間が手にした道具、傘や団扇などから水が噴出しているように見えるが、実際のところは人形と水の噴出を組み合わせたからくり見世物だったようである。

甘辛屋儀兵衛
（『類聚近世風俗志』更生閣書店1934より転載）

　次にみる安政二年（一八五五）大坂難波新地南山での山《やま》本《もと》小嶋《こしま》の興行絵ビラは、乱杭渡りや綱渡り、梯子を用いた軽業などを描いたもので、ここにも「あまからや」が登場している。太夫の小嶋が、水が噴出する宝珠を右手に持ち、左手の扇子で「あまからや」の頭を叩くと、髷から水が噴き上がる、という手順であろう。絵からは「あまからや」が水を噴き上げながら、おどけて見せる様子が確認されるが、彼が自由に移動しながら噴出させられたかどうかまでは読み取れない。先の人形の興行とは異なり、動的な軽業興行ということもあり、携帯ポンプを仕込んで、動きながらの噴出もあったかもしれない。なお、明治一八年（一八八五）刊の伝授本『新撰《しんせん》手品《てじな》の種本《たねほん》』

山本小嶋とあまからや（頭上から噴水）
絵ビラ『手を突ひてみるや浪速の梅の花』（安政2年）
（公益財団法人東洋文庫蔵）

所載「小児の頭より水を吹伝」には、携帯ポンプとおそらくはゴム管を用いた次のような手順が載っている。

小児のわき《（脇）》の下へ、ふぐの水だしに水をいれたるをはさ《（挟）》ミをき《（置）》、そのぐだ《（管）》をゑり《（襟）》よりだし《（出）》、耳のうしろ《（後）》より数多につた《（伝）》わらせて、わき《（脇）》のした《（下）》をおせ《（押）》バ、水ハ頭上よりはしる。

先にも見たように、天保期（一八三〇～四四）頃からゴム管が一定の普及を見せていたのだとすれば、あまから屋もこれに類似する仕掛けを使っていたとみてよいだろう。

――明治期の水芸(一) 吉田菊丸《よしだきくまる》――

ここまで江戸時代における水芸発達の歴史をみてきたが、今に伝えられる水芸の型がまとめあげられるのは、明治時代の到来を待たねばならない。これを成し遂げたのが、明治一〇年代から明治末年まで国内外で活躍した初代松《しょう》旭斎天一《きょくさいてんいち》（一八五三～一九一二）である。明治三二年（一八九九）の絵ビラをみると、水火両方を用いた演目となっており、据え付けられたコップ、瓶、日本刀の刃などから水が噴き上がるのはもちろんのこと、松明の先や後見の頭からも水が噴出している。太夫の天一は、左手に扇子、右手に羽子板という現代演じられるスタイルと同じだが、洋装である点だけが異なっている。

では天一はどのようにして水芸を習得したのであろうか。彼は新聞や書籍にいくつかの聞き書きを残しているため、まずはその声に耳を傾けてみたい。

初代松旭斎天一の水芸
『松旭斎天一絵ビラ(明治32年)』(河合勝コレクション)

> 或時私は吉田菊麻呂の水芸をしておるのを見て、それからといふものは剣伏せの法はソチノケにして水芸のことばかり昼も夜も考へ、ドウしたならアノ水芸が出来るかといろ〳〵さまざま工風をこらし遂に独り考へて一種の水芸を発明いたしました。［奇坊 一九〇二］

吉田菊麻呂（菊丸）とは大阪を中心に活躍した奇術師で、明治七年（一八七四）頃には「新工夫水からくり」と称して、名古屋で水芸の興行をしていた記録が確認される。後に歌舞伎俳優の五代目尾上菊五郎《おのえきくごろう》に奇術を口伝したことから、その名をもらって吉田菊五郎と称するようになったとされる。息子で二代目の菊五郎が語るところによれば、明治一〇年（一八七七）頃に渡米した際、ゴム管と空気枕を大量に仕入れ、水芸の複雑化を図ったという。［山口廣一 一九三四］

吉田菊丸の水芸
絵ビラ『西洋手品水芸大道具（明治12年）』
（河合勝コレクション）

現在伝わる初代と二代目の菊丸（菊五郎）の数種の絵ビラを確認すると、太夫が持つ傘からの噴水が共通して描かれている（第二部38）。据物や後見の頭上からの噴水は珍しくはないが、傘からの噴水はあまり例がない。伝授本では明和五年（一七六八）刊『絵本一興鑑《えほんいっきょうかがみ》』に「傘よりおのれと雨ふらせてふしぎきめう《（不思議奇妙）》の術」が載るが（第二部32）、これは噴き上がるというより、水が流れ出てくるものであって別の現象である。

またもう一つの特徴が、芝居仕立てによる水中早替りを得意としたことである。舞台前、かぶりつきの土間に水溜が作ってあり、「有馬の猫化け」（第二部19）や「天竺徳兵衛」（第二部16・21）「四谷怪談」（第二部12）、「浦島太郎と水芸早替り」などの芝居を演じるなかでこの水溜に身を投じる場面をつくった。すると数百本の細い噴水が噴出すると同時に、裃《かみしも》姿などに早変わりした菊丸が、セリ上がってくるという手順であった。

スケールが大きく、派手な趣向で、さぞや若き日の天一の心を捉えたものと思うが、後の天一の水芸に直結する要素は特には見出せない。

――明治期の水芸(二)　養老瀧翁斎と音羽瀧寿斎《おとわたきじゅさい》――

ところで、いくつも残る天一の聞き書きは、細部に異同があり、どれを信用すればよいのか悩まされるところだが、やはり水芸についても別の影響をほのめかす記載が見出せる。

其頃、養老流とか布引流とかゞ水芸を致して居りましたが、一ヶ所の水を留めたり出したりするだけでは何《ど》うも面白くない。（中略）何本ものヒヨロ管を出し、人の手を借りないで自分の体で呼吸を取る事にしまして、左右の者に渡し、又は口上云ひの頭からも出す様に致しました。［『わかば』一九〇五］

今度は養老流と布引流である。後者の布引流はまったく情報がなく不明だが、養老流とは養老を屋号とした奇術師による水芸の流派を指す。明治二一年（一八八八）一一月一六日『東京絵入新聞』の記事は、幸先よく東京進出のスタートをきった天一を取り上げ、彼が「十九の年、始めて養老滝五郎の一派に加り、水芸の一技を磨き」云々とその修行時代を明かす。「一派」とあることより、瀧五郎門下に入ったことを意味するものか、あるいはその瀧五郎の弟子の弟子（孫弟子）になったことを意味するのか判断がつかない。

天一は若い頃、関西を活動の場としていたことから、ここからは大阪で水芸を演じていたことが明らかな養老瀧翁斎に目を向けてみたい。明治一三年（一八八〇）に大阪で没した瀧翁斎が、鈴川の流れを汲む初代瀧五郎ではなく、またその二代目を襲名した西井庄吉でもないことは先に述べた。おそらくは江戸東京の一門とは別に、大阪にも養老一門があったと思われるのだが、現時点ではこれ以上の詳細を述べる用意はない。

明治一二年（一八七九）から翌年にかけて、瀧翁斎の大阪での興行を伝える新聞記事がいくつか確認でき、いずれも「水芸手品」や「水手品」を演じたと書かれている。また『朝日新聞』一二年七月一二日の記事には「水芸に名を得たる養老瀧翁斎は七十の坂を越し、又固有《もちまへ》多病にて、技芸《わざ》も捗々敷出来ぬ故、来る九月上旬より堀江の劇場にて一世一代の興行をなして、門下《でし》瀧三郎へ瀧翁斎の名を譲る」とあって、弟子瀧三郎による襲名の予定も記している。結局、瀧翁斎は翌年二月に亡くなり、間を置かずして、同年四月、二代目養老瀧翁斎による金沢興行を伝える記事が見える（『朝日新聞』四月二三日）。

また、一七年（一八八四）四月一二日の『名古屋絵入新聞』には、名古屋の瀧五郎が四年間ほど東京にいたが、この度帰郷して師の名を継いで瀧翁斎と改名したという記事を載せる。この瀧五郎改瀧翁斎も「水芸をもて鳴滝の音に聞えし」と形容され、「一流手品の水尽し」を演じたとある。おそらく三人目の瀧翁斎は、一九年頃に萬国斎《ばんこくさい》総理《そうり》を名乗るも、翌二〇年一一月に神戸で縊死《いし》したとの記事が載る人物であろう（本名は大鹿由太郎、享年四〇歳）。これらのことから、明治一二〜二〇年（一八七九〜一八八七）の間に、少なくとも三人の瀧翁斎がいたことがわかっている。

第七章でみたように、同じ時期に一蝶斎を名乗った人物が複数人いたらしいことを思い起こせば、瀧翁斎を名乗った人物も同時に複数人いたとしても不思議ではない。したがって現在確認される二種類の瀧翁斎の絵ビラが、どの瀧翁斎のものかは確定できない。ただし、どちらも水芸を中心に描いており、これが得意芸であったことをうかがわせる。時期的なことを考えると、明治一〇年代前半の天一が影響を受けた人物とすれば、それは初代の瀧翁斎であったろうか。

また、ここで気になる存在が、音羽瀧寿斎という人物である。明治一三年（一八八〇）三月一九日の『朝日新聞』によれば「昨日より水芸・手品の興行を始めたるが、太夫は故瀧翁斎の門人音羽瀧寿斎なり」とあり、瀧寿斎は

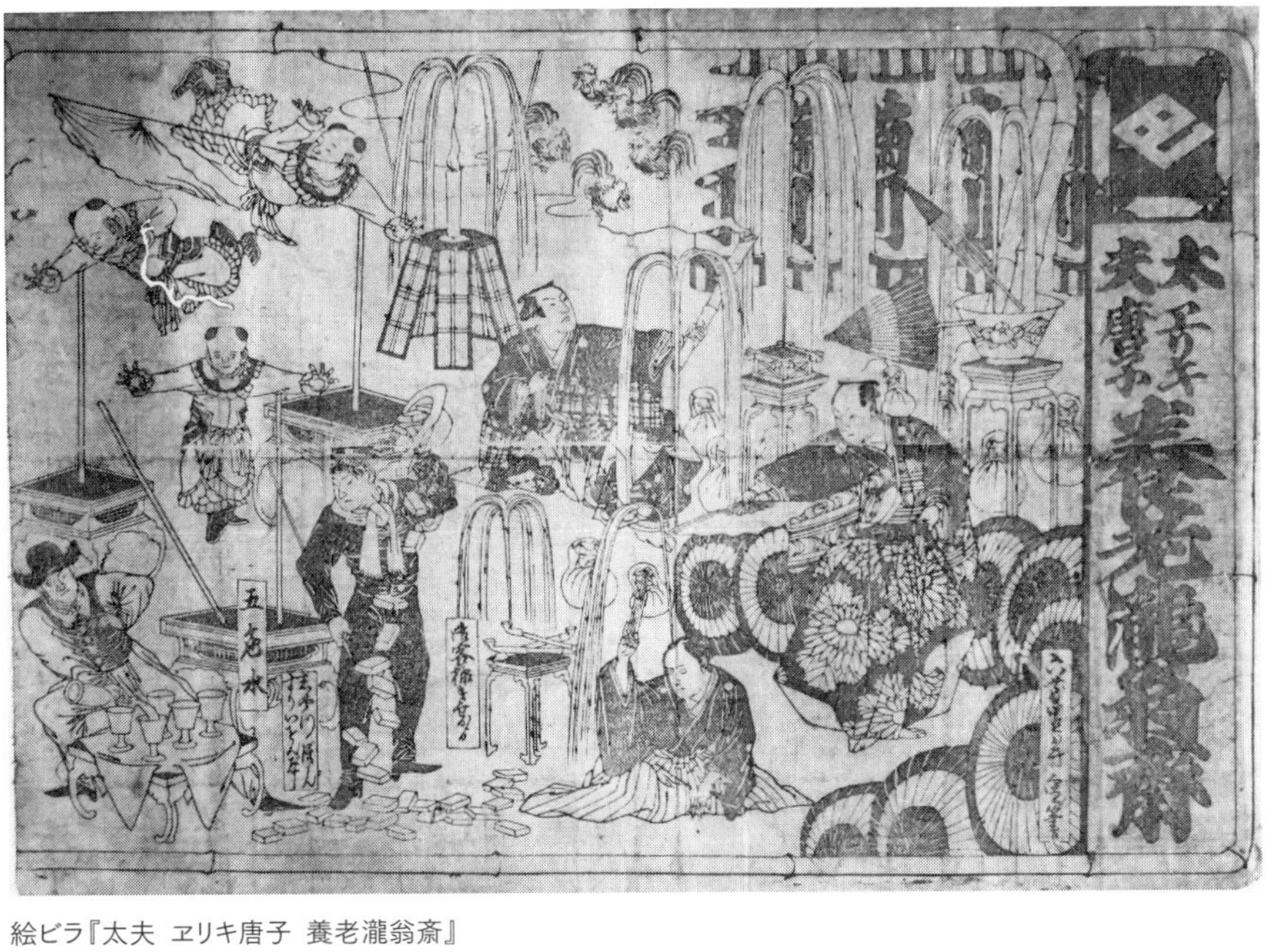

絵ビラ『太夫 ヱリキ唐子 養老瀧翁斎』
（河合勝コレクション）

初代瀧翁斎の門弟であったことが判明している。この前月にも「水芸に有名なる音羽養《（瀧カ）》寿斎が得意の技芸を興行する由」とあり、唯一伝わる明治一三年（一八八〇）の絵ビラ「皇国手品・西洋手術 一流水芸早替」を見ても、水芸を得意としていたことが一目瞭然である。それも単なる噴水芸にとどまっておらず、乱杭渡りの杭の代わりに噴き上がる水を渡ってみせたり、盥《たらい》からのセリ上げと傘・宝珠からの噴水を組み合わせたりと、演目の組み合わせの妙が感じられる。絵ビラの題からは、早替りも演じたようであり、相当の力量を備えた人物とみられる。

じつは天一が一時期、この音羽瀧寿斎を名乗っていたと書いた史料がいくつか確認されている。一つは、明治四五年（一九一二）六月一五日、前日に天一が没したことを受けての『読売新聞』の訃報記事である。

十七八歳の時は田舎巡りの手品師と成りて、音羽瀧寿斎と称し、水芸を売物に九州、四国と興行し（以下略）

とあり、同様に『文藝倶楽部』に載った天一の訃報記事中の小伝にも、

一念発企して十九の時阿波を飛出し、自ら音羽瀧寿斎と名乗りを揚げて、行衛《ゆくえ》定めぬ旅芸人の其れから其れ

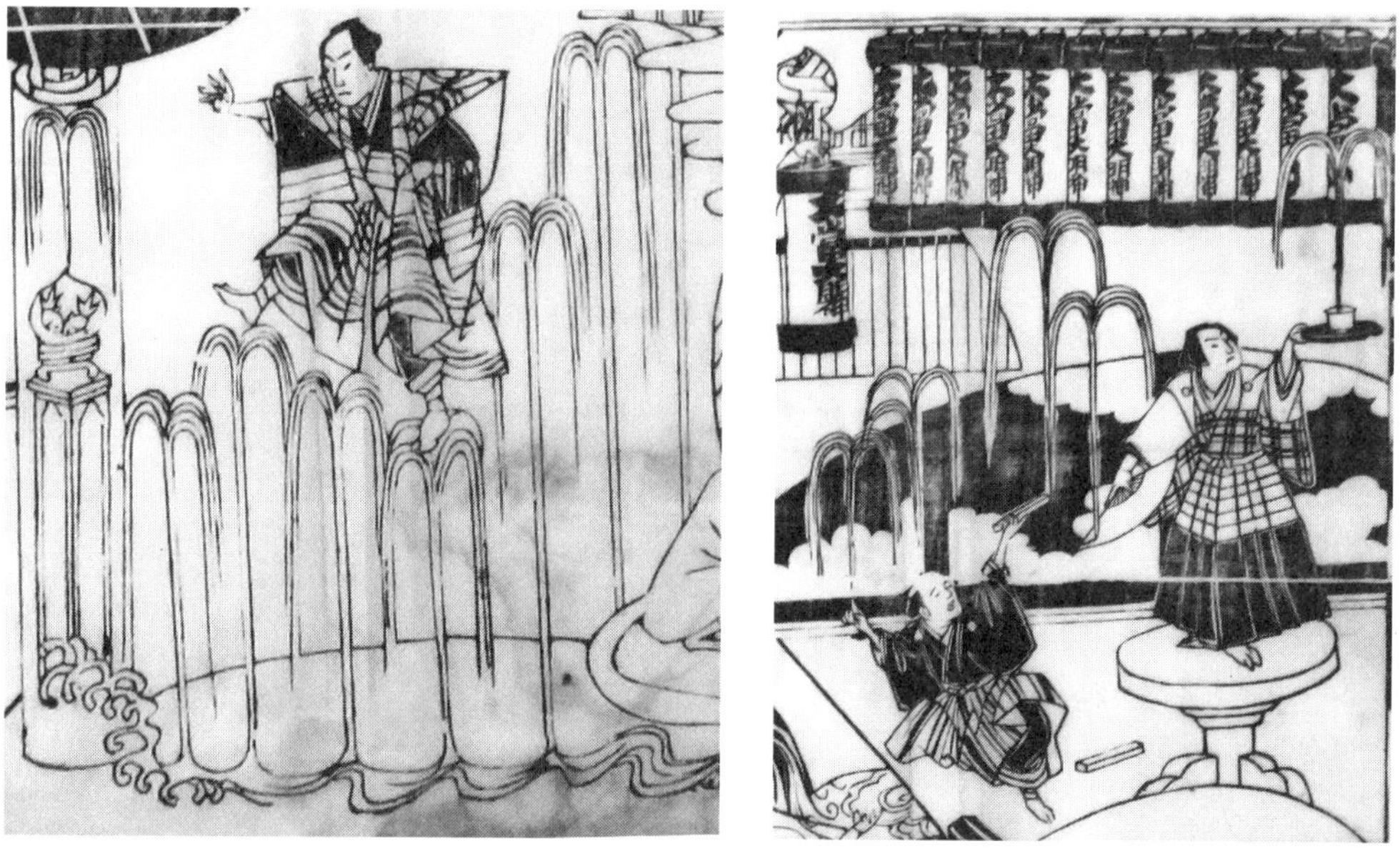

音羽瀧寿斎の水芸
絵ビラ『皇国手品・西洋手術 一流水芸早替(明治13年)』(河合勝コレクション)

へと巡歴ぐる中に、後年売り物とした水芸其他の種を
仕入れ（以下略）［二洲橋生 一九一二］

とある。秦豊吉《はたとよきち》著『明治奇術史』の記載もこの記事にならったものだろう。

では本当に瀧寿斎が天一の前名なのだろうか。天一の姉の孫で、弟子でもあった松旭斎天洋《しょうきょくさいてんよう》は、この間の経緯を次のように述べている。

旅芸人の仲間入りをしたり旅をしたりして奇術を研究し、音羽斎という芸人の一座に入り奇術を演じているうちに、長崎興行の途次アメリカから来た奇術師ジョネス師に見込まれて雇われた。［松旭斎天洋 一九七六］

音羽瀧寿斎ではなく「音羽斎」となっているのは、天洋の記憶違いだろうか。青園謙三郎《あおぞのけんざぶろう》は『松旭斎天一の生涯』を書くにあたり、天一は音羽斎から「音羽斎寿斎」という芸名をつけられたという情報を天洋から得ている。自身が音羽瀧寿斎を名乗ったのか、それとも音羽の門人になったということなのか。

新聞で確認される天一の初出記事とされるものは、明治一五年（一八八二）一二月一九日『愛知新聞』に「西洋手品一天松旭斎」の一座が、火渡りをする、しないで観客ともめたことを伝えるものであり、次が一六年五月三一日『京都絵入新聞』、煙花の製造過程で天一が大やけどを負ったという記事である。どちらの記事も、後に「奇術博士」を自称し、全国の大劇場を満員にした天一からは想像もつかないほど惨めな内容である。この明治一〇年代後半の天一像と一三年の瀧寿斎との間には相当な力量の差を感じる。もちろん、瀧寿斎の方が数段上で芸は完成されている。したがって絵ビラを見る限りでは、天一と瀧寿斎を同一人物とみることは難しいと言わざるを得ない。先の養老一派に加わったとする記事をあわせ考えると、天一は瀧翁斎の門人である音羽瀧寿斎に入門し、水芸の基礎を学んだと考えるくらいが適当なのではないだろうか。

明治期の水芸（三）——中《なか》村《むら》一《いち》登《と》久《く》——

天一の水芸に影響を与えたであろう最後の一人が中村一登久である。秦豊吉が『明治奇術史』で「後の天一の水芸は、一登久が伝授し後見した」と述べて以来、その後の奇術史文献もみな、天一の水芸は一登久から習ったものとしている。しかし、明治期の天一の聞き書きなどで、両者の関係に言及したものは一つも確認できない。では、なぜ両者の水芸が同じ流れのものと断じることができるのか。

　中村一登久は、初め中村市徳あるいは単にイチトクと名乗っていた。市徳としての初出は明治一三年（一八八〇）一月一日、大阪道頓堀弁天座での興行を伝える記事で「東京初下り中村徳市《ママ》にて、口上はお馴染みの甘辛屋なり」とある（『朝日新聞』一二年一二月二三日）。「東京官許七々不思議」と題されたこの時の絵ビラも伝存し、「とくりのふしぎ（壺抜け）」（第二部384）や「天井のさかさまあるきふしぎ（天井渡り）」など八つの演目が記される。このうち水芸との関わりでは、火のついたロウソク上で水を噴出しながら廻る独楽を描く「いなづま火のふしぎ」、吊灯籠から水が噴き落ちる「水火のふしぎ」の二つが載るだけで、特筆すべきものはない。

　独楽との関わりで言えば、年不詳「曲ごまふしぎ手業東京手踊外国手術《てじつ》」と題された絵ビラは、太夫名が「イチトク」となっており、描かれる演目の大半が曲独楽であり、水はまったく用いられていない。一登久は当初は曲独楽師としてスタートし、水芸は演じていなかったものと思われる。

　絵ビラに華やかな水芸を描くようになるのは、明治一五年（一八八二）一月、大阪道頓堀朝日座での興行絵ビラからである。題には「三国伝来玉《藻》もの前の曲ごま」「水の手術曲ごまの機械」とあり、竹澤藤治の演目を彷彿とさせる。絵ビラに描かれるのは、羽子板や扇の地紙・ロウソク・鉢の上で廻る独楽からの噴水、そして肩や頭上か

中村市徳の水芸
絵ビラ『耶蘇三代のけゐ罪の業事（明治15年）』（河合勝コレクション）

らの噴水である。前年一一月にも「手品・水芸の太夫中村一徳」と書かれた記事があり（『朝日新聞』一一月六日）、この頃には水芸を得意芸としていたようである。

この後、一六年には一登久と名を改め、再び東京へ行き、浅草で長期間の興行を行った記事が確認される。そのため東京進出前、関西にいた天一と交流があったとすれば、明治一三〜一五年の間ということになる。

さて、一登久が「綾取り」の要素を考え出したことにより、水芸は完成した芸になったとされる［藤山新太郎 二〇〇九］。綾取りとは、道具を用いて、噴き上がる水をすくい取り、それを別の場所に移す所作をいう。動きのあることゆえ、絵で表現しづらいためか、絵ビラで綾取りがあったことは確認できない。そこで漢詩人でジャーナリストの成島《なるしま》柳《りゅう》北《ほく》が書いた「観幻戯記《かんげんぎき》」という文章をみてみたい。この文は明治一六年（一八八三）五月二〇日、柳北が東京浅草奥山で一登久（一徳）の演技をみたときの感想が『朝野新聞』に掲載されたものである（ここでは『柳北遺稿 上』博文館一八九二のテキストに拠った）。

中村一徳ノ水ヲ使フヤ自由自在、蓋《けだ》シ能《よ》ク水ノ体ヲ知ル者カ、将《はたま》タ水ノ性ニ率《したが》フ者カ。抑《そもそ》モ亦水ノ権利ヲ抑制シテ、己レノ好悪ニ従ハシムル者カ。（中略）扇ヲ以テ独楽ノ噴水ヲ麾《き》スレバ、水忽《たちま》チ移テ刃上ヨリ迸《ほとばし》ル。又麾シテ燭上ニ移セバ、火中ヨリ水ヲ噴シ、水簾一道、燭光ヲ蔽《おほ》フテ下ダル。衆皆喝采已《や》マズ。一徳、其ノ扇ヲ擲《なげう》チ去リ、二箇ノ小木板ヲ左右ノ手ニ執《と》リ、噴水ヲ麾シテ木板ニ移セバ、水亦板面ヨリ湧キ上ボル。之ヲ左ニ移シ、右ニ送リ、板閃《ひらめ》キ、水舞ヒ、鐘鼓管弦《しょうこかんげん》ノ節ニ応シテ其ノ妙ヲ極メリ。更ニ木板ヲ飜ヘシテ己レノ肩頭ヲ拍《う》テバ、噴水忽チ肩頭ヨリ迸リ出ヅ。適《たまた》マ場丁出デヽ、燭ヲ剔《き》ル。一徳木板ヲ揮《ふる》テ其ノ頭ヲ指セバ、場丁ノ頂門ヨリ亦一條ノ水ヲ噴シ、淋漓《りんり》トシテ前面ノ看客ニ濺《そそ》グ。看客喫驚シ、逡巡シテ、叫呼《きゅうこ》ス。満場ノ人、其ノ絶技ヲ賛セザル者無シ。

「麾ス」という語が頻出しているが、これは「さしまねく」という意味で、扇を使って独楽の噴水をさしまねいて日本刀に移し、またそれを火のついたロウソクに移す。今度は二本の「小木板（羽子板）」を用いて、噴水を左右に自在に移してみせる。自身の肩を羽子板で叩けば、そこから水が出て、後見の頭を指せば、ここからも水がほとばしり出る。これが綾取りである。こうした複雑な水の動きを可能にするには、噴水のオンオフを司る「スイッチ」技術の向上も必要となる。綾取りとスイッチの考案は、単に水の噴出を見せるだけでなく、水芸に「ストーリー」の展開をもたらした。こうして本章冒頭に掲げた三つの要素が備わり、一登久によって水芸は完成を見たとされる。

天一が明治二一年（一八八八）に東京進出を果たした際の絵ビラには、すでに一登久が演じたような水芸の様子

初代松旭斎天一「陰陽水火の使い分け（水芸）」
絵ビラ『万国一等世界無比 改良西洋大てじな興行（明治21年）』（河合勝コレクション）

が描かれている。おそらくは「綾取り」「スイッチ」「ストーリー」の三つは備わっており、この時点ですでに一登久から水芸の伝授を受けていたとみられている［松山光伸二〇一〇］。

なお、一登久はその後、天一一座に入って天登久《てんとく》と改名し、一座の後見役に徹したとする見方がある（明治二七年〈一八九四〉刊『技芸偉観《ぎげいいかん》』の天一の門弟一覧に「天登久」の名が見える）。しかし、二九年四月の浅草の大火で「中村一登久の手品小屋とを焼払ひ」との記事が確認されることから（『東京朝日新聞』四月一二日）、完全に自身の一座を畳んだわけでもなかったようである。

――明治期の水芸（四）松旭斎天一から松旭斎天勝《しょうきょくさいてんかつ》へ――

天一は一登久から伝授を受けた水芸をさらに自身で発展させ、国内各地の巡業で披露し、明治三四～三八年（一九〇一～〇五）の欧米巡業でも各国で上演した。サムタイとともに「Water Trick」は評判となり、後に松旭斎派のお家芸になっている。ただし、先にも示した通り、帰国後の天一の水芸の手順には、独楽が含まれるなど、現在の水芸の型との間にまだまだ相違点もあった。

これを女性が演じる型物として、手順にさらなる磨き

をかけたのが、天一の弟子、松旭斎天勝（一八八六〜一九四四）であった。天勝は二代目天勝をはじめ、多くの女性を弟子にとったこともあり、その後は水芸といえば、松旭斎一門、そして主に女性が演じる芸として社会的に定着していくことになった。

また、泉鏡花《いずみきょうか》の『義血侠血《ぎけつきょうけつ》』を舞台化、映画化した『滝《たき》の白糸《しらいと》』も「水芸の太夫は女性」という観念を広めることにつながった。天勝は、昭和八年公開の映画『滝の白糸』（溝口健二監督）で主演の入江たか子に水芸指導を行っている。

このようにみてくると、天一に加えて天勝もまた「松旭斎派」の水芸の確立の立役者だったと言うことができるのである［山本慶一 一九七四B］。

初代松旭斎天一「Water, water, everywhere」
『*Black and White Illustrated Budget*』11-256
（福井県こども歴史文化館蔵）

初代松旭斎天勝一座の水芸
（河合勝コレクション）

おわりに

ここまで古代から江戸時代にかけての日本奇術の歴史を述べてきた。いくつかの特定のテーマについて深く掘り下げて紹介したのは、先学の成果を特に再検証したいと考えたためのことである。「はじめに」で紹介した奇術史文献と本稿とを併読いただくことを強く希望する。

また、本来ならば第九章以降で、開国を機に日本奇術が変容していく過程や、逆に海外渡航の解禁を受けて多くの奇術師が海外に雄飛した歴史も紹介したいところではあるが、この分野については特にすぐれた先学の成果もあることなので、そちらを参照いただきたい［松山光伸 二〇一〇］。

ここでは「おわりに」に代えて、「寄席《よせ》」「伝統・古典」「戦後の動向」という三つの視点で明治期以降の日本奇術の歴史を概観し、本稿を終えることにする。

――寄席――

江戸の町に寄席がつくられるようになるのは、一八世紀も末になってのことである。その後、天保一三年（一八四二）二月の時点では、江戸市中には寄席が二一三軒も存在していた。寺門静軒《てらかどせいけん》著『江戸繁昌記《えどはんじょうき》 第三編』（天保五年〈一八三四〉刊）は、この頃の寄席の様子を次のように叙述する。

寄《ヨセ》（都俗、招聚《せうしゆう》を謂《い》ひて之を寄と謂ふ）

太平を鳴らし、繁昌を鼓する、手技《テヅマ》や落語《ヲトシバナシ》や影絵《カケエ》や演史《コウシャク》や百 眼《ひゃくまなこ》と曰《い》ひ、八人芸と曰ふ。昼に夜に交代して技を售《う》る。七日を以て限りを建つ。限りを尽して客 舄《かくせき》減ぜざれば、又日を延ばし、更に期を引く。大概

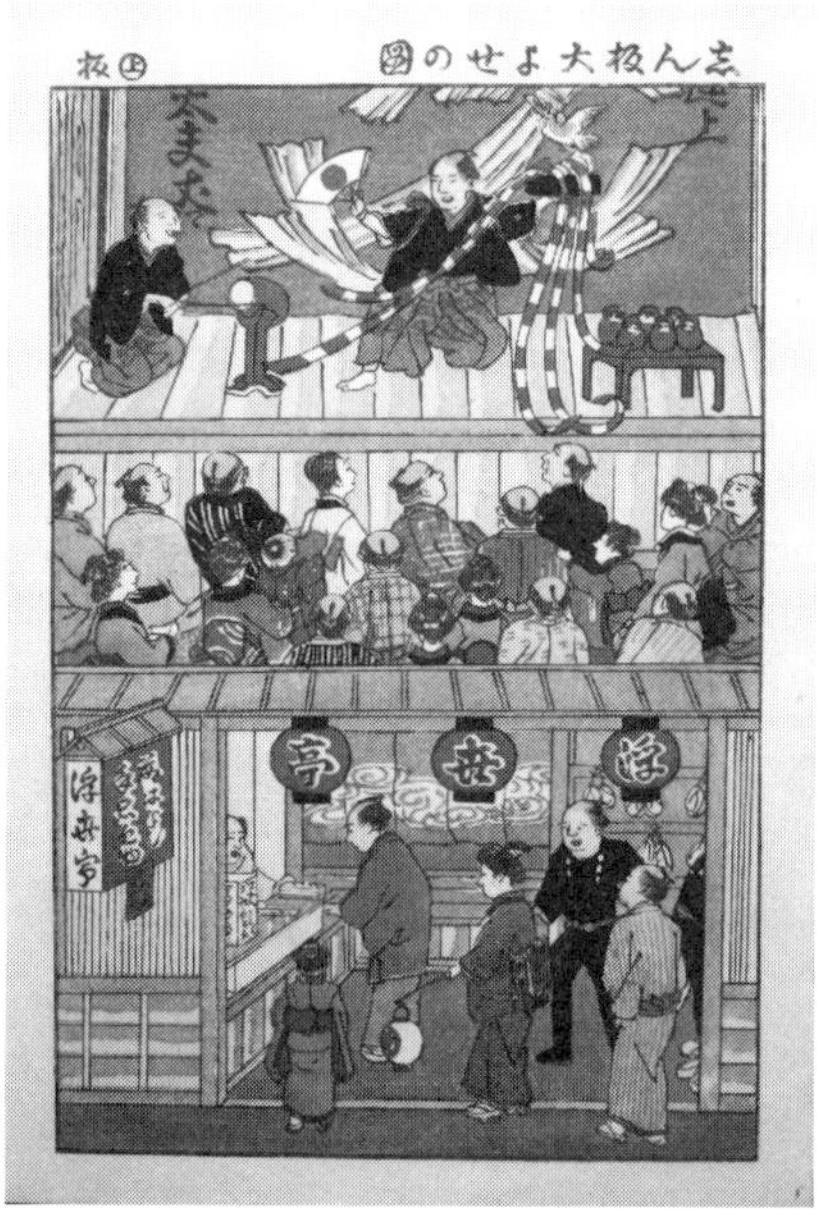

『志ん板大よせの図』
（河合勝コレクション）

一坊一所、楼を用ひて場を開く。＊

寄席は落語や講談を聞かせるだけの場ではなく、手技（手妻）や影絵、百眼（目かづらを用いた物真似芸）、八人芸（一人で八種の楽器を演奏）など、いわゆる「色物」もこの頃からすでに寄席で演じられていたのである。寄席でどのような奇術が演じられていたか、その詳細な実態を知ることは難しいが、一九世紀に刊行された伝授本には高座での様子を描いた図も散見される（第二部133・142・186）。

高座での手妻
『手品独稽古』（河合勝コレクション）

天保一三年二月、天保の改革により寄席は一五軒を除いて、すべてが取り払われることになるが、二年一〇か月を経た弘化元年（一八四四）末には再び「勝手次第御免」となる。反動で翌二年正月にはあっという間に七〇〇軒もの寄席が叢生し、その後は数も落ち着くが、それでも幕末から明治初年にかけては江戸東京の町に一二〇〜一七〇軒程度の寄席が存在していた。

第五章でも述べたように、境内や明地《あきち》、葭簀張《よしずばり》などで活動する辻放下や綾取などの芸能者は、乞胸頭《ごうむねがしら》仁太夫《にだゆう》の支配を受け、身分は町人でありながら、被差別身分の系列に置かれて卑賤視を受けていた。ところが寄席は乞胸頭支配の対象外とされていたため、「脱賤化」をはかる芸人たちは活動の場を寄席に求めた。

また、薬（反魂丹《はんごんたん》）や歯磨粉などを売るために奇術を演ずる香具師《やし》がいたことは、『放下筌《ほうかせん》』の図版に「江戸本家・反魂丹」と書かれた箱が描き込まれていることからも明らかであろう（第二部270）。こうした香具師達もまた、売るために演ずる「愛敬芸術」から解放されるために、寄席に出演するようになっていった［吉田伸之 一九九六］。

その一方で、西沢一鳳《にしざわいっぽう》著『皇都午睡《こうとごすい》 初編』（嘉永三年〈一八五〇〉成立）は、幕末頃の芸能・見世物の様子を次のように述べている。

軽業は多く宮寺の境内にて、放下師の輩、往来に銭を乞ひ仕たる物也。独楽廻しなども、手妻にても、今は小屋を建、高小屋物とて、歌舞伎所作事抔に似せて、見世物の第一とはなれり。余か幼年の頃は見せ物といへは、駝鳥、猿猴、人魚の干物、海亀抔を云たりしが、近世駱駝の後は見世物の名は細工物に混せり。

近世後期から幕末にかけては、第七・八章でも取り上げた柳川一蝶斎や竹澤藤治、ほかにも軽業・曲芸の早竹《はやたけ》虎吉《とらきち》や桜綱駒寿《さくらつなこまじゅ》らが、芝居仕立ての大仕掛けな芸を仮小屋で興行していた。これらを当時は「高小屋物《たかごやもの》」と呼んでいた。したがって、この時期の奇術は、辻放下、寄席、高小屋物と、大きく分けると三つの場・形態で演じられていたことになる。

その後は開国、海外渡航の解禁、海外奇術師の来日などにより、わが国に西洋手品の波が押し寄せてくる。日本伝統の奇術だけを演じていても客が呼べなくなり、多くの奇術師が西洋手品に転向していった。また、実際には伝統奇術を演じているにもかかわらず、「西洋」を標榜する者も多かった。特に一座を率いて各地を巡業するような著名な奇術師は、ほぼ全てが西洋奇術を称していたと言っても過言ではない。

では、明治期以降の日本奇術はどこで演じられていたのだろうか。明治八年（一八七五）刊『諸芸人名簿《しょげいにんめいぼ》』は、当時、東京で活動していたあらゆる分野の芸能人を採録した名簿である。この名簿の「落語之部」には、東京の寄席に出演していた、落語、音曲、写絵《うつしえ》、手品、八人芸、物真似の六種の芸人総勢二八九人名が掲出されている。その内訳を以下に示す。

落語二二四人（上等四六人・下等一七八人）
音曲　三〇人（上等七人・下等二三人）
手品　一八人（上等一〇人・下等八人）
写絵　　八人（上等六人・下等二人）
八人芸　一人（上等〇人・下等一人）
物真似　八人（上等一人・下等七人）

名簿は真打を意味する「上等之部」とそれ以外の「下等之部」に分れており、手品の上等には、養老瀧五郎、柳川一蝶斎、鈴川春五郎らの名前が見え、下等には彼らの門弟と思しき芸人の名前が載っている。つまり、各地を巡業しない東京の奇術師達は、寄席を主な活動の場としていたのである。

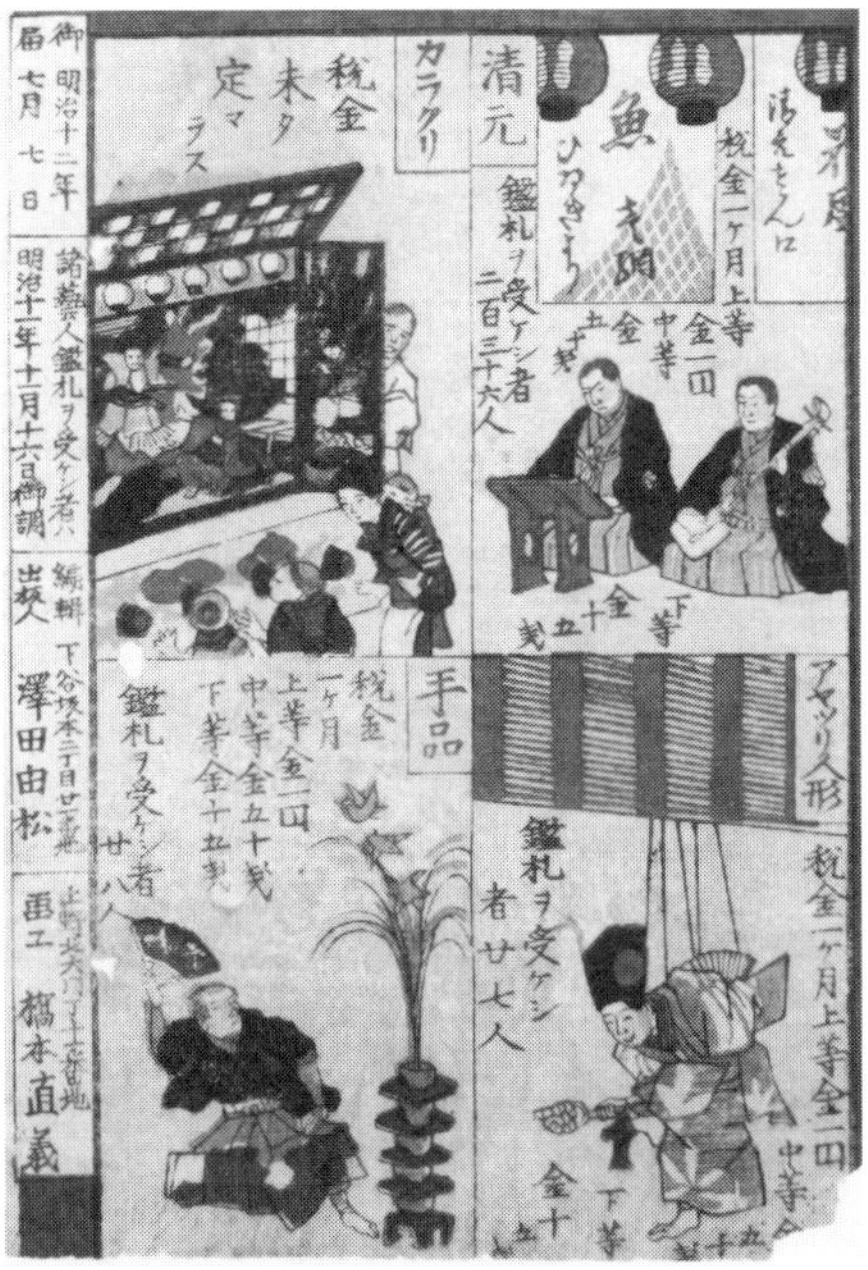

『改正営業税一見表（明治12年。部分）』
（河合勝コレクション）

ここに言う上等と下等の区別は、本来ただちに芸格を示すものではなく、当初は所得の多寡によって決められるものだった。というのも同年一月、東京府は芸人から賦金《ぶきん》（税金）を徴収する税制を布達し、「軍談并《ならびに》義太夫其外寄セ（席）出稼之者」すなわち「落語之部」に載る者達には、上等は毎月金五〇銭、下等は二五銭を課すようになっていた（後に上等五〇銭・中等二五銭・下等一五銭に改正）。また、六種の芸能の統一組合「睦連《むつみれん》」の「頭取」には、三遊亭《さんゆうてい》圓朝《えんちょう》と麗々亭柳橋《れいれいていりゅうきょう》が就き、新規加入や転業、廃業、鑑札交付などの業務を司った。このように明治初年の日本の伝統奇術は、主な上演の場が寄席だっただけでなく、税制の面でも「落語」の一種として役所からは把握されるようになっていた。

明治一一年（一八七八）三月、落語から「手品遣ひの鑑札」が独立することとなり、頭取には二代目養老瀧五郎事西井庄吉《にしいしょうきち》が就任する（『朝野新聞』三月三一日）。また、瀧五郎は一五年二月の「劇場取締規則」布達を受け、八月には「手品芸業元《てじなげいぎょうがん》祖《そ》調記《しらべのき》」を警視庁に届け出ている。これらのことをもって、養老瀧五郎を代々の「手品の家元」とする見方が示されることがある。実際、睦連の頭取には柳派と三遊派の宗家たる二人が就任していることからみても、瀧五郎が実力者であったことに相違はないだろう。しかし、先にも述べた通り、頭取とは本来、役所と芸人とをつなぐ役職であり、頭取イコール家元というわけではない。

明治三八（一九〇五）年、西井庄吉の死去を受け、次の「写絵兼手品頭取」に三代目養老瀧五郎事笠井松五郎《かさいまつごろう》が就任する。この間の経緯が「手品写絵頭取指名通知」という公文書綴（東京都公文書館蔵『文書類纂 明治三十八年』）に「同業者及昔話頭取等ト脇（協）義之上撰挙」によって笠井が選ばれたと書かれている。養老の家が絶対不動の家元ではなかったこと、またこの時点でも手品が「昔話頭取（落語頭取）」の影響下にあったことを読み取れる。

また『落語家名前揃《らくごかなまえぞろえ》』は、明治二一～二九年（一八八八～九六）に柳派に属した芸人が提出した「昔話営業人引受之証」を合綴したもので、後に三代目柳川一蝶斎を襲名する日本手品の春風蝶柳斎《はるかぜちょうりゅうさい》や西洋手品で一世を風靡した初代帰天斎正一《きてんさいしょういち》の名も見える。このことは手品頭取が落語（昔話）から独立した後も、昔話頭取のもとで芸能活動を行っていた者が多くあったことを示している。なお、明治三八年九月には足掛け五年の欧米巡業から帰国した初代松旭斎天一が「和洋奇術魔術工『マジック』曲芸『ジヤーグラー』電気応用奇術家元頭取」となることを東京府から認められている。当時の奇術師達が一つの組合に結集していたわけではなく、出演する場や興行形態に応じて、いくつかの組合に分属していたことがわかる（『文書類纂 明治三十八年』）。

さて、明治も後期になると、日本の伝統奇術は西洋奇術に一層押されることになり、三代目柳川一蝶斎（本名青木治三郎）が「日本手品最後の名手」と呼ばれるようになった［坪内博士記念演劇博物館 一九三三］。一蝶斎は第七章でも取り上げたとおり、明治二五年（一八九二）春風蝶柳斎を名乗っていた頃、明治天皇の天覧を賜っている。おそらく純粋な日本手品の演目だけで天覧を受けたのは蝶柳斎一人だけだったのではないだろうか。しかし、明治四二年（一九〇九）に一蝶斎が亡くなると、その訃報記事に「日本特有の小手先を以て扱ふ手品は柳川一蝶斎の外には近来使ひ手もな」いとまで書かれるほどの凋落《ちょうらく》をみせていた（『東京朝日新聞』二月一八日）。先の笠井松五郎の手品頭取就任に際し、一蝶斎は届書に連署押印しているが、その際の肩書きは「手品家元柳川一蝶斎」となっていた。しかし、一蝶斎の没後、この家元の門弟の中からは四代目を襲名した者もいなかったらしく、大正期の芸人名簿には柳川の名を見出すことさえできなくなっていた。

――伝統・古典とは――

さて、ここで今更ながらであるが、「日本の伝統奇術」「日本手品」「手妻」「和妻」とは一体何なのか、を考えておきたい。

蝶や水芸が伝統奇術であることを疑う者は、まずいないだろう。しかし「夕涼み」（第二部402）や「袖たまご」（第二部403）、「連理の紙（連理の曲）」（第二部390）、「若狭の水」（第二部396）はどうだろうか。いずれも現代では手妻や和妻の名の下で演じられる演目ばかりだが、もし「伝統」の語を江戸時代以来の伝統と捉えるならば、これらを伝統奇術と呼ぶことはできなくなってしまう。なぜなら、これらの演目は明治時代以降の史料でしか確認できないものばかりだからである。

詳しくは第二部「日本奇術演目図説」の「幕末以降の創作日本手品」の解説に譲るが、創作日本手品には、元々なかったものを新たに考案したものもあれば、西洋の演目を和風に改変したものもある。またどこで誕生した演目かを突き詰めていくと、たとえば中国から日本に持ち込まれたであろう植瓜術や金輪はどうなるのか、という問題も生じてくる。何をもって「日本奇術」の演目と考えるかは、演じるスタイルとも関わる問題なのかもしれない。

では、次にそのスタイル、型のことを考えてみよう。明治期の一つの型として、次のような型が示されている。

舞台は中央高座に緋毛氈《ひもうせん》を敷き、太夫の座る席を設け、その左右両脇に種箱《たねばこ》（「台箱」ともいう。この箱は高さ二十五センチ、横十七センチ、縦三十センチばかりで裏があいており、この中にタネを仕込でおくのでこの名がある。左右は入子になって、通常は容器として用いられる）を飾りつけ、その前に灯のついた燭台をおく。後見は木綿の黒の着付けに小倉の袴で太夫の席から一メートルばかり下手前にいぼ太鼓をおいて座り、下座《げざ》の囃子に合わせて太鼓を打つ。そこへ口上。口上がすめば太夫の「出」になる。太夫は腕ぬきに模様の着付け、袴に裃で登場。太夫の口上が終ると、地囃子で襷《たすき》を取ってかけ、「東西《とざい》」で演芸をはじめる［山本慶一 一九五九］。

この型は、ほぼ「寄席における和妻の型」と限定してもよいだろう。しかし、伝統奇術が寄席だけで演じられ

「日本手品之図（明治時代）」
（『風俗画報』100号、1892より転載）

ていたわけでないことは、先述したとおりである。辻放下たちは筵《むしろ》の上に座ったり、立ったりして演技を見せているし、高小屋物では大掛かりな仕掛けを用いているため緋毛氈などが敷かれない場面も多くあったに違いない。

ただ、現代の私たちが古典奇術や和妻といった場合に思い起こすものは、じつは主に明治時代以降の寄席での風景であったことは気に留めておいてよいだろう。演目も型も含めて、明治時代になってから、ある程度固定化されたものこそが、「伝統」や「和妻」「手妻」の語で語られているのである。明治以降に完成されたものを、江戸文化の語で語ろうとすることは、歌舞伎や落語といった他の古典芸能にも共通する。

いずれにせよ、ここに示されたようなスタイルで伝統奇術を演ずる者はほとんどいなくなってしまう。戦後になっても、最後までこのスタイルを貫き通したのが、東京の寄席で活動した一徳斎美蝶《いっとくさいびちょう》（一八九九～一九七六）だった。昭和三六年（一九六一）の段階で「日本手品では、最後のひとり」とまで言われた人物である。写真を見ると、熨斗目《のしめ》の着付に腕貫、裃姿で座ったまま、または立膝で演じている。また、下手には後見としていぼ太鼓を叩く義弟の蝶二、上手には妻の藤川力与が下座として三味線で演技を引き立てている。これは、同じく上方で最後の和妻師と呼ばれた三代帰天斎正一が、後見とともに立ったままで「浮かれの蝶」や「から箱」などの演目を演じていたのに比べると、大きな相違点と言える。

インタビューで日本手品と西洋手品の違いを問われた美蝶は、「西洋手品つてえのは、立つたままでやるし、日本手品は、坐つたまんまでうごかないのがいち番の違いだね」と答え、どちらが難しいかという問いに対しても「そりや日本手品は、むづかしいですよ。坐つたまんまで芸をしなければいけないんで。技術だな、スリと同じですよ」と、座って演じることこそが、日本手品の本質とまで考えていたふしがある［藤田洋 一九六一］。

そんな美蝶でさえ、師匠の養老瀧五郎から教わった演目について、「昔は五ツしかやらなかつたものを、今は七ツも八ツにもしていることもあるんだ。万倍傘で花を出すといつたことは、私がくふうして、西洋手品のものをとり入れてはじめたのですよ。つまり派手になつたんだな」［藤田洋 一九六一］と、西洋手品の手順を取り入れて改良を施したことを明かす。

つまりは、伝統奇術や古典奇術といった場合でも、何をもって「伝統」や「古典」と捉えるかは人によって異なるわけであり、またその伝統や古典も改変、改良がなされ、ましてや西洋の手順さえ取り込んで、徐々に姿を変えてきたものなのである。したがって、固定観念で「日本手品」「手妻」「和妻」を捉えようとすると、その本質を見誤ることにもなる。

——戦後の動向——

戦後、アメリカ文化が雪崩を打って日本にもたらされるようになると、奇術の分野でも華やかな西洋奇術への関心や憧れがより一層強まり、日本の伝統奇術に目を向ける者はますます少なくなっていく。そのようななか、昭和三八年（一九六三）五月一三〜一五日、東京渋谷の東横劇場で第一回奇術まつり「これが日本の奇術だ」と題する公演が開催される。第一部「和妻の展望」、第二部「現代奇術特選」の二部構成で、第一部では次のような出演者が、それぞれ得意の伝統奇術を披露した。

一徳斎美蝶　箱積みの曲、一本傘
松旭斎天春　夕涼み
帰天斎正一（三代）　浮連《うかれ》の蝶《ちょう》、女夫引出《みょうとひきだ》し
吉田菊五郎（三代）　万倍傘《まんばいかさ》
松旭斎天勝（二代）　水芸

構成を担当したのは伝統奇術にも造詣の深い平岩白風《ひらいわはくふう》（一九一〇〜二〇〇五）で、この時点で考えられる限りの最高のメンバーを揃えた感がある。この公演によって「和妻」の言葉が広く知られるきっかけになったとも言われている。このうち美蝶（一八九九〜一九七六）と正一（一八八二〜一九七三）、菊五郎（一八八九〜一九六五頃）は、昭和四〇年代には亡くなったり、引退するなどして、表舞台からは姿を消すことになる。

平岩や山本慶一《やまもとけいいち》（一九二八〜一九九三）らが、演目や型の伝承のため、調査や研究を進展させたのに比して、プロ

プログラム『これが日本の奇術だ』
（河合勝コレクション）

の奇術師で伝統奇術を演じる者はほとんどいなくなってしまう。

　しかし、次の世代の奇術師たちのなかにも、それぞれの方法で日本奇術への回帰を見せる動きが出てくる。

　海外に活動の場を求めた島田晴夫《しまだはるお》（一九四〇～）は、日本らしさを感じさせる演目として「和傘のプロダクション」（第二部407）や「ドラゴン・イリュージョン」（第二部408）などを創出し、世界中の人びとを魅了している。

　西洋奇術から奇術の世界に入った北見《きたみ》マキ（一九四〇～二〇一五）は、後に三世帰天斎正一に師事し、三代目養老滝之助の名跡を襲名。「万倍傘」や「お椀と玉」を得意とし、能からヒントを得た演目「妖面」を創案した。

　松旭斎正恵《しょうきょくさいまさえ》（一九三六～）は、二代目天勝一座の子役として活躍。洋舞を松山樹子《まつやまみきこ》、日舞を花柳輔秀《はなやぎすけひで》に学び、後に初代天勝の直弟子で母・松旭斎広子《しょうきょくさいひろこ》率いる日本魔術団に入団。胡蝶《こちょう》の舞や天勝から継承されてきた水芸を代表芸としている。

　藤山新太郎《ふじやましんたろう》（一九五四～）は、奇術研究家や老奇術師への聞き取りを通じて独自に研究を進め、蝶と水芸の改良に取り組んだ。また、演じ手がなく幻となっていた演目の復活や弟子の育成、一般向けの啓蒙活動など伝統奇術の継承と発展に力を尽くしている。


　平成になって江戸文化や伝統芸能への関心が高まるなか、平成九年（一九九七）五月二七日、日本奇術協会の「和妻」が、文化庁により「記録作成等の措置を講ずべき無形文化財」に選択されることになった（いわゆる選択無形文化財）。これを受け、同協会では機関誌『ワン・ツー・スリー』で北見や平岩による伝統奇術の解説記事を掲載し、一七年には、伝統奇術の代表的な演目の手順を解説した現代の伝授本とも言うべき二冊を刊行した（北見マキ『和妻』、芝辻たかし『南京玉すだれ』）。

　また、協会では二三年六月～二八年三月にかけて「和妻師養成講座」を開講、松旭斎すみえや北見マキ、藤山新太郎、芝辻《しばつじ》たかし、花島皆子《はなじまみなこ》、河合勝《かわいまさる》らが講師を務め、伝統奇術の演じ手を育成する事業にも取り組んできた。本講座の受講者である石井裕《いしいゆたか》、キタノ大地《だいち》、ＫＹＯＫＯら三人は、今後「和妻師」として活躍することが期待されている。

　このほかの若手奇術師のなかにも、伝統奇術を軸にした演技で、世界を舞台に活躍する者も出てきており、徐々にではあるが、伝統奇術への関心は高まりを見せてきていると言えよう。

参考文献一覧

青園謙三郎　一九七六　『松旭斎天一の生涯―奇術師一代』品川書店

朝倉無声　一九二六　「辻放下と豆蔵」（『中央公論』四一巻八号。後に朝倉『見世物研究（復刻版）』思文閣出版、一九七七に所収）

朝倉無声　一九二八　『見世物研究』春陽堂（復刻版は思文閣出版、一九七七。文庫版は筑摩書房、二〇〇二）

阿部徳蔵　一九三六　『奇術随筆』（人文書院）

網野善彦　一九九一　『日本の歴史をよみなおす』筑摩書房

泡坂妻夫　二〇〇一　『大江戸奇術考―手妻・からくり・見立ての世界（平凡社新書）』平凡社

井浦芳信　一九六三　『日本演劇史』至文堂

井上満郎　一九八二　「散所と法師」（『日本芸能史 第二巻 古代―中世』法政大学出版局）

猪隈入道　一九〇九　「蝶の羽風」（『文藝倶楽部』一五巻五号）

今岡謙太郎　二〇一五　「解題」（国立劇場調査部編『本朝話者系図（演芸資料選書）』日本芸術文化振興会）

岩橋小彌太　一九二二　「輪鼓考」（『芸文』一三巻一号。後に岩橋『日本芸能史―中世歌舞の研究』芸苑社、一九五一に所収）

岩本憲児　二〇〇二　『幻燈の世紀―映画前夜の視覚文化史』森話社

植木行宣　一九八二　「田楽の村」（『日本芸能史 第二巻 古代―中世』法政大学出版局。後に「田楽とその展開」と改題して植木『中世芸能の形成過程』岩田書院、二〇〇九に所収）

榎一雄　一九八三　「黎軒・条支の幻人」（『季刊東西交渉』二巻一～四号。後に『榎一雄著作集 第四巻 東西交渉史 一』汲古書院、一九九三に所収）

榎本淳一　二〇一〇　「来日した唐人たち」（遣唐使船再現シンポジウム編『遣唐使船の時代―時空を駆けた超人たち（角川選書）』角川学芸出版）

榎本渉　二〇〇七　『東アジア海域と日中交流―九～一四世紀』吉川弘文館

海老沢有道　一九五四　「「切支丹宗門来朝実記」考」（『宗教研究』一三九号）

遠藤利貞　一九一八　『日本数学史』岩波書店

大曾根章介　一九七九　校注「新猿楽記 藤原明衡」（『古代政治社会思想（日本思想大系）』岩波書店）

大田才次郎　一八九二　「手品」（『風俗画報』一〇〇号）

小笠原恭子　一九八二　「江戸芝居町の形成（一）―猿若座の創建とその周辺」（『武蔵大学人文学会雑誌』一三巻四号。後に「猿若座伝説の検討」と改題して小笠原『都市と劇場―中近世の鎮魂・遊楽・権力（平凡社選書）』平凡社、一九九二に所収）

小笠原恭子　一九八五　「江戸芝居町の形成（三）―寛文年間における堺町の諸座」（『武蔵大学人文学会雑誌』一七巻一号。後に「江戸四座の確立」と改題して小笠原『都市と劇場―中近世の鎮魂・遊楽・権力（平凡社選書）』平凡社、一九九二に所収）

岡田充博　二〇〇五　「呑馬呑牛の術」（『横浜国大国語研究』二三号）

尾形亀吉　一九五四　『散楽源流考』三和書房

緒方知三郎　一九四〇　『暗黒妙技の不思議』私家版（オットカル・フィッシャー著『奇術怪書』の部分翻訳）

海音寺潮五郎　一九六二　『天と地と 上・下』朝日新聞社

河合勝　二〇〇一　『日本奇術書目録―江戸・明治・大正・昭和・平成』私家版

河合勝　二〇〇八　「日本古典奇術「胡蝶の舞」について」（『愛知江南短期大学紀要』三七号）

河合勝　二〇〇九　「日本古典奇術「呑馬術」について」（『愛知江南短期大学紀要』三八号、斎藤修啓と共著）

河合勝　二〇一〇　「日本古典奇術「水芸」について」（『愛知江南短期大学紀要』三九号、斎藤修啓と共著）

河合勝　二〇一一　『日本奇術演目事典』日本奇術博物館

河合勝　二〇一一B　「日本古典奇術「釣り物秘伝」について」（『愛知江南短期大学紀要』四〇号、斎藤修啓と共著）

河合勝　二〇一二　「日本古典奇術「目付絵」について」（『愛知江南短期大学紀要』四一号、溝上由紀と共著）

川口久雄　一九八三　『新猿楽記（東洋文庫）』平凡社

川添裕　一九九一　「江戸見世物主要興行年表」（網野善彦ほか編『音と映像と文字による【大系】日本 歴史と芸能 第一三巻 大道芸と見世物』平凡社）

川添裕　一九九九　「見世物研究家・列伝」（『自然と文化』五九号）

川添裕　二〇〇三　「江戸は見世物に満ちていた」（『見世物はおもしろい（別冊太陽）』平凡社）

河竹繁俊　一九五九　『日本演劇全史』岩波書店

神田由築　一九九四　「近世芸能興行の「場」の形成と展開―瀬戸内海地域をめぐって」（『身分的周縁』部落問題研究所。後に「瀬戸内海地域における「場」の形成と展開」と改題して神田『近世の芸能興行と地域社会』東京大学出版会、一九九九に所収）

奇坊　一九〇一　「天一の奇術談」（『改良手品』盛文館）

菊池貴一郎　一九〇五　『江戸府内絵本風俗往来下編』東陽堂支店

菊池庸介　二〇〇五　「「キリシタン実録群」の誕生」（『静大国文』四四号。後に「「キリシタン実録群」の成立（二）」と改題して、菊池『近世実録の研究―成長と展開』汲古書院、二〇〇八に所収）

倉田喜弘　一九八〇～八七　『明治の演芸 一～八（演芸資料選書）』国立劇場芸能調査室

倉田喜弘　一九八五　「柳川一蝶斎」（『平凡社大百科事典』平凡社）

倉田喜弘　一九九三～九七　「横浜の芸能 第一～五集」（『横浜開港資料館紀要』一一～一五

号）

倉田喜弘　一九九四『海外公演事始（東書選書）』東京書籍

郡司正勝　一九五二「歌舞伎芸の成立」（日本演劇学会編『歌舞伎の新研究』中央公論社。後に「「かるわざ」の系譜」と改題して郡司『かぶき―様式と伝承』寧楽書房、一九五四に所収）

郡司正勝　一九八一「「めくらまし」のルーツ―たとえば、果心居士と塩の長次郎」（南博ほか編『めくらます―手品の世界（芸双書 四）』白水社）

藝能史研究會　一九七六『日本庶民文化史料集成 第八巻 寄席・見世物』三一書房

小泉八雲　一九〇一「*The Story of Kwashin Koji*（果心居士の話）」（*A Japanese miscellany* Little, Brown, and company　後に翻訳されて『小泉八雲文抄』中興館書店、一九一五などに所収）

国立歴史民俗博物館　二〇一〇『見世物関係資料コレクション目録』国立歴史民俗博物館

後藤淑　一九七五『能楽の起源』木耳社

小松茂美　一九七九　編著『日本絵巻大成二二 彦火々出見尊絵巻・浦島明神縁起』中央公論社

小峯和明　一九九〇「大江匡房の『傀儡子記』」（『新しい漢文教育』一〇号。後に「『傀儡子記』を読む―漂泊の幻視」と改題して、小峯『院政期文学論』笠間書院、二〇〇六に所収）

坂本種芳　一九四三『奇術の世界』力書房（改題版『定本奇術全書』は一九四七、原題新装版は一九五五）

笹川祥生　一九九二「『義残後覚』考―戦国説話としての」（『説話論集 第二集 説話と軍記物語』清文堂出版）

蹉跎庵主人　二〇一一～「見世物興行年表」http://blog.livedoor.jp/misemono/

佐藤昌　一九九九『噴水史研究』インタラクション・環境緑化新聞社

佐藤至子　二〇〇九『妖術使いの物語』国書刊行会

重松明久　一九八二『新猿楽記・雲州消息（古典文庫）』現代思潮社

司馬遼太郎　一九六一「果心居士の幻術」（『オール讀物』一六巻三号。後に司馬『果心居士の幻術』新潮社、一九六一などに所収）

司馬遼太郎　一九六一「飛び加藤」（『サンデー毎日』特別号。後に司馬『果心居士の幻術』新潮社、一九六一などに所収）

澁澤龍彦　一九七七『東西不思議物語』毎日新聞社

清水勲　二〇一四『北斎漫画―日本マンガの原点（平凡社新書）』平凡社

守随憲治　一九五七「続鳥取池田藩芸能記録の発掘―近世初期芸能資料（元禄）」（『東京大学教養学部人文科学科紀要』一三号。後に『守随憲治著作集 第五巻』笠間書院、一九七九に所収）

松旭斎天洋　一九七六『奇術と私―明治・大正・昭和の日本奇術史』テンヨー

末吉厚　一九九八「古代の芸能」（服部幸雄・末吉厚・藤波隆之『芸能史（体系日本史叢書）』山川出版社）

鈴木棠三　一九八二『日本俗信辞典 動・植物編』角川書店

鈴木敏夫　一九八〇『江戸の本屋 上（中公新書）』中央公論社

鈴木敏也　一九三八「果心居士」（『国文学攷』六号。後に鈴木『涓滴抄』目黒書店、一九四〇に所収）

鈴木博子　二〇〇三「屋敷方における御出入り役者の動向―岡山藩池田家操・歌舞伎上演記事を中心に」（『歌舞伎研究と批評』三一号）

鈴木博子　二〇〇三B「加賀藩前田家記録にみる元禄～享保期江戸演劇界」（『演劇研究会会報』二九号）

鈴木博子　二〇一三「対馬宗家文書『江戸藩邸毎日記』歌舞伎・浄瑠璃等上演記事（寛永五年から貞享三年まで）」（『演劇研究会会報』三九号）

薄田太郎・薄田純一郎　一九七五『宮島歌舞伎年代記』国書刊行会

スミス　二〇〇三『スミス　日本における十週間』雄松堂出版

諏訪春雄　一九六六「元禄歌舞伎の成立―見世物芸の行方」（『国語と国文学』四三巻一〇号、後に「見世物芸の行方」と改題して諏訪『元禄歌舞伎の研究』笠間書院、一九六七に所収）

諏訪春雄　一九九八『日本の祭りと芸能―アジアからの視座』吉川弘文館

高木重朗　一九八八『大魔術の歴史（講談社現代新書）』講談社

高田衛　一九八九　編校注『江戸怪談集 上（岩波文庫）』岩波書店

高柳金芳　一九八一『乞胸と江戸の大道芸』柏書房

武井協三　二〇一三「江戸の演劇空間―堺町と葺屋町」（『歌舞伎―江戸の芝居小屋』サントリー美術館）

多田克己　二〇〇六「解説 改題 絵本百物語」（『桃山人夜話―絵本百物語（角川ソフィア文庫）』角川書店）

立川洋　一九七四～七五「伏見御香宮祭礼における興行物年譜（その一～五）」（『京都市史編さん通信』Ｎｏ．六六～六八、七八・七九）

棚橋光男　一九九七『古代と中世のはざまで―時代を撃つ王朝知識人』北國新聞社

筑紫珠楽　一九七七『筑前博多独楽』高千穂書房

角田一郎　一九六三「テクグツとエビスカキ」（角田『人形劇の成立に関する研究』私家版）

角田一郎　一九八一「散楽の芸能」（『日本芸能史 第一巻 原始・古代』法政大学出版局）

坪内博士記念演劇博物館　一九三一『国劇要覧』梓書房

土居郁雄　一九九二～九三「近世大坂の見世物年表（一）～（三）」（『大阪の歴史』三五～三七号）

内藤雋輔　一九七六『文禄・慶長役における被擄人の研究』東京大学出版会
長沢眞希子　一九九四「元禄歌舞伎におけるからくり―元禄年間の水がらくりを中心に」（『武蔵大学人文学会雑誌』二五巻四号）
長友千代治　一九七六「近世における通俗軍書の流行と馬場信武、馬場信意」（『説林』二五号。後に「馬場信武・馬場信意」と改題して長友『近世上方作家・書肆研究』東京堂出版、一九九四に所収）
波戸祥晃　一九六七「浪人野郎と浪人役者」（『藝能史研究』一九号）
名和弓雄　一九九四「果心居士」（『朝日日本歴史人物事典』朝日新聞社）
二洲橋生　一九一二「逝ける天一の一生」（『文藝倶楽部』一八巻一〇号）
能勢朝次　一九三八『能楽源流考』岩波書店
ハイエク マティアス　二〇〇八「江戸時代の占い本―馬場信武を中心に」（小松和彦還暦記念論集刊行会編『日本文化の人類学／異文化の民俗学』法藏館）
橋本裕之　一九八八「離脱のパフォーマンス―一足・二足・高足」（『月刊百科』三〇六号。後に橋本『演技の精神史―中世芸能の言説と身体』岩波書店、二〇〇三に所収）
橋本裕之　一九九一「笛と高足駄―田楽法師の原像をめぐって」（『古美術』九九号。後に橋本『演技の精神史―中世芸能の言説と身体』岩波書店、二〇〇三に所収）
橋本裕之　一九九二「騙りのパフォーマンス―幻術・外術・幻戯」（国立歴史民俗博物館編『変身する―仮面と異装の精神史』平凡社。後に橋本『演技の精神史―中世芸能の言説と身体』岩波書店、二〇〇三に所収）
秦豊吉　一九五二『明治奇術史（私の演劇資料）』私家版（後に『奇術研究』五一号、一九六八に所収）
服部幸雄　一九七〇「古河三樹著『見世物の歴史』」（『芸能』一二巻一〇号）
浜一衛　一九六八『日本芸能の源流―散楽考』角川書店
林公子　一九九〇「屋敷方における歌舞伎上演をめぐって」（『フィロカリア』七号、後に林『歌舞伎をめぐる環境考』晃洋書房、二〇一三に所収）
林屋辰三郎　一九五七「散楽戸の廃止に関する疑問」（『続日本紀研究』四巻八号）
林屋辰三郎　一九六〇『中世芸能史の研究―古代からの継承と創造』岩波書店
原田正俊　一九九〇「〈中世〉放下僧・暮露にみる中世禅宗と民衆」（『ヒストリア』一二九号。後に原田『日本中世の禅宗と社会』吉川弘文館、一九九八に所収）
樋口保美　一九八一「上方の和妻」（南博ほか編『めくらます―手品の世界（芸双書 四）』白水社）
樋口芳麻呂　二〇〇一『隆信集全釈』風間書房
平岩白風　一九七〇『図説・日本の手品（青蛙選書）』青蛙房（新装版は二〇一三）
平岩白風　一九八一「日本の手品」（南博ほか編『めくらます―手品の世界（芸双書 四）』白水社）
傅起鳳・傅騰龍　一九九三『中国芸能史―雑技（サーカス）の誕生から今日まで』三一書房
福岡県教育委員会　一九六二『福岡県文化財調査報告書 第二五集 博多独楽資料集』福岡県教育委員会
福島和夫　二〇〇六「〔古楽図〕考―付 陽明文庫本影印」（『日本音楽史研究』六号）
福田益和　一九九七「応長の比の鬼（徒然草第五〇段）―ウソの言語学」（『活水日文』三五号）
藤實久美子　二〇〇五「京都の書肆出雲寺家の別家衆」（『大阪商業大学商業史博物館紀要』六号。後に藤實『近世書籍文化論―史料論的アプローチ』吉川弘文館、二〇〇六に所収）
藤田洋　一九六一「一徳斎美蝶」（『芸能』三巻一一号）
藤山新太郎　二〇〇九『手妻のはなし―失われた日本の奇術（新潮選書）』新潮社
藤山新太郎　二〇一〇『タネも仕掛けもございません―昭和の奇術師たち（角川選書）』角川学芸出版
藤山新太郎　二〇一二『天一一代―明治のスーパーマジシャン』NTT出版
藤原良章　一九九四「中世芸能の歴史的位置―田楽を中心に」（網野善彦編『中世を考える 職人と芸能』吉川弘文館）
藤原良章　二〇〇四「コラム『信西古楽図』をめぐって」（小野正敏ほか編『中世の系譜―東と西、北と南の世界』高志書院）
麓三郎　一九五六『佐渡金銀山史話』三菱金属鉱業
古河三樹　一九七〇『見世物の歴史』雄山閣出版（改題版『図説庶民芸能―江戸の見世物』一九八二）
前川道介　一九九一『アブラカダブラ 奇術の世界史』白水社
前田金五郎　一九五〇「『松田浮舟』小考」（『東京文理科大学国語国文学会紀要』二号。後に「松田浮舟」考」と改題して前田『西鶴語彙新考』勉誠社、一九九三に所収）
前田金五郎　一九八〇「『好色一代男』用語考（続）」（『専修国文』二六号。後に「山の芋が鰻になる」と改題して前田『西鶴語彙新考』勉誠社、一九九三に所収）
松岡心平　一九九一「自然居士とパフォーマンスの時代」（網野善彦ほか編『音と映像と文字による【大系】日本歴史と芸能 第五巻 踊る人々―民衆宗教の展開』平凡社）
松嶋建　二〇〇一「視覚化とその剰余―『天狗通』と『日本山海名物図会』を生み出すネットワーク」（『人文学報』八五号）
松田道弘　二〇〇八『トリックスター列伝―近代マジック小史』東京堂出版
松山光伸　二〇〇六「実証・マジック開国史（3）―内外交流の先駆けとなった柳川一蝶斎一門」（『ザ・マジック』六八号。後に松山『実証・日本の手品史』東京堂出版、二〇一〇に所収）
松山光伸　二〇一〇『実証・日本の手品史』東京堂出版

松山光伸　二〇一二「異国の舞台に立った日本人一座を追って―南半球に向かった開国直後の人々」（ウェブサイト「東京マジック」内「マジックラビリンス」http://www.tokyomagic.jp/labyrinth/）
松山光伸　二〇一三「三代目柳川一蝶斎を自称したのは誰だったのか（その1～3）（「実証・日本の手品史」アップデート）」（ウェブサイト「東京マジック」内「マジックラビリンス」http://www.tokyomagic.jp/labyrinth/）
三田村鳶魚　一九三〇「人形遣の系図」（『演芸月刊』一七輯。後に『三田村鳶魚全集 第廿一巻』中央公論社、一九七七に所収）
宮本圭造　二〇〇三「和歌浦東照宮奉納の操り芝居絵馬をめぐって―和歌山における芝居興行の一側面」（『和歌山県立博物館研究紀要』九号、後に宮本『上方能楽史の研究（研究叢書）』和泉書院、二〇〇五に所収）
宮本祐規子　二〇一二「蓍屋勘兵衛の出版活動」（『日本女子大学大学院文学研究科紀要』一八号）
村山修一　二〇〇六『普通唱導集―翻刻・解説』法藏館
母袋未知庵　一九四三「川柳見世物考」（『古川柳研究』四四～四九号。後に母袋『川柳見世物考』有光書房、一九五九に所収）
盛田嘉徳　一九六八「放下」（『学大国文』一二号。後に補訂して盛田『中世賤民と雑芸能の研究』雄山閣出版、一九七四に所収）
守屋毅　一九七一「近世初期の放下と歌舞伎」（『藝能史研究』三四号。後に「近世初期の歌舞伎と放下」と改題して守屋『近世芸能興行史の研究』弘文堂、一九八五に所収）
守屋毅　一九八五『中世芸能の幻像』淡交社
森納　一九七九「ゴムカテーテルと船越敬祐（因伯医科伝余話 八）」（『大因伯』昭和五四年三月号）
安田富貴子　一九八七「『守山御日記』にみる芸能―浄瑠璃操りを中心に」（『橘女子大学研究紀要』一四号、後に安田『古浄瑠璃―太夫の受領とその時代』八木書店、一九九八に所収）
安田宗生　二〇〇七『近代熊本の劇場、活動写真、及び大衆演芸』龍田民俗学会
柳川一蝶斎　一九〇六「芸人出世譚―柳川一蝶斎（手品）」（『文藝倶楽部』一二巻二号）
山口和夫　一九九〇「職人受領の近世的展開」（『日本歴史』五〇五号）
山口廣一　一九三四「吉田菊五郎 水藝の話」（『上方』四三号）
山路興造　一九八一「農夫・田婦の楽」（『日本芸能史 第一巻 原始・古代』法政大学出版局。後の「『田楽』という芸能」と改題して山路『中世芸能の底流』岩田書院、二〇一〇に所収）
山田和人　一九九八「人形・からくり」（『岩波講座 歌舞伎・文楽 第八巻 近松の時代』岩波書店）
山田風太郎　一九六四『伊賀忍法帖』東都書房
山本慶一　一九五四『緒方奇術文庫 和書の部』私家版
山本慶一　一九五四B『てづまからくり年表』私家版
山本慶一　一九五五「日本奇術演技年表」（『奇術界報』一七九～一八六号）
山本慶一　一九五六「蒐璣軒覚え書（七）」（『日本奇術文献ノート』四四号）
山本慶一　一九五六～五七「奇術文献を語る」（『奇術研究』一～七号）
山本慶一　一九五九「和妻への招待（その一）」（『奇術研究』一三号）
山本慶一　一九六〇「和妻への招待（その五）」（『奇術研究』一七号。後に増訂して山本『日本手品宝華集』石田天海賞委員会、一九八六に所収）
山本慶一　一九六八「ひと目でわかる明治奇術史年表」（『奇術研究』五一号）
山本慶一　一九七四「和妻師の系譜」（『奇術研究』七〇号）
山本慶一　一九七四B「二つの水芸」（『奇術研究』七〇号）
山本慶一　一九八一「手品からくり年表」（南博ほか編『めくらます―手品の世界（芸双書四）』白水社）
山本慶一　一九八六「日本奇術史年表」（『日本手品宝華集』石田天海賞委員会）
山本慶一　一九九〇～九一「日本の奇術文献」（『ザ・マジック』五～一〇号）
山本慶一　一九九二（日本芸術文化振興会国立劇場資料課編）『緒方奇術文庫書目解題―国立劇場演芸資料館所蔵』紀伊國屋書店
祐田善雄　一九六一「水か（が）らくり」（『演劇百科大事典 第五巻』平凡社）
横山泰子　一九九七『江戸東京の怪談文化の成立と変遷―一九世紀を中心に』風間書房
横山泰子　二〇〇九「『秘事百撰』の世界―江戸時代後期の奇術・医術・呪術」（『法政大学小金井論集』六号）
横山泰子　二〇一二『妖怪手品の時代』青弓社
横山泰子　二〇一二B「秘術の公開―江戸時代の手品本に見られるまじないについて」（『国立歴史民俗博物館研究報告』一七四集）
吉田伸之　一九九六「寄席の誕生」（『学習院史学』三四号）
吉田光邦　一九七四「珍術さんげ袋 解題」（『日本庶民文化史料集成 第九巻 遊び』三一書房）
吉原健一郎　一九九六「上野山下の遊興空間（下）」（『日本常民文化紀要』一九号）
わかば　一九〇五「松旭斎天一の話」（『新古文林』一巻五号）
渡邊昭五　一九九七「放下（僧）の大道芸」（『藝能文化史』一五号。後に渡邊『中近世放浪芸の系譜』岩田書院、二〇〇〇に所収）
渡邊昭五　二〇〇〇『中近世放浪芸の系譜』岩田書院

第二部　日本奇術演目図説

河合　勝

日本奇術の演目について

日本奇術の多くは中国から伝わったが、それが長い年月を経て、日本の文化に溶け込む形で変容していった。そして天下泰平の江戸時代を迎え、文化の爛熟期となる元禄期ごろ（一六八八～一七〇四）から数々の手品伝授本が発行され、それを元に庶民が余興としての手品を楽しむ時代を迎えた。また職業奇術師は大道から寄席、小屋へと活動の場を広げていった。特に江戸後期には、手品、軽《かる》業《わざ》、曲独楽《きょくごま》の名人が数多く輩出し、最盛期を迎えた。人が集まる寺社界隈や空き地には多くの見世物小屋が立ち並び、人々は競うようにこれらの芸能を楽しんだ。なかでも、歌舞伎や浄瑠璃から題材を得て構成された「芝居仕立ての奇術劇」は、特に人気が高かった。このようにして、日本の手品は世界に類をみない独自の発展を遂げたのである。

江戸時代に発行された手品伝授本は約二〇〇種である。これらの伝授本に記された演目数を合計すると、その数は数千種に及ぶ。ところが、このなかには現在は手品に分類されない秘伝ものやまじない、遊びなどが数多く含まれており、また内容も時代が下がるにつれて次々と孫引きされていった。そこで重複する演目を整理し、さらに職業奇術師の興行演目を加えると、江戸時代の純粋な日本手品は約三六〇種となる。

ここでは、江戸時代から昭和時代までの日本手品など四〇九種を現象別、素材別、仕掛け別、年代別等に二〇項目に分類して一覧にした。このなかには、プロが演じる高度なものから、庶民が余興として演じるものまで含まれている。そのうち、内容の優れた手品、ユニークな手品、科学手品、釣り物・積み物秘伝、からくり人形、芝居仕立ての奇術劇など、計二三四種を図説した。これによって先人が構築した日本手品の全容を知ることができるといえよう。なお、図説には、図版とその出典、手品の現象と演じ方、当時の方法、関連の古記録、西洋手品との比較、現代の方法などを記載した。

日本奇術演目一覧

番号を□で囲んだ演目は、次章の「日本奇術演目図説」で、その内容を図解した。

◆大手妻・奇術劇（26種）

[1] 呑馬術《どんばじゅつ》
[2] 剣《つるぎ》の刃渡《はわた》り
[3] 行燈渡《あんどんわた》り
[4] 天空の琴
[5] 怪談手品
[6] 金魚うつし
[7] 鶏卵抜《けいらんぬ》け
[8] 葛籠抜《つづらぬ》け
[9] 子ども釜抜け
10 長櫃《ながびつ》抜け
[11] 水がらくり桶ぬけ
[12] 妖怪人形手品の曲
[13] 狐《きつね》の化《ばか》され
[14] 文福茶釜《ぶんぶくちゃがま》の曲
[15] 龍宮浦島《りゅうぐううらしま》の曲《きょく》
[16] 天竺徳兵衛《てんじくとくべえ》妖術《ようじゅつ》の曲《きょく》

[17] 和唐内虎狩《わとうないとらがり》
[18] ろくろ首
[19] 化け猫早替わり
[20] 骸骨踊り
[21] 宙乗り早替わり
[22] 千本傘（傘づくし）
[23] 青竹の曲
[24] 水渡《みずわた》りの術《じゅつ》
[25] 人形を遣いながら水に入る術
[26] 龍宮玉取《りゅうぐうたまとり》の曲《きょく》

◆水からくり・水芸（12種）

27 龍泓玉《りゅうこうぎょく》
[28] 異龍竹《いりょうちく》
29 錦龍水《きんりょうすい》
[30] 蝋燭《ろうそく》、水からくり
[31] 万年銚子の秘伝
[32] 傘より雨を降らす術
[33] 徳利より水を吹き上げる術
[34] 茶碗水上げ
[35] 手のうちより水からくり
[36] 満干《みちひ》の玉《たま》
[37] 頭から水からくり
[38] 水芸

◆胡蝶の舞・ヒョコ（11種）

[39] 扇《おうぎ》に戯《たわむ》れ胡蝶《こちょう》
[40] 紙胡蝶
[41] 扇に胡蝶
[42] 蝶の舞
[43] 胡蝶楽《こちょうがく》
[44] 蝶を飛ばす法
[45] 胡蝶の舞
46 茶碗戯れ胡蝶
[47] 踊る紙人形
[48] 座敷、手からくり
[49] 蜘蛛の巣がらみ

◆宝箱・からくり箱（18種）

[50] 屏風箱《びょうぶばこ》
[51] 緒小桶《おごけ》の曲《きょく》

52 三味線箱
53 宝の手箱（日本せいろう）
54 組み上げ蒸籠
55 子持ち達磨
56 取り寄せ箱
57 五色の絹を取り出す手品
58 引き出し箱
59 ふしぎ箪笥《だんす》
60 女夫引出《めおとひきだ》し
61 浦島玉手箱
62 お菊、皿うつし
63 四方引き出し
64 からくり枡《ます》
65 素麺《そうめん》取り出し鉢
66 大どんぶりよりいろいろの品を出す法
67 から鉢

◆糸・紐・縄・帯・着物（15種）

68 通《かよ》い玉《だま》
69 あやぎせる
70 通《かよ》い扇《おうぎ》（扇の糸からくり）
71 手のひらを通りぬける糸
72 天狗通《てんぐとお》し
73 神力《しんりき》の縄《なわ》
74 縄結び
75 縄の結び解け
76 縄抜き
77 指抜き
78 扇の銭はずし
79 縄切り
80 藁《わら》人形を踊らす
81 揺れる帯
82 下着を上に着替える術

◆煙管・刀・金属・銭・玉・豆（29種）

83 キセルの追っかけ
84 通いの離れギセル
85 キセルの曲留《きょくどめ》
86 金輪《かなわ》の曲《きょく》
87 キセルの着物留
88 キセル花火
89 懐中糸通しの術
90 太平守《たいへいまもり》の太刀《たち》
91 刀身箱
92 茶釜の蓋
93 銭のすり込み
94 袂の銭の抜き取り
95 銭を消す術
96 通《かよ》いの握《にぎ》り銭《ぜに》
97 通《かよ》いの銭《ぜに》
98 銭を目に入れる手品
99 銭の抜き取り
100 天狗《てんぐ》のぬけ銭《せん》
101 天狗のもぎ銭
102 仕掛け銭
103 扇のかなめ取り
104 智恵《ちえ》の板《いた》
105 浮き銭《ぜに》
106 碁石、白黒の入れ替え
107 玉《たま》の手業《てわざ》
108 玉を耳から出す手品
109 豆を目から出す手品
110 お椀と玉（品玉《しなだま》）
111 小豆割《あずきわ》り

◆徳利・茶碗・算盤・楊枝・扇・紙（25種）

112 徳利《とっくり》つり
113 茶碗碁石とり
114 相生茶碗《あいおいぢゃわん》

[115] たもと茶碗
[116] 算盤《そろばん》を動かす法
117 算盤玉を動かす法
[118] 巻き上がる掛軸
[119] 楊枝《ようじ》の曲
[120] 扇の墨消し
[121] 扇の曲
[122] 銭一貫文《ぜにいっかんもん》を紙で釣る
[123] 燃やした紙の復活（福神《ふくのかみ》）
[124] 紙を長くつなぐ術
[125] 比翼包《ひよくづつ》み
[126] 五色染め分けの術
[127] 箸折り
[128] 文字千枚通し
129 三間紙梯子
130 継ぎ目なしの紙
[131] 投げ御幣《ごへい》
[132] 白糸の滝
[133] 落花《らっか》（紙吹雪）
134 御幣のお告げ
[135] 天女の舞
136 屏風の中で逆立ち

◆蝋燭・火（21種）

[137] 蝋燭の宙吊り
138 蝋燭の宙吊り（別法）
139 ひとりでに灯る蝋燭
[140] 提灯、火うつしの術
[141] 水中吊り灯籠《どうろう》
[142] 蝋燭の火移し
[143] 水火の術
144 水中灯火
145 水中で消えない火
146 燃えない紙の術
147 燃やしても焦げない布
148 燃える濡れ手ぬぐい
149 火中神奇の糸
150 炭火釣り
151 青火炎
152 紙花火
153 指先に灯る炎
154 口中蝋燭
155 火焔蝋燭とんぼ返り
156 火吹き達磨
157 隠しあんどん

◆水・酒・卵・豆腐・食べ物（30種）

[158] 天の水を取る
[159] 五色《ごしき》の水
160 茶釜の湯気
161 水吸い込み茶碗
162 茶碗紙包み
163 茶碗紙抜き
164 茶碗手ぬぐい包み
[165] 水を氷に変える術
[166] 茶碗つり水
167 茶碗水氷
168 水入り茶碗の懐中法
169 茶碗呼び水
170 ざる水盛り
171 風呂敷に酒を包む
172 酒山盛り
[173] 酒を多く飲む秘伝
[174] 狸に酒を買いに行かせる法
[175] 紙たまご
176 卵立て
177 卵が煙になる法
178 白身と黄身の入れ替え卵

179 豆腐切り
180 豆腐の上で独楽《こま》を廻す法
181 泡の上で独楽を廻す法
182 紙を栗にする手品
183 茶碗通いの米
184 小豆と粟の入れ替え
185 米、小豆、水の三段返し
186 紙うどん
187 鉢から素麺を出す手品

◆鳥・魚・亀・虫（25種）

188 鳥の絵、雀となる術
189 雀の首切り
190 紙を燃やして雀にする術
191 卵、雀となる術
192 雀《すずめ》出し
193 鷺《さぎ》出し
194 柿栗、鳩となる術
195 卵を鶏にする術
196 鴨、籠より出す術
197 卵、おのれと動く術
198 瓢箪《ひょうたん》、おのれと動く術
199 飛び上がる御幣
200 笹の葉、泥鰌となる
201 山芋、鰻となる法
202 空中魚釣り
203 懐中金魚鉢
204 盃洗《はいせん》に金魚の出現
205 鯉出しの法
206 紙で作った魚を動かす法
207 熱湯の中の金魚
208 天昇龍
209 木製の鳥、水中を泳ぐ法
210 風なしで舟を動かす法
211 紙の亀、ひとり歩かす術
212 亀の二つ切り

◆植物・月・雪・雨・風・自然（9種）

213 植瓜術《しょっかじゅつ》（マンゴー樹の奇術）
214 種蒔箱《たねまきばこ》
215 時雨の露落とし
216 即席花生けの作り方
217 座敷に月日を出す法
218 闇夜に月を出す法
219 座敷を大海にする法
220 てりふり人形
221 帆かけ舟を走らす法

◆音・音楽・声（11種）

222 念仏に応える鉦の音
223 ひとりでに鳴る鉦の音
224 寝ている人を遠くの方から起こす法
225 ひとりでに鳴る三味線
226 ひとりでに鳴る鼓
227 さかやき、額、肘、尻で笛を吹く法
228 卵で三味線弾き
229 さつまいも笛
230 屏風の中から聞こえる雲雀の鳴き声
231 屏風の中から聞こえる怪しい音
232 人に知られない話し方

◆当てもの・カルタ・パズル（32種）

233 心の文字当て
234 椿の目付字（六四字）
235 椿の目付字（二一字）
236 桜の目付字
237 六十四花当てもの
238 心の当てもの（二五種）
239 絵合わせ

240 心の当てもの（一五種）
241 名香の当てもの
242 三社の当てもの
243 天地人、箱の当てもの
244 竹籤《たけくじ》と札の一致
245 カルタ当て
246 歌カルタの予言
247 歌カルタ当てもの秘伝
248 カルタの女夫《めおと》合わせ（文字合わせ）
249 へそに字をよませる法（懐中文字当て）
250 文字の嗅《か》ぎ当て
251 銭の嗅ぎ当て
252 鼓の音の他心通《たしんつう》
253 箱の中の物当て
254 干支《えと》の神通力《じんつうりき》
255 サイコロの目の合計数当て
256 隠し人形の当てもの
257 屏風の中の千里眼
258 碁石人数割りの法
259 碁石並べの数当て
260 心に思った石当て
261 碁石握りの数当て
262 銭の枚数当て
263 人の干支当て
264 四つ手智恵の輪

◆化学・物理・文字・絵（33種）

265 扇の指南人形
266 踊る立雛
267 キセルを自由自在に廻す法
268 人形に舟をこがせる法
269 鉢の中より雲龍《うんりゅう》を現す術
270 五色《ごしき》の砂《すな》の曲《きょく》
271 作り物の龍を動かす術
272 天狗石の術
273 座敷に現れる夜光の玉
274 障子に人の顔を現す法
275 青白い狐火
276 絵の人物が矢を射る法
277 灯心を生き物のように動かす法
278 茶碗の底の銭
279 箸がひとりでに動く法
280 紙玉の感触
281 棒寄せ
282 紙の力くらべ
283 棒切り
284 曾我五郎と朝比奈三郎、鎧の草摺引き
285 這《は》っていく人を引き止められない法
286 腹の上に重い物を載せる法
287 浮き文字
288 絵を他の絵に変える術
289 腕に浮き出る文字
290 墨なしで壁に大きな文字を現す法
291 忍び文
292 墨文字
293 短冊《たんざく》に書いた文字を洗い流す法
294 隠し文
295 鮑貝文字
296 卵文字
297 煙文字

◆法術・危険術（14種）

298 火渡り
299 鉄火にぎりの術
300 火喰い術
301 釜鳴《かまな》り
302 探湯《くがたち》（熱湯術）
303 金剛力（人体持ち上げ術）
304 石立て

305 脇差《わきざし》を呑む術
306 六尺の棒呑み
307 キセル呑み
308 小刀を呑む手品
309 八寸釘を舌に通す術
310 針呑み
311 鉄火箸《てっひばし》曲《ま》げ

◆釣り物・積み物秘伝（20種）

312 絹糸で釜を釣る法
313 灯心ですり鉢を釣る法
314 提灯《ちょうちん》、釣鐘《つりがね》の釣り分け
315 卵積み上げ
316 卵と鍔積み上げ
317 積み銭の刃渡り
318 茶碗積み上げ
319 扇つり茶わん
320 柱つり茶碗
321 キセルつり茶碗
322 割竹に石臼を付ける法
323 連理の茶碗
324 卵の上に分銅を載せる法
325 提灯に石を載せる法
326 刀身の皿留め
327 包丁の砂留《すなど》め
328 刀身の葉留《はど》め
329 大石を水に浮かす法
330 水画《すいが》
331 一本の木に異なる色の花を咲かす

◆からくり（25種）

332 玉子ひよこと成、ひよこ雛となる
333 陸舩車《りくせんしゃ》
334 唐人、笛吹からくり
335 いろは人形のからくり
336 五寸の箱の中へ人形遣いながら入からくり
337 太鼓のからくり
338 道成寺
339 小かぢのからくり
340 天鼓のからくり
341 人形、吹矢をふくからくり
342 鳩、鉢の子に入、仏となるからくり
343 蟻通玉《ぎつうぎょく》のからくり
344 茶釜の水、茶となるからくり
345 天神記僧正の車の術
346 人形はなれて向へ行、又はたらくからくり
347 人形、犬に乗からくり
348 人形、三味線ひくからくり
349 百挺からうすのからくり
350 人形、人にかくさせ、人形が占うからくり
351 首引人形
352 人形、文字書からくり
353 三本の扇の内、人の取たるを占う
354 三段がえり、かるわざ人形
355 品玉人形
356 手妻人形

◆曲独楽・影絵・妖怪手品・遊び（10種）

357 曲独楽《きょくごま》
358 南京玉すだれ
359 影絵
360 化け物ろうそく
361 三つ目妖怪の術
362 座敷にろくろ首を出す法
363 大入道
364 狸が化けるわけ

365 三本足の怪
366 尻の穴から煙を出す法

◆**調理・秘法・生活の智恵**（11種）

367 大根輪違い切り
368 長芋を結ぶ法
369 竹の輪違い切り
370 紙かんなべ
371 百発百中弓の秘伝（じまん弓）
372 人の顔を長く見せる法
373 瀬戸物切り
374 瓶の中へ手まりを入れる法
375 幽霊行燈
376 行燈の火を消す法
377 千載暦

◆**幕末以降の創作日本手品**（32種）

378 両方へ抜ける引き出し
379 茶碗からくり
380 乱れ扇（バラバラ扇子）
381 むそう扇（色変わり扇子）
382 一盃《いっぱい》すい筒《づつ》
383 サムタイ（柱抜き）
384 壺抜け
385 壺抜け（別法）
386 空中吊り大籠
387 一里四方物品取り寄せ術（稲荷魔術）
388 成金扇子
389 帯返し
390 連理《れんり》の紙《かみ》
391 跳び上がる箸
392 紙の箸折り
393 破った紙の復活（眉つば）
394 ちぎった紙テープの復活
395 コックリさん
396 若狭の水（若狭の通い水）
397 お米の消失
398 米と水
399 口中紡績
400 玉子茶碗（たまごと花吹雪）
401 真田紐の焼きつぎ
402 夕涼み
403 袖たまご
404 如意独楽《にょいごま》
405 末広
406 福助
407 和傘のプロダクション
408 ドラゴン・イリュージョン
409 泥鰌すくい

※「第二部　日本奇術演目図説」で使用した図版は、所蔵先を明記したもの以外は、すべて河合勝コレクションである。

日本奇術演目図説

1 呑馬術《どんばじゅつ》

呑馬術は、生きた馬を呑む術である。元禄の頃に放下《ほうか》師《し》・塩屋《しおや》長次郎《ちょうじろう》が演じたという呑馬術は世界に類を見ない奇術である。当時は、呑馬術という呼び方ではなく、「馬を呑《の》む」、「牛を呑む」という表現であり、いくつかの文献にその記述がある。仕掛けは、ブラックアートと思われるが、写し絵説、集団催眠説、また「呑馬術は存在しない」とする説もある。

自筆帖『半百人一句』(江戸中期)
（大阪府立中之島図書館蔵）

自筆巻子本『西鶴独吟百韻自註絵巻』(元禄時代)　（天理大学附属天理図書館蔵）

2

剣《つるぎ》の刃《は》渡《わた》り

剣を梯子状にセットしたものをロープで斜めに吊り上げ、演者が刃の上を裸足で歩いて渡るという術である。方法の原理は、刀は引くと切れるが、刃に皮膚を押しあてるだけでは切れにくいという性質を用いたものである。図の錦絵は大坂の養老瀧五郎《ようろうたきごろう》が、弘化三年（一八四六）、江戸両国広小路で興行したときのもので、口上には「瀧五郎が演じまする世に稀な刃渡りの離れ技をご覧下さい」とある。刃渡りの術者としては、ほかに松本兼吉《まつもとけんきち》、松本《まつもと》栄三郎《えいざぶろう》、鈴川鈴之助《すずかわすずのすけ》、片田源七《かただげんしち》などがいる。

錦絵『新つるぎの刃渡 養老瀧五郎』（弘化３年）

ビラ『刃渡り 太夫 養老瀧五郎』（江戸末期）

ビラ『刃渡り 太夫 養老瀧五郎』（江戸末期）

3 行燈《あんどん》渡《わた》り

この芸は曲芸のように見えるが、実は大掛かりな手品である。舞台奥の台上に固定した長い棒の先端を演者の腰に取り付けたソケットにはめ込み、幕の後ろで、裏方がレール上に載せた台をゆっくりと動かしていくと、演者が宙に浮いた状態で移動するというわけである。この演目は、浄瑠璃「小野道風青柳硯《おののとうふうあおやぎすずり》」を題材にしており、道風が傘を差して道行く姿を表している。なお同種の演目に「蝋燭渡り《ろうそくわた》」、「剣先渡り《けんさきわた》」などがあるが、いずれも世界に類のない日本独自の大手妻である。

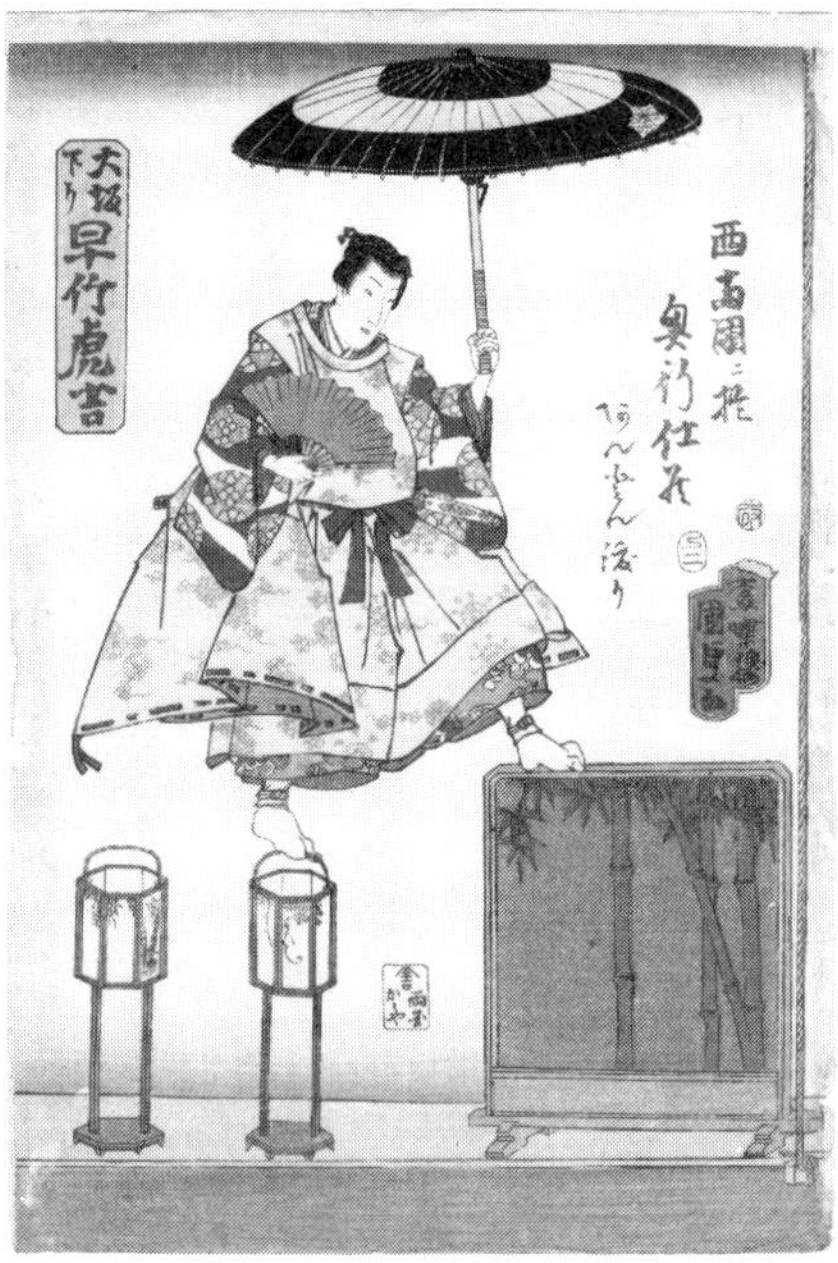

錦絵『あんどん渡り 早竹虎吉』(安政4年)

◆桜綱駒寿の「蝋燭渡り」

錦絵『蝋燭渡り 桜綱駒寿』(安政4年)

◆養老瀧五郎の「剣先渡り」

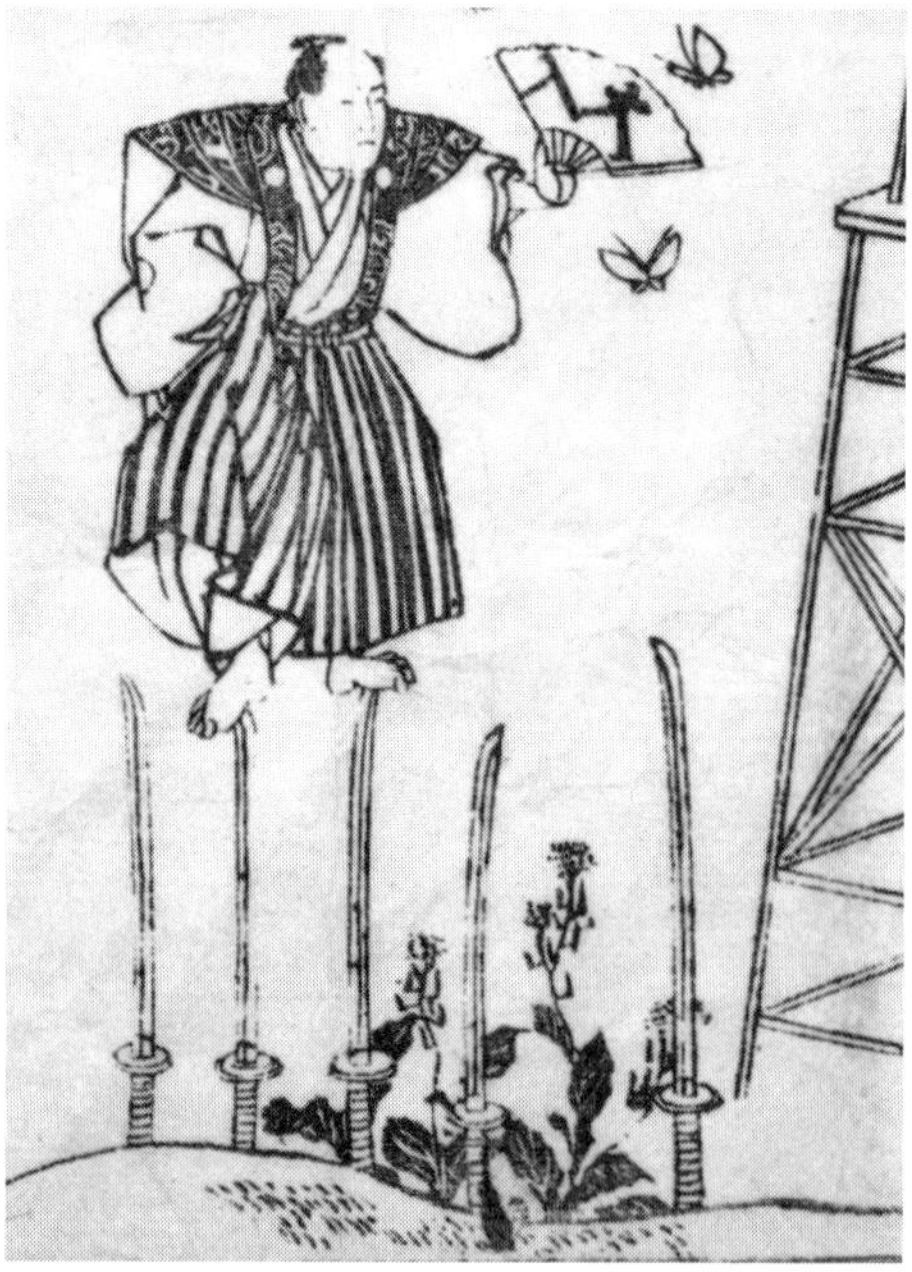

ビラ『刃渡り 太夫 養老瀧五郎』(江戸末期)

4

天空の琴

この手品の現象は、琴の演奏とともに演者と琴が一緒に上がっていき、そのまま天空で演奏するというものであり、歌舞伎を題材にして創られたものと思われる。仕掛けは、飾り幕を吊るす横棒に琴と人間を支える金具が取り付けてあり、演者はそこに座って演奏する。上げ方は、全体を綱で釣り上げる方式と考えられるが、別に全体を安定させるための仕掛けがどこかにあるはずである。世界に例のない日本独自の奇術である。

錦絵『大坂下り桜綱駒寿』（安政４年）

5

怪談手品

「怪談手品」の内容は不明であるが、推察するに扮装をした人物や化け物が葛籠《つづら》の中から現れるという手品、あるいは衣装替えの手品と思われる。鈴川派は、江戸時代に活躍した手品師の流派である。明治九年（一八七六）五月発行の番付『落語《らくご》業《ぎょう》名鑑《めいかん》』に三代目鈴川《すずかわ》春五郎《しゅんごろう》、小《こ》春《はる》の名前が見える。

ビラ『大道具 怪談てしな 鈴川春五郎』（明治初期）

6

金魚うつし

金魚の入ったガラスのコップに風呂敷をかぶせると、中の金魚が消え、消えた金魚が離れたところに設置した台上の金魚鉢に現れるという手品である。

軽業師・早竹虎吉《はやたけとらきち》の演技は、初めに空の金魚鉢を見せてから囲いをして覆い、次にコップの金魚を消す。そして独楽を廻すと、その独楽はレール上を登っていき、行燈型の囲い板にあたると板が四方に開いて、中から金魚の泳ぐ金魚鉢が出現する。

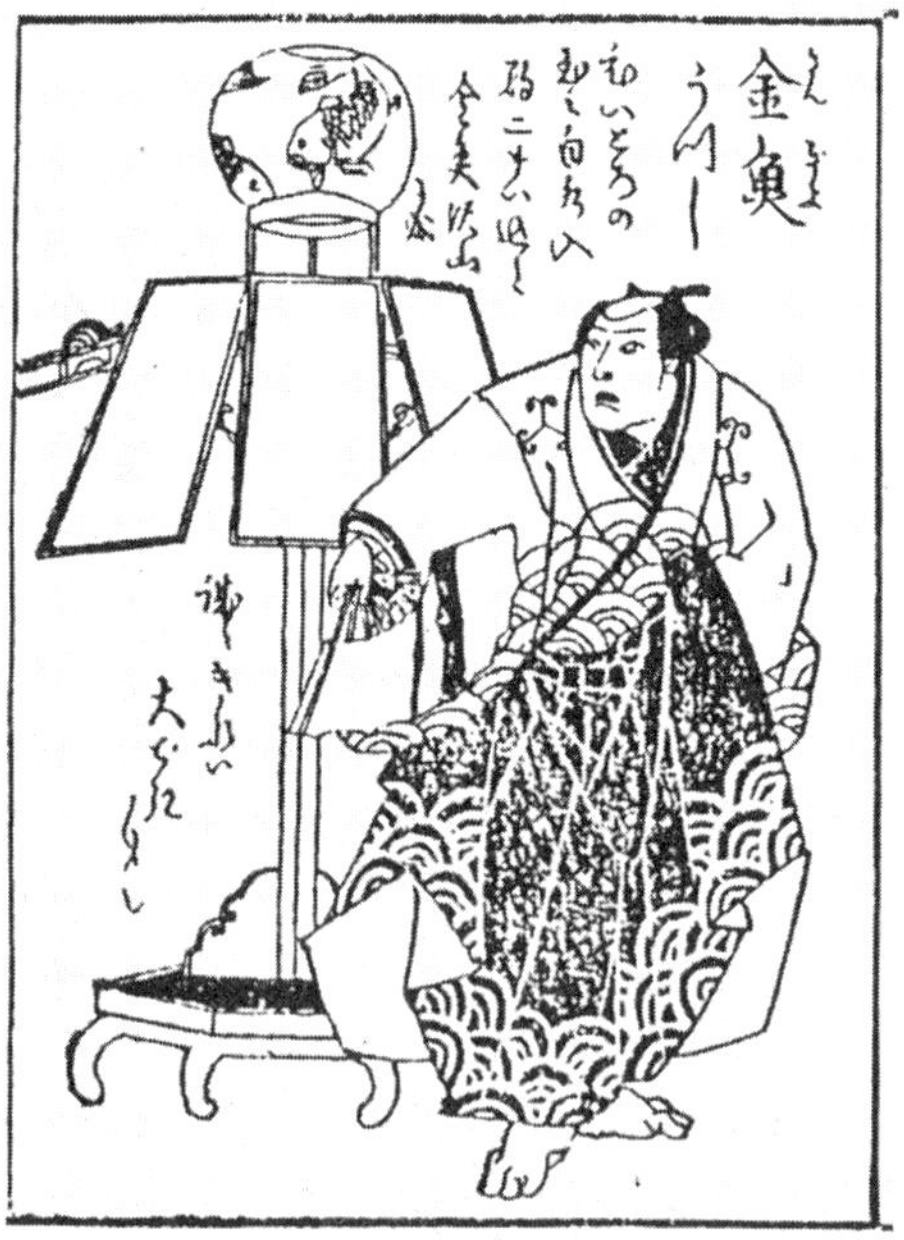

ビラ『太夫 早竹虎吉』（江戸末期）

7

鶏《けい》卵《らん》抜《ぬ》け

卵が鶏に変化するという手品である。初めに二個の卵を箱に入れて、その箱を台の上に置く。次に廻した独楽を斜めに立てかけた木製レールに置くと独楽は回転しながらレールの上を登っていき、行燈型の箱に当たると扉が開いて、中から二羽の鶏が出現するというものである。竹澤藤次《たけざわとうじ》は曲独楽《きょくごま》の名手であり、独楽と手品を組み合わせた独自の演目をプログラムに取り入れた。

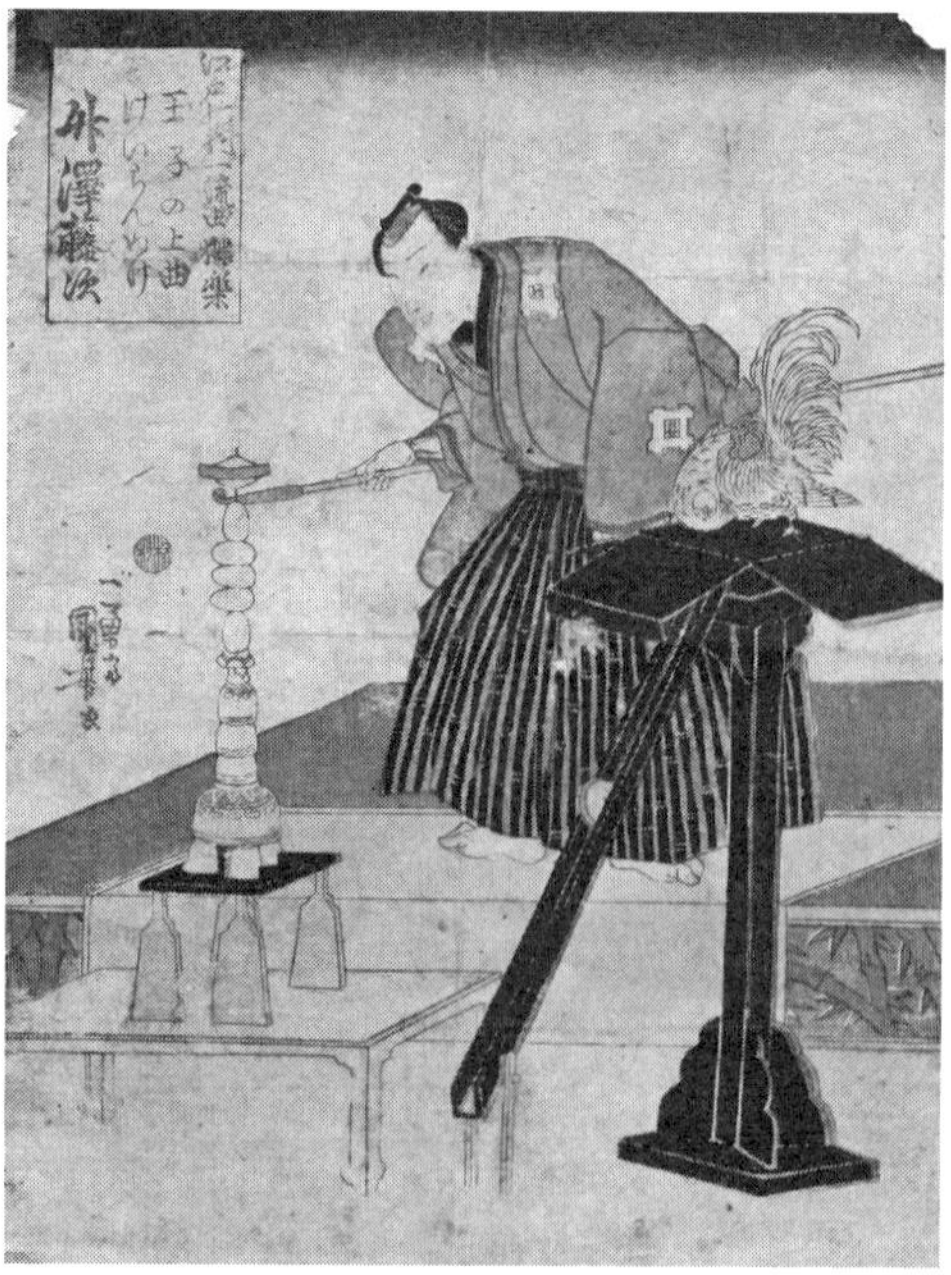

錦絵『江戸の花一流曲独楽 竹澤藤次』（江戸末期）

8

葛籠抜《つづらぬ》け

葛籠抜けは脱出の大手妻である。演者が葛籠に入るとき、紐《ひも》を足の親指で挟んで入るのがタネである。こうすると紐がたるむので、葛籠を紐できつく縛っても蓋《ふた》が開き脱出することができる。脱出のタイミングは、縛った葛籠を屏風《びょうぶ》で囲んだあと、後見が葛籠を足で「トン」と蹴る音を合図に脱出を始める。この演目は、佐竹仙太郎《さたけせんたろう》が得意にしたものであり、その種明かしが載る伝授本は『盃席玉手妻《はいせきたまてづま》』のみである。

版本『盃席玉手妻』(寛政11年)

9

子ども釜抜け

釜抜けは脱出の大手妻である。大きな釜の中に子どもを入れて蓋をし、カンヌキを掛けて錠をおろし、大風呂敷をかぶせる。このように密閉した釜の中から子どもが脱出するというものである。離夫《りふ》は、自著の伝授本『続たはふれ草』の中で、この素晴らしい奇術のタネを惜しげもなく公開した。図は、小屋の入口で「釜抜け」の一場面を見せて、人を呼び込む様子を描いたもので、見物人が「ふしぎなことじゃ」とつぶやいている。

版本『続たはふれ草』(享保14年)

11

水がらくり桶ぬけ

尾張藩士の小田切《おだぎり》春江《しゅんこう》（号・歌月庵喜笑《かげつあんきしょう》）が天保八年（一八三七）六月九日夜からの興行期間中に、名古屋の広小路で観た「水中桶ぬけ」の大手妻である。太夫《たゆう》・竹田正五郎は水の入った大きな桶の中へ、裸になって飛び入る。後見は桶に蓋をして錠をおろし、上より四方にかかるほどの大幕を降ろす。ほどなくして正五郎は桶から脱出して現れる。この興行が行われたのは、アメリカの脱出王・フーディーニが一九〇八年に演じた「水槽からの脱出」の七一年前のことである。

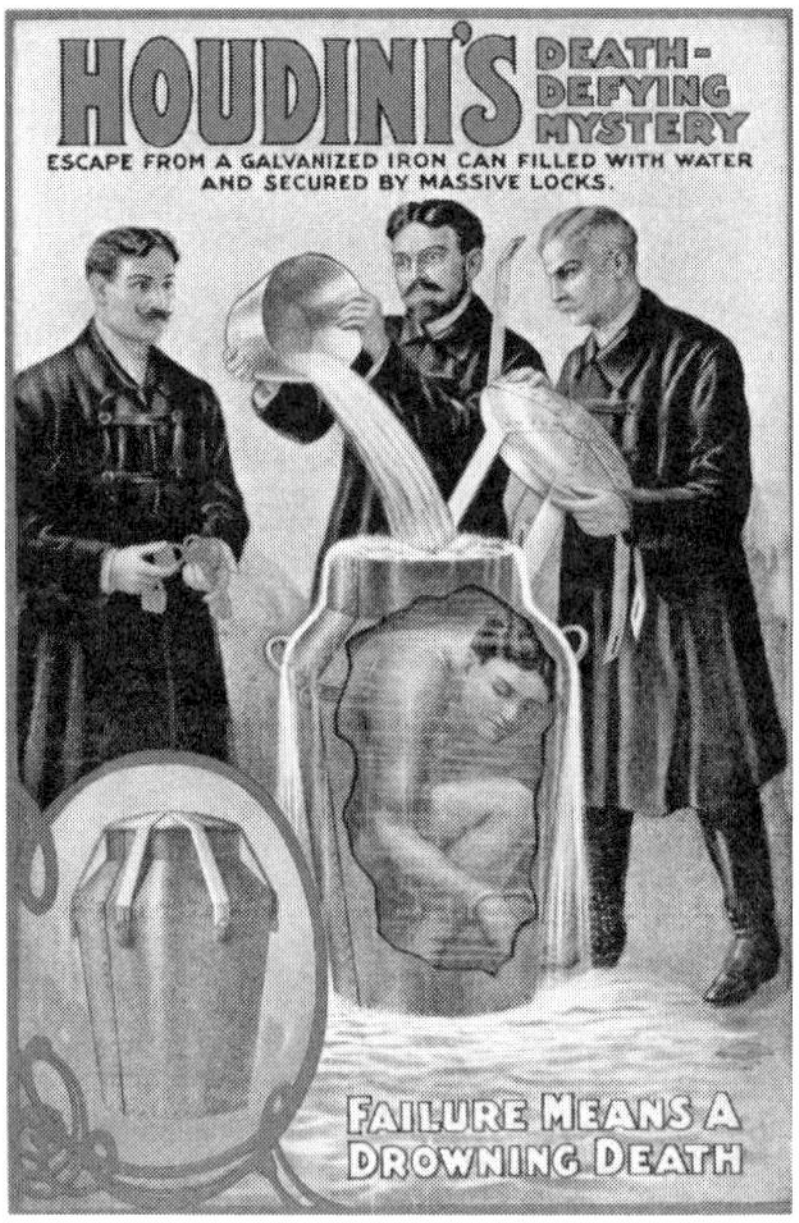

フーディーニの水槽からの脱出
洋書『PANORAMA OF MAGIC』（1962年）より転載

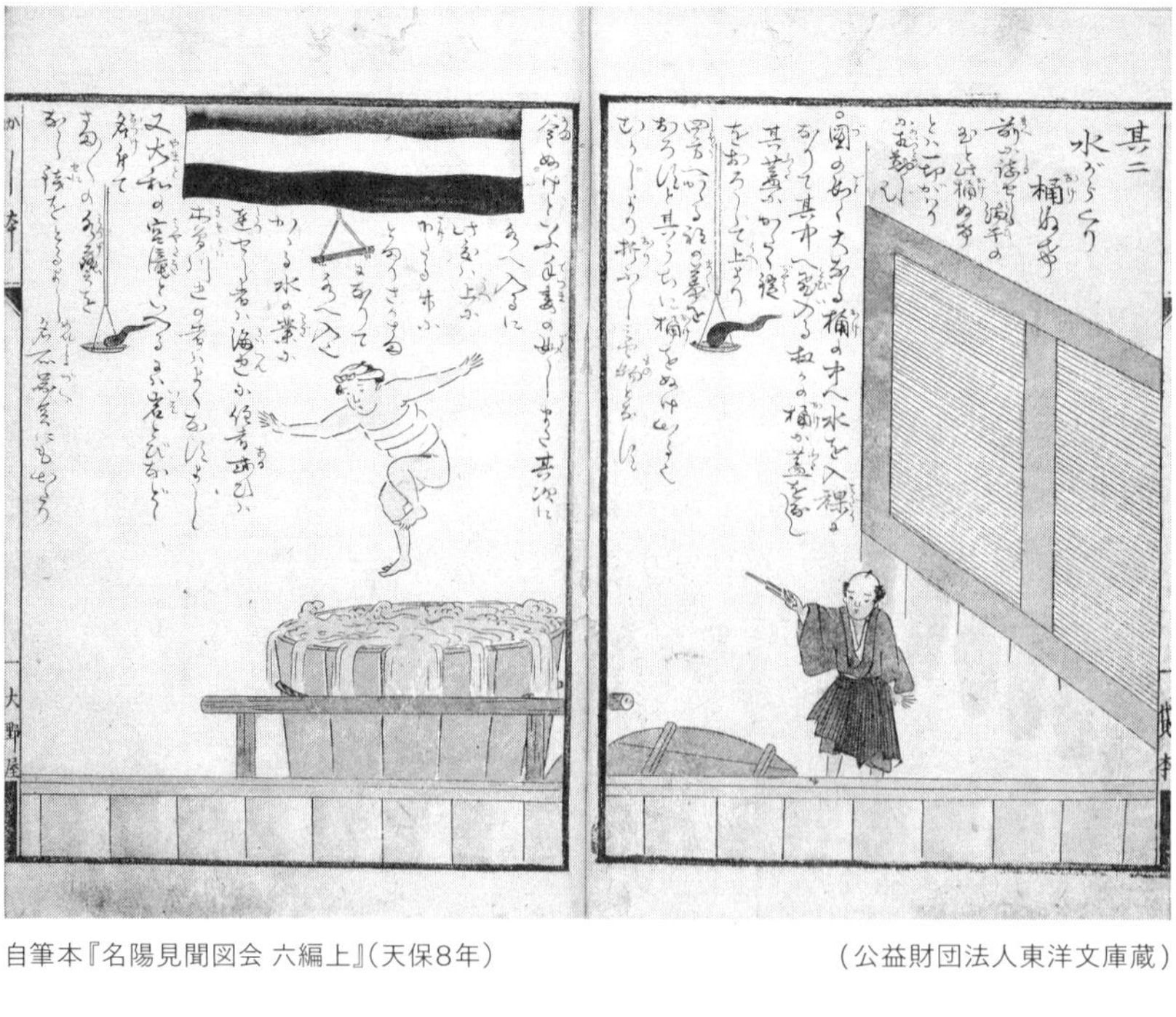

自筆本『名陽見聞図会 六編上』（天保8年）　（公益財団法人東洋文庫蔵）

12

妖怪人形手品の曲

この演目は、沼や古井戸から妖怪人形が現れて、まるで生きているかのように振舞うという奇術劇である。養老瀧五郎や柳川一蝶斎《やながわいっちょうさい》が得意とした演目で、瀧五郎は『四谷怪談《よつやかいだん》』の「お岩《いわ》さん（女の幽霊）」を、一蝶斎は「小《こ》幡《はだ》小《こ》平《へい》次《じ》蒸《せい》籠《ろう》抜《ぬ》け（男の幽霊）」を演じている。一蝶斎が、蒸籠《せいろう》の中を何度も通り抜けながら、妖怪人形を生きているかのように操るという演出である。

なお、小幡小平次は、歌舞伎の舞台で幽霊役として登場する人物である。

◆柳川一蝶斎の「小幡小平次蒸籠抜け」

ビラ『元祖一流 蝶の一曲 柳川豊後大掾』（弘化４年）

◆養老瀧五郎の「お岩さん」

ビラ『大坂下り風流手品 養老瀧五郎』（江戸期）

◆隅田川小金の「かさねかいだん」

ビラ『江戸の花一流 女手じな曲古満 太夫 隅田川小金』（江戸末期）

13

狐《きつね》の化《ばか》され

喜劇風の日本手品である。その内容は、農夫が小狐に化されて種々の滑稽な寸劇を演じ、舞台へ弁当箱を残して去る。そこへ着ぐるみの親狐が現れて、弁当箱からダルマや吹き流しを出し、最後に弁当箱が割れて、中から稲荷神社の描かれた大幕が現れて背景と変わる。これをキッカケに親狐が引き抜かれて、裃《かみしも》姿の伊達《だて》な太夫となり、巫女《みこ》の人形を操るという筋書きである。柳川派や養老派の持ち芸の一つである。

ビラ『怪談大仕掛座鋪手品 東都 柳川豊後大掾』(弘化4年)

14

文《ぶん》福《ぶく》茶《ちゃ》釜《がま》の曲《きょく》

煮え立つ茶釜の中から湯気を模した毛玉袋《けだまぶくろ》が現れて、その中から太夫が狸《たぬき》（毛皮の剥製）を取り出すというもので、人を化かす文福茶釜の物語を題材にした芝居仕立ての手品である。柳川一蝶斎の興行ビラに書かれた口上には「（前略）茶がまの曲、たてばやし茂林寺《もりんじ》に文福といふ名代の釜、にへたつ中から大狸さんを持て、飛出す（後略）」とある。演者は狸の鳴き声をあげたり、動かしたりして、生きているように見せたと考えられる。

ビラ『怪談大仕掛座鋪手品 東都 柳川豊後大掾』(弘化4年)

15

龍《りゅう》宮《ぐう》浦《うら》島《しま》の曲《きょく》

浦島太郎の話に基づいて創られた奇術劇と思われる。この演目の絵は、奇術興行ビラや錦絵にも載っており、必ず龍宮城、浦島太郎、乙姫様、それに大蛸が描かれている。大蛸は、動くようにできており、着ぐるみかゼンマイ仕掛けのどちらかと思われる。また演者が玉手箱を持ってポーズをとる絵が描かれていることから、玉手箱も重要な手品道具として使われたと推察できる。なお、柳川一蝶斎は、この手品を主要な興行演目の一つとしていた。

ビラ『元祖一流 蝶の一曲 柳川豊後大掾』(弘化4年)

16

天《てん》竺《じく》徳《とく》兵《べ》衛《え》妖《よう》術《じゅつ》の曲《きょく》

四代目鶴屋南北《つるやなんぼく》作「天竺徳兵衛韓噺《てんじくとくべえいこくばなし》」から題材を得て、芝居仕立てにした奇術である。異国から五年ぶりに帰った天竺徳兵衛は父の仇を討つために大蝦蟇《おおがま》の中から現れるなどの妖術を使うが、ついに術が破られ、仇との再会を約して別れるというもの。語り部が木琴を奏でながら物語の筋書きを語る。

ビラ『東京一流手品水の曲 太夫 養老瀧翁斎』(明治初期)

17

和《わ》唐《とう》内《ない》虎《とら》狩《がり》

明治四二年（一九〇九）四月に発行された『文藝倶楽部《ぶんげいくらぶ》』（一五巻五号）に、柳川一蝶斎の持ち芸として、この演目が簡潔に紹介されている。それによると、組み上げ蒸籠《せいろう》から葉の付いた長い青竹を取り出す。すると竹の陰から着ぐるみの虎が這い出てくる。それを見た太夫は、衣装の引き抜きによって強者に変わり、虎を捕まえるという筋書きの奇術劇である。この劇は近松門左衛門《ちかまつもんざえもん》作『国性爺合戦《こくせんやかっせん》』を題材にしており、老一官《ろういっかん》の子・和藤内《わとうない》が母とともに明国救援のため祖国に渡り、勇猛に活躍する物語である。

ビラ『江戸の花一流 女手じな曲古満』（江戸末期）

18

ろくろ首

ろくろ首は日本の妖怪の一種で、これを手品風に仕立てたものが、「くびながの伝」である。また『盃席玉手妻』には「座敷へろくろ首を出す法」が載るが、これは作り物のろくろ首を座敷に出現させる方法である。

一枚刷り伝授書には「前側の胴体は張り子である。演者は、黒幕の後ろから首を出し、胴体の上に載せる。その状態からすこしずつ立ち上がって、首を上方に動かして、ろくろ首に見せる」と書かれている。

一枚刷り『くびながの伝』（明治前期）

19

化け猫早替わり

演者が衣装替えして行燈の陰に隠れると、行燈《あんどん》に、油をなめる化け猫の影が映し出されるというものである。この怪談風の奇術は、「有馬の化け猫騒動」を題材にした歌舞伎からヒントを得て作られたものと思われる。明治時代には、松旭斎天一《しょうきょくさいてんいち》が「七変化《しちへんげ》」と題して、和装の女性、将校、神主、裃姿などにチェンジするマジックをコント風に演じている。現代における「ドレス・チェンジ・イリュージョン」は、スピーディーで劇的な変化が見られるのが特徴である。

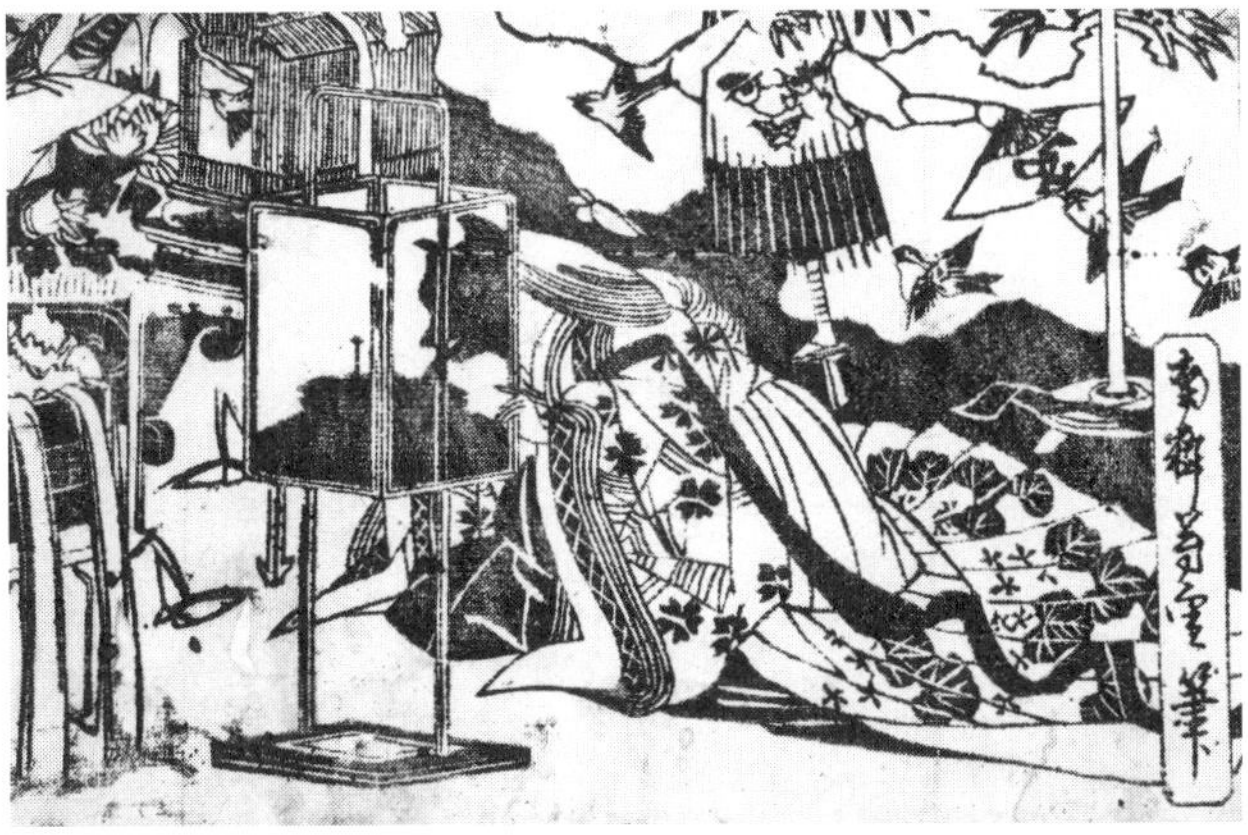

ビラ『西洋手品水芸大道具入 太夫 吉田菊丸』(明治12年)

20

骸骨踊り

この手品の仕掛けは、黒子が骸骨人形を背後で操作する方法と考えられる。その理由としては、もし、糸あやつりだとすると、骸骨のなめらかな動きが難しく、また骸骨の着ぐるみを着たブラックアートだとすると、動きによっては骸骨の形がくずれやすいからである。

人形を操作する技術は、すでに人形浄瑠璃などにあったことから、奇術師・吉田菊丸《よしだきくまる》は、それらからヒントを得て、目新しい骸骨踊りを創作したものと推察される。

ビラ『西洋手品水芸大道具入 太夫 吉田菊丸』(明治12年)

21

宙乗り早替わり

吉田菊丸の十八番である。菊丸は水芸と水中早替わりを得意とした。明治二〇年（一八八七）に大阪・角座で興行を行ったが、舞台全体が水であふれるほどの大掛かりなステージショーを繰り広げたという。見世物研究家の樋口保美《ひぐちやすみ》によれば、「裃姿の太夫が出て、下座の千鳥や手まり唄などのにぎやかな囃子に合わせて、扇子の先や湯飲み茶碗、刀の刃先、花瓶などから太く細く、長く短く、次々と水を出す。最後に後ろの黒幕が切り落とされると、天女姿の美しい女が四、五人宙吊りで登場し、手に持った花束から一斉に水を噴き出す。舞台の前後左右に仕掛けた数百本の管から水しぶきが入り乱れて噴出し、と同時に五色の花火が火炎をあげ、水と火の祭典となって幕となる」（『見せ物はおもしろい（別冊太陽）』平凡社）。

吉田菊丸の水芸は、噴水のほかに宙乗りや花火などを取り入れた大掛かりな「水火の芸」である。これらの仕掛けは歌舞伎の「天竺徳兵衛」からヒントを得て、水芸に応用したものと思われる。なお、水芸の最後の場面は、主演者が何らかの方法を使って舞台から消え、しばらくして、衣装替えして宙乗りで現れるというものである。

ビラ『西洋手品水芸大道具入 太夫 吉田菊丸』（明治12年）

22

千本傘（傘づくし）

傘の取り出しだけを単独で演じることはなく、「宝の手箱」や「組み上げ蒸籠」などから、いろいろな品物を取り出した後、最後にたくさんの傘を出して舞台一面を飾るという方法で演じられる。

準備として何本かの傘を袋に入れて台の後ろなどに隠しておく。一人で演じる場合は、たくさんののべシルクを出現させている間にひそかに傘の袋も一緒に取ってくる。あとは、束ねたのべシルクの中から傘を一本ずつ出現させて床に並べる。

演目名は「傘づくし」「万倍傘《まんばいがさ》」「江戸道中浮かれの傘」ともいう。

現代では、伝統的な傘を使う場合とジャンプ傘のように自動的に開く傘を使う場合とがある。自動傘の場合は空中から取り出したかのように見せることができるため、変化に富んだ手順を組むことが可能である。このため昭和・平成時代に和傘やパラソルを使うプロダクションマジックの方法、技術は飛躍的に進歩し、和傘やパラソルだけの手順が構成された。著名な演者に島田晴夫《しまだはるお》、深井《ふかい》洋正《ひろまさ》がいる。

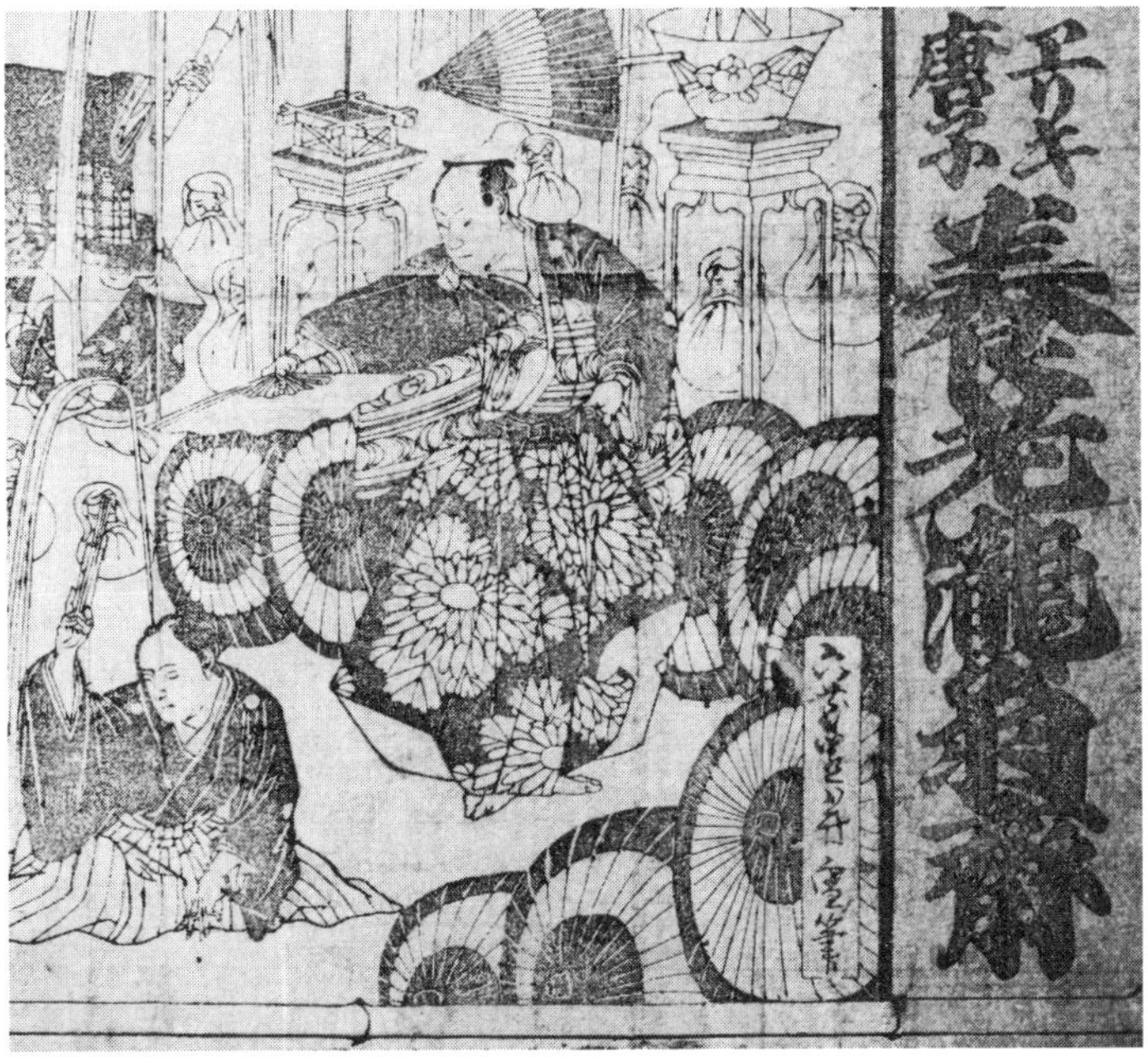

ビラ『エリキ唐子 養老瀧翁斎』（明治前期）

23 青竹の曲

大鉢や箱の中から、笹の付いた長い青竹を取り出す手品である。伝授によれば「葉のついた青竹の節々をたたきつぶして何本も針金でつなぎ、塩水に浸して、紙に包んでおく」とある。柳川黄蝶《やながわきちょう》の興行ビラには「桶より竹を出す図」が描かれているが、その竹の長さは二四間（約四四メートル）とある。このユニークな手品は欧米にはなく、日本独自のものである。

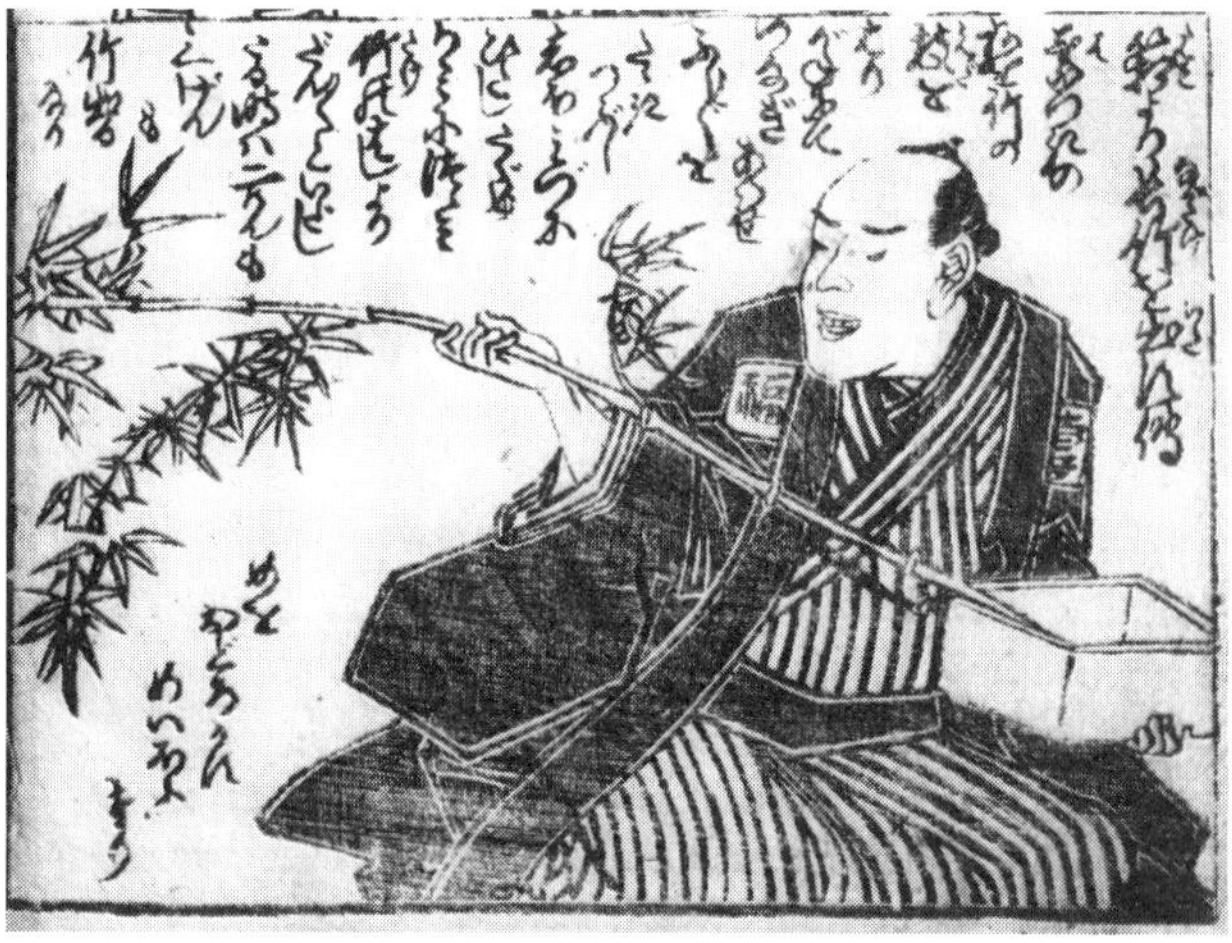

版本『手しな独けいこ』（江戸末期）

24 水《みず》渡《わた》りの術《じゅつ》

天草四郎《あまくさしろう》は数々の奇跡を行ったと伝えられているが、なかでも海上を歩いて渡ったという「水渡りの術」が最も有名な奇跡である。『別当杢左衛門覚書《べっとうもくざえもんおぼえがき》』には、「（天草四郎）海上を歩み渡り見せゆく」と書かれており、日本奇術の謎の一つとされている。

常識的に考えれば、人が水の上を歩くことは不可能である。松井昇陽斎《まついしょうようさい》著『改良奇術《かいりょうきじゅつ》』には、「長い針金を二本、こちらから向こう岸まで、水面下三〇センチのところに張り、その上を歩いて渡る」とあるが、この方法では非常に難しいと思われる。

単行本『改良奇術』（明治38年）

25

人形を遣いながら水に入る術

演者が水の入った水槽の中へ徐々に入っていき、最後には完全に水中に消えてしまうという大手妻である。仕掛けは水槽にある。水槽の底の中央に人が通れるほどの穴を開け、その穴に皮で作った袋を取り付ける。袋の口は巾着のように閉じたり開いたりできるようにし、水面から一五センチほど下になるようにしておく。演じ方は、演者が水槽に入るとき、舞台下の仲間が袋の口を開ければ、水面から舞台下に通じる穴ができる。演者は仲間の助けを借りて徐々に穴の中に入っていき、舞台下に降りる。この演目が載る伝授本は『璣訓蒙鑑草《からくりきんもうかがみぐさ》』のみである。

版本『璣訓蒙鑑草』（享保15年）※図は稀書複製会の複製本（昭和4年）より転載

26

龍《りゅう》宮《ぐう》玉《たま》取《とり》の曲《きょく》

図は、曲独楽の竹澤藤治が演じる「龍宮玉取の曲」である。藤治が舞台に造られた大水槽の中に飛び込み姿を消すと、水面一斉に噴水が上がる。しばらくすると藤治が裃姿に衣裳替えして水中からせり上がってくる。続いて宝珠に見立てた独楽から水が噴き上がるという筋書きの大舞台である。このように藤治は、曲独楽と水中早替わりを組み合わせた独自の世界を創り上げた。なお、同様の芝居に、天竺徳兵衛の「水中早替わり」、上方狂言の「鯉つかみ」などがある。

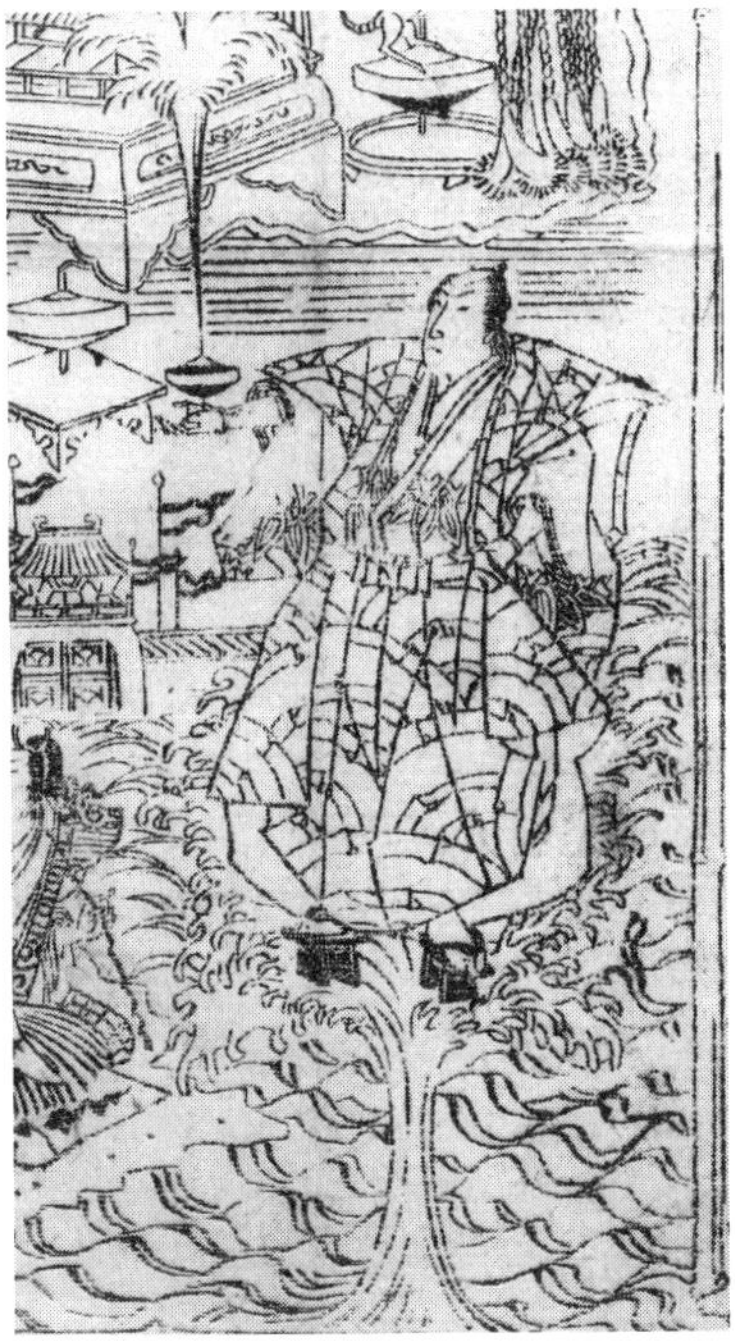

ビラ『元祖曲独楽 竹澤藤治 竹澤萬治』（弘化3年）

28 異龍竹《いりょうちく》

『璣訓蒙鑑草』の目録絵には「さあ〳〵此度の大当リ、異龍竹ハ是じや、此水の上るせいを御覧しませ」。続いて「何とも水か上へのぼりて雨の如くにふるハ、かハ《（変）》つたしかけじや」とある。伝授編に書かれた方法を現代語に訳すと次のとおりである。

「異龍竹は、臥龍竹《がりょうちく》とは仕掛けが違っていて水の勢いが強い。これも背景の後方から綱を引く方法である。提灯《ちょうちん》の蛇腹《じゃばら》のような物を皮で二つ作り、針金製の骨を蛇腹の内外からはめる。そして、山台の内部に唐臼《からうす》のような物を作って両端に綱をつけ、山台の脚の中を通して地面の下をくぐらせ、背景の後方にある囲いの中に出して、その囲いの中で人が交互に引っ張る。ぜんまいのねじのように見せかけた水車は仕掛としては全く用をなしていない。これが回転することによって水を押し上げているように観客に思わせるが、このとき発生するギーギーという音を聞いて、囲いの中にいる人は精を出して綱を引っ張る」。

なお、同じ現象の「臥龍竹」は、『続たはふれ草』に載る。

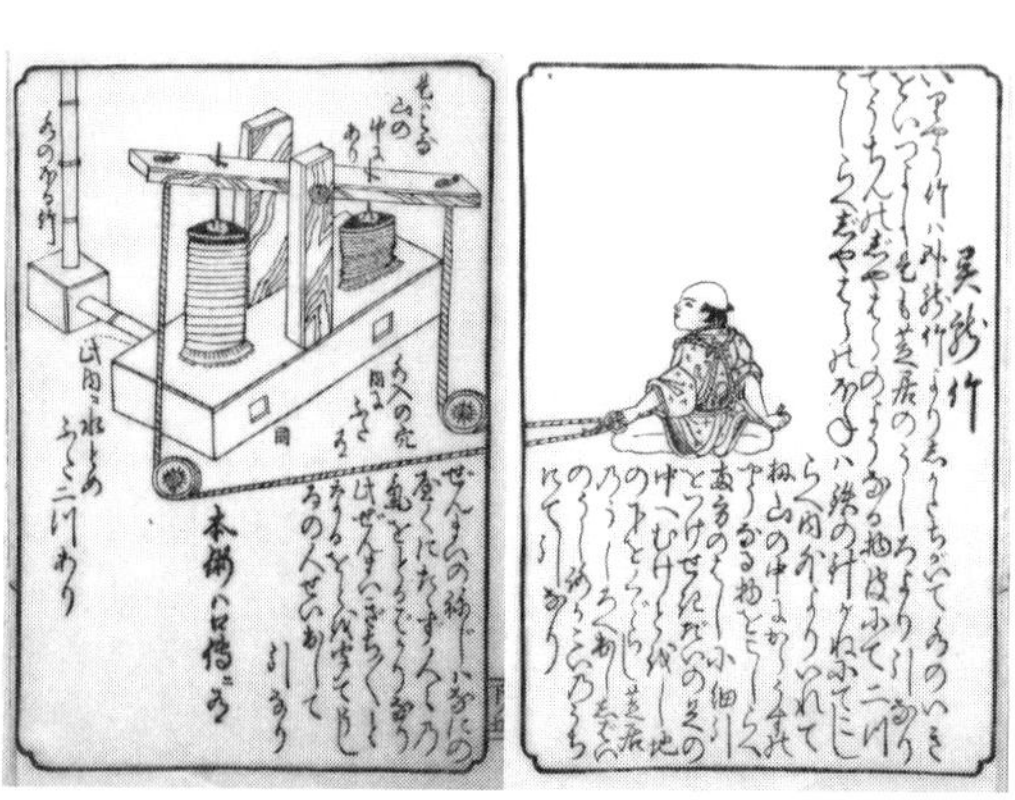

版本『璣訓蒙鑑草』（享保15年）
※図は稀書複製会の複製本（昭和4年）より転載

30

蝋《ろう》燭《そく》、水からくり

蝋燭の炎から水が出るからくりの解説としては『唐土《もろこし》秘事海《ひじのうみ》』に載るものが最も古く、水芸の原形となる。

準備として、隣の部屋の高い位置に桶をセットして、そこから竹の管をつなぎ、縁の下を通って、最後に細い管を床の穴から通して蝋燭につなぐ。仲間が桶に水を入れれば、蝋燭の芯から水が噴き上がる。これは噴水の原理であり、水を高さ三㍍のところから落とせば約一㍍噴水する。

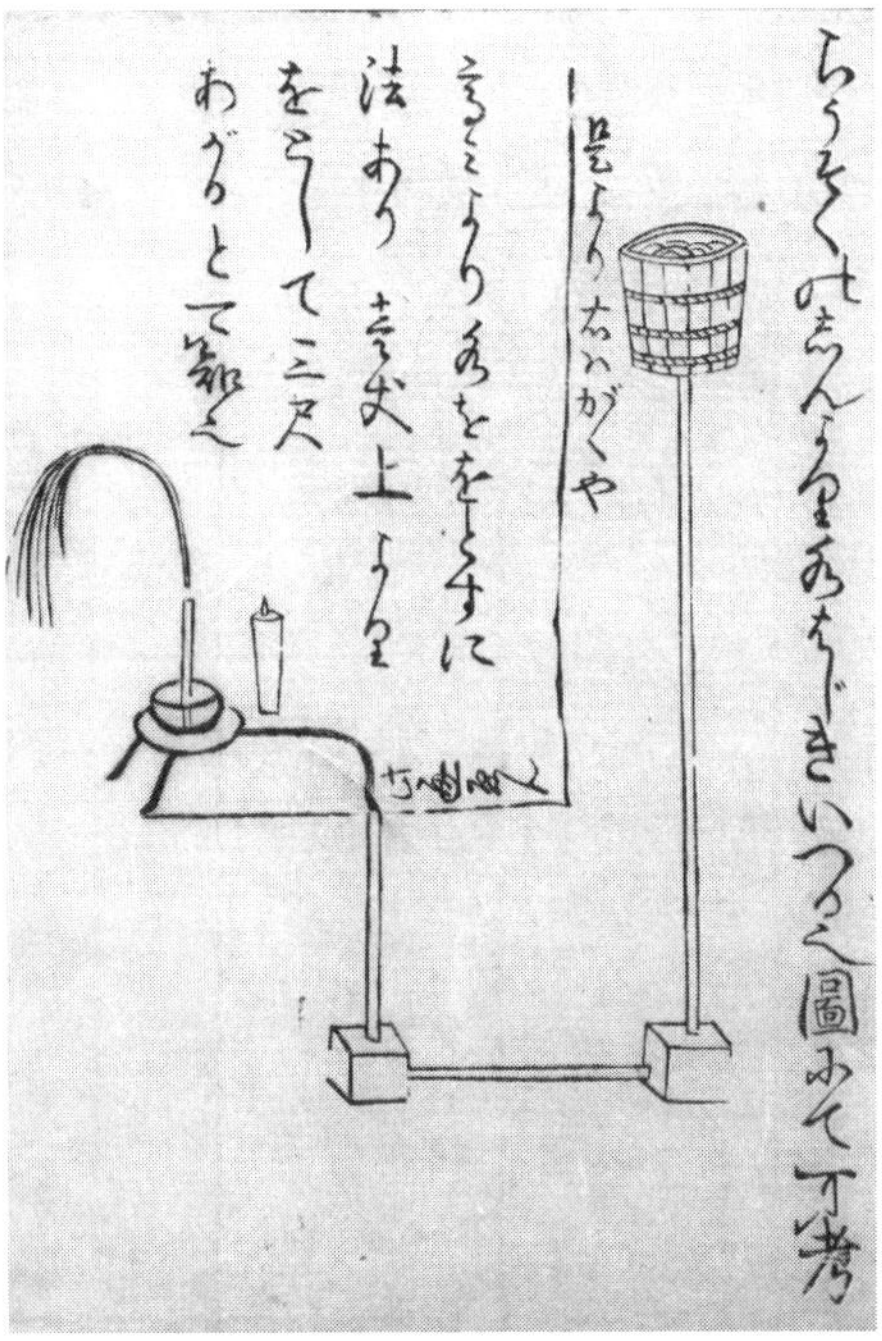

版本『唐土秘事海』(享保18年)

31

万年銚子の秘伝

土瓶の口から水が尽きることなく流れ出てくる水からくりの細工物である。まず、楽屋の上部に桶を設置する。桶から土瓶の口まで管を通すが、笊《ざる》から土瓶までは、透明なガラス管にする。桶に入れた水は、噴水の原理によって管を通って土瓶に入る。あふれた水は土瓶の口から出て笊の中に落ちる。ガラス管が透明のため、人はそれに気づくことなく、吊るした土瓶の口から水が絶え間なく流れ出ているように見える。初出の伝授本は『手妻秘《てづまひ》密《みつ》の奥義《おくぎ》』である。なお、より複雑な水からくりの細工物に「龍泓玉《りゅうこうぎょく》」「異龍竹」などがある。

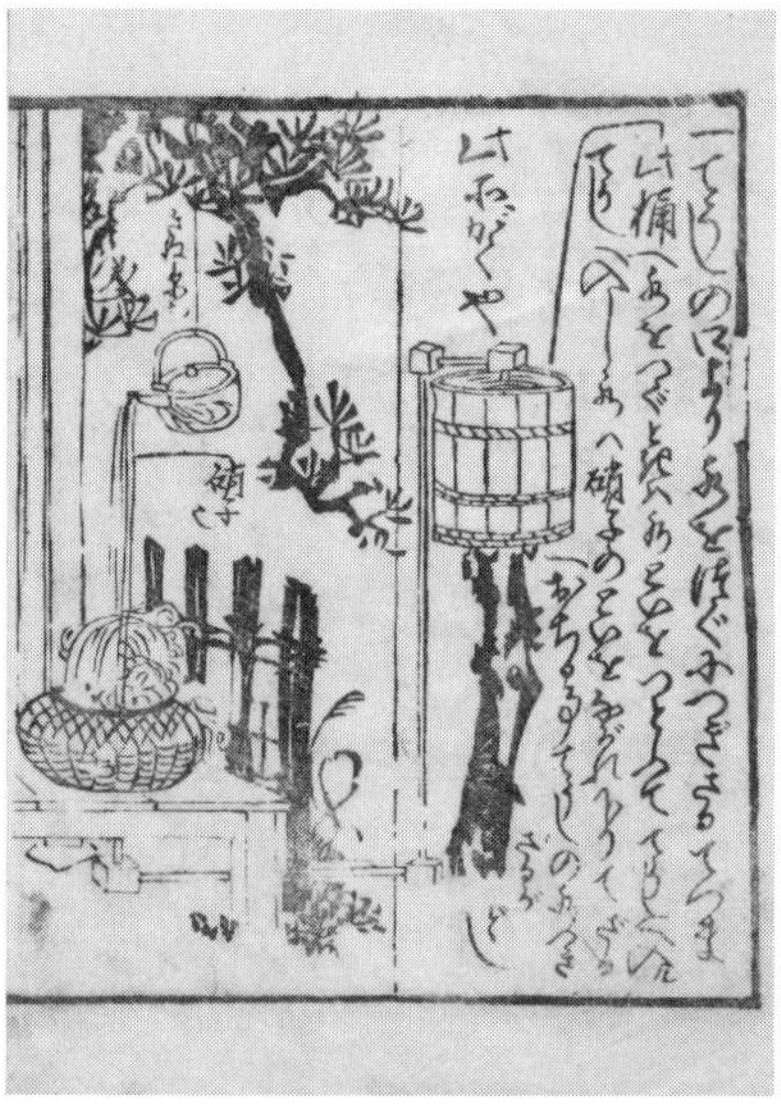
版本『手妻秘密の奥義』(文化年間)

32

傘より雨を降らす術

この術は、傘から水が流れ落ちてくるという手品で、タネは水を包んだ油紙の袋である。袋には細かい穴があけられているが、ロウでふさがれている。これを傘の頭にくくり付けておく。演技は、傘を広げて座敷に立ち、水の包んである紙袋を上の鴨居へ押しあてて傘をぐっと押せば、針の穴より水が出て、雨のように流れ出てくる。この方法は、水が噴き上がる水芸とは異なるが、何もないところから水が流れ出てくるので、水からくりの一種ともいえる。なお、この伝授は『絵本一興鑑《えほんいっきょうかがみ》』ほか、いくつかの伝授本に載る。

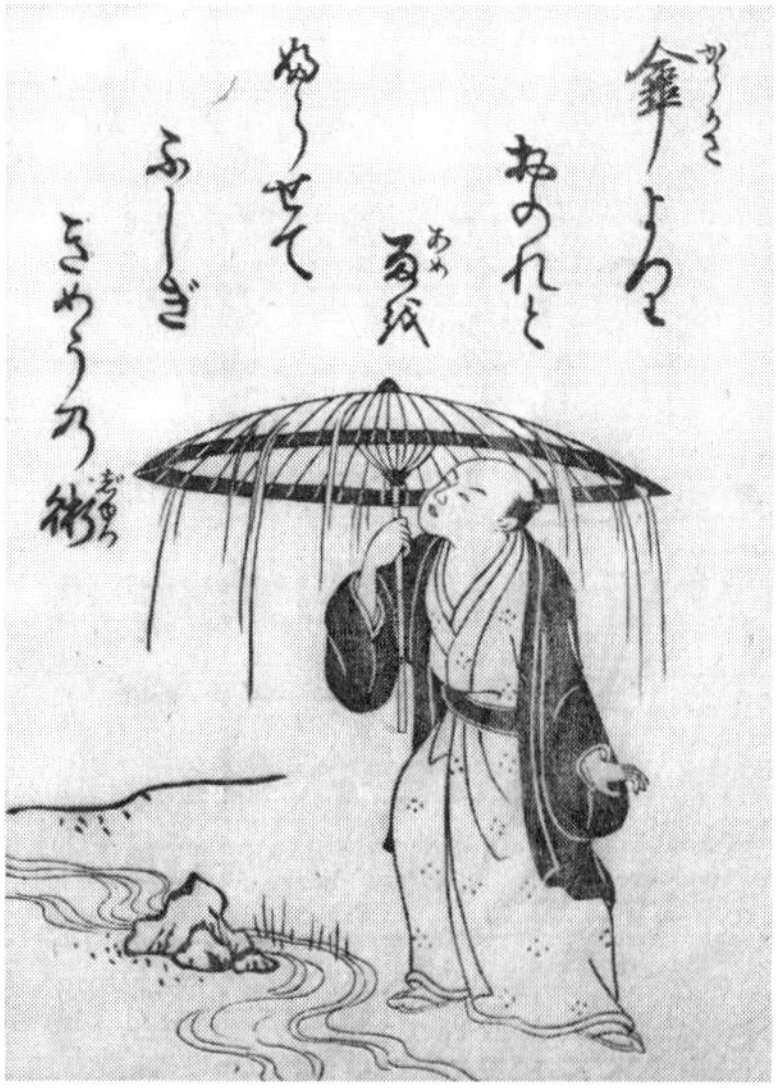
版本『絵本一興鑑』(明和5年)

33

徳利より水を吹き上げる術

徳利の口から水が勢いよく噴き上がる水からくりである。仕掛けの作り方は、徳利の中に細い竹の管を、底より少し上のところまで入れ、徳利の口を密閉して空気がもれないようにしておく。水を八分目ぐらい入れたら管の先にキセルの吸い口を差し込み、そこから空気をいっぱい吹き込み、口を指で押さえておく。噴水させようと思うときに指を放せば、水は勢いよく噴き上がる。これは、空気圧を利用した方法である。

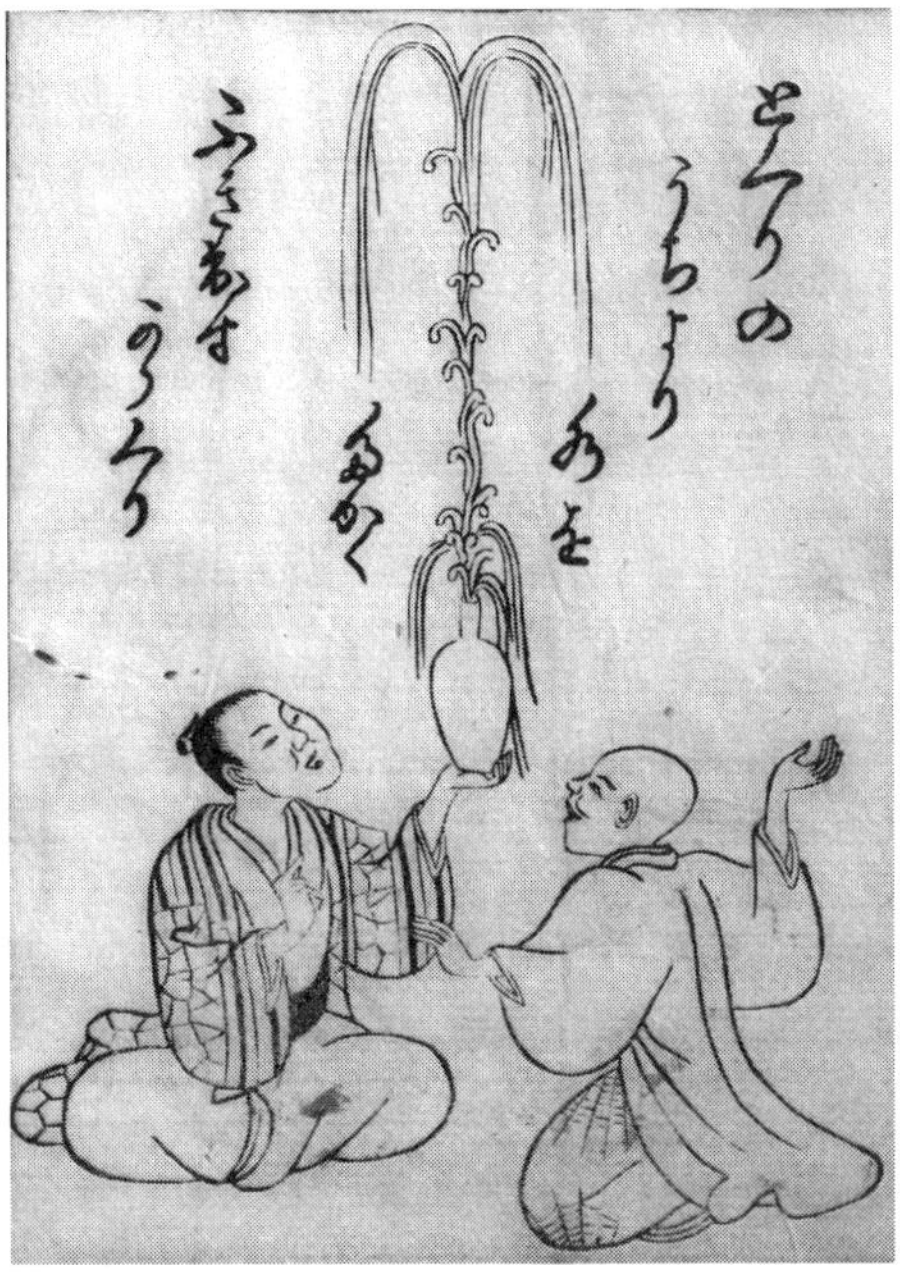

版本『仙術夜半楽』(宝暦5年)

34

茶碗水上げ

茶碗の中から一筋の水が噴き上がる水からくりである。茶碗の底に穴を開け、穴と水の入った袋とを管でつなぐ。袋を足で踏むと、水が吹き上がる仕組みである。

演者は座って、管や水袋を着物の裾の中に隠して演じる。なお、袋はフグの皮がよいと書かれている。また、手に持った宝珠から水を噴き上げるには、水の入った袋を腋に挟んでおき、腕で圧迫して水を出す。

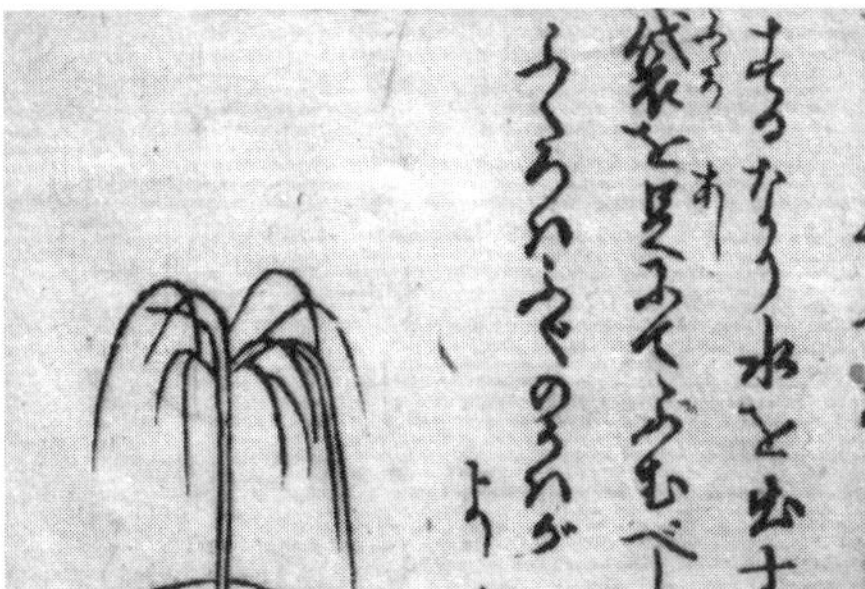

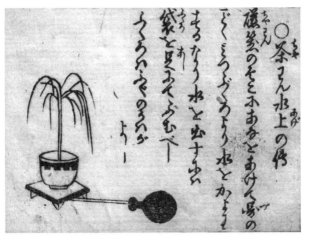

版本『手品独稽古』(江戸末期)

35

手のうちより水からくり

手から水を噴水させるというもので、これも水からくりの一種である。水を溜める袋は動物の皮などを利用した。これに水を入れて包むようにくくり、袋にする。演じ方は、水の入った袋を手に隠し持ち、「ただ今より手から水を吹き上げてご覧にいれます」などと口上を述べたあとに、袋に針を刺して穴を開け、袋を絞って水を空中に飛ばす。伝授には「三げん《（間）》もはし《（走）》る也」とある。

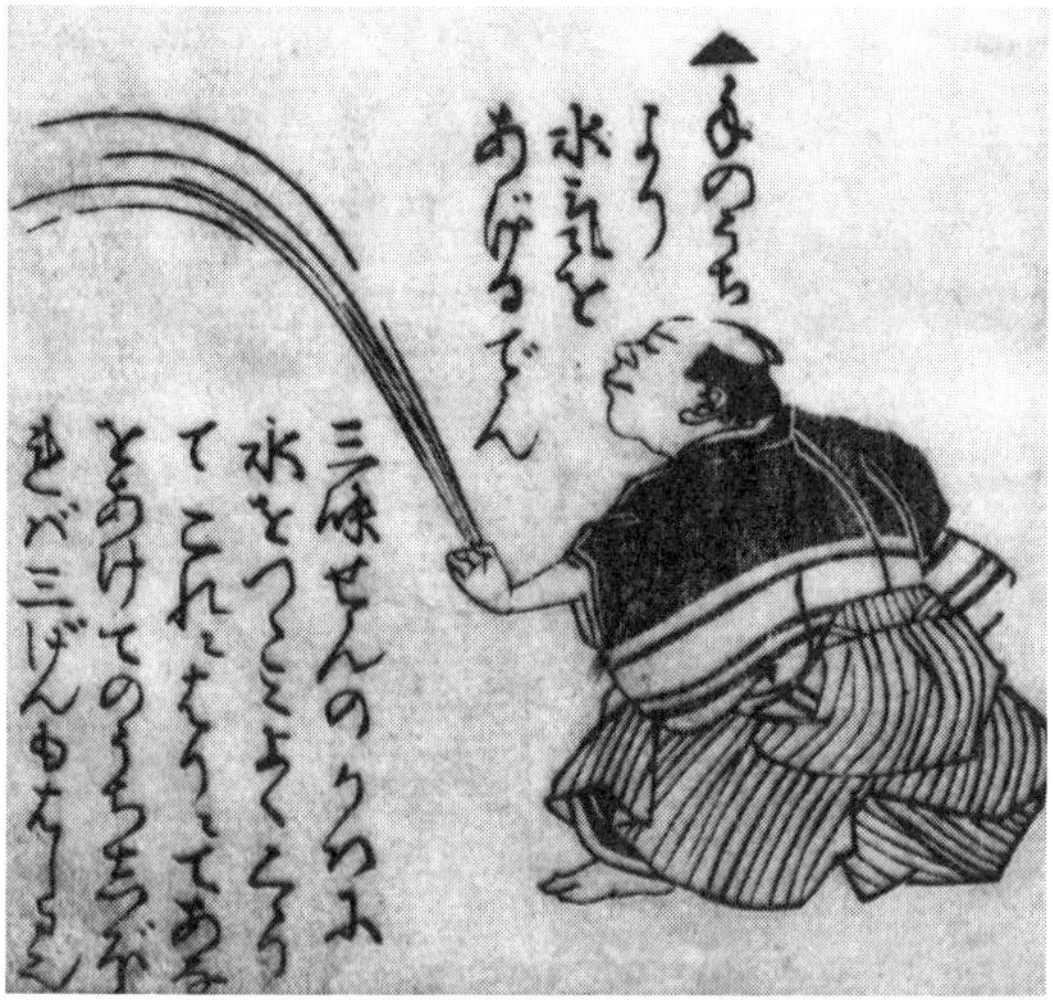

版本『手妻早稽古』（文久2年）

36

満《み》干《ひ》の玉《たま》

満干の玉とは、手に持つガラス玉に初めは水がなかったが、どこからともなく水があふれてきて、玉の上まで噴き上がり、次に「潮が引きます」との口上に従って、水が減っていくという現象の手品である。

この水からくりは、尾張藩士の小田切春江（号・歌月庵喜笑）が、天保八年（一八三七）六月九日夜からの興行期間中に、名古屋の広小路で観たものであり、その内容は『名陽見聞図会《めいようけんもんずえ》』に載る。左図の演者は竹田正五郎である。

自筆本『名陽見聞図会 六編上』（天保8年）
（公益財団法人東洋文庫蔵）

37

頭から水からくり

人の頭から水が噴き上がる水からくりである。コミカルな表現をする場面で使われることが多い。これを行うには、演者がその場で噴水する場合と、移動しながら噴水する場合の二つの方法が考えられる。前者は、楽屋裏の桶から管を床、演者の足元、背中、頭の順に伝わらせてセットし、噴水する方法である。後者の場合は、準備として、フグの皮に水を入れたものを腋に挟み、それとつないである管を衿より出し、耳のうしろより頭に伝わらせて取り付ける。演者が腋の下の水袋を押せば、水は頭より噴き上がるという方法である。

ビラ『江戸登り 新工夫 水大がらくり』(嘉永2年)

38 水芸

水芸は噴水の原理を応用したものである。初めは水からくりと呼び、蝋燭の炎、宝珠、茶碗などから水を吹き上げる程度の見世物であったが、しだいにそれらの内容が統合されていった。舞台における水からくりの名手は養老瀧五郎、吉田菊丸、音羽瀧寿斎である。明治時代に中村一登久《なかむらいちとく》は水を自在に飛ばす「綾取《あやと》り」を考案した。その技は松旭斎天一や弟子の天勝《てんかつ》に受け継がれ、今日に続く舞台芸としての水芸が完成した。

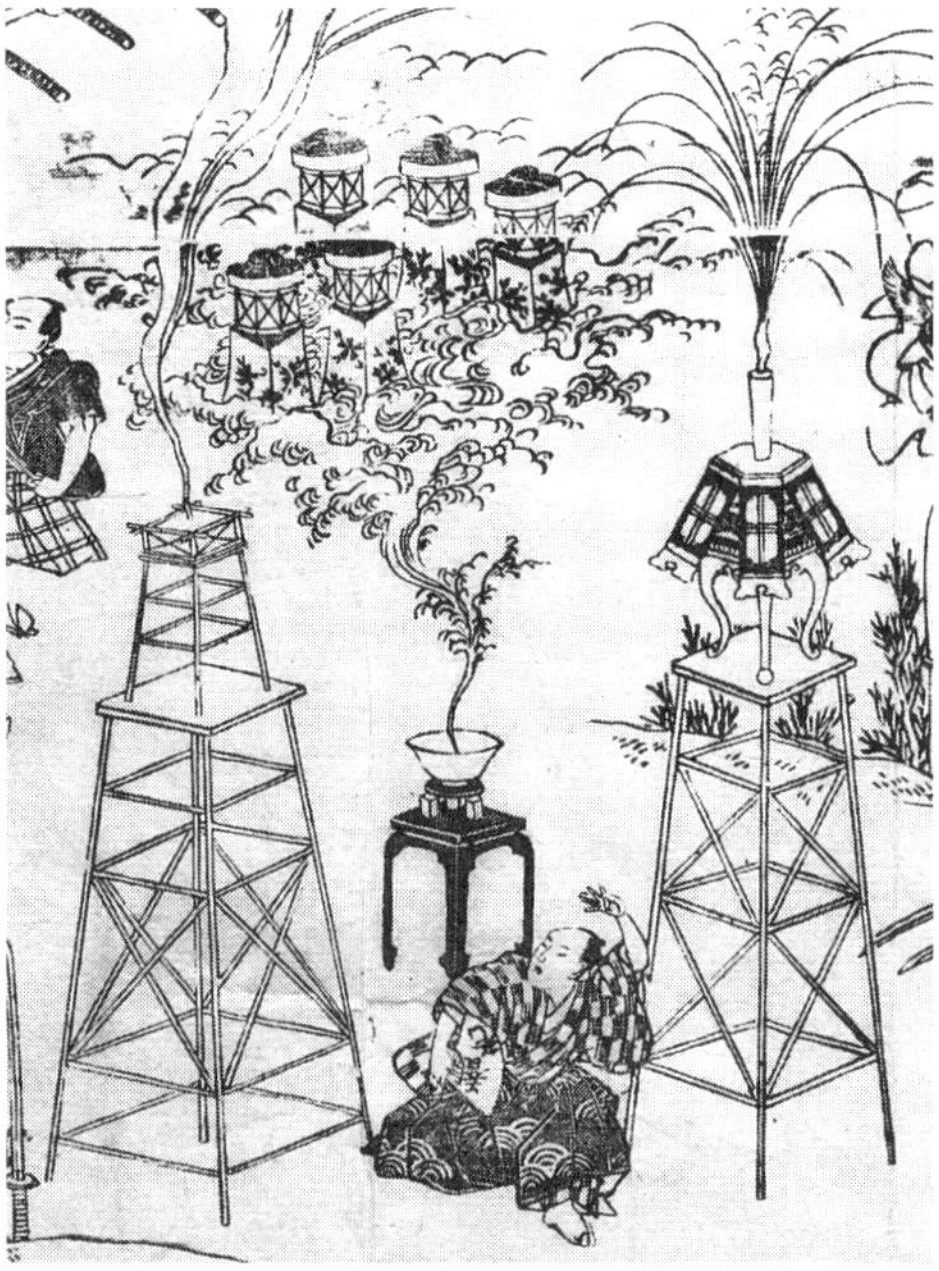

ビラ『刃渡り 太夫 養老瀧五郎』より（江戸末期）

ビラ『新工風水仕掛 吉田菊丸』（江戸末期）

ビラ『大阪初上り 水火之曲 和洋七ふしぎ 中村一登久』(明治16年)

絵葉書「松旭斎天一の水芸」(明治39年)

39

扇《おうぎ》に戯《たわむ》れ胡《こ》蝶《ちょう》

紙の蝶を扇の周りに飛ばす手品で、タネは棕櫚《しゅろ》の毛である。引き裂いた紙を一本の棕櫚の毛に結びつけ、蝶の形に整え、これを広げた扇の骨の間から出して持つ。演者が棕櫚の毛をひねれば、蝶が扇の周りを飛んでいるように見える。タネがバレないようにするために、扇に絵を描いたり、蝋燭の明かりより離れたところで演じるなどの工夫が必要である。なお、現代のマジックに、ハンカチを両手の周りで踊らす「ダンシング・シルク」がある。初出の伝授本は『仙術《せんじゅつ》夜《や》半楽《はんらく》』である。

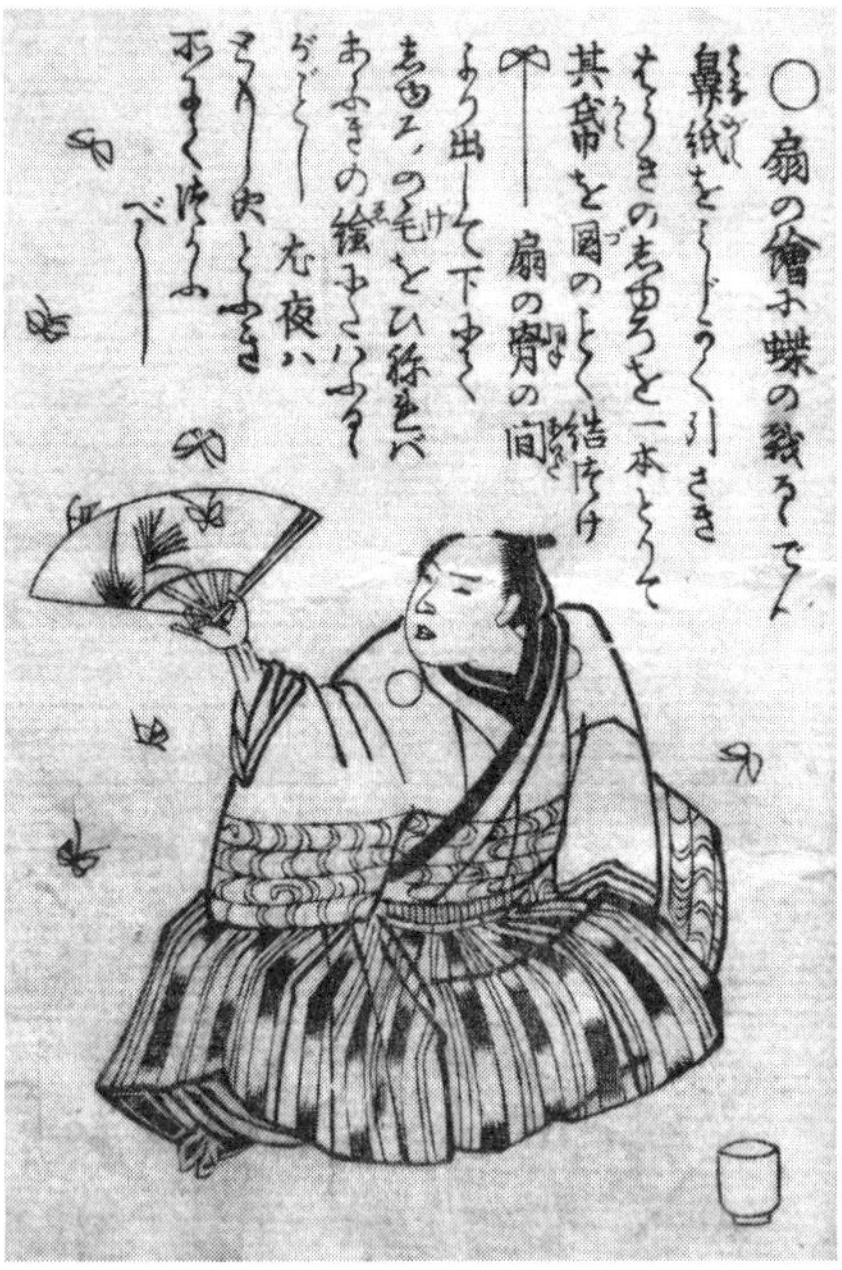

版本『手妻早稽古』（文久2年）

40

紙胡蝶

紙で作った蝶を空中に飛ばす方法で、仕掛けは糸である。あらかじめ、紙で作った蝶に長い糸を付け、その糸を座敷の欄間《らんま》に通して、演者の帯に留めておく。演じ方は、蝶を手に乗せて持ち、「ただ今から蝶を空中に飛ばします」と言って、後ろに下がれば、蝶は糸に引かれて空中に舞い上がり、戻れば下りてくる。糸を操作する技術と表現を巧みに行えば、紙の蝶が空中を舞っているかのように見える。

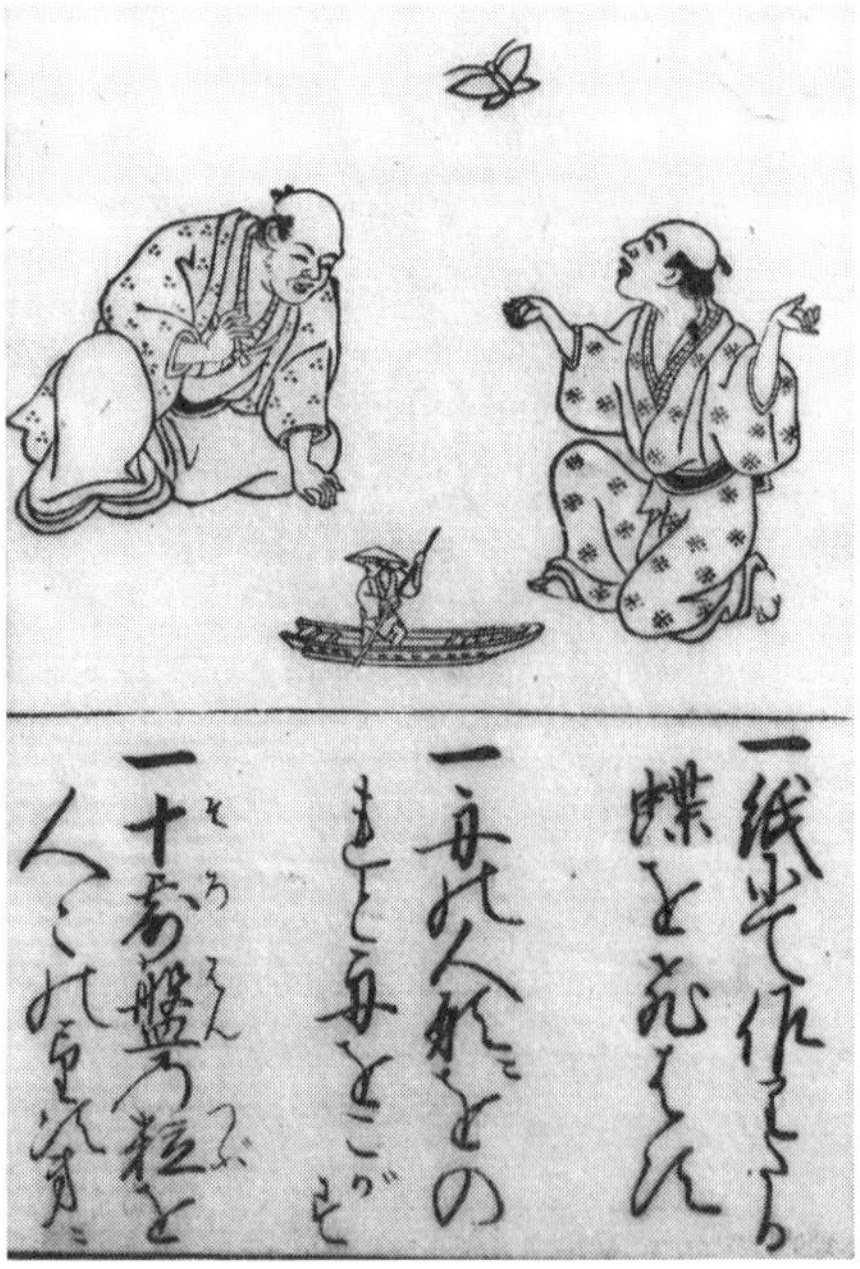

版本『続懺悔袋』（享保12年）

41

扇に胡蝶

この手品は、二羽の紙蝶を扇であおいで飛ばすというものである。

扇と紙蝶を黒糸で結び付けたものを使用するため演じやすいものの、蝶の飛び方に変化をつけることが難しい。演者が上下左右に身体を動かしてみても、蝶と扇との距離がいつも同じであるため観客はしだいに飽きてしまう。したがって、この方法は短時間の演技で見せる蝶の手品である。

なお、江戸時代の伝授本には、この方法の記録は見当らない。

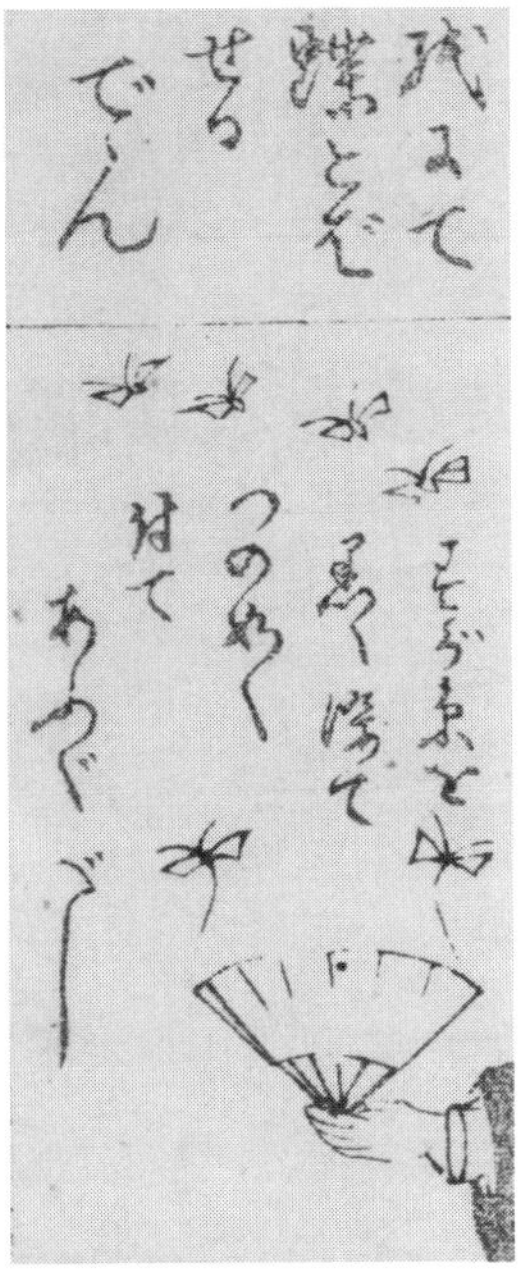

版本『西洋魔法鏡』（明治18年）

42

蝶の舞

紙の蝶を空中に飛ばす手品で、タネは黒糸である。伝授には「絹糸を墨で黒く染め、この糸の先に紙をひねり付けて、蝶を作り、扇でほどよくあおいで、蝶を飛ばしなさい」とある。演じ方は、紙蝶を取り付けた二本の糸を指先に持ち、扇であおいで蝶を飛ばすというものであるが、45「胡蝶《こちょう》の舞《まい》」の本来の姿に近い方法である。

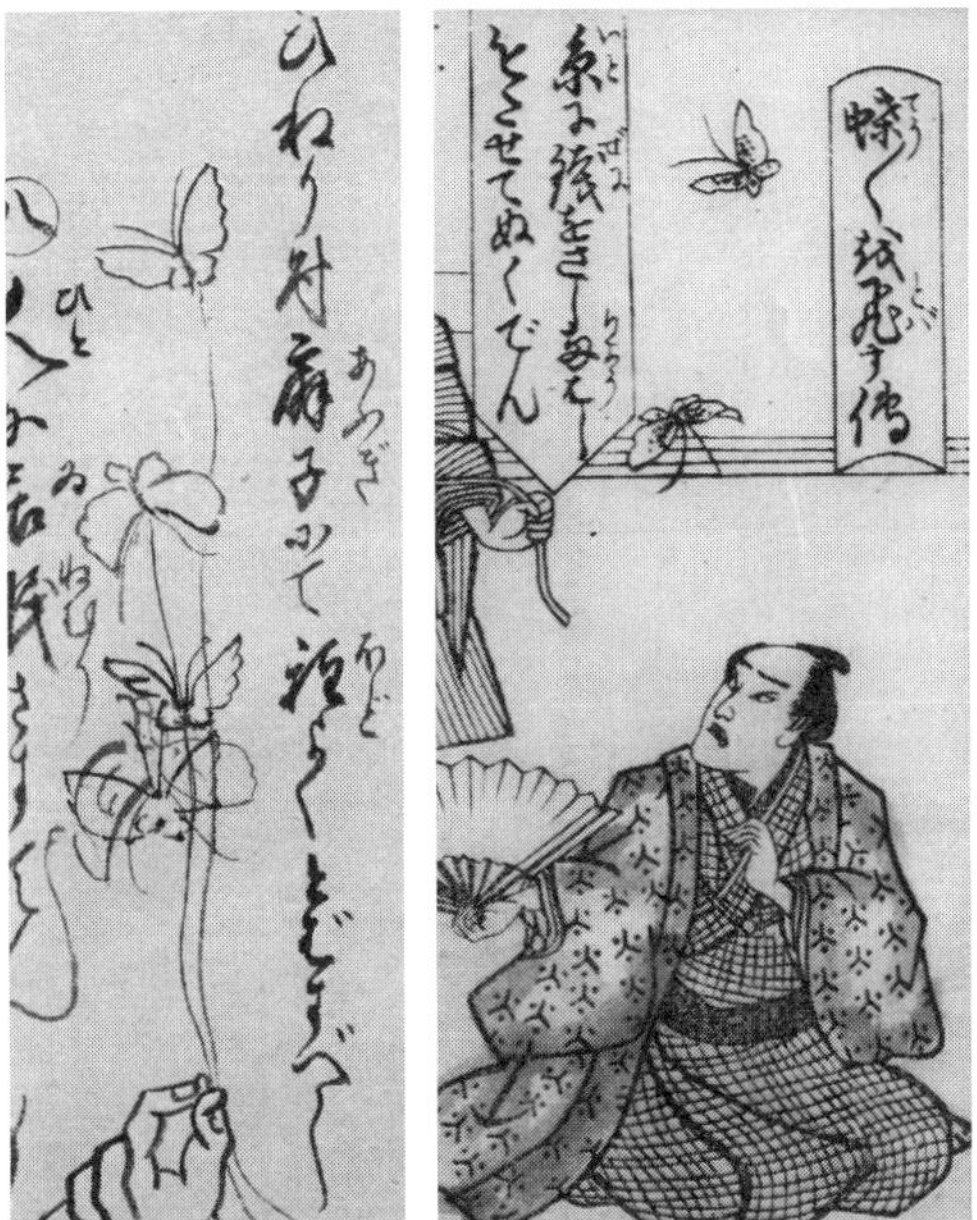

自筆本『花の笑顔』（江戸末期）

43

胡《こ》蝶《ちょう》楽《がく》

これは、ヒヨコ（48「座敷、手からくり」を参照）の流れをくむ手品であるが、蝶を空中高く飛ばしているところと糸の先を品物に留めている点に、従来のヒヨコと異なる特徴がある。この方法は一陽斎派《いちようさいは》に伝わる「胡蝶楽」と同様のもので、45「胡蝶の舞」の方法を簡潔に伝える数少ない史料の一つである。伝授には「紙のてう（蝶）をつかふ（遣）でん　むかふよりすがいと（糸）をはり、其糸に紙のてう（蝶）をつけ、あふぎ（扇）ニてつかふ（遣）べし」とある。

すが糸とは細い絹糸のことである。

版本『柳川種調之伝』（明治前期）

44

蝶を飛ばす法

『妙術座鋪手品《みょうじゅつざしきてじな》』には「ちよ（蝶）とばす伝　すがいと三尺バかりあたまのまげニつけ、其いと（糸）のうらニちよ（蝶）をつけ、あふき（扇）ニてつこう（遣）べし」とあり、すが糸の長さとそれを留める箇所を具体的に記している。いわゆる帰天斎派《きてんさいは》の「一本づり」の方法が絵とともに書かれている。45「胡蝶の舞」の伝授は、師から弟子へ口伝で伝えられ、すべてが秘中の秘であった。そのため記録に残すことはされなかったようである。この伝授は、帰天斎派の「浮かれの蝶」の種明かしに最も近いものである。

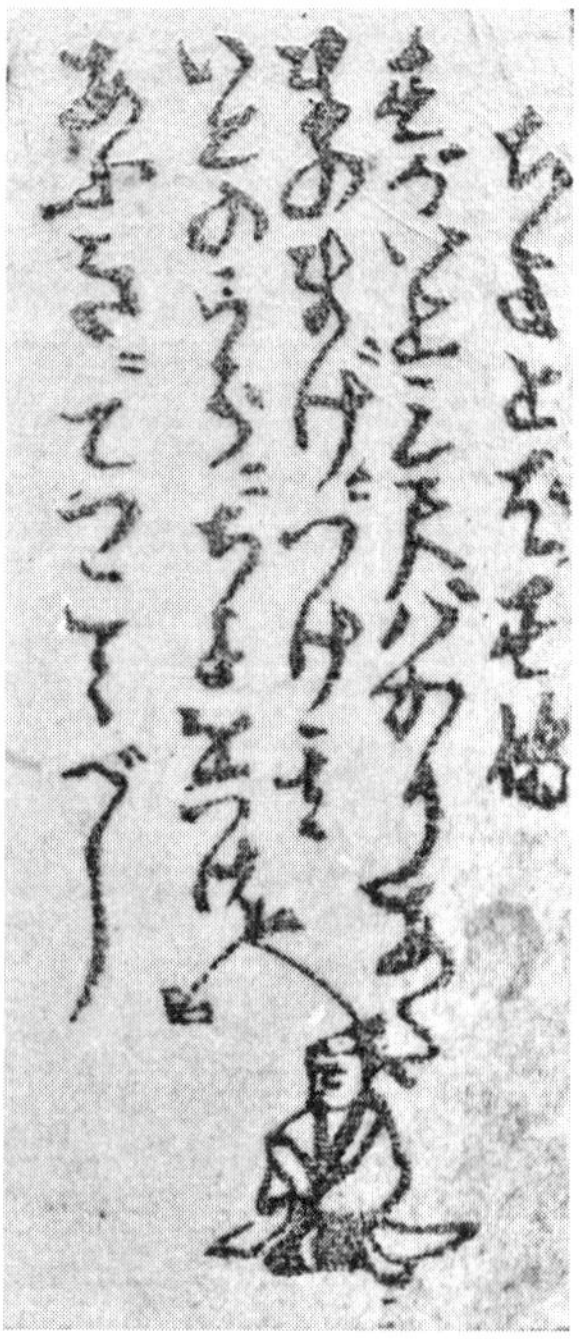

版本『妙術座鋪手品』（江戸末期）

45

胡蝶の舞

胡蝶の舞の現象は、紙で作った蝶を扇であおぐと、蝶は空中を舞い戯れるというもので、日本古典手品の最高傑作である。

演技は、一羽蝶の扱いから男蝶《おちょう》・女蝶《めちょう》の二羽蝶へと進み、最後は千羽胡蝶《せんばこちょう》と舞い広がって大切《おおぎり》となる。『武江年表《ぶこうねんぴょう》書入』の文政二年（一八一九）冬に、「此の節、葺屋町《ふきやちょう》川岸に大坂下り谷川定吉《たにかわさだきち》手品興行、うかれの蝶とて扇にて蝶をつかふ。一蝶斎は是れを学びしなり」とある。後にこの芸を大成したのは初代柳川一蝶斎である。

新聞『LE MONDE ILLUSTRE』（1867年、パリ）

写真帖『三世帰天斎正一の浮連の蝶』（昭和30年代）

ビラ『柳川蝶玉斎』（明治10年頃）

47

踊る紙人形

この手品は、紙で作った人形を畳の上で踊らせるというもので、タネはすが糸である。あらかじめ糸の先に付けた針を畳に刺して留め、もう一方の糸の端を指に巻きつける。人形は糸の中央あたりに取り付け、糸を操作して人形を踊らす。紙人形の両足には銭を貼り付けて、重りとした。時代が下がるにつれて動かす物は箸、かんざし、盃、扇、蜘蛛などと広がっていった。現在ではこの芸を「ヒョコ」と呼ぶ。初出の伝授本は『仙術夜半楽』である。別法に糸を扇と人形に付けて踊らせる方法もある。

版本『仙術夜半楽』(宝暦５年)

48

座敷、手からくり

ヒョコの手品である。図では、蜘蛛、蝶々、箸、盃、ひもの蛇、かんざし、扇子など、全部を糸に掛けた絵になっているが、実際は、品物を一つずつ掛けて演じた。それらには「蜘蛛《くも》の巣《す》がらみ」「箸踊《はしおど》り」「跳《と》び盃《さかずき》」「かんざし踊り」などの呼び名が付く。あらかじめ、絹糸の先に付けた針を畳の向こう側に刺して留め、もう一方の糸の先は頭の髪に留めておく。そして、たとえば箸を動かすには、交差させた二本の箸を糸に引っ掛け、手と頭を目立たぬように動かして操作する。初出の伝授本は『仙術夜半楽』である。

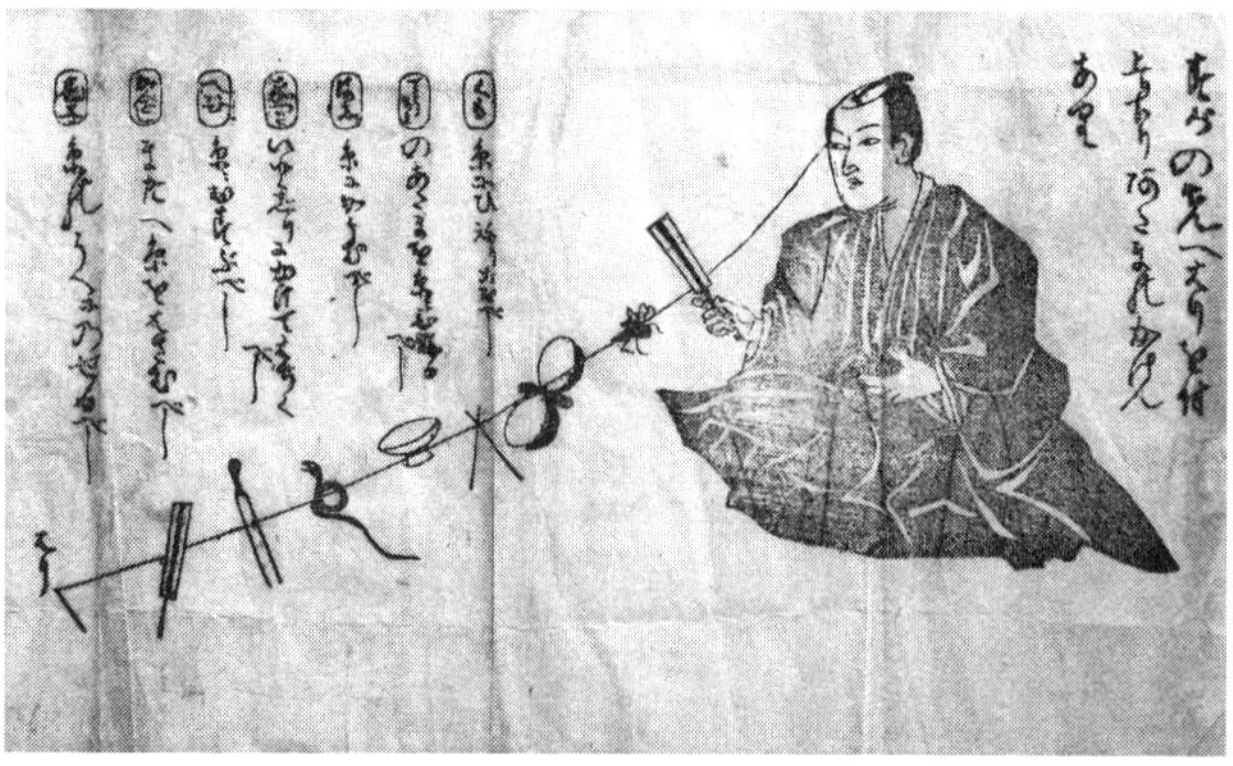

一枚刷り『座敷なくさミ』(江戸末期)

49

蜘蛛の巣がらみ

文化年間（一八〇四〜一八）に発行された『手妻秘密の奥義』に「蜘蛛の巣がらみ」と題して「紙にてこしらへたるくも《（蜘蛛）》、おのれ《（己）》とはたらく《（働）》てづま《（手妻）》」という演目がある。内容を要約すると次のとおりである。「前もって鼻紙の角に絹糸を付け、それを懐に入れておく。懐中の鼻紙を取り出し、角に付けてある糸の先を一方の手の中指に巻きつけてから、紙をもんで蜘蛛を作って前に置く。口上を述べながら、この蜘蛛をいろいろと動かしたり、扇子を伝わせて登らせたりして見せる」。

ビラ『LONDON TESHINA』（明治6年頃）

50

屏風箱《びょうぶばこ》

江戸時代の放下師・芥子の助や鶴吉が大道で演じた手品である。演技は、五枚の連なる小屏風を組み立てて底のない箱を作り、そのなかに小玉や徳利を入れて、それを泥鰌や鳩に変えて見せた。また、この箱を使って、地面に植えた種を即座に瓜にする「植瓜術」も演じた。

タネは、屏風の裏側に取り付けた半円形の布袋で、これが屏風箱の中に入る仕組みになっている。あらかじめ布袋に泥鰌や鳩などを入れておき、布をかぶせて変化させた。

自筆本『盲文画話』（文政10年）

（国立国会図書館蔵）

51

緒《お》小《ご》桶《け》の曲《きょく》

改めた三本の底なし桶の中から人形、行燈、うずら籠、鳩などを取り出す手品である。仕掛けは、おそらく現在の手品用具「三本筒」と同じで、桶の中にタネ筒がある方式と思われる。江戸時代の伝授本には、この手品の種明かしは見られない。天和二年（一六八二）刊行の『絵本このころくさ』には、古伝内《いにしえのでんない》が江戸堺町で興行したときの様子が絵と文で書かれている。それによると演技の最後に牛を出現させて、舞台を三周歩かせたとある。おそらく、取り出した大幔幕《おおまんまく》の陰から牛を出現させたのであろう。なお、古伝内は、刀も身に付け、きちんとした身なりで舞台を務めている。

また、『玉露叢《ぎょくろそう》』には、都右近《みやこうこん》（古伝内）が延宝八年（一六八〇）四月一八日、江戸城二の丸において四代将軍徳川家綱《いえつな》の前で放下《ほうか》の演目を披露したとある。演目は「三本松」「毬《まり》の曲《きょく》」「枕返し」「生鴨、籠より二つ出る」「山の薯、鰻になる」「緒よけの放下」「玉子の曲」「籠より小鳥出る」「絵、雀に成る放下」の九種目。「緒よけの放下」の名称で「緒小桶の曲」も含まれている。

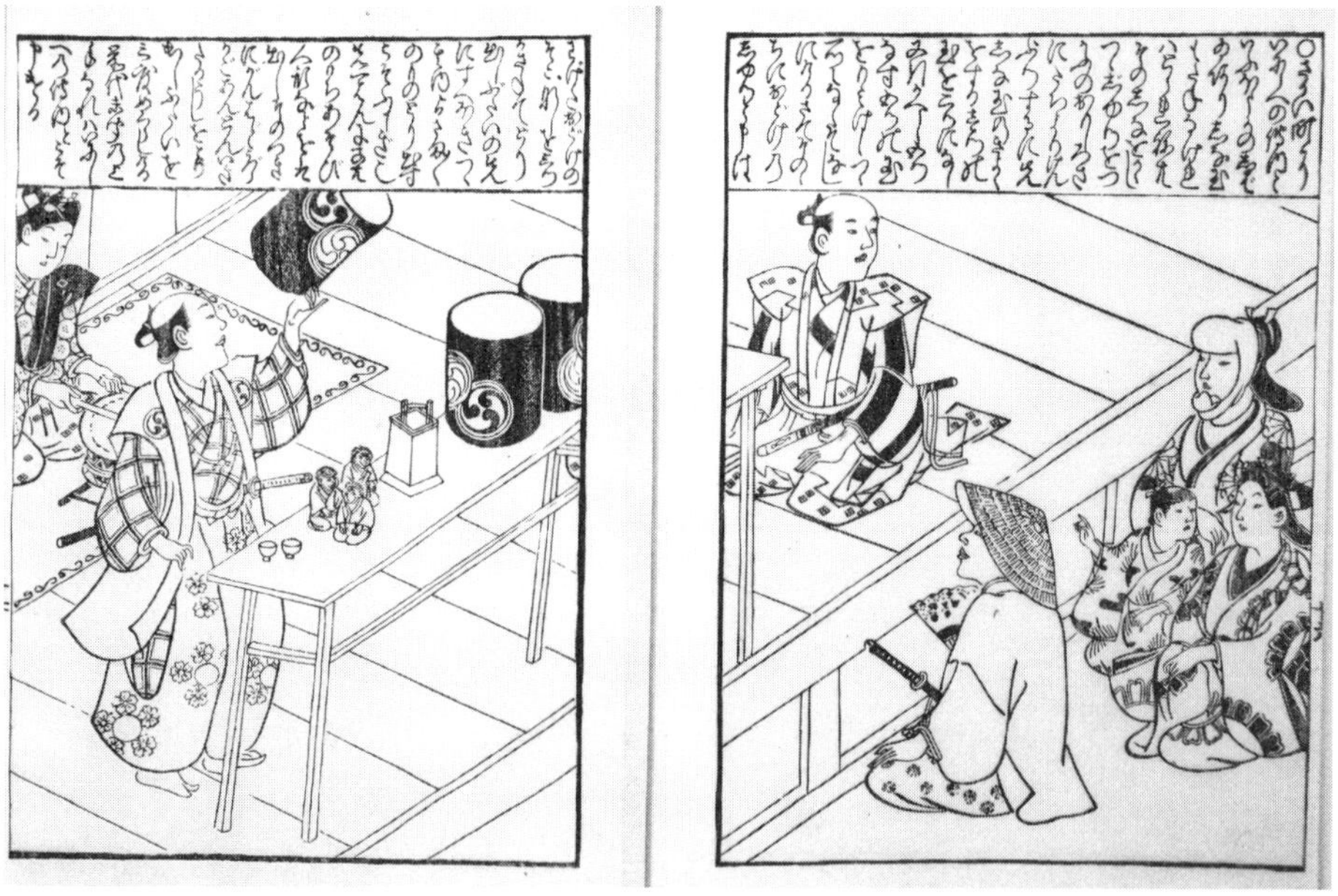

版本『絵本このころくさ』（天和２年）
※図は稀書複製会の複製本（昭和10年）より転載

52 三味線箱

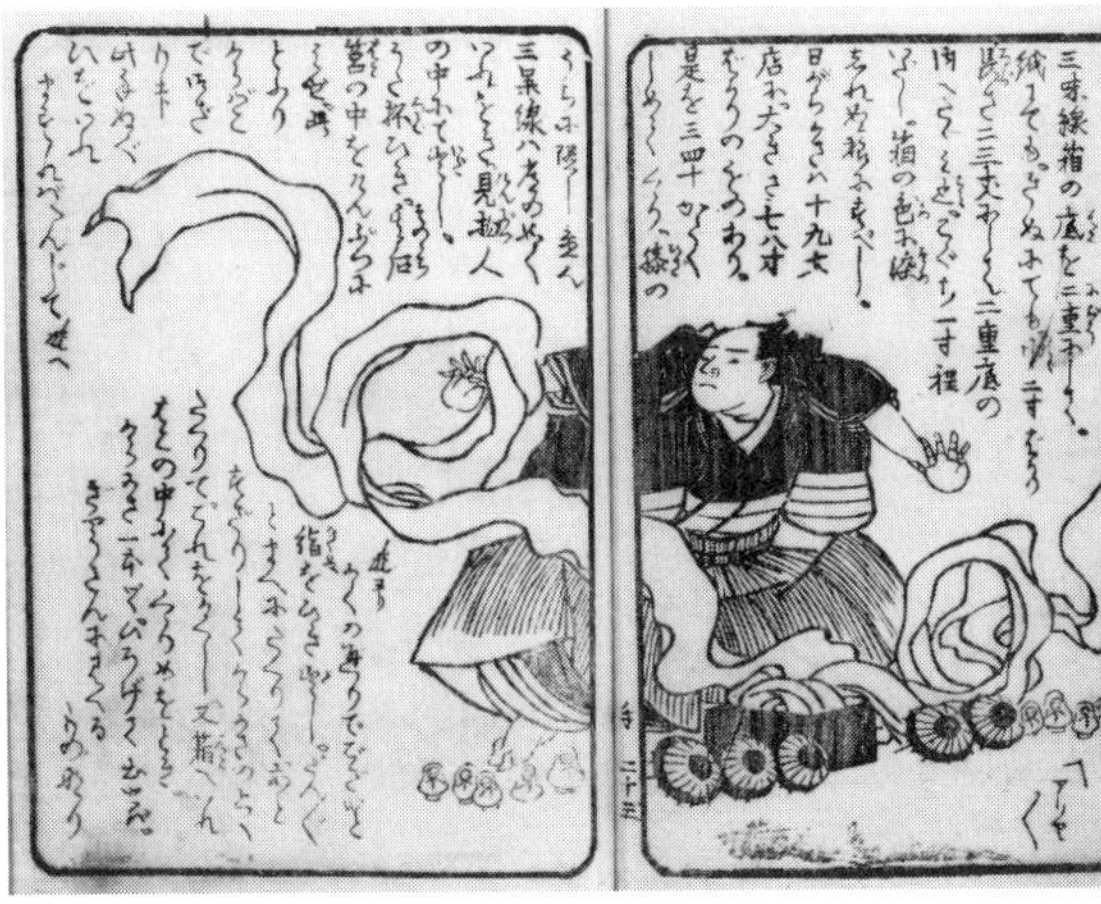
版本『手妻早伝授 初編』（嘉永2年）

三味線を収納する箱から、のべシルク、ダルマ、傘などを取り出す手品である。事前に、のべを箱の底にセットする。また、袋に入れたダルマと長さ約二一センチの小傘三〇本をまとめて縛ったものを袴の中に隠しておく。

演じ方は、空の三味線箱に手ぬぐいを入れ、それをのべに変え、のべの中からたくさんのダルマや傘を取り出す。

現在では、日本手品で多くの品物を取り出す現象を「万倍《まんばい》」と呼んでいる。

53 宝の手箱（日本せいろう）

版本『座しき手づま』（江戸末期）

底のない箱から、のべシルク、毬、ダルマなどを取り出す手品で、「から箱」「宝箱」ともいう。現代の手品用具「日本せいろう」と同じで、シルクはネタ場から取り出し、毬、ダルマ、お面、提灯《ちょうちん》、傘などの立体的なものは他から補給して出現させる。

伝授本『座しき手づま』には、「たからの手箱」とあり、仕掛けの作り方が図示されている。また、生きた鶏も出現させたようである。初出の伝授本は『珍術さんげ袋』である。

54

組み上げ蒸籠

四枚の板を組み合わせて蒸籠を作り、この中から、のベシルク、宝珠、盃、ダルマ、傘などの品物を取り出す手品である。前もってのベシルクは仕掛けの隙間に隠しておく。演じ方は、蒸籠を作り、中を見せてからのベシルクを取り出す。宝珠、盃、ダルマなどは、別のところに隠しておき、ひそかに蒸籠に補給して出現させる。伝授本には「蒸籠の図、組あげ　この所へしなもの《（品物）》をかくす《（隠）》ところ。板ハてうつがひ《（蝶番）》なり」とある。53「宝の手箱」と同じ仕掛けである。

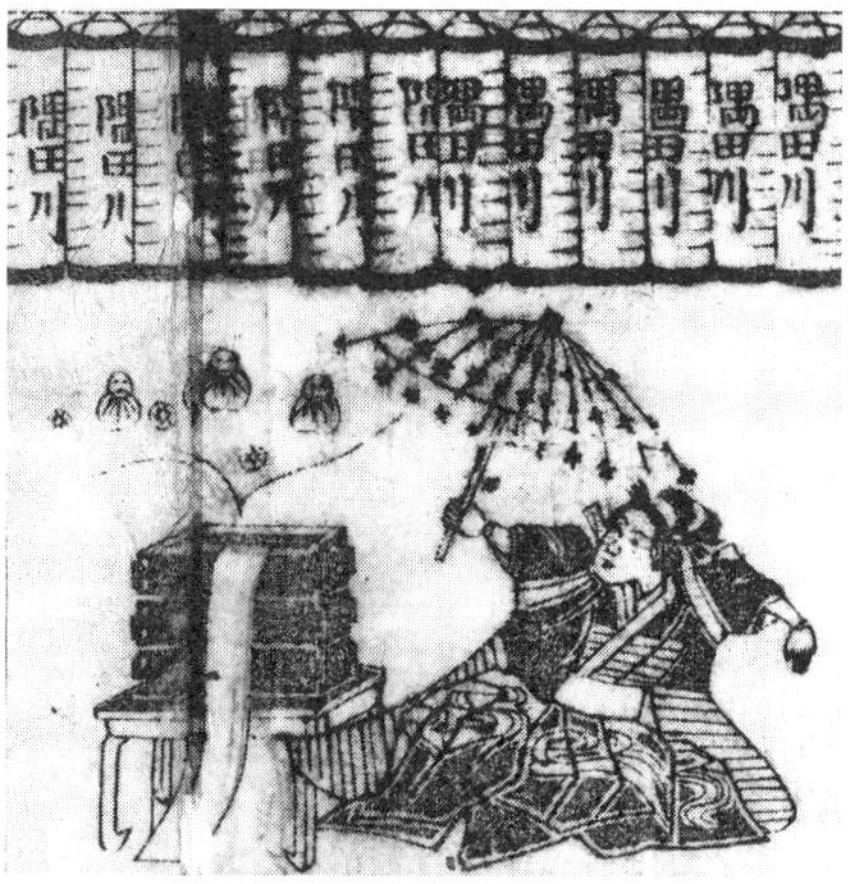

ビラ『江戸の花一流娘手じな曲古満 太夫 隅田川小金』（江戸末期）

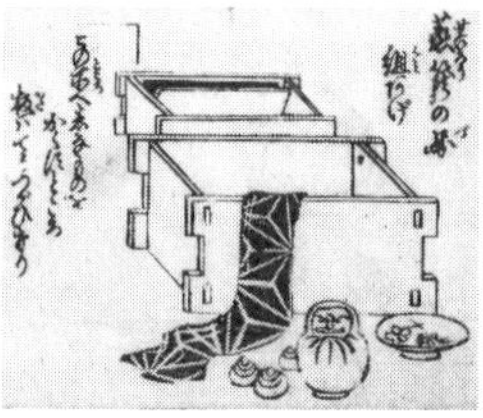

版本『手しな独けいこ』（江戸末期）

55

子持ち達磨《だるま》

から箱からたくさんのダルマを出現させる手品であり、53「宝の手箱」や54「組み上げ蒸籠」の手順の一部として演じられることが多い。張りぼての親ダルマの後ろに穴があり、この中に何個かの子ダルマを入れておく。演技は、束ねたのベシルクの陰にセットしたダルマを隠し持ち、一緒にから箱に入れる。伝授本には箱の中から親ダルマを出し、その後で子ダルマを出現させるとあるが、現在は、先に子ダルマを、最後に親ダルマを出すという手順が一般的である。

版本『手しな独けいこ』（江戸末期）

56

取り寄せ箱

改めた箱の中からいろいろな品物を取り出す手品である。一八七六年発行のホフマン著『モダンマジック』には、取り寄せ箱として、西洋式の「ガックリ箱」と日本式の「引き出し箱」が紹介されている。江戸末期発行の『手品でんしゆ（伝授）書』に「七福神《しちふくじん》、宝長持《たからながもち》の伝《でん》」とあり、その解説に、「箱二重のそこ（底）にこしらへ、かくして、あらためて見せ、箱をおとし（落）て品々出して見せるなり。箱のそこかへし（返）みせるとき、そこになるやうにすへし」と書かれているが、どちらの方式か不明である。

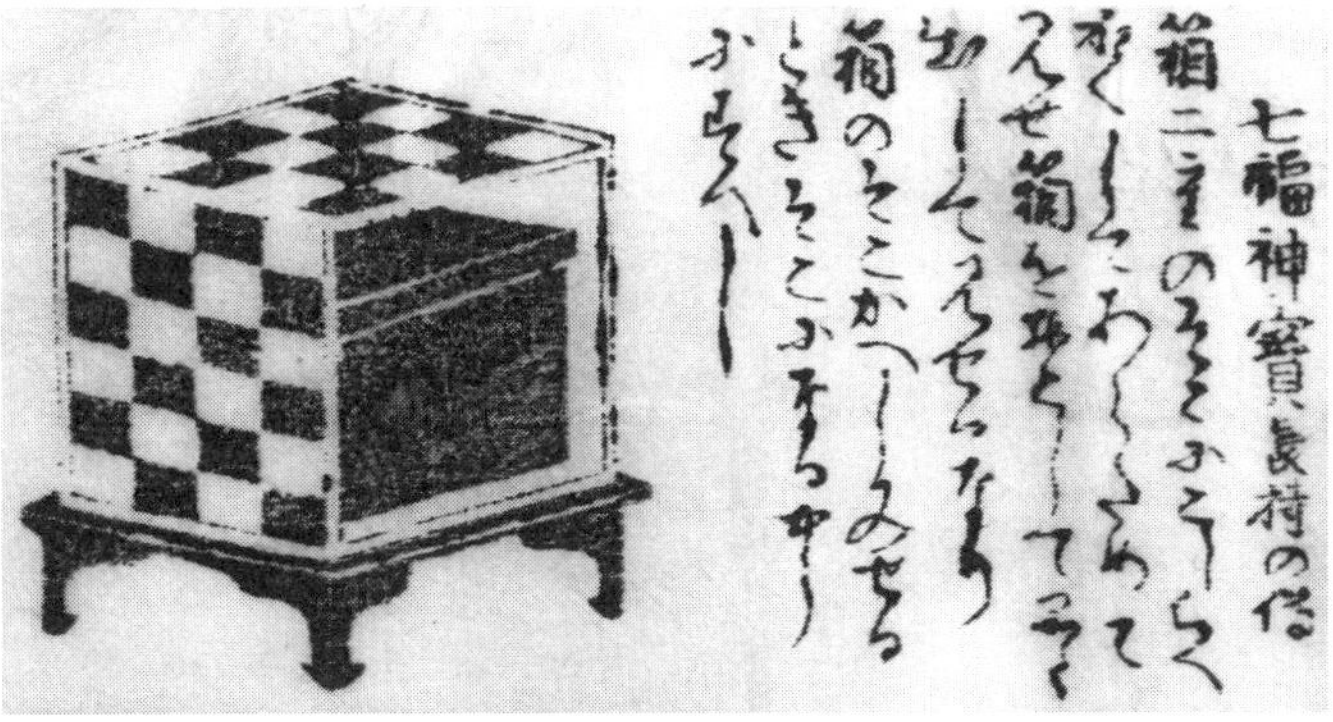

一枚刷り『手品でんしゆ書』（江戸末期）

58

引き出し箱

この手品は、からの箱からいろいろな品物を取り出すプロダクションマジックである。引き出しが二重になっており、タネの内箱に取り出し用品を入れておく。

演じ方は、引き出しを開けて何もないことを示してから、のべシルクやダルマなどの品物を出現させる。箱には横から釘を刺しておき、箱の傾け方によって内箱の出を調整した。

現在は、中指を底板の穴に入れて、内箱の出を止める方式である。

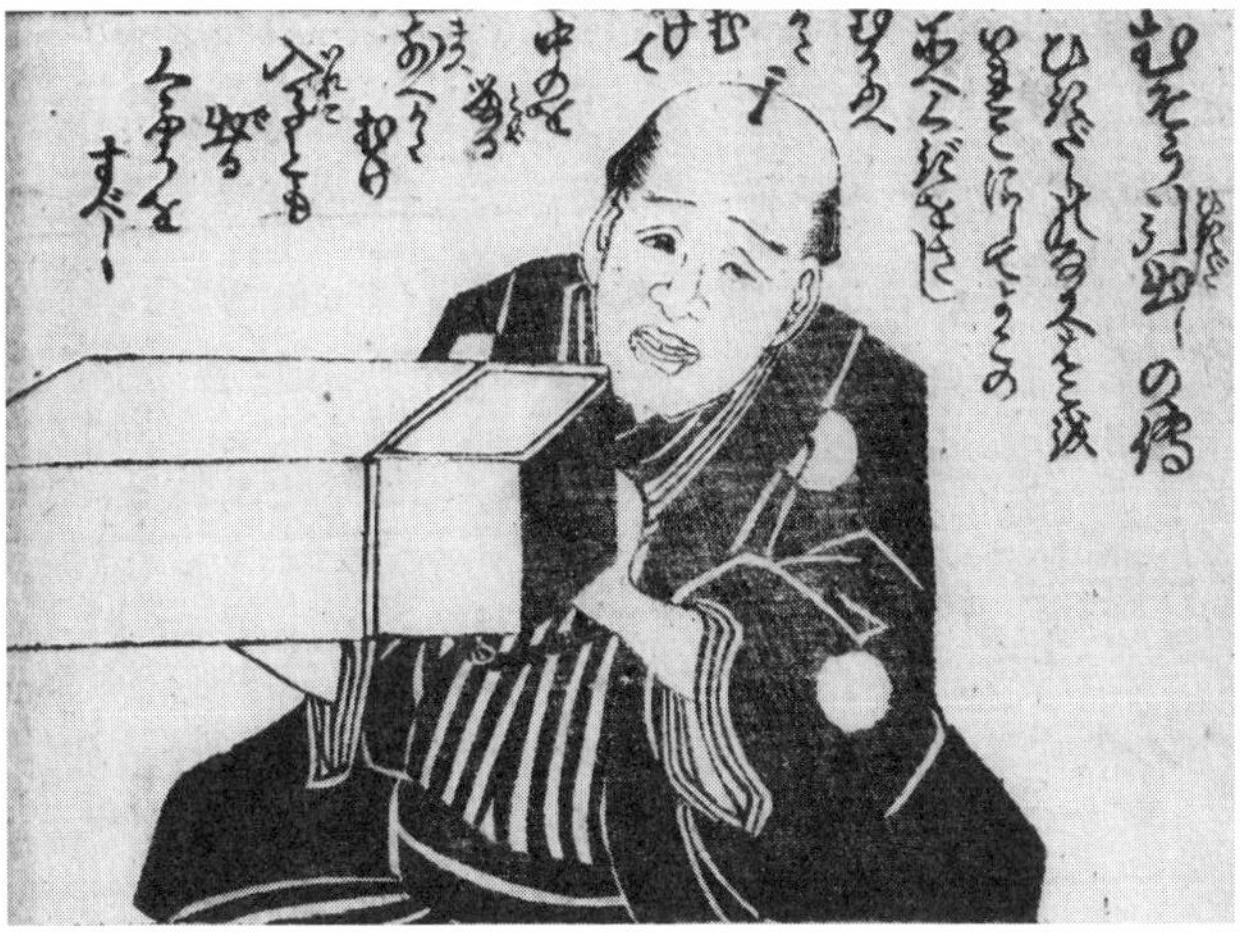

版本『手しな独けいこ』（江戸末期）

59

ふしぎ箪笥《だんす》

伝授を要約すると、「タンスの引き出しは二重に作られており、普通に開ければ内箱は出てこないので、中はからのように見える。奥を持ち上げて手前に傾けると、内箱も一緒に出てくるので、中に入れてある品物を取り出すことができる」とある。これは泥棒よけのタンスであり、別名「楠木正成《くすのきまさしげ》の軍用金箪笥《ぐんようきんだんす》」という。

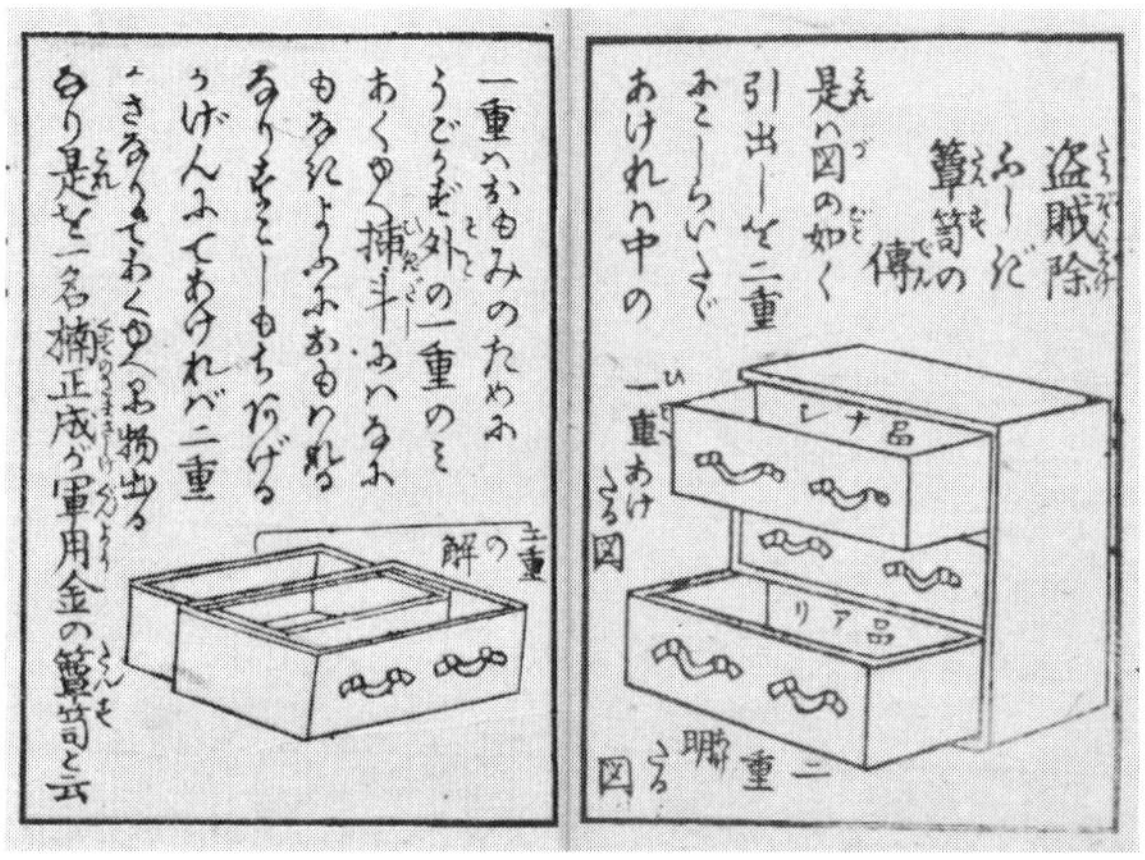

版本『新撰手品の種本』（明治18年）

60

女夫《めおと》引出《ひきだ》し

箱は上下二つの引き出しがあり、手のこんだ仕掛けが施してある。現象は、赤い玉と白い玉が箱と袖の間を往復すること数度、続いて水を入れた引き出しより、乾いた紙テープが出現。さらに大きなのべになり、その中から一本傘が出現して幕となる。まことに繊細で優美な日本手品である。それだけに表現が難しい作品ともいえる。なお、詳しい解説は『秘事百撰《ひじひゃくせん》後編』に載る。

ビラ『柳川蝶玉斎』（明治10年頃）

61

浦島玉手箱

箱に入れた品物が別のものに変わる手品。タネは、蓋に取り付けた内箱である。この内箱に品物を入れて、蓋の内側に留めておく。

演じ方は、改めた箱に布などの薄いものを入れて蓋をする。内箱を箱の底に落としてから蓋を開けて別の物を取り出す。柳川一蝶斎の興行演目に「龍宮浦島の曲」というものがあり、その中で同様の箱を使用していることからこのような演目名になったと思われる。

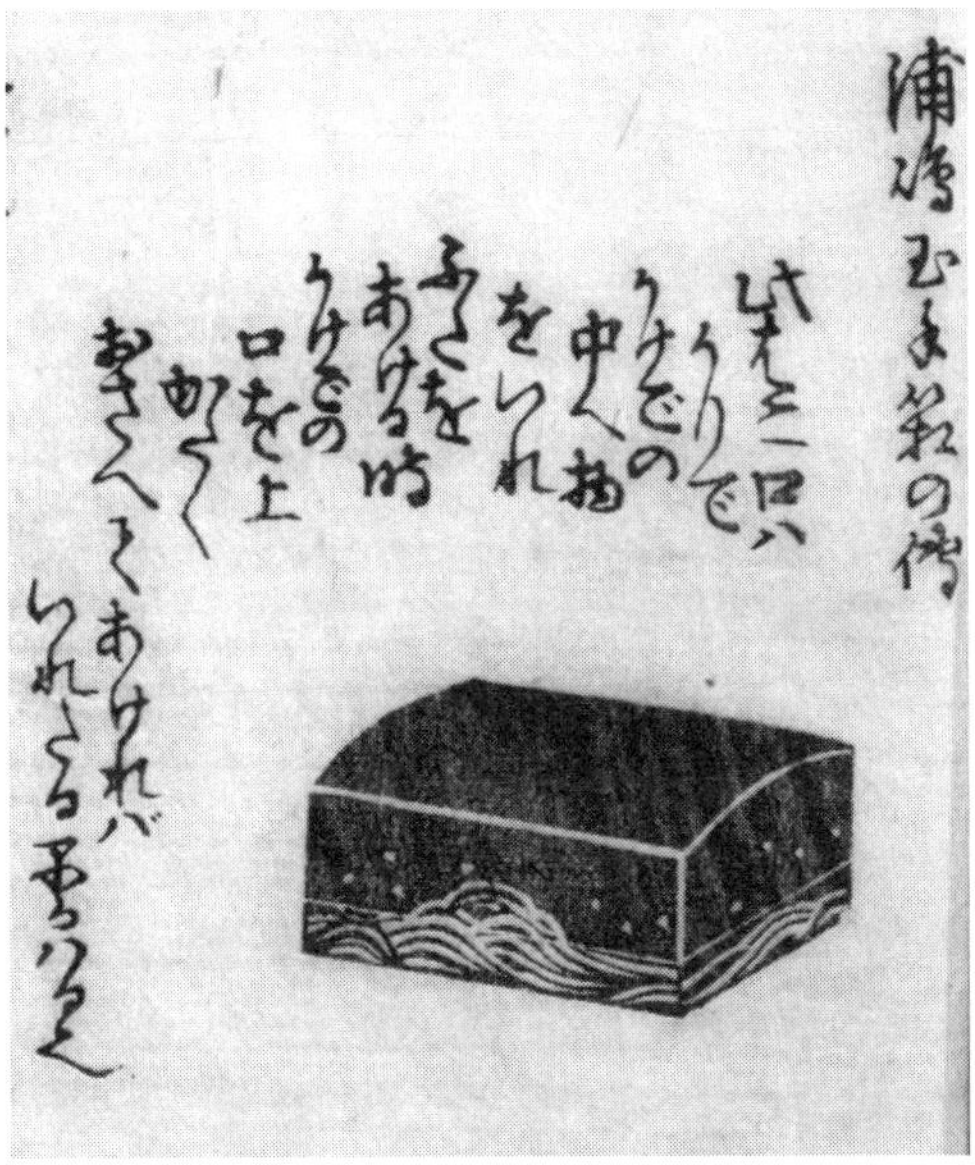

版本『手妻早稽古』(文久2年)

62

お菊、皿うつし

この手品は、怪談噺《かいだんばなし》『番町皿屋敷《ばんちょうさらやしき》』を題材にして考案されたものと思われる。お菊が一〇枚の皿を箱に収め、芝居仕立ての口上でもう一度数えると、皿が一枚消えて九枚しかないというもの。仕掛けは二重底である。方法は、蝶番《ちょうつがい》の付いた底板を半分開けて、一枚目の皿をその中に入れたら蓋をして、その上に九枚の皿を一枚ずつ積んでいく。伝授には「気持ちをこめて演じなさい」とある。

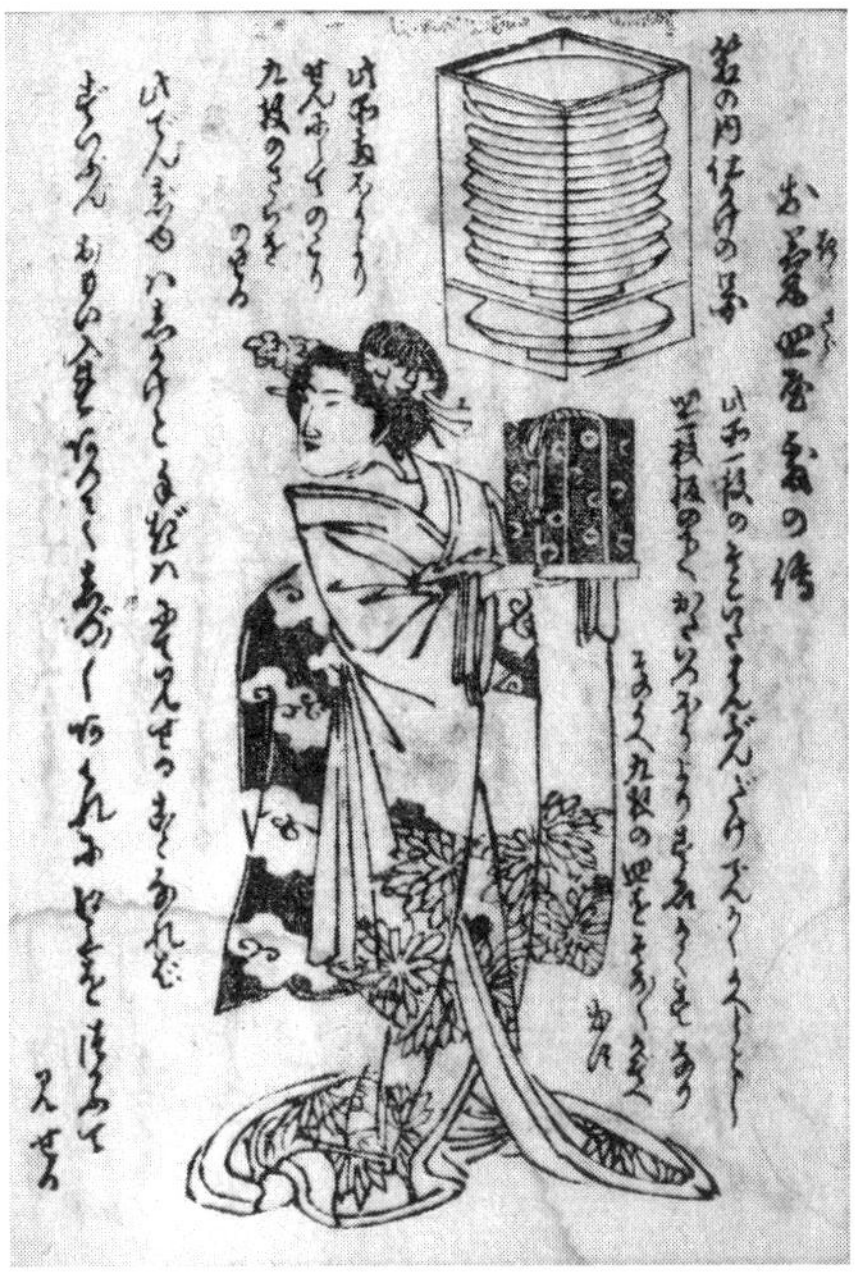

版本『西洋発明手品の伝授』(明治前期)

63

四方引き出し

これは、からくりの引き出し箱で、四方向のどこからでも引き出すことができる箱である。始めに左図のような四種類の箱を作る。次に下から三つを組み合わせて、これを一番上の箱に横から入れるとでき上がりである。からくりの不思議さと面白さを兼ね備えた箱である。

伝授には「四方引だしの伝　づ《（図）》のごとく箱ハ四ツにこしらへ、是をくミ合せバ、四方へ引た《（出）》しあく《（開）》なり」とある。なお、この演目は伝授本『座しき手づま』とその改刻版に載るのみである。

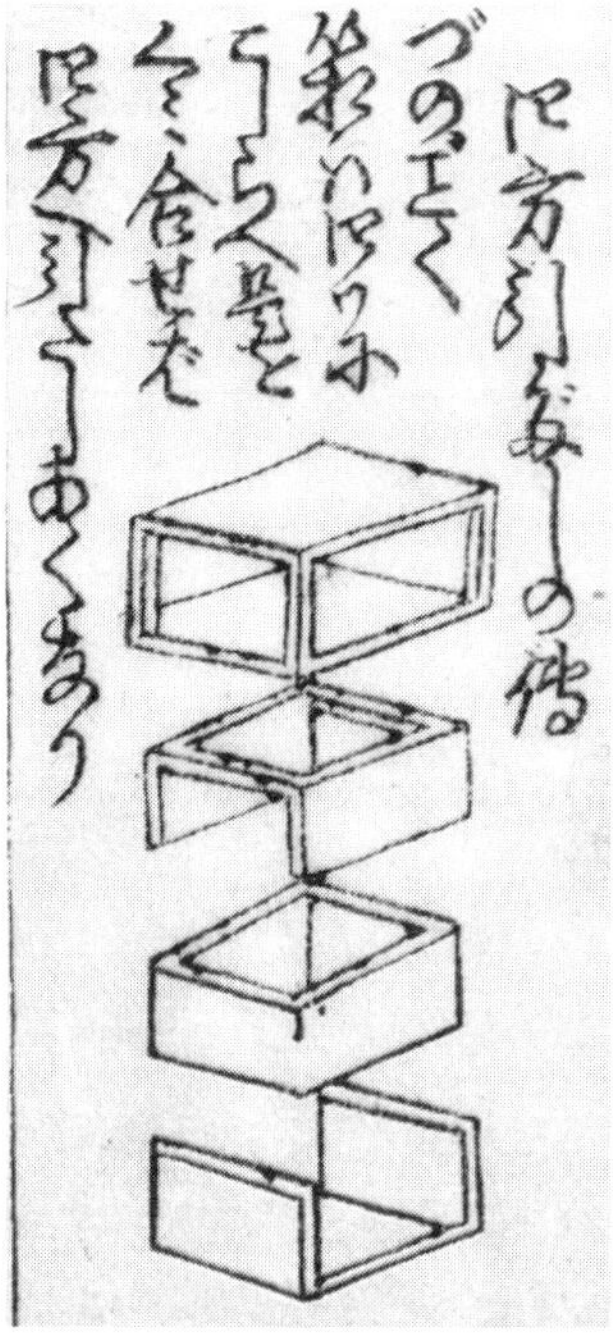

版本『座敷新手じな』（江戸末期）

64

からくり枡《ます》

一升の糠《ぬか》を一斗五升に量るインチキの方法である。タネは上下に動く底板で、箱をひっくりして、横板の穴に親指を入れて底板を支えると上げ底になる。この方法を使えば、糠を枡にいっぱい入れたように見えても、糠があるのは表面だけ。これを繰り返せば一升の糠を一五回も量ることができる。枡に入れた糠を平らにならす棒を使ってリズミカルに手際よく量ることがポイントである。初出の伝授本は『続《ぞく》懺《さん》悔《げ》袋《ぶくろ》』である。

版本『盃席玉手妻』（寛政11年）

65

素麺《そうめん》取り出し鉢

まな板に載せた鉢の中から泥鰌《どじょう》、素麺など、好みのものを取り出す手品である。準備として、まな板の後ろに隠し棚を作り、その中にいろいろな品物を隠しておく。演じ方は、風呂敷を鉢にかぶせ、その陰で隠しておいた品物を鉢の中に入れる。あとは、風呂敷を取り、鉢の中から品物を取り出して見せる。初出の伝授本は『続たはふれ草』である。

版本『続たはふれ草』(享保14年)

66

大どんぶりよりいろいろの品を出す法

からのどんぶりより様々な品物を取り出す手品である。準備として、まず部屋の上方に幕を張り、一階の天井板と二階の床板の一部をはずしておく。また助手はいろいろな品物を用意して二階で待機する。演じ方は、演者がどんぶりを改め、これを頭上高く差し上げたときに助手は幕の陰でどんぶりに品物を入れる。演者はどんぶりを下ろして、中から提灯、ダルマ、おもちゃなどを取り出して見せる。伝授には「壱人、まく（幕）のう（上）へにかく（隠）れゐて、上よりいろいろのし（品）なをどんぶりのなかへいれるなり」とある。

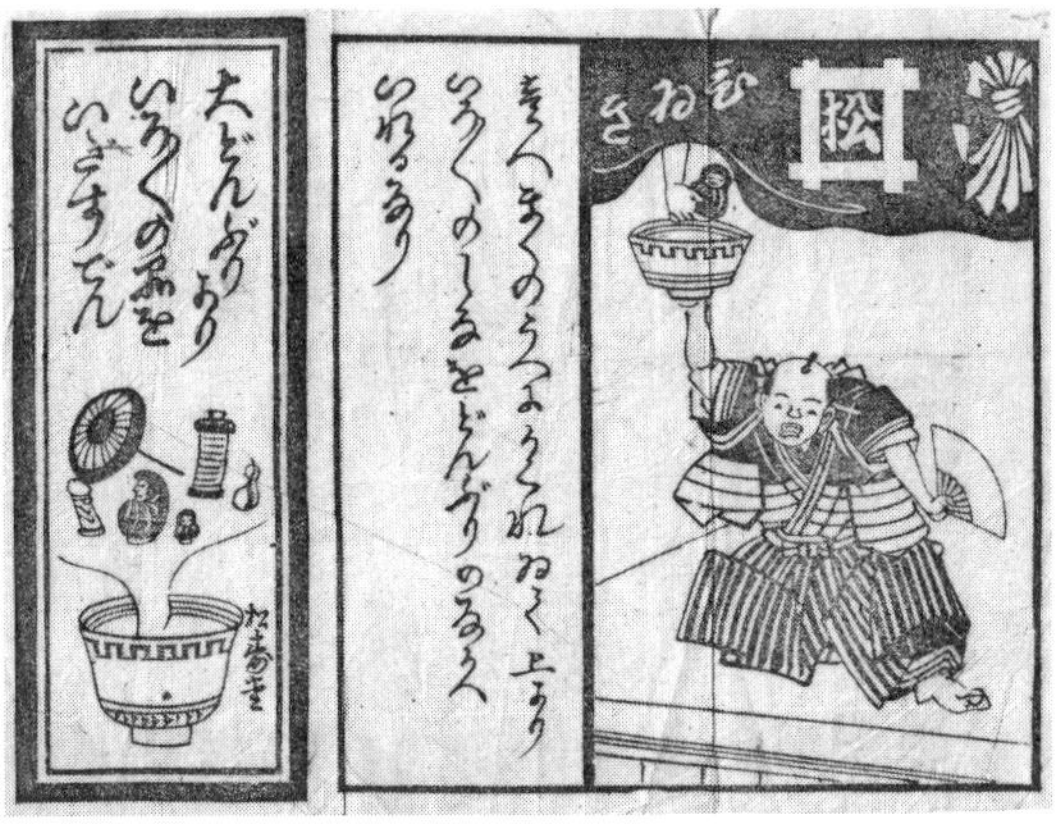

一枚刷り『大どんぶりよりいろいろの品をいだすでん』(江戸末期)

68

通《かよ》い玉《だま》

竹筒製の用具には、左右の上下に穴があり、そこに糸が上下に通っている。演者が左側の糸を引っ張ると右側の糸が引き込まれていく。つながっていないはずの二本の糸が通い合うので不思議にみえる。仕掛けは、筒の中に入れてある芯棒で、一方の糸を引っ張ると芯棒が押されて、他方の糸が筒の中に引き込まれるという仕組みである。このような手品を総称して「縁《えにし》の糸《いと》」という。初出の伝授本は『続たはふれ草』である。なお、後にキセルで演じる「あやぎせる」が考案された。

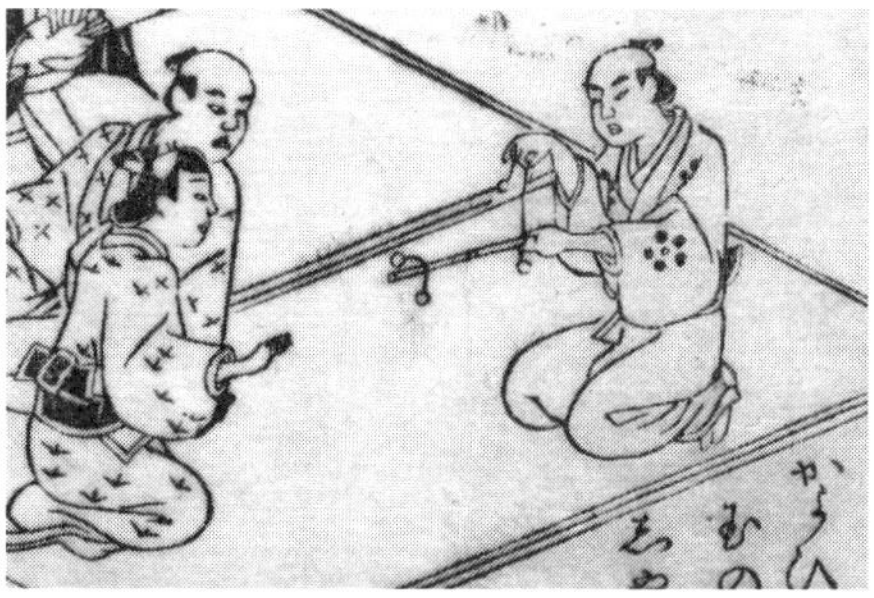

版本『続たはふれ草』(享保14年)

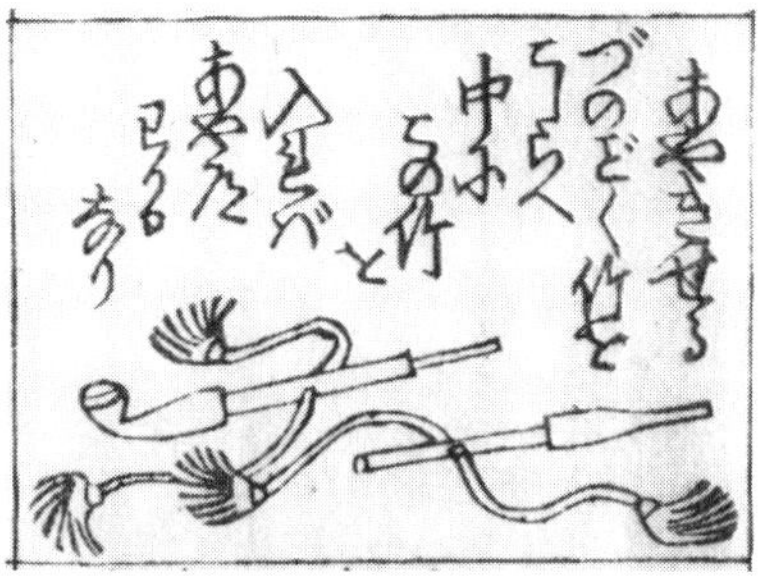

版本『座敷新てじな』(江戸末期)

70

通《かよ》い扇《おうぎ》(扇の糸からくり)

一本の扇から出ている糸を引っ張ると他方の糸が引かれるため、糸がつながっているかのように見える。ところが扇を広げると、どこにもそのようなところがない。広げたままでも同じような現象が起きる。この手品の仕掛けは扇の親骨にある。作り方は、扇の左右の親骨に溝を掘り、要《かなめ》に穴を開けて、糸を溝、要、溝の順に通し、溝に蓋をして、最後に紙を貼れば出来上がり。ちょうどストローの中を糸が通っている感じである。

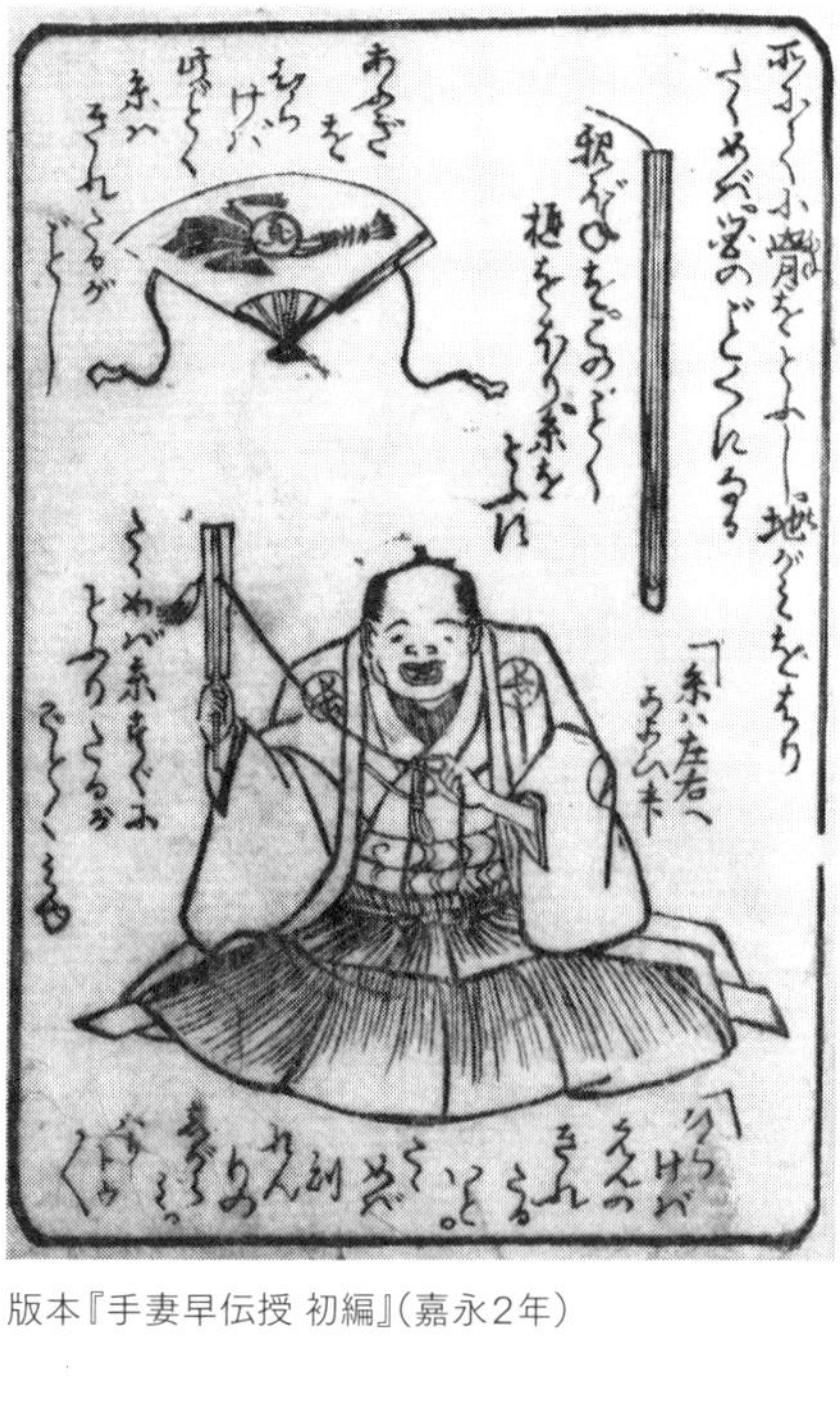

版本『手妻早伝授 初編』(嘉永2年)

71

手のひらを通りぬける糸

手のひらに糸を通したように見せる手品である。現象は、糸が左右に通っている二本の板の間の糸を切り、木と木の間に手を入れて糸を引っ張ると反対側の糸が引き込まれるので、糸が手のひらを貫通しているように見えるというものである。左右の糸は、二本の板の中を通ってつながっているというのがタネ。一五八四年にロンドンで発行された『妖術《ようじゅつ》の開示《かいじ》』に「鼻を通りぬける糸」という名で載る。日本初出の伝授本は『続懺悔袋』である。

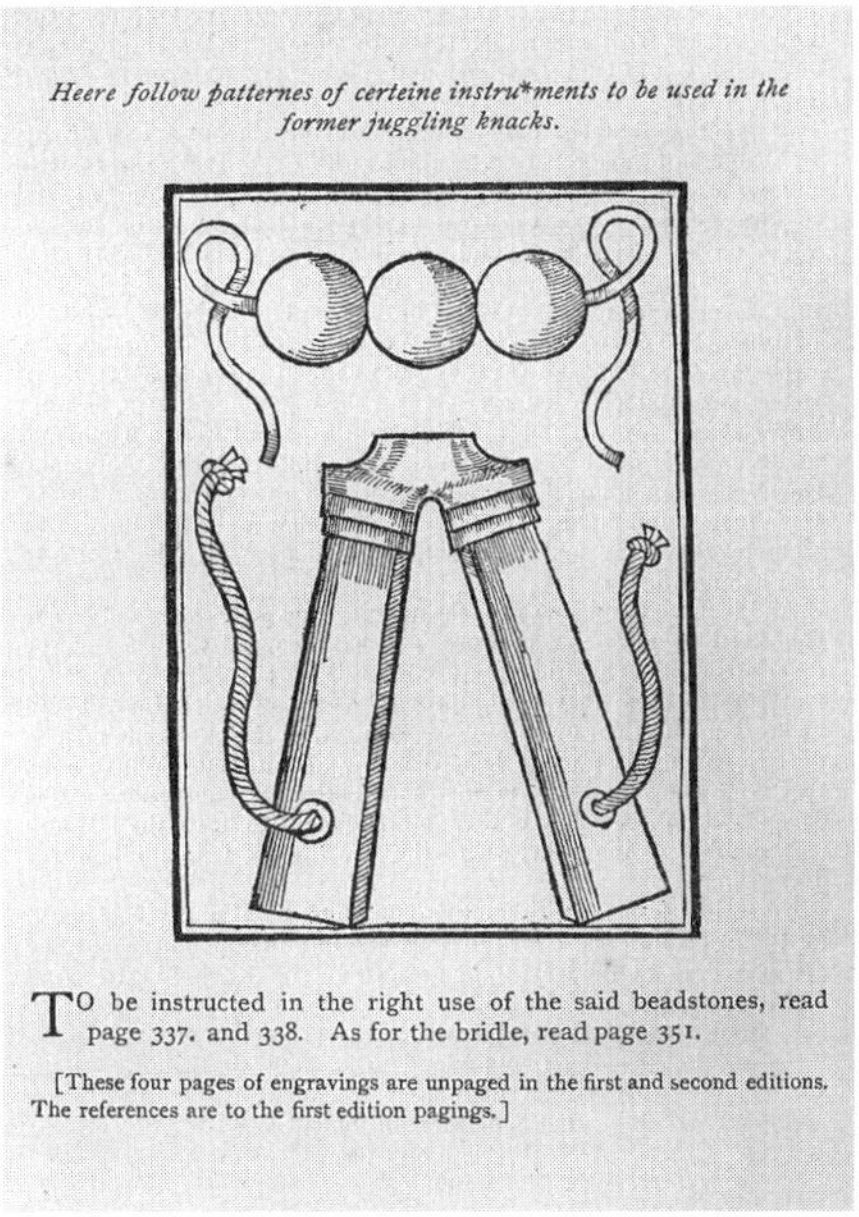
*Heere follow patternes of certeine instru*ments to be used in the former juggling knacks.*

To be instructed in the right use of the said beadstones, read page 337. and 338. As for the bridle, read page 351.

[These four pages of engravings are unpaged in the first and second editions. The references are to the first edition pagings.]

洋書『THE DICOVERIE OF WITCHCRAFT』(1584年、ロンドン) ※図は1886年発行の複製本より転載

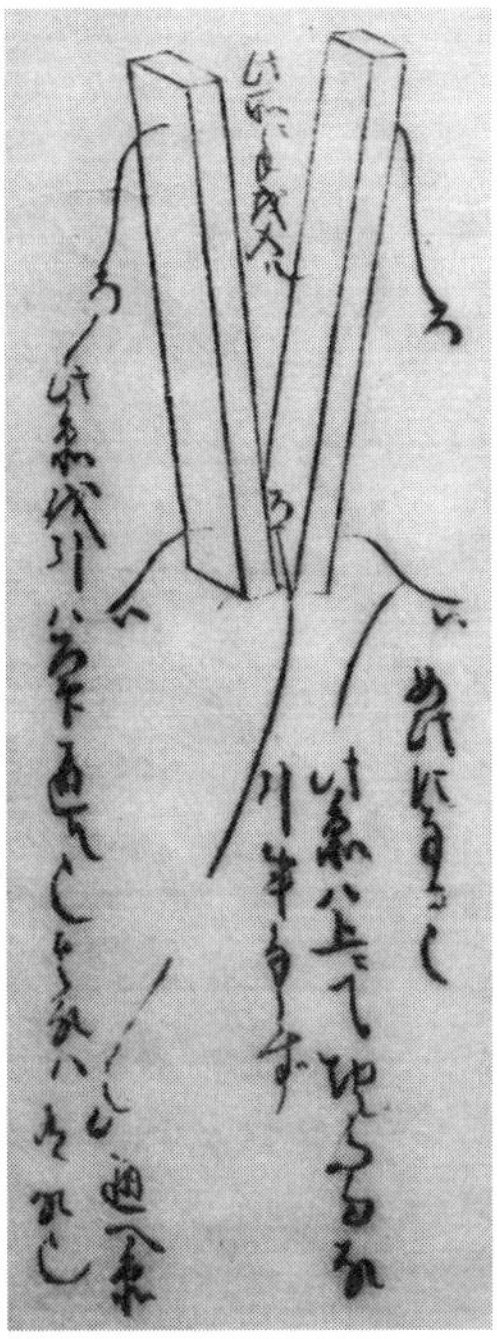

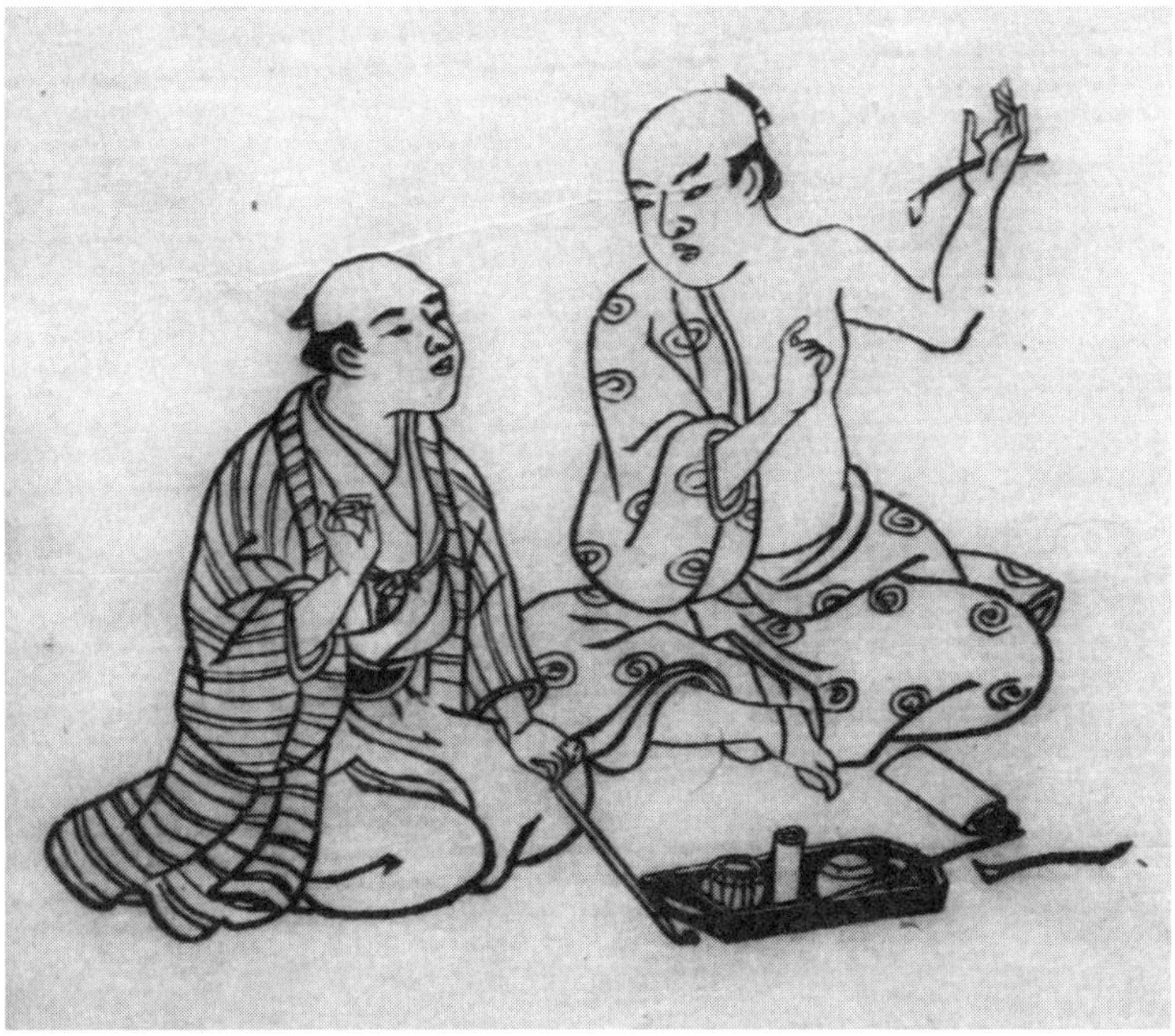

版本『続懺悔袋』(享保12年) ※図は、手のひらを挟む板が省略されている。

72

天《てん》狗《ぐ》通《とお》し

紐に通した茶托《ちゃたく》を抜き取る手品である。演じ方は、左下図のように輪になった紐を茶托の穴に通し、紐の両端の輪を相手の腕に掛ける。演者は、紐を腕に掛け重ねる操作を二回行って、茶托を抜き取るというもの。この演目が載る唯一の伝授本『天狗通《てんぐつう》』には「茶台をひもに通し、人ニ持せ置、ぬく事」とある。演目名は今も昔も「天狗通し」である。現代の方法は、リングと輪のロープを使うが、演じ方は当時とまったく同じである

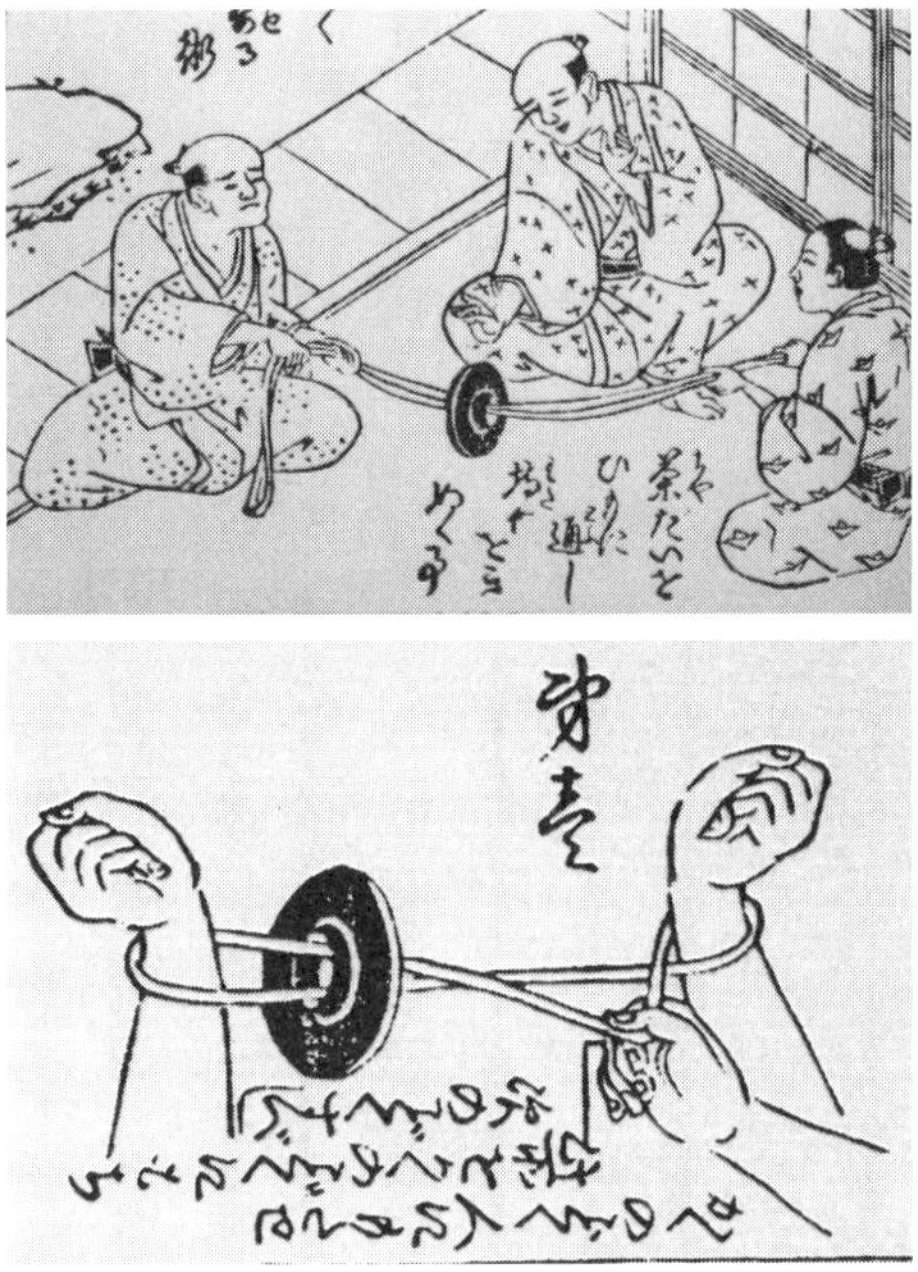

版本『天狗通』(安永8年)

73

神《しん》力《りき》の縄《なわ》

二本の縄に通した銭を抜き取る手品で、タネは糸である。あらかじめ二本の縄の真ん中を糸で結び、縄を左右に分けておく。方法は、何枚かの銭を二本の縄に通した後、左右から縄を一本ずつ取り一回結ぶ。タネの糸を切ると、銭を抜き取ることができる。「神変奇特《しんぺんきとく》の縄《なわ》」ともいう。初出の文献は『たはふれ草』である。なお、この手品はヨーロッパにも古くからあり、ロープに通した玉を抜くというもので「おばあさんの首飾り」という。明治になると、ロープで身体を縛られた人が脱出するという手品も行われた。

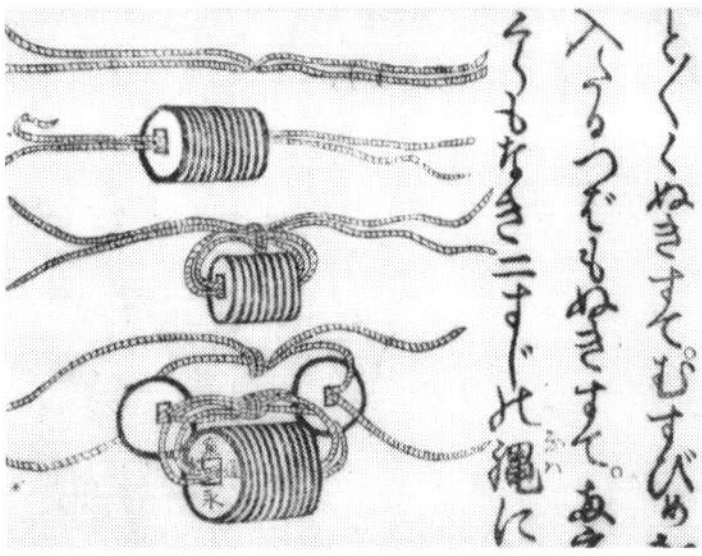

版本『たはふれ草』(享保14年以前)

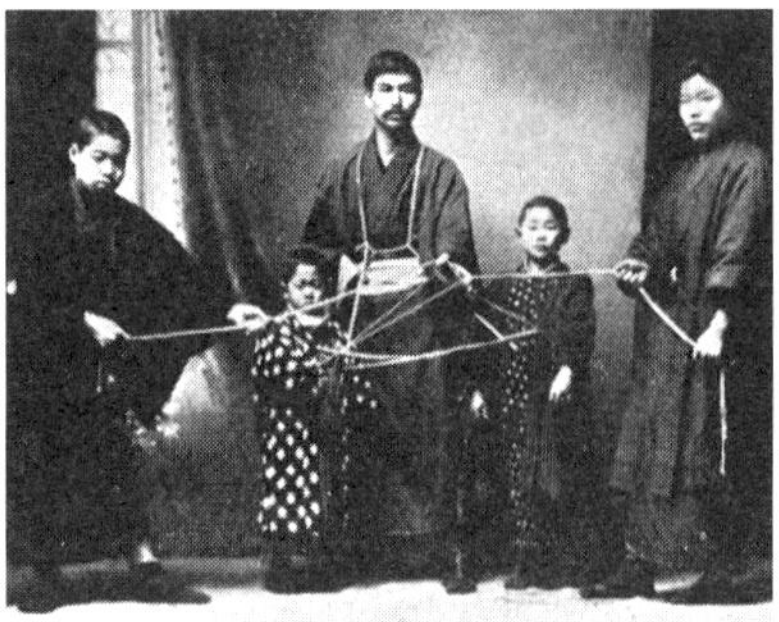

洋書『The Magician Monthly』(1914〜1915年、英国)

74

縄結び

縄を両袖に通し、縄の両端を人に持たせたままで、縄の中ほどにいくつもの結び目を作る方法である。その方法は、懐中で縄の中央にねじった輪をいくつも作り、次に左袖から出ている端を受け取って、懐中でその輪の中にくぐらせて右方へ抜き取り、人に持たせている端を引っ張ってもらえば、懐からいくつもの結び目が現れる。ロープワークの世界では、この結びを「連続一つ結び」という。

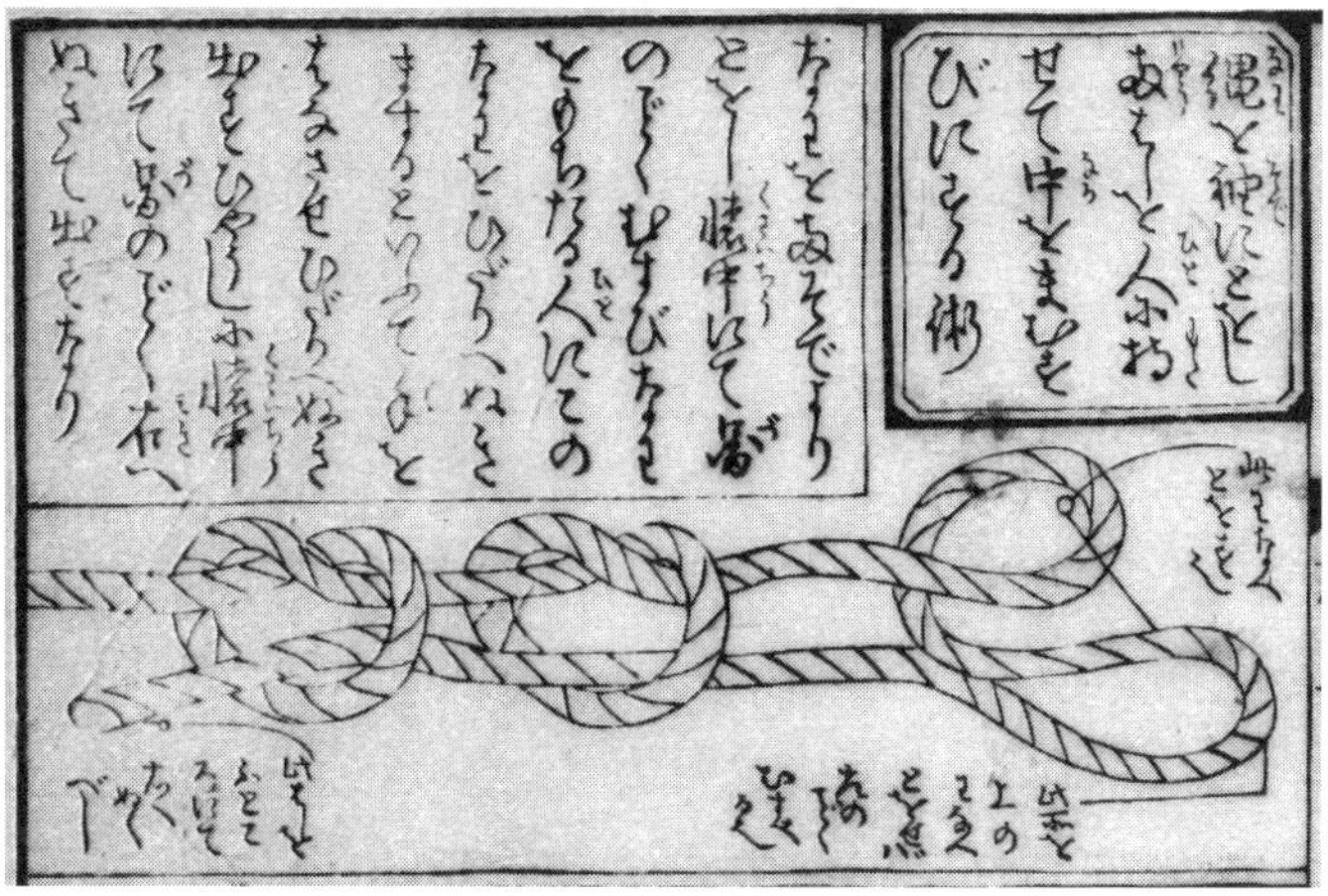

版本『放下筌』(宝暦14年)

75

縄の結び解け

両袖に通した縄の両端をこま結びにして、結び目を懐中に入れ、縄を引っ張れば結び目がほどけるという手品である。伝授には「図の説明どおりにすると、図のような形になるから、これを回して袖の中へ入れ、図の『ここを引く』と記した部分を両方へ引っ張らせると、結び目がほどけて出てくる」とある。要するに、結んだ縄の一方を一直線にすることである。アメリカのスライディーニはこのマジックの名手であり、客が強く結んだハンカチのどんな結び目でもいとも簡単にほどいた。

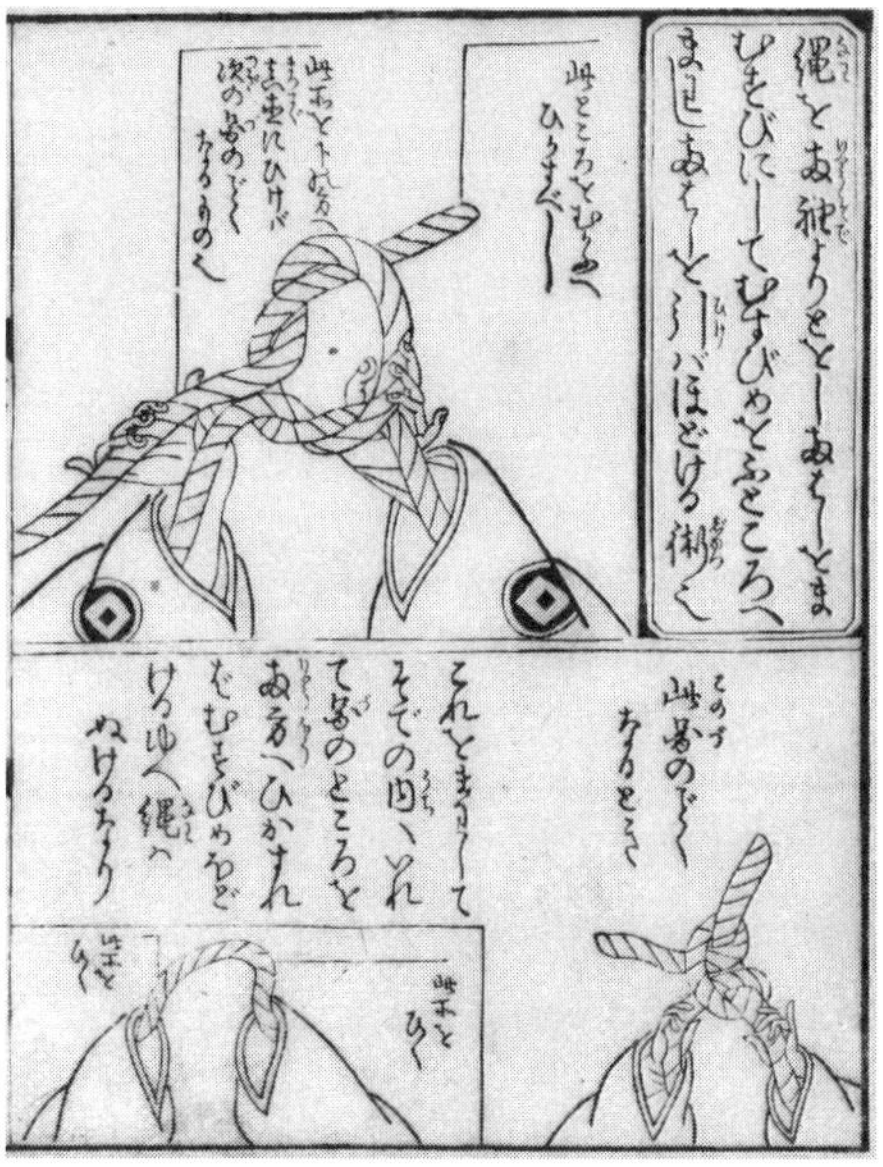

版本『放下筌』(宝暦14年)

76

縄抜き

紐で手首を結んだ状態から脱出する手品である。腰紐で演者の両手首を縛り、別の一本の縄を結んだ手首に交差するように通して、縄の両端を客に持ってもらう。演者は手のひらをこすり合わせるようにして、両手首の間から縄を手のひらの方に引っ張り出し、片方の手をくぐらせてから両手を引くと縄から脱出できる。手首を紐できつく縛りすぎると脱出は難しくなる。この演目が載る伝授本は『放下筌《ほうかせん》』のみである。

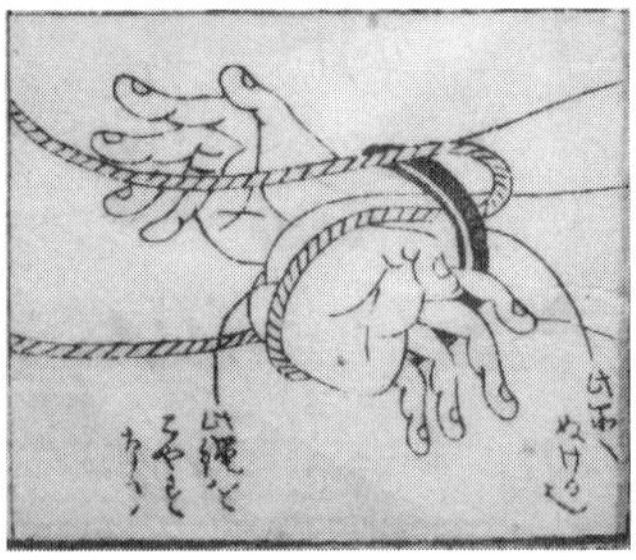

版本『放下筌』（宝暦14年）

79

縄切り

小刀で二本に切った縄が元通りの一本になるという復活の手品である。仕掛けの原理は、縄の真ん中を切ると見せて、端を切る方法である。そのため完全に元通りになったように見えても、切った端の分だけ短くなる。

現在では、この手品を「ロープ切り」といい、さまざまな方法が演じられているが、江戸時代はたった一つの方法が江戸末期まで変わることなく続けられた。初出の伝授本は『たはふれ草』である。

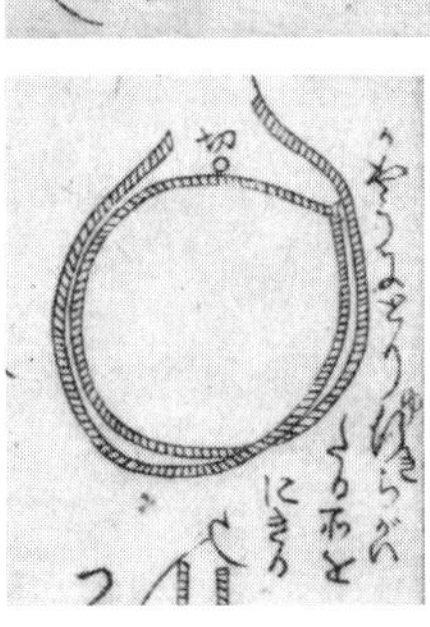

版本『たはふれ草』
（享保14年以前）

80

藁《わら》人形を踊らす

手のひらに寝かせた藁人形が、おまじないによって立ったり、横になったりする手品である。仕掛けは、人形の片方の足に仕込んだ針である。この針を手のひらの皮に刺し、手を張るように広げると皮膚が引っ張られて、寝かした人形が立ち上がり、手のひらの筋肉を緩めると、人形も倒れていって横になるというものである。この用具は「呪《のろ》いのわら人形」という商品名で現在も販売されている。

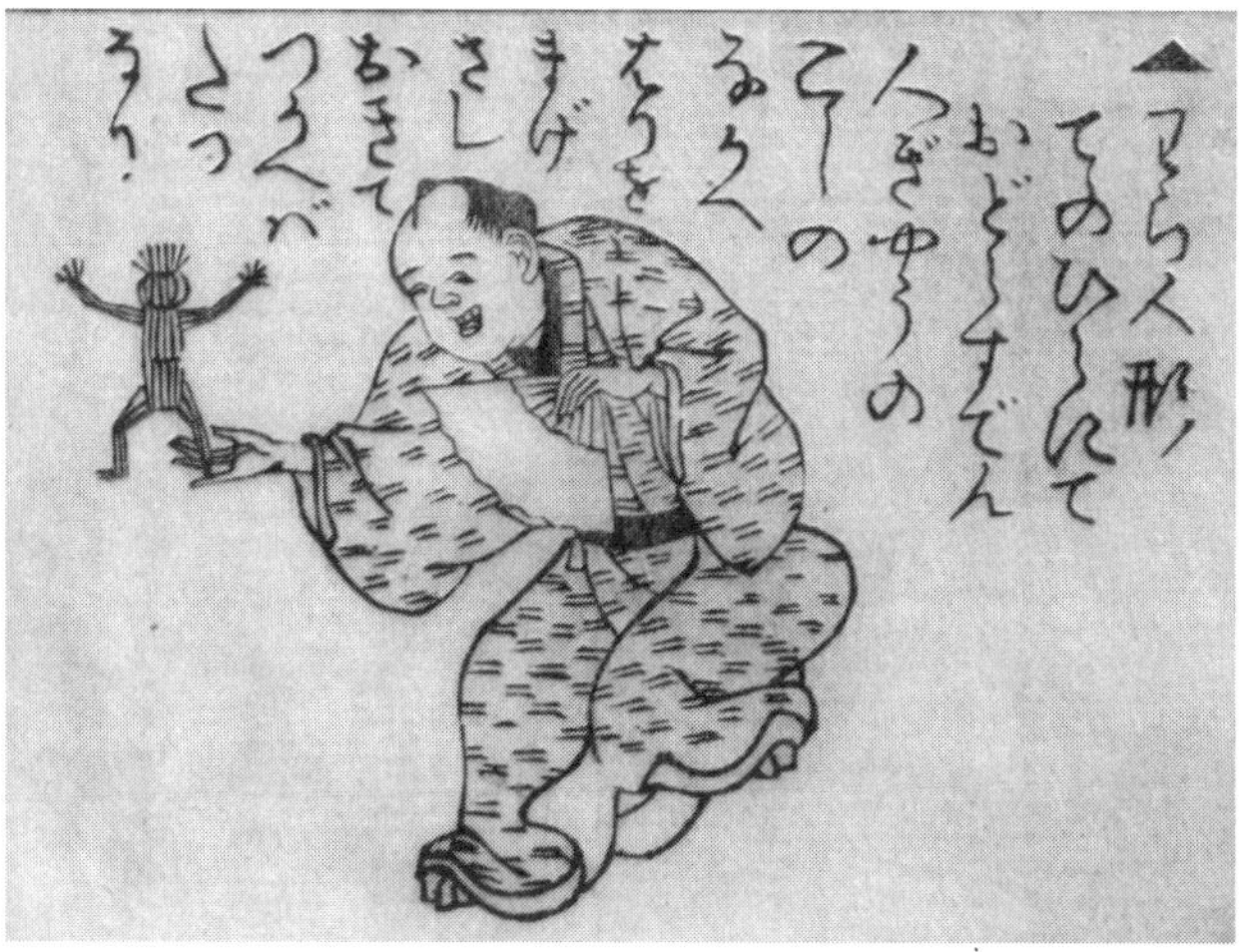

版本『手妻早稽古』(文久2年)

81

揺れる帯

屏風に掛けた帯がひとりでに動くという手品で、タネは黒糸である。仕掛けの作り方は、細い針に黒い絹糸をつけ、その糸を小さい管に巻き、管がくるくる回るように細い心棒を通す。これを袂に入れておく。演じ方は、屏風に掛けてある帯にひそかにこの針を刺し、そ知らぬ顔で座りなおす。帯を動かそうとするときは、あらぬ方を向いて懐で糸を操作する。すると帯がひとりでに動いたように見える。この操作は帯から離れて行うほどよい。初出の伝授本は『たはふれ草』である。

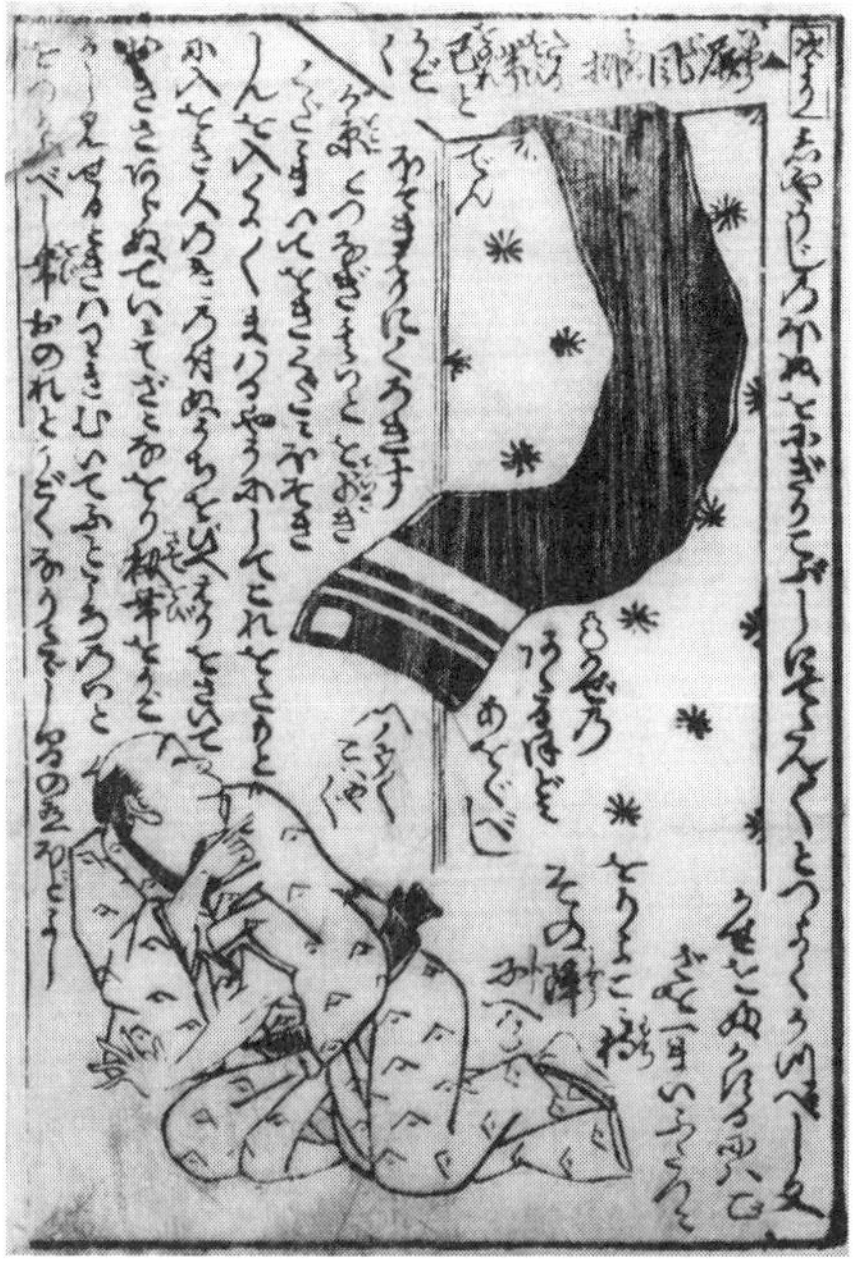

版本『手妻種』(嘉永3年)

82 下着を上に着替える術

着物の下着を上に着替える方法である。細紐を着物の下着の袖口から通して衿から出し、両端を結んで封をしてもらう。演じ方は、このまま屏風の中に入り、まず帯を解く。次に、下着を脱ぎ、細紐で結んだ方の袖口から下着を全部引き出し、着物の上にきちんと重ねて着る。最期に帯を締めて客の前に出る。初出の伝授本は『続たはふれ草』である。

版本『続たはふれ草』(享保14年)

83 キセルの追っかけ

キセルが持ち主の後を追いかける手品である。タネは馬の尻尾の毛である。準備として、一本の毛の一方を輪にしたものをキセルの雁首《がんくび》に引っ掛けて結び、もう一方の毛の端を手に持つ。演じ方は、毛を引っ張りながら歩き出すと、キセルが演者を追いかけるように動くので演者は、びっくりしたようなそぶりをする。その後も演者はあちらこちらと逃げながら毛をほどよく引いて、キセルが追いかけ回しているように見せる。最後は、キセルを押えて捕まえ、一服する。

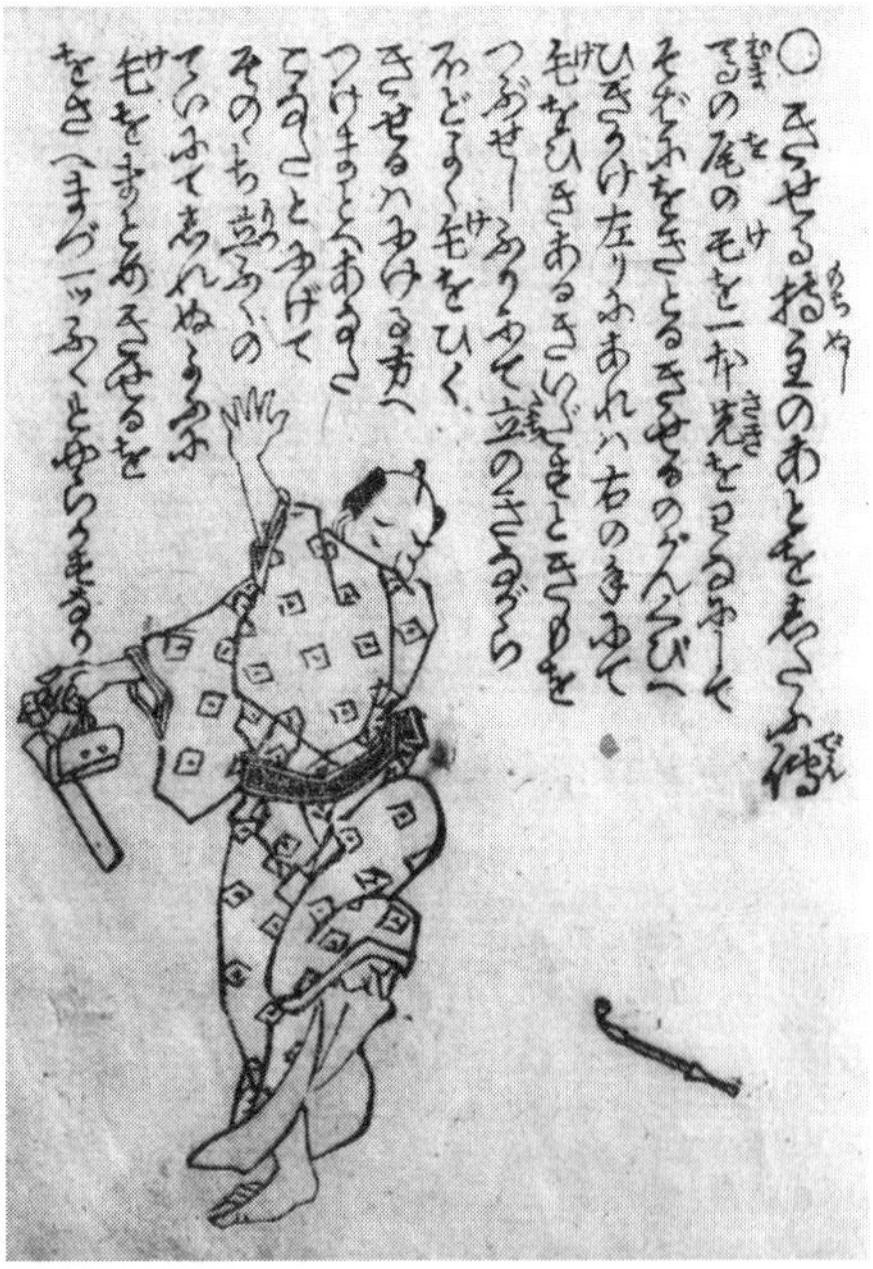
版本『長崎伝来智恵の海』(安政元年)

84

通いの離れギセル

この手品は、二つに分けたキセルを左右の手に持ってタバコを吸うというもので、タネは、左右のキセルにあけた穴をつないだ管である。管は服の中を通っているので外からは見えない。また、左右のキセルの端は栓がしてあり、煙が漏れないようになっている。現代では、左手に風船を持ち、右指先に口を当てて息を吹き込むと、風船が膨らむというユーモラスな方法で演じられている。

この演目が載る伝授本は『唐土秘事海』のみである。

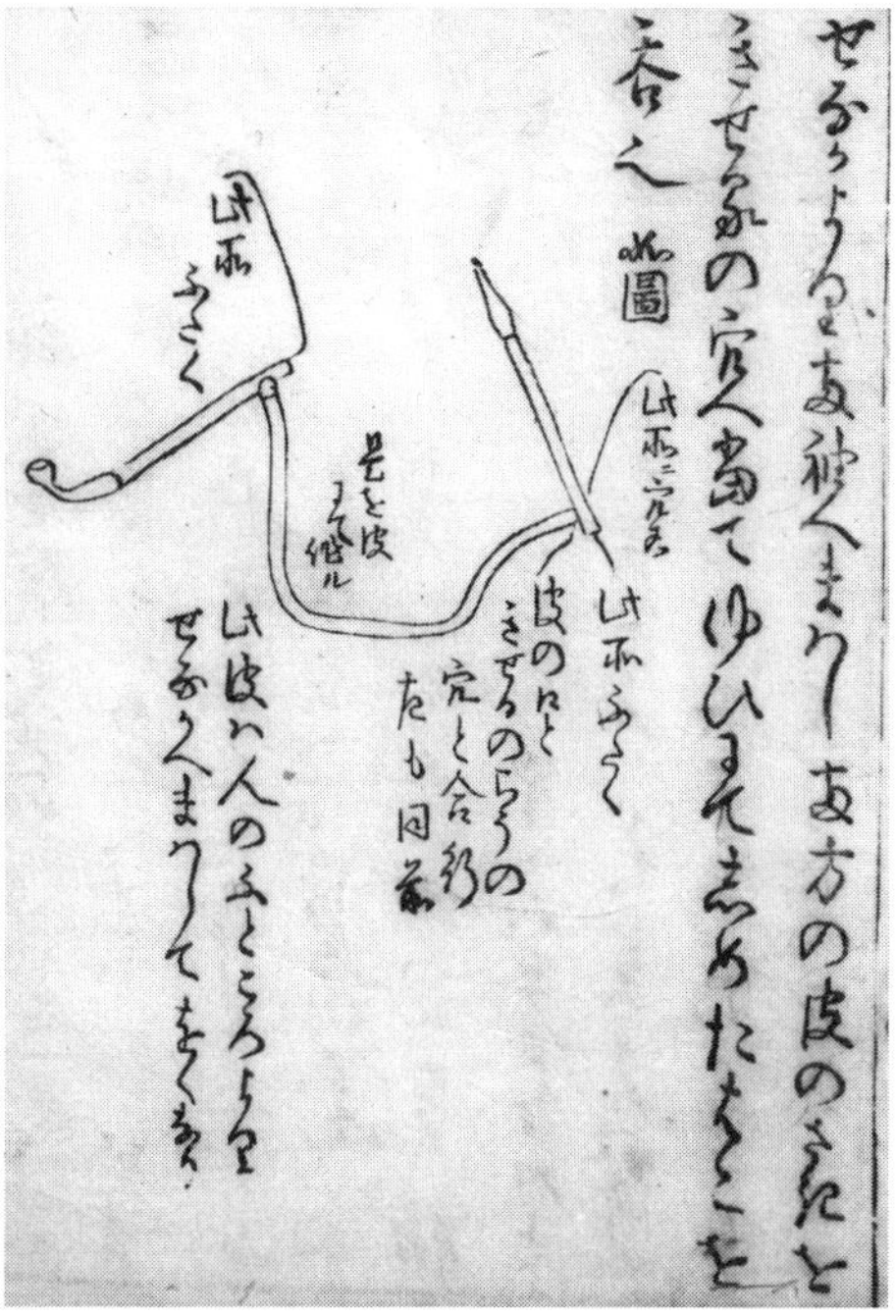

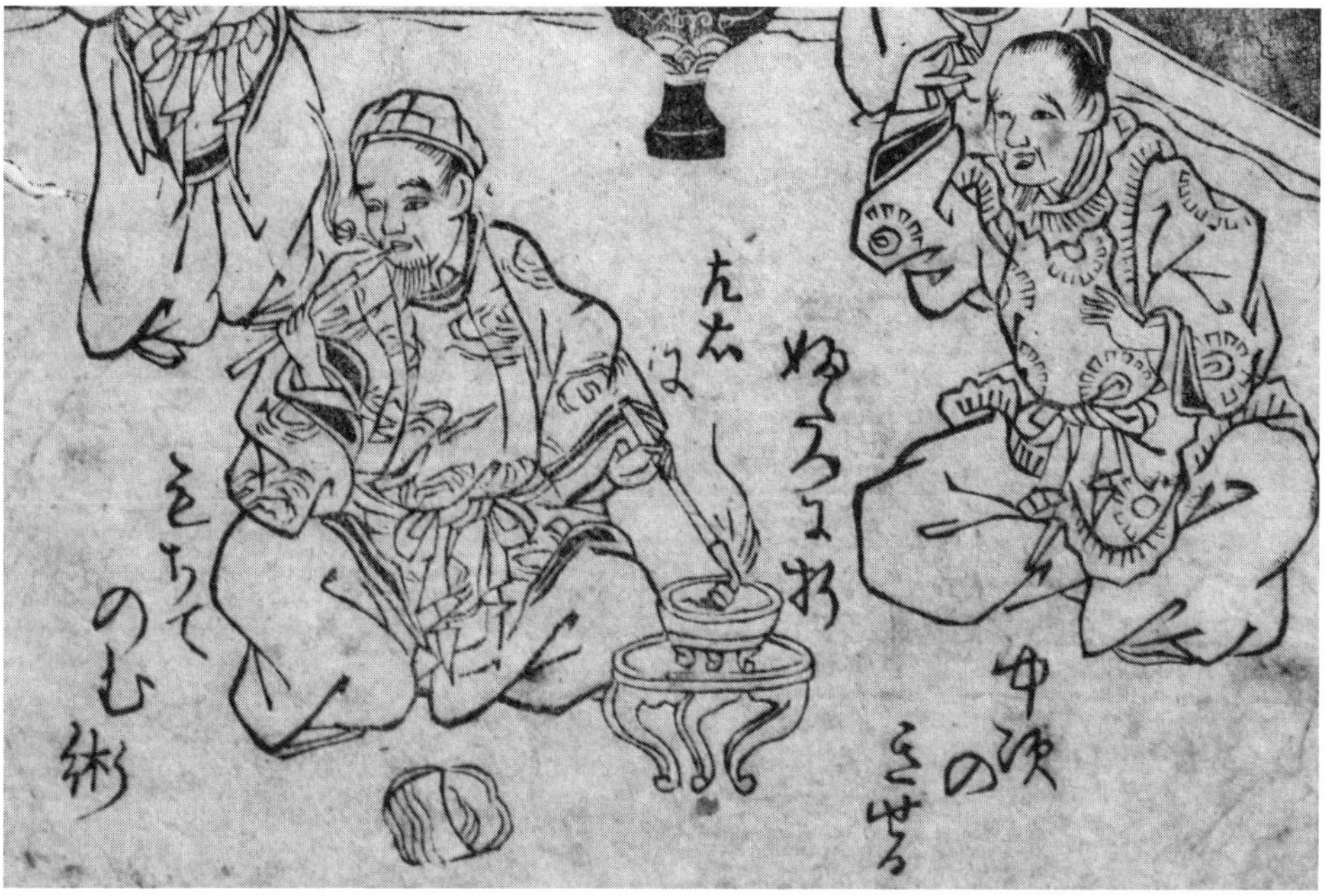

版本『唐土秘事海』(享保18年)

85

キセルの曲《きょく》留《どめ》

キセルが手に留まって落ちないという手品で、タネは糸である。演じ方は、絹糸か髪の毛を輪にしたものを中指に掛け、その輪の中にキセルを差し込み、手と指を使ってさまざまな曲留めの操作を行う。下図の一枚刷り伝授書には「ゆびどめ」「立かんぬき留」「横一文字」「七分三分かね合どめ」の四種の絵が載っている。演技の決めては、なめらかな操作と留めのポーズである。なお、初出の伝授本は『神《しん》仙《せん》秘《ひ》事《じ》睫《まつげ》』である。

一枚刷り『即席手品のでん』(江戸末期)

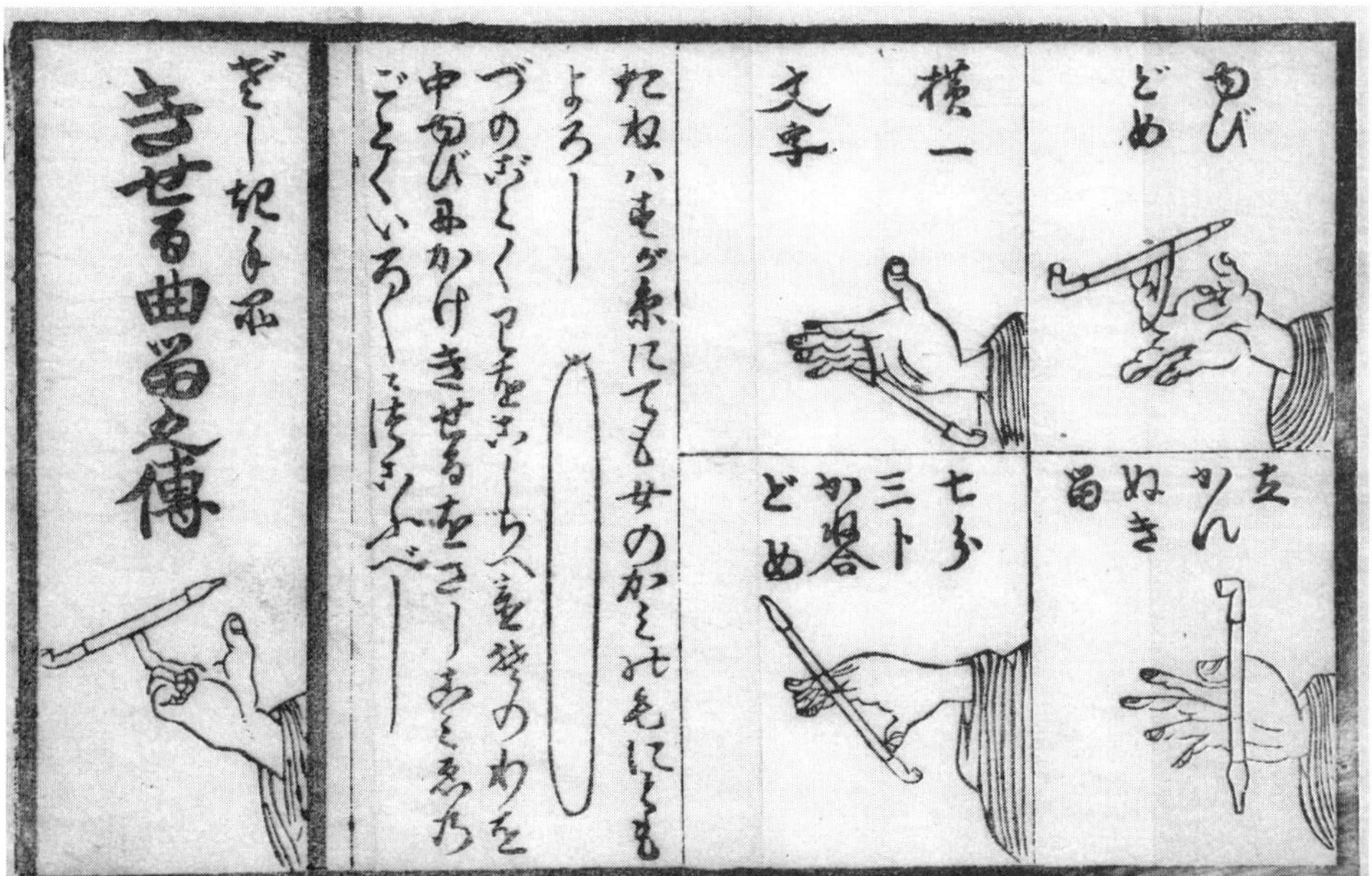

一枚刷り『きせる曲留之伝』(明治前期)

86

金輪《かなわ》の曲《きょく》

金属製の輪をつなげたり、はずしたりする手品で、中国から我が国に伝わった。平瀬輔世著『放下筌』の目録には、大道で手品を見せて人を集め、薬を売る様子を描いた絵（下図）が載り、本文には、基本的な操作の方法が図入りで書かれている（左図）。特徴としては、キーリングがクローズであること、開口部を見せたままリングをはめることなど、現代の方法とは随分異なっている。種明かしは、江戸時代を通じて『放下筌』のみである。なお、放下師がこの手品を大道や境内で演じる図はいくつかあるものの、管見の限りでは江戸、明治期の奇術興行ビラにこの手品が描かれたものは見当たらない。

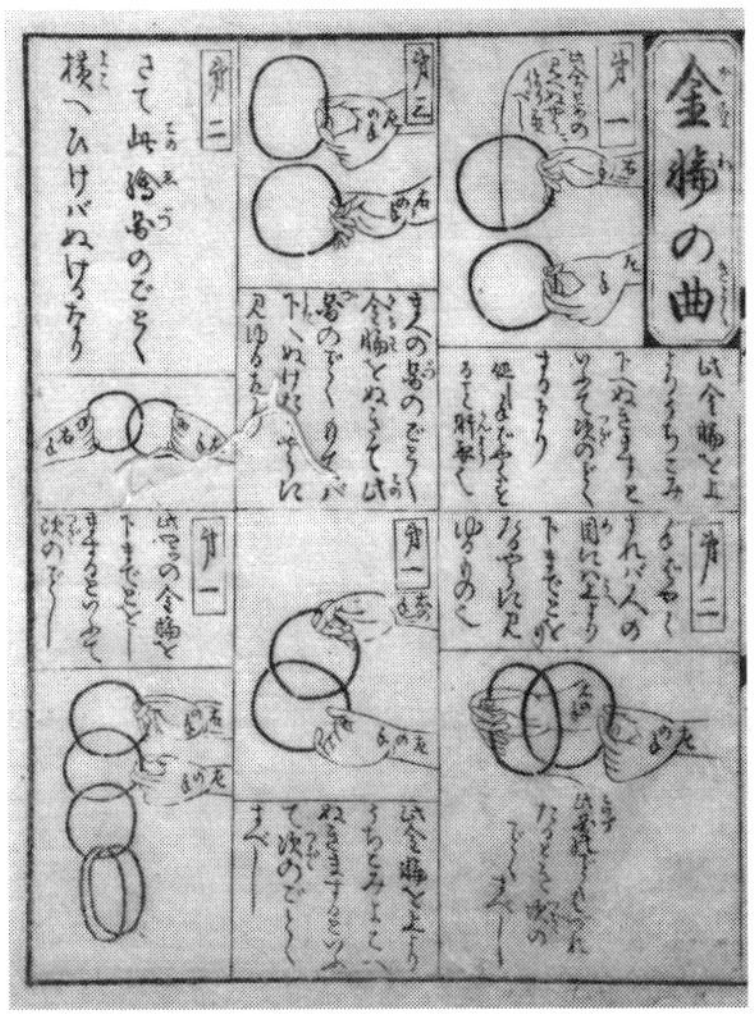

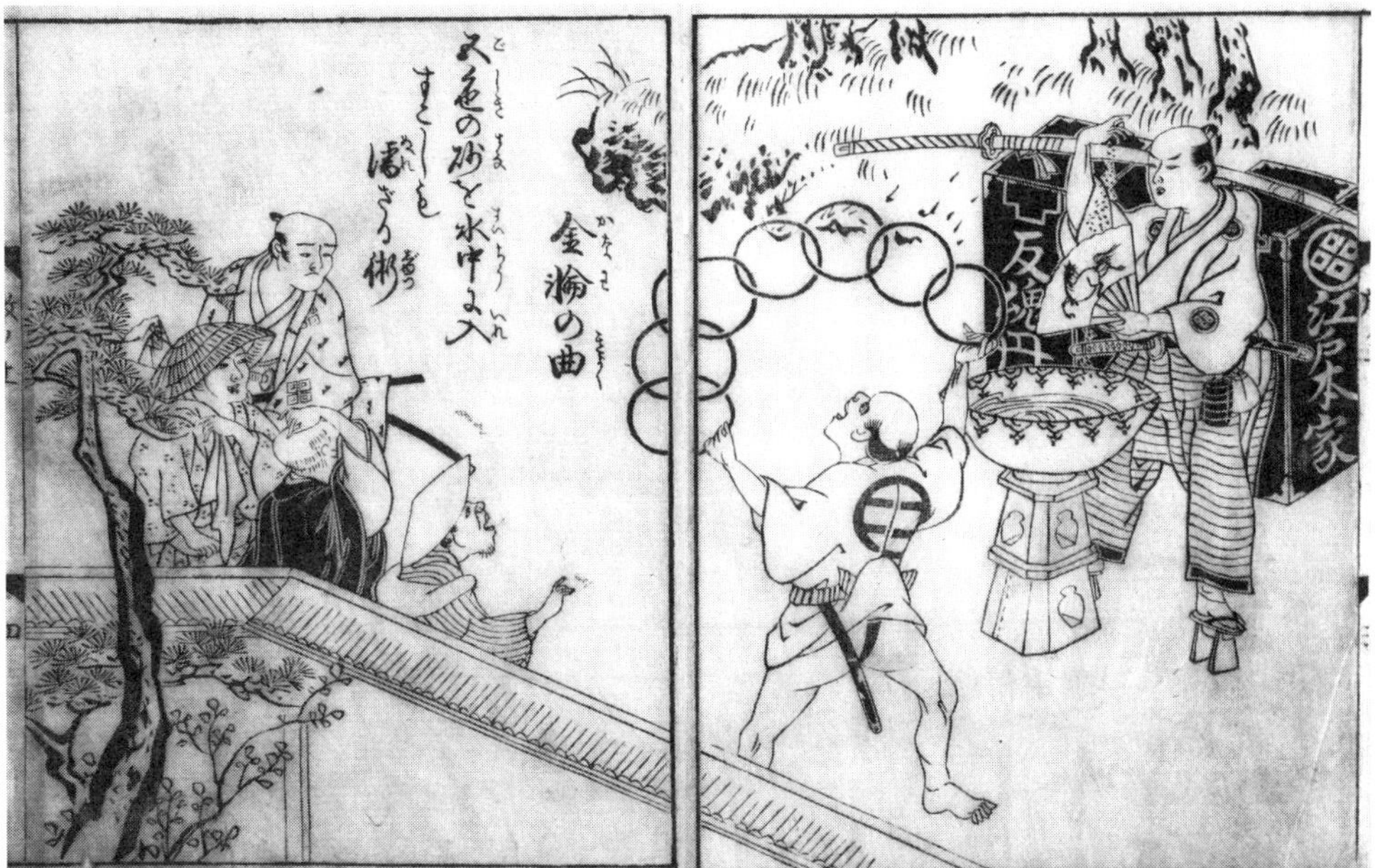

版本『放下筌』（宝暦14年）

89

懐中糸通しの術

袂に入れた三本の針と糸を袂の中で通すという手品である。準備として、左下図のように輪にした糸を三本の針に通し、これを鼻紙に刺して右の袂に入れておく。演じ方は、三本の針と糸を袂に入れるが、針は袂の中に落とし、糸は輪の中に通す。次に針に通しておいたもう一方側の糸の端を持って引っ張ると、糸は自然に三本の針の穴を通過する。針に通した糸を袂から出して見せる。この演目が載る伝授本は『盃席玉手妻』のみである。

版本『盃席玉手妻』(寛政11年)

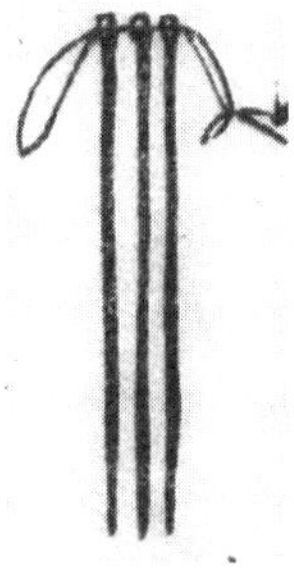

90

太《たい》平《へい》守《まもり》の太刀《たち》

手に持つ太刀の刀身がひとりでに上がっていくという手品で、タネは糸である。準備として、刀の刃先に長めの糸を結び付けて鞘《さや》に入れ、鞘の口から出ている糸を帯に結び付ける。演じ方は、鞘を持って腰をひねる。すると糸が引っ張られて、刀身が鞘から抜け出だして上がっていく。現在では、ビンと棒を使い、ビンに入れた棒が自然に上がっていくという見せ方をする。

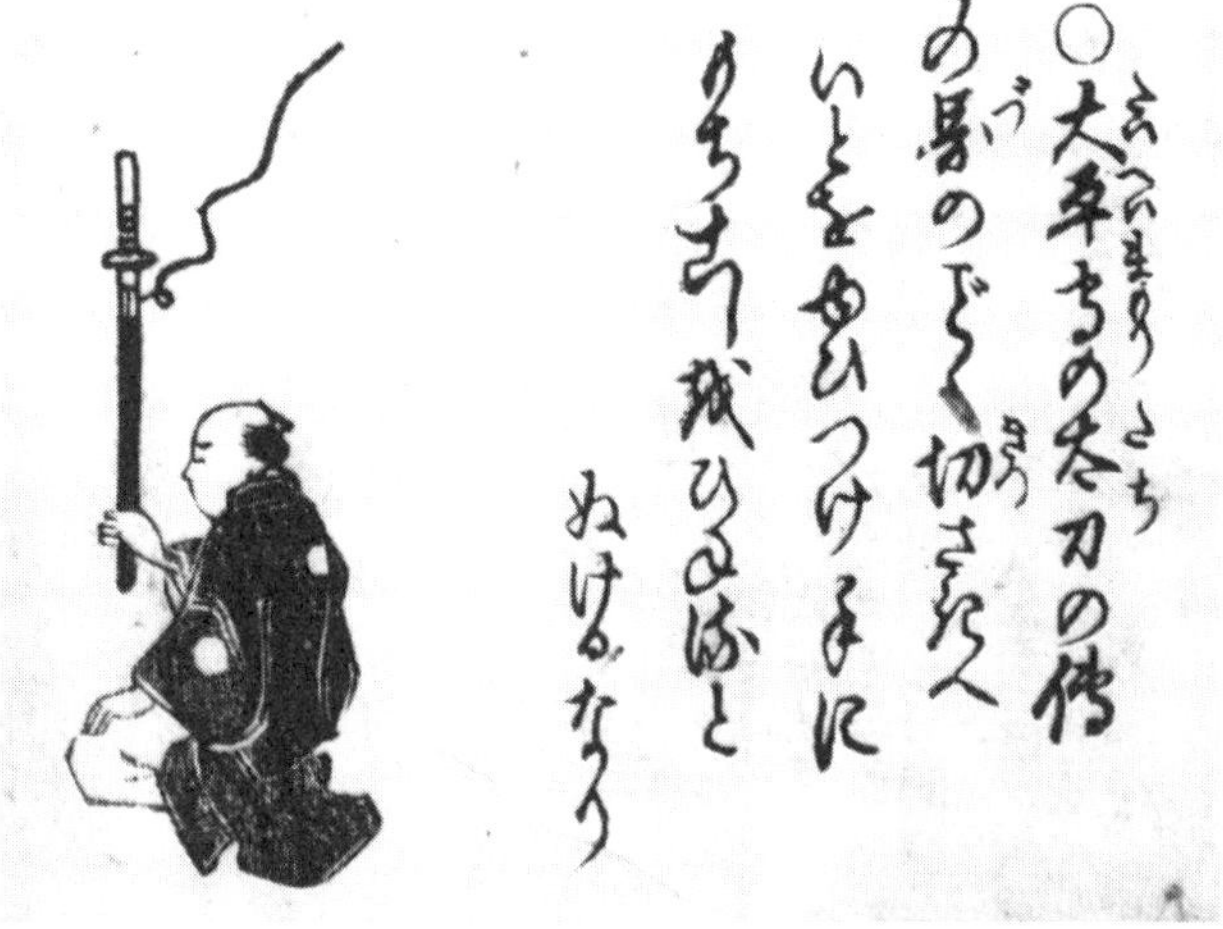

版本『手品独稽古』(江戸末期)

93

銭のすり込み

版本『盃席玉手妻』(寛政11年)

銭が腕の中にすり込まれてしまうという手品である。演じ方は、右手の指先に一枚の銭を持ち、これを左腕に当ててすり込む動作をする。何度も繰り返す中で、わざと二、三回落とす。落とした銭を右手で拾い上げるときに、ひそかに右の袂に投げ入れてしまう。そのまま銭を持っている振りをして、銭を左腕にすり込む仕草をする。手を返して見せ、銭が腕の中に入ってしまったことを示す。この演目が載る伝授本は『盃席玉手妻』のみである。

94

袂の銭の抜き取り

版本『盃席玉手妻』(寛政11年)

客が演者の袂に入れた銭を、演者が袂の外から抜き取る手品である。準備として、七枚の銭を糸で右そで口の内側にあらかじめ縫い付けておく。演じ方は、客に別の七枚の銭を渡し、一枚の銭を演者の左袂に入れてもらう。演者は、右手で縫い付けてある糸の一つを切り、銭をひそかに隠し持ち、袂の外から客の入れた銭を握り、つかみ取る振りをして、隠し持っていた銭を出してみせる。これを続けて行う。この演目が載る伝授本は『盃席玉手妻』のみである。

95

銭を消す術

これは、一枚の銭を完全に消してしまう方法で、手のひらを開いて見せることができる。タネは飯粒である。方法は、一枚の銭の片面に飯粒をつけて手中に握り込み、「ただ今これを消します」と言いながら、親指の甲側につけて手を広げて見せる。「ただ今出現させます」と言いながら、先ほどの銭を手のひら側に移して見せる。伝授には「これは片手で行なう技術であって、決して両手を使ってはならない」とある。

現代では、コインの接着にワックスを使う。この演目が載る伝授本は『仙術《せんじゅつ》日待種《ひまちぐさ》』のみである。

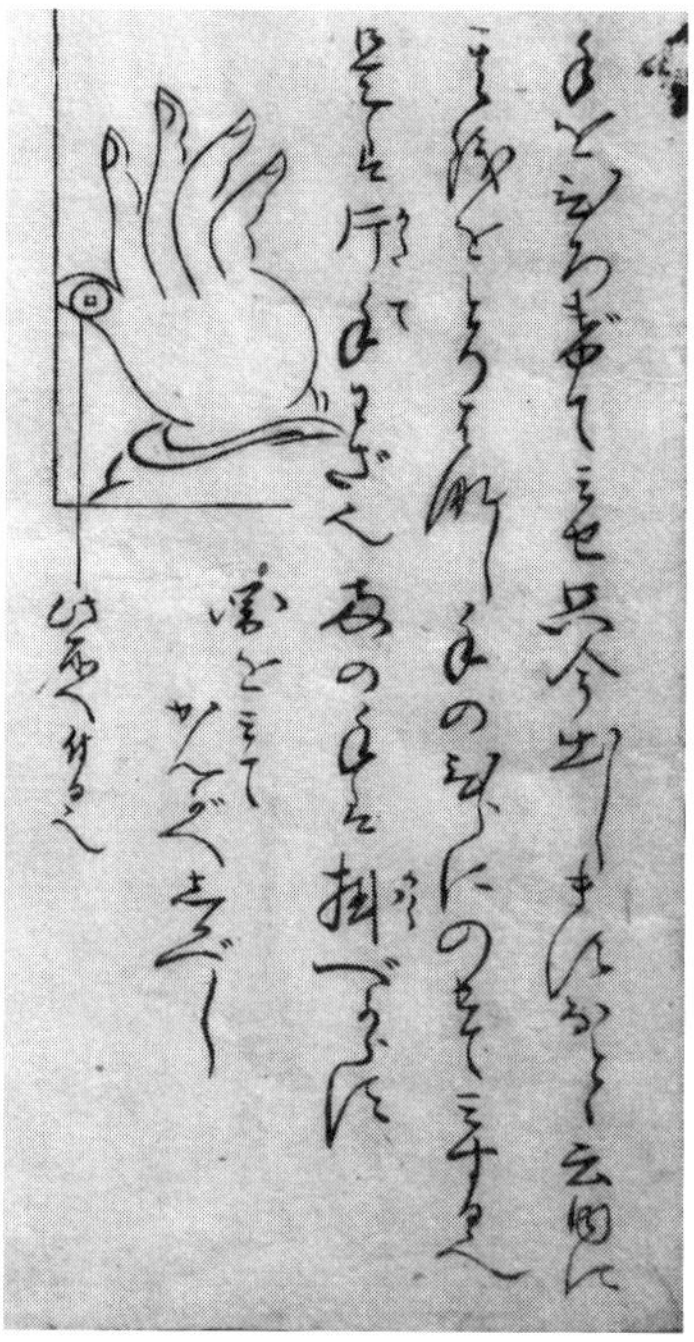

版本『仙術日待種』(天明4年)

96

通《かよ》いの握《にぎ》り銭《ぜに》

左右の手に二枚ずつ握ったはずの銭が、手を開けると左手が三枚、右手が一枚になっているという手品である。演じ方は、両手に銭を一枚ずつ握り、その拳の手のひら側に銭を一枚ずつ載せ、これをつかみ取るとみせて手を返すが、このとき左手の銭は二枚とも握り、右手の銭は二枚ともわざと落とす。落とした銭を再度両手の拳に一枚ずつ載せ、手を返すときに今度は両方とも握る。

この演目が載る伝授本は『天狗通』のみである。

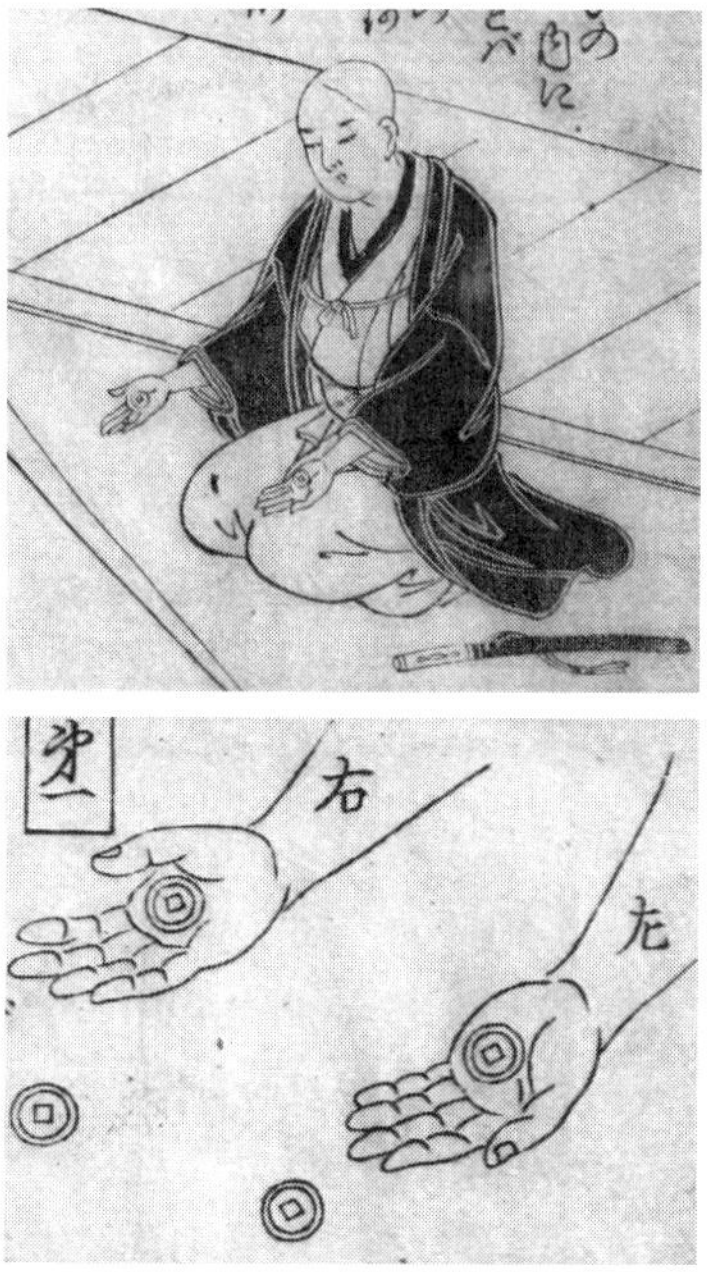

版本『天狗通』(安永8年)

97

通《かよ》いの銭《ぜに》

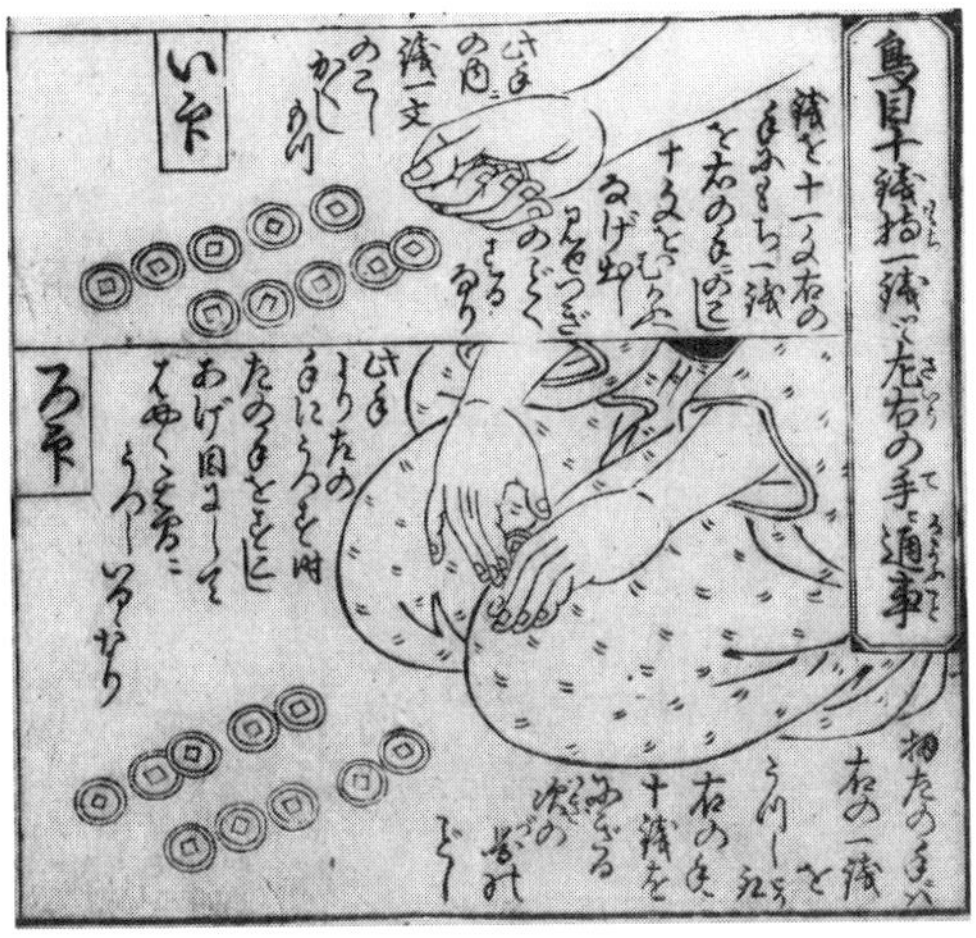

一〇枚の銭が右から左へ一枚ずつ飛行する手品である。実際は一一枚の銭を使う。演じ方は、一枚の銭を右手の親指に隠し持ち（パーム）、一〇枚を畳の上に並べる。次に右手の一枚をひそかに左手に移す。右手で一〇枚の銭を取り、最後の一枚を親指の付け根に隠し持つ。移す仕草をして、右手から九枚、左手から一枚の銭を出す。以上の動作を繰り返して、銭を一枚ずつ移していく。最後の一枚は首筋に隠して、両手を見せる。なお、現代の方法は少し異なるが、現象はまったく同じである。

この手品が載る伝授本は『天狗通』と『仙術日待種』のみである。

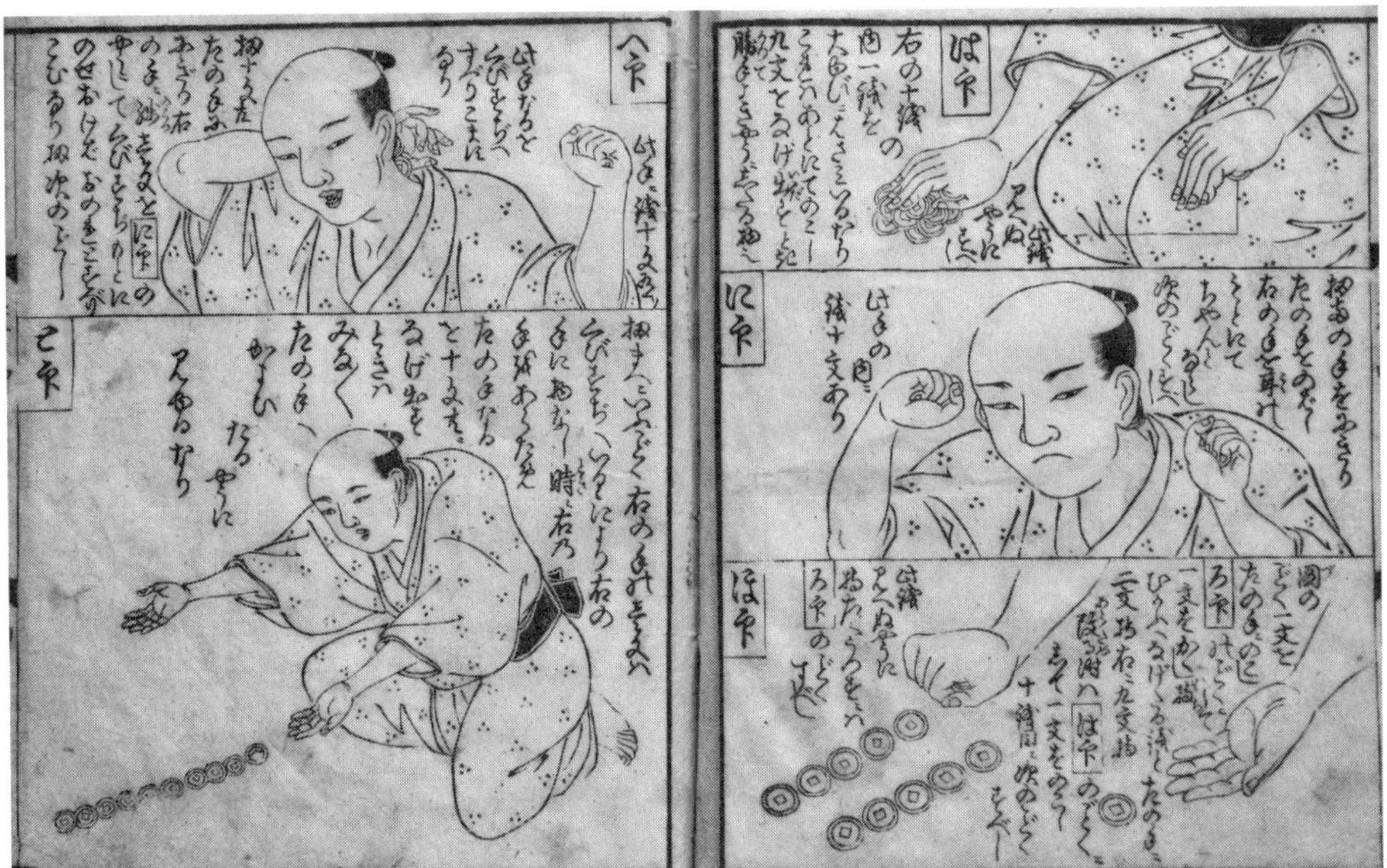

版本『天狗通』（安永8年）

99

銭の抜き取り

紐に通した穴あき銭を、紐の両端を持ったままで抜き取る手品である。二枚の銭を使うが、一枚はすり替え用である。演じ方は、右手に銭を隠し持ったまま、紐に通した銭を見せる。通した銭を左手におき、その上に右手に隠した銭を載せ、手の陰で銭を紐に仮止めする。相手に紐の一方を持たせ、銭を隠し持った左手を左端に移動させて紐を持つ。銭を仮止めした紐を元に戻すと、銭は紐から抜けて落ちる。なお、この演目が載る伝授本は『神仙秘事睫』のみである。

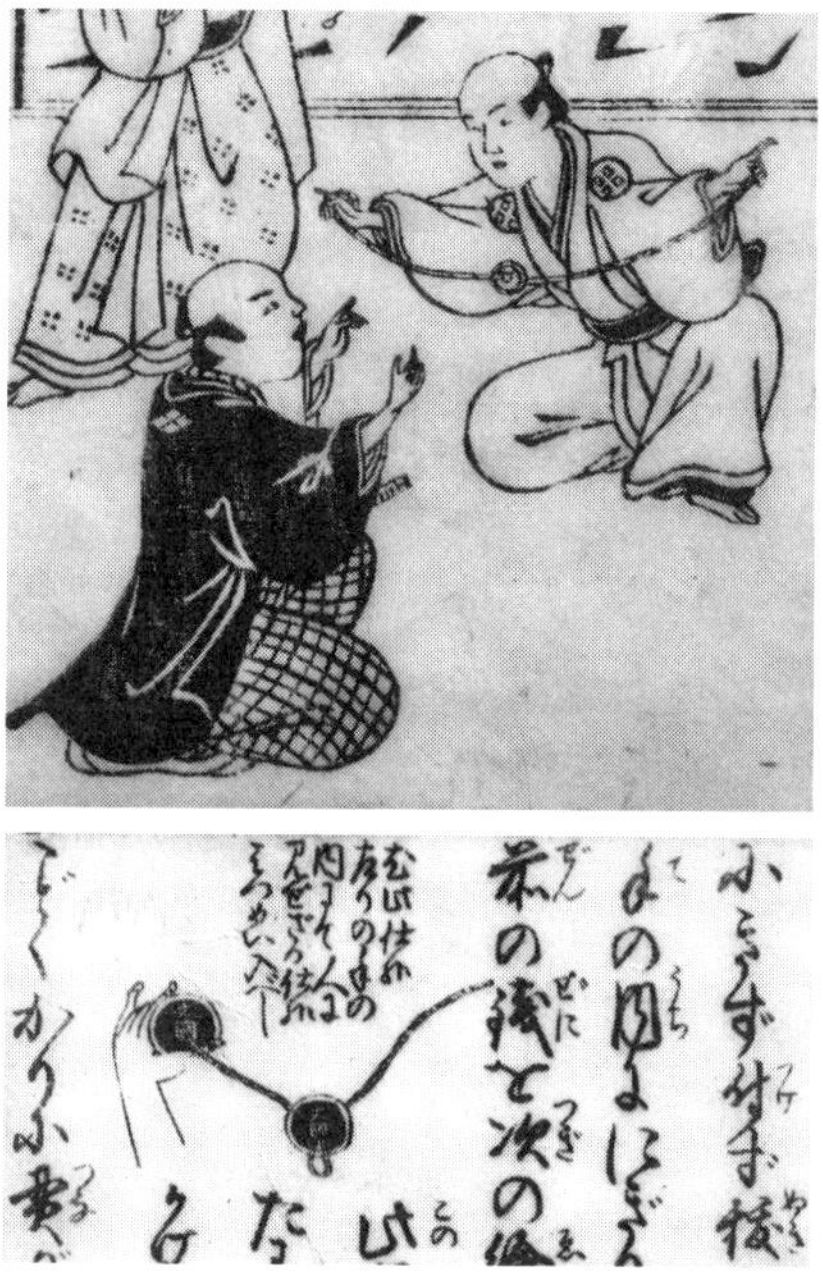

版本『神仙秘事睫』(寛保2年)

100

天狗《てんぐ》のぬけ銭《せん》

紐に通した何枚かの銭を一度に抜き取る手品で、タネは切れ目のある銭である。準備として、タネの銭を紐に通し、次に両端を合わせた紐に一〇枚の銭を通し、最後に一枚の銭を紐の片方に通して隠し持つ。演じ方は、紐に通した一〇枚の銭を見せた後、紐の両端を相手に持ってもらう。演者は一番初めに通したタネの銭を切れ目から抜き取り、手に隠し持つ。そして十枚の銭を抜き取って見せる。紐には一枚の銭が残っている。別名「天狗のもぎ銭《せん》」ともいう。

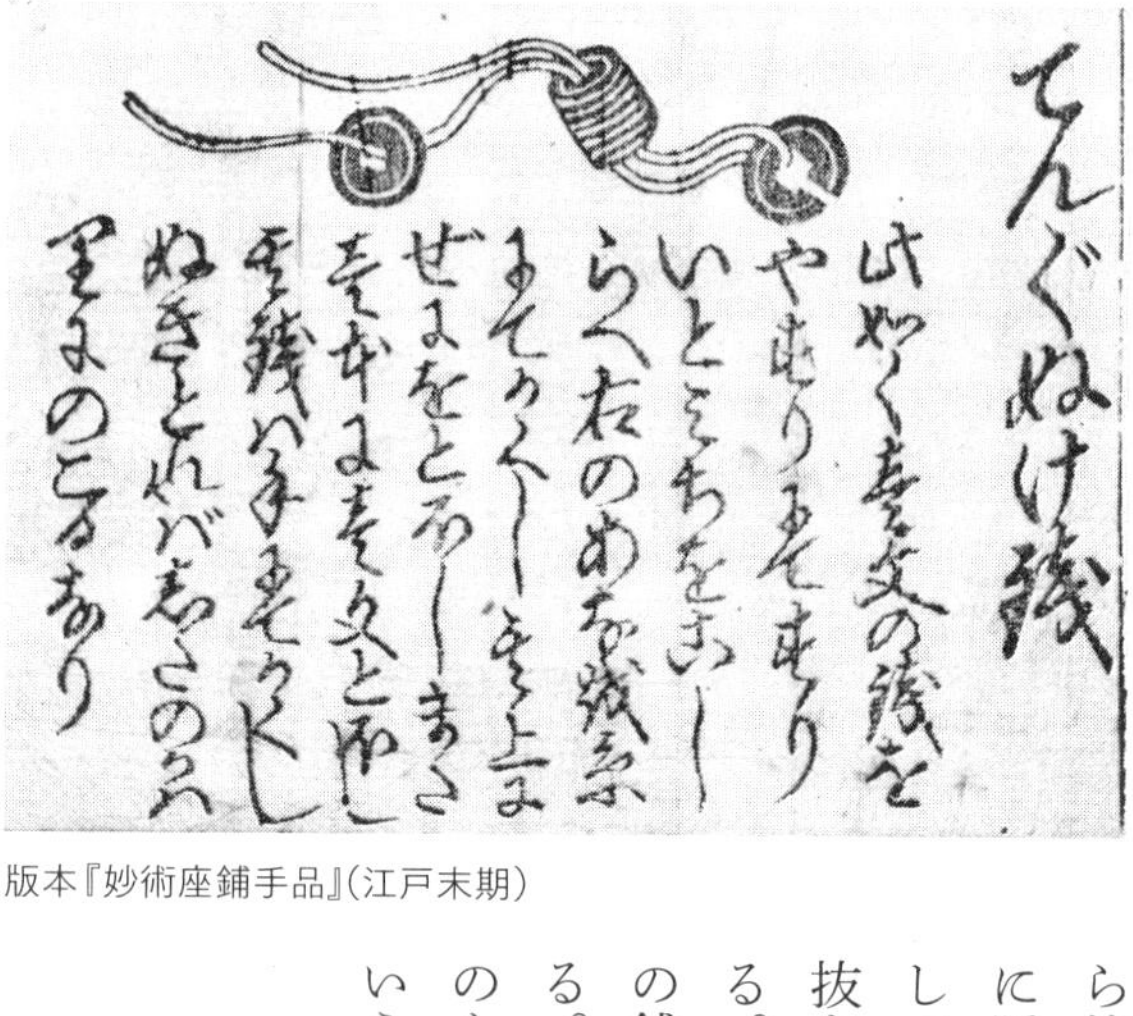

版本『妙術座鋪手品』(江戸末期)

101

天狗のもぎ銭

版本『盃席玉手妻』(寛政11年)

これは100「天狗のぬけ銭」と同じで、紐に通した銭を抜き取る手品である。方法は、手に隠し持った切れ目のある一〇枚の銭を客から借りた一〇枚の銭とすり替えて紐に通し、借りた銭は帯に隠す。紐を一回結び、端を客に持たせる。両手を改めて「これからこの銭をすべて抜き取ってご覧にいれます」と言って、帯に隠した銭を右手に隠し持ち、その手で紐の銭を全部握り、左手を使って本物の銭を一枚ずつ取り出して見せる。紐に通したタネの銭は、順次抜き取って右手に隠し持つ。

102

仕掛け銭

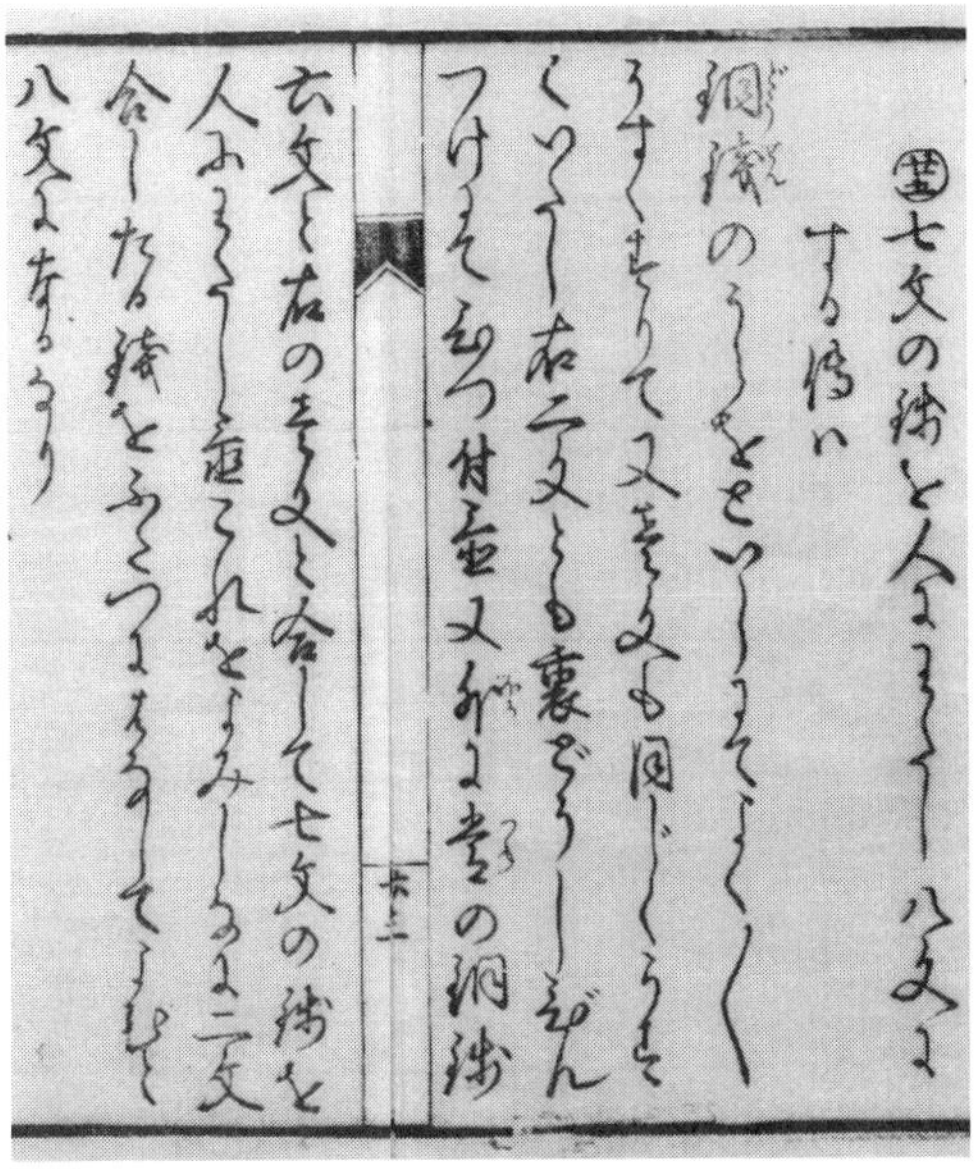

版本『秘事百撰 三編』(慶応3年)

客に七枚の銭を渡し、それを八枚にする手品である。タネは仕掛けの銭で、その作り方は、銅銭二枚の裏面を砥石で擦って薄くし、この裏面どうしをびん付け油で貼り合わせる。

演じ方は、普通の銭六枚と仕掛けの銭一枚の計七枚を持ち、数えながら相手に渡す。再び数えながら相手の手から取り上げるときに二枚合わせの銭をはがして、八枚に数える。

104

智恵《ちえ》の板《いた》

四角い板の上に載せた銭が消えたり、現れたりする手品である。仕掛けは、碁盤状の板の中央部に作られた半回転する板である。演じ方は、板の中央に銭を載せ、盃をかぶせる。このとき、板の裏側から指で回転板を押し上げて斜めにし、銭を手前に滑らせて、碁盤内側の溝に入れてしまう。板を元に戻したら、盃を取って銭が消えたことを示す。明治時代は「板の上の銭かくし」といった。

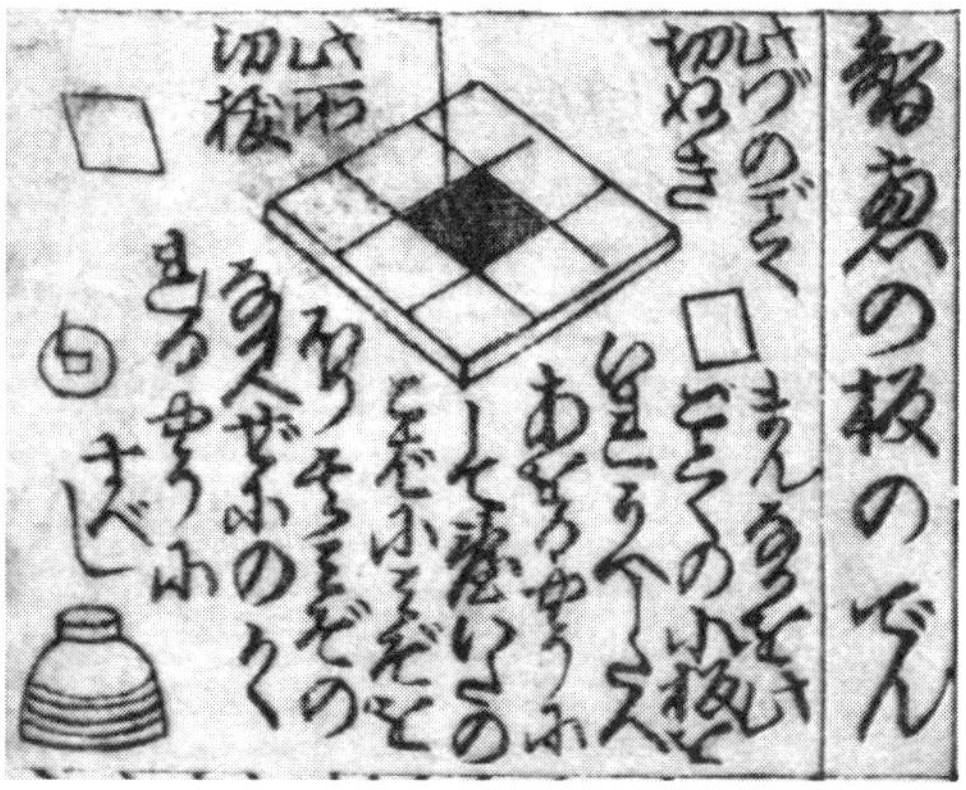

版本『神僊手品妙術秘伝集』（江戸末期）

現代の手品用具「銀貨の幻影」

105

浮き銭《ぜに》

銭を水に浮かすには、次の三種類の方法がある。

①こんにゃく玉を擦ったものを銭に塗る方法（『手妻早《てづまはや》稽古《げいこ》』に所載）。

②銭の裏面を砥石で磨《す》って薄くし、その面に白蝋を塗る方法（『手品早指南《てじなはやしなん》』に所載）。

③水を入れた鉢の中にガラスの容器を置き、その上に百文銭を載せる方法（『秘事百撰 三編』に所載）。

版本『手妻早稽古』（文久2年）

106

碁石、白黒の入れ替え

これは、碁石の色を変える手品である。準備として、一枚の白い碁石の片面を黒く塗っておく。演じ方は、客に碁石の白い方を見せて、握りながら手の中で裏返し、手を広げて黒い碁石に変わったことを示す。

現代において、この単純な手品をもっと効果的に見せるには、たとえば、初めにパドルムーブの技法（物の裏側を見せるとみせかけて表側を見せる技術）を使って両面とも同じ白色に見せてから黒色に変えるという方法がある。

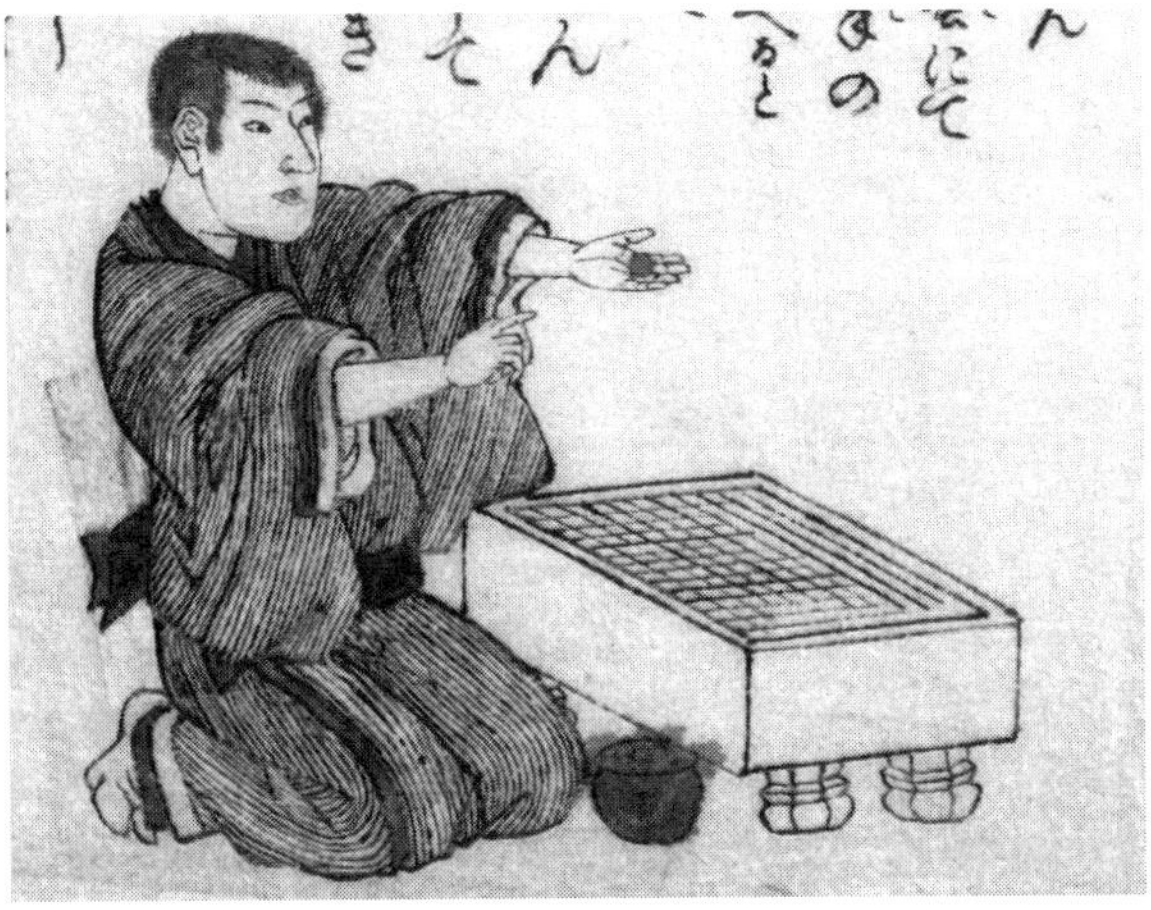

草稿『手妻の大寄（仮題）』（明治前期）

107

玉《たま》の手《て》業《わざ》

この手品は、用具に仕掛けがあるわけでなく、手の技で見せるものである。演じ方は、右手に持った玉を左手の甲に乗せ、右手をかぶせて、その玉を握ると見せて親指の間から左手の中に落とす。右手を握って、上から左手に打ち込むように叩いてから消してみせる。消した玉を左手から出現させる。次にその玉を客に見えないように右手に渡して隠し持つ。右手を使って、左手の甲より玉を出現させる。

なお、この演目が載る伝授本は『放下筌』のみである。

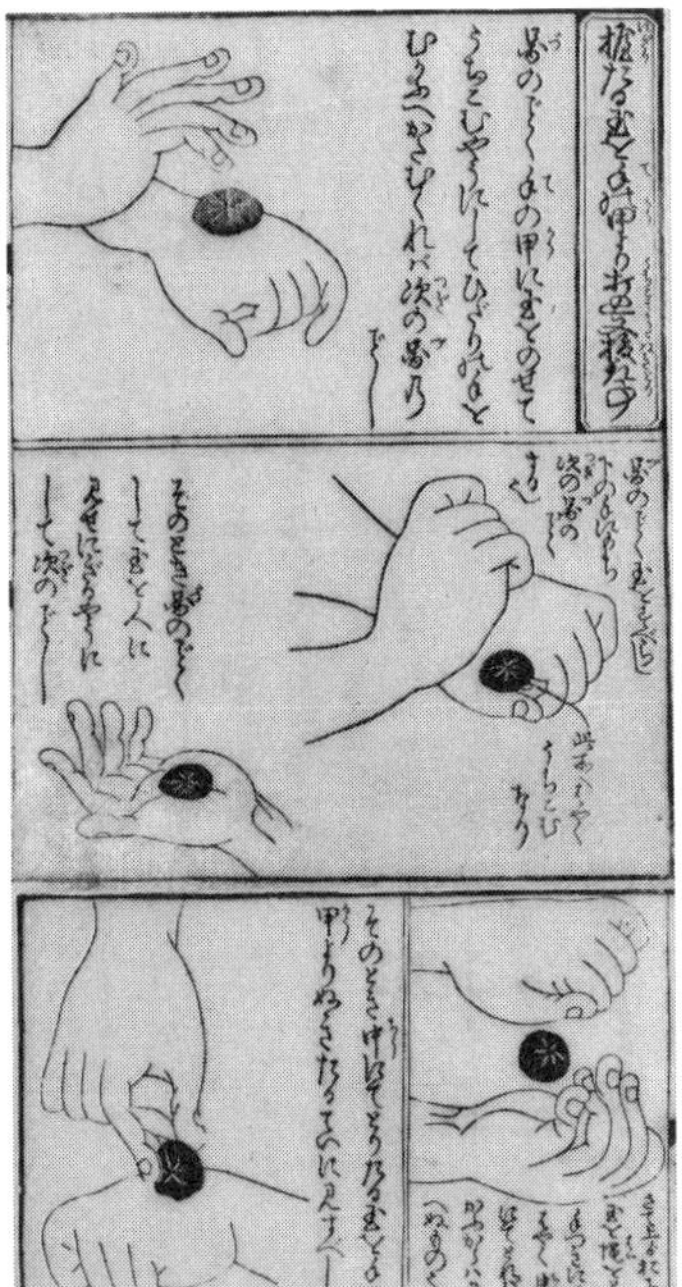

版本『放下筌』（宝暦14年）

108

玉を耳から出す手品

『放下筌』には、この手品の伝授が次のように書かれている。「左手の甲側の食指と中指の間に玉を一個はさんで手のひらを上にすれば、手には何も持っていないように見える。そうしておいて、右手に玉を一個持って口中に入れ、左手に隠し持っている玉を耳から抜き取ったように見せる。ただし、二個とも同じ色の玉を用いなければならない」。

版本『放下筌』(宝暦14年)

109

豆を目から出す手品

豆を口に入れて、目から出す手品である。準備として、小豆二粒を口に入れて濡らし、両目の下瞼《まぶた》にそれぞれ一粒ずつ入れておく。演技は、別の小豆を見せて「これを飲んで目から出してみせましょう」と言って、口に入れ舌の中に隠す。右目か左目かを指定させ、扇の要の方で前もって入れておいた小豆を押し出す。さらにその小豆を口に入れ舌の中に隠し、もう一方の目から出してみせる。現代では衛生面からみても演じにくい内容である。

版本『たはふれ草』(享保14年以前)

110

お椀と玉(品玉《しなだま》)

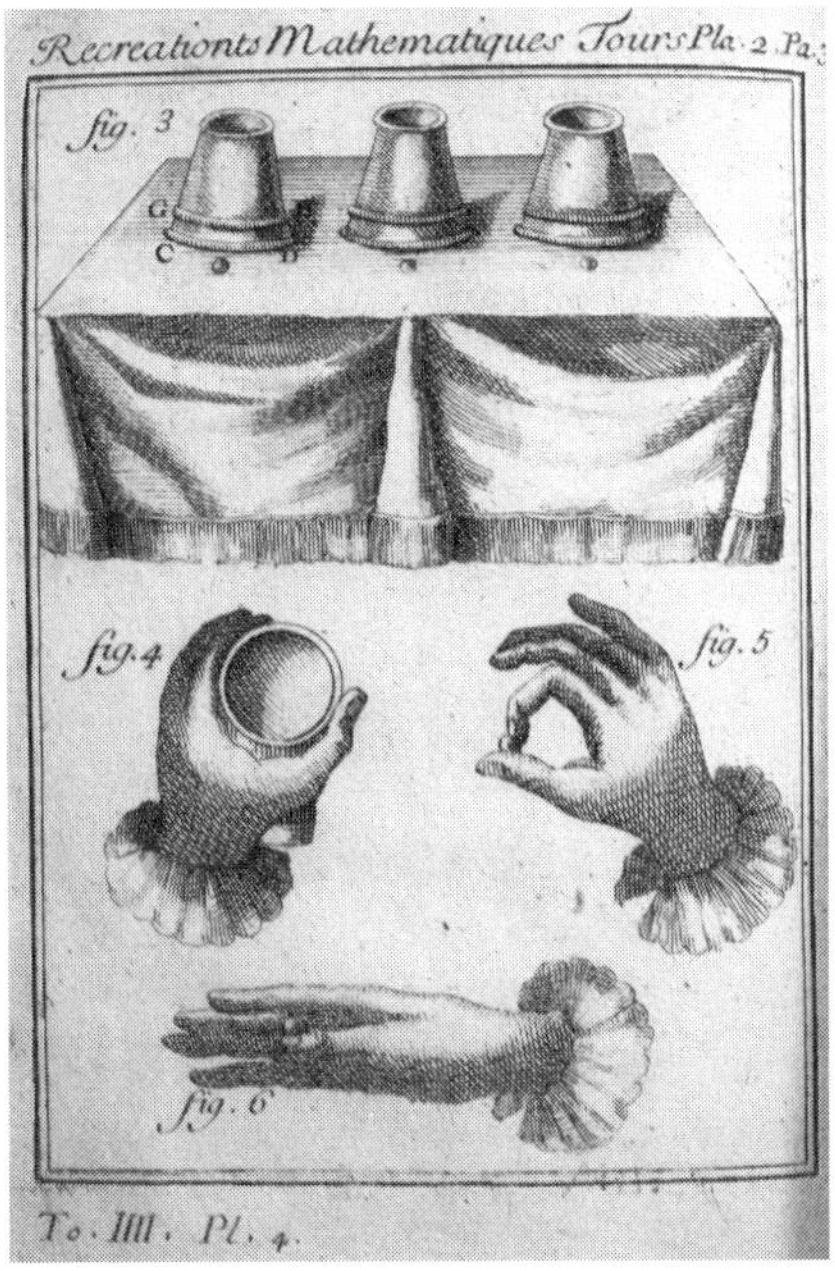

洋書『数学と物理のレクリエーション』(1740年、フランス)

「お椀と玉」は、江戸時代「品玉」といい、四個の茶碗を使って、玉の出現、消失、移動、増加、拡大、変化など、種々の現象をおこし、クライマックスでは猫や子犬を出現させた。世界最古の手品の一つで、欧米では「カップ・アンド・ボール」、中国では「三星帰洞」という。『放下筌』には、玉の作り方、技法、手順、紙製松茸と子犬の出現などの方法が豊富な絵とともに解説されている。また、別の技法が『天狗通』に載る。

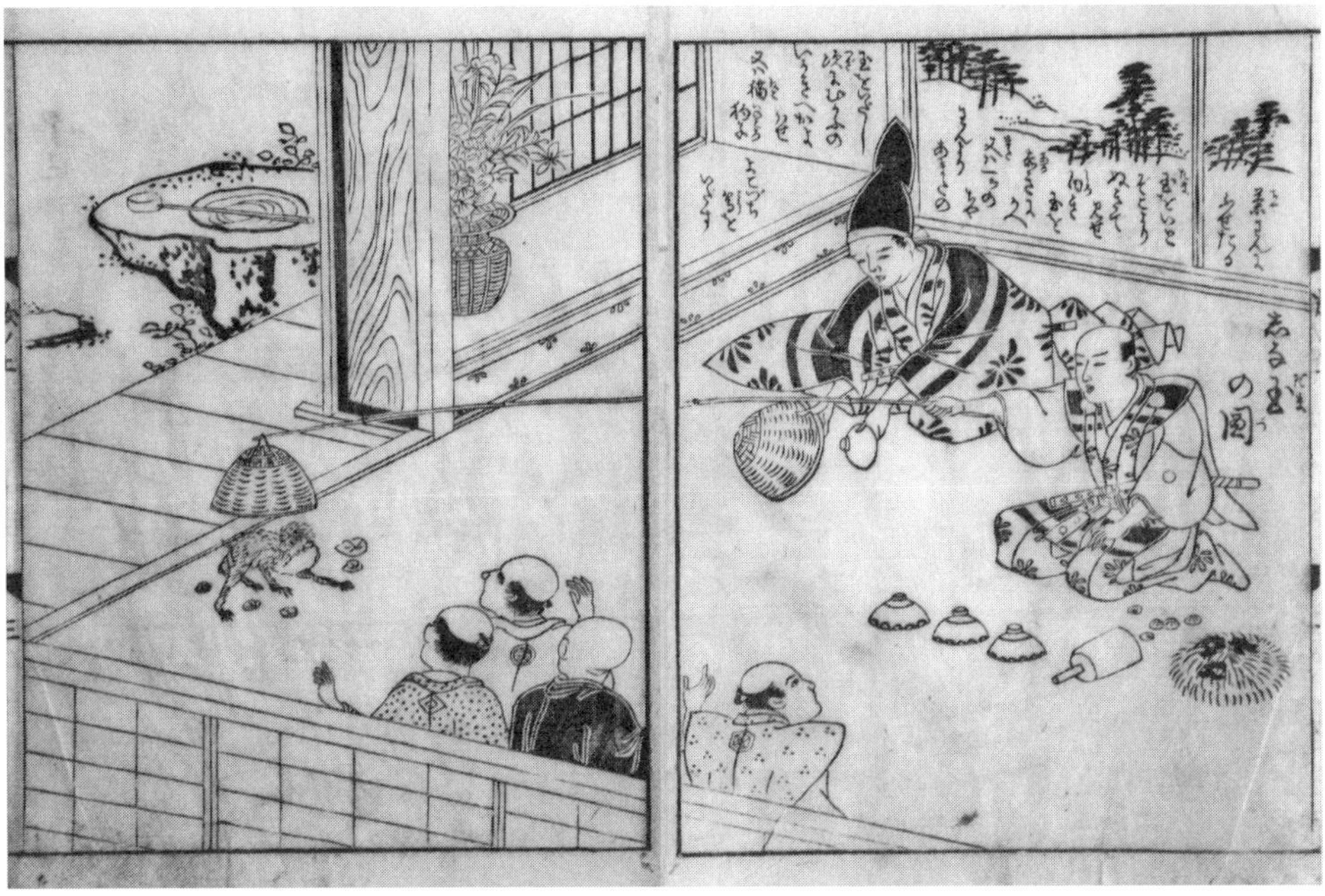

版本『放下筌』(宝暦14年)

◆お椀と玉(品玉)つづき

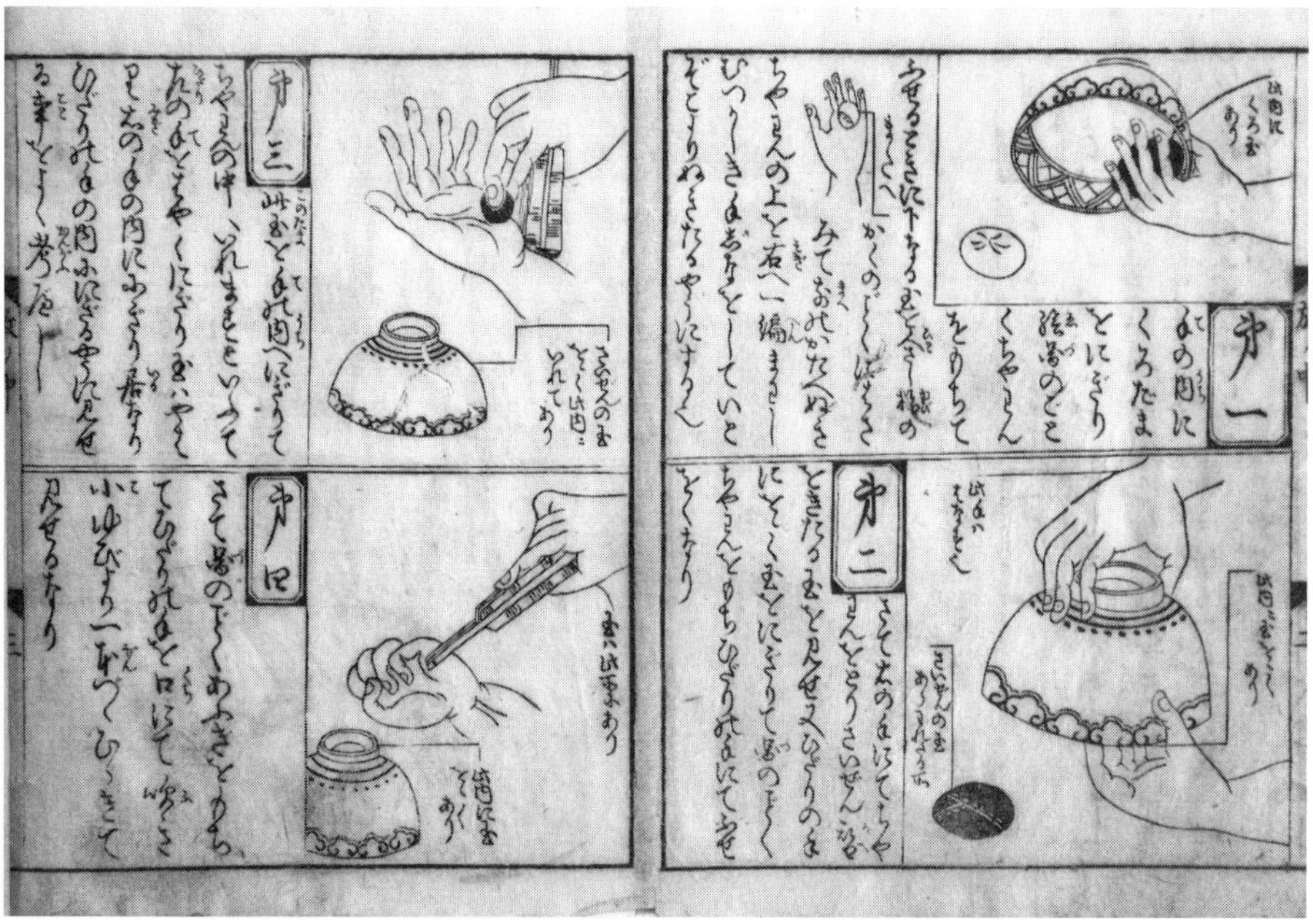

版本『放下筌』(宝暦14年)

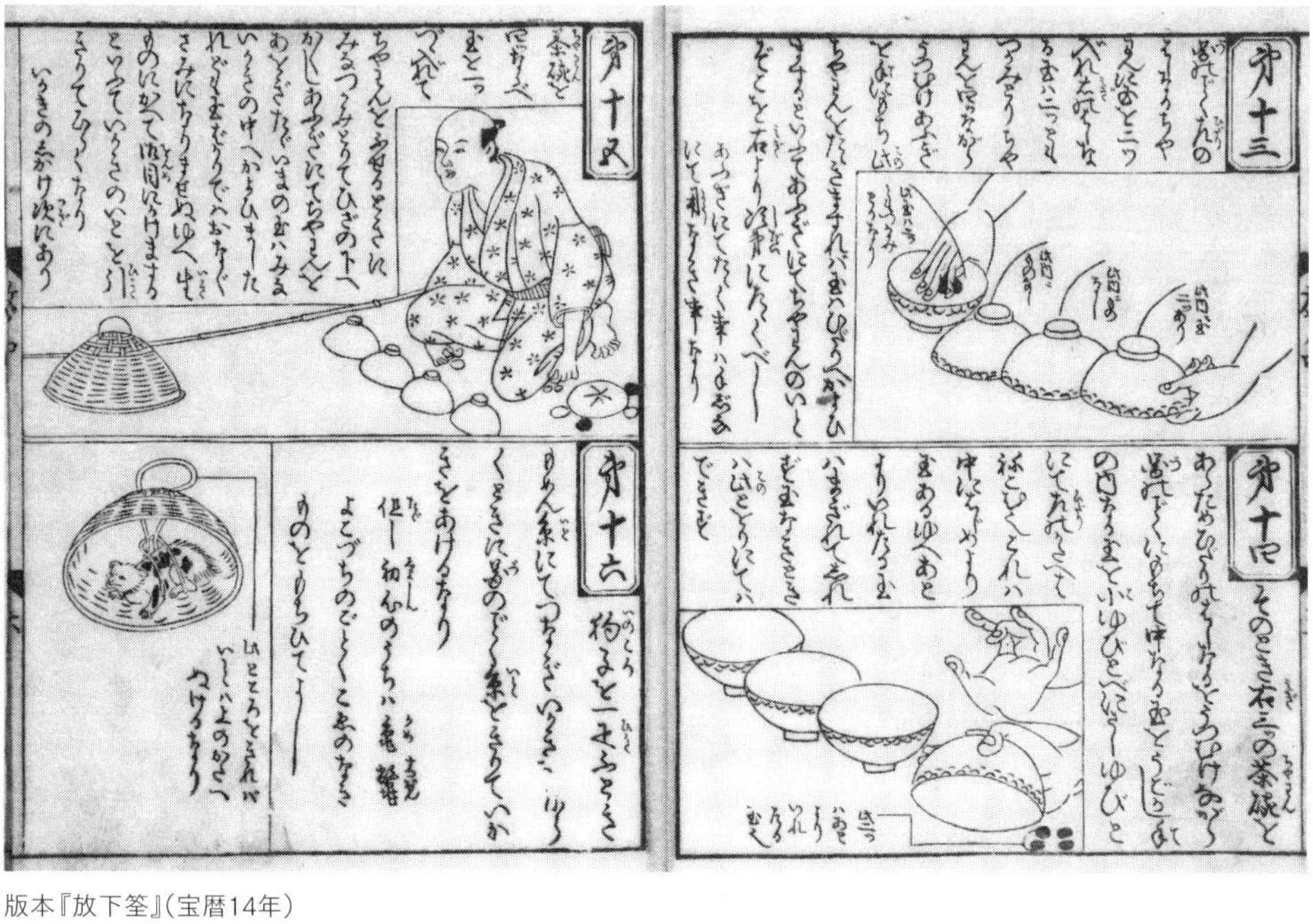

版本『放下筌』(宝暦14年)

111

小豆《あずき》割《わ》り

小豆割りは、五個の豆を一個ずつ舐めて濡らしてから左手に入れるが、手をあけると一個しかない。その一個の豆を濡らしてから指先でプチッと割ると二個になり、それを繰り返すと元の五個になるという手品である。

この手品では、豆を左手に入れたように見せて右手の指に隠し持つ技術と豆を舐めて濡らすと見せて別の豆を口に入れたり、口から取ってきたりする技術を使う。江戸時代の演目名は、『続たはふれ草』では「大豆の品玉」、『神仙秘事睫』では「天狗の豆かくしの術」とある。

版本『神仙秘事睫』（寛保2年）

112

徳《とっ》利《くり》つり

一本の藁《わら》で徳利を釣り上げる手品である。これは藁の先を「レ」の字に折り、それを徳利の中に入れ、引っ掛けて釣り上げる方式である。

現在行われている方法の一つは、徳利の中へ玉を入れ、ロープで釣り上げる方式である。その他、楊枝を使う方法、ロープを三つ折りにする方法などがある。徳利の形状を生かした手品であり、欧米には見られない日本独自のものである。初出の伝授本は『仙術夜半楽』である。

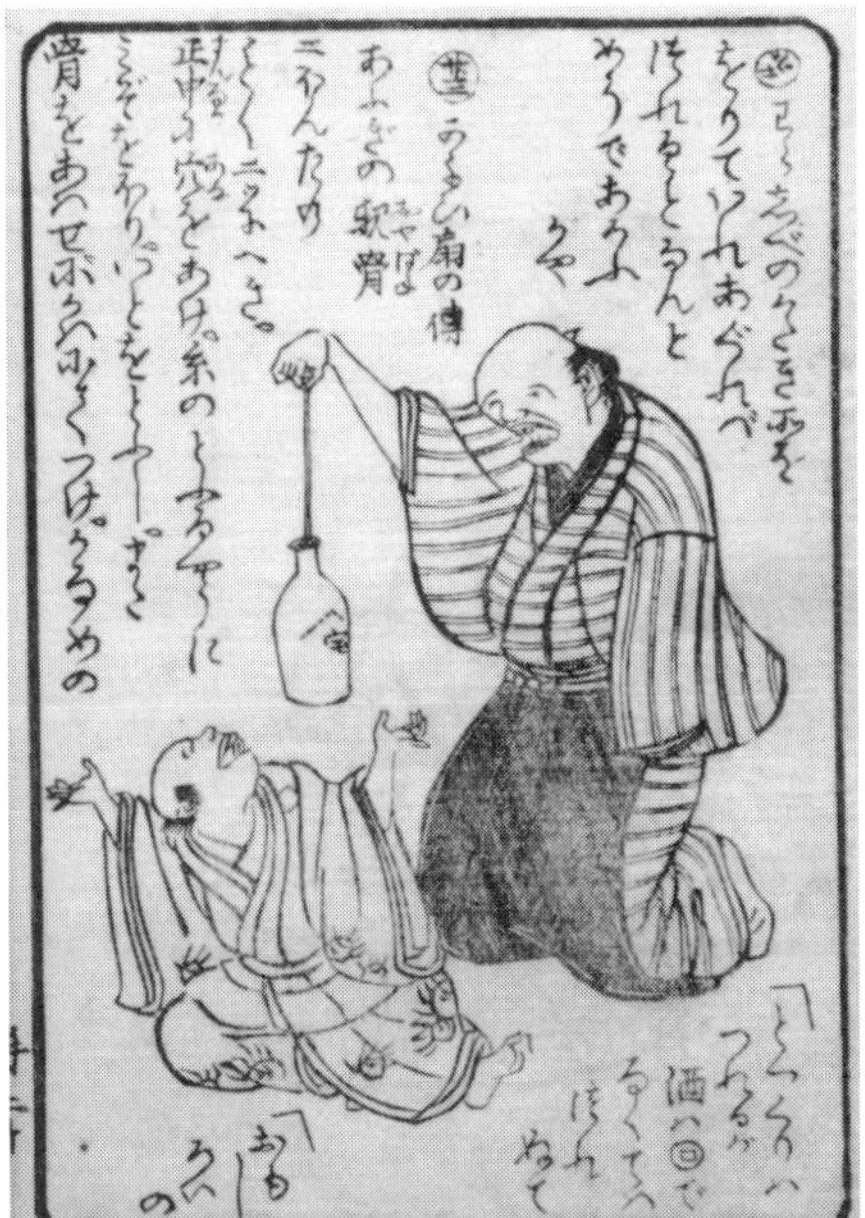

版本『手妻早伝授 初編』（嘉永2年）

113

茶碗碁石とり

茶碗に入れた碁石を消す手品である。仕掛けは、茶碗の内側に作った秘密の隠しポケットである。そのポケットは、紙で作り、その上に藍色で模様を描いて、茶碗の中の模様のように見せたものである。演じ方は、仕掛けが分からぬように茶碗の中を見せ、次に二、三個の碁石を隠しポケットに入れて消したように見せる。

現代では、帽子やシルクハットに同様の仕掛けを作り、物を出したり、消したりする。

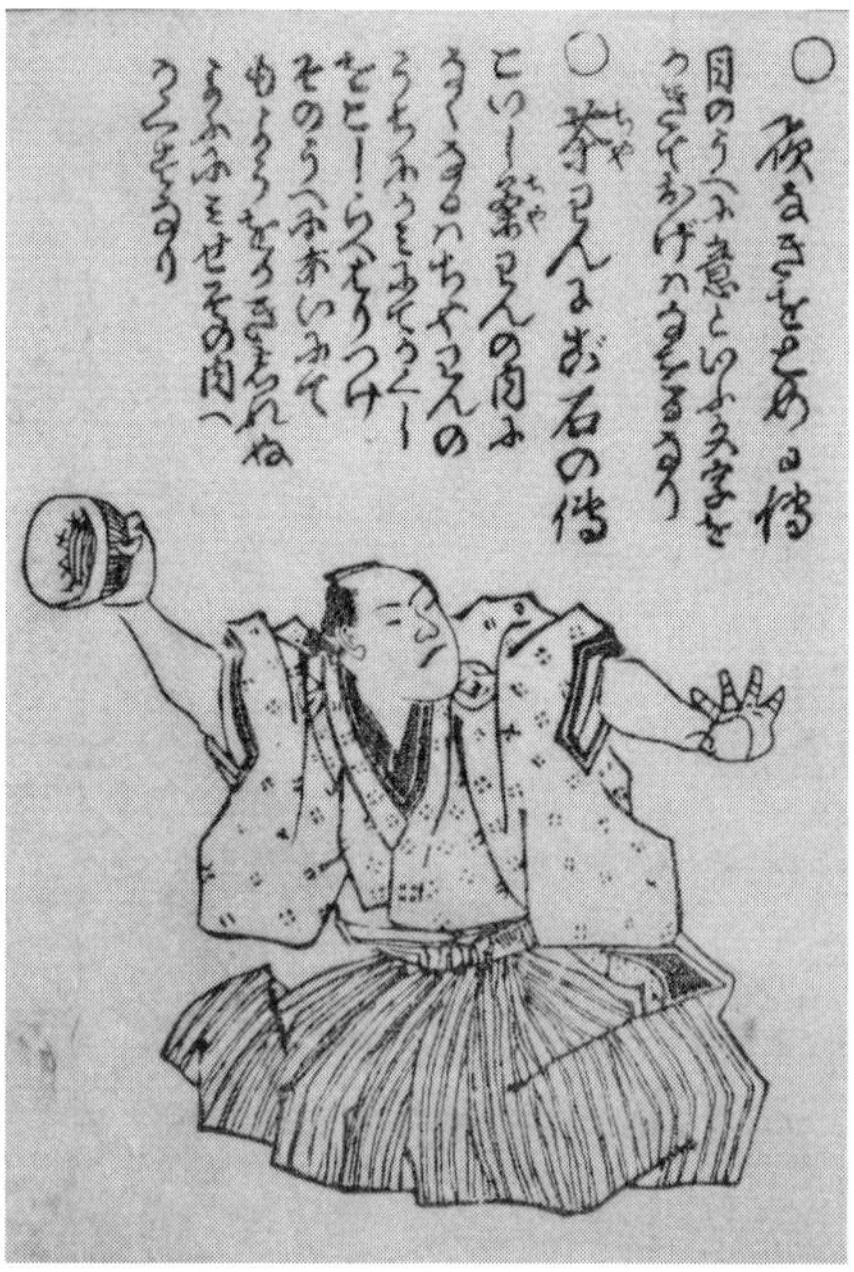

版本『長崎伝来智恵の海』（安政元年）

114

相《あい》生《おい》茶《ちゃ》碗《わん》

並べた二個の茶碗を扇で持ち上げる手品である。タネはコの字形をした金具で、これを懐紙に刺しておく。演じ方は、並べた茶碗に懐紙を載せるとみせて、金具を二個の茶碗を挟むように押し込む。次に扇を二個の茶碗の間に差し込むと、茶碗が両方から強く挟まれるため、扇で茶碗を持ち上げることができるわけである。明治時代は「夫婦《めおと》茶碗」と言った。現代では、二個のコップに新聞紙を載せて、ウォンドで持ち上げる方法が行われている。初出の伝授本は『盃席玉手妻』である。

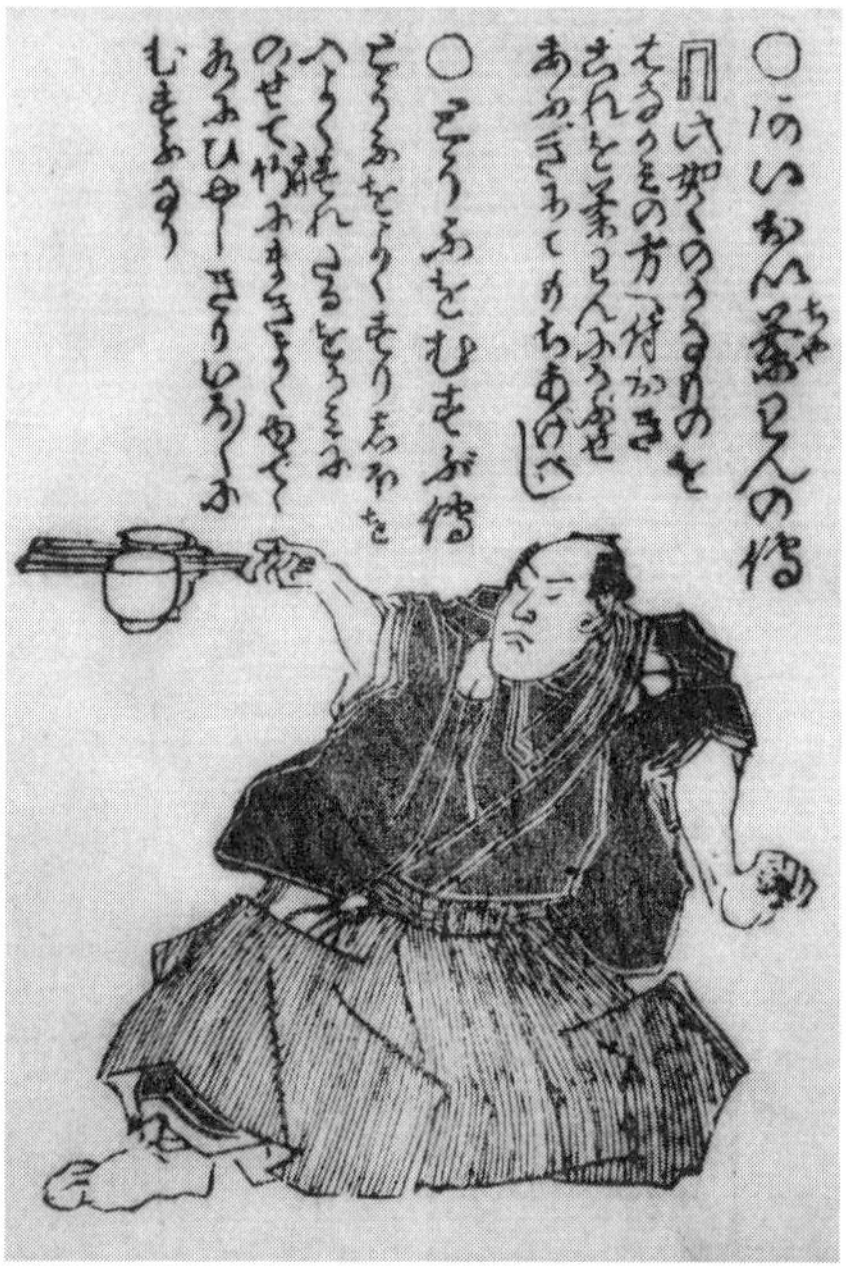

版本『長崎伝来智恵の海』（安政元年）

115

たもと茶碗

茶碗を着物の袂に付ける手品である。伝授には「用意した杉箸を人が見ていない間に茶碗の直径と同じ寸法に折って、袂の中に隠しておく。これを袂の内側から茶碗の縁にはめ込んでから袂を上げると、まるで茶碗が袂にくっ付いているように見える」とある。この方法を使えば、手拭いや暖簾《のれん》にも茶碗を付けることができる。なお、左図では茶碗の糸底が袂に付く形になっている。

初出の文献は『たはふれ草』である。

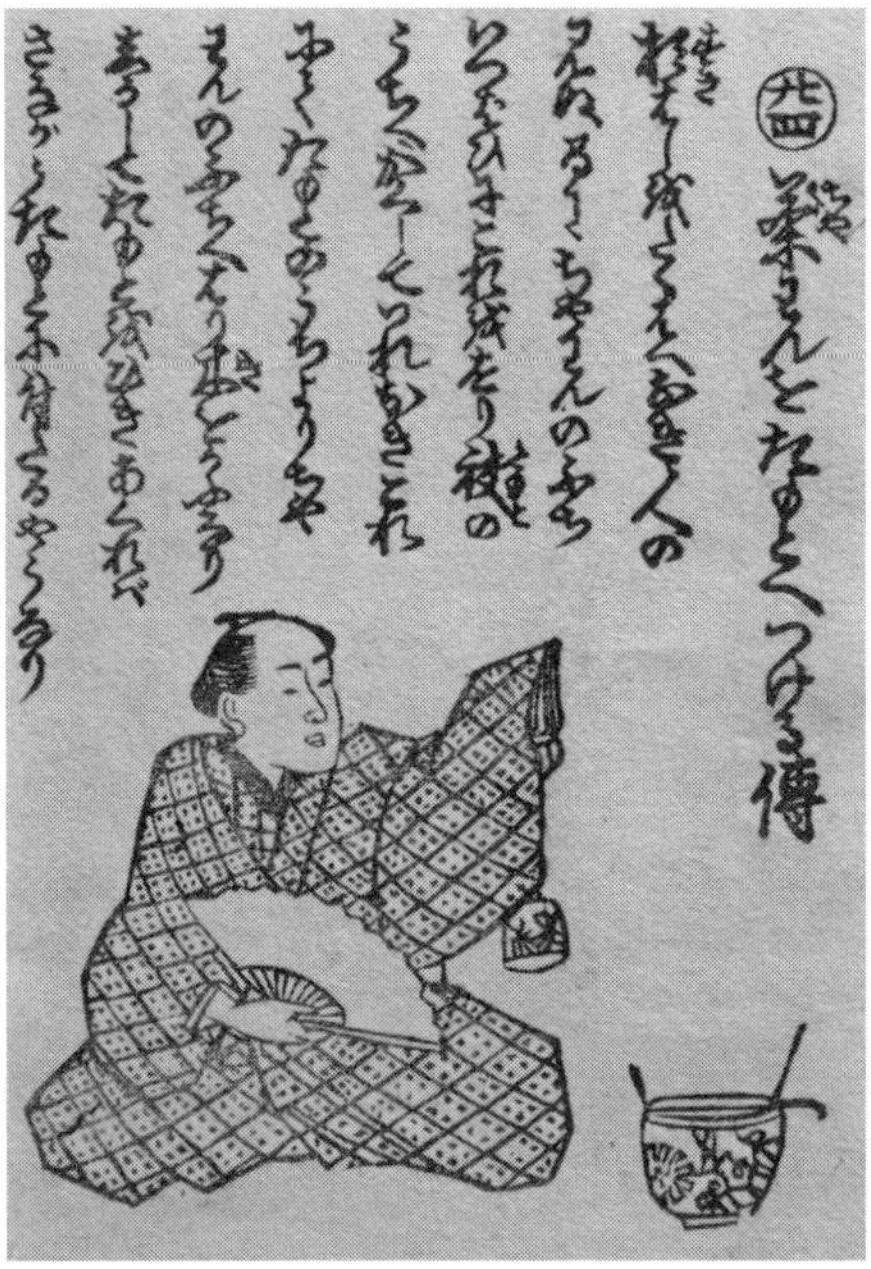

版本『春遊座敷手じ那』(安政2年)

116

算盤《そろばん》を動かす法

この法は算盤を自由に動かす手品で、タネは黒糸である。方法は、足と算盤を糸で結び、足を動かして算盤を引っ張るというものである。その現象をより不思議に見せるには、算盤だけが動いているように見せることであり、それには、足の動きと算盤の動きを一致させないようにすることである。たとえば、別な方を向いていたら、突然算盤が動き出す。演者はそれを見てびっくりするというような演じ方は効果的である。

初出の伝授本は『続懺悔袋』である。

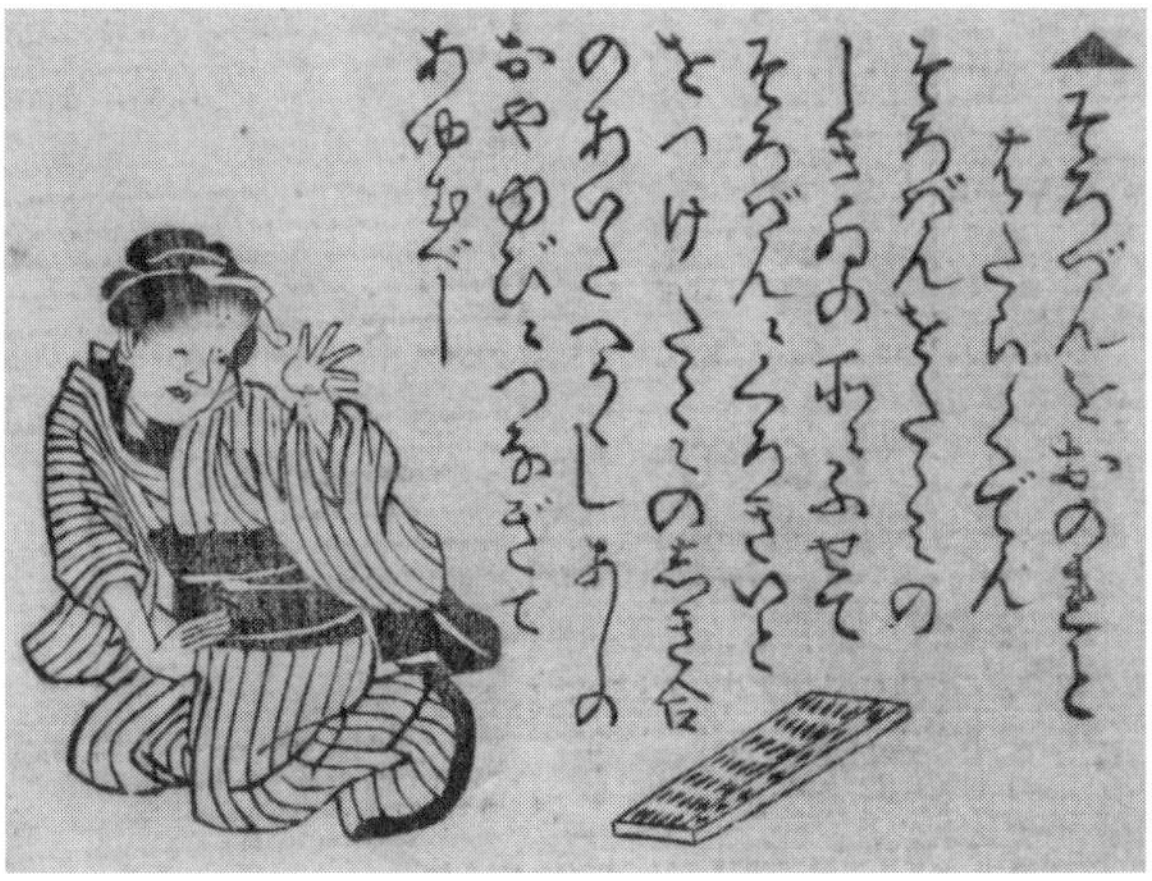

版本『手妻早稽古』(文久2年)

118

巻き上がる掛軸

床の間に吊るした掛軸が自然に巻き上がるというもので、タネは糸である。掛軸の裏側上部に白い絹糸を縫《ぬ》い付け、その糸の先を掛軸の下部から表側にくぐらせ、吊り紐の間に通して裏側へ出し、下にたらしておく。演じるときにその糸を下に引っ張れば、掛軸は上に巻かれていく。このように何もしないのに物が自然に動き出す手品のタネは糸（ジャリ）であることが多い。

初出の伝授本は『神仙秘事睫』である。

版本『神仙秘事睫』(寛保2年)

119

楊枝《ようじ》の曲《きょく》

三本の房楊枝《ふさようじ》をつないだものを手のひらに立てたり、横にしたりする手品である。タネは曲げた針で、これを一番下の房楊枝に差し込み、曲げた方の針を皮膚の皮に刺しておく。手の筋肉を張るようにして広げれば房楊枝は立ち、手を緩めると横になる。扇で調子を取りながら房楊枝をいろいろ動かして演じる。仕掛けや方法は、江戸末期の伝授本に載る80「藁人形を踊らす」と同じである。

初出の伝授本は『たはふれ草』である。

版本『たはふれ草』(享保14年以前)

120

扇の墨消し

扇に付けた墨が消えたり、現れたりする手品である。演じ方は、扇の片面に墨で印を付け、パドルムーブの技法（106「碁石、白黒の入れ替え」を参照）を使って、印が両面にあるように見せる。次に印を取るとみせて、扇をひっくり返し、付けた印が消えたことを示す。扇を叩いてひっくり返し、また印が現れたことを見せる。

この手品は、江戸時代の伝授本に載っていない。おそらく幕末から明治初期にかけて伝来したものと思われる。

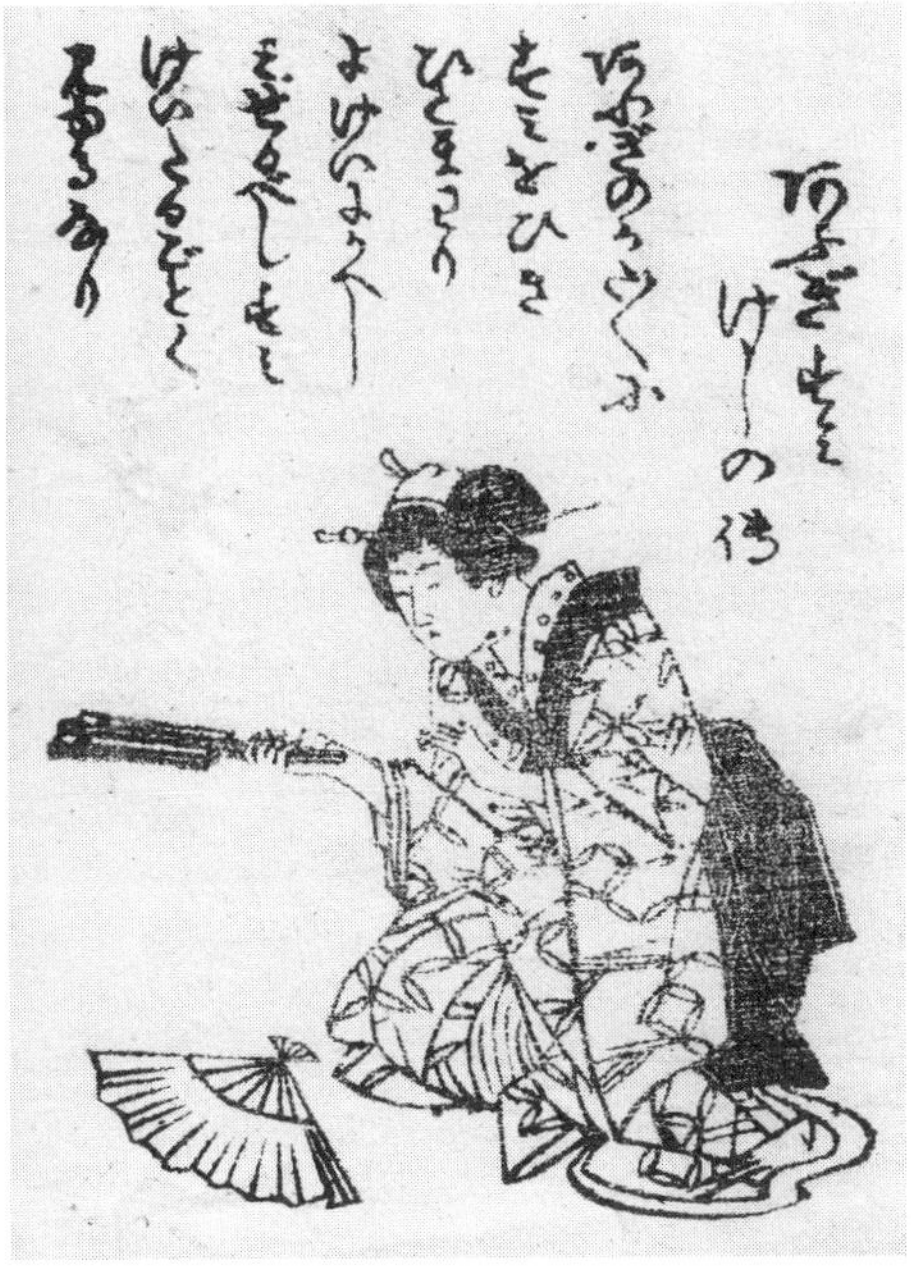

版本『和洋手品の種』（明治17年）

121

扇の曲

これは、扇を立てたり、動かしたりする手品であるが、今ではあまり馴染みのない演目である。伝授を要約すると「扇の親骨の先に針を差し込んでおく。これによって扇を逆さまに立てるなどの扱いができる。また、磁石を手の中に隠し持てば、針により扇をいろいろに動かすことができる」とある。

現代では、針を使わずに、指を使って扇を動かしたり、空中に飛ばしたりする。この演目が載る伝授本は『たはふれ草』のみである。

版本『たはふれ草』（享保14年以前）

122

銭《ぜに》一《いっ》貫《かん》文《もん》を紙で釣る

束ねた銭一貫文を折りたたんだ紙で釣り上げる手品で、そのタネは紙の折り方にある。準備として、束ねた銭一貫文を細い輪の紐に吊るす。演じ方は、紙を細長く折りたたみ、その三分の一を折りかえして、さらに縦に半分に折る。この折り目に輪の紐を食い込ませるように入れる。そして片方の紙を持って銭の束を釣り上げる。この方法を用いれば、かなりの重量物でも持ち上げることができる。初出の伝授本は『珍術さんげ袋』である。

版本『手妻早伝授 二編』(嘉永2年)

版本『珍術さんげ袋』
(享保12年以前)

123

燃やした紙の復活(福神《ふくのかみ》)

紙の真ん中を燃やして、それを元通りにする手品である。タネは、別に用意した丸い小紙片で、これを菱形折りにしたものを手に隠し持つ。演じ方は、一枚の紙を見せて、これを折りたたむときに、隠し持った小紙片を先端に挟んでねじって持つ。先端の小紙片だけに火をつけて燃やす。火を消し、紙を広げて、燃えた紙が元通りになったことを示す。この手品は、別名「福神」ともいう。この演目が載る伝授本は『放下筌』のみである。

版本『放下筌』(宝暦14年)

124

紙を長くつなぐ術

この技は何枚かの細長い紙を一気につなぐ方法である。作り方は、初めに紙の両端に切れ込みを入れておき、その紙を左右交互に中央に重ねていく。そして、最後の紙の端を重ねた全部の紙の切れ込みに通して引っ張ると長くつながって出てくる。『天狗通』の上巻には、酒席で女性がこの芸を演じている様子が、下巻には作り方を伝授する図が描かれている。

この演目が載る伝授本は『天狗通』と『手妻秘密の奥義』のみである。

版本『天狗通』(安永8年)

125

比《ひ》翼《よく》包《づつ》み

紙に包んだものが別の物に変わるという手品である。使用する用具は、二枚の用紙を同じ大きさの包み紙になるように折りたたみ、それを背中合わせに貼り合わせて作る。演じ方は、片方に小判を入れておき、もう一方側の包み紙を広げて木の葉を入れ、折りたたんでからひっくり返す。包みを開けて木の葉が小判に変わったことを示す。今もやさしい手品として行われている。

初出の伝授本は『唐土秘事海』である。

版本『唐土秘事海』(享保18年)

126

五色染め分けの術

紙を水中で五色に染める手品である。準備として、青、黄、赤、白、黒の紙に油を塗り、丸めて懐に入れておく。演じ方は、懐から紙の束を取り出すときに、五色の紙玉も一緒に隠し持ち、ひそかに鉢の底に沈める。「この紙をお好みの色に染めます」と言い、「赤に染めよ」と言われたら、紙の束から一枚を取って丸め、鉢の中に入れ、赤紙に取り替えて、水中から出して見せる。

この演目が載る伝授本は『唐土秘事海』のみである。

版本『唐土秘事海』(享保18年)

127

箸折り

細く巻いた紙で箸を折ってみせる技である。伝授には「人に見られないように紙燭《しそく》の先を水で濡らしておく。初めに客に両手で箸を軽く持ってもらい、演者は紙燭の先を箸に巻きつけるように強く打ち込んで折る」とある。

紙燭とは、明かりを灯《とも》す用具で、紙や布を細く巻いてよった上に蝋《ろう》を塗ったもの。ときには芯に細い松の割り木を入れた。この紙燭を水で軽く濡らして、これで客の持つ箸をムチのように強く叩けば箸を折ることができる。

版本『続懺悔袋』(享保12年)

128

文字千枚通し

束ねた半紙の一番上の紙に文字を書くと、その文字が下の紙全部に写るという手品である。あらかじめ同じ文字を書いた紙を机の引き出しに三〇枚ぐらい隠しておく。演じ方は、半紙の一番上に用意した文字を書き、紙の束を取り上げるときに、引き出しの紙も一緒に取り、束を叩いて全体をひっくり返す。上から紙を座敷にばら撒いて、文字が写ったことを示す。

自筆巻子本『手品秘伝図巻』（江戸中期〜後期）

131

投げ御《ご》幣《へい》

投げ御幣の伝授には「巻紙を輪切りにしたら、（133「落花」のように）切らないで、端を持って放り投げるのである。手順、しぐさは落花と同じ」とある。

左図では、切った紙がつながっているように見える。このことから、この手品は「連理の紙」の原型と思われがちであるが、伝授の文面から「連理の紙」ではなく、「まき」と呼ばれるもので、現代の投げテープ（くもの糸）と同じものである。

版本『たはふれ草』（享保14年以前）

132

白糸の滝

一枚の紙を丸めて空中に投げると紙テープ（まき）になるという現象の演技であるが、これだけを単独で演じることはほとんどない。一般的な方法は、紙テープを手に隠し持ったまま一枚の紙を燃やして、これを丸めると見せて、紙テープにすり変えて空中に投げるというものである。そして投げた紙テープをたぐり寄せて、次項の133「落花《らっか》」へと続ける。

版本『手づま独稽古 二編』（江戸末期）

133

落花（紙吹雪）

落花とは、一枚の紙を丸めて手で揉みながら扇であおぐと紙吹雪になるというものであるが、これを単独で演じることはほとんどなく、132「白糸の滝」に続けて演じることが多い。

方法は、紙テープなどを水につけて濡らし、取り出して丸めて持つ。これを扇に挟んでおいた紙吹雪とすり替えて持ち、扇であおいで紙吹雪にするというものである。初出の文献は『たはふれ草』である。

版本『手品独稽古』（江戸末期）

135

天女の舞

女性が空中に立って舞うという出し物で、タネは、縄の両端に鉄製の鉤《かぎ》をつけたものである。演じ方は、この鉤付き縄を懐に隠し持って囲い屏風の中に入り、鉤を屏風の両側に引っ掛ける。たるんだ縄の真ん中に足を掛けて乗り、屏風から身を乗り出して立つ。少しポーズをとれば、まるで空中で舞っているかのように見える。

現代では、屏風の中で、人が女性を担ぐ方法で行っている。この演目が載る伝授本は『盃席玉手妻』のみである。

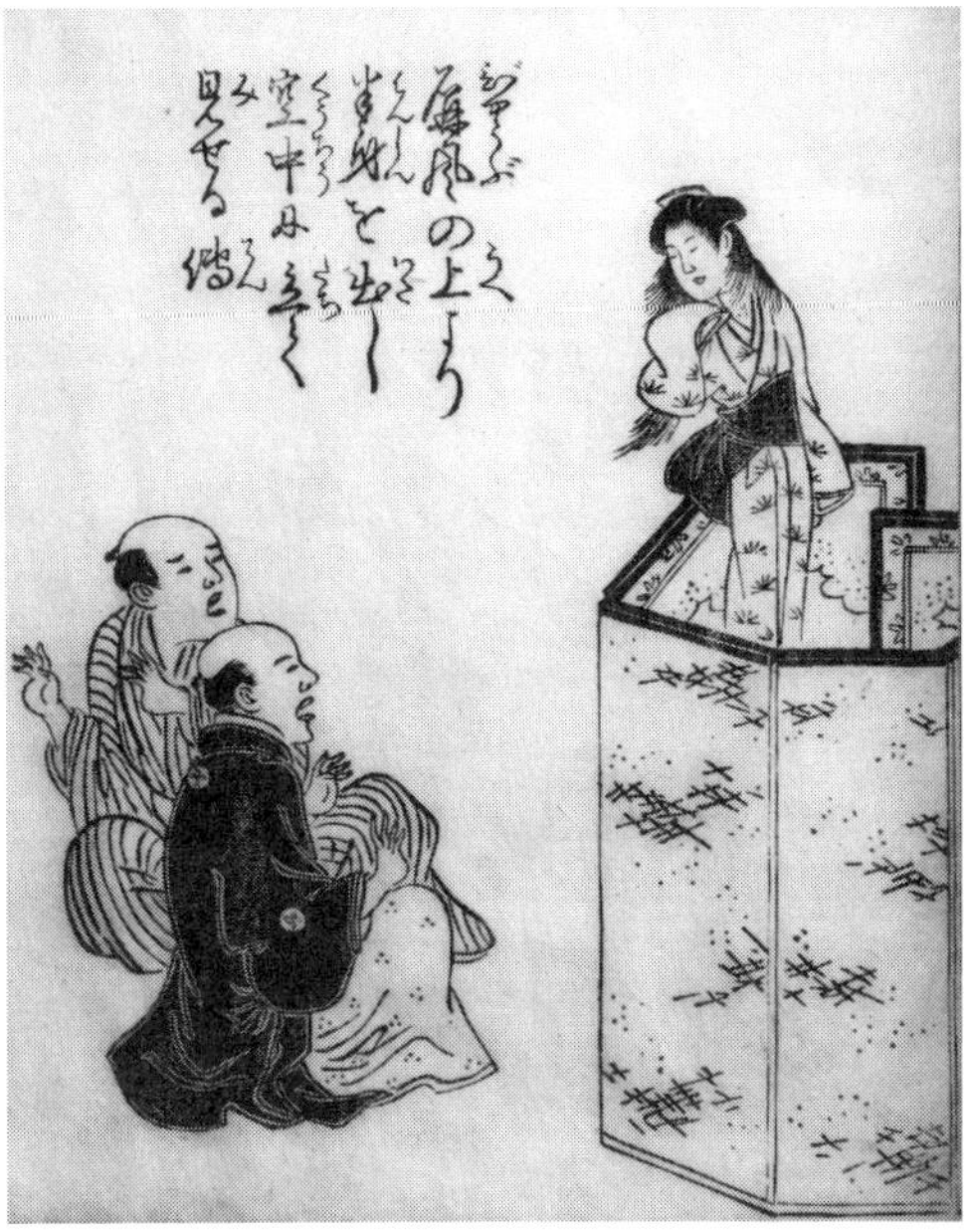

版本『盃席玉手妻』（寛政11年）

137

蝋燭の宙吊り

火のついた蝋燭が空中に浮くという手品であるが、伝授本によって異なる方法が解説されている。一つは、座敷に水平に張った糸に、蝋燭に付けた切れ込みを引っ掛けて吊る方法。また、蝋燭に穴あきのピンを刺し、ピンの穴に横に張った糸を通して吊る方法。この方法だと蝋燭が横に移動する。そのほか天井から針金を吊るし、その針金の下の返しに蝋燭を突き刺して吊る方法。真偽不明であるが、ガマの油を天井に塗る方法などがある。

版本『手妻早伝授 二編』（嘉永2年）

140

提灯、火うつしの術

この手品は、天井に吊るしたいくつもの提灯に向って演者が手を打つと、提灯に一斉に明かりが灯るというものである。使用する材料は無煙線香と黄硫《いおう》と樟脳《しょうのう》である。無煙線香に丸めた硫黄と樟脳を付けて串団子状にしたものを蝋燭の芯の中心に差し込んでおく。これらを提灯にセットして線香に火を付け、口上を述べながら硫黄が燃える匂いに注意し、蝋燭に火が移る頃を見はからって手をたたく。

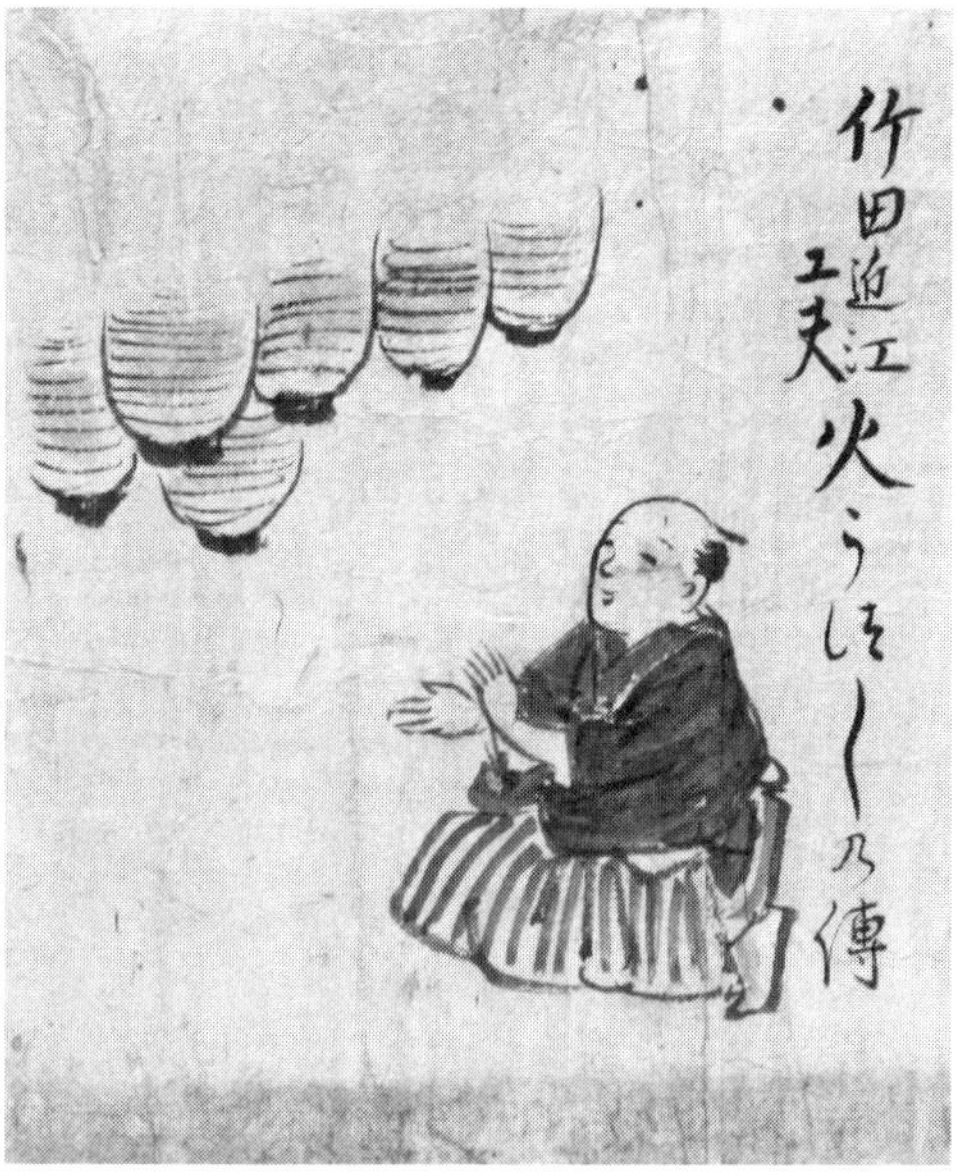

自筆巻子本『手品秘伝図巻』(江戸中期〜後期)

141

水中吊り灯籠《どうろう》

この手品の現象は、水のいっぱい入った桶から灯籠《とうろう》を引き上げると、灯籠の蝋燭に火が灯っているというものである。仕掛けは木製の二重板で、これを金属製の灯籠の底に取り付ける。点火した無煙線香を蝋燭の芯に刺し、灯籠の中に立てる。この灯籠を桶に入れて、次に水をいっぱい入れる。こうすると二重底の上板が浮き上がり、蝋燭が擬宝珠《ぎぼうしゅ》の中に入るため、線香の火は消えることがない。火が蝋燭に移った頃を見計らって灯籠を引き上げる。

この演目が載る伝授本は『秘事百撰 後編』のみである。

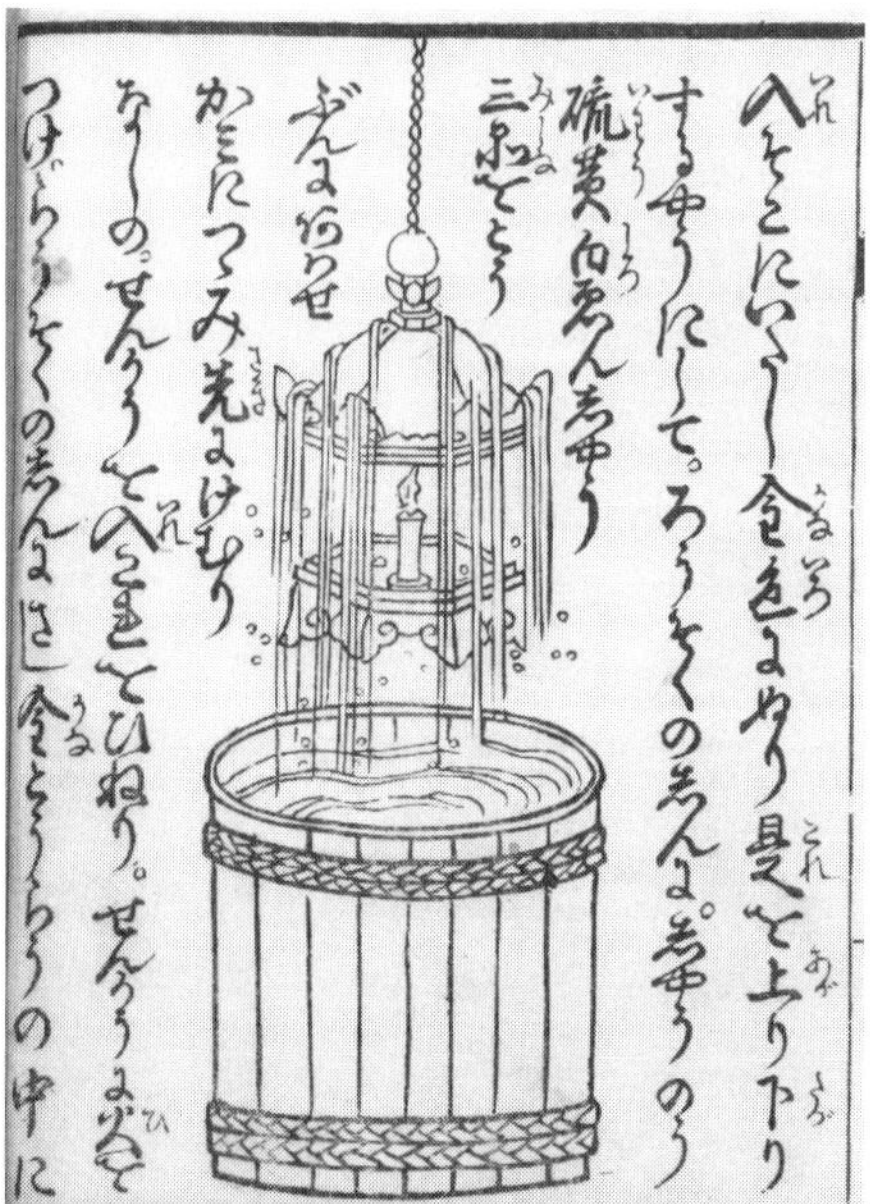
版本『秘事百撰 後編』(嘉永元年)

142

蝋燭の火移し

蝋燭の火が他方の蝋燭に移るという手品で、タネは付け木である。演じ方は、付け木を指に挟んで隠し持ち、一方の蝋燭に火を灯したら「あちらの蝋燭に火を移してご覧に入れましょう」と言いながら、ひそかに付け木に火をつけ、もう一方の燭台に近づき、付け木の火を蝋燭につける。しばらくすると蝋燭に火が灯る。上図は、この様子を舞台奥から客席に向かって描いたものである。

初出の伝授本は『続たはふれ草』である。

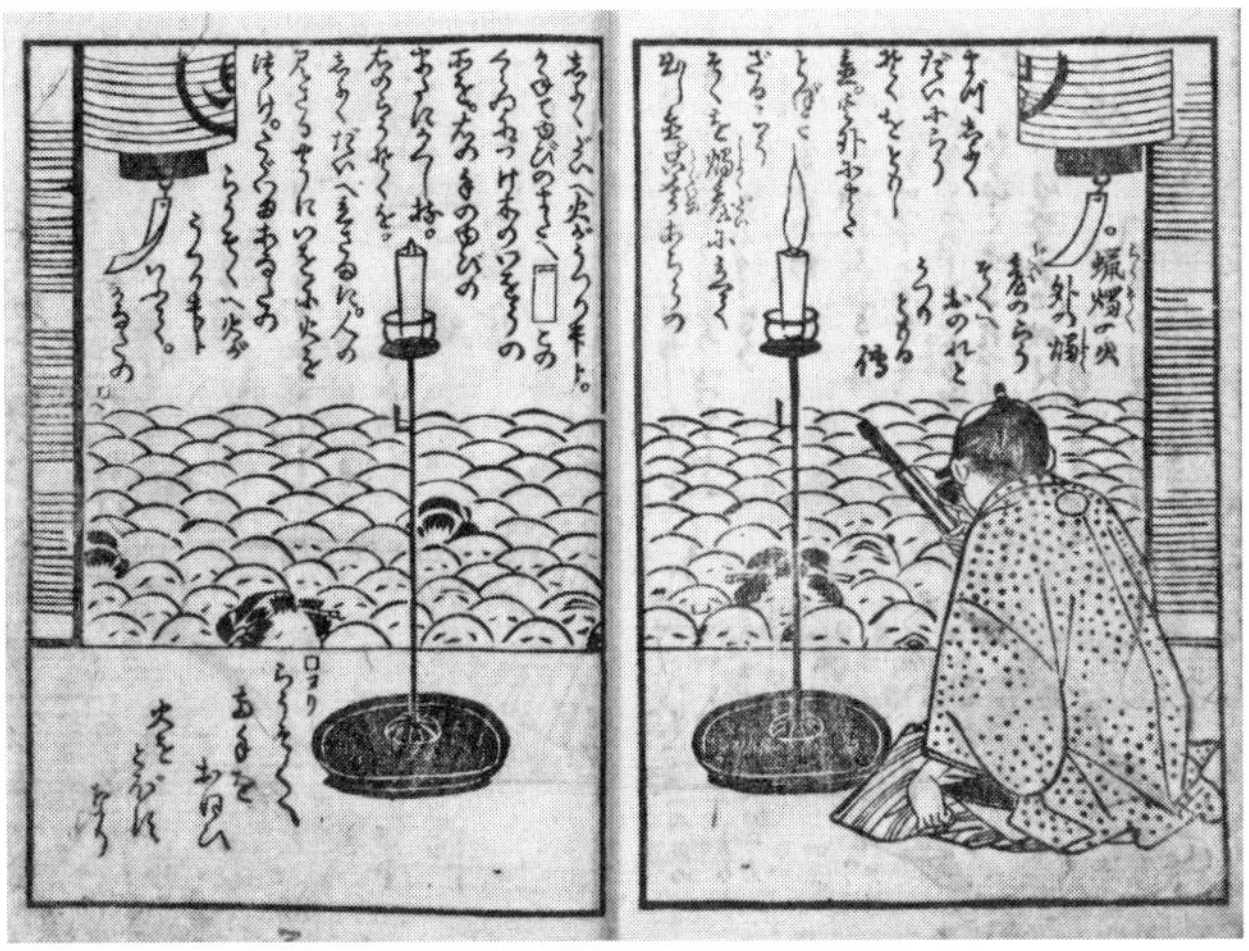

版本『手妻独稽古 初編』(天保14年)

143

水火の術

水の入ったどんぶりに紙を入れると、紙が燃え出す手品である。仕掛けは、硫黄と無煙線香である。硫黄を滲《し》みこませた半紙を用意する。また鉢の内側上部に無煙線香を貼り付けておき、演技の直前に点火する。

演じ方は、鉢に水を注いで入れる。次に菱形折りにした半紙をどんぶり内の水に付ける振りをして、線香の火に付ける。すると、半紙が勢いよく燃え始める。

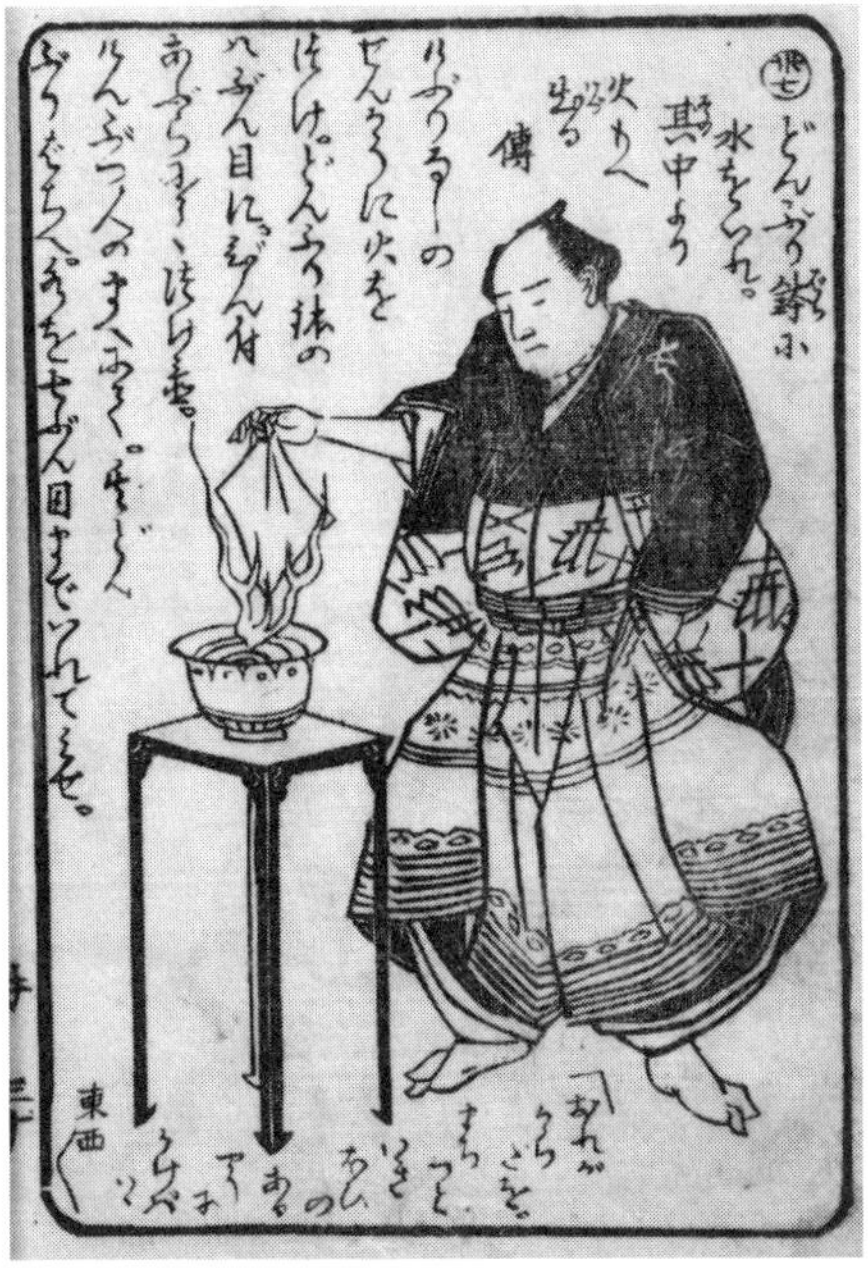

版本『手妻早伝授 初編』(嘉永2年)

158

天の水を取る

これは、小刀の先から水が出てくる手品である。タネは水を含ませた紙で、それを丸めて左耳の裏側に挟んでおく。演じ方は、右手に小刀を持ち、左腕を曲げて、肘に「みず」という字を指で書いてもらう。このとき左耳に挟んでおいた紙をひそかに取り、小刀の柄に添えて持ち、水をしぼり出すと、小刀の先から水がしたたり落ちる。「天の水でございます」と言う。

現代では、綿と箸を使って行う。初出の伝授本は『たはふれ草』である。

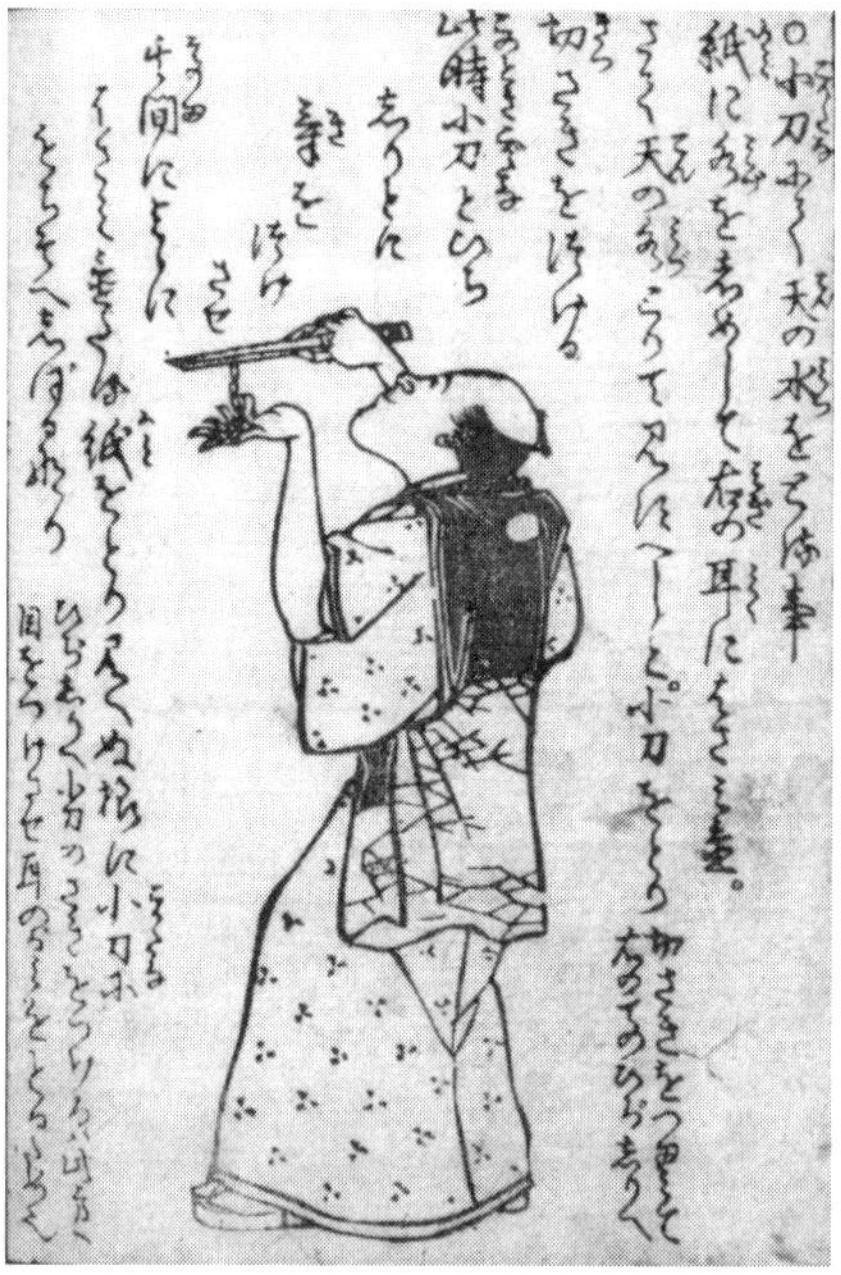

版本『手妻独稽古 初編』(天保14年)

159

五色《ごしき》の水

水中に入れた五色の水を、一色ずつ取り出すという手品である。同じ茶碗を六個用意し、内五個を鉢の底に沈めておく。演じ方は、一個の茶碗に色水を入れ、手でふたをして、鉢の底に伏せて沈める。同時に沈めておいたからの茶碗を取り出す。このようにすると、鉢に色水を入れたようにみえる。このすり替えを五回くり返すが、場所と色を覚えておく。客が「赤い水を出せ」と言ったら、所定の場所にある茶碗を手でふたをして取り出し、あけて見せる。

この演目が載る伝授本は『唐土秘事海』のみである。

版本『唐土秘事海』(享保18年)

165

水を氷に変える術

水を氷に変える手品で、タネは氷砂糖である。演者はあらかじめ口の中に氷砂糖を入れておく。演じ方は「ただ今から水を氷に変えてご覧に入れます」と言って、水を口に含み、しばらくもぐもぐするような仕草をして、口の中から氷砂糖を吐き出して見せる。

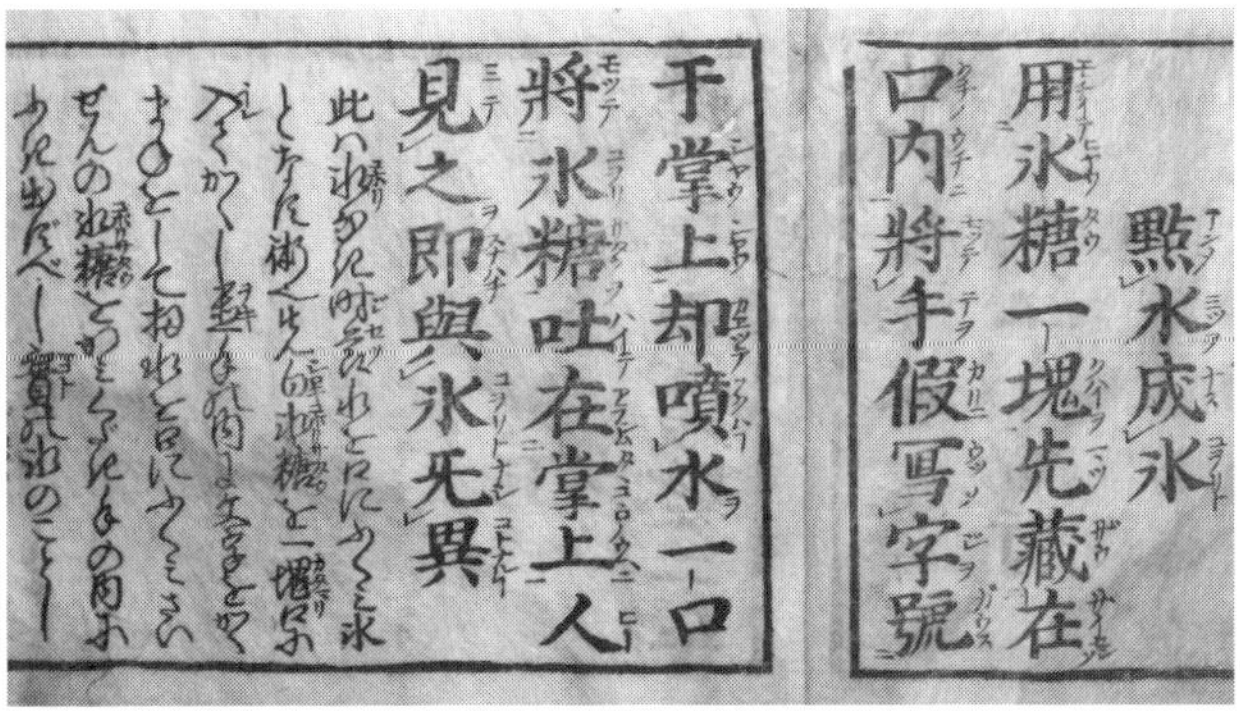

點水成氷
用氷糖一塊先藏在
口内將手假冩字號
于掌上却噴水一口
將氷糖吐在掌上人
見之即與氷无異

版本『仙術極秘巻 下巻』(刊行年不明)　※『続神仙戯術』(元禄12年)の改題本

演目名は「点水成氷（水ヲ点シテ氷ト成ス）」である。

この演目が載る伝授本は『続《ぞく》神《しん》仙《せん》戯《げ》術《じゅつ》』のみであり、意外性のあるたいへん優れた手品である。

166

茶碗つり水

茶碗に入れた水が、茶碗を逆さまにしてもこぼれないという手品である。タネは茶碗の口にすっぽりとはまる丸い押し蓋で、この蓋の小口に針を刺したものを板の裏に隠しておく。演じ方は、茶碗に水をいっぱい入れ、板をかぶせる。このときに押し蓋をはめ、全体をひっくり返して、板を取って、水がこぼれないことを示す。次に、下より板を当て、茶碗を起こし、板を取るときに、針に爪をかけて蓋をはずし取り、水をあけて見せる。

「つり水」とは、水が釣り上げられて落ちないという意味である。

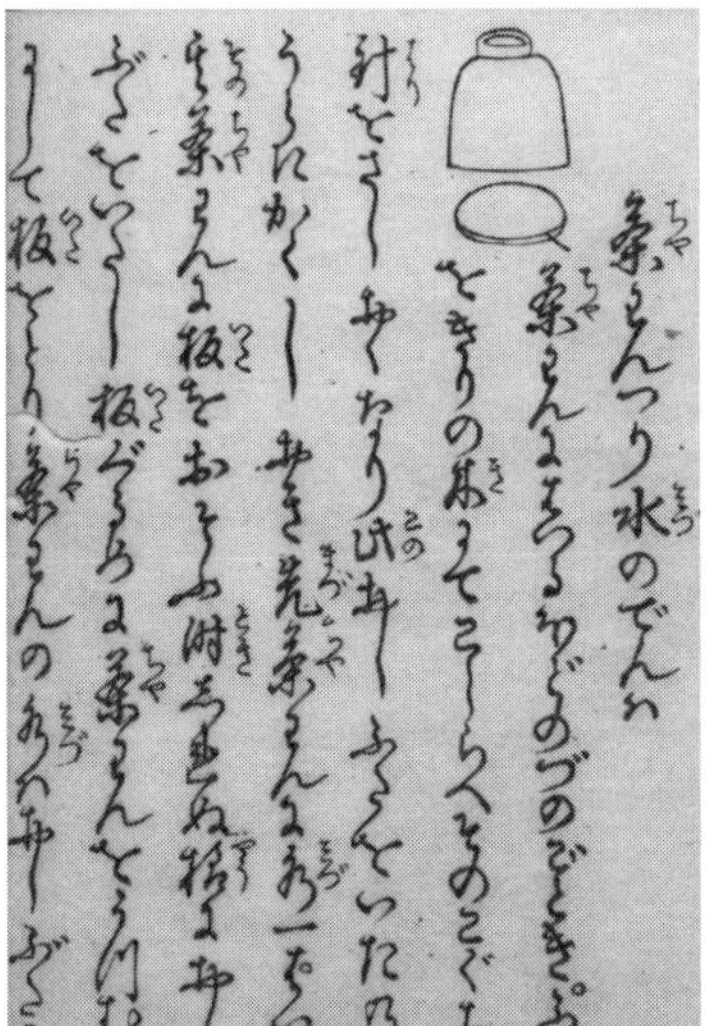

版本『秘事百撰 後編』(嘉永元年)

173

酒を多く飲む秘伝

酒を何杯も飲んだように見せる秘密の方法である。あらかじめ灯心を入れた袋を袖の中の腕に貼り付けておく。盃に酒を注いでもらったら、酒を袋に捨てて灯心に吸い込ませ、からになった盃を飲む振りをする。これを繰り返すが、袋が酒でいっぱいになったら別の灯心袋と取り替える。この方法を使えば、酒を何杯も飲んだように見せられる。あとは酔った振りをすればよい。

この演目が載る伝授本は『天狗通』のみである。

版本『天狗通』（安永8年）

174

狸に酒を買いに行かせる法

狸に酒を買いに行かせるという手品である。演者は前もって、湯たんぽに酒を入れ、懐に隠しておく。演じ方は、「狸に酒を買いにやらせましょう」と言って、縁先に徳利と銭を置いて座敷に戻る。「そろそろ買ってきたでしょう」と、縁先に行き、銭をしまい、湯たんぽの酒を徳利に入れ、座敷に戻ってきて、「まだ買ってきていませんでした」と言う。しばらくして「どなたか行って、徳利を見てきてください」とすすめる。客が徳利を持って戻ると、酒が入っているので、一同は「本当に狸が酒を買ってきた」と、びっくりする。

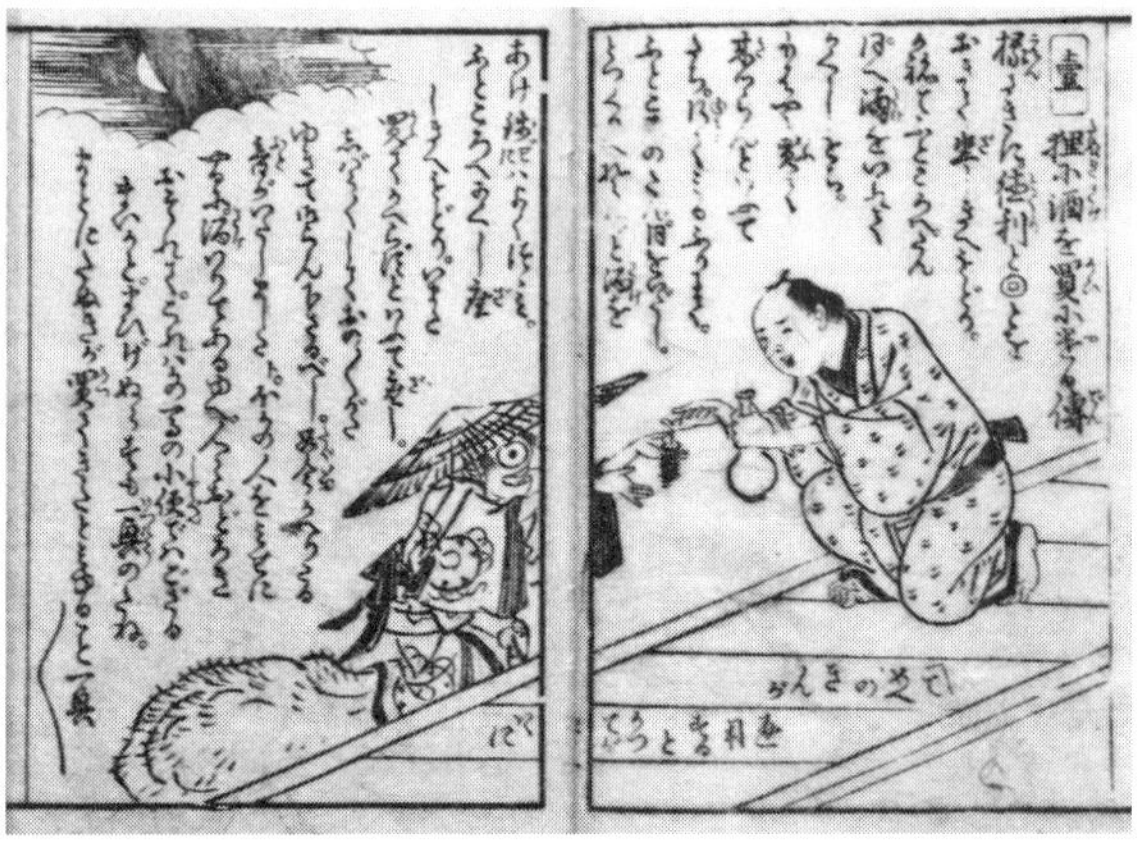

版本『手妻早伝授 二編』（嘉永2年）

175

紙たまご

これは、紙を卵に変える手品である。仕掛け卵の作り方は、中身を吸い出した卵を酢に浸けて一晩おく。翌日その卵の殻を少しずつ剥がして薄皮だけにする。準備として、この薄皮の卵を折りたたんで口の中に隠しておく。演じ方は紙を丸めて口に入れ、薄皮とすり替えて出し、穴から息を吹き込んで卵にする。

日本最古の手品伝授本『神仙戯術《しんせんげじゅつ》』に「吹紙鶏子（紙ヲ吹イテ鶏子トス）」という名で載る。

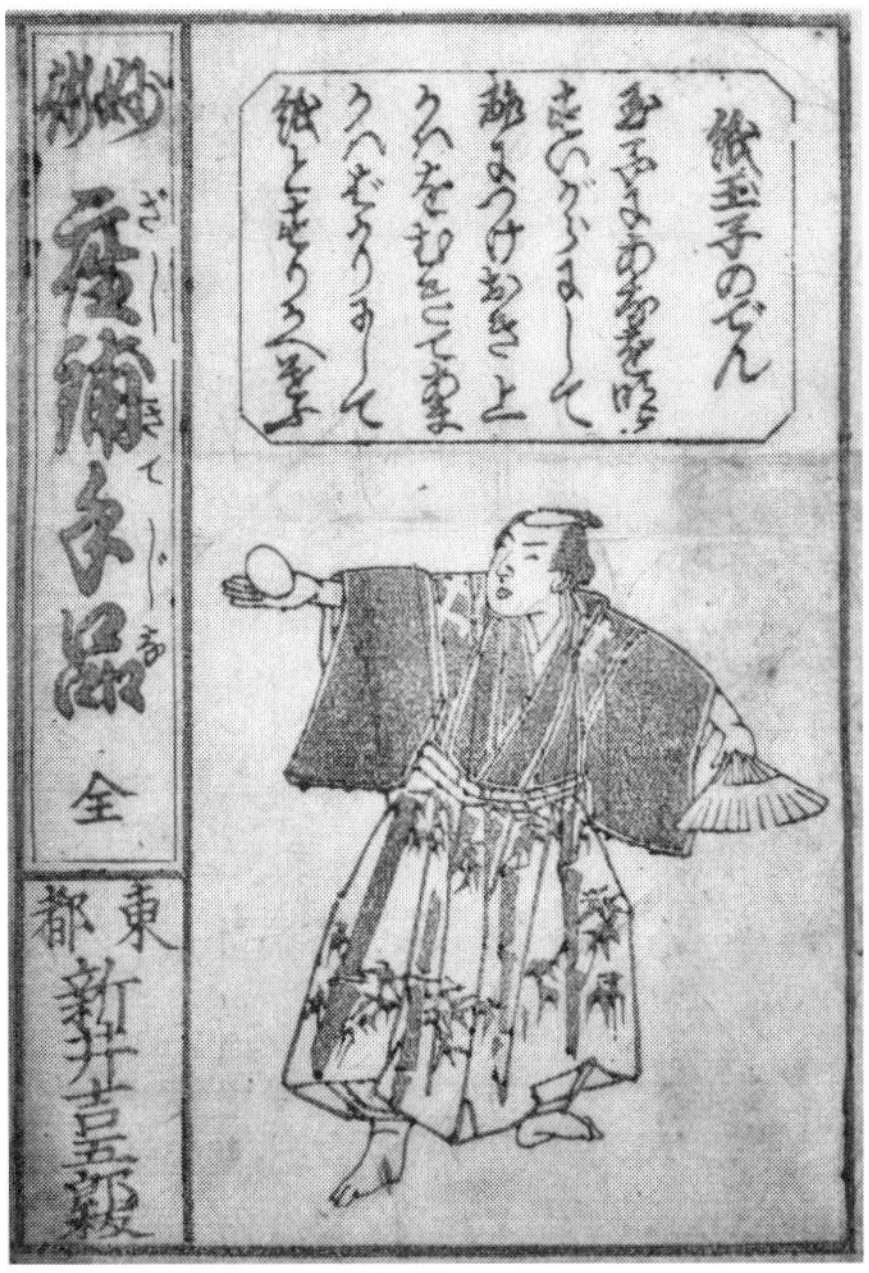

版本『妙術座鋪手品』(江戸末期)

179

豆腐切り

お盆の上に載せた豆腐を触れずに二つに切るという手品である。豆腐切りのタネは髪の毛である。演じ方は、お盆の上に豆腐を置いたら、長い髪の毛を貼り付けたもう一つのお盆をかぶせ、全部を一緒に持ってひっくり返す。このあと髪の毛を下から上にあげて豆腐を切り、そのまま上のお盆を持ち上げて横に置く。観客は、よく見ると豆腐が二つに切れているからびっくりする。

初出の伝授本は『たはふれ草』である。

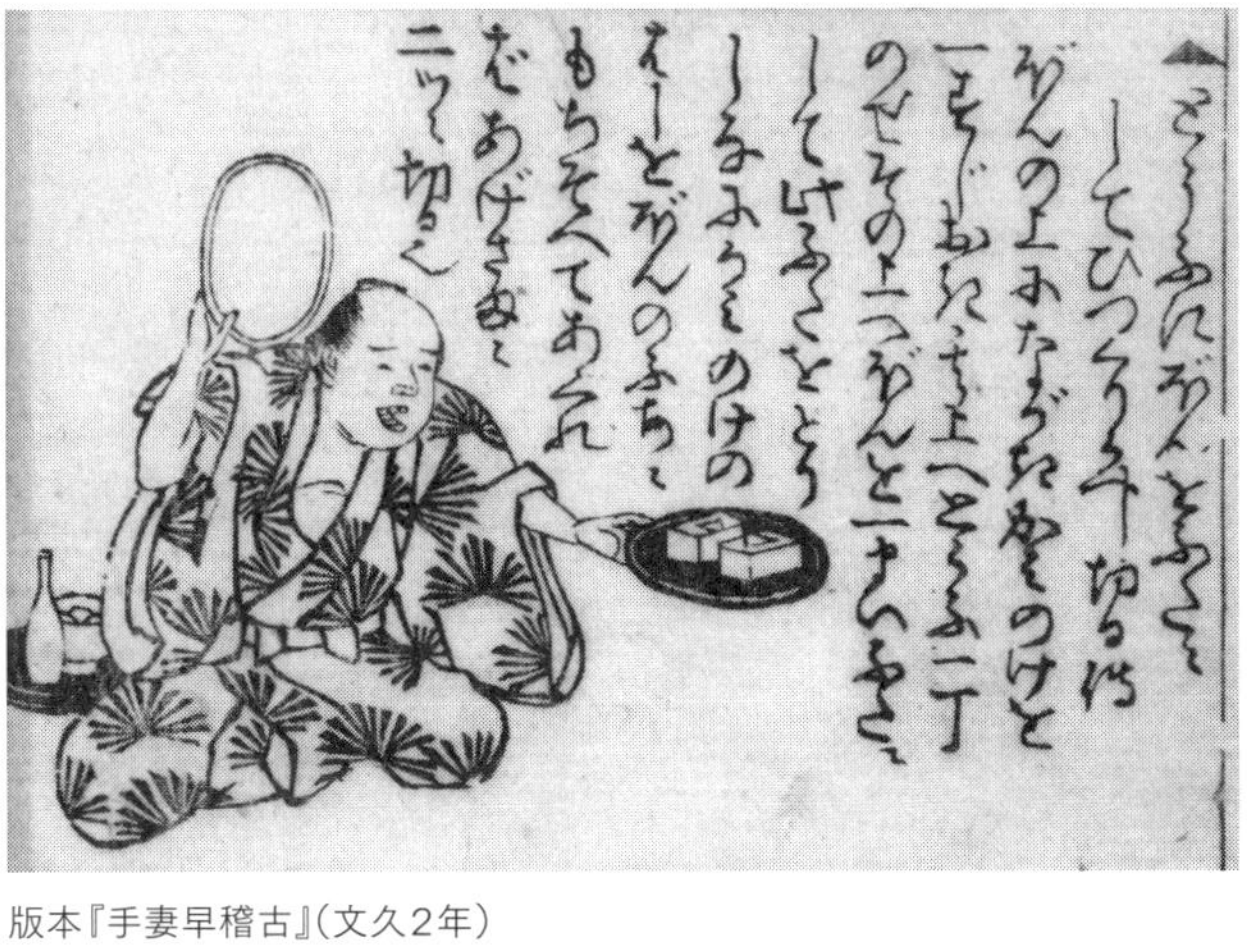

版本『手妻早稽古』(文久2年)

180

豆腐の上で独楽《こま》を廻す法

柔らかい豆腐の上で独楽を廻すことの不思議さを見せる手品である。タネは豆腐の中に仕込んだ鯛の鱗《うろこ》である。なるべく大きい鱗を豆腐の上から五ミリ下のところに横から差し込んでおく。演じ方は、廻した独楽を一旦、手のひらなどに載せてから、あらためて豆腐の上に載せて廻す。現代では、鱗の代わりに透明なプラスチック板を使う。これは世界に例のない日本独自の手品である。

初出の伝授本は『璣訓蒙鑑草』である。

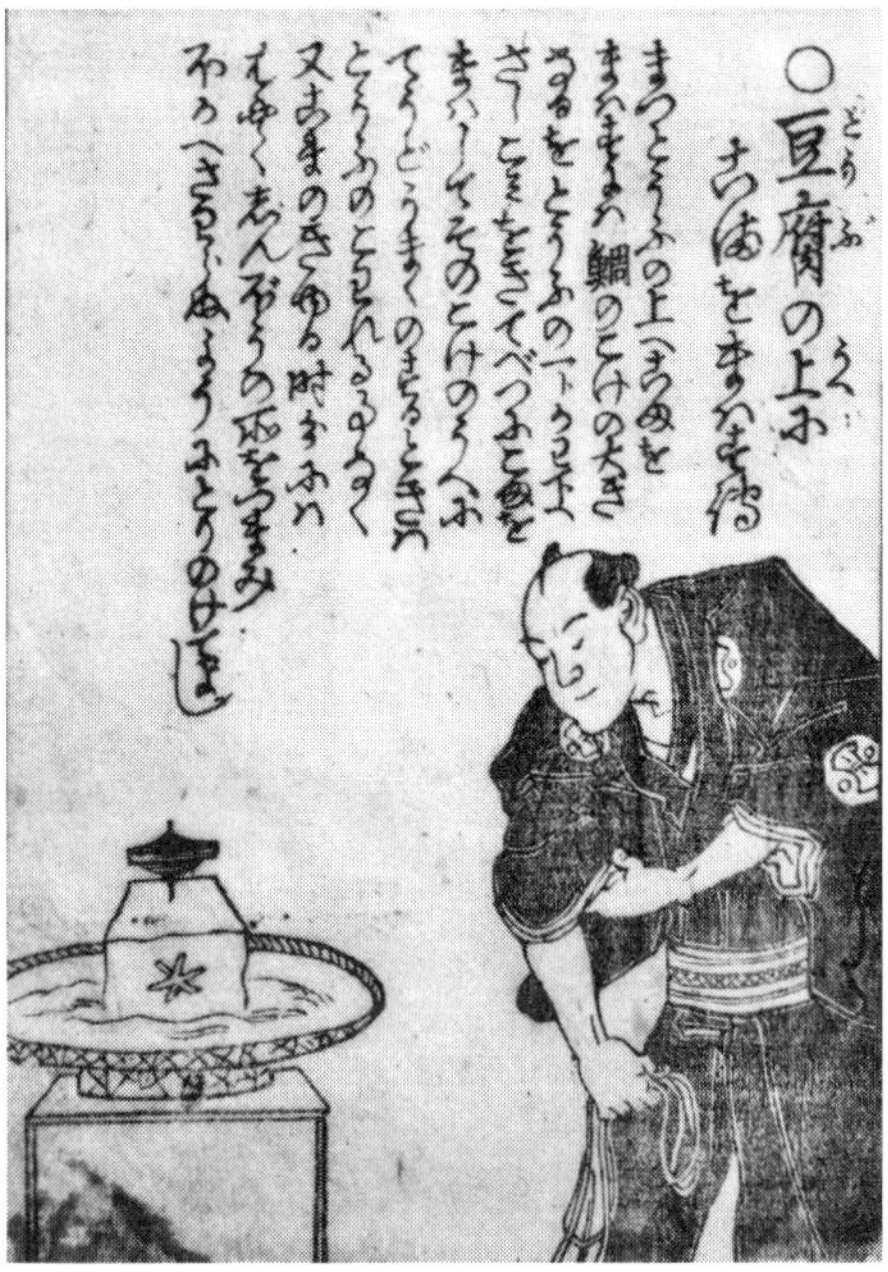

版本『長崎伝来智恵の海』（安政元年）

181

泡の上で独楽を廻す法

お茶の泡の上で独楽を廻す手品である。演じ方は、タネの金具を茶筅《ちゃせん》の中に仕込んでおき、お茶の泡を立てた後、この金具をひそかに茶碗の中に落とす。金具はお茶の中に隠れて見えない。次に廻した独楽を一旦、手のひらなどに載せ、続いて金具の上に移す。すると独楽が泡の上で廻っているように見える。どれも自然な動作の中で仕掛けをセットするため、タネがバレにくい。

初出の伝授本は『璣訓蒙鑑草』である。

版本『神仙秘事睫』（寛保2年）

182

紙を栗にする手品

これは、紙が栗に変わる手品である。演じ方は、栗の底をくり抜いて中空にしたものを手に隠し持ち、紙を揉みながら中空に押し込み、手を開けて栗を見せ、「はい、紙が栗になりました」と言う。伝授には「餅やまんじゅうでもよい」とある。

現代では、シルクのハンカチをボールに変える「ハンカチボール」という手品があるが、仕掛けや方法は当時とまったく同じである。

初出の伝授本は『たはふれ草』である。

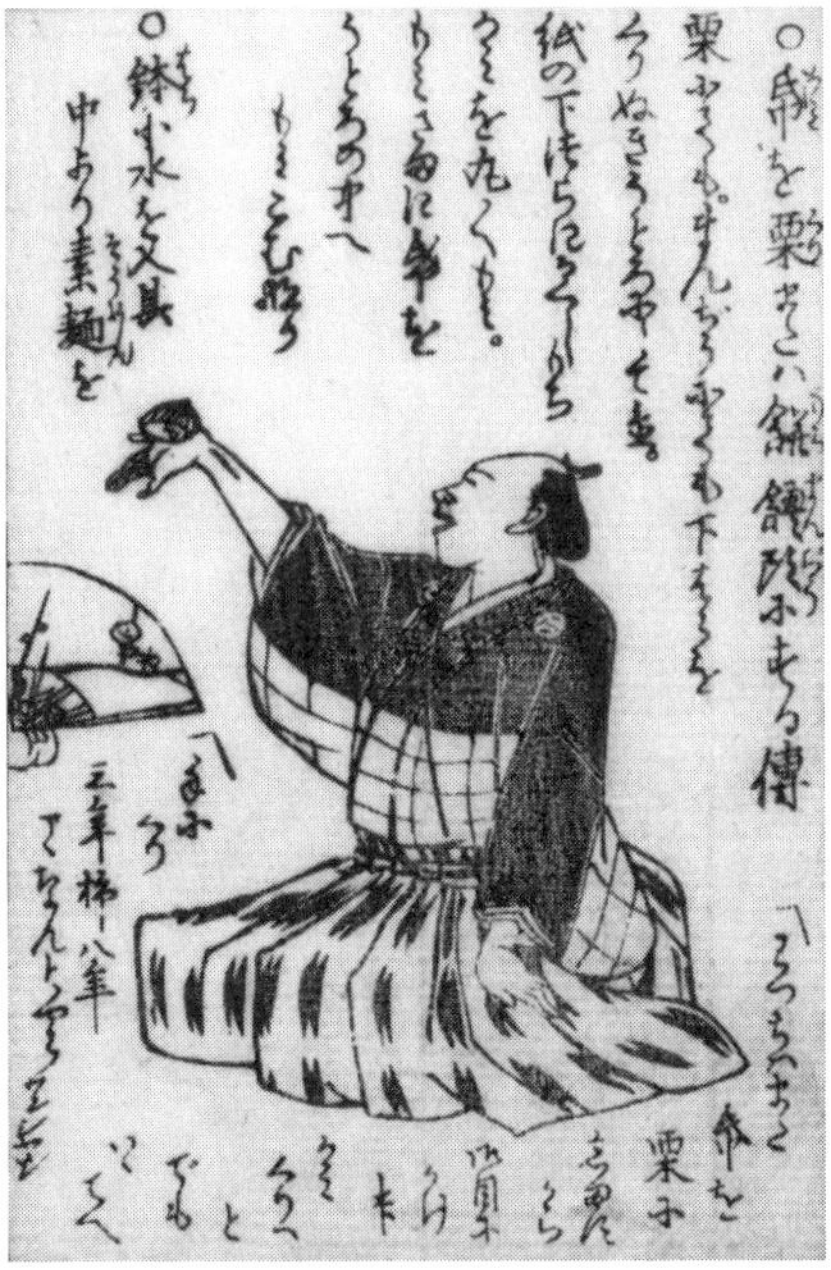

版本『手妻独稽古 初編』(天保14年)

185

米、小豆、水の三段返し

米が小豆に、小豆が水に、水が米に変わる手品で、タネは丸い板である。準備として、一個の茶碗に小豆を入れ、丸い板で蓋をして、その上に板が見えなくなるまで見せかけの米を載せておく。同様に別の二個の茶碗にも変わる品を入れ、円板で蓋をし、その上に見せかけの品を載せて並べておく。演じ方は、三個の茶碗を三段に積むときに、茶碗の上に載せた見せかけの品をよく示してから、その品を払いのけて四角い板を載せて積んでいく。四角い板を取るときに円板も一緒に取ると品が変わって出てくる。

この演目が載る伝授本は『秘事百撰 三編』のみである。

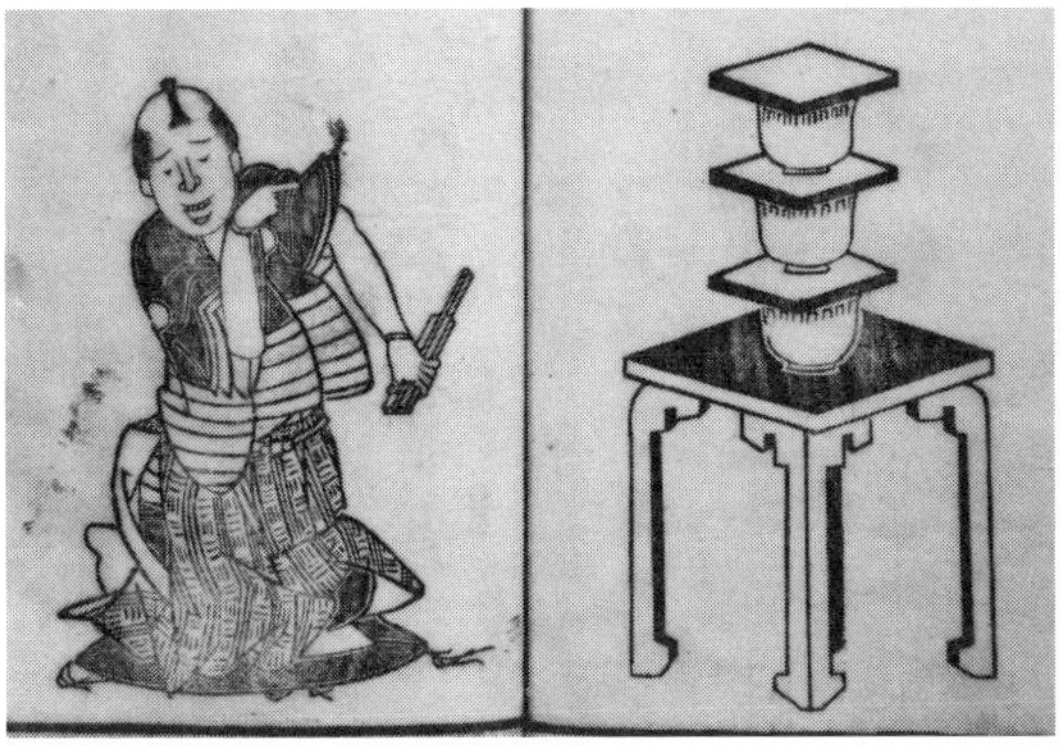

版本『秘事百撰 三編』(慶応3年)

186

紙うどん

一枚の紙を紙テープ（まき）に変えて、それをうどんにする手品である。演じ方は、丸めた一枚の紙を隠し持った紙テープとすり替えて客席に投げる。投げた紙テープをたぐり寄せながら、懐から紙に包んだうどんをひそかに取り出し、紙テープに巻き込んでどんぶりに入れる。あとは水を注いでうどんを出して食べる。

現在は、うどんの玉を紙に包んで、テーブル上に隠しておく方法で行う。

版本『手妻独稽古 初編』（天保14年）

189

雀の首切り

雀の首を切り落として、また元通りにする手品である。雀を一羽、首をねじ曲げて羽根の下に押し込み、別に用意した雀の首をそれに持ち添えて、本物のように見せかける。包丁で首を切り落としたように見せて、偽の首を残し、雀を空中に放すと、雀は元気よく飛び去っていく。

世界最古の奇術の一つに「ガチョウの首を切って元に戻す」というのがあるが、日本の場合は小型の雀を使って演じた。この演目が載る伝授本は『盃席玉手妻』のみである。

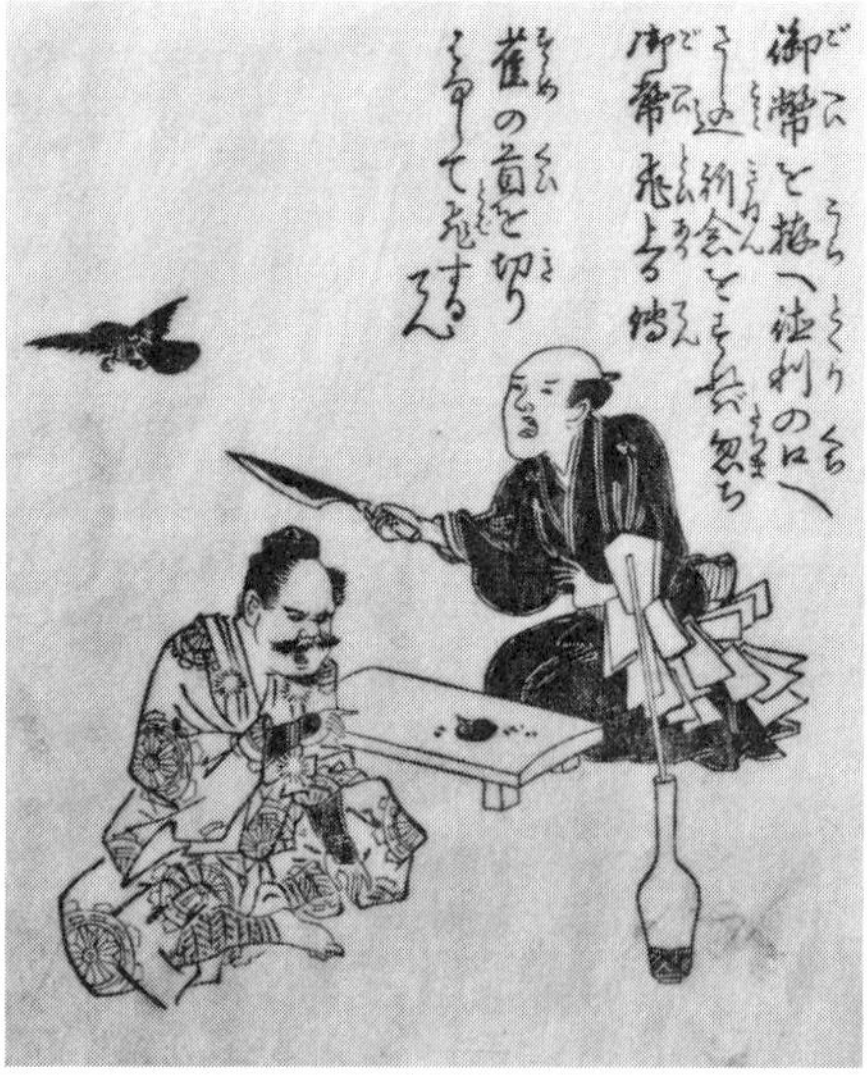

版本『盃席玉手妻』（寛政11年）

190

紙を燃やして雀にする術

これは、紙を燃やして雀にする手品である。準備として、樟脳を塗って乾かした紙で作った袋の中へ、雀を頭から押し込み、これを右手に隠し持つ。演じ方は、普通の紙を一枚持ち、両面を改めてから雀入りの紙袋を包み込み、紙に火をつける。袋の方は樟脳が塗ってあるため勢いよく燃えるが熱くなく、現れた雀は少しの傷もなく、飛び去っていく。伝授には「これに使う雀は、飼いならしておくと便利」とある。

初出の伝授本は『放下筌』である。

版本『放下筌』(宝暦14年)

191

卵、雀となる術

鳥籠に入れた卵が、たちまちかえって雀になるという手品である。鳥籠の底が二重底になっており、そこに二羽の雀を入れておく。演じ方は、鳥籠に二個の卵を入れ、布をかぶせてから、ひそかに仕掛けの糸を引っ張る。すると二重底の板が開いて、卵は下に落ち、雀は籠の中に入る。おまじないをして布を取り、籠の中の雀を示す。上図はクライマックスで演者がポーズを決めたところである。この演目が載る伝授本は『秘事百撰三編』のみである。

版本『秘事百撰 三編』(慶応3年)

192

雀《すずめ》出し

方法は不明であるが、推察すると、太夫が手に持つ物を破ると、水が湧き出し、手から数羽の雀が飛びだしてくるという手品と思われる。

ビラ『長崎下り手妻 太夫 吉川春蔵』(文化年間)

193

鷺《さぎ》出し

図から現象を推察すると、後見が指先に持つ白布をふわりと空中に放す。すかさず太夫は白布に大布をかぶせて、一気に布を取り去ると、白布は鷺となって空中高く飛んでいくという手品である。生き物を使う手品は、強い不思議さはあるものの高度な技を必要とする。

図は、『北斎漫画』十編に載る図から写したものと思われ、実際に演じられていたかどうかは不明である。

洋書『幕末日本図絵』(1870年、パリ)

194

柿栗、鳩となる術

柿や栗が鳩に変わる手品である。演者は、前もって鳩をこよりで結んで両膝の間に隠し、扇は衿に差しておく。演じ方は、左手に持った栗を見せてから、右手で衿の扇を取る。このとき右袖の陰で、栗を股に置き、代わりに鳩を取る。扇を広げてあおぎながら鳩を放す。観客の目には、栗が鳩に変わって飛び去ったように見える。

この鳩出しの手品が載る伝授本は『天狗通』のみである。

版本『天狗通』(安永8年)

195

卵を鶏にする術

卵が鶏になる手品である。準備として、まず部屋の上方に幕を張り、一階の天井板と二階の床板の一部をはずせるようにしておく。また助手は三羽の鶏を入れた袋を持って、二階で待機する。

演じ方は、演者が桶の中を改め、次に三個の卵を桶に入れ、頭上高く差し上げる。このタイミングに合わせて、助手は袋を桶に入れる。演者は桶を下ろして、中から三羽の鶏を取り出して見せる。

版本『手妻早伝授 初編』(嘉永2年)

198

瓢《ひょう》箪《たん》、おのれと動く術

瓢箪が自然に動き出す手品で、タネは生きた泥鰌《どじょう》である。からの瓢箪に泥鰌を三匹と水を少し入れ、栓をして畳の上に置くと、泥鰌が暴れて、瓢箪が動くというわけである。解説では、紙で作ったヒレを瓢箪に貼り付けて、鯰《なまず》に見立てている。

元禄九年（一六九六）に発行された日本最古の手品伝授本である『神仙戯術』に「滾《こん》地《ち》葫《こ》芦《ろ》」という演目名で載る。同様の手品に「卵、おのれと動く術」がある。

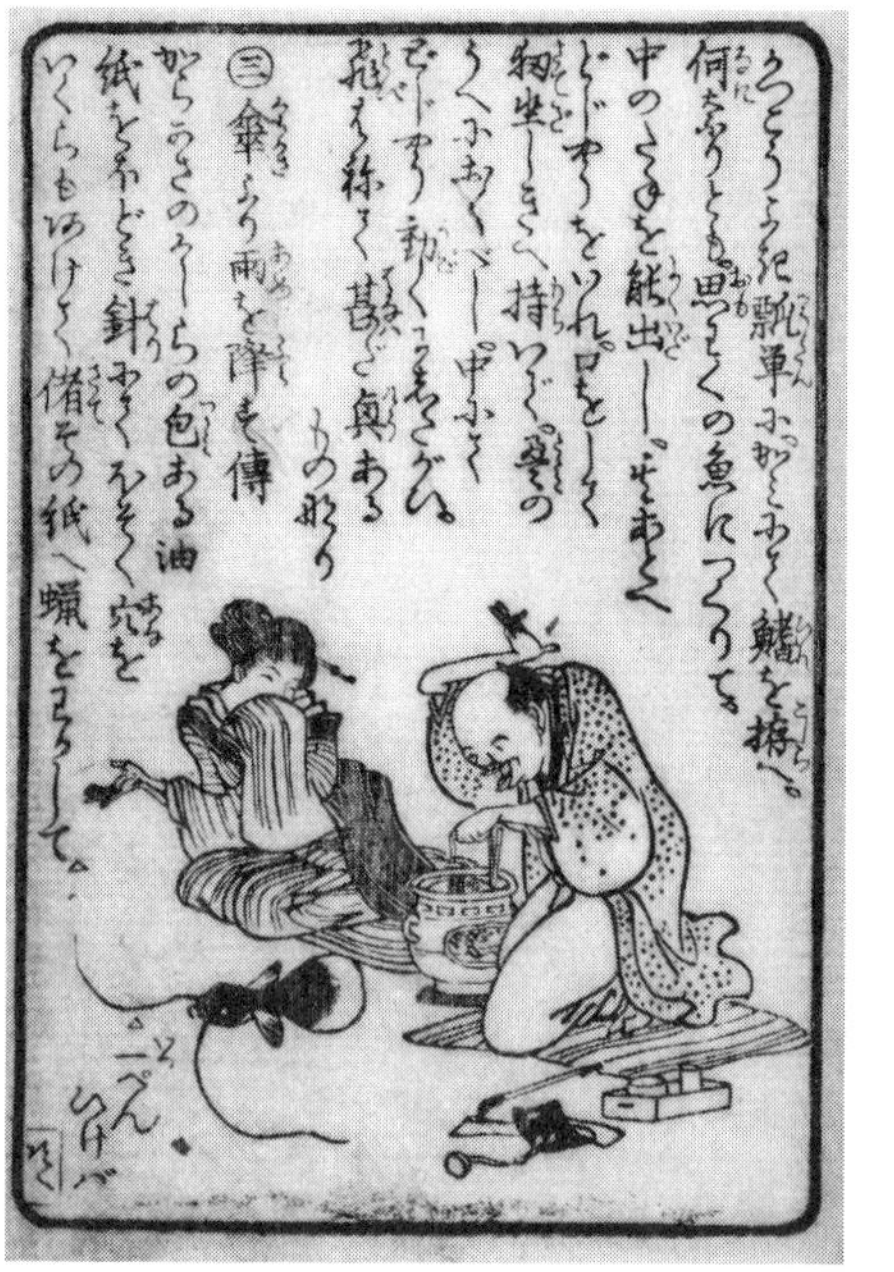

版本『手妻早伝授 初編』（嘉永2年）

200

笹の葉、泥鰌となる

笹の葉を泥鰌に変える手品である。あらかじめ、数匹の泥鰌を入れた竹筒を袂に隠しておく。演じ方は、笹の葉を水に浮かべ、次に風呂敷を鉢にかぶせる。もう一度風呂敷を取って笹の葉を示す。このときに、ひそかに竹筒を取り、隠し持つ。再び風呂敷をかぶせたときに泥鰌を鉢の中に移し、笹の葉を集めて竹筒に入れ、袂に入れる。風呂敷を取って、笹の葉が泥鰌に変わったことを示す。

初出の伝授本は『たはふれ草』である。

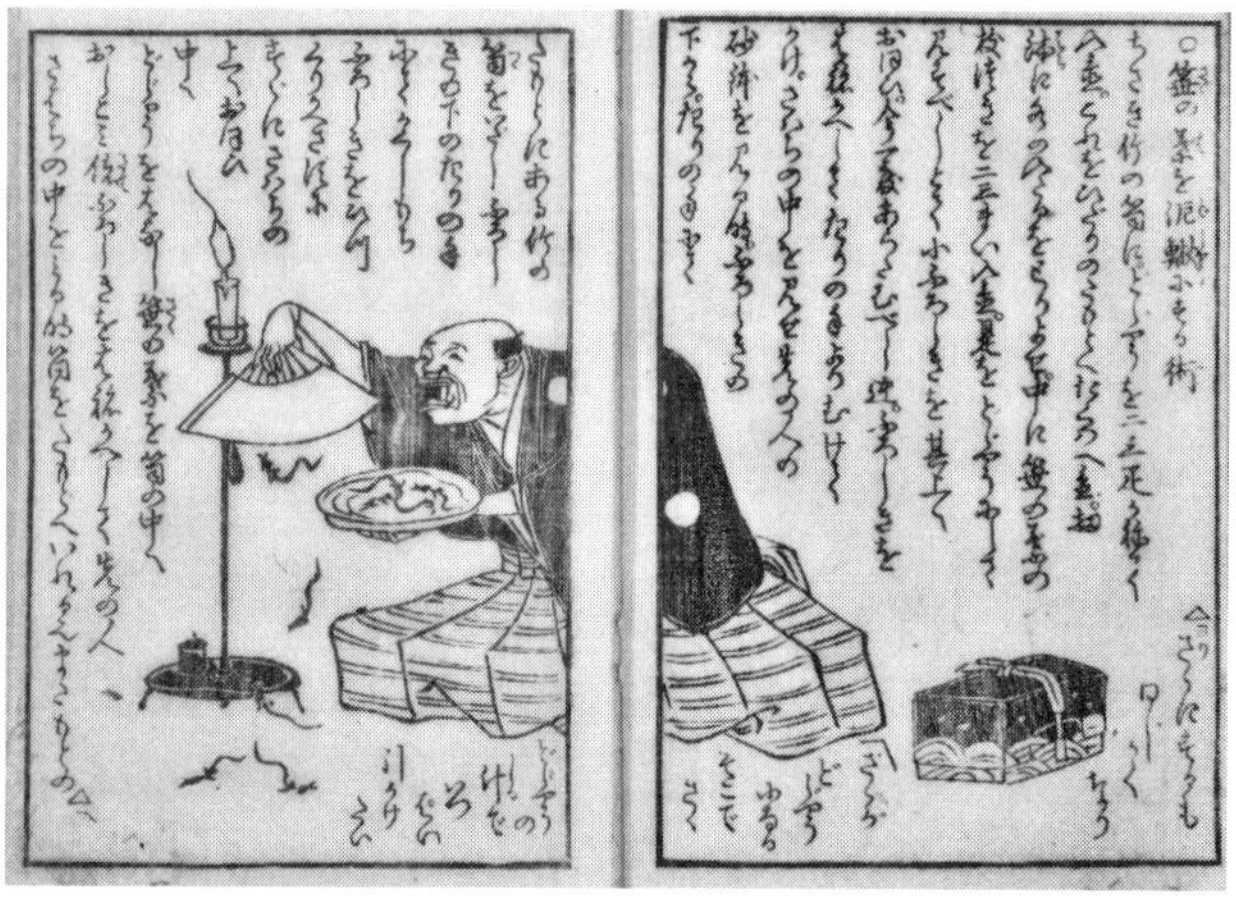

版本『手妻独稽古 初編』（天保14年）

202

空中魚釣り

空中から魚を釣り上げる手品である。あらかじめ釣竿に取り付けた釣り針に生きた鮒《ふな》を引っ掛けて、それを手の中に隠しておく。見せかけの糸を示し、空中から魚を釣り上げると見せて、糸をすり替えてたらすと、鮒が出現する。現代では、作り物の金魚を使用し、釣り上げた金魚を本物とすり替えて金魚鉢に入れる。

初出の伝授本は、文化年間（一八〇四〜一八一八）発行の『手妻秘密の奥義』で、目次に「砂鉢に水を入レ、なき魚をつり出す手妻」とある。

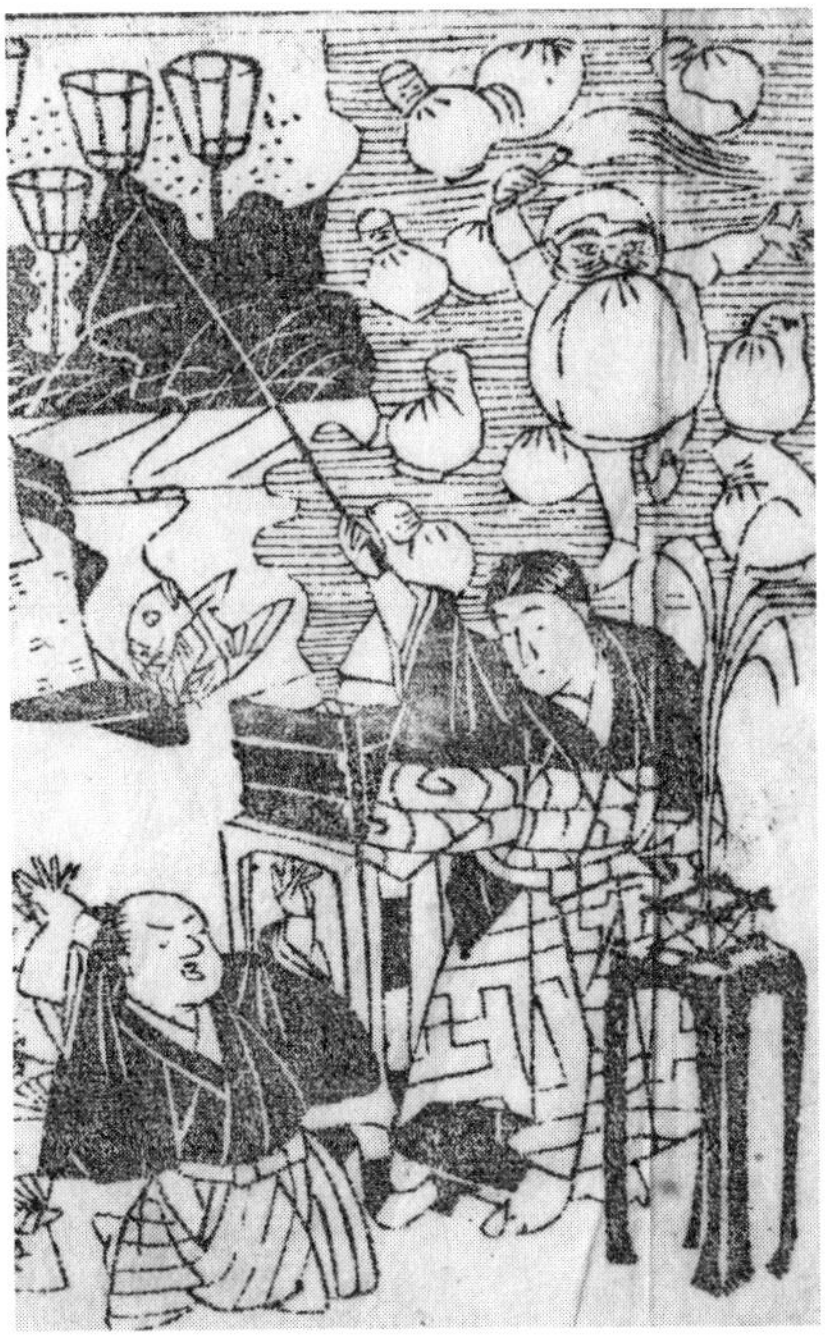

ビラ『西洋手術元祖 キリウサン改 柳川小蝶斎』（明治15年頃）

204

盃洗《はいせん》に金魚の出現

からの盃洗に金魚が出現するという手品で、タネは竹の筒である。金魚と水を入れた竹筒を盃洗の底の空洞に仕込んで客の前に出しておく。

演じ方は、演者は裸になり、からの盃洗を見せる。次に大風呂敷を肩にかけ、その陰で盃洗の底から竹筒を取り出して金魚と水を盃洗の中にあけたら、また元のように空洞に隠す。風呂敷を取って、盃洗に金魚が出現したことを示す。

この演目が載る伝授本は『秘事百撰 三編』のみである。

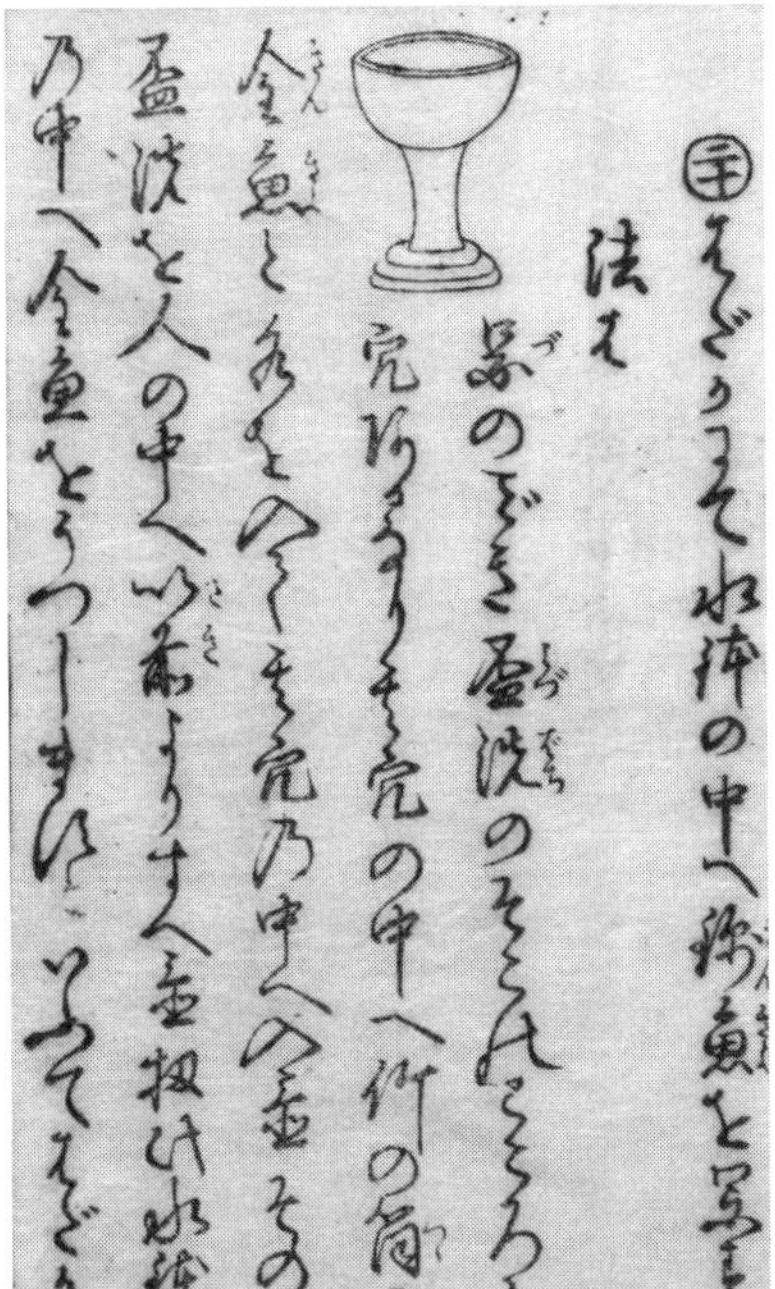

版本『秘事百撰 三編』（慶応3年）

205

鯉出しの法

からの大鉢に一匹の鯉《こい》を出現させる手品である。タネは生きた鯉を入れた袋で、懐中に忍ばせておく。演者は座敷に屏風を囲うように立て、その内側に鯉を入れた袋をひそかに吊るす。次に水の入った鉢を屏風の中に入れたら、裸になって屏風の中に入る。袋の鯉を鉢に移し、屏風を開けて、出現した鯉を見せる。なお、裸での演技は、身体に何も隠していないことを示せるため、効果的である。この演目が載る伝授本は『盃席玉手妻』のみである。

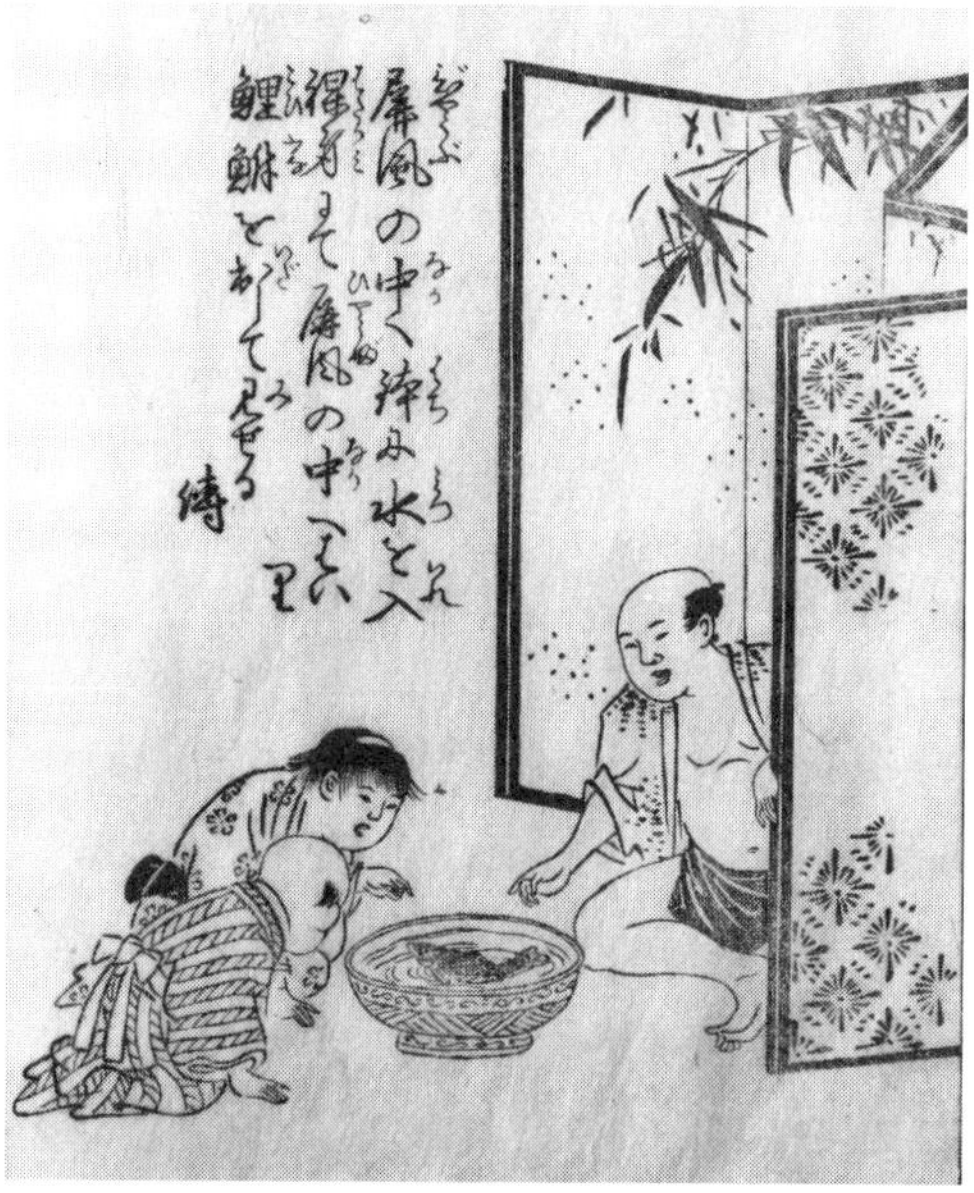

版本『盃席玉手妻』（寛政11年）

209

木製の鳥、水中を泳ぐ法

作りものの水鳥が水面を泳いだり、水中にもぐったりする手品である。タネは生きた鯉である。あらかじめ木製の水鳥に細い糸を結びつけ、もう一方の端を鯉にくくりつけて、これを池に浮かべておく。この木製の水鳥が自由に動くわけは、池に人が近づくと鯉が沈むので水鳥も沈み、人が離れると鯉が浮かぶので水鳥も浮かぶからである。自然の中で、何のトリックもないように見せる巧妙な方法である。

初出の伝授本は『続たはふれ草』である。

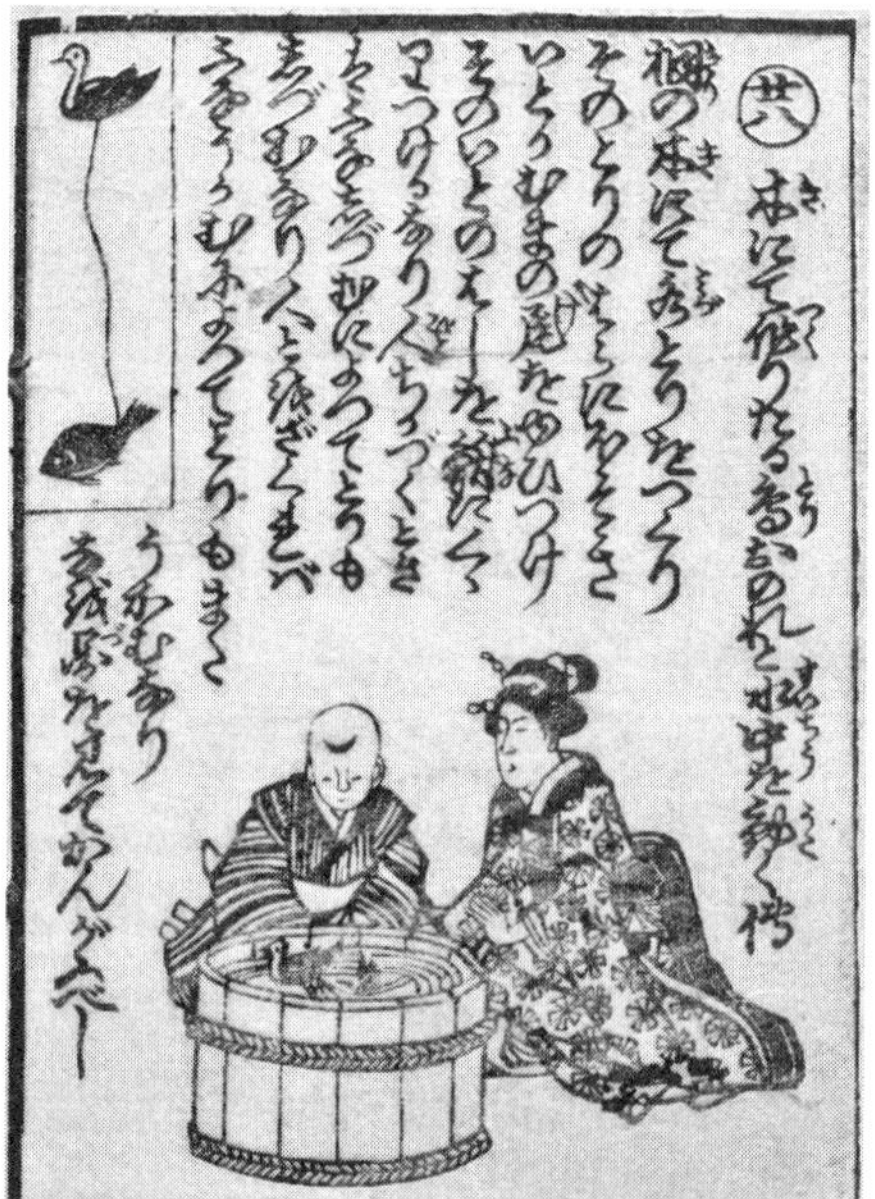

版本『春遊座敷手品』（嘉永7年）

211

紙の亀、ひとり歩かす術

紙で作った亀を畳の上で歩かせるという奇抜なアイデアの手品である。タネは生きた虫で、元気のいいゴキブリやコガネムシを亀の腹に糊で貼り付けて、歩かせるという方法である。また、別の伝授本には盃を歩かせるという手品もあるが、仕掛けは同じく虫である。また、夜間行う場合は、明かりの方に向って歩かせなさいともある。欧米にはこのような虫を使う手品はなく、日本独特のものである。初出の伝授本は『珍術さんげ袋』である。

版本『珍術さんげ袋』（享保12年以前）

213

植瓜術《しょっかじゅつ》（マンゴー樹の奇術）

植瓜術は、インド発祥の奇術で、世界最古のマジックの一つとされている。日本では、平安後期の説話集『今《こん》昔物語集《じゃくものがたりしゅう》』に「瓜売りが外術《げじゅつ》を以て瓜を盗み食われる話」が載る。江戸時代、芥子《けし》の助《すけ》が演じた方法は、地面に植えた瓜の種に屏風箱をかぶせると、その度に、みるみる成長して瓜がなるというもの（50「屏風箱」を参照）。

インドで行われている方法は、鉢にマンゴー樹の種を植え、それに布をかぶせて、隙間から水を注ぐ。布を取ると、芽が出ている。それを繰り返すと、若芽は樹になり、花が咲き、最後にはマンゴーの実がなるというものである。

洋書『INDIAN CONJURING』（1922年、ニューヨーク）より転載

214

種《たね》蒔《まき》箱《ばこ》

鉢に種を蒔き、即座に芽を出させる手品である。方法は不明であるが、推測するに、植木鉢の中板がどんでん返しになっており、上面に土を、下面に草花を植えておき、種を蒔き、布をかぶせるときに糸を引き、中板をひっくり返して、草花を出現させる方法と思われる。明治前期発行の伝授本にこの方法が解説されている。

その他、特別な肥料を使用する方法、二重底の箱を使用する方法などがある。

自筆巻子本『手品秘伝図巻』（江戸中期～後期）

219

座敷を大海にする法

『手妻早伝授《てづまはやでんじゅ》 初編』に書かれた伝授を現代語に訳すと「白狐の糞を黒焼きにして、水にとき、壁、畳、ふすまなど室内にあるもの全部を六〇～九〇㌢の高さまで濡らして、部屋を締め切り、その部屋で何でもよいから煙らせる。すると先に塗った液が煙を吸いとって上部に煙が上がらない。隣の部屋から蝋燭に火をつけてこの状態を見ると、まるで海のように見える。さらに、その煙を扇であおいでやると、波打っているようで、ものすごい感じに見える」となる。なお、この術の話は『吾妻鏡《あずまかがみ》』と『果心居士《かしんこじ》の幻術《げんじゅつ》』に、また、伝授は『秘事百撰』にも載る。しかし、真偽のほどは不明である。

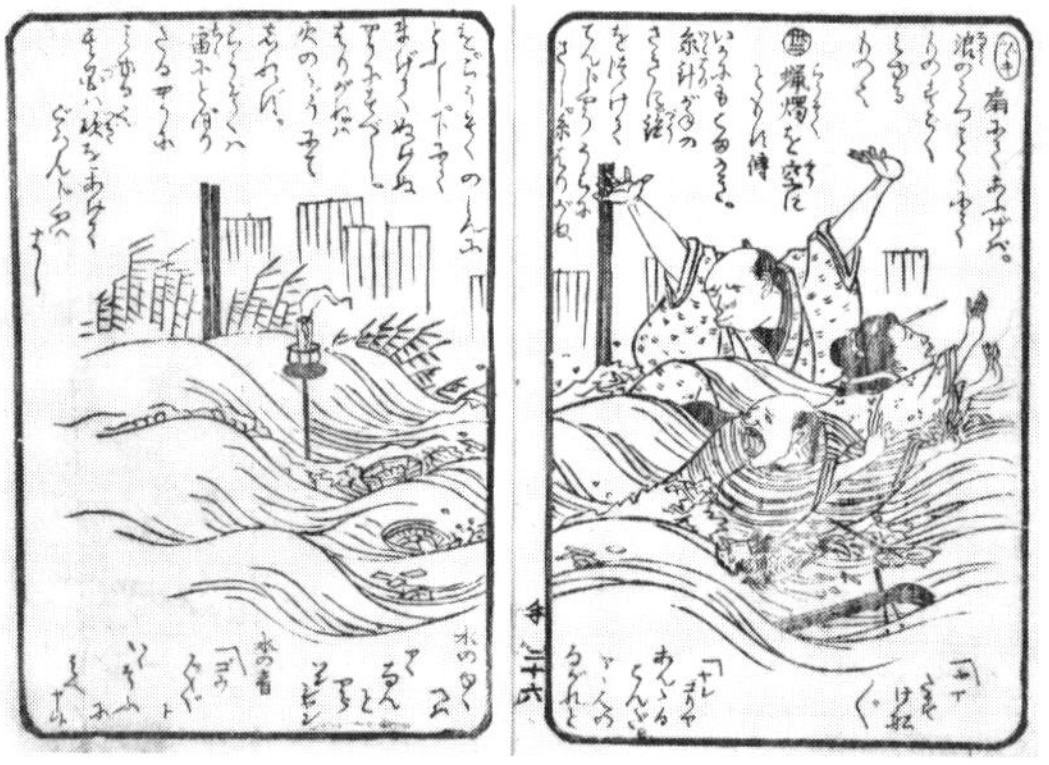

版本『手妻早伝授 初編』（嘉永2年）

220

てりふり人形

てりふり人形とは、天候によって傘を差したり、下ろしたりする人形のことで、タネは萱《かや》の穂である。伝授には「人形の腕を萱の穂で作れば、雨の降るときは右に回って人形が傘をさし、晴れのときは左に回って傘を下ろす」とある。空気中の湿度が関係しているようである。

この人形は、今でも箱根のお土産品として売られている。男と女の人形が家の中に並んで立っており、「晴れ」なら左側の女の人形が、「雨」なら右側の男の人形が表に出てくるという仕組みである。

この演目が載る伝授本は『秘事百撰 三編』のみである。

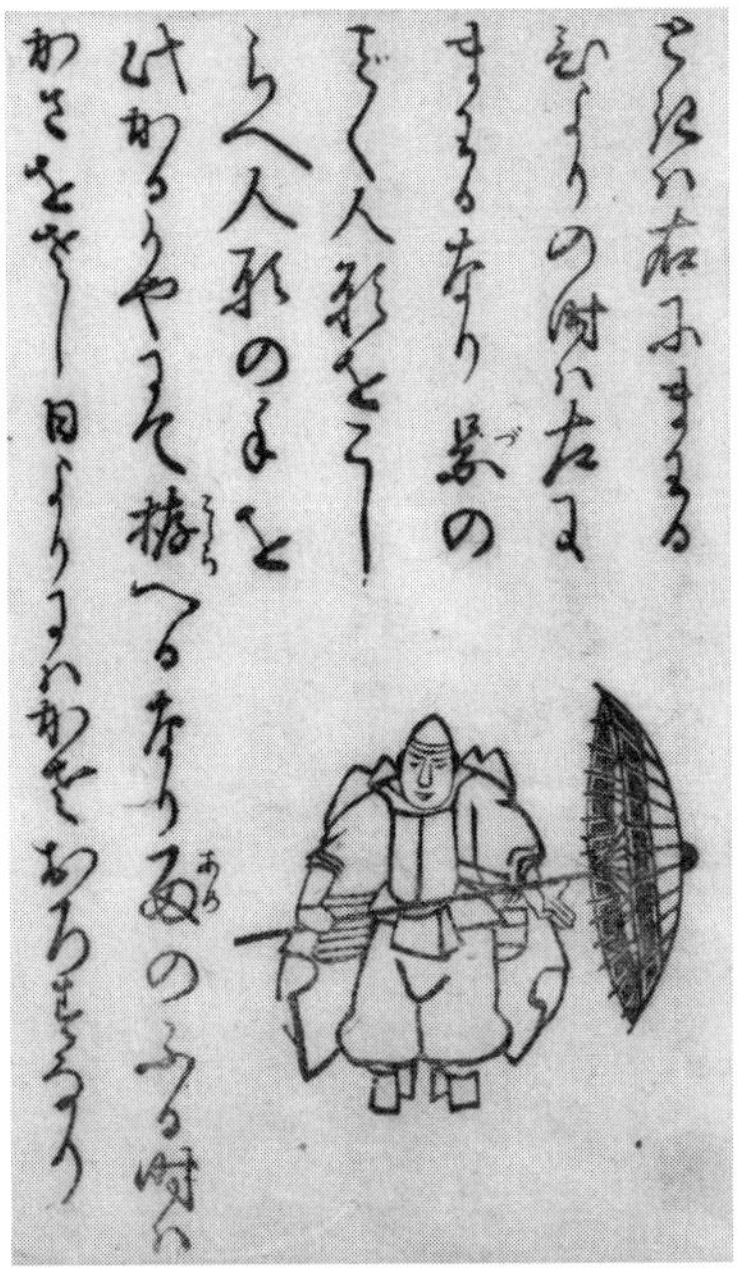

版本『秘事百撰 三編』（慶応3年）

233

心の文字当て

相手が心に思った文字を当てる数学応用の手品である。方法は、相手に数字の中から一つを選んで覚えてもらい、その位置も入れて反時計回りに覚えた数だけ数えきったところの文字を覚えてもらう。この操作をすると必ず三三の文字に止まるよう、あらかじめ数字が書かれている。したがって演者は前もって三三のところの文字（図では天）を覚えておけば、当てることができるというわけである。この用具には一六種の文字と数字が書かれており、中央の数字の部分は回転するようにできている。演じる前に円盤を廻せば、何通りにも行うことができる。初出の伝授本は『秘事百撰』である。

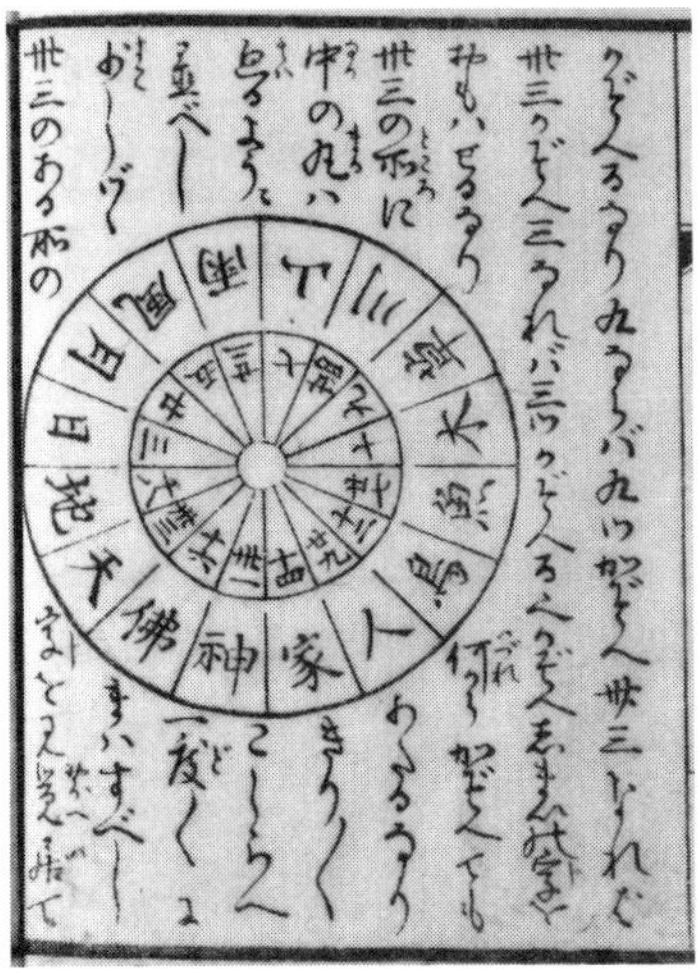

版本『秘事百撰』（文政10年）

235

椿の目付字(二一字)

目付字とは、相手が心に思った一つの文字を当てる遊びである。下図の椿には五つの枝があり、それぞれの枝に秘密の数字が書かれている。その秘密の数字とは、下の枝から順に「一、二、四、八、十六」である。

方法は、相手に「一・十・百・千・万・億・兆・京・垓・秭・穣・溝・澗・正・載・極・恒・阿・那・不・無」の二一文字（一～無の二一文字には、それぞれ一～二一の数字が対応）の中から好きな一文字を心に思ってもらう。次に、下の枝から順に、覚えた字が花にあるか葉にあるかを尋ねる。「花にある」と答えたときだけ、その枝の秘密の数字を足し算する。たとえば、相手が「億」を覚えたとする。「億」の字は秘密の数字が二と四の枝の花にあるので、二＋四＝六となり、六が対応する「億」であることがわかる。

同様の遊びは古くからあり、平安時代末期成立の『簾《れん》中抄《ちゅうしょう》』の鎌倉時代末期の追補に載る「いろはの文字くさり」に、「はな《（花）》にあり、は《（葉）》にありとのみいひおきて、人の心をなぐさむるかな。はな《（花）》はとれ、は《（葉）》はあだものと思ふべし。一、二、四、八、十六」と書かれている。

版本『塵劫記』（寛永8年）
※図は『和算百話』（平成19年）より転載

238

心の当てもの(二五種)

この遊びは、相手が心に思った一つの絵を当てる手品であり、目付絵という。方法は、二五種類の絵の中から好きな絵を一つ心に思ってもらい、頁《ページ》をめくるたびにその絵が右頁にあるか左頁にあるかを聞き、右頁にある場合だけ、その頁の下に書かれた数字「一、二、四、八、十」を足し算する。その答えと絵の一覧表とを照らし合わせて、相手の覚えた絵を当てる。

同様の目付絵には、他に「役者目付絵」、「化物目付絵」などがある。どれも全六丁の薄い冊子である。

版本『玉手笘心之当物』(江戸末期〜明治前期)

242
三社の当てもの

三つの神社の中から、客が選んだお札を当てる手品である。仕掛けは、三種のお札の長さや幅が異なることから、お札を箱に入れ、蓋をして上下左右に振ると、カタカタと音がしたり、しなかったりするので、中の札の種類がわかるという仕組みである。この手品は、単に当てるということだけでなく、お札をうやうやしく取り扱うことやそれに合う口上、雰囲気なども大事である。

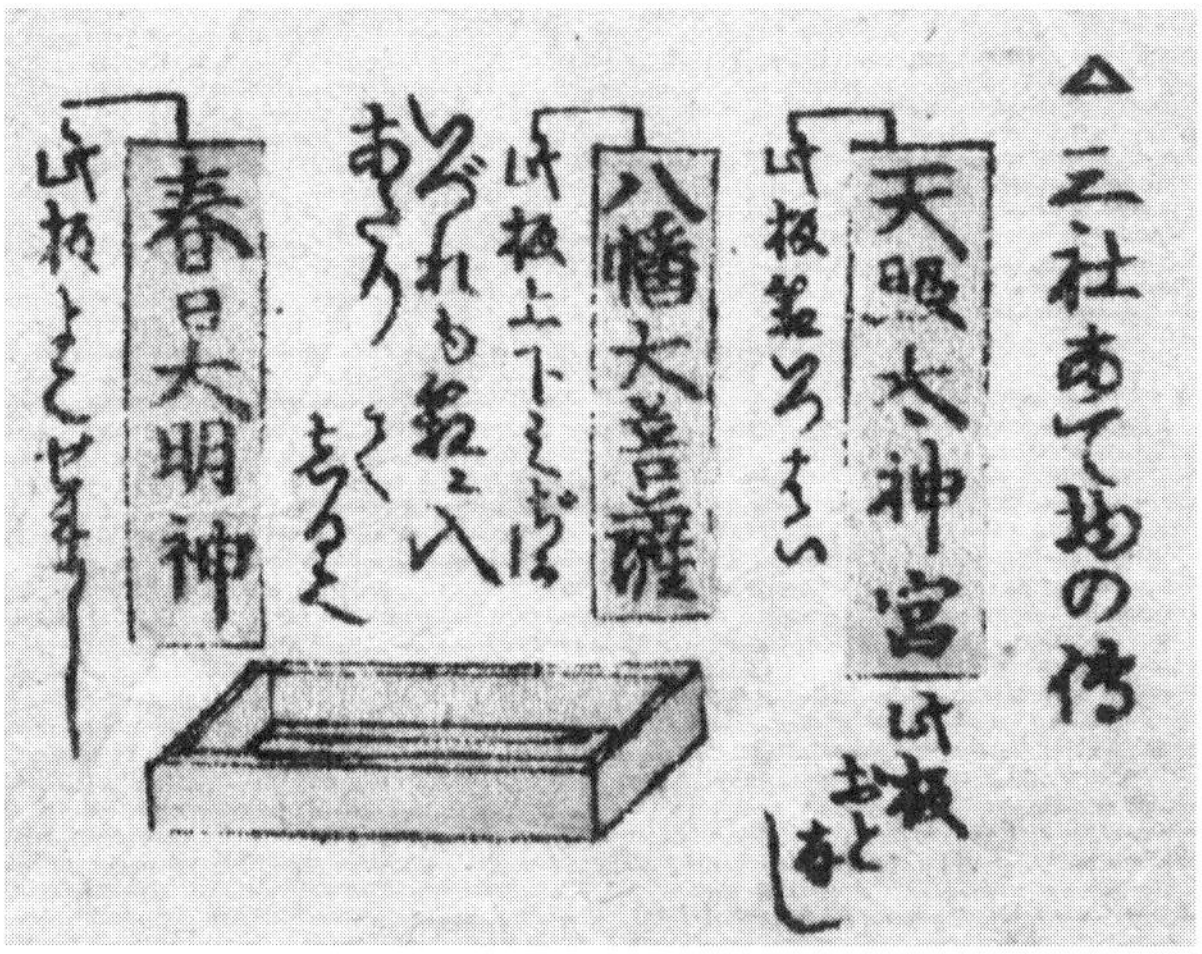

一枚刷り『風流秘事袋 初編』(弘化3年)

243
天地人、箱の当てもの

三種類のお札のうち、客が箱に入れた一枚のお札を当てる手品である。タネはお札に仕込んだ鉛である。鉛を「日月星辰」と書かれた札には上側に、「山川草木」と書かれた札には下側に入れる。「士農工商」と書かれた札には鉛を入れない。演じ方は、客に選んだ一枚のお札を箱の中に入れて蓋をしてもらう。演者は、箱を受け取ったら指先の感覚で箱の傾き具合を知り、中のお札を当てる。なお、箱も板も下側を狭く作り、板の天地が逆にならないようにしてある。

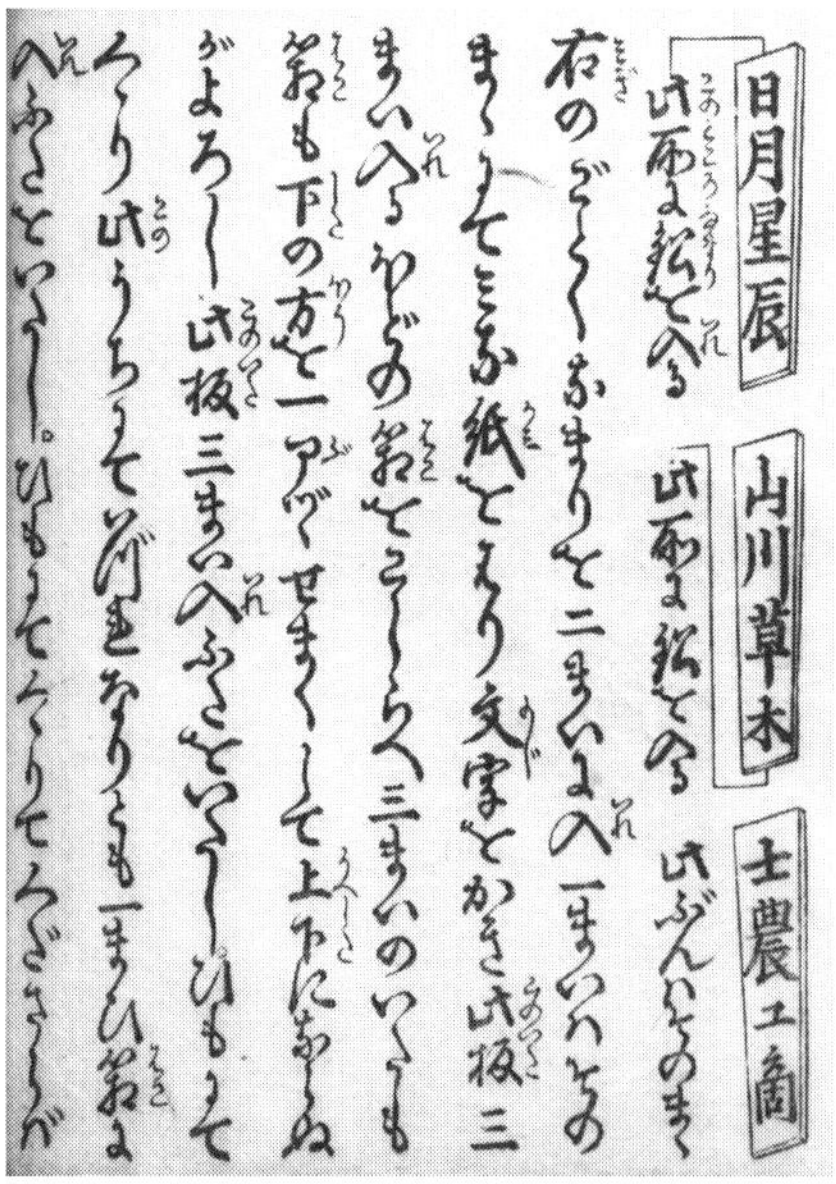

版本『秘事百撰 後編』(嘉永元年)

244

竹《たけ》籤《くじ》と札の一致

演者が出した札と客が引いた竹籤の名前の組み合わせが一致するという予言の手品である。まず竹の棒を二〇本、紙札を二〇枚用意し、それぞれにペアとなる名前を書いたもの（たとえば、竹棒に「お染」なら札には「久松」）を二〇組作る。また箱の中底の下には秘密の溝があり、溝に入れた一本の竹籤だけが小口から出るようになっている。演者は、前もってその溝に一本の竹籤を入れ、その名前を覚えておく。演じ方は、引き出しに一九本の竹籤を入れ、その箱を客に渡し、よく振ってから一本の竹籤を小口から出してもらう。演者は、その間にペアとなる札を出しておき、竹籤と組になるよう一致させてみせる。この演目が載る伝授本は『秘事百撰 後編』のみである。

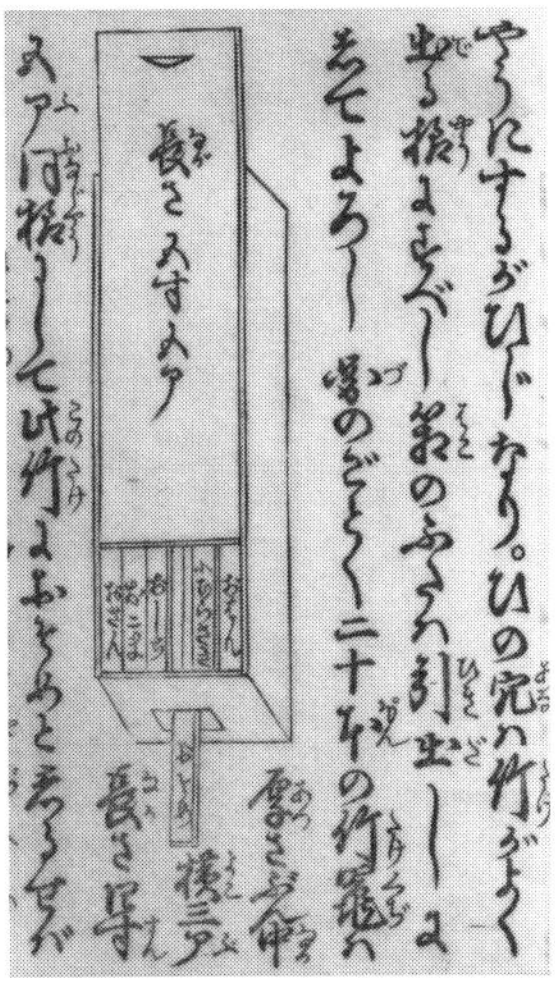

版本『秘事百撰 後編』（嘉永元年）

245

カルタ当て

相手が覚えたカルタを当てる手品である。方法は、前もって一組の裏向き一番下のカルタを記憶しておく。客が引いて覚えたカルタを戻すときに一組の一番上に置いてもらう。次に一組の下半分を抜いて上に載せると、客のカルタは、演者が記憶したカルタのすぐ下にくる。一組を表向きに広げて、相手が覚えたカルタを出して「これですね」と当てる。これは、案内役（ロケーター）のカードを使って当てる方法である。初出の伝授本は『続たはふれ草』である。

版本『続たはふれ草』（享保14年）

246

歌カルタの予言

歌カルタを裏向きに五つの山に分け、それぞれの中から選んだ一枚のカルタの歌人を五人とも当てるという手品である。

方法は、一組の歌カルタの一番底の歌をひそかに覚えたら、裏向きに五つの山に分けて並べる。覚えた歌カルタは五つ目の山の底にある。それが「わが衣手は露にぬれつつ（天智天皇《てんぢてんのう》）」であったら、初めに「この山の中から天智天皇の歌を出してみせましょう」と言って、一つ目の山の中から一枚を取って、人に見られないようにその歌を覚え、取ったカルタがいかにも天智天皇の歌であるという振りをする。今見た歌が「世を宇治やまと（喜《き》撰法師《せんほうし》）」であれば、「次は喜撰法師の歌を出してみせましょう」と言って、二つ目の山の中から一枚を取って覚える。このように順に一枚ずつずらして取り上げ、歌を覚えては裏向きに重ねていく。最後に五つ目の山の底の天智天皇の札を取り、これを五枚の札の一番下にひそかに入れる。五枚を表向きにして予言どおりの歌人になっていることを示す。この演目が載る伝授本は『仙術日待種』のみである。

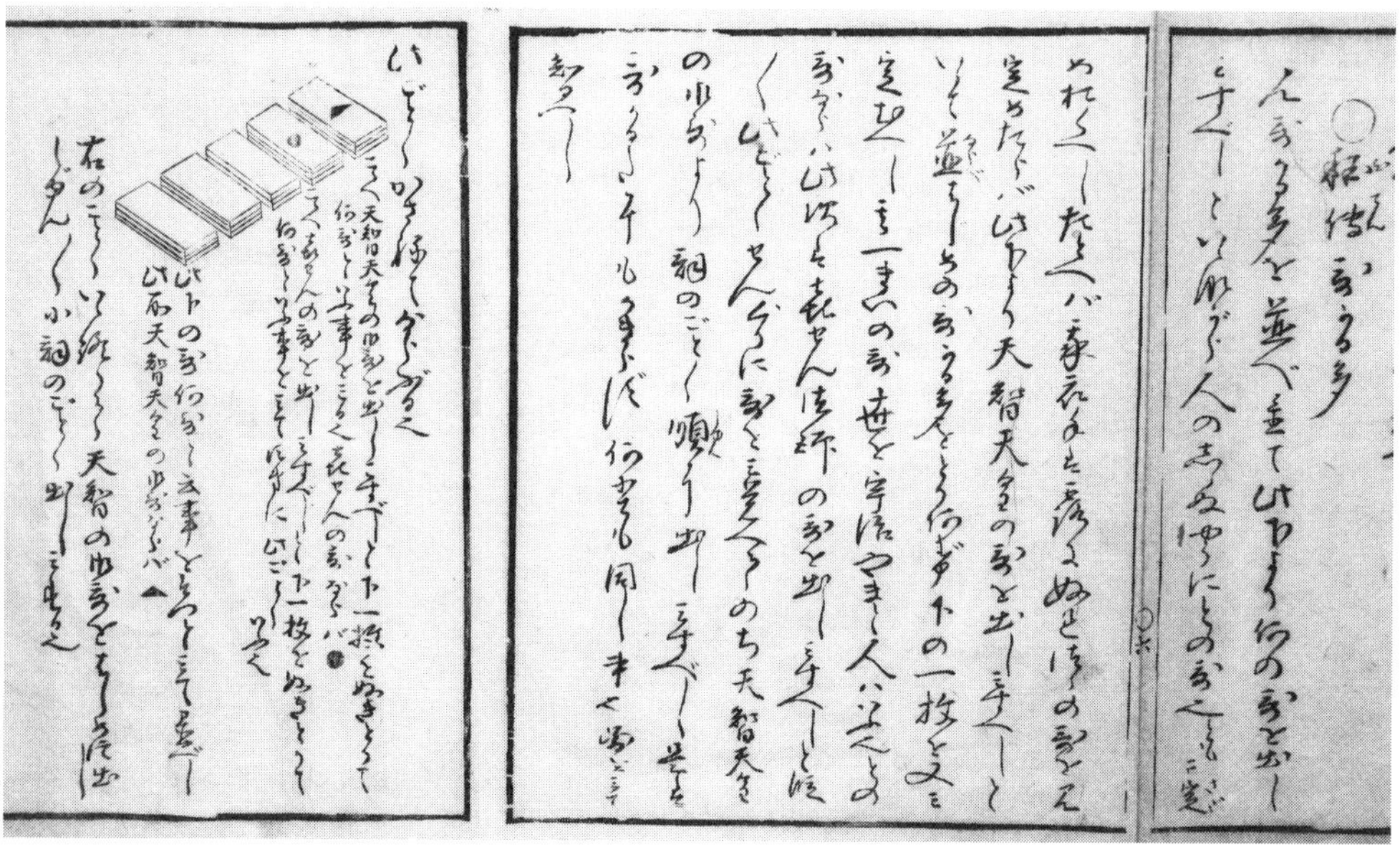

版本『仙術日待種』（天明4年）

248

カルタの女夫《めおと》合わせ（文字合わせ）

伝授には「かるたをづの通りして、一より十までをよくおほへ（覚）、一、二、三を見合セ、明ルなり。又かるた切時ハ下より上へ上へと切上ルと知るべし」とある。

これをカードで行う場合の演じ方は次のとおりである。

一から一〇までのカードを二組、計二〇枚用意する。

それぞれを一から順に一〇まで並べ、表向きにして「ここに一から一〇までを並べたカードが二組あります」と示す。二組を重ねて全体を裏向きにし、「このカードを混ぜます」と言いながら、数回カットを行う。カットは、カードを混ぜたように見えるが、カードの順番は変わらない。二〇枚のカードを図のように「傘の形に一〇枚、正の形に一〇枚」裏向きに並べる。演者は、並べ方の順番を覚えておく必要がある。そして、「傘の三」のカードを表向きにしたら、続けて「正の三」のカードを表向きにして一致させる。これを続けて行う。また一枚目は客に開けてもらい、二枚目は演者が開けて一致させる方法もある。なお、別名「文字合わせ」ともいい、いろはカルタで行うと面白い。初出の伝授本は『秘事百撰』である。

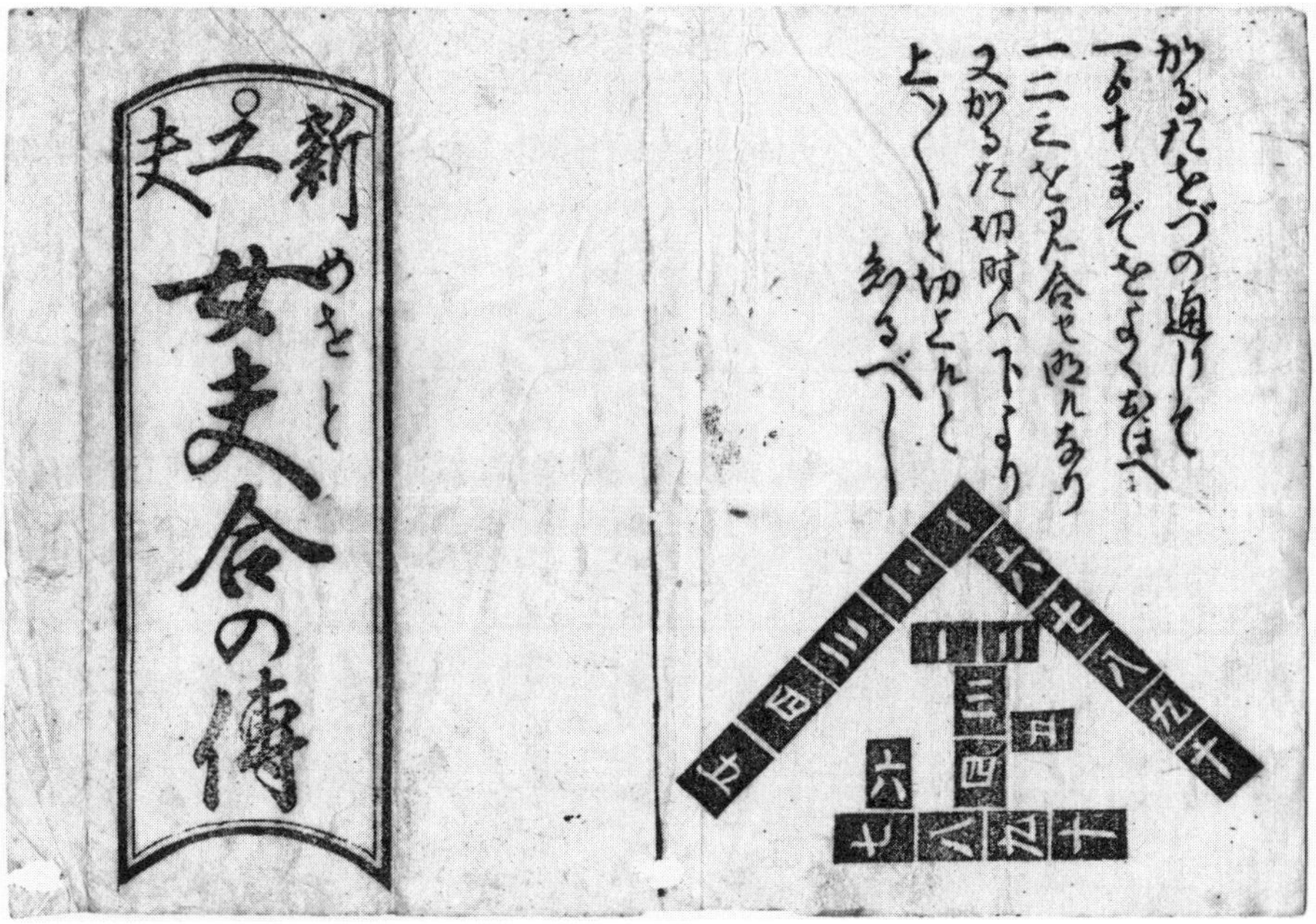

一枚刷り『新工夫 女夫合の伝』（江戸末期〜明治前期）

249

へそに字をよませる法（懐中文字当て）

これは、客が木札に書いた文字を当てる手品である。方法は、木札に文字を書いてもらったら、もう一枚の木札で蓋をして渡してもらう。演者は、これを懐に入れて、へそに当てる仕草をする。しばらく考える振りをして「わかりました」と言い、文字の書かれた木札だけを手に隠し持って取り出す。答えを書くために筆をとり、筆の先をなめるときに隠し持っている木札の文字を見て、そのまま筆で文字を書いて示す。再び懐に手を入れ、木札に蓋をして出して相手に渡す。

この手品で使う技法は、パーム（物を手に隠し持つ技法）である。伝授書には「文字の書かれた木札を隠し持ち、相手に答えを書いて見せるために、その手で筆を取り、先をなめるときに見る」と書かれている。現代マジックで演技の重要な法則である「秘密の動作は自然であること」に通じるものがある。ただし、技術のいる手品であり、伝授書を読んだからといってすぐにできるものではない。

初出の伝授本は『仙術日待種』である。

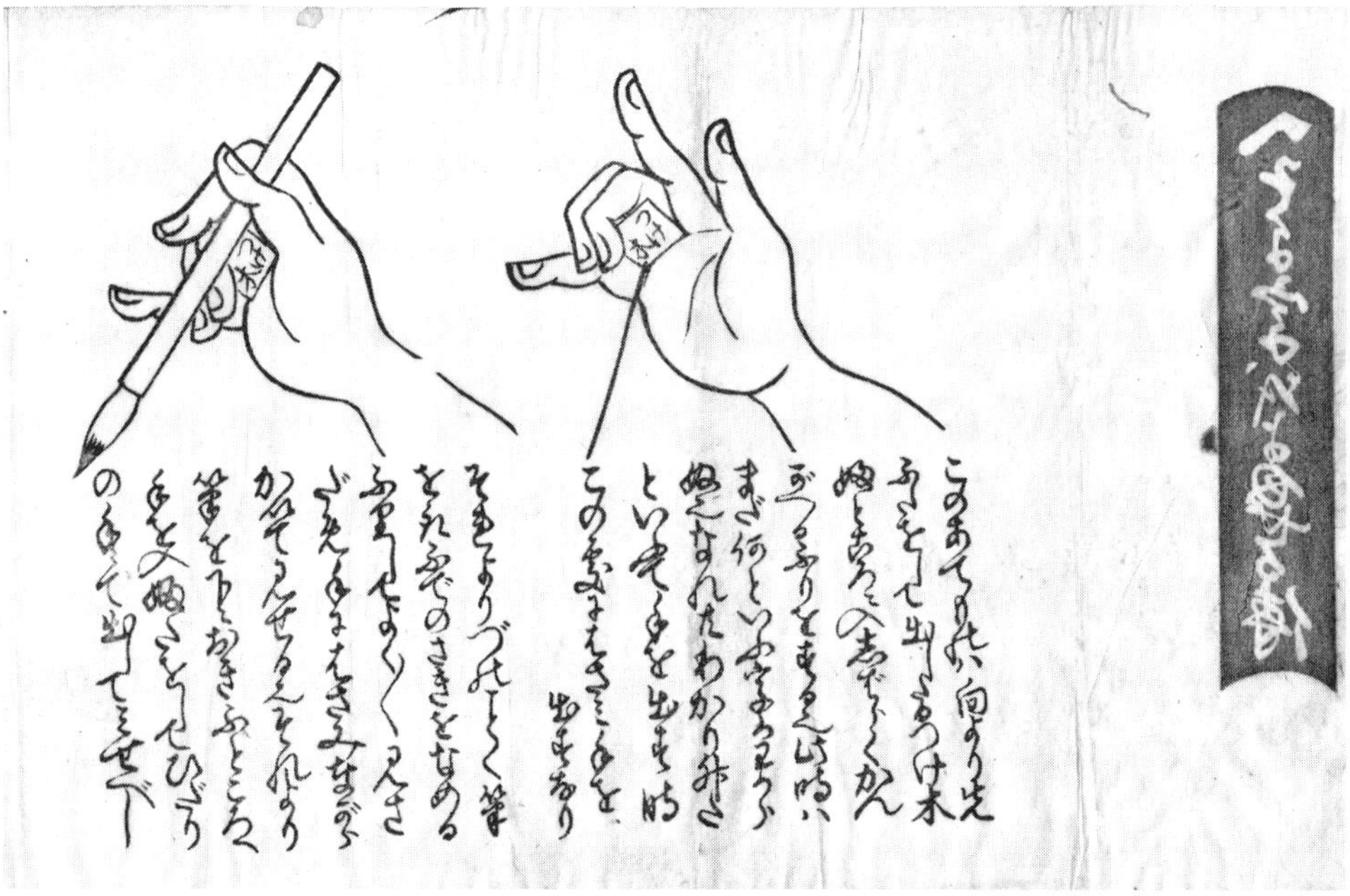

一枚刷り『へそに字をよませる伝』（江戸後期）

250

文字の嗅《か》ぎ当て

客が紙に書いた文字を嗅いで当てるように見せる手品である。演者は丸めた紙をあらかじめ指の間に隠しておく。客が紙に文字を書いて丸めたら、その紙玉を取り、用意したものとすり替えて匂いを嗅いで畳の上に置く。次に広げた扇の陰でひそかに紙を広げて文字を見たら丸めて隠し持ち、畳の上の紙玉を取って再び嗅ぐときにすり替えて元の場所に置く。そして、客が書いた文字をおもむろに言い当てる。

初出の伝授本は『たはふれ草』である。

版本『たはふれ草』(享保14年以前)

251

銭の嗅ぎ当て

相手が選んだ一枚の銭を嗅いで当てる手品である。演じ方は、まず六枚の銭を相手の腕に載せ、その内の一枚を選んで畳の上におき、しばらくして元に戻してもらう。演者は向き直り、銭を一枚ずつ嗅いでいき、その銭を言い当ててしまう。方法は、金属製の銭を腕に載せておくと体温が伝わり、温かくなるが、下ろすと冷たくなるという性質を利用したもので、嗅ぐと見せて、実は冷たい銭を探すのである。

初出の伝授本は『たはふれ草』である。

版本『たはふれ草』(享保14年以前)

252

鼓の音の他《た》心《しん》通《つう》

客が紙に書いた言葉を当てる手品で、太鼓と鼓の音で演者に暗号を送って知らせる方法である。まず演者と奏者は文字の暗号表をしっかりと覚えておく。演じ方は、客が紙に「花」と書いたとする。客は奏者にその紙を見せる。奏者は、その言葉を見て、暗号表のとおりに太鼓を一回、鼓を三回打つ、これで「は」。次に太鼓を三回、鼓を七回打つ、これで「な」。この方法で演者に「はな」と伝えることができる。鼓がない場合はカラスと猫の鳴き声で行う。

　初出の伝授本は『続たはふれ草』である。

版本『続たはふれ草』(享保14年)

254

干《え》支《と》の神《じん》通《つう》力《りき》

客が触った動物の絵を当てる手品である。タネは仲間（サクラ）が送るサインである。十二支の動物を描いた紙を用意する。

　演じ方は、演者が隣の部屋に行ったら、客に十二支のうちのどれか一つを指で触ってもらう。演者は戻ってきて、直ちに客が触った干支を言い当てる。サインは、右手の小指を子《ね》、薬指を丑《うし》、中指を寅《とら》、人差し指を卯《う》、親指を辰《たつ》、左手の親指を巳《み》、人差し指を午《うま》、中指を未《ひつじ》、薬指を申《さる》、小指を酉《とり》、右手を握るを戌《いぬ》、左手を握るを亥《い》と決めておき、仲間が膝の上で指を動かしてサインを送る。

　初出の伝授本は『たはふれ草』である。

版本『たはふれ草』(享保14年以前)

265

扇の指南人形

人形を水に浮かべて、扇子の指す方向に人形を向けさせる手品である。『続懺悔袋』に載る伝授を要約すると「体の前側に磁石を仕込んだ人形を小さい板に乗せ、扇子の先に鉄片をはさんで、方向を指示すれば、磁力によって人形がその方向に動く」とある。

この演目の初出は、享保一二年（一七二七）発行の伝授本『続懺悔袋』であるが、このことは、江戸中期に磁石を使う手品がすでに行われていたことを示すものである。

版本『続懺悔袋』（享保12年）

267

キセルを自由自在に廻す法

これは、磁石を使わずに、キセルや火箸を自由自在に廻す法である。『盃席玉手妻』には「まず、このような（長い釘状）形の火箸を、火入れか火鉢に差し込んでおき、その上にキセルや釘を載せる。そこで、これを回転させようと思うときは、このように（細長い形）紙を切って［吸］と書き、それを火にかざして熱くなった部分を指の爪でよくこする。この紙を先ほどの火箸に近づけると、不思議なことに自由に回転する」とある。これは、紙をこすって起こした静電気の作用で、火箸の上に載せたキセルがくるくると回転するという現象の科学手品である。

版本『盃席玉手妻』（寛政11年）

268

人形に舟をこがせる法

『続懺悔袋』の伝授には「小舟を作って人形を乗せ、舟の尾に、樟脳を水に触れるように取り付けておけば、舟はひとりでに進んでいく」とある。樟脳は水に触れると気体を発生する。その気体が推進力となって、舟を進めるのである。また、『神仙秘事睫』に載る方法は熊の胆を使うもので、こちらは熊の胆の脂肪分が水面上に広がると、水の部分と油の部分に表面張力の差ができ、それによって水に浮かべた舟が移動するというものである。どちらも舟が移動する現象は同じであるが、科学的な原理は全く別のものである。

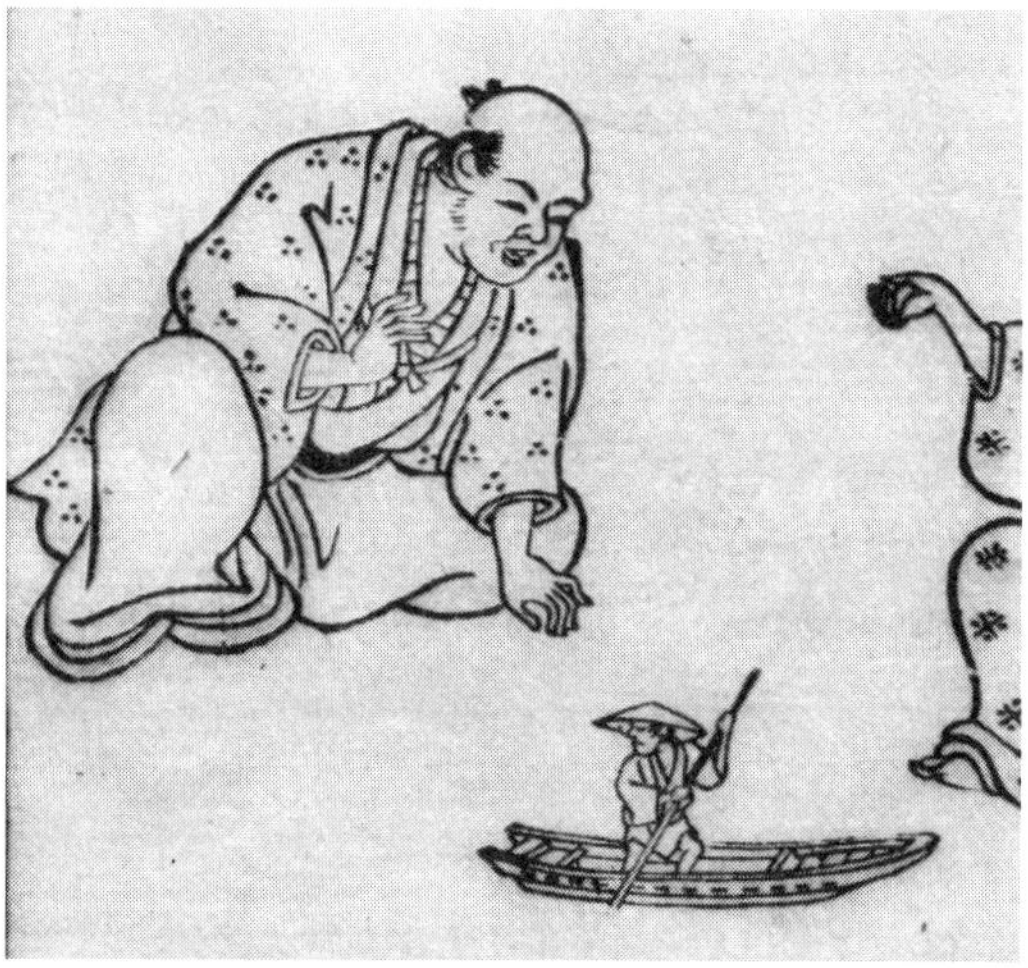
版本『続懺悔袋』(享保12年)

269

鉢の中より雲龍《うんりゅう》を現す術

水中から龍を現す術である。『珍術さんげ袋』には「大きめの水滴にタバコの煙を十分に吹き込んで栓をし、それをあらかじめ手洗鉢の底に沈めておく。そこで、演じようとするときに栓を抜けば、水中から煙が立ち昇って、ちょうど龍が天に昇るように見える」とある。水中から煙が立ち昇る様子は、不思議な現象に見えたと思われるが、龍が天に昇るように見えたかどうかは不明である。初出の伝授本は『珍術さんげ袋』である。

版本『珍術さんげ袋』(享保12年以前)

270

五《ご》色《しき》の砂《すな》の曲《きょく》

版本『放下筌』(宝暦14年)

この演目は江戸時代の科学手品で、使用する砂は、蝋と松脂《まつやに》が加えてあり、水の中で固まり、また濡れないという性質を持っている。現象は、五色の砂を一色ずつ濁った水の中に入れ、客の希望する色の砂を取り出すと、さらさらの乾いた砂になっているというものである。方法は、濁水の中に五色の砂を一色ずつ入れるが、そのときにぐっと握り固めて、決めた場所に置くことである。

五色の砂の方法は『唐土秘事海』と『放下筌』に、単色の砂の方法は『たはふれ草』に載る。

272

天狗石の術

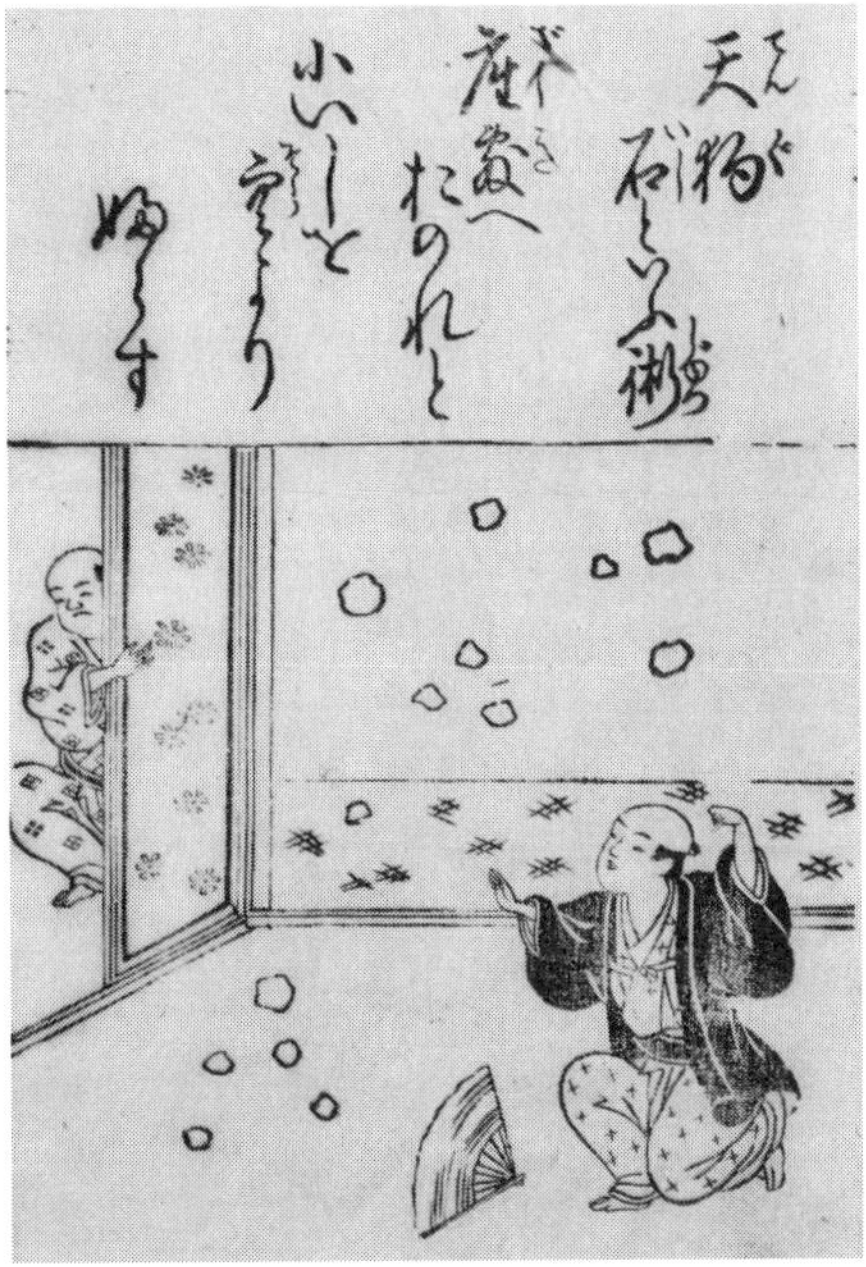

版本『神仙秘事睫』(寛保2年)

座敷にひとりでに小石を降らせる術である。『神仙秘事睫』には「石活《せっかつ》という薬品を小石に塗りつけて、降らそうとする座敷の天井にいくつも貼り付けておく。夜の九時頃に降らそうと思ったら、夕方の六時頃に貼り付けておく。三時間たつと天井から剥がれ落ちてくる」とある。

演者は、小石を天井に貼り付けた後、時間を計り、ちょうどその時刻になった頃に、客人に「空から天狗石を降らせてご覧に入れましょう」と口上を述べて、この術を見せる。

274

障子に人の顔を現す法

障子に水を吹きかけると、何もない障子に女性の顔が現れるという手品である。演者は、前もって御歯黒《おはぐろ》とミョウバンを混ぜたもので障子に顔を描き、それをよく乾かしておく。そして「ただ今より障子に人の顔を現します」と言って、水を吹きかけてやると、先ほど描いた顔が障子に現れるというものである。

ミョウバンには色を鮮やかにする効果があり、水をかけると黒っぽい色の絵が現れる。

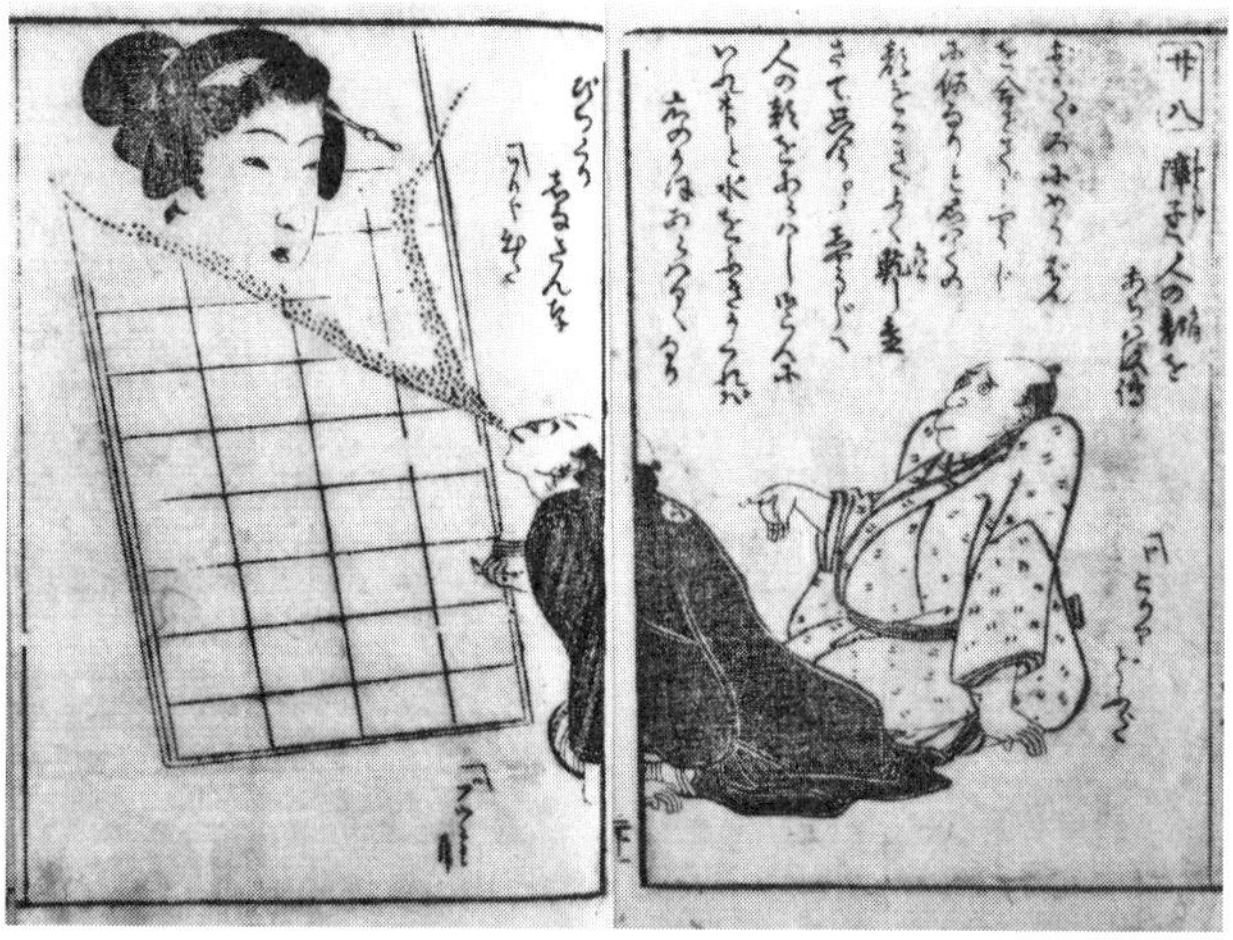

版本『手妻早伝授 二編』（嘉永2年）

279

箸がひとりでに動く法

これは、箸がひとりでに動くというもので、箸を両手に一本ずつ持ち、右手親指を箸にそって前方へこするようにすべらせると、その振動によってもう一方の箸がカタカタと動く。指で箸をこすると、その物体に固有の振動が生じ、その振動が伝わることによって、物がひとりでに動いているように見えるというわけである。

この科学手品が載る伝授本は『天狗通』のみである。

版本『天狗通』（安永8年）

280
紙玉の感触

これは、触覚による錯覚である。『たはふれ草』には「はながミを引さき、是ほどに丸めて、手の内に持、人の手のたけ《（丈）》高指を人さし指の上へ、かさねもぢらかし。ひねらすべし。二ツにおぼゆるなり。きめうなり」とある。左図のように人差し指と丈高指（中指）を交差させて玉を触ると、「それぞれの指の外側に玉が一個ずつある」と脳が判断するため玉が二個あると感じてしまう。

初出の伝授本は『たはふれ草』である。

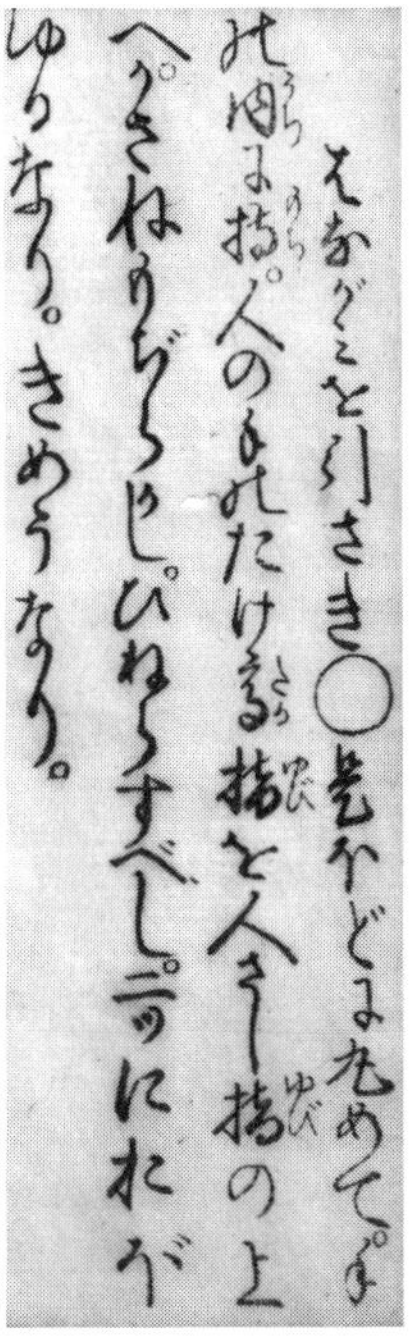

版本『たはふれ草』（享保14年以前）

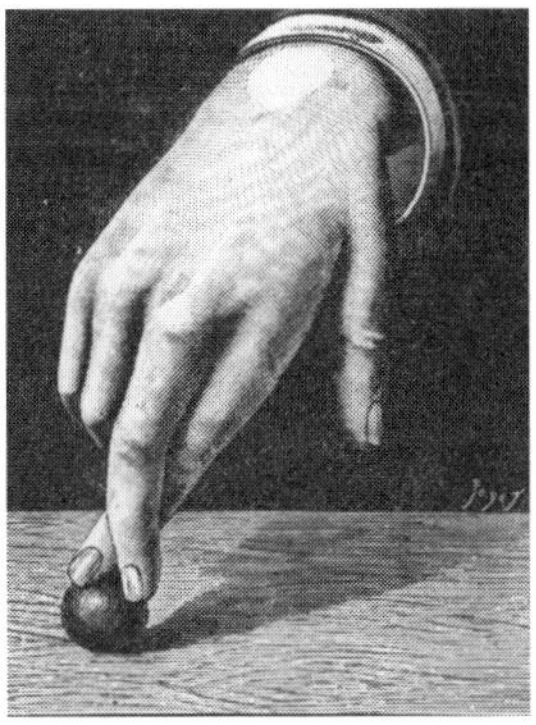

洋書『POPULAR SCIENTIFIC RECREATIONS』（1880年頃、ロンドン）

281
棒寄せ

現象は、天秤棒を二本用意し、棒の中央を左右の手に一本ずつ持って立つ。そして、声を出さずに「帰り来んず帰り来んとは思えども、定めなき世に定めなければ」と三回唱え、さらに「寄れ、寄れ」と念ずると、棒の端が徐々に寄ってきて、くっついてしまうというものである。この棒の持ち方は手首の構造上、もともと棒の先が内側に寄る形である。そのため二本の棒の先を広げて持っていても、棒は少しずつ寄ってくる。そして、自己暗示によって、棒はさらに寄ってきて、くっついてしまう。

初出の伝授本は『秘事百撰』である。

版本『手品封じ箱 第二編』（明治前期）

282

紙の力くらべ

紙を左、右、中央の順に何枚も重ねたものを、二人がその束の両端を持って思い切り引っ張っても決して離れないという科学応用の手品である。この原理は、紙を重ねることによって紙が密着して摩擦力が強くなり、引っ張ると紙がより締って、人がどんなに引っ張っても抜けることはない。二冊の本の紙を一枚ずつ交互に重ねても同様で、人が本にぶら下がっても抜けることはない。

この演目が載る伝授本は『盃席玉手妻』のみである。

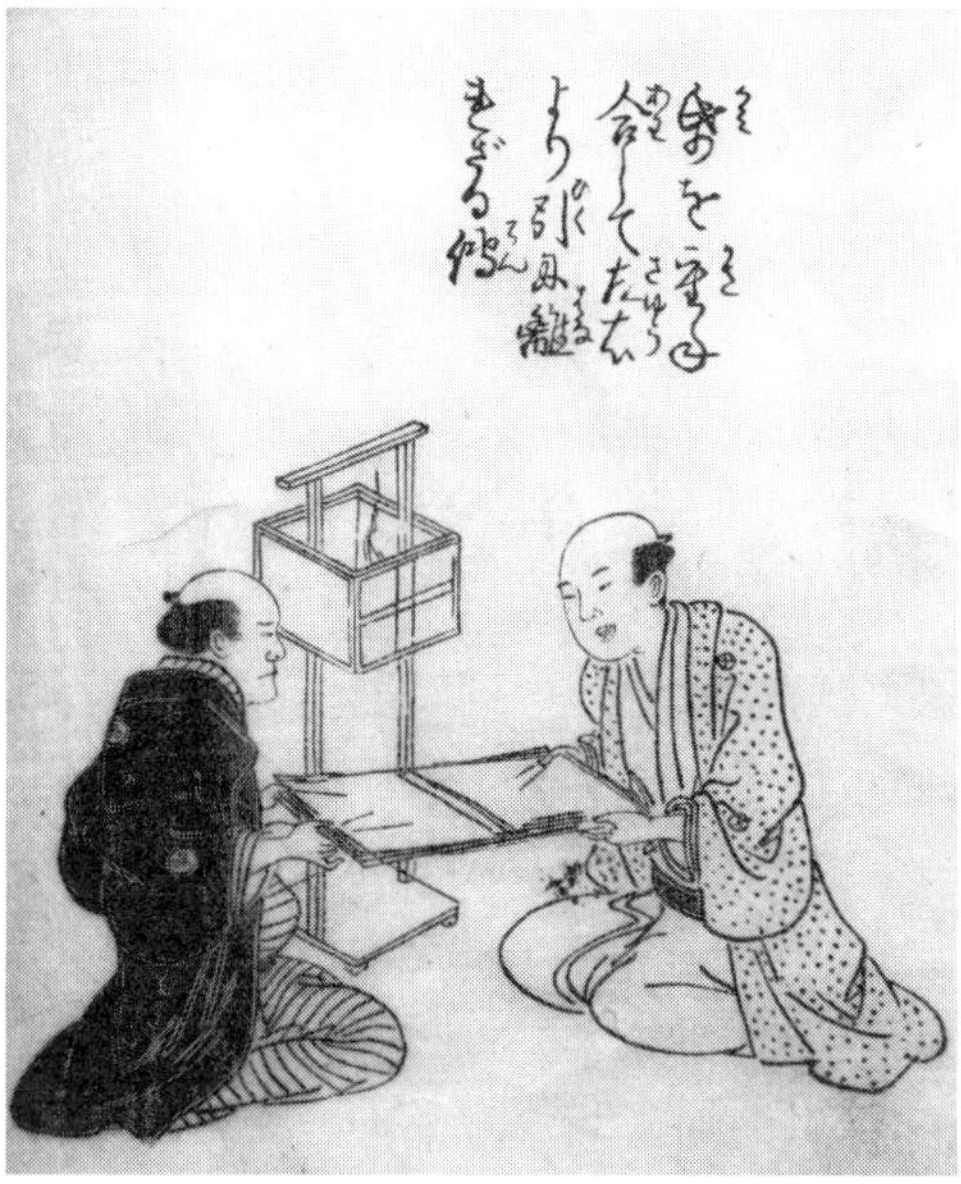

版本『盃席玉手妻』(寛政11年)

283

棒切り

棒切りとは、二個の茶碗に水を入れ、その上に箸を載せて、キセルで箸を叩き切っても茶碗は倒れないし、水もこぼれないという科学手品である。茶碗が倒れないのは、慣性の法則により、力が茶碗に伝わる前に箸が折れてしまうからである。成功の秘訣は、箸を茶碗の縁ぎりぎりに渡すことと箸の真ん中を思いきり叩くことである。なお、茶碗の代わりに二丁の豆腐で行う方法もある。

初出の伝授本は『珍術さんげ袋』である。

版本『珍術さんげ袋』(享保12年以前)

285

這《は》っていく人を引き止められない法

腹ばいになって這っていく人に細い紐を付けて、何人かで引っ張っても、引き止められないという技である。この技はテコの原理で説明できる。腰に巻いた紐のところが支点となる。支点と頭は離れており、しかも口に銭二貫文をくわえさせ、態勢も下向きである。すなわち支点より左側の方が長くて重い。このような状態では、支点より右側の三人が紐を引っ張っても、這っている人の力の方が強いので、引き止めることはできない。

版本『続たはふれ草』（享保14年）

286

腹の上に重い物を載せる法

腹の上に重い物を載せる技である。仰向けになって、手足を畳に付けて反り、腹の上に板を載せ、その上に物を積む。普通に力がある人ならば、一五〇キロぐらいは載せられる。もっと力のある人ならば、人を乗せた馬を載せてもひしゃげないものである。

反対にうつむけの場合は、ひしゃげてしまう。このように仰向けの形は、ちょうど箱を伏せたような形で、肘の関節が突っ張った状態になり、身体の強度が増す。そのため腹の上に重い物を載せても耐えられるようになる。

版本『続たはふれ草』（享保14年）

289

腕に浮き出る文字

腕に灰をこすりつけると、文字が現れるという手品で、タネは菜種油である。菜種油で書いた文字は乾いても、まだ油分が残っており、その部分にだけ灰が付着するので、文字が現れたように見えるというわけである。あらかじめ菜種油で相手の名前を腕に書いておく。

演じ方は、紙に名前を書いてもらったら、その紙を燃やし、できた灰を演者の腕にこすりつける。すると相手の名前が浮かび上がる。とても不思議に感じる手品である。

この演目が載る伝授本は『盃席玉手妻』のみである。

版本『盃席玉手妻』(寛政11年)

293

短《たん》冊《ざく》に書いた文字を洗い流す法

短冊に墨で書いた文字が、短冊を水の中へ浸けておくと消えてしまうという手品である。この手品を行うには、事前に厚手の紙と薄い紙の上部を糊で貼り合わせた短冊を作っておく。

演技は、短冊の上側の薄い紙に歌を書き、それを水の入った鉢に入れる。しばらくすると糊が溶けて二枚の紙がはがれるから、それを確認して、厚手の紙だけを取り出して観客に見せる。

なお、伝授は『秘事百撰 三編』に載る。

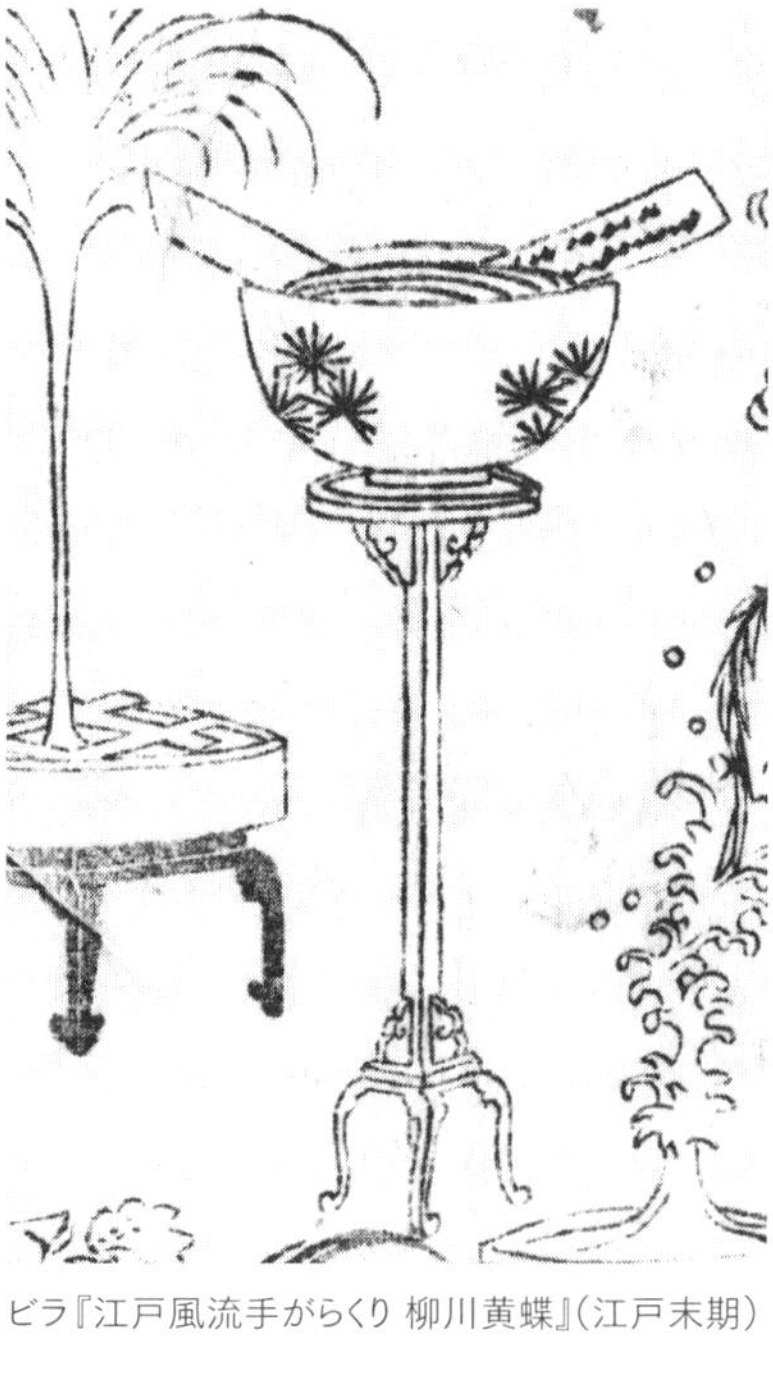

ビラ『江戸風流手がらくり 柳川黄蝶』(江戸末期)

298

火渡り

日本の「火渡り」は古くから伝わる修験《しゅげん》道などの儀式で、真っ赤に燃えた炭が敷きつめられた火の道を行者が裸足で渡るというものであるが、誰も火傷をすることはない。特に仕掛けがあるわけでなく、火に触れる時間を短くすることである。この神事は現在も各地の寺社などで行われている。ちなみに『放下筌』に書かれた方法は、要約すると「寒水石《かんすいせき》を粉にして練ったものを身体に塗り、乾かしてから火に飛び込みなさい」とある。

版本『放下筌』(宝暦14年)

299

鉄火にぎりの術

真っ赤に焼けた火箸を握る方法である。「鉄火にぎりの術」のタネは、次の三通りがある。

①手に円筒形の小枕《こまくら》を隠し持ち、この小枕の筒の中に焼けた火箸を通す方法。

②手に塩を塗りこんで握る方法。

③「アビラウンケンソワカ」という真言を三回唱えて握る方法。

この中で、①が最も手品らしい方法である。

初出の伝授本は『絵本一興鑑』である。

版本『手妻早稽古』(文久2年)

301

釜《かま》鳴《な》り

釜鳴りは、日本古来の秘術であり、『天狗通』にその方法が載る。伝授には「銅製の釜の蓋の周囲に段を刻んで、釜と蓋との間にすき間ができないようにし、その中に水を半分より少なく入れ、餅米を入れて炊く。このようにすると餅米は煮えるにつれて噴き上がるから、蓋の周囲に餅米がくっつく。中に充満している湯気が外へ出ようとする力が火勢につれてますます強くなり、釜がうなってほら貝を吹くような音を立てる」とある。さらに「釜を早く鳴らしたいならば、蓋に竹笛を仕込んでおきなさい」とも書かれている。

版本『天狗通』(安永8年)

305

脇《わき》差《ざし》を呑む術

この術は紙に包んだ脇差を呑み込むというものである。仕掛けは、別に用意した刃先だけの短いダミーの刃で、本物の脇差を紙に包むときに、ダミーの刃先を出し、本物は完全に紙に包み込んでしまい、ひそかに懐に落とす。ダミーの刃先を口に当てて、包み紙を上の方から少しずつ押しつぶしてゆき、全部を口に入れて、呑み込んだように見せる。演技の最後には、本物の刀を股から取り出して見せる。なお、別法としてダミーを使わずに、紙で包んだ刀身が柄から抜け落ちるというのもある。初出の伝授本は『放下筌』である。

版本『手妻早伝授 初編』(嘉永2年)

306

六尺の棒呑み

この手品は、六尺の棒を呑み込むというもので、タネは黒幕に開けた小さい穴である。演者は、薄暗くした舞台の黒幕の前で長い棒を呑み込むと見せて、棒の端を顔の横から滑らせて幕の穴に入れ、背後の助手の助けを借りて、少しずつ後ろへ送っていき、全部を呑み込んだように見せる。

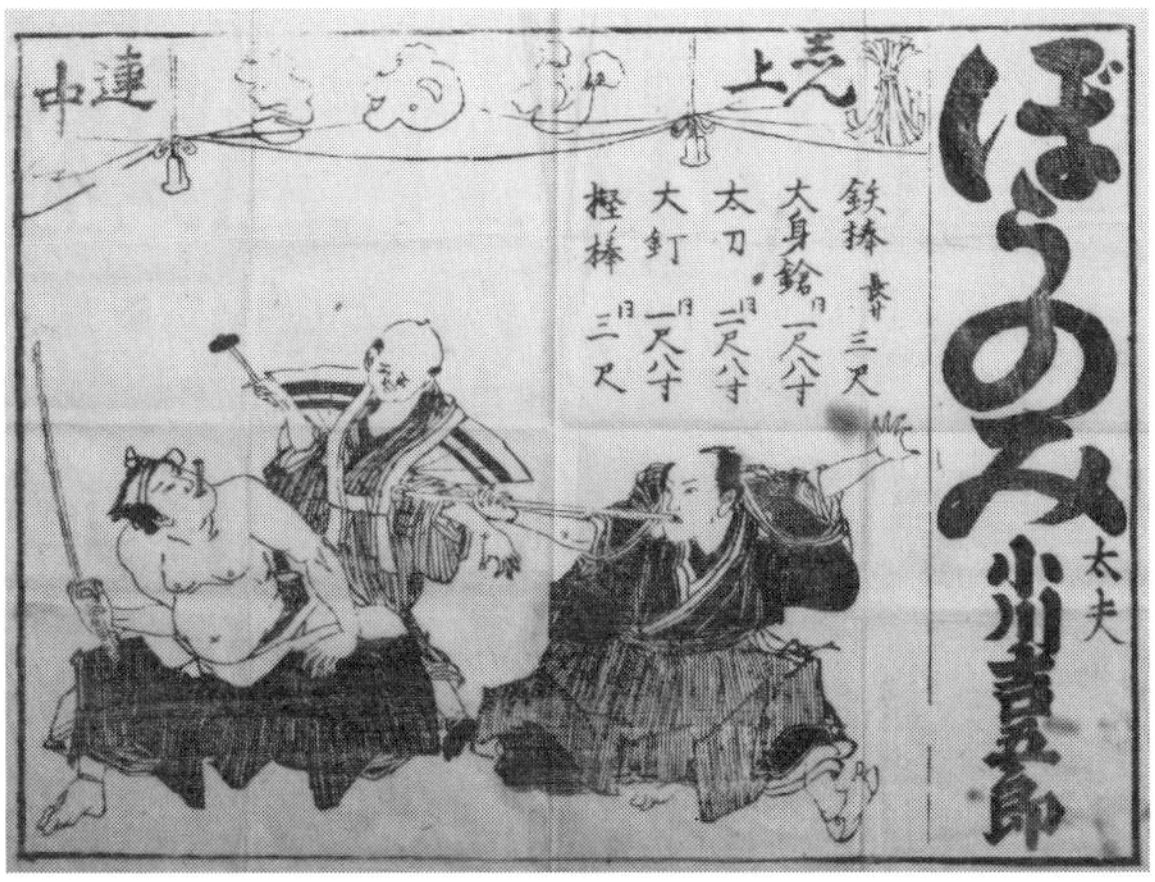

ビラ『ぼうのみ　太夫　小川吉五郎』（江戸後期）

この芸は、トリックを使った「棒呑み」であるため、演者には迫真の演技力が求められる。

この演目が載る伝授本は『手妻伝授《てづまでんじゅ》紫《むらさき》帛《ふくさ》』のみである。

307

キセル呑み

キセルを呑み込む手品である。演技は、キセルを半紙で包むときに、雁首《がんくび》だけ残して、そのほかは袂に落としてしまう。キセルを吸う真似をして、あらかじめ吸っておいた煙を口から吹き出して、包み紙の中にまだキセルがあると思い込ませる。包み紙を口に少しずつ入れながら雁首を手に隠し持ち、これも袂に落とす。そのまま演技を続けて、キセルを呑み込んだように見せる。

初出の伝授本は『手妻秘密の奥義』である。

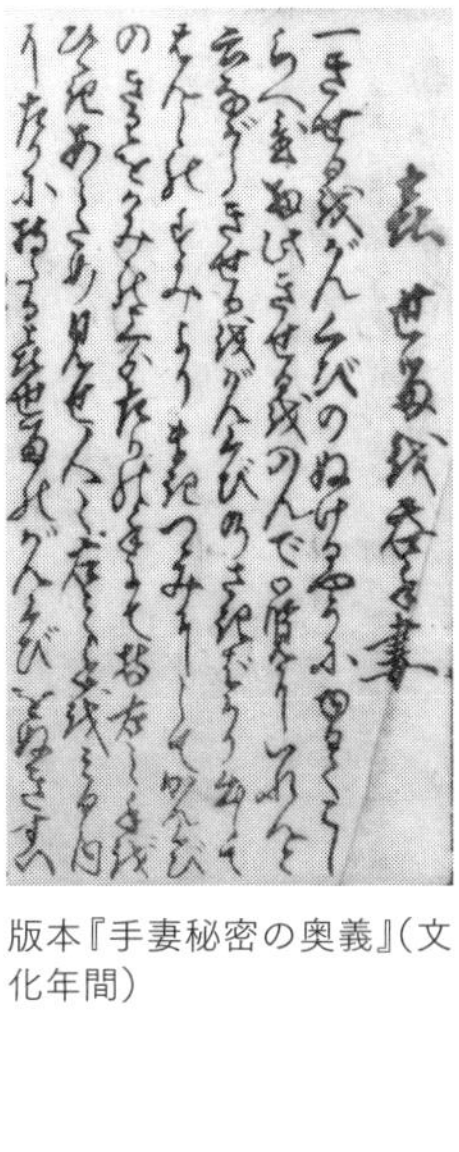
版本『手妻秘密の奥義』（文化年間）

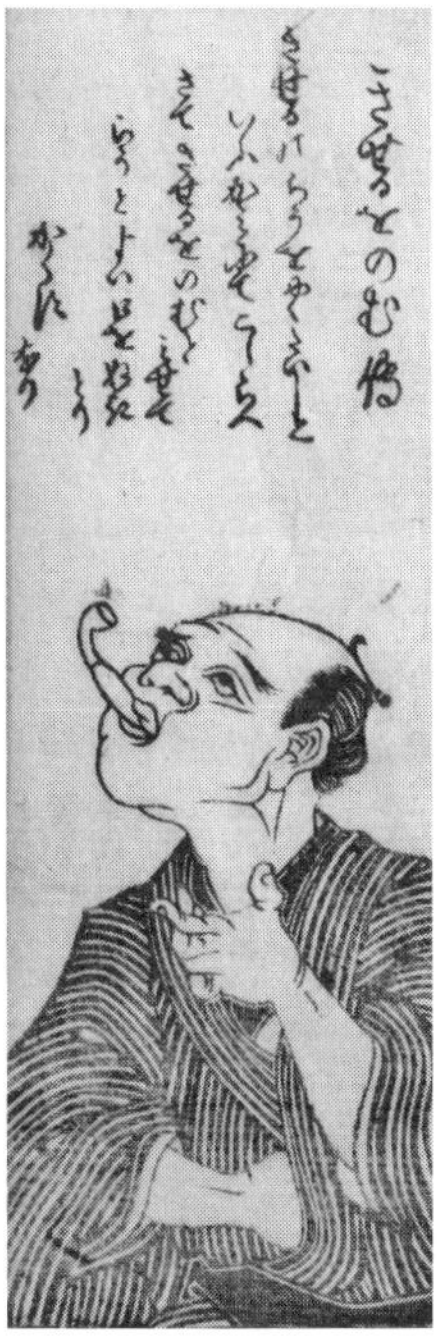
版本『手しな独けいこ』（江戸末期）

309

八寸釘を舌に通す術

この手品は、長い釘を舌に通して見せる術で、仕掛けは釘にある。釘の真ん中あたりがU字形に曲がっており、ここに舌を差し込んで、釘を舌に突き刺したように見せる。反対側から見るとタネが丸見えであるから、見せる角度も大事である。釘の長さは八寸（約二四㌢）と長め。タネが単純であるだけに、本当に突き刺したように見せる迫真の演技力が必要となる。

初出の伝授本は『手妻伝授紫帛』である。

版本『秘事百撰 後編』（嘉永元年）

310

針呑み

針呑みとは、呑み込んだ針に糸を通す術である。演じ方は、一〇本の針を持ち、その内一本を抜き取り、口中に入れると見せて指の付け根に隠し持つ。この動作を繰り返して、最後に糸を呑むときに、一〇本の針に糸を通しておいたものをひそかに口中に入れる。しばらくして糸の先を持って引き出せば、呑み込んだ一〇本の針が糸に通って出てきたようにみえる。

初出の伝授本は『手妻伝授紫帛』である。

自筆巻子本『手品画巻』（江戸末期～明治初期）
※図は『奇術研究』70号（昭和49年）より転載

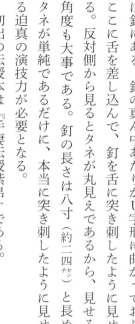

311

鉄《てつ》火《ひ》箸《ばし》曲《ま》げ

鉄製の火箸を曲げる方法である。伝授には「火はしをかたくにぎり、まい《（前）》へ引、まげるなり。尤、向ふへまけると見せて、まい《（前）》へひきまけるなり」とある。この説明は「火箸を固く握り、客には向こうへ曲げると見せて、手前に引いて曲げる」と読みとれる。すなわち火箸の端を体に当て、もう一方の端を持って、テコの原理で強く押して曲げると考えられる。

この方法は現代のスプーン曲げと相通じるところがある。

一枚刷り『手品でんしゆ書』（江戸末期）

314

提《ちょう》灯《ちん》、釣《つり》鐘《がね》の釣り分け

長いキセルの両側に釣鐘と提灯がバランスよくぶら下がる不思議さを見せる細工物である。仕掛けは鉄で作った鉤付きのT字形金属棒である。この金属棒に長い竹（キセル）を通して、鉤型の部分を丈夫な鴨居に引っ掛ける。真ん中の縦の金属棒は、絹布でうまく隠して、キセルを布で吊っているように見せる。見世物小屋でこのような釣りもの細工を見せて、観客を不思議がらせた。

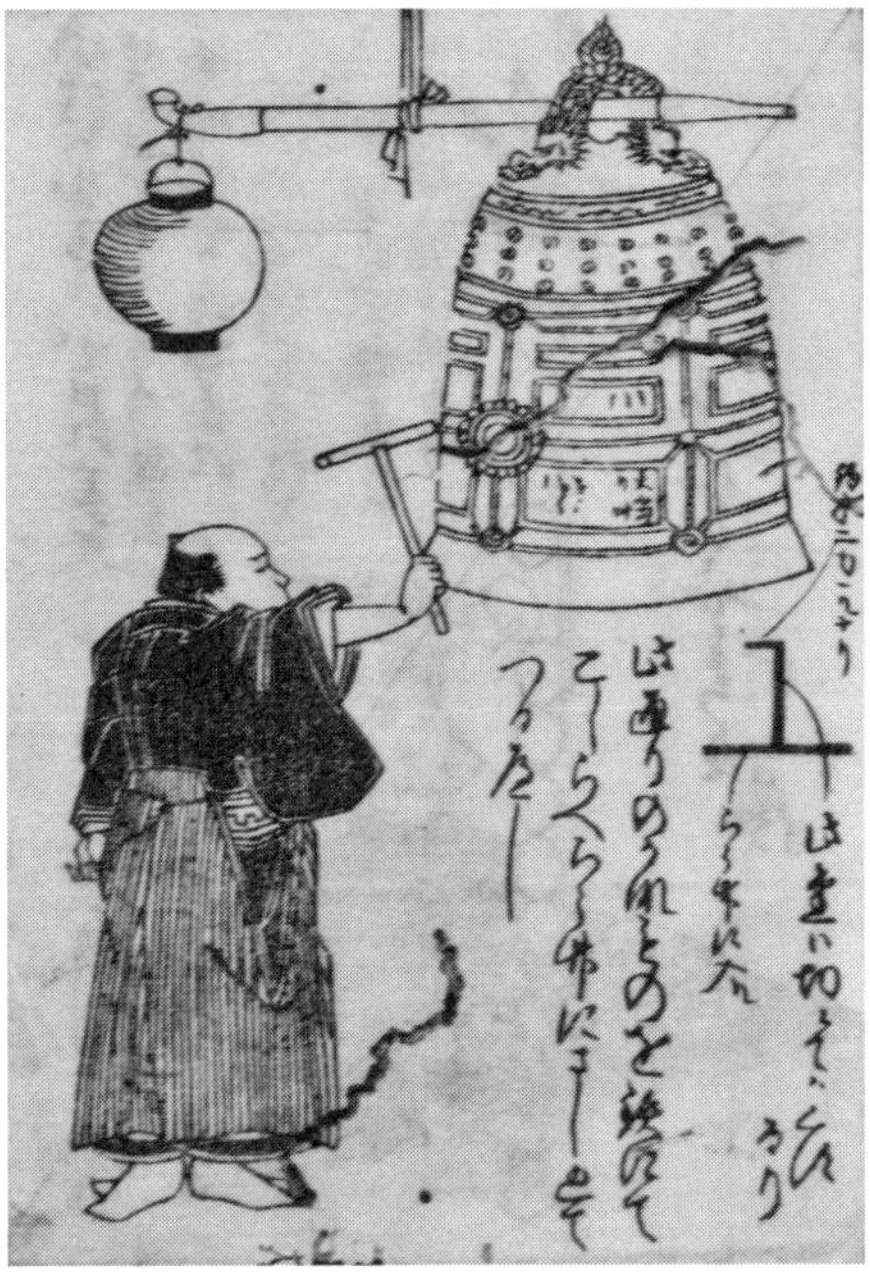

版本『妙術智恵之砂越』（文政11年）（国立劇場蔵）

317

積み銭の刃渡り

刀の刃に銭を一枚ずつ積み上げる方法で、「積み銭」という。作り方は、刀の刃をひいて銭の厚さぐらいにして穴をあける。銭の上下の縁にも穴をあけ、それらの穴に細い金属棒を差してつなげる形で積み上げていく。左図の場合、一番上の花器は、金属棒を銭の穴と花器の底に接着剤で付けた金具の穴とに差してつなぐ。

なお、別法として、横置きに積み重ねた銭を刃の上に立てる細工物もある。

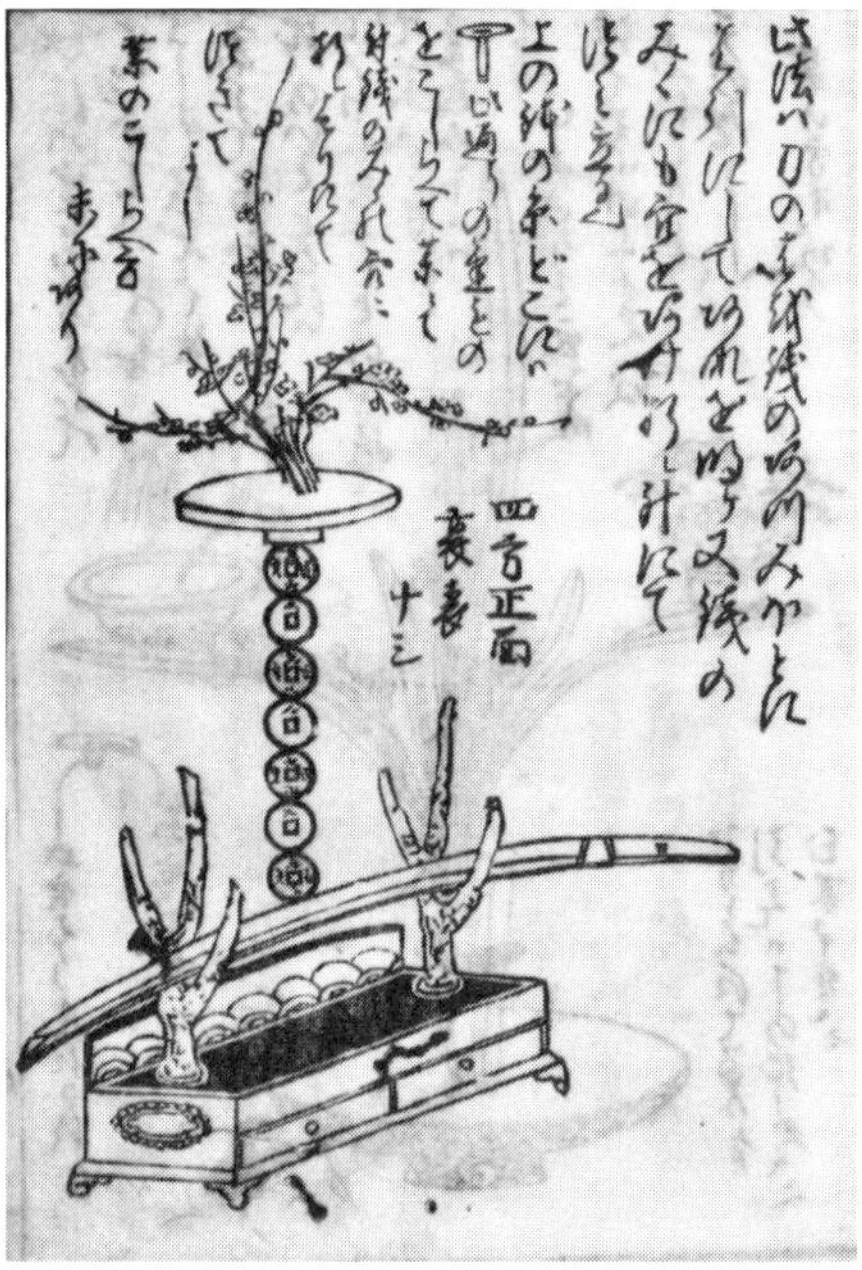

版本『妙術智恵之砂越』(文政11年) (国立劇場蔵)

325

提灯に石を載せる法

やわらかい提灯の上に重い石を載せて、不思議さを見せる細工物である。作り方は、提灯の上に後方から板を出して、その上に石を載せる。また石の上の溝にぴったりはまる横木を渡して、その横木を針金で縛って後方へ引っ張る。この二つの方法で石を釣り上げる形である。

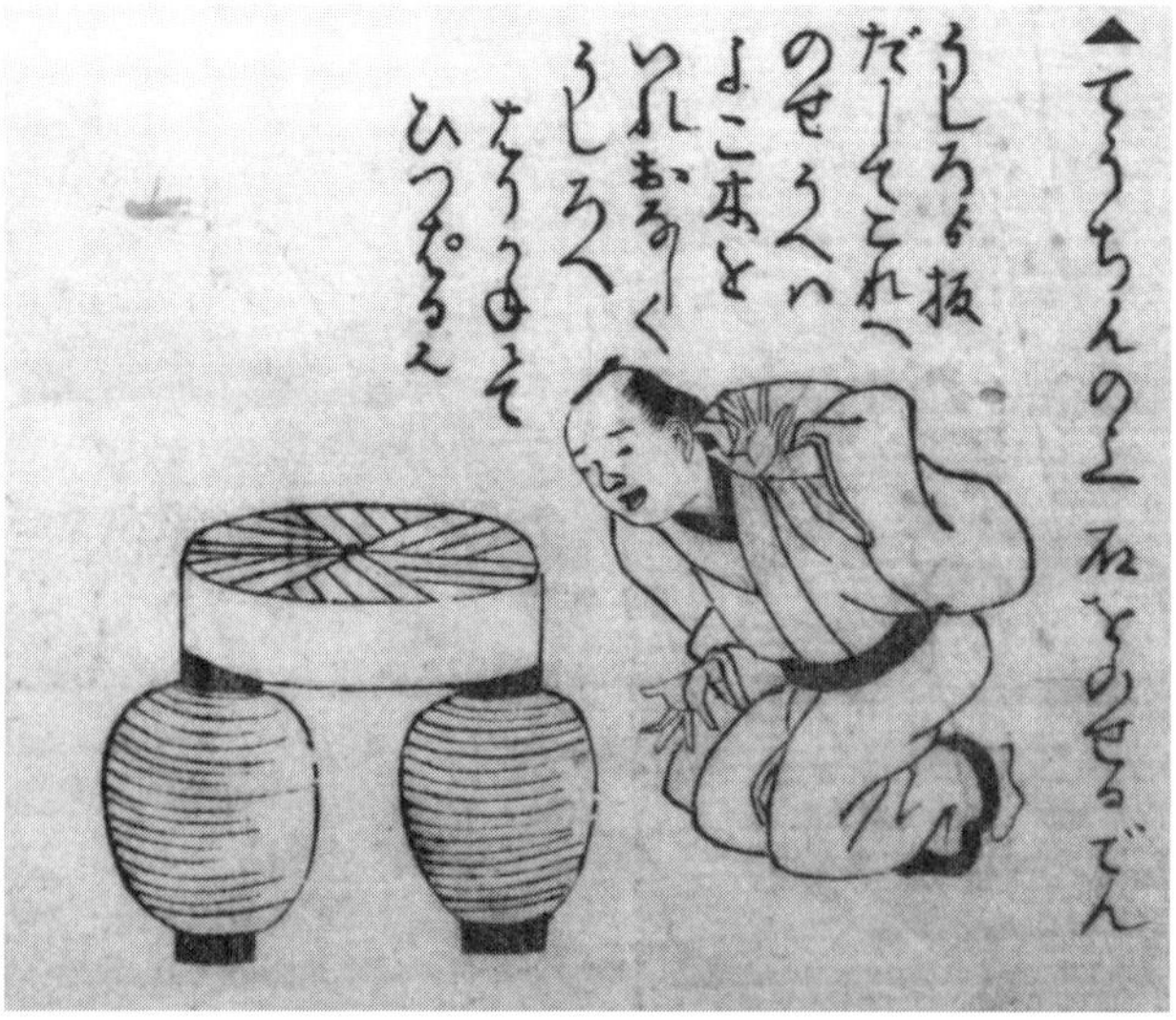

版本『手妻早稽古』(文久2年)

327

庖丁の砂《すな》留《ど》め

「砂留め」とは、皿などに砂をほんの少し入れ、その上に物を立てる秘伝ものである。タネは松脂《まつやに》である。この「砂留め」に関する記述は少ないが、明治前期の手品草稿本『手妻の大寄』に「いけ花、砂どめのでん」という演目があり、そこには「図のごとく鉢の中ニ入れ、まつやにをゆ《（湯）》にしてつける也。何なりとも生花する。白砂ニて、ねもとかくす也」と書かれている。

自筆折本『釣物積物秘伝（仮題）』（江戸期）

328

刀身の葉《は》留《ど》め

左の絵は、手品伝授本の見返しに描かれていたもので、水の入ったどんぶりに浮ぶ一枚の葉の上に刀身が立つというものである。このような秘伝ものを「葉留め」という。葉留めの仕掛けは金具である。それなりの金具を作り、どんぶりの底か縁に取り付ける。刀身の場合は、どんぶりの底に金具を取り付けて、その金具の先に付けた細い棒を刀身に開けた穴に差し込んでつなげたと考えられる。刀身が浮ぶ葉の上に立つという不思議さを見せるものであるが、葉は仕掛けを隠す役目もしている。

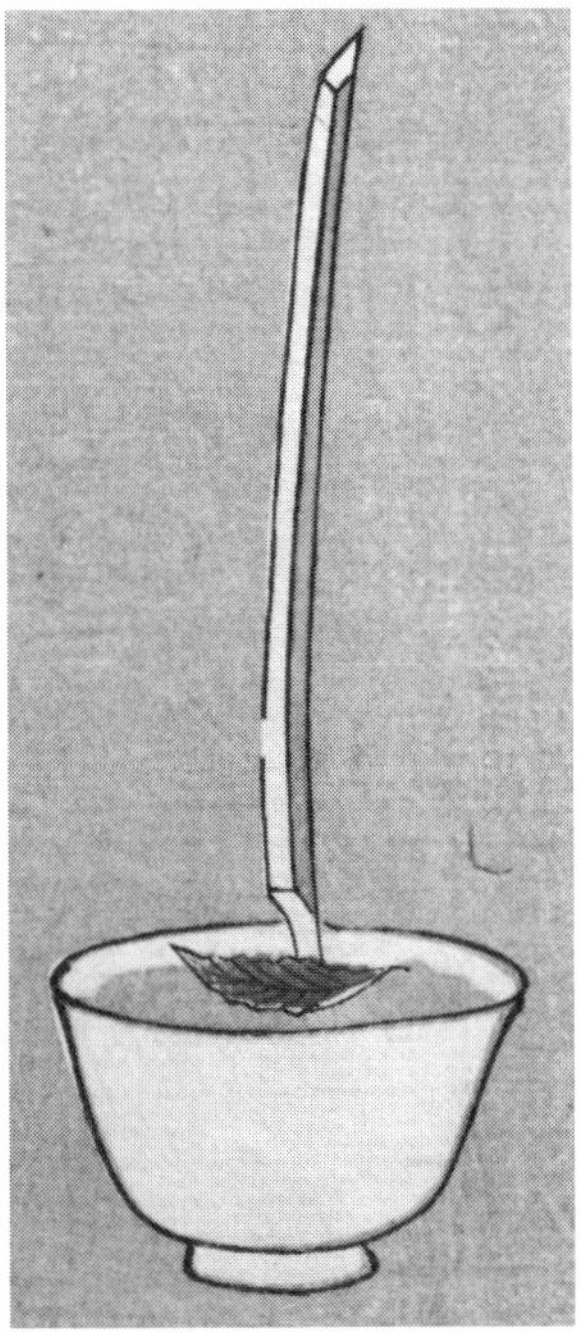

版本『手妻山早合点』（江戸末期）

329

大石を水に浮かす法

水面に大石を浮かすというもので、水の中にガラス製の容器を置き、その上に石を載せる方法である。ガラスは透明なため、水の中では区別がつきにくい。そのため、一見すると石が水の上に浮いているように見える。

伝授には「水の中へびいどろのとくりをおき、その上へ石をのせるなり」とある。

なお、別法として、大きな軽石を水に浮かすというのもある。

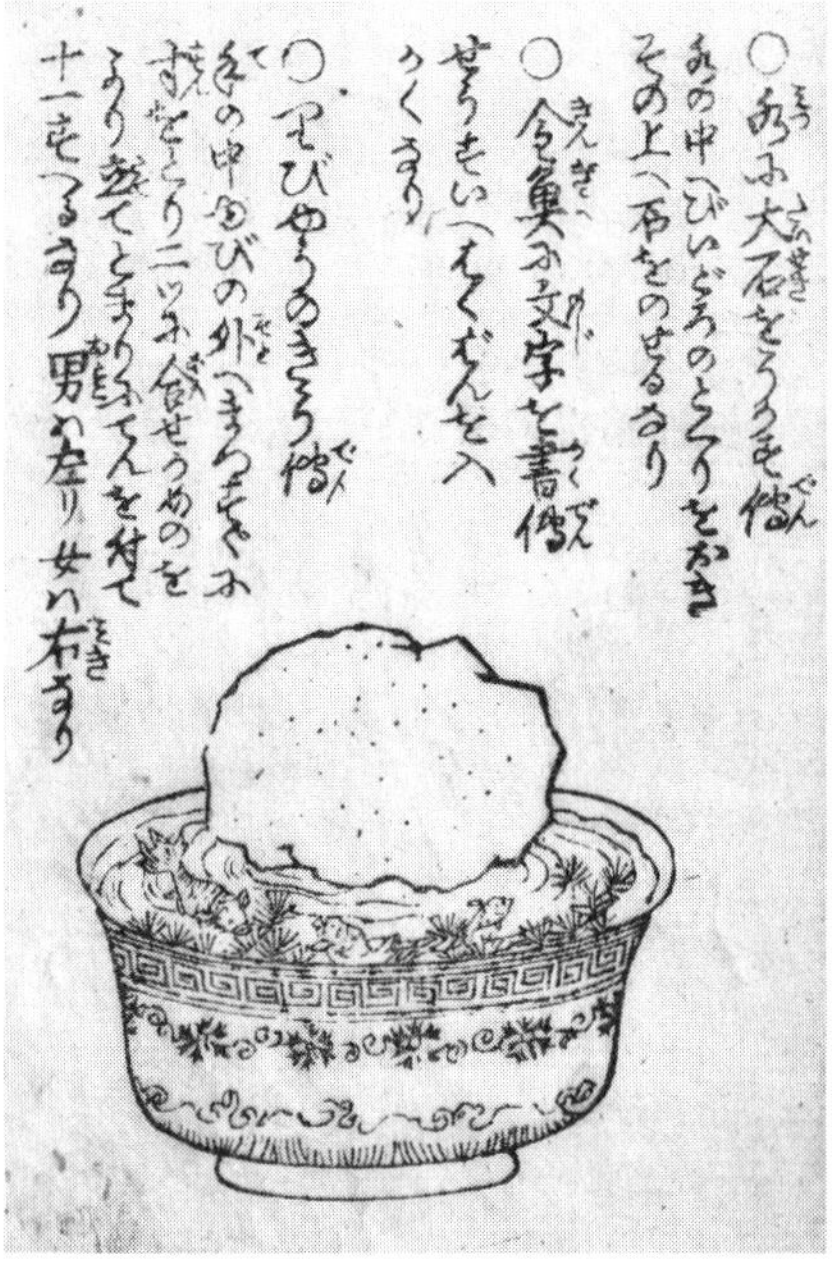

版本『長崎伝来智恵の海』（安政元年）

330

水《すい》画《が》

水面に絵を描いて見せる秘伝もので、「水画」という。水画の方法は、伝授本に「寒水石に白ロウを入れて炒り、それを筆につけて水面に絵を描く」とある。水留めとして、ふしのこと焼きミョウバンを入れる。ふしのこ（付子の粉）は、ヌルデの葉茎にできる虫こぶのこと。殻にタンニンを多量に含み薬用として用いられるほか、染織やインキ製造に、古くは女性の御歯黒に用いた。

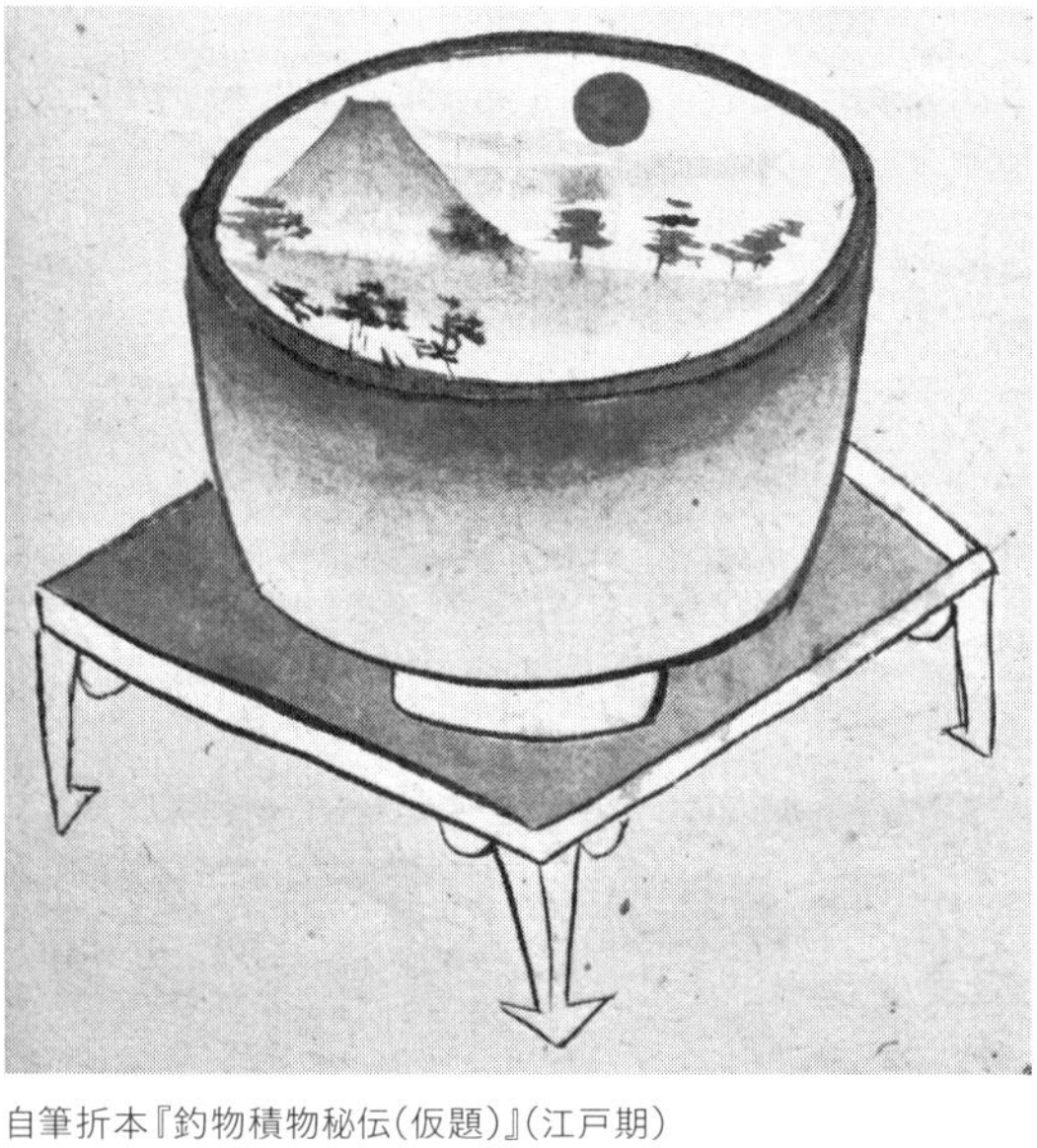

自筆折本『釣物積物秘伝（仮題）』（江戸期）

335

いろは人形のからくり

傘に書かれたいろは文字のうち、客が指定した文字を人形が動いて指し示すというからくりである。人形を載せた箱の中に鯨《くじら》のひげで作ったバネがあり、そのバネに結んだ糸が人形の心棒に巻きついて、歯車をとおって仕掛けの横木に結ばれている。バネと横木で糸を引っ張り合っている形である。スイッチの装置は台の足の中を通り、地面の仲間の足元まで伸びている。見物人にまぎれた仲間がこの木を踏んでスイッチを入れたり切ったりして回転を調節し、指定した文字のところで人形を止める。

この演目が載る伝授本は『璣訓蒙鑑草』のみである。

版本『璣訓蒙鑑草』(享保15年)
※図は稀書複製会の複製本(昭和4年)より転載

336

五寸の箱の中へ人形遣いながら入からくり

天井から下がっている五寸角の筒の中へ、演者が人形を遣いながら入ってしまうというからくりである。主な仕掛けは、床にあけた穴である。また、人形と演者の着物、袴をひと続きの一重《ひとえ》仕立てにして、折り目やひだは鯨のひげで張りを持たせておく。演じ方は、筒の口にかぎ針を用意しておき、このかぎ針に人形を掛け、演者は舞台に設けた穴から舞台下に抜ける。同時に仲間が、かぎ針の糸を引いて人形と衣裳を筒の中へ引き入れる。観客の目には、人形と演者が筒に入っていったように見える。

この演目が載る伝授本は『璣訓蒙鑑草』のみである。

版本『璣訓蒙鑑草』(享保15年)
※図は稀書複製会の複製本(昭和4年)より転載

342

鳩、鉢の子に入、仏となるからくり

丸い鉢の中に入った鳩が仏像に変わるからくりである。仕掛けは、底に穴のあいた鉢と台座の中に隠れている仲間である。

この手品では、用具を交互に改める「交互改め」の手法を使う。

最初は底に穴の開いた鉢が帛紗《ふくさ》で包まれているが、鳩を入れるときに帛紗の結びを解くので、広がった帛紗が垂れ下がって台の脚部を隠す。鳩は鉢に入ってから台座の中に落下する。鳩に代わって鉢から出現する仏像は、台座の中から仲間がせり上げる。これらの秘密の操作は、垂れ下がった帛紗で脚部を隠した中で行う。

この演目が載る伝授本は『璣訓蒙鑑草』のみである。『璣訓蒙鑑草』は、多賀谷環中仙《たがやかんちゅうせん》によって享保一五年（一七三〇）に著された人形からくりの伝授本で、二八種のからくり人形の作り方を解説する。この書は、『機巧図《からくりず》彙《い》』と並んで日本を代表するからくりの本である。

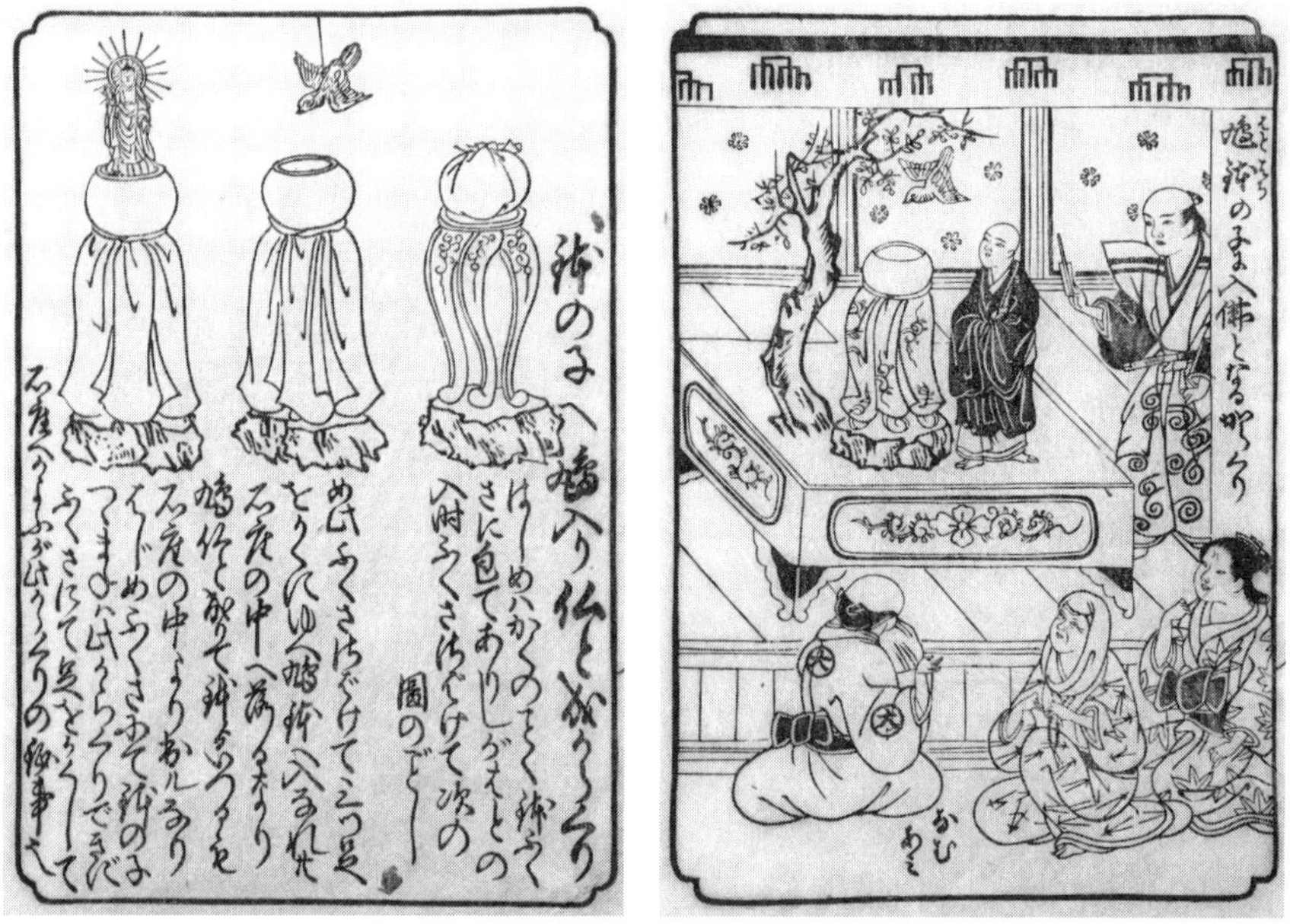

版本『璣訓蒙鑑草』（享保15年）
※図は稀書複製会の複製本（昭和4年）より転載

343

蟻《ぎ》通《つう》玉《ぎょく》のからくり

縄の先に取り付けた蟻が、下右図のように演者側の口から入り、ぐるぐるした黒い無双窓《むそうまど》の中を通り、向こう側の口から出てきて、縄を糸巻きに全部巻きつけるというからくりである。仕掛けは、鳥居形の左右の柱に仕込まれた縄と舞台下にいる仲間である。

演じ方は、初めに無双窓を開けて、縄が左右に通っていることを示す。窓を閉じて、演技を始める。仲間が縄を引っ張ると、縄は演者側から筒の中に入り、無双窓の中を通ると見せて脇の柱に引き込まれていく。向こう側の柱の中には蟻の付いた縄が仕込んであり、蟻がちょうど到着する頃を見はからって、仲間が縄をゆっくりと下ろす。そのまま糸巻きに巻きつけて、全部を巻き取ってしまう。

客の目には、蟻が縄を引っ張って筒の中に入っていき、向こう側から出てきて、糸巻きに全部巻きつけたように見える。なお、無双窓の縄は、あらかじめ縄だけが内部に仕込んである。

上演図は『璣訓蒙鑑草』『竹田大からくり操《あやつり》狂言《きょうげん》絵《え》尽《づくし》』などに載る。

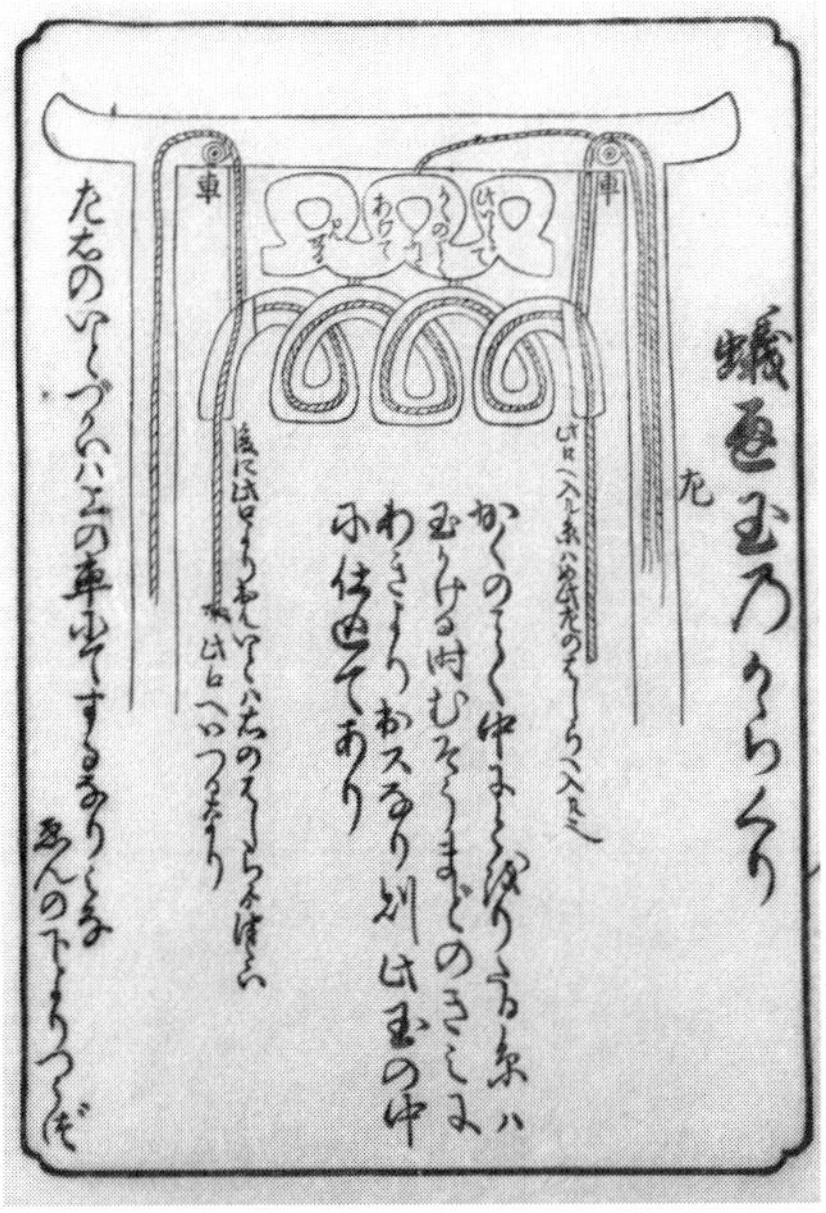

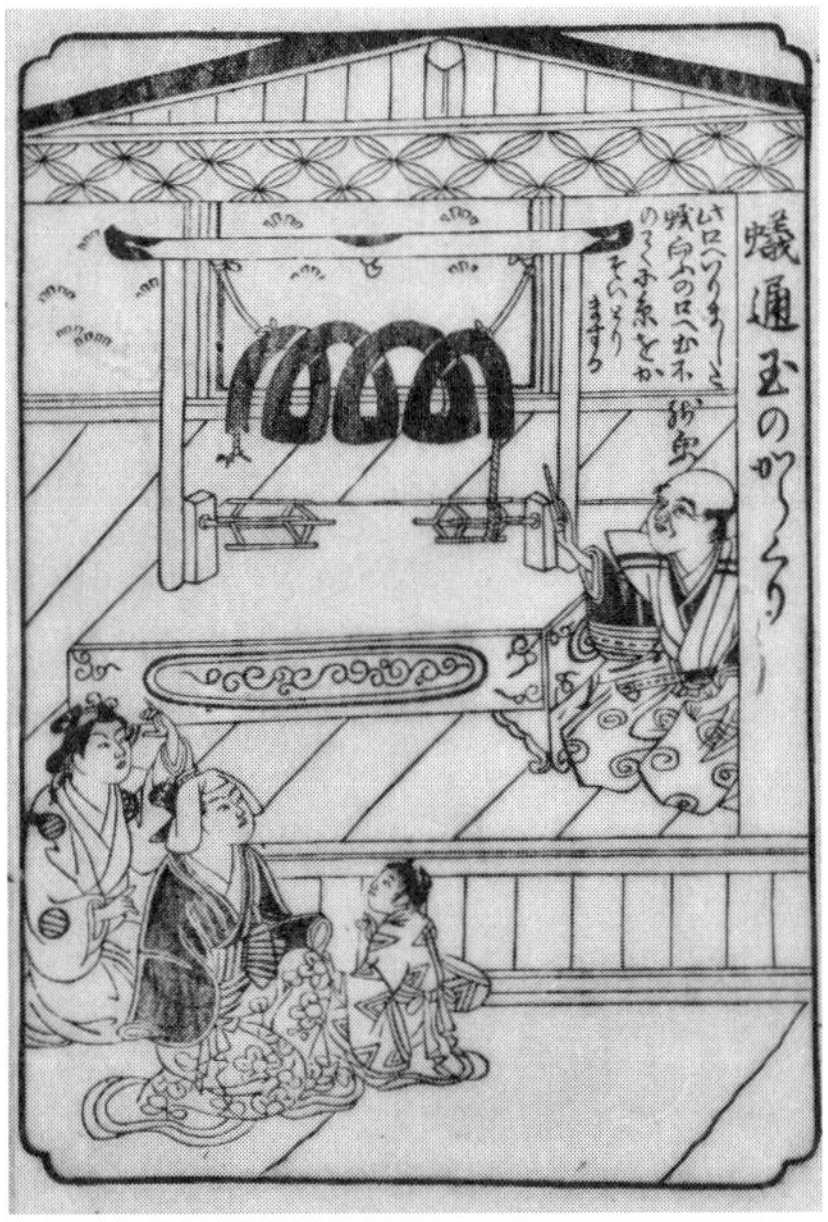

版本『璣訓蒙鑑草』(享保15年)
※図は稀書複製会の複製本(昭和4年)より転載

344

茶釜の水、茶となるからくり

茶釜の水が熱いお茶に変わるというからくりである。仕掛けは、茶釜と自在鉤と演者の身体の中に仕込んだ管の三つである。まず茶釜に水を入れ、手に持って口上を述べる。このとき手が当たる部分に穴があって、袖から袴を経て舞台下まで皮製の細い管がつながっており、この管を通って茶釜の水は舞台下に全部流れ落ちてしまう。演者は、からになった茶釜の中を見せずに自在かぎに掛ける。この自在かぎは中空の管でできていて、仲間が天井から熱湯を注ぎこむと、自在かぎの中を次々とくぐり抜けて茶釜の中に入る。演者は「さきほど茶釜に入れました水が、あのように煮え立ってお茶になりました」という。

この演目が載る伝授本は『璣訓蒙鑑草』のみである。

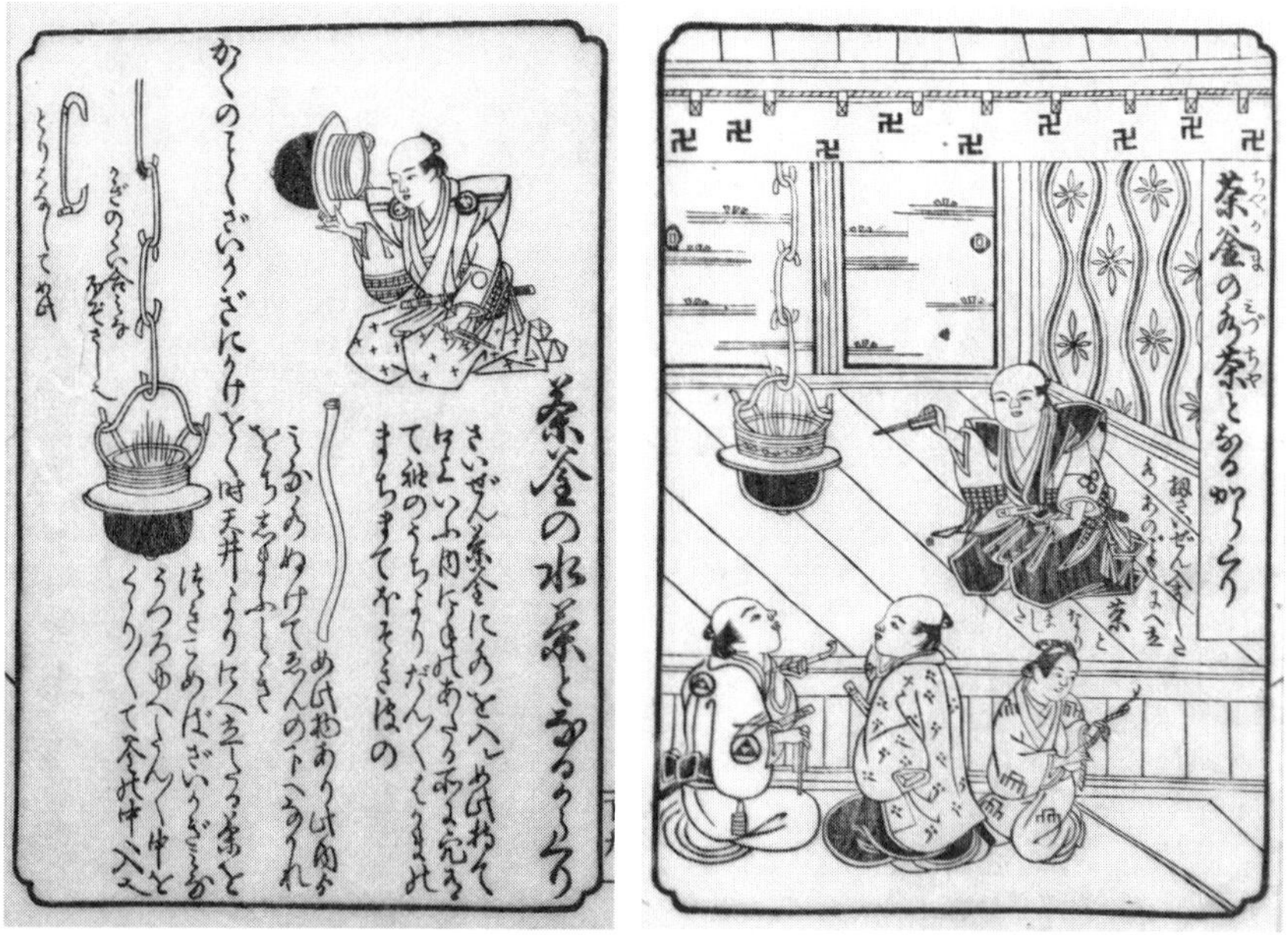

版本『璣訓蒙鑑草』（享保15年）
※図は稀書複製会の複製本（昭和4年）より転載

350

人形、人にかくさせ、人形が占うからくり

これは、三個の人形のうち、客が隠した一つをからくり人形が当てるという手品である。「占う」というのは「当てる」という意味である。

タネは、三個の人形の重さの違いである。あらかじめ楽屋の柱の三箇所に布袋《ほてい》、唐人《とうじん》、太夫《たゆう》の印を付けておき、重りが該当する部分の名前を指すように調整をしておく。

演じ方は、「布袋」、「唐人」、「太夫」の三個の人形があり、客がその内の一つを隠し、残りの二つを袋に入れて自在鉤に吊るす。人形の重さは、布袋一〇匁、唐人二〇匁、太夫三〇匁で、客が布袋を選べば、袋の重さは五〇匁となるから楽屋の重りは上がり、布袋を指す。太夫を選べば袋の重さは三〇匁となって重りは下がり、太夫を指す。楽屋で答えを知った仲間が、床下でからくり人形を動かして舞台にある人形の絵を指し示すようにする。

この演目が載る伝授本は『珍術さんげ袋』と『璣訓蒙鑑草』のみである。

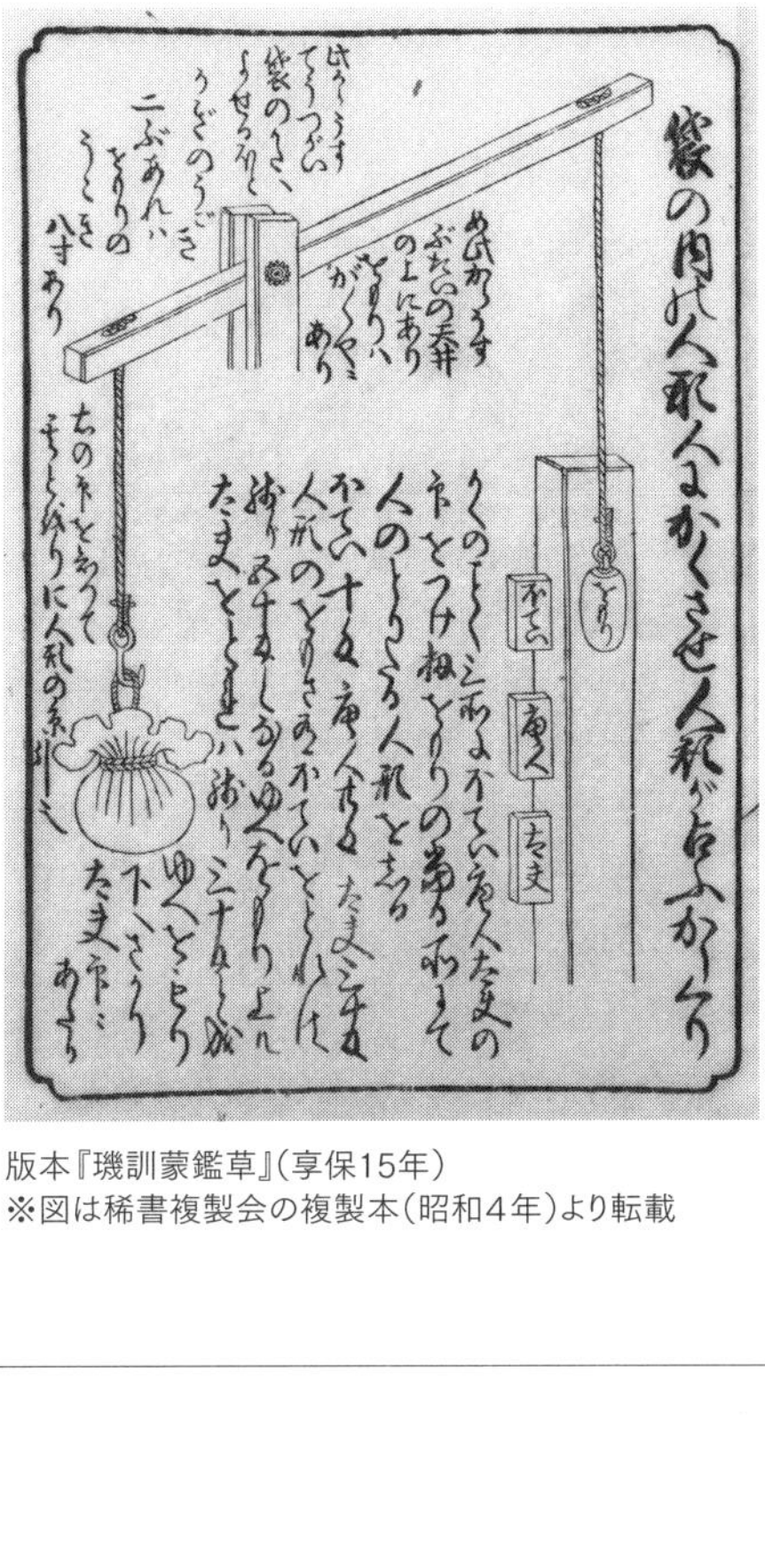

版本『璣訓蒙鑑草』（享保15年）
※図は稀書複製会の複製本（昭和４年）より転載

352

三本の扇の内、人の取たるを占う

三本の扇のうち、客が選んだ一本の扇の絵を当てる手品で、仕掛けは扇箱と台の脚にある。

演じ方は、客が一本の扇を選んだら、残りの二本を扇箱に入れて、台の上に置く。扇箱の底は開くようになっており、また台の脚も空洞になっているため二本の扇は舞台下に落ちる。助手がこれを広げて見れば、客が取った扇を知ることができる。

演者が、あらかじめ舞台に取り付けてある三本の扇を示して「お客様がお取りになった扇に合わせて開きます」と言うタイミングに合わせて、助手は、客が取ったのと同じ扇が広がるように舞台下で操作する。客が「なるほどそれだ。このとおり、絵が合った。ところで、扇箱をもう一度見せよ」と言ったら「それは、ご勘弁、ご勘弁」と逃げる。

この演目が載る伝授本は『璣訓蒙鑑草』のみである。

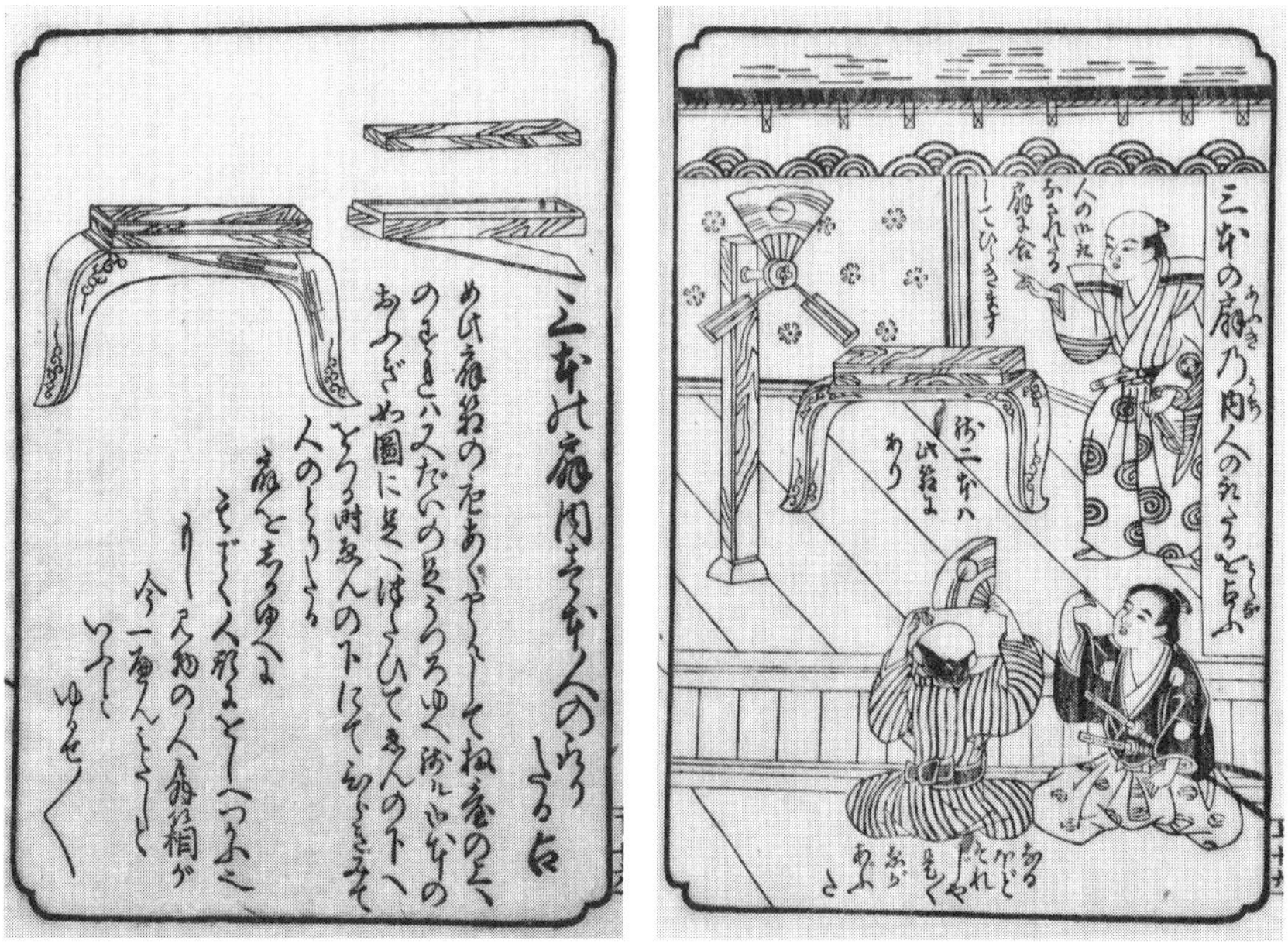

版本『璣訓蒙鑑草』(享保15年)
※図は稀書複製会の複製本(昭和4年)より転載

355

品玉人形

『機巧図彙』には、品玉人形について「これはゼンマイからくりである。台の後ろにネジがあり、これを回しておく。人形が動き出して伏せてある枡を上げると枡の下から珍しいものが現れる。もう一度枡を伏せて上げると、別のものに変わって出てくる」と書かれている。すなわち、品玉人形は、ゼンマイを動力とし、その力を歯車に伝えて人形を動かす機械からくりである。続く伝授編には人形の作り方が八頁にわたって詳しく解説されている。

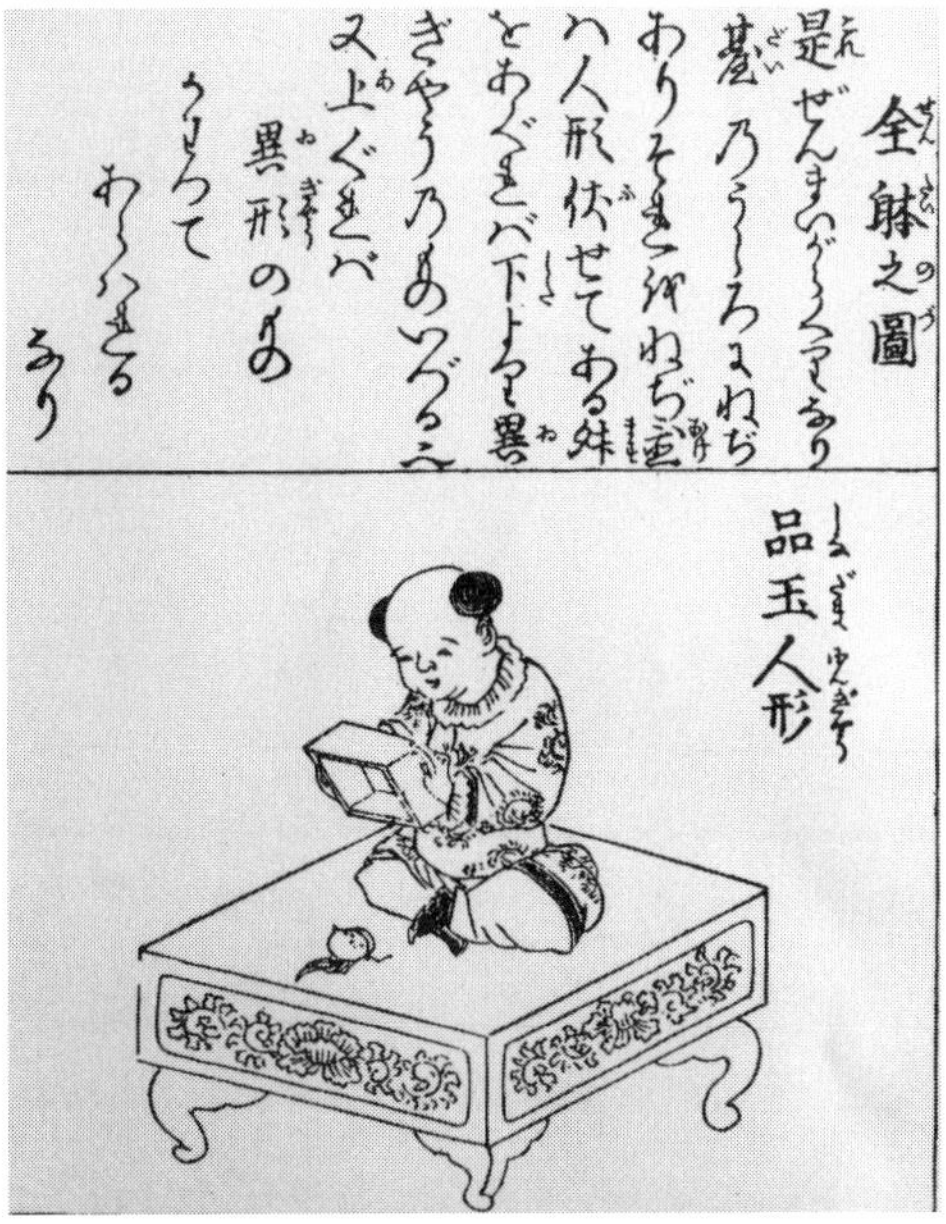

版本『機巧図彙』(寛政８年)
※図は『私家版 機巧図彙』(平成11年)より転載

356

手妻人形

手妻人形とは、手品のような技をみせる人形のことであり、遣い手が手で操作する仕掛け人形の一種である。元禄、享保の頃、舞台や座敷で盛んに演じられた。人形の内部の引き糸の操作によって、人形の目の開閉、顔面の変化、五体の一部の早替わりなどを見せた。人形の遣い手としては、大坂の山本《やまもと》飛《ひ》驒掾《だのじょう》が有名である。『絵本菊重ね』には、座敷で人形遣いが両手に花笠を持った女の人形を舞わせる図が載る。

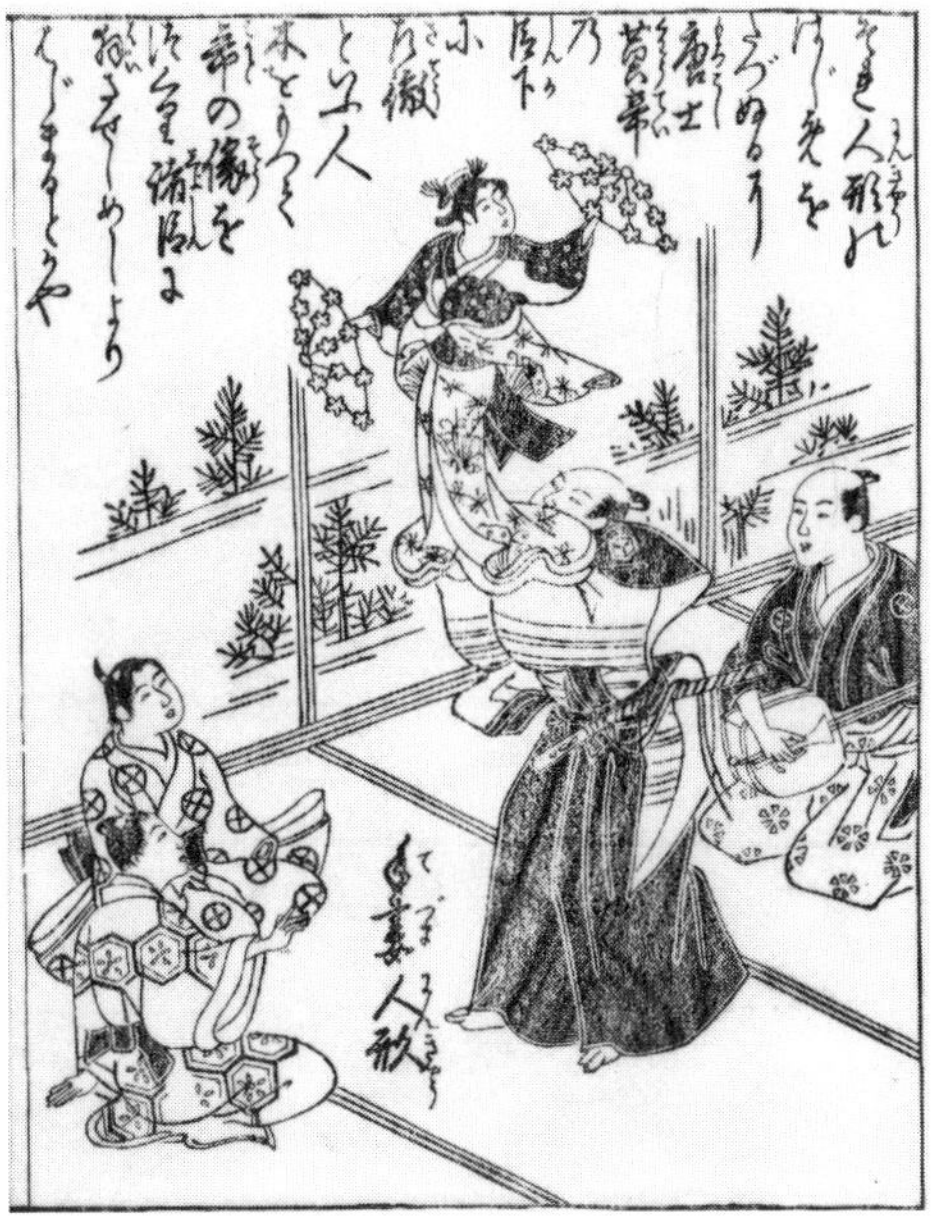

版本『絵本菊重ね』(江戸中期)
※図は稀書複製会の複製本(昭和14年)より転載

357

曲独楽《きょくごま》

曲独楽とは独楽を使った曲芸のことで、演目には「剣の刃渡り独楽」「たまご二重かさね独楽」「梯子登り独楽」などがある。

江戸時代後期の曲独楽の名手には、早竹虎吉《はやたけとらきち》、竹澤藤治《たけざわとうじ》、竹澤萬次《まんじ》、博多蝶之助《はかたちょうのすけ》、博多小蝶《こちょう》、松井源水《まついげんすい》、松井菊治郎《きくじろう》などがいた。

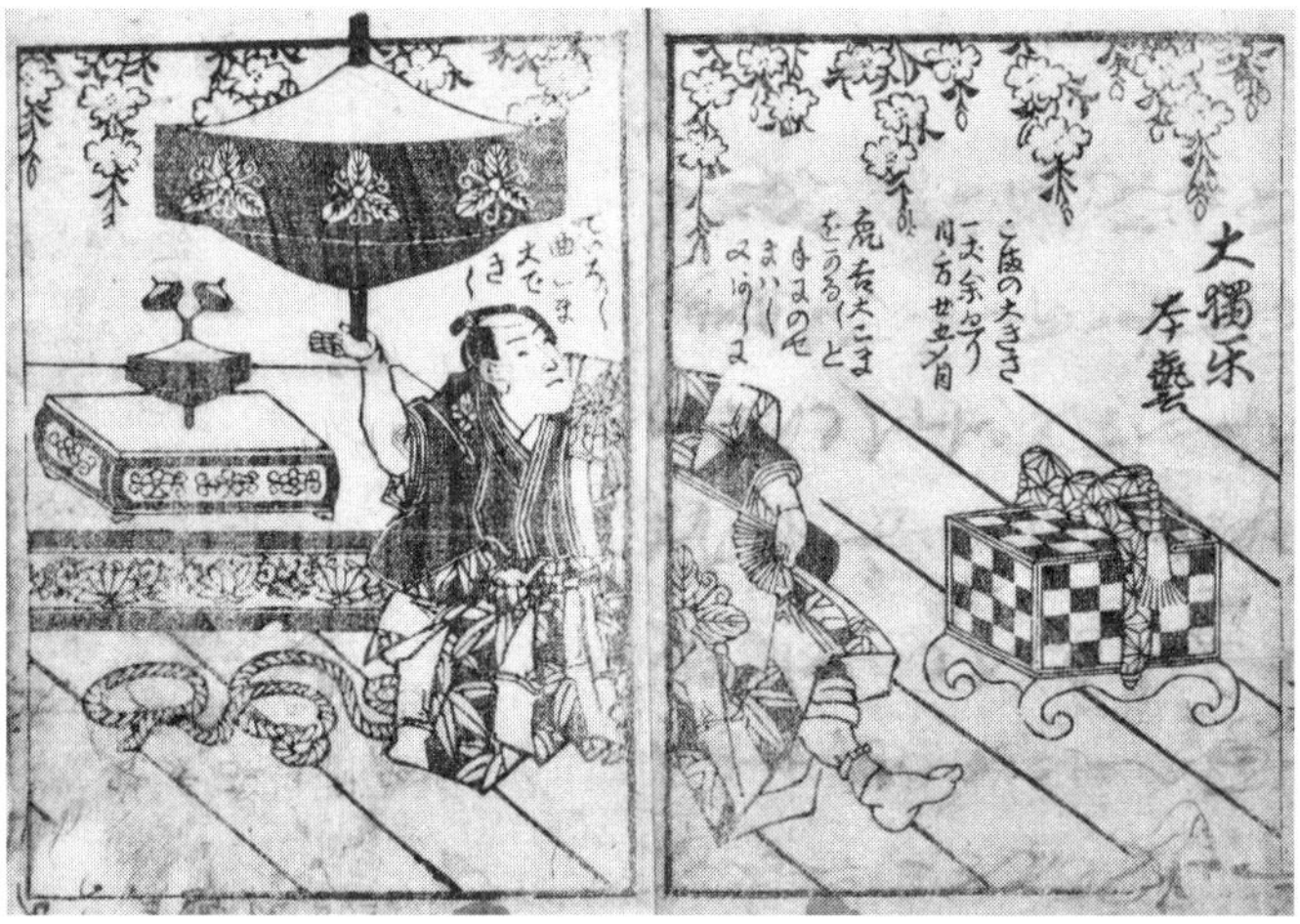

版本『早竹虎吉㊤ 西両国ニおゐて』(江戸末期)

358

南京玉すだれ

南京玉すだれは、日本伝統芸能の一つであり、発祥の地は富山県五箇山《ごかやま》といわれ、同地に伝わる民謡「こきりこ節」に使われる楽器「ささら」が玉すだれの原型と言われている。また、こきりこ節の中の「綱竹踊り」は、玉すだれの踊り方と非常によく似ているという。

現在の演じ方は、歌詞を歌い、すだれでリズムを取りながら「浦島太郎の魚釣り竿」「瀬田《せた》の唐橋《からはし》」「阿弥陀如来《あみだにょらい》」「しだれ柳」などの形を作って示す見立ての技である。

版本『諸国道中金の草鞋 弐』(文化10年)

360 化け物ろうそく

障子に化け物を映す法である。化け物蝋燭の作り方は「仙《せん》花《か》紙《し》に墨を塗って黒くし、日に干して乾かしてから、化け物の形を切り抜き、裏面に糊で竹に貼り付け、これを蝋燭の横腹に差しておく。別の紙に樟脳を包み、その紙の上に硫黄を塗り、小さい穴をあけて火のついた線香を刺し、これを蝋燭の芯に差し込んでおく。線香の火が硫黄、樟脳と移り、蝋燭に点火すると、障子に化け物の影が映るという仕組みである。

初出の伝授本である『座敷芸《ざしきげい》手妻操《てづまからくり》』には「化現香《かげんこう》」とある。

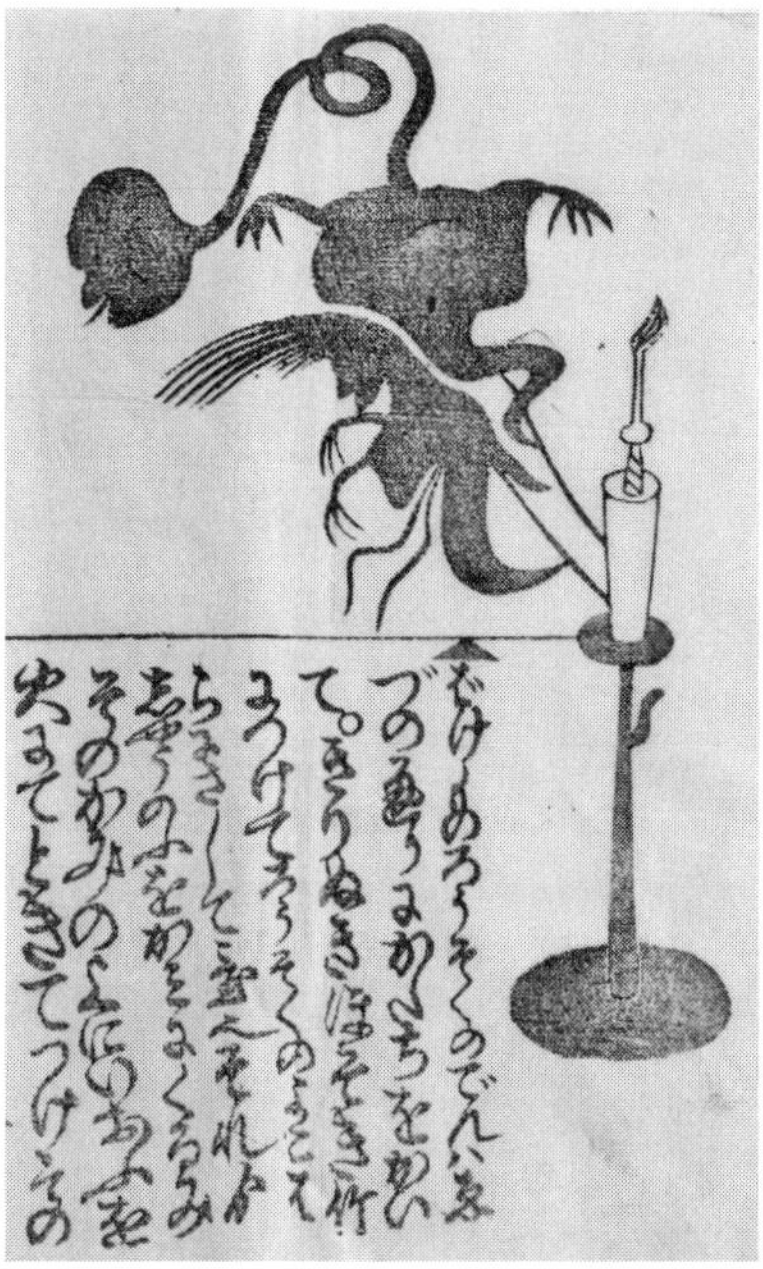

一枚刷り『しんぱん手妻伝』(江戸末期)

361 三つ目妖怪の術

暗闇で三つ目の化け物を現す術である。絵を見ると、立ちのぼる火炎の中からものすごい形相の化け物が現れて、口から炎を吹き出している。それを見た人々は「恐ろしい、恐ろしい」と逃げ惑う。これはすごい手品だと思って文面を読むと、「蛍を三匹捕まえてきて、眉毛と額に貼り付け、まだ火の残る消し炭を口にくわえて暗がりで吹きなさい」とあり、思わず拍子抜けする内容である。

初出の伝授本は『放下筌』で、それに載る演目名は「摩《ま》醯《けい》首《しゅ》羅《ら》王《おう》三目《さんもく》之《の》術《じゅつ》」である。

版本『手妻早伝授 二編』(嘉永2年)

362

座敷にろくろ首を出す法

座敷にろくろ首を出す遊びである。前もって提灯の胴をいくつもつなぎ合わせて一間（約1・8㍍）ほどの長さにし、先端に女性のお面を付けたものを用意しておく。

これを行うときは部屋を暗くし、一間ほどの細い竹を、つなぎ合わせた提灯の胴の中に差し込み、客人のいる部屋に向かって、いかにも怪しげに差し出すと、見物客は驚きのあまり騒ぎだすというものである。

版本『盃席玉手妻』（寛政11年）

363

大入道

座敷の屏風の中から大入道を現して、客をびっくりさせる遊びである。

大入道になる変装の仕方は、一人が屏風の中に入り、帯をゆるめて着物を上の方へ引き上げ、両袖に棒を通し、大入道の顔を描いた団扇《うちわ》と一緒に高く持ち上げる。別の一人がその人を肩車すると、身長が普段の三倍ぐらいになる。用意ができたら、部屋を暗くして、屏風の中から現れ出る。

版本『放下筌』（宝暦14年）

366

尻の穴から煙を出す法

尻の穴から煙を出すという手品で、仕掛けは、火を起こすときに使う火吹き竹とタバコの煙である。演者は、火吹き竹にタバコの煙をいっぱい入れ、栓をする。これを懐に入れて客の前に出て、「体から煙を出してご覧にいれます」と述べた後、後ろ向きにしゃがんで尻をまくり、火吹き竹の栓を取り、ふんどしに突っ込んで吹くというわけである。

現在ではこんな下品な手品を演じるマジシャンはさすがにいない。初出の伝授本は『続懺悔袋』で、「尻の穴より雲を出す」と書かれている。

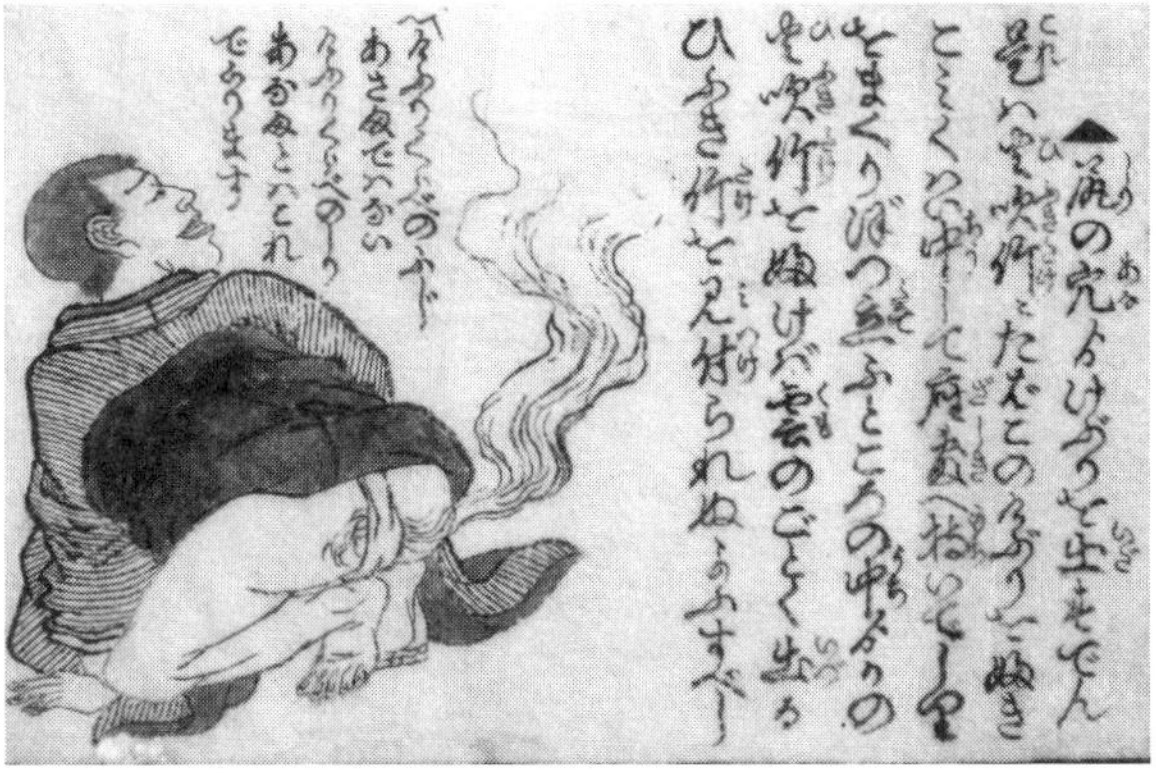

草稿『手妻の大寄（仮題）』（明治前期）

372

人の顔を長く見せる法

人の顔を長く見せる法である。伝授によれば、「光るミミズを粉にしたものと水銀とを混ぜ合わせて、これを灯心に付け、火を灯す」とある。また別法として、「オオカミの糞を粉にして丸めたものを燃やすと煙がたち、向こう側にいる人の顔が長く見える」とある。

どちらもその真偽は不明であるが、この秘法は江戸時代の多くの手品本に紹介されている。ところで「光るミミズ」とは、寒の内に地中にいる「ホタルミミズ」のことだろうか。

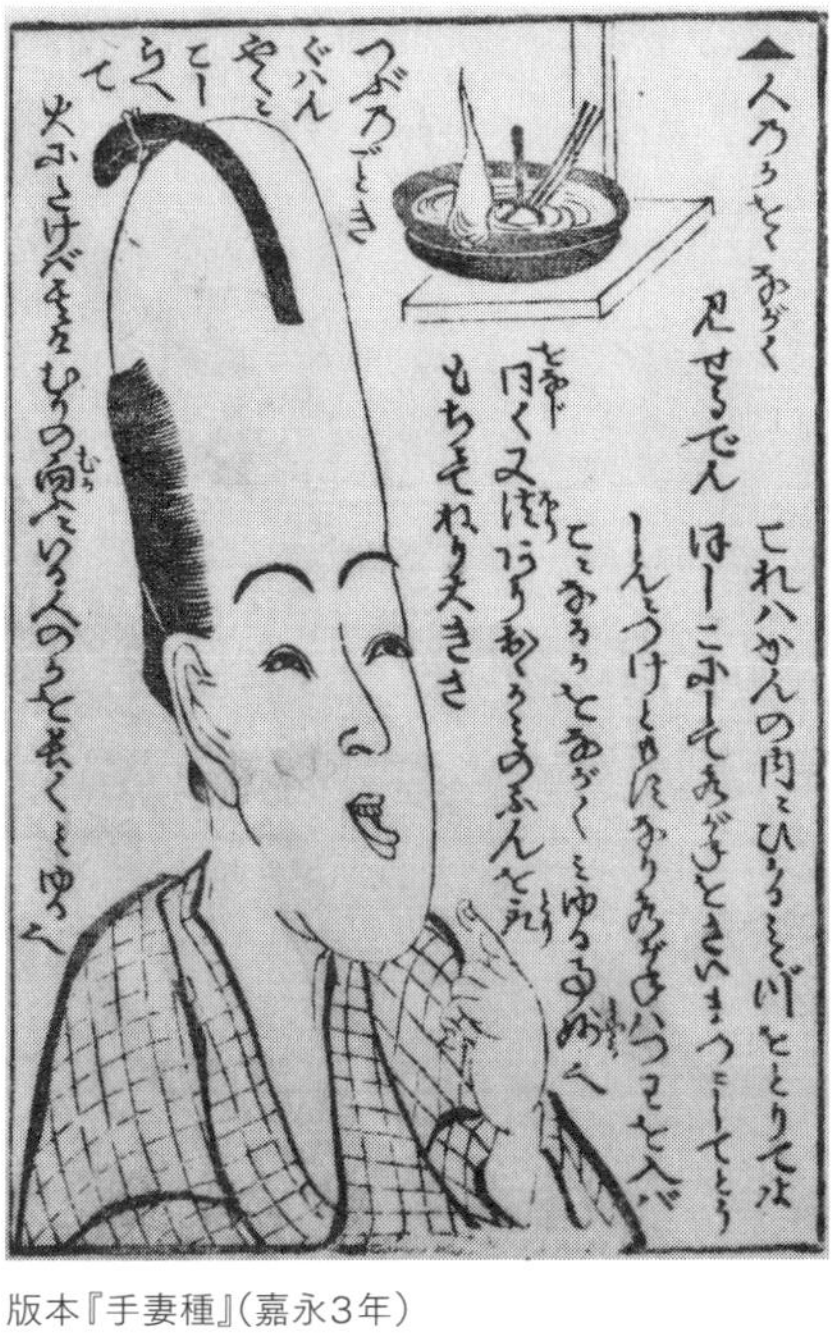

版本『手妻種』（嘉永３年）

379

茶碗からくり

茶碗に入れたものが別のものに変わって出てくる手品である。たとえば、あらかじめ茶碗に饅頭《まんじゅう》を入れ、茶碗の口に取り付けた仕掛けの円盤を廻して落ちないようにしておく。畳の上に栗を置き、茶碗をかぶせて、円盤を一八〇度回転させる。すると、栗は中に入り、饅頭が顔を出す形になる。茶碗を上げて、栗が饅頭に変わったことを示す。同様の方法で、卵を小鳥に変えることもできる。幕末期に中国から伝わったものと思われる。

なお伝授には「板十文字ニくミ、茶わんの中ニ入、下ニ丸板を付、釘ゆるく打、じゆう《自由》にうごかすべし」とある。

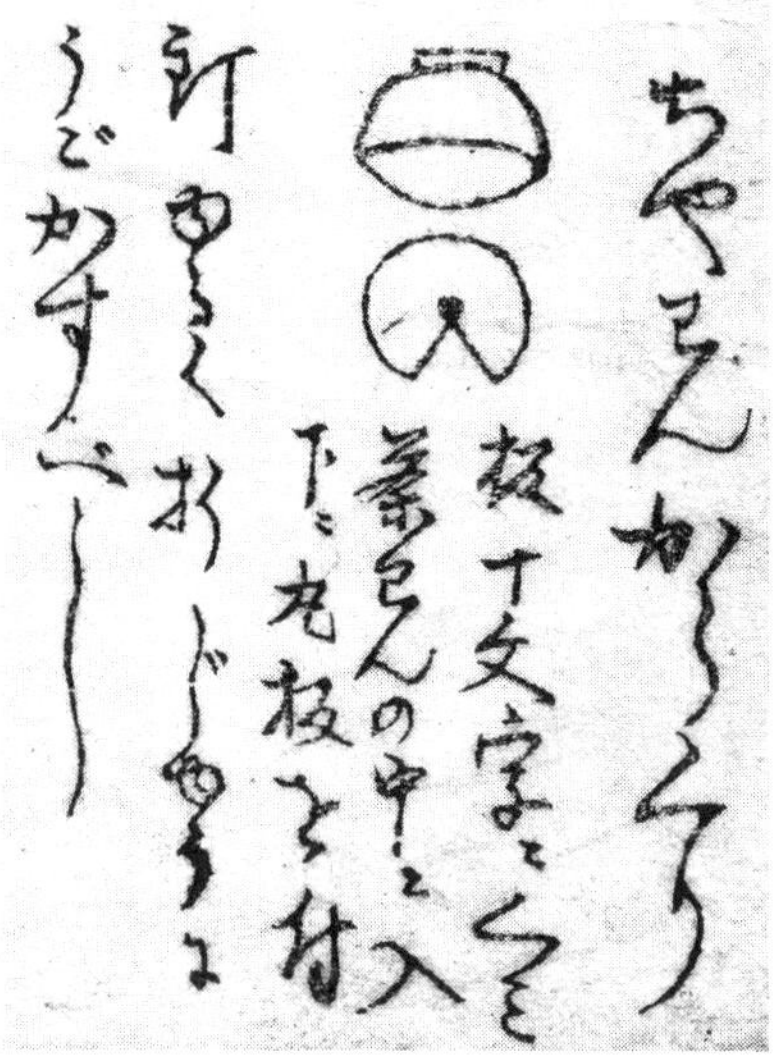

版本『民家調法 奇術伝』(江戸末期)

380

乱れ扇(バラバラ扇子)

この扇は、右の方向に広げると普通の扇子になり、左に広げるとバラバラになるというものである。元々はバラバラの扇子に作ってあり、右に広げるときだけ扇の紙の部分がひっかかり、普通の扇子になる。中国ではこの手品を「砕扇還原」といい、欧米では「Breakaway Fan」という。江戸末期に中国から導入されたものと思われる。明治時代の伝授本には「破れ扇」と書かれている。

一枚刷り『ざしきにて月日を顕す伝』(江戸末期)

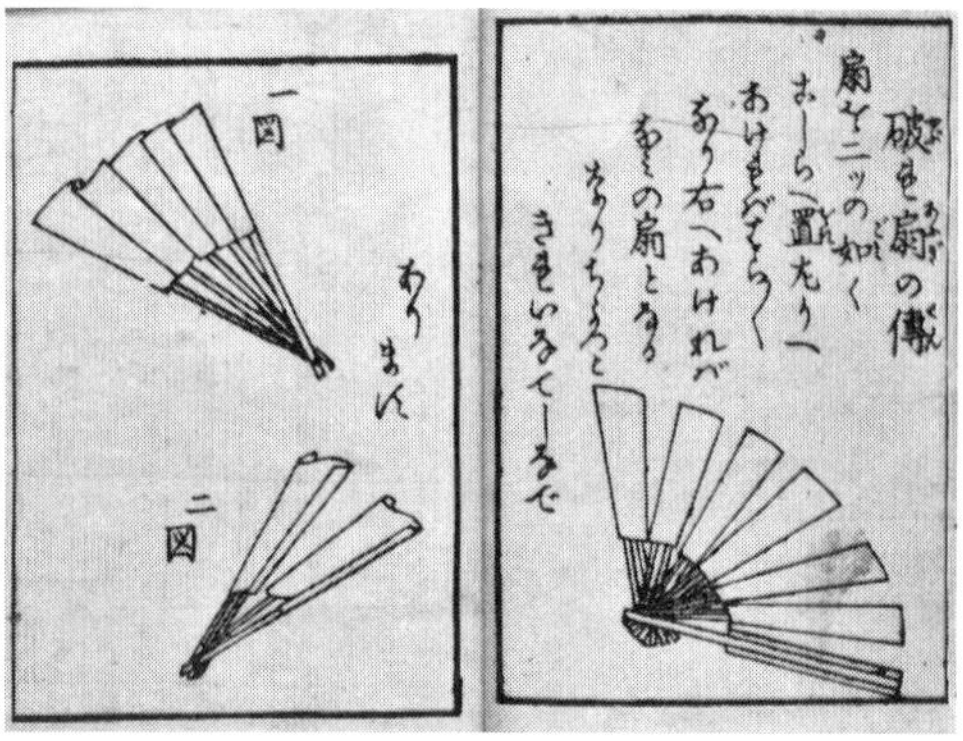

版本『新撰手品の種本』(明治18年)

381
むそう扇（色変わり扇子）

これは、広げるたびに扇子の色が変わる手品である。色の塗り方は、広げた扇の折り面の二つずつを交互に色を塗る。裏面にも同様に色を塗り、表裏四色変わるようにする。伝授に「一間置に変る様ニたゝ《（畳）》むなり。右左りへ明て替る事妙也」とあるように、扇を一つ置きに広げるため、全体の半分しか広げられない。上手に演技するためには、広げ方にかなり慣れる必要がある。

現代の用具は、作り方も当時と異なり、扇がスムーズに広がるようにできている。表面の右方向、左方向、裏面の右方向、左方向と四回、扇の色が変る。とてもきれいな日本手品である。

一枚刷り『手桶の水、とうしん二而釣伝』（江戸末期）（国立劇場蔵）

382
一盃《いっぱい》すい筒《づつ》

筒の中から何度でも酒が出てくるという手品である。準備として筒の中へ酒をいっぱい入れ、指で穴をふさいでおく。演じ方は、筒を逆さまに傾けながら、指を穴から離すと筒の口から一杯分の酒が出てくる。全部出たところで穴を指で押え、元に戻して指を離す。すると筒の上部に溜まっていた酒が下に落ちて溜まる。再度、筒を傾けて酒を注ぐと、また一杯分の酒が出てくる。これを繰り返す。

この手品は、江戸末期に中国から日本に伝わり、日本式に作り変えられたものと考えられる。同様の手品に「インドの水」がある。

なお、伝授には「図のごとく拵れバ、中ぞこの酒、此穴より下へ落る。酒ばかり出る也」とある。

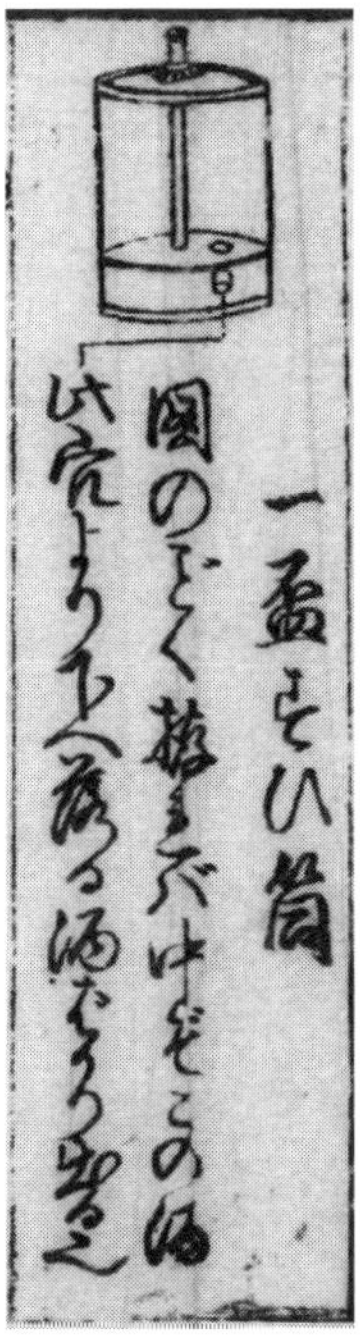

一枚刷り『手桶の水、とうしん二而釣伝』（江戸末期）（国立劇場蔵）

383

サムタイ（柱抜き）

サムタイは、重ねた両手の親指をこよりで縛り、棒、リング、刀などを貫通させる手品である。明治時代は、柱を通したので「柱抜き」と呼んだ。演者によっては「双《そう》指《し》リーム」「双指《そうし》の剣《けん》」ともいった。サムタイはイタリアのピネッティ（一七五〇〜一八〇〇）の考案とされている。彼の方法は二本の針金をからませて一本に見せるというものであるが、松旭斎天一は、二本のこよりを別々に縛る独自の方法を考案し、欧米巡業時にサムタイを披露して好評を博した。今も「天一のサムタイ」として歴史にその名を残している。なお、『ターベルコース』第四巻に、その方法が八頁にわたって解説されている。

洋書『百科全書 第8巻』（1790年、フランス）

写真「松旭斎天一のサムタイ」（明治35年）

自筆本『日本西洋手品一覧』（明治前期）

384

壺抜け

この魔術の仕掛けは「首切り術」と同じ鏡である。また、壺の底とテーブルと床に穴が開けてある。演者は、壺の中に入ったら、すぐに穴から抜けて舞台の下に抜け、衣装替えして、舞台の花道から現れる。

明治時代に養老瀧五郎や中村一登久が「西洋手品壺抜け」と題して演じていたが、このマジックは外国にはなく、西洋の仕掛けを応用して考案された日本奇術ともいえる。

自筆本『日本西洋手品一覧』(明治前期)

386

空中吊り大籠

洋装の太夫を籠に入れ、蓋をして空中に吊るす。二人の後見が槍を籠目がけて突き刺す。籠を下ろしてしばらくすると、太夫は裃姿に衣装替えして現れる。

この奇術は、明治前期に西洋手品「箱の剣刺し」を和風に改変したものと思われる。現代のマジック「ヒンズーバスケット」に類似する。

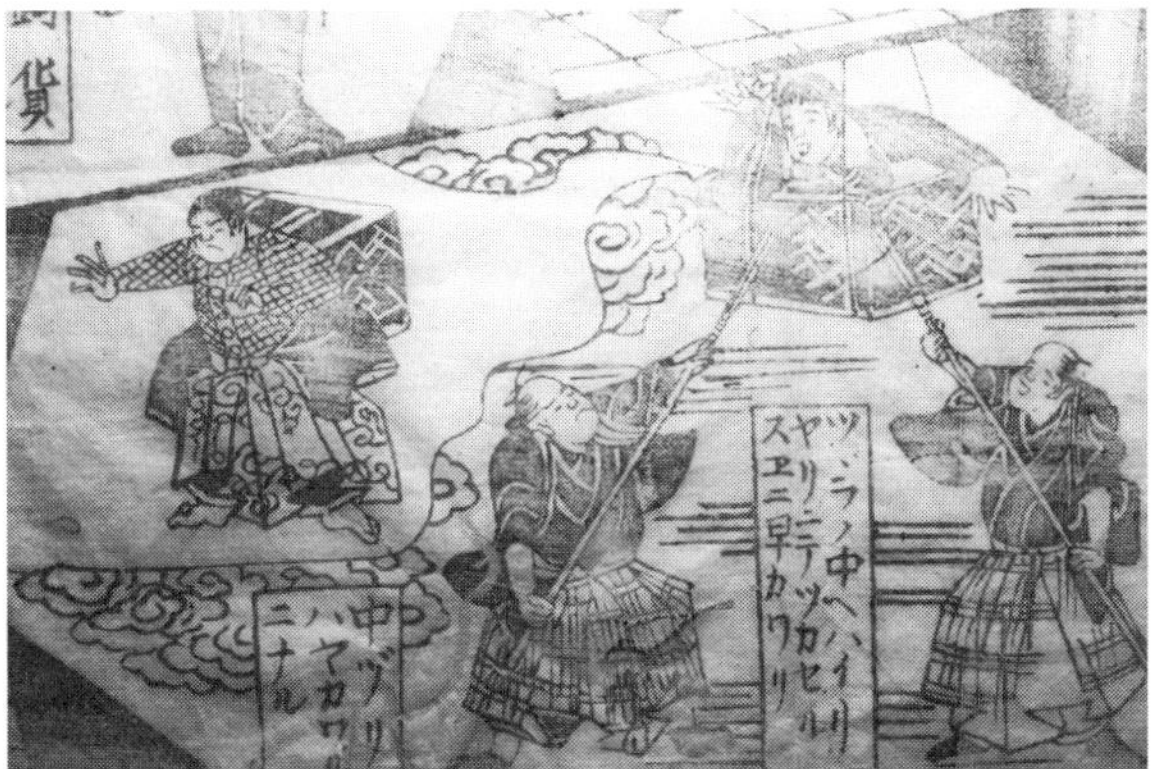

ビラ『英国手品 太夫 郷国斎操一』(明治15年)

387

一里四方物品取り寄せ術（稲荷魔術）

観客が要望した品物を唐櫃《からびつ》の中から取り出す手品である。演者は、あらかじめ一五種の品物を集めて唐櫃の中に隠し、その品名を一五枚の紙に書いて助手に渡しておく。演じ方は、五〇人の客に書いてもらった紙の中から一五枚を客に選んでもらう。助手は、その束を用意したものとすり替えて品名を読み上げる。演者は、からに見せた唐櫃の中からそれらの品物を取り出してみせる。

明治一五年（一八八二）、亜細亜《あじあ》マンジが名古屋の桔梗《ききょう》座《ざ》で「一里四方物品取り寄せ術」と題して演じ、大正時代には、神道斎《しんどうさい》狐光《ここう》が「稲荷魔術」と題して演じた。命名の由来は、観客が要望した品物を、狐が走っていって瞬時に取り寄せるという演出で行ったからである。

単行本『奇術随筆』（昭和6年）より転載

390

連理《れんり》の紙《かみ》

現象は、一枚の半紙を一二枚に切り、切った紙を揃えて、端の一枚を持って振りほどくと、つながって垂れ下がる。それを一枚ずつちぎって重ね、端を持って振ると、また一連につながる。ちぎった三枚を水に浸け、水を絞って丸め、扇であおぐと紙吹雪となって舞い散るというもの。

江戸時代の伝授本に「まき（紙テープ）」と「紙吹雪」はあるものの、切った紙がつながるという手品は見あたらないので、明治初期に考案されたものと思われる。

自筆本『日本西洋手品一覧』（明治前期）

393

破った紙の復活(眉つば)

この手品の現象は、一枚の懐紙を左手に持ち、右手で下からくるくる巻いて手に握る。指先から少し出ている紙を口でちぎって取り、残りの丸めた紙を目の中に入れる仕草をする。左手を開けると丸めた懐紙が消えて、それが襟から現れるというものである。トリックは、右手で懐紙を巻くときにひそかにちぎって、隠し持つことである。

古くは紙をちぎりやすくするために指を舐めて行ったことから「眉つば」といった。

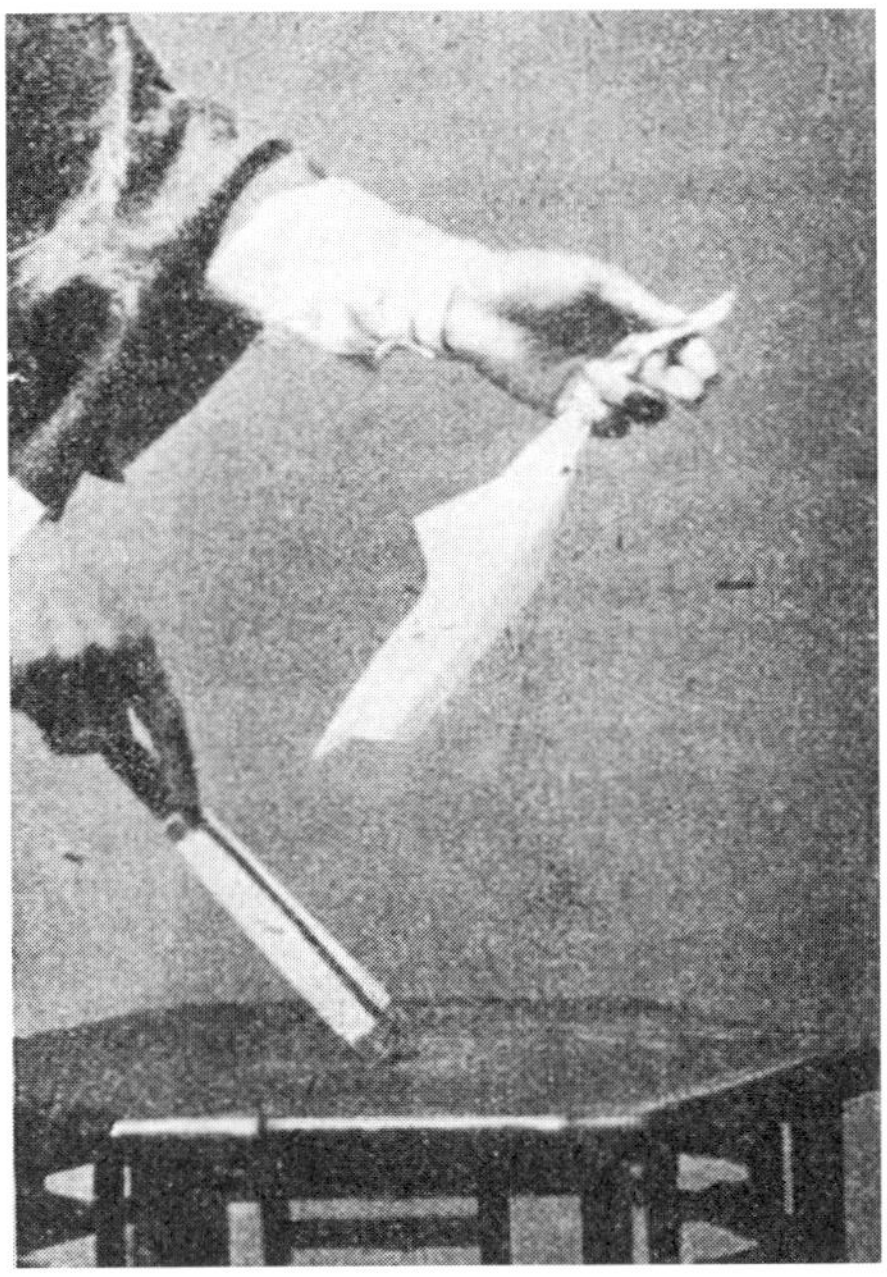

洋書『The Magician Monthly』(1914〜1915年、英国)

395

コックリさん

演者がコックリさんに質問をすると、御幣が動いて答えてくれるという演出の手品で、タネは糸である。

御幣を徳利に差し込む際に、舞台奥から引いた長い糸を御幣の竹の下端に取り付けて、徳利に入れる。質問をするタイミングに合わせて、奥の助手が糸を引いてコックリさんを動かす。

最後の質問では、糸を勢いよく引いて御幣を空中に飛び上がらせて落とし、観客をびっくりさせる。

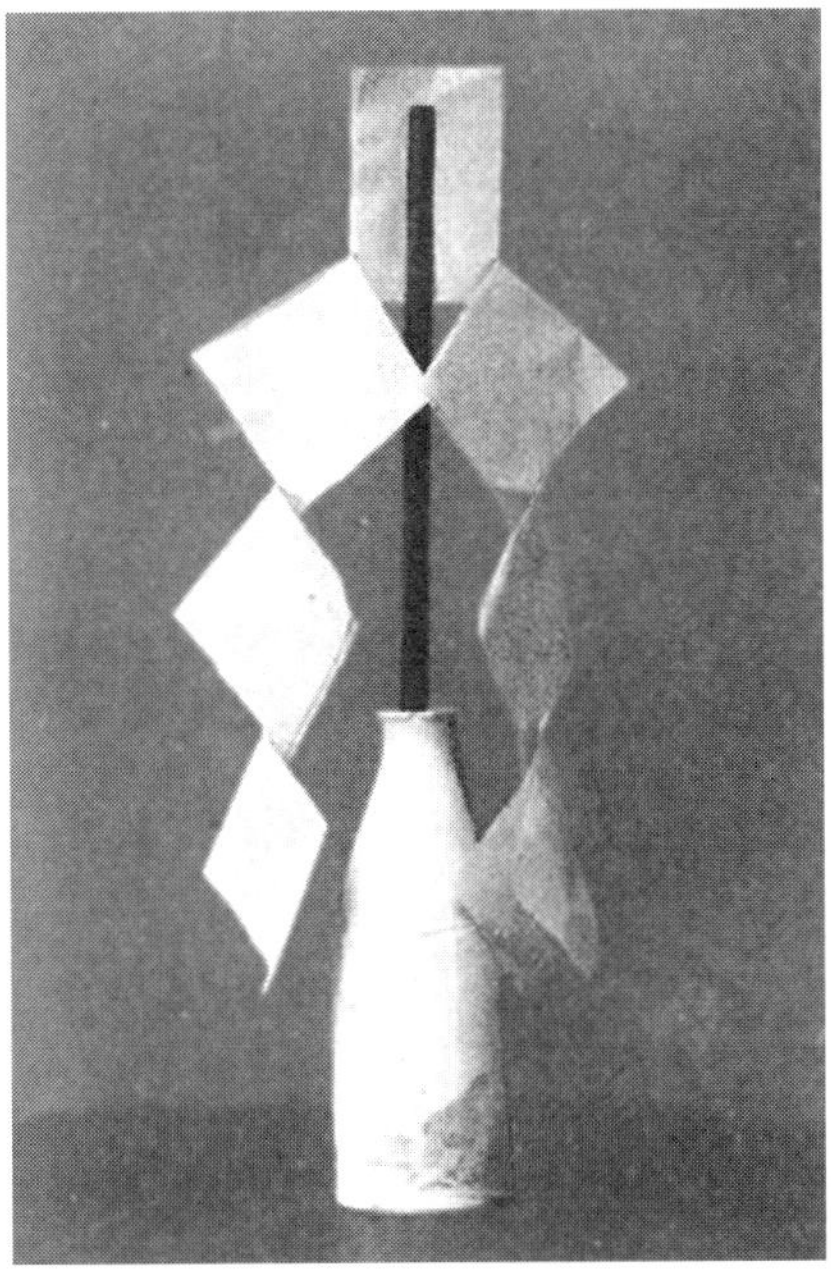

洋書『The Magician Monthly』(1914〜1915年、英国)

396

若狭の水（若狭の通い水）

一方の徳利の中に入れた水が紙を伝わって他方の徳利に移るという移動現象の手品である。東大寺二月堂のお水取りに因んだ命名で「若狭の通い水」ともいう。江戸時代の伝授本に記録はなく、明治時代に海外から伝わった金属容器で作られた「飛行する水」を徳利に作り変えたものと思われる。

左図の方法は、水が下から上に移動するもので、前もって上の徳利に水を入れて栓をし、下の徳利には水を吸収するスポンジを入れておくのがタネである。

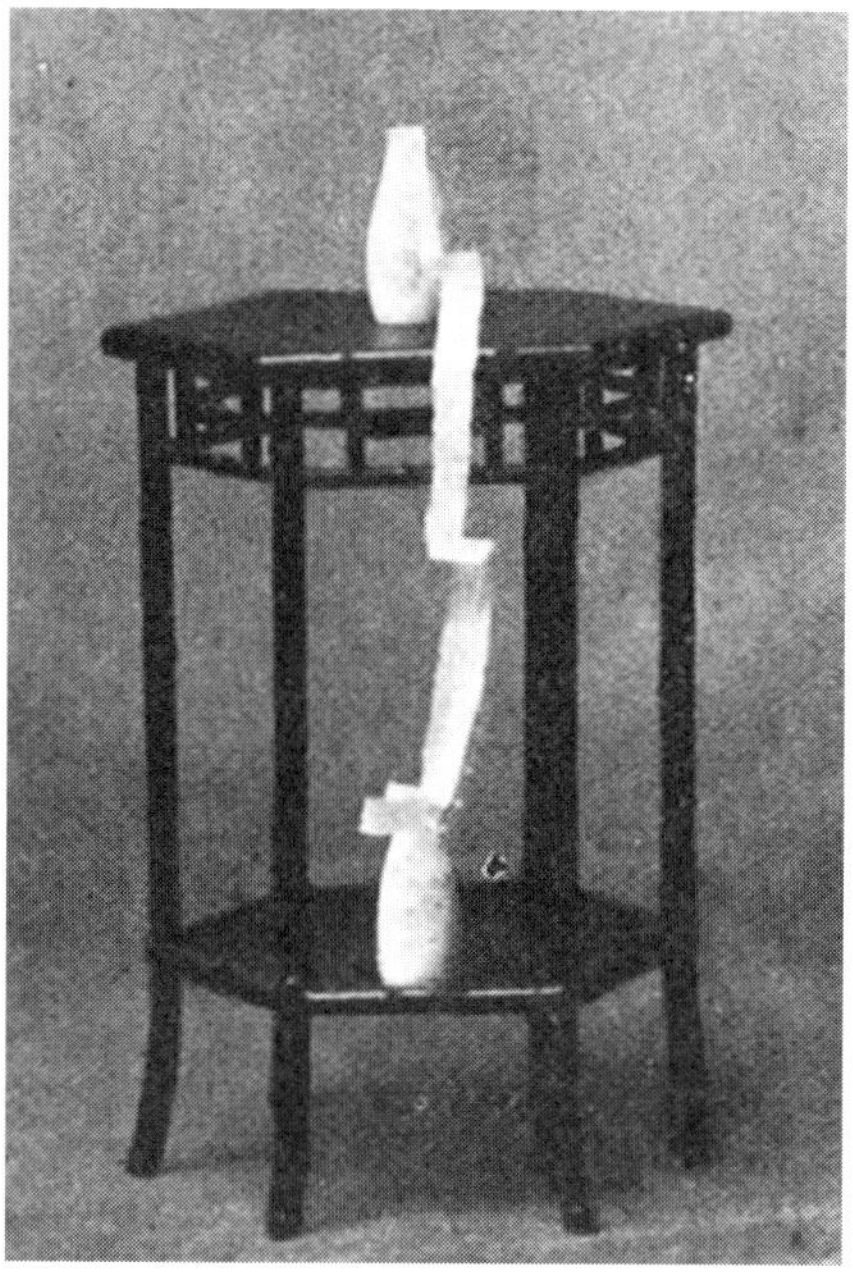

洋書『The Magician Monthly』（1914〜1915年、英国）

397

お米の消失

これは、枡に入れた米が忽然と消えるという手品である。枡に仕掛けがある。作り方は、枡の外底を三ミリほど削ってくぼみを作り、そこに米をびっしりと貼り付けておく。演じ方は、米櫃《こめびつ》の米を枡に入れる、元に戻すを繰り返し、三度目に入れると見せて枡をひっくり返し、底に山盛りにして出す。手で米を払い落として平らにし、布をかぶせるときに、枡をひっくり返す。枡の中を見せて、米が消えたことを示す。

単行本『奇跡と大魔法』（昭和49年）より転載

399

口中紡績

この手品の現象は、ちぎった綿に火をつけて、それを食べる。これを数回繰り返した後、湯のみ茶碗で水を飲み、ハンカチで口を拭く。すると口の中から毛糸が次から次へと出てくるというものである。

この手品には、「燃えさかる綿を食べる方法」「口の中に残った綿を処理する方法」「タネの毛糸を口に入れる方法」の三つのトリックがある。

なお、現代では綿の代わりに紙を、毛糸の代わりに紙製のガーランド（カラフルな紙テープを巻いたもの）を使用して、華やかに見せている。

単行本『大奇魔術集 第二編』（大正12年）

402

夕涼み

この手品の現象は、水瓶の中を改めてから水を注ぎ、その中から点灯した提灯をいくつも出現させ、さらに、五色の布を出し、最後にまとめた布の中からたくさんの傘を取り出すというものである。

江戸時代の伝授本にこの手品はない。から鉢から素麺を出す日本手品と、明治時代に海外から導入された「シルクハットから大玉を出す手品」とをヒントに、瓶を使う方法を考案したものと考えられる。

写真「松旭斎天勝の夕涼み」（昭和11年）

403

袖たまご

着物の袖の形をした袋からいくつもの卵を取り出す手品である。江戸時代の伝授本にこの演目はなく、明治時代に導入された西洋手品「袋たまご」を改変したものである。袋を袖になぞらえて表裏を改め、ときには絞ったり叩いたりして何もないことを示してから、卵を次々と出現させるという演技が完成した。明治三八年（一九〇五）刊行の『改良奇術』にその解説が載る。写真は奇術愛好家・柴田《しばた》喜代松《きよまつ》の演じる「袖たまご」である。

雑誌『奇術研究』14号（昭和34年）より転載

404

如意独楽《にょいごま》

林伯民《はやしはくみん》は、昭和二八年（一九五三）、創作奇術「如意独楽」を発表した。独楽が布の上を廻りながら移動するというこの手品は、一つの仕組みを作った画期的なアイデアで、世界中のマジシャンから絶賛された。

林は、この功績により第一回石田天海賞を受賞するとともに、指導書『如意独楽のすべて』を著した。

単行本『如意独楽のすべて』（昭和44年）より転載

407

和傘のプロダクション

この演目は空中から和傘を次々と出現させるマジックである。方法は、身体の中に傘を仕込んでおき、スチール（物をひそかに取ってくる技術）して空中から瞬時に出現させる。島田晴夫の手順は、火焔をあしらった扇や傘から始まり、空中から傘を次々と出現させる。出現した傘の何本かは背景の桜木に差し込まれて飾られる。さらに大きな傘を出現させ、最後は二段傘から三段傘へと積み上げられ、頭上高く掲げられる。

機関誌『ワンツースリー』57号（平成19年）より転載

408

ドラゴン・イリュージョン

和傘の演技を終えた島田は、般若の面をかぶり、剣を持ってステージに立つ。するとそこへ一〇《メートル》もあるドラゴンが舞台の袖からくねり出て、火の粉を吹きながら般若に襲いかかり、とぐろを巻いて般若を圧殺してしまう。すべてが終わり、般若の面を取ると、そこに現れたのは美女であり、ドラゴンの中から現れたのは島田であった。

島田晴夫は、島根県の伝統芸能である石見神楽《いわみかぐら》の演目「大蛇《おろち》」を素材にしてドラゴン・イリュージョンを完成させ、ラスベガスのヒルトンホテル、リビエラホテルで計七年間の公演を行い、世界一流マジシャンの地位を不動のものとすると共に歴史にその名を刻む業績をあげた。

ポスター「SHIMADA」（1988年、アメリカ）

第二部 資料編

河合 勝／長野栄俊

日本奇術書解題（江戸時代）

河合　勝

日本奇術に関する文献・資料は「古記録」「興行資料」「伝授本」の三つに大別される。古記録は、奇術現象を見聞きした人の記録である。興行資料は、職業奇術師が興行のさいに発行したチラシ、絵ビラ、使用した手品用具などである。伝授本は、手品の種明かし本で、そのほとんどが版本である。

手品伝授本は、元禄九年（一六九六）に京都で発行された『神仙戯術《しんせんげじゅつ》』が最も古く、それ以前のものはまだ発見されていない。この本以降、江戸時代に発行された伝授本は、再版改題本や一枚刷り伝授書も含めると約二〇〇種である。なかでも享保から寛政期にかけて発行された初期の伝授本は内容、装丁とも非常に優れている。それに比較して文化・文政期から江戸末期までに発行された伝授本の内容は、ほとんどが初期の伝授本の孫引きであり、挿絵は変えてあるものの、演目については慶応三年（一八六七）発行の『秘事百撰《ひじひゃくせん》三編』を除くと、目新しいものはほとんどない。

したがって、江戸時代の手品伝授本を時代の流れや形式にそって分類すると、次の二期になる。

第一期　元禄期から寛政期まで

第二期　文化・文政期から江戸末期まで

◇

第一期（元禄期から寛政期まで）

日本で手品伝授本が出版され始めた時期は元禄期である。それは、世が泰平となり、遊びが庶民層まで広がり、手品が酒席の余興として演じられるようになったからである。以後、寛政期までが伝授本の黄金時代で、優れた本が続々と出版された。それらの書名を挙げると『珍術さんげ袋』『続懺悔袋《ぞくさんげぶくろ》』『たはふれ草』『続たはふれ草』『唐土秘事海《もろこしひじのうみ》』『璣訓蒙鑑草《からくりきんもうかがみぐさ》』『神仙秘事睫《しんせんひじまつげ》』『仙術夜《せんじゅつや》半楽《はんらく》』『放下筌《ほうかせん》』『天狗通《てんぐつう》』『盃席玉手妻《はいせきたまてづま》』『仙術日待種《せんじゅつひまちぐさ》』などである。小型横本の『神仙戯術』は別として、この期のものは半紙二つ折りのいわゆる「半紙本」と呼ばれる大きさで、上・下二冊、もしくは上・中・下三冊の厚紙表紙付き四つ目綴じの本、そして、上巻は演目を紹介する絵入りの目録で、中・下巻はその方法を教える伝授編である。これらを書いた人は、プロの奇術師ではなく、いわゆる博学の好事家《こうずか》といわれる人たちで、その内容、表現、装丁など、どれも素晴らしい出来栄えである。

第二期（文化・文政期から江戸末期まで）

文化・文政期から江戸末期に及ぶこの期の本は、小型化して第一期本の半分の大きさ「中本」と呼ばれるものになる。しかも、すべてが一冊本である。そして時代が下がるにつれて、多色刷りの錦絵表紙本、手のひらサイズの小本、こよりで仮綴じした軽装本、一枚刷りの伝授書へと変化している。これらは外装の美しさや低価格により購買意欲を引き出そうとする方策である。しかも内容を減らさずに刊行したため、当然のことながら解説の分量は少なくなる。なかでも軽装本や一枚刷り伝授書は、極めて簡単な解説しかなく、マジックに精通している人でさえ、挿絵がなければどのような手品なのかわからないものもある。しかし、この時期の資料が多く現存していることを考えれば、これらの伝授本はよく売れたようである。言い換えれば、趣味の手品がそれだけ庶民層へ浸透したことを意味している。けれども、内容は多くが初期伝授本の焼き直しで、見るべきものはほとんどないが挿絵を多く入れて親しみやすくしたり、少ないページに多くの手品を盛り込んだり、あるいは暮らしに役立つ秘法やまじないの類なども載せたりと、いろいろ工夫をこらしている。

◇

ここでは江戸時代の主な手品伝授本を取り上げて、その内容を解説する。

◆神《しん》仙《せん》戯《げ》術《じゅつ》

『神仙戯術』は、元禄九年（一六九六）に発行された日本最古の奇術書である。小型横綴じの一三丁の本で、この中に二〇種を収録する。初めに著者である陳眉公《ちんびこう》の原文をあげ、次に馬場信武《ばばのぶたけ》による和訳が添えられている。陳眉公は中国・明時代の文人画の大家・陳継儒《ちんけいじゅ》（一五五八〜一六三九）のことである。また、馬場信武は京都の漢学者で、易占いに詳しく、古典と兵学にも通じた人である。

二〇種のうち、手品らしきものは九種で、あとはまじないや生活の智恵である。「吹紙鶏子（紙ヲ吹イテ鶏子トス）」は、玉子の形に切った紙を口の中に入れ、それを取り出して息を吹き込むと卵になるという手品。「滾地葫《こんちこ》芦《ろ》」は、ひょうたんが自然に動きだす奇術で、ひょうたんの中にウナギやドジョウを入れておくのがトリックである。

『神仙戯術』については、以前から正徳五年（一七一五）発行の再版本が二冊確認されていた。いずれも国立劇場蔵であるが、一冊は版元が京都・河南四郎右衛門《かなんしろうえもん》、もう一冊は大坂・北田清右衛門《きただせいえもん》である。また、初版の発行年は元禄一〇年（一六九七）と推定されていた。ところが、平成一七年（二〇〇五）一一月、『神仙戯術』の初版本の発見により、発行年は元禄九年で、著者は陳眉公、編者は馬場信武、版元は京都・菱屋勘兵衛《ひしやかんべえ》であることが確認された。これによって初版本の発行年が明確に特定され、

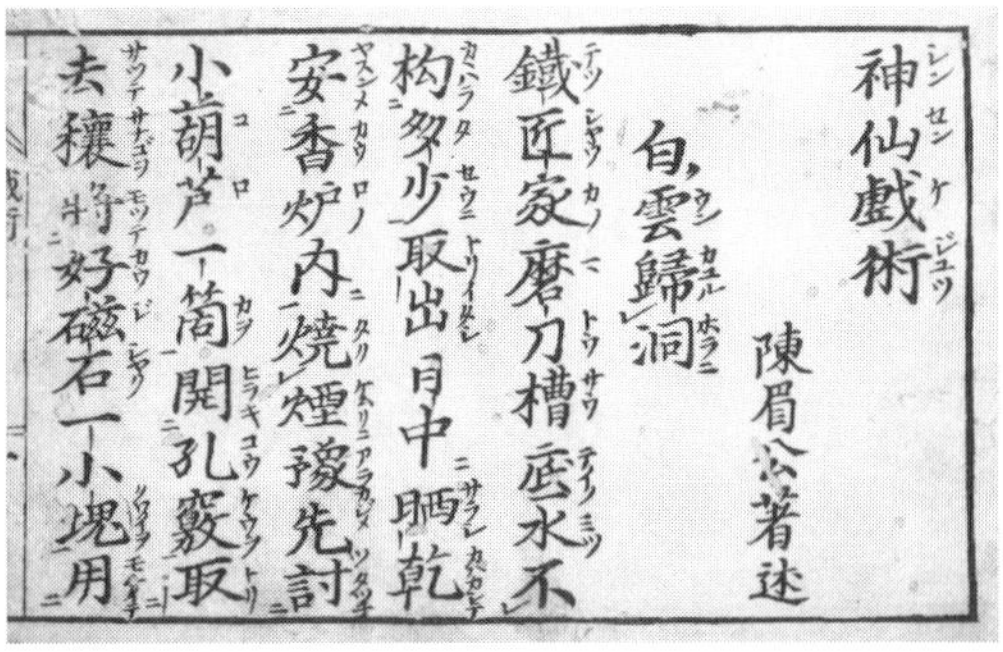
神仙戯術
陳眉公著述
白雲帰洞
鐵匠家磨刀槽底水不
枸杞少取出日中晒乾
安香炉内焼烟𤍽先討
小葫芦一箇開孔竅取
去穣将好磁石一小塊用

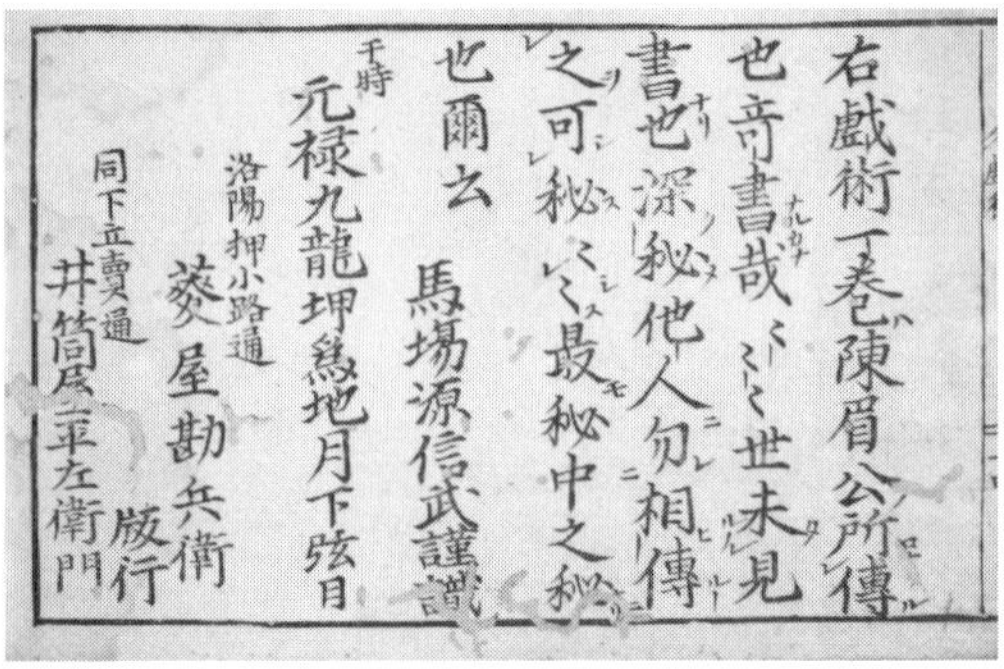
右戯術一巻陳眉公所傳
也奇書哉々々世未見
書也深秘他人勿相傳
之可秘々々最秘中之秘
也爾云　馬場源信武謹識
于時
元禄九龍坤為地月下弦日
洛陽押小路通
菱屋勘兵衛
版行
同下立売通
井筒屋平左衛門

それまで日本奇術史の謎とされていた事柄の一つが解明された。なお、『続神仙戯術《ぞくしんせんげじゅつ》』は元禄一二年（一六九九）の発行である。また、この正・続の書名を『仙術極秘《せんじゅつごくひの》巻《まき》』と改題して発行した本も現存する。刊年は不明であるが、版元は、江戸・山崎金兵衛である。

ところが二〇一六年一月一日、中国の奇術研究家「魔幻先生」からのメールで、「正徳庚午（一五一〇年）刊行の碧雲散仙著『神仙戯術上・下』の初版本を発見した」という報告を受けた。添付された多くの図版から、日本の『神仙戯術』は、これを底本にしていることが確認された。

◆珍《ちん》術《じゅつ》さんげ袋《ぶくろ》

本書の初版は刊年不明であるが、『続懺悔袋』が享保一二年（一七二七）であることや享保一〇年（一七二五）発行の『万世秘事枕《ばんせいひじまくら》』にすでにその広告が載っていることなどから、発行は享保一〇年頃と思われる。著者は環中仙《かんちゅうせん》い三《ぞう》で、初版の版元は京都・めとぎや勘兵衛である。

明和元年（一七六四）発行の後刷り本の下巻末に載る大坂書林広告目録に「月待、日待、庚申待、夜はなしの節、座興に気をかへて、うきよ手づまの珍術、紙さいく、当世かげ絵の仕やう、其外品々をだし、座中の一笑とす」

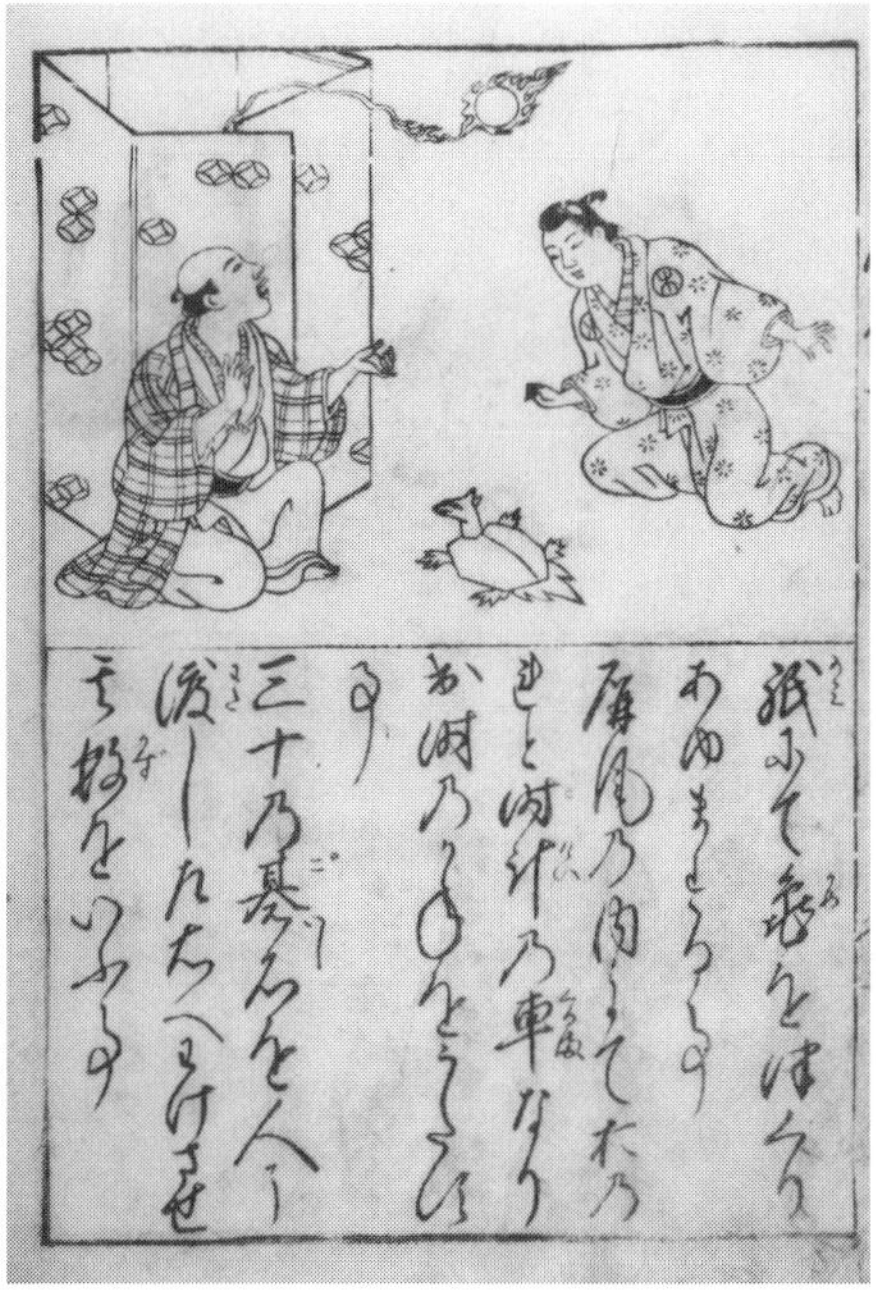

とあるように、本書は座興の種本として書かれたものである。

上巻八丁は絵入りの目録で、手品と影絵などを紹介する。また、下巻一七丁には「紙にて亀を作り、あゆまする事」「底なき箱の内より色々の物を出す事」「茶わん二つに水をいれ、其上にはしを渡し、うちおるに水こぼれぬ事」「銭一貫文を紙一枚にて持あくる事」のほか、客が亀の絵のどこを触ったかを当てる手品、客が振ったサイコロの目を当てる手品など二一種の種明かしを載せる。そのほか座敷遊び二三種、影絵一四種を解説する。

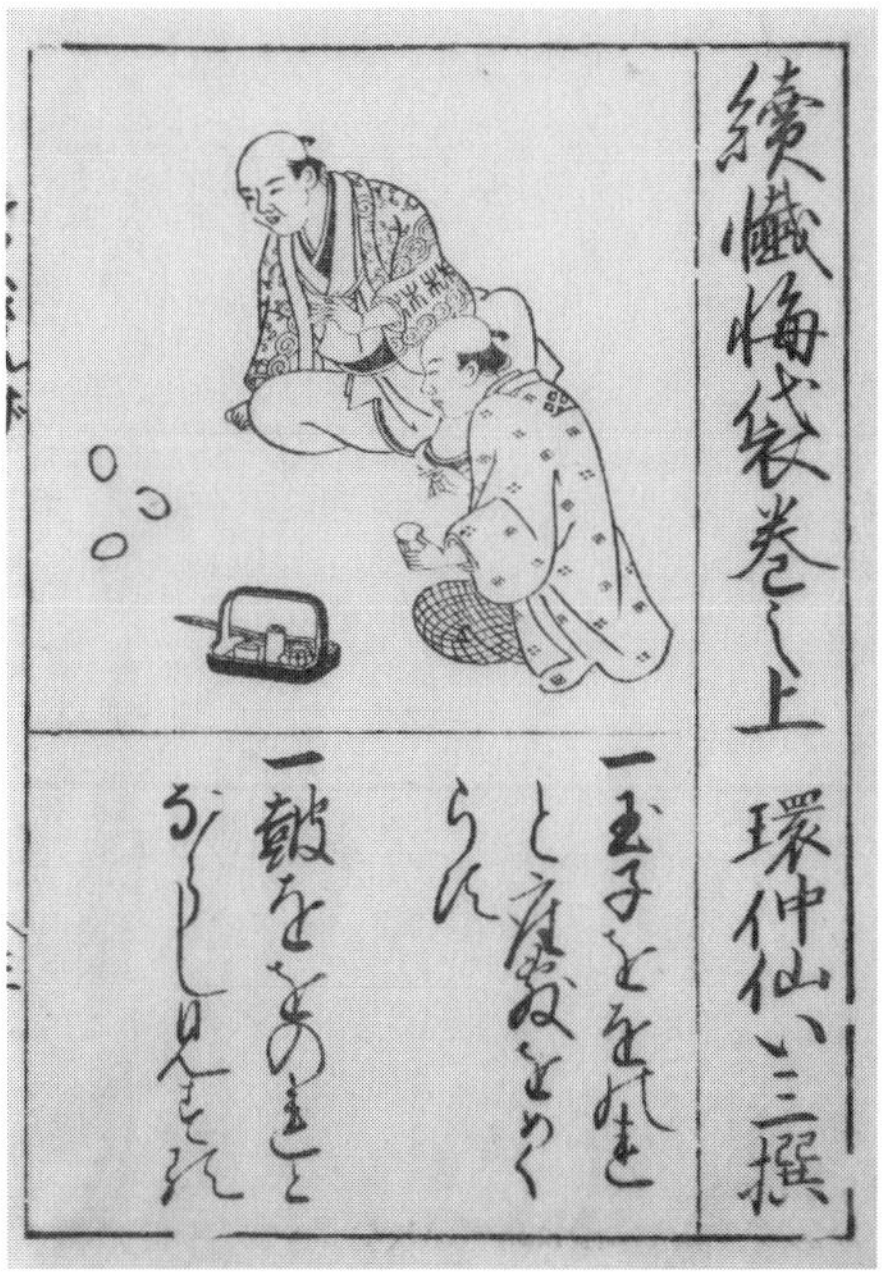

◆続《ぞく》懺《さん》悔《げ》袋《ぶくろ》

初版本は享保一二年（一七二七）の発行で、著者は環仲仙い三、版元は江戸・川勝《かわかつ》五郎《ごろう》右衛《え》門《もん》、大坂・瀬と物や伝兵衛、京都・めと木や伝兵衛である。また、明和元年（一七六四）求板の後刷り本や上巻の末に影絵の伝授が一丁多く挿入されている本も現存する。

内容は、上巻（八丁）が手品と影絵を絵入りで紹介する目録編、下巻（一二丁）は手品二三種の伝授編となっている。この中には「玉子、おのれとめくらす」「紙にて作りたる蝶を飛す」「船の人形、おのれと船こぎ行」「万々ケ条をそらていふ」「一升のぬかを一斗に計ル事」「箸を紙そくにて折、見する」「手のうらおもてへ糸を通す」などのほか、磁石利用の指南人形、数学の座標を使う碁石の当てものなど、多種多様なものを集めている。影絵は正編に続いて二八種を図解する。

◆たはふれ草《ぐさ》

本書の刊年は不明であるが、続編となる『続たはふれ草』が享保一四年（一七二九）に刊行されているから、それ以前ということになる。著者は鬼友《きゆう》で、上巻九丁が目録編、下巻一四丁が解説編である。この中に優れた小品奇術四一種を載せる。「鼻紙を手の内にてもミ、落花となして散らす事」「小刀にて天の水をとる事」「貫ぎたる銭を二人に引はらせ置、真中とりぬく事」「笹の葉を泥鰍《どじょう》にする事」「紙を餅又ハ栗、饅頭《まんじゅう》にする事」「小き紙に字を書、円め出すを嗅で知る事」「縄切」「銭をぬく事」など、今でも演じられているよい奇術が集められている。

なお、同じ『たはふれ草』で、四一種の内、五種を改変して再刻した本も現存する。たとえば「水の中に火を灯す事」を「三味線の独りなる事」に、「絹にても紙にても火を燃し、ふき、消て見てこげぬ事」を「此図のごとく成きれ、二刀切、四かくになる事」に変えてあるが、その図の改変の仕方は非常に巧みである。また、最後に載る「銭を抜く事」は、一本の紐に通した銭をぬく手品である。旧版も改版も使用する二枚の銭の内一枚をすり替え用に使うが、改版では後半の銭の抜き取り方をより自然な形に変えてあり、これによって、この奇術を一層素晴らしいものにしている。

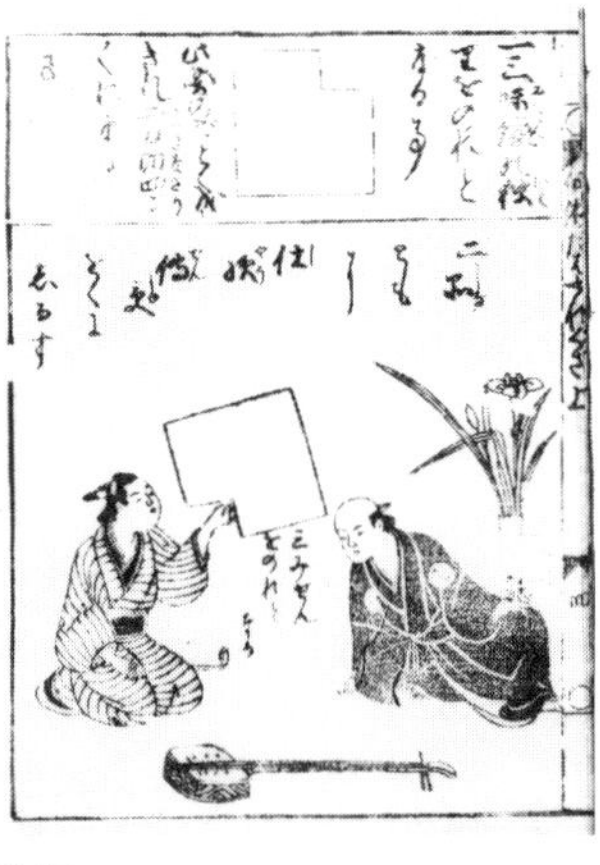
改版

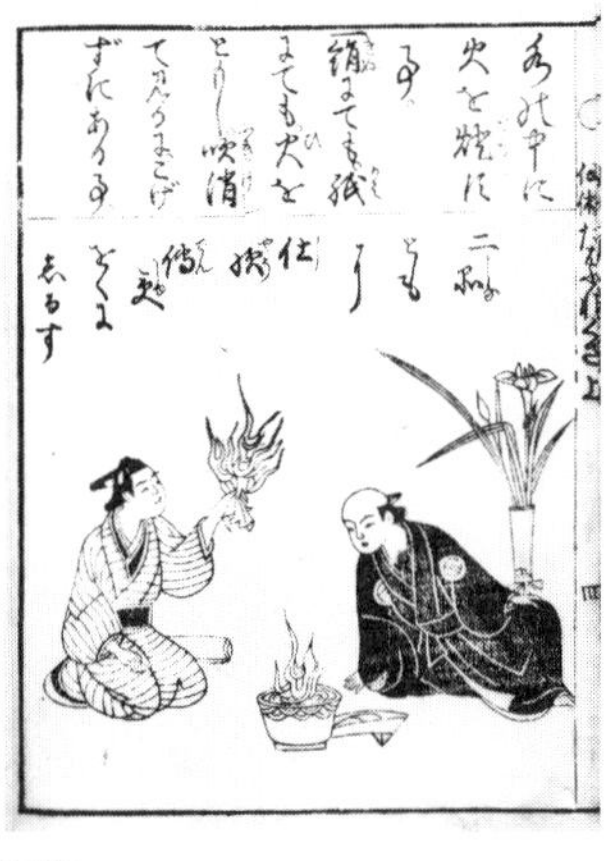
旧版

◆続《ぞく》たはふれ草《ぐさ》

本書の初版本には、巻末に「さくしやかねかつ、享保十四年己酉《つちのととり》八月吉日、京四条通寺町西入、めと木屋勘兵衛」とある。ところが寛政六年（一七九四）の再刻時には「作者鬼友」となっている。変更の経緯は不明であるが、かねかつ（兼勝）と鬼友は同一人物と考えられる。

上巻は一一丁、下巻は二一丁である。内容は「子ども釜ぬけの法」、水からくりの「臥龍竹《がりょうちく》を拵へる法」、同じく「龍泓玉《りゅうこうぎょく》を拵る法」の大仕掛けの奇術をはじめ、指先手品の「大豆の品玉」（小豆割り）、「通ひ玉の仕やう」（縁の糸）、「衣服着ながら袖口より襟へ細引を通して、細引を結び、結びめに封を付てをくを、封を切らずに下着を上へ着かへて出る術」「泉水の作り物の水鳥、人のよれバしづミ、人ののけハうかむ術」「うつむけてあるかるたを、絵を見ずに何といふ事をしる術」など、大小二五種の奇術の伝授を載せる。また「太鼓并鼓の鳴を聞て、何といふことをしる術」は、紙に書かれた言葉を当てる手品で、仲間が太鼓と鼓の音を使って、離れたところにいる演者に文字を知らせる方法である。このような霊交術を当時、「他心通《たしんつう》」と呼んだ。

また、釜ぬけの法は、職業奇術師が小屋掛けで演じて評判をとり、当時非常に流行った大手妻である。上巻の釜ぬけの図は興行の様子を表しており、下巻ではその種明かしを載せるが、奇術師にとっては秘中の秘といえる手品のタネを明かしてしまって問題は起こらなかったのであろうか。

江戸末期以降、この演目が興行ビラに載ることはなく、釜抜けは何らかの理由で演じられなくなったようである。

◆璣《から》訓《きん》蒙《もう》鑑《かがみ》草《ぐさ》

本書は多賀谷環中仙《たがやかんちゅうせん》・編、川枝豊信《かわえだとよのぶ》・画で、初版は享保一五年（一七三〇）一月に京都・蓍屋伝兵衛《めどきやでんべえ》、大坂・瀬戸物屋伝兵衛、江戸・西村市郎右衛門《にしむらいちろうえもん》から売り出された三冊本（松一六丁・竹九丁・梅九丁）である。内容は、上巻にあたる松が絵入りの目録で、下巻にあたる竹、梅の二冊は、その仕掛けを解説する伝授編である。

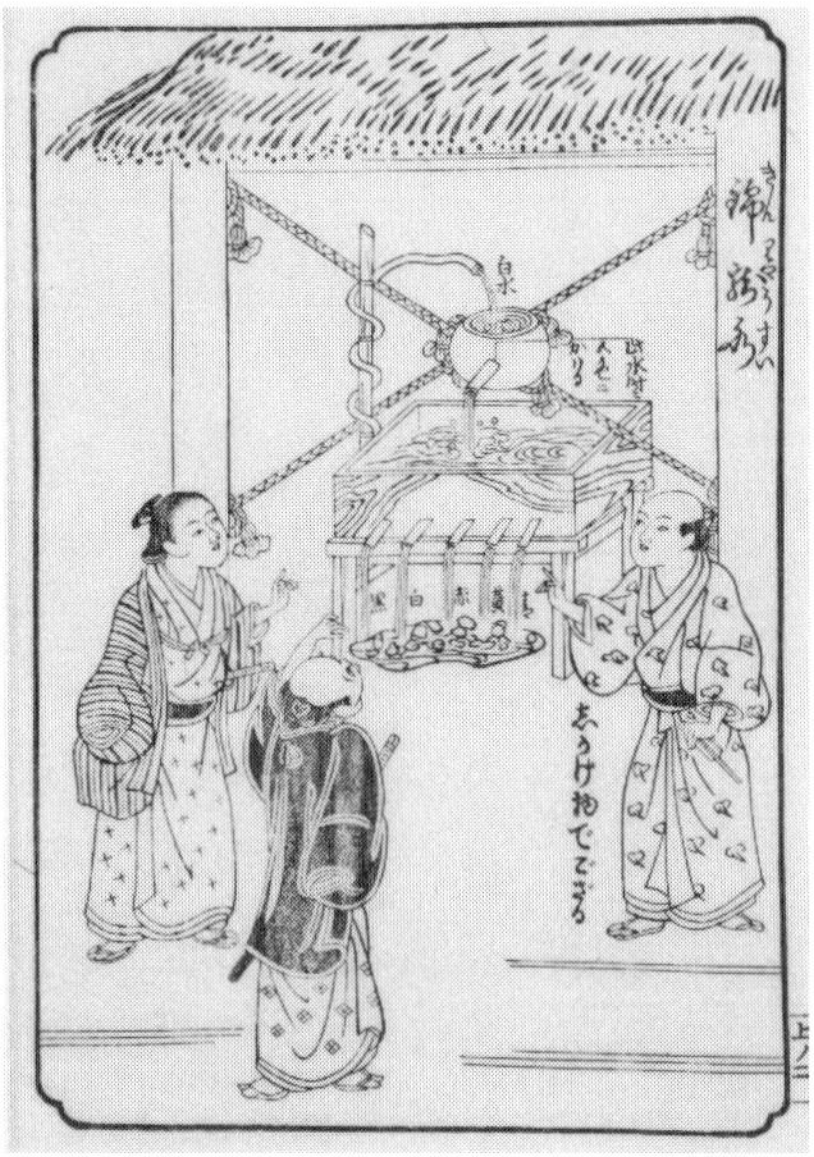

　からくり（絡繰・機関）は糸、歯車、バネ、水銀などを使って離れたところから操作するもので、人形や物が自然に動いたりするように見えるが、実は内部に巧妙な仕掛けがある。実用としてのからくり使用は江戸幕府によって禁止されたため、からくりは見世物として発達した。寛文二年（一六六二）に竹田近江は大坂道頓堀に、からくり人形芝居専門の「竹田からくり」を開場した。人形、屋台、道具などが機械仕掛けで動くようにした見世物である。元禄一五年（一七〇二）には江戸でも興行して評判をとった。

　本書の序文に「（前略）初狂言の当り評判。其ながれの末をうけ込方々のからくり芝居。ふしぎふしぎに三銭五銭。はづミ切たる古今の璣のまどひを照す鏡草。根から葉から牛房抜にして。其術を見よならこれじやこれじや」とあるように、竹田からくりの秘密の一部を暴露した本といえる。内容は「陸舩車《りくせんしゃ》」「錦龍水《きんりょうすい》」「唐人笛吹からくり」「いろは人形のからくり」「人形、文字書からくり」など二八種。このなかには機械仕掛けのものもあるが、「蟻通玉のからくり」「鳩、鉢の子に入、仏となるからくり」「茶釜の水、茶となるからくり」「水の中へ人形つかひながらはいる」「玉子、ひよこと成、ひよこ、雞となる」「人形、人にかくさせ、人形か占ふからくり」など奇術性の強い演目もある。

　からくりの文献としては、寛政八年（一七九六）刊行の細川半蔵頼直著『機巧図彙』と並ぶ名著である。

◆唐《もろ》土《こし》秘《ひ》事《じの》海《うみ》

著者は多賀谷環中仙、初版は享保一八年（一七三三）に京城書林・めど木や伝兵衛から発行された。しかし現存する初版本は極めて少なく、流布するほとんどが『珍術《ちんじゅつ》万宝全書《まんぽうぜんしょ》』（既刊五種の再版本）の放れ本である。

上巻にあたる日の巻が目録（六丁）で、下巻の月の巻が伝授編（一三丁）である。目録に載る人物の姿や服装は唐の官人スタイルで、異国風の雰囲気を表している。

内容は中国のものではなく、日本の手品一九種を載せる。そのなかで特筆すべき演目は「蝋燭の真より水を出す事」で、水からくりの最も古い種明かしである。

また、科学的な演目が多く、そのいくつかを挙げると、熱で紙を動かす「紙にて作りたる魚を動かす」、プリズムで色を変える「天人めかねの伝授」、サイフォンの原理で水が流れ続ける「座敷に俄にかけひを作る」、水銀を入れて動かす「作りたる龍をはたらかす」、二種類の薬品を使う「絵を水へいれ、外の絵にかへる事」、水銀を玉に入れて作る「夜光の玉を即座に作る事」、水中より乾いた砂を取り出す「五色の砂の曲」などがある。手品では、「きせるを二つに折、左右にもちて、たばこを呑む術」「ひよく包といふふしき」は、目新しい種目である。そのほか、「白き紙を水中にて五色に染る事」「水中へ五色の水を入れ、別々に汲分る事」などがユニークである。これらの優れた内容のなかに「豆に魂を入れ、蝿をとらす術」という、何とも風変わり演目もある。

本書も本格的な奇術書であるが、多賀谷環中仙の一連の著作物はどれも格段に優れた内容である。

◆神《しん》仙《せん》秘《ひ》事《じ》睫《まつげ》

本書の初版は、寛保二年（一七四二）和泉屋伝兵衛《いずみやでんべえ》刊行の二冊本（花六丁・鳥一四丁）である。後に大坂・柏原屋与左衛門《かしわばらやよざえもん》、次いで大坂・柏原屋与一、さらに後に京都・

菱屋治兵衛から刊行されているが内容はどれも変わらない。

書名の「睫」の意味について、奥書に「秘密のことは、睫のように、目では見えないが身近にあるものだ」と述べている。上巻にあたる鳥の巻はその種明かしで一五種を載せる。

なかでも「細き水縄に銭壱文貫《つな》ぎ、抜取術」「天狗の豆かくしの術」「きせるをつまゝずに、指に自由に付る術」の三種は、図入りで詳しく解説されている。三種とも優れた指先の手品であるが、演じるには、「パーム（隠し持つこと）」「すり替え」「嘘つかみ」などの技法を使うため、かなりの熟練を要する。特に「天狗の豆かくしの術」は、

現在「小豆割り」と呼ばれ、手と口を使って大豆の増減を見せる良い手品であるが、衛生面のこともあり、今では演じる人をほとんど見かけない。その他にも「かけものおのれと巻あがる術」「あわの上にてこまをまハす術」「紙にて蛙を作り、おのれとあゆます術」など面白い手品が載っている。

巻頭の「蝋燭を空中にともす術」の解説は、「（前略）天井にひきの油をぬり、しんの真中へ青ぐもの巣と水かねとをつめて、右油のじゆんの天井の下にともすべし。（後略）」と、この本にしては不可解な種明かしが書かれている。

◆仙《せん》術《じゅつ》夜《や》半《はん》楽《らく》

本書は、幾篠《きじょう》・述、版元は江戸・吉文字屋次郎兵衛と同・小川彦九郎で宝暦五年（一七五五）の発行である。序題は『仙術夜半楽』、題簽題《だいせんだい》は『珍術夜半楽《ちんじゅつやはんらく》』である。

序に「（前略）実に甚深微妙の、珍術たりといへども、桜木に寿して、童蒙春の笑初め、長く夜半のたのしミ種と題号する而已《のみ》（後略）」と書名の由来を述べている。上巻九丁は絵入りの目録、下巻一一丁はその伝授で、手品一

四種、遊び一種、影絵二六種、そのほか影絵人形の仕方などを解説する。下巻で解説される手品は「さかづきのふちより五分高く酒をつぐ術」「舌へこよりを通す術」「らうそくに火をともし、紙を通す術」「あふぎの絵に蝶たハふる仕やう」「ざしきへはけものを出す法」「徳利より水をふき出すじゆつ」「泉水の舟、風なしにうごく術」「はこのうちに入たる物をあてる術」「座鋪へ六尺余の大天狗を出す」などである。「紙人形、をのれとうごくからくり」は、糸を用いるヒョコの手品である。一八世紀半ばに見えない糸を使う手品が、すでにわが国で行われていたことは驚きの一言であるが、それを示す貴重な図である。また影絵は『珍術さんげ袋』や『続懺悔袋』にも載っているが、人形を使う影絵の技法解説は初めてのものであり、本書は日本に当時このような影絵人形劇があったことを物語る唯一の文献である。

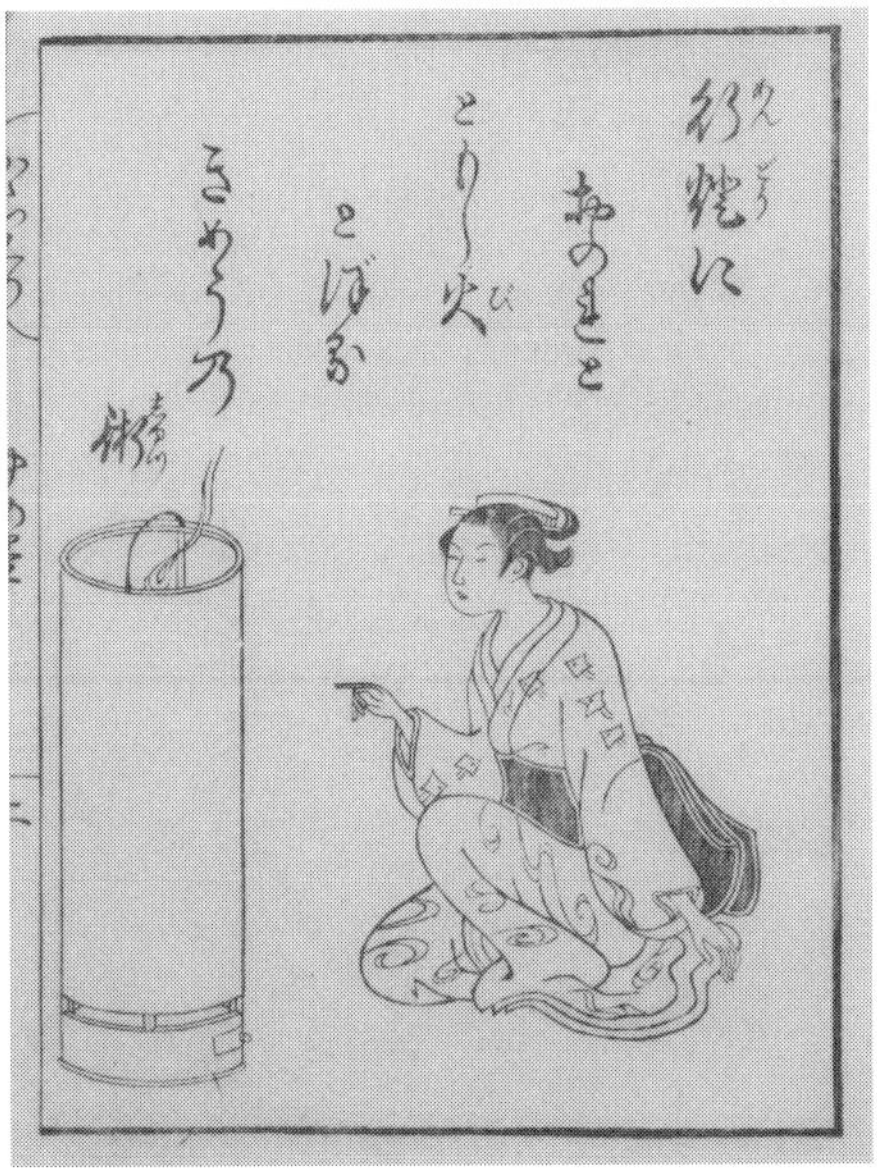

本書は明和五年（一七六八）に、新たに中巻を加え、**『絵《え》本一興鑑《ほんいっきょうかがみ》』**と改題して再版されている。

『絵本一興鑑』は『仙術夜半楽』（上巻九丁・下巻一一丁）に、中巻八丁をあとから挿入して合冊したもので、序、奥付なども一部改刻してある。題簽《だいせん》には『からくり大手づま絵本一興鑑全』とある。中巻はこれだけで独立しており、前半の三丁半が絵目録、後半の四丁半が伝授である。伝授の内容は「ひやうたん、おのれと飛行の術」「傘より雨をふらす術」「行燈におのれと火とぼる術」「鉄火をにぎる術」「箱を紙にてこしらへ、湯をわかし、又さけのかんをする術」「にわかに築山をこしらへて、雪をふらす術」の六種。内容的に目新しいものはないが、目録絵はどれもおおらかで優雅である。

◆放《ほう》下《か》筌《せん》

『放下筌』の著者である平瀬輔世《ひらせほせい》は大坂で薬と書籍を商っていた。店の名前は赤松閣《せきしょうかく》で、初版本の下巻末一丁に、店名とともに「懐紙早かうやく」「口中一切くすりたばこ」「色のしろなる薬 面薬美清香」「やせる薬 柳腰美容散」など、一〇種の薬の広告を載せている。続く奥付には「宝暦一四年申初春、彫刻藤村弥兵衛《ふじむらやへえ》、調合所大坂書林 千草屋新右衛門《ちぐさやしんえもん》」とある。これらの記述から発行者の千草屋新右衛門と著者の平瀬輔世は同一人物である。

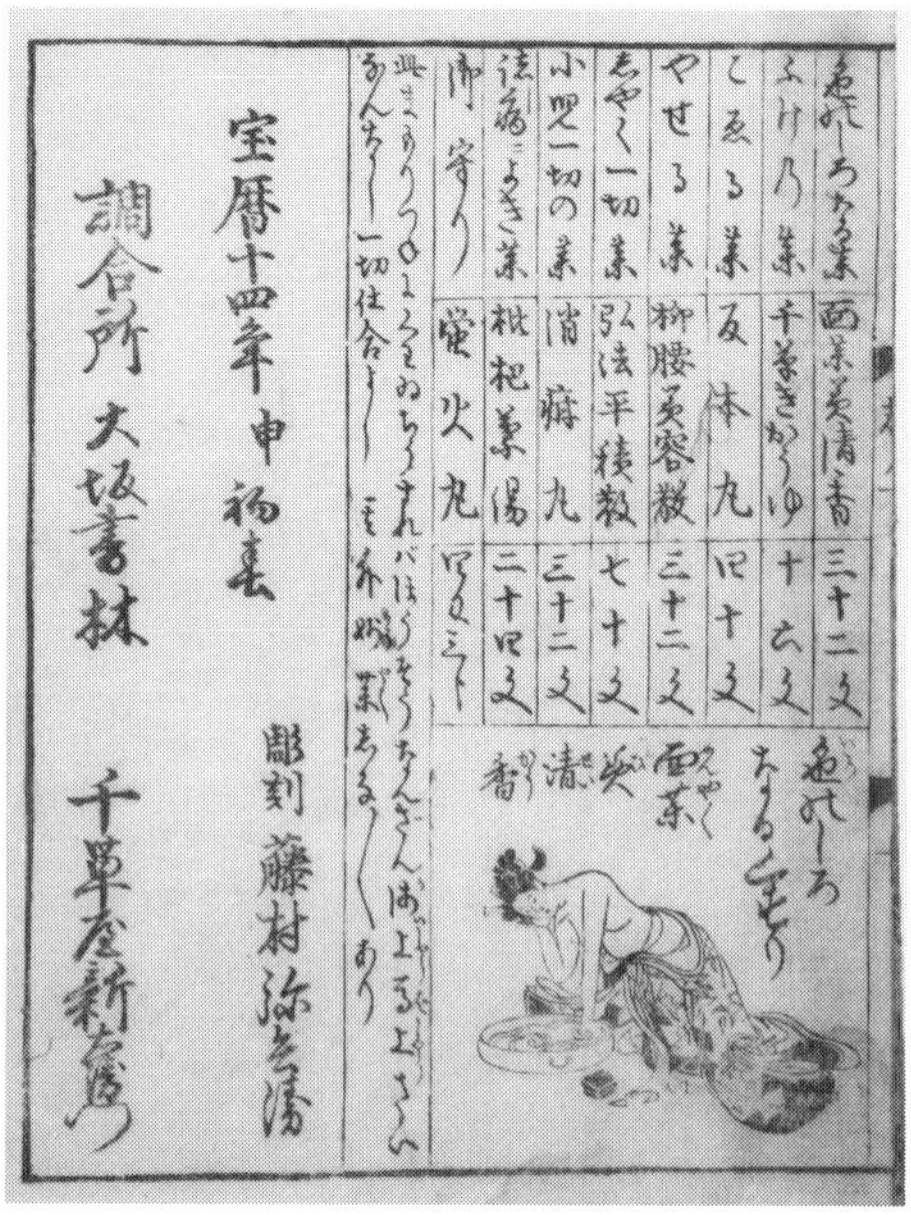

本書の初版本（上一五丁・中一一丁・下九丁）は表紙が行《こう》成模様《ぜいもよう》で、題簽は、赤土色で印刷したお化けの下絵の上に放下筌の文字のあるもの。放下筌とは、筌が魚を捕まえる漁具ということから派生して、「手品の手引書」という意味である。

上巻は絵入りの目録、中巻に一四種、下巻に一六種を解説する。そのなかに「品玉（お椀と玉）」「金輪《かなわ》の曲《きょく》」を始め、「五色の砂を水中に入、すこしも濡ざる術（五色の

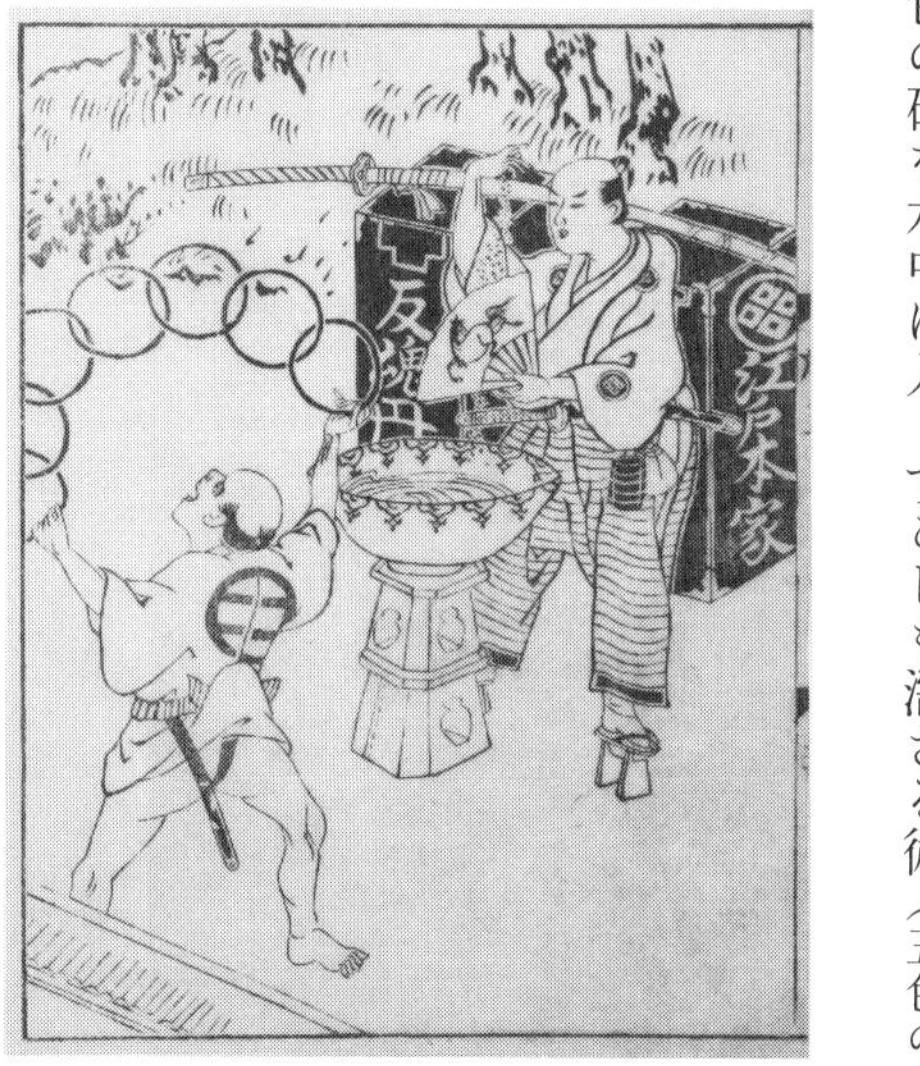

砂の曲）」「縄抜き」「縄むすび」「紙の真中を焼てひろげる時、焼跡なき術（福神）」「小刀をのむ術」「白紙を切て水に入れば、泥鰌となる術」「紙を焼きて雀にする術」などの優れた奇術の種明かしを載せる。「金輪の曲」の解説は、江戸時代を通じてこの本のみである。また、品玉は、九頁一八図を使って、玉の作り方、玉の抜き取り方と出現の仕方、たくさんの玉の出現法、和紙製松茸の作り方、笊から子犬の出現法など、現代ではあまり見られない方法と手順を解説する。

本書は、わが国の手品伝授本を代表する一冊である。

◆天《てん》狗《ぐ》通《つう》

初版本の序には「安永八亥年十月 浪華赤松閣 平瀬輔世謹書」とあり、奥付には「安永八亥年十月、作者絵師伏見屋宇兵衛《ふしみやうへえ》、開板人千草屋新右衛門」とある。本書の著者は、名著『放下筌』を著した平瀬輔世であるが、何故奥付に伏見屋宇兵衛としたかは不明である。

全三巻（上二二丁・中二二丁・下二三丁）の内、上巻が目録、中・下巻はその種明かし編で、ともに一九種ずつを解説する。本書の特徴としては、手品のほかに、曲芸、幻燈機、油絵、廻り燈籠、永久水汲み上げ装置、音の秘伝など、各分野の当時の最新知識を載せていることである。

曲芸は「まくらの曲仕様之事」「鉢まハしの事」「縄わたり仕よう」の三種、廻り燈籠は「蛍とうろう」「雷とうろう」「ばけ狐まハりどうろう」の三種、幻燈機は「大なる人の頭たちまち消うせる事」「幽魂幽鬼《ゆうこんゆうき》をあらハす術」の二種、どちらも蝋燭の灯りを使う。そのほか「阿蘭陀《おらんだ》油絵之法《あぶらえのほう》」、永久水汲み上げ装置の「町家にて滝を作る術」「壱人にて八人の音曲を成す事」など、多彩な内容である。

手品では『放下筌』に続いて「品玉」の技法の解説のほか、わざと失敗して見せる「銭を手の内ににぎれバ、一方の銭多くなる事」、一〇枚の銭が一枚ずつ移動する「鳥《ちょう》

目《もく》十銭持、一銭ツヽ左右の手ニ通事」のコイン奇術を絵入りで詳細に解説する。また「柿栗、其外菓、鳩と成リ飛去ル術」は、柿や栗を扇であおぐと本物の鳩になって飛んでいくというもので、巧妙なミスディレクションを利かせている。この演目は、一八世紀後半にわが国ですでに鳩のマジックが行われていたこと示すものである。

『天狗通』は『放下筌』の後編として安永八年（一七七九）に書かれたものである。序によれば、牛若丸が天狗より神通力を授かるにちなんで書名としたとある。本書のなかの「茶台をひもに通し、人ニ持せ置、ぬく事」は、現在「天狗通《てんぐどお》し」と呼ばれている手品で、書名が後に演目名になったという珍しい例である。また、幻燈機で映す幽魂幽鬼は、当時影絵眼鏡《かげえめがね》と呼ばれ、のちに写し絵という芸能に発展する。その意味からしても、この『天狗通』は貴重な一冊といえる。

◆盃《はい》席《せき》玉《たま》手《て》妻《づま》

序末に「尾手々古、天明品玉之春、作者離夫《りふ》書」とあるが、天明版の『盃席玉手妻』については、確認することができず、現存するほとんどのものが寛政一一年版の後刷本である。

上巻（一四丁）は絵入りの目録で、中巻（一〇丁）、下巻（九丁）はその伝授である。内容は三三種、ほとんどが書名の通り宴席用の座敷手品である。なかでも最も優れているのが「葛籠《つづら》へはいり、紐を結ひ封をするに、中なる人自由に抜いつる伝」で、これは紐で縛った葛籠の中から人が脱出するという「葛籠抜《つづらぬ》け」の大手妻である。『見世物雑志』には、文政一〇年（一八二七）九月に佐竹仙太郎一座が名古屋で、この手妻を演じたことが記されている。まさに「釜抜け」と並ぶプロ用の大手品で、種明かしが載るのは江戸時代を通じて『盃席玉手妻』、一冊だけである。

このほかの演目としては「雀の首を切て、胴を空中へ

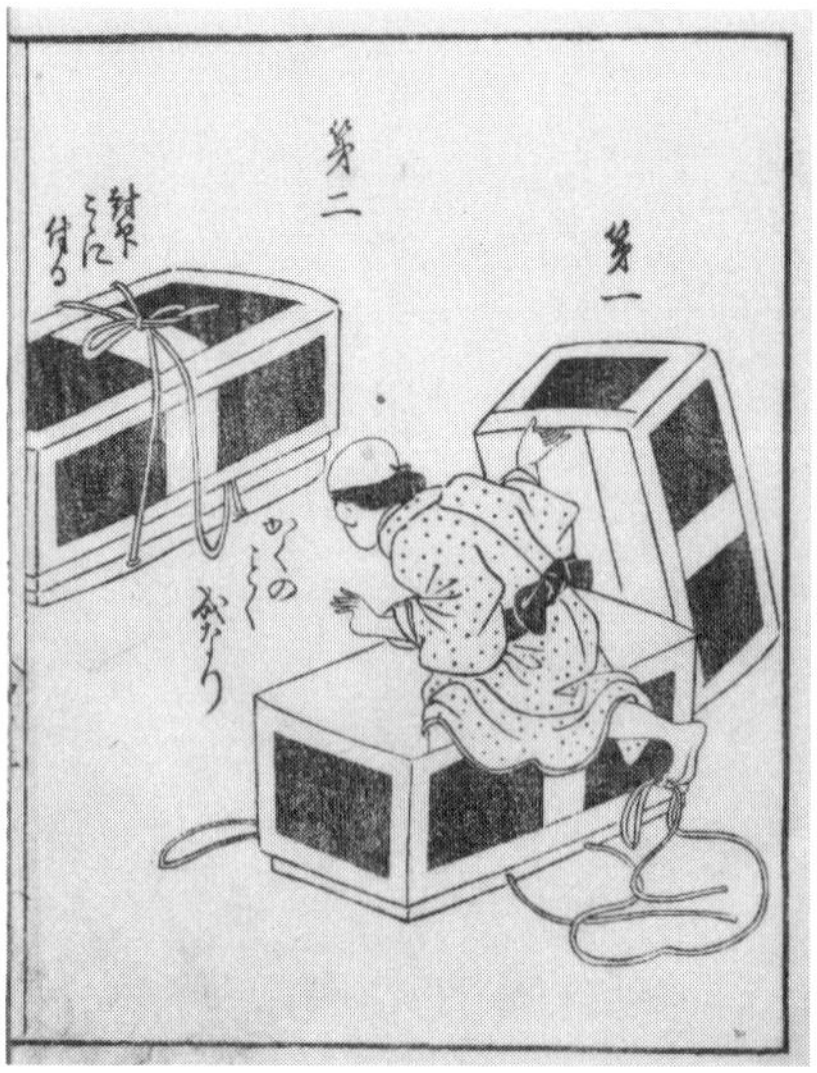

はなせば、おのれと飛さる伝」「屏風の中へ鉢に水を入、裸身にて屏風の中へはいり、鯉、鮒を出して見せる伝」、空気圧を利用した水からくりの「徳利より水気を登する伝」、紐に通した一〇枚の銭を抜き取る「天井より細引を下、是に銭をさし、其端を客に持置、中より銭を抜取伝」、腕に文字が現れる「紙に人の名を書せ、是を火に燃して其灰を我腕に摺込ば、星文となりてあらわるゝ伝」、女性を空中に立たせる「屏風の上より半身を出して空中に立て見せる伝」、仕掛けの枡を使う「一升の糠を一斗五升にはかる伝」などが、科学的なものには静電気利用の「磁石を不用して、煙管、火箸、其外一切のものを自由自在にきりきり廻す伝」、摩擦力を利用した「紙を重ね合せて、左右より引に離れざる伝」などがある。いずれも他の伝授本にはないユニークな演目が多くあり、江戸時代の伝授本としては五本の指に入るほどの優れたものである。

なお、本書の上・中・下を合冊した本『伝受玉手箱《でんじゅたまてばこ》』も現存する。

◆仙《せん》術《じゅつ》日《ひ》待《まち》種《ぐさ》

巻末に「天明四年辰正月 東睿山下竹町 花屋久二郎」とあることから、著者は花屋久二郎（花山人《かさんじん》）であり、初版は天明四年（一七八四）と思われる。また、文政元年（一八一八）と文政五年（一八二二）に、江戸書肆から再版本が発行されている。本の構成は、序一丁、目次二丁、口絵三丁（六図）、次に秘伝の巻として一四丁の種明かし部となる。内容は二七種の小品奇術。「いとに通したるぜにをぬく術」「懐中の内にて文字を探り当る術」と「にぎりたる銭をなくす術」は、どちらも手に物を隠し持つ技術（パーム）を使って行う。「秘伝歌かるた」は、五枚のかるたを裏から見て、その歌を言い当てる奇術。「糸の上にこまをまはす術」は、独楽の糸渡りの解説である。このほかに数理奇術が数種、まじない、占いも数種ある。なお、文化一四年（一八一七）には、『手津満《てづま》ひと里《り》伝授《でんじゅ》』と改

題した本が江戸の版元・川村儀右衛門《かわむらぎえもん》から刊行されている。

◆手《て》妻《づま》伝《でん》授《じゅ》紫《むらさき》帛《ふくさ》

著者は春風堂《しゅんぷうどう》。版元、刊年は不明。全二四丁である。

本文の形式が他の伝授本とは異なっている。たとえば「口中より火ゑんをふき候手妻ハ如何いたし候哉。答えていわく、是ハ……」というように本文の内容は「問いと答え」または「聞き書き」の形式を取っている。このような形式の伝授本は他にない。収録する二四種の手品のなかには「徳利をこよりでつる手妻の噺」「箱の内より五色のきぬをいだす手妻の噺」「針を何本も口へいれ、糸をとふして出す手妻の噺」「きせる糸からくりの仕やう」「ひとすじのなわを切てハつぎつぎしてのち、つぎめなき一ト筋の縄にする手妻のはなし」「六尺ある棒をうのミにする手妻の噺」「舌へ小刀或ハ火ばしをつき通す手妻のはなし」「新法智恵の輪」など、優れた奇術や法術の類が多く記載されている。なかでも「六尺ある棒をうのミにする手妻」の種明かしは、この本のみである。なお、国立劇場所蔵本は、題簽が『手品口伝集』となっており、その脇に副題簽がついていて、そこに次のような口上が書かれている。「口上　此書にハいにしへより名人達の残されし手妻の秘事をひらかなにて書顕ス。其伝を得て誠に緒人の目をおどろかす一興と成ぬべし」。現在二冊の所在が確認されている。

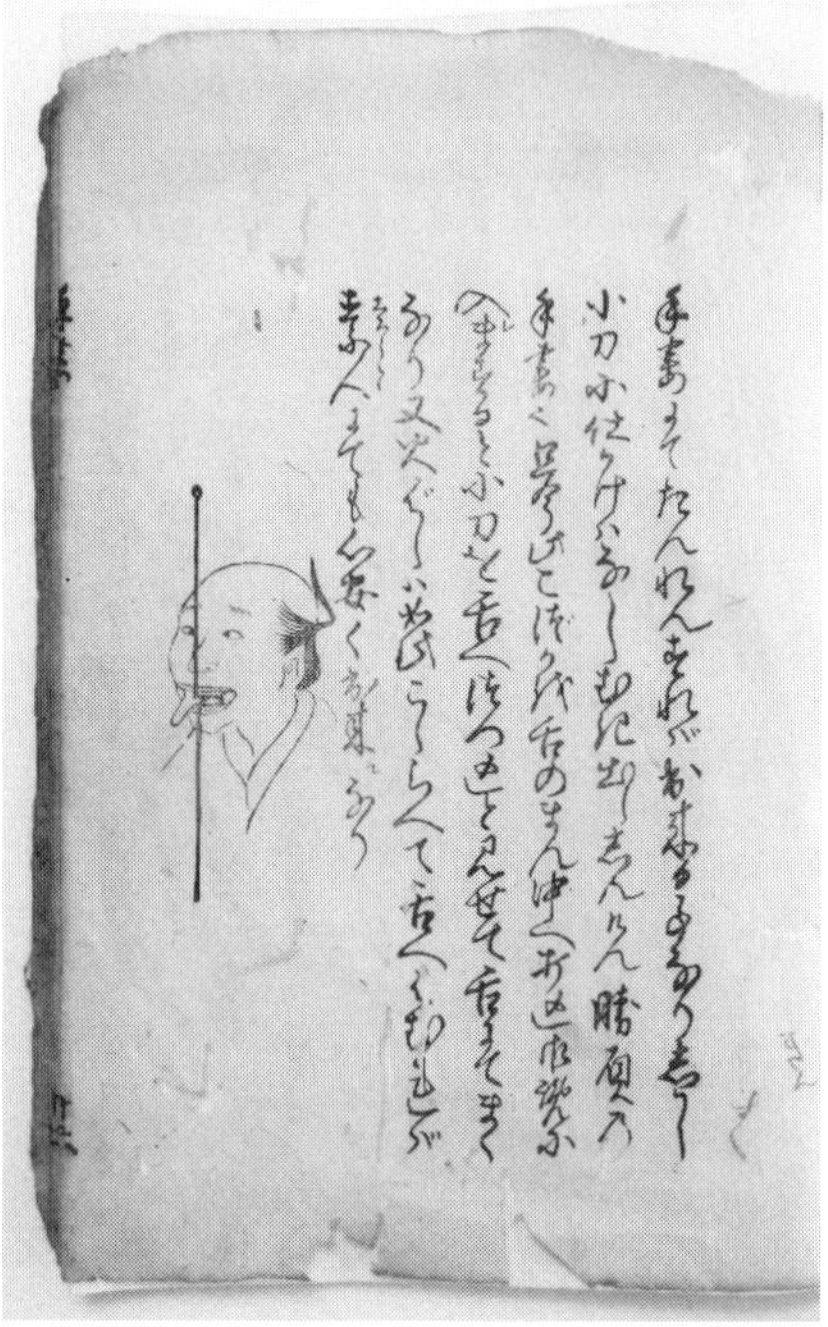

◆秘《ひ》事《じ》百《ひゃく》撰《せん》

著者の智徳斎《ちとくさい》は伯州米子（現・鳥取県米子市）出身の漢方医で、本名を舩越敬祐《ふなこしけいすけ》という。後に米子から大坂へ出て医業に励んだ。

『秘事百撰』は長期にわたって版を重ねており、非常に多く刷られた本である。なぜならばこの本には生活に役立つ知恵が数多く詰まっており、それが長年にわたって多くの人々に愛用されたからである。

『秘事百撰』の諸本のなかで、見返しに「施本《せほん》」とある本が最も古く、序末に「文政十年丁亥初夏」の年記がある。また『秘事百撰』は数回、版を重ねているが、本文の内容はどれも同じである。全四六丁。上巻四〇種、下巻六〇種の計一〇〇種で、内容については、題に「撰」とあるように既刊本から選び集めたもので、手品をはじめ、薬品、料理、呪い、妙術、秘事、生活の智恵などを記す。このうち、手品は「棒よせの法」「板の上に玉子を立る法」「徳利の口へわらしべをいれてつりあぐる法」「一枚がみを三間はしごに切法」「茶わんをはしらに付る法」「小づか、わきざしを呑むひミつ」「十六の文字を人のまへに出し、人の心にておもふ字を此字なりとあてる法」「らうそくを空にともす法」「水の上に大石を浮す法」など三八種である。

『秘事百撰』の取次所の変遷は次のとおりである。

①伯州米子、鍋屋彦右衛門、文政一〇年（一八二七）

見返しに『施本秘事百撰』とある。

②大坂北久宝寺町四丁目、舩越敬祐、刊年不明

これは智徳斎が米子から大坂へ移って、はじめて出した再版本で、取次所が著者の舩越敬祐自身となる。序文からは年記が削除され、また、初版の巻末にあった著書『妙薬奇覧』の広告は一部が改刻されている。

③大坂本町西横堀北エ入、播磨屋五郎兵衛、刊年不明

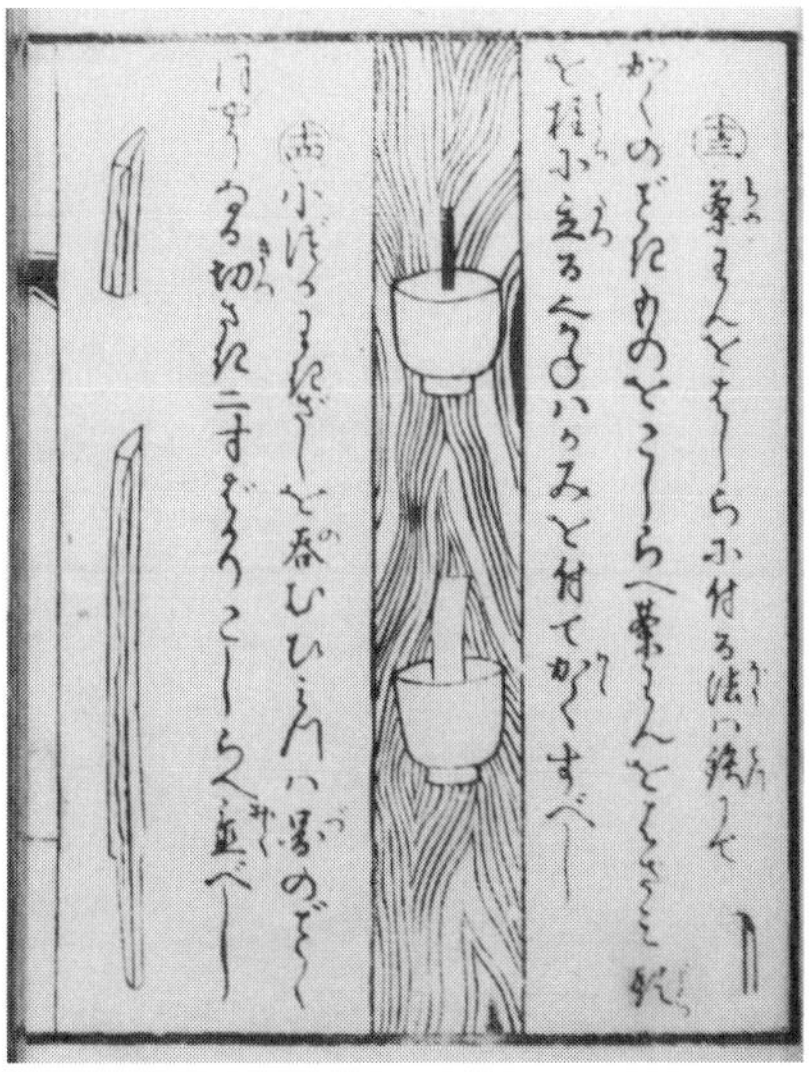

④前川文栄堂蔵梓、嘉永元年（一八四八）求板
見返しに書かれた前川文栄堂は、伊丹屋善兵衛の店の名である。巻末には従来なかった奥付が新たに付けられた。そこに『珍術万宝全書』、『妙薬博物筌』の広告が載せられ、刊年と書店名が記されている。なお、同じ前川文栄堂蔵梓で「嘉永五年子六月求板」の本も現存する。

また智徳斎著『**秘事百撰 後編**』は、嘉永元年（一八四八）一〇月に発行された全四一丁の本である。内容は五〇種、そのうち手品は三九種である。中に「通ひたんざく、箱の中へ白紙を入、一間ばかりはなれて三十一文字うつす妙術」「水中より、ともし火をいだす法」「からの丼鉢より、たまごを三、四十もいだすひでん」「さミせん箱より、二、三丈のきぬ（かみにてもよろし）、からかさをいだす法」「桶の中へたまごを入、にハ鳥にしていくつもいだすでん」「箱のひきだしにたまごを入、これをふところへ取り、又箱へたまごを入もどすめうじゆつ」「天地人箱の内、あて物のひミつ」「八寸釘を舌に通て見するひじ」「ひよくのあて物のひでん」など、初編に比べて他書に見られないものが多く、中身も濃いものになっている。

◆秘《ひ》事《じ》百《ひゃく》撰《せん》 三編

米百斎三升《べいひゃくさいさんしょう》撰、慶応三年（一八六七）発行の全四二丁の本である。体裁は初編、後編と同じであるが、著者は異なり、しかもその内容はまったく一新されている。内容は計六〇種。そのうち、手品は「三社の当物の伝」「とうふをぼんにのせ、ひつくりかへして二ツに切伝」「からの鳥籠に玉子を入、雀にかへる伝」「まくらの引出しに玉子を二ツ入、其玉子懐中へ抜取て入て、懐中の玉子、箱の中へうつす妙術」「米、小豆、水、三段かへしの伝」「てりふり人形拵る伝」「からの井筒より水吹上る伝」など二四種である。図解が親切であるうえ、見開きの素晴らし

い絵も載っている。

伝授本は、号を重ねるごとに二番煎じ三番煎じと内容が落ちるものだが、この『秘事百撰』は、手品に関して言えば、初編よりも後編、後編よりも三編へと内容が良くなっている。

◆新《しん》曲《きょく》ざしき手《て》づま

本書は江戸後期に旭文亭によって著された全八丁の伝授本である。扉には書名と「蝶の曲」の絵が描かれ、目録には二二種の演目名が書かれている。五丁分の一二種のうち、「紙をおり、茶わんをかべえつる伝」「紙の真中を焼てひろげる時、やき跡なき伝」「人の顔を長く見せるでん」「見こし入道を出すでん」「逆にあるく女のすかたの伝」「小き穴より大きなる頭を出す伝」の六種は、『放下筌』から材を得ている。また最後の二丁分には解説は簡単であるが、良い奇術が載せられている。たとえば「くわい中よりきん魚をいだすでん」は、現代のスカーフより金魚鉢を取り出す「空中金魚鉢」と類似する。また「紙と栗を入かへのてん」は、紙を揉んで栗にする手品で、仕掛けは今の「ハンカチボール」と同じである。

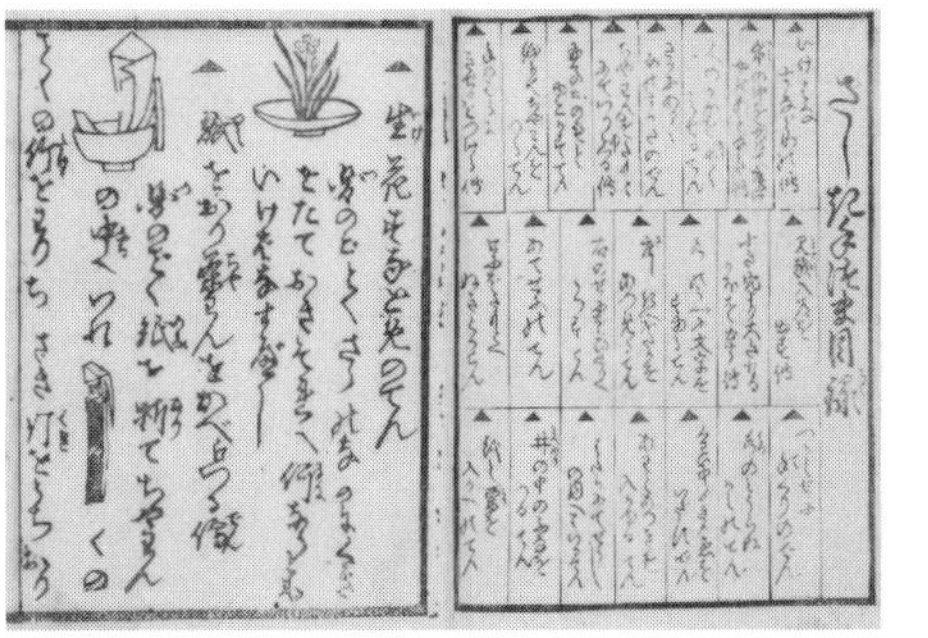

◆大《おお》新《しん》板《ぱん》即《そく》席《せき》手《て》づま 後篇

本書は、昭和八年（一九三三）に緒方知三郎博士が古奇術文献収集を始めてから今日まで、その存在すら知られていなかったものであり、どの奇術書にも載っていない。今回初めて紹介する手品伝授本である。

著者の歌月庵喜笑《かげつあんきしょう》は、本名を小田切春江《おだぎりしゅんこう》（一八一〇〜八八）といい、尾張藩士として『尾張名所図会』の挿絵を描いたことなどで知られている。また自身の絵日記『名《めい》陽見聞図会《ようけんもんずえ》』に「満干の玉」「水がらくり桶ぬけ」「女手妻」「鯉兆店の伝授物」などの手品上演図を描いている。

このように春江は、手品が好きであったことがうかがえる。

本書は御座敷手品の伝授本である。「紙ニて作たる亀、あゆまする事」「銭一貫文を紙一まいにて釣事」「かミをやきて雀ニする事」など、全八丁に一二種の手品を載せる。これらの演目は『珍術さんげ袋』『唐土秘事海』『たはふれ草』『放下筌』の四種から引用している。

本書は、文政一三年（一八三〇）序、春江が二一歳のときに著したもので、数多い彼の著作のなかでも最も古い刊本である。ただし、発行年や版元名がなく、私家版と思われる。そのため、多く出回ることなく今日まで受け継がれてきたと考えられる。序文によれば、本書は、『座敷手づま』の後編に位置づけられているが、前編については不明である。

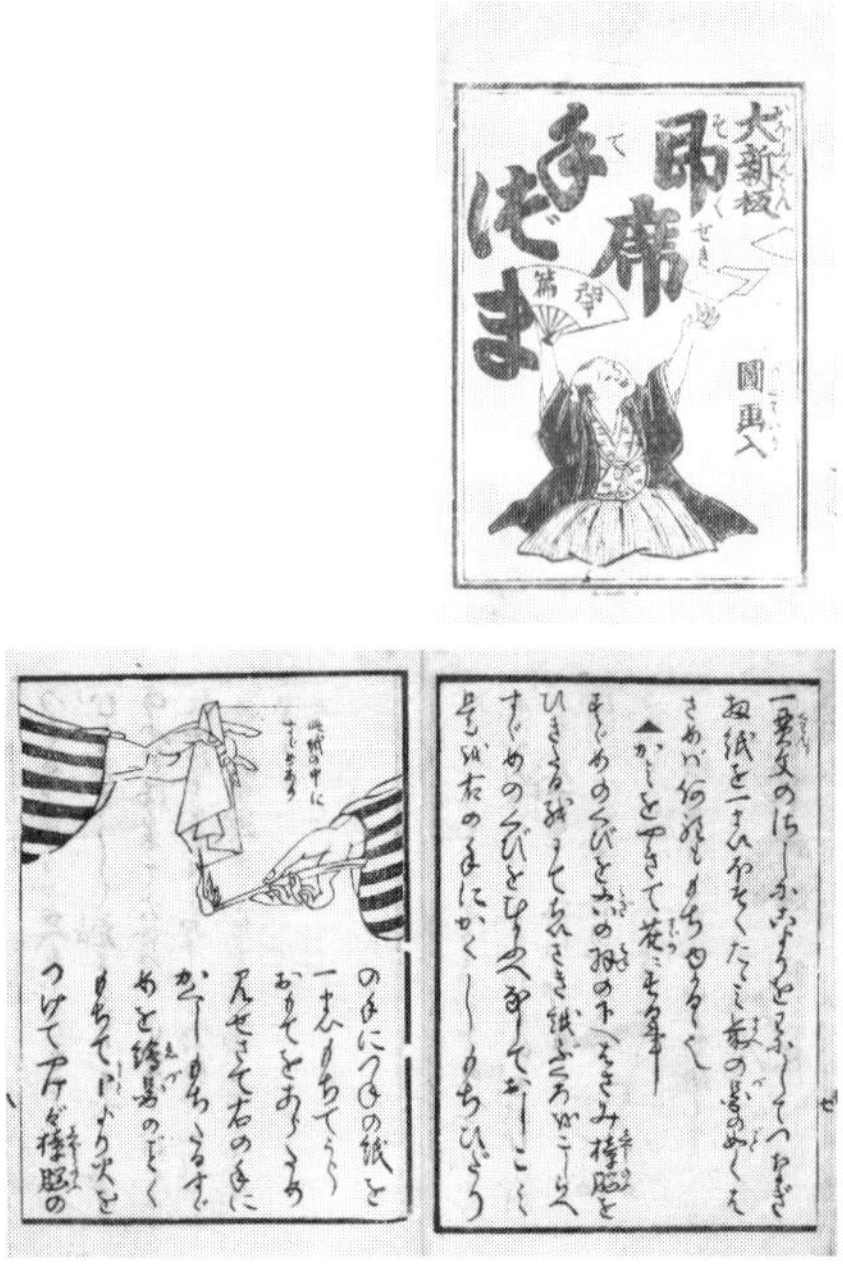

（名古屋市博物館蔵）

◆手妻《てづま》独稽古《ひとりげいこ》 初編

十方舎一丸《じっぽうしゃいちまる》が著した主要な手品本は『手妻独稽古 初編』『風流秘事袋《ふうりゅうひじぶくろ》 初編』『手妻早伝授《てづまはやでんじゅ》 初編』『手妻早伝授 二編』の四種である。また、これらの版木を用いて、新たに色刷り絵表紙を付け、数冊に分けて再版された本もあり、それらを含めると二〇種以上になる。それほど十方舎の本は大衆に人気があった。その理由は、軽妙で楽しい挿絵を多く加えた編集にあったといえる。

本書の初版は天保一四年（一八四三）の発行である。別本の序文に乙酉《きのととり》相月」と書かれたものがある。これは文政八年（一八二五）七月に当たる。だとすれば、本書は序文が書かれてから一八年も経って発行されたことになるが、これにはなんらかの事情があったものと推察される。

全二九丁で、内容は三七種。「懐中にて文字を探り当る伝」「水の中に火をともす伝」「紙を栗またハ餅、饅頭にする伝」「笹の葉を泥鰍《どじょう》にする術」「紙にて温飩《うどん》を拵へ喰伝」などが載る。これらの演目は、いくつかの本から材を得ており、内容に目新しいものはないが、改題、再版を多く重ねたということは、それだけ人気があったということがうかがえる。なお十方舎は、江戸の戯作者・十《じっ》返舎一九《べんしゃいっく》の弟子であり、筆名は師にあやかって付けたものであろう。

◆手《て》妻《づまの》種《たね》

本書は松旭坊《しょうきょくぼう》著によるもので、嘉永三年（一八五〇）に大坂・石川屋和助より発行された全二四丁の本である。見返しには馬と樽と大福帳の絵とともに「新撰弄碗珠《しんせんてづま》の種《たね》　寿梓発兌魁」と書かれている。

序に「（前略）手妻、品玉乃戯れごと茂、種と術と法とを得ざれば、おててこ転の笊さへ手に把がたし。此一書ハ専奇事珍法の魁、冊にして婦女総角等乃佳慰とものし、且早覚へ乃無類飛切と兼たれバとく求め給へと（中略）瓢箪から馬つれの松旭坊」とある。続いて『座敷即興手妻《ざしきそっきょうてづま》』と書かれた目録に手品八三種の演目を載せる。内容は「ろうそくを宙につるでん」「かミにて作りたる蝶をと

バすでん」「ざしきへばけものをいだすでん」「人乃かを〻ながく見せるでん」など、すべてが既存の伝授本から集めたものである。本文二一丁に八三種もの手品を載せたために、タネ満載の感じもするが、挿絵はユニークで面白い。手品のほかに釣り物秘伝や変装遊びも加えられ、ちょっとした手品百科の趣がある。なお、再版本として『新《しん》撰《せん》てづ満《ま》の種《たね》』、『捿《てづま》の種』がある。

◆手《て》しな《（品）》独《ひとり》けいこ《（稽古）》

本書の初版本は弘化四年（一八四七）発行の『手しなの種本』（見返し題・坐敷《ざしき》遊《あそび》手品《てじな》の種本《たねほん》）で、それを『手しな独けいこ』と改題して発行した。著者は不明。全一〇丁。

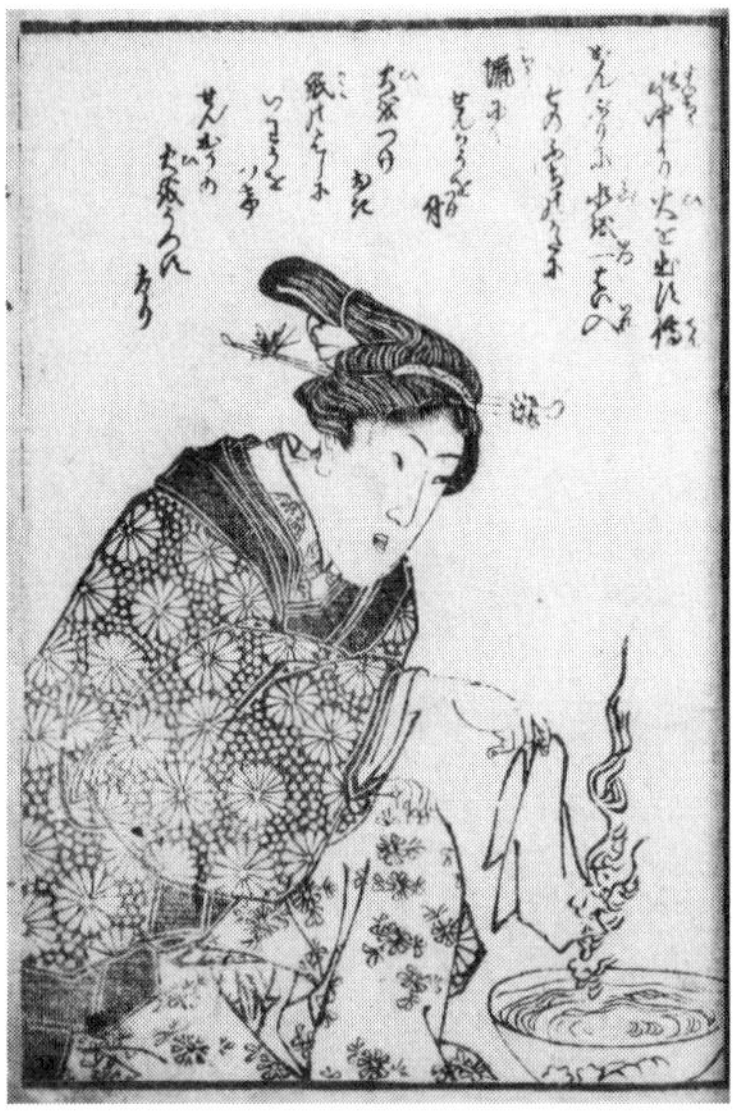

見返しには「門人直次《なおつぐ》画」とあり、本文の挿絵も直次と考えられる。内容は手品四二種。「子持だるまの伝」「水中より火を出す伝」「茶わん水上の伝」「わきざしをのむ伝」「紙人形を踊らす伝」「むそう引出しの伝」「蒸籠《せいろう》の図、組あげ」などであるが、挿絵の人物の演技ポーズが決まっていて、非常に良い絵になっている。

◆手《て》妻《づま》早《はや》稽《げい》古《こ》

本書の著者は不明。文久二年（一八六二）に発行された。全二〇丁である。

序には「品玉も種からと言葉のたねを蒔出して、遂に儲のたねとなす。人また是を茶漬の種とせば、書肆ハ黄

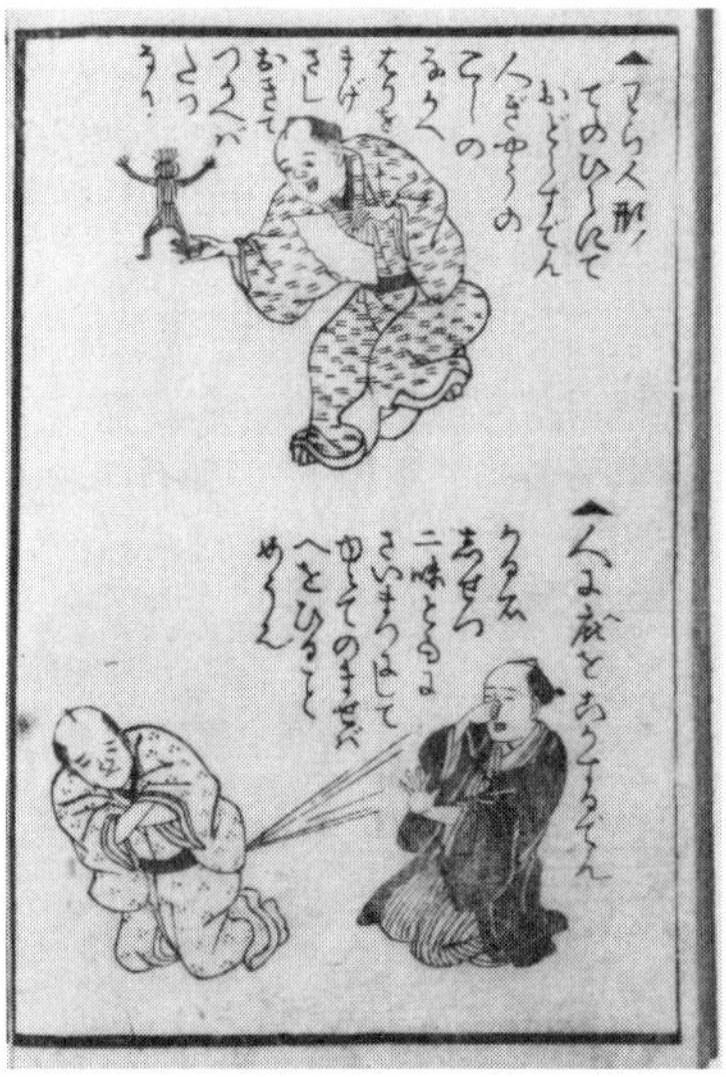

金のたねを値さん。作者ハ素り飯のたね、嬰児方ハ上なき翫弄のたねに習ひが数々ござる。最初に紙を進むときハ、ヲットそれハ小判のかねが岬、抓む手妻に億万両、忽ち長者と換るが早ひ、おてゝこすてゝこ、おてゝこてんと机をたゝひて　壬戌卯月、東都 柳川一蝶斎《やながわいっちょうさい》戯識」とある。この序文からみると、柳川一蝶斎は、著者ではなく監修者と考えられる。

内容は「わら人形、てのひらにておどらすでん」「てうちんの上、石をのせるでん」「はしらへ茶わんつけるでん」「そろバんをおのれとはたらくでん」「手のうちより水気をあげるでん」など七二種。なお、後半の一〇丁は『手妻早伝授 初編』、『長崎伝法手《ながさきでんぽうて》じな早指南《はやしなん》』、『手品独《てじなひとり》稽古《げいこ》』の三種の本からいくつかを寄せ集めて改刻したものである。

◆座《ざ》しき手《て》づま

本書は、江戸末期に発行された全五丁のこより綴じの軽装本で、著者は歌川一宝斎《うたがわいっぽうさい》である。内容は五三種。「たからの手箱」は、演技図とともに仕掛け図が描かれ、そこに「やたいの内、蒸籠の図。この所へしなものをかくすところ。板はてうつがいなり」とある。現在ではこの用具を「日本せいろう」と呼んでいる。仕掛けは当時と同じである。そのほか「あやぎせる」「相生茶わんの伝」「むそう引出し」「紙玉子の伝」「かげ清《きよ》、神力《しんりき》のなわ」「天《てん》狗《ぐ》のもぎ銭《せん》」など、従来からある種目であるが、四方向から引き出しがあく「四方引出しの伝」は、他に類がなく珍しい。

◆仙《せん》術《じゅつ》日《ひ》待《まち》草《ぐさ》

本書は、江戸末期に発行された一枚刷り伝授書で、手品九種を図入りで解説する。巻頭の「連理かよひ糸」の伝授は、「らをの中へ、なかき、みじかきのしきを入、これに糸をとをして、みせぬやうに致すへし」とあるが、説明が不十分で、内容を理解することは難しい。そのほかの演目も同様で、挿絵がなければ、どんな手品なのかがわかりにくいと思われる。「二すじの糸のまん中をこより

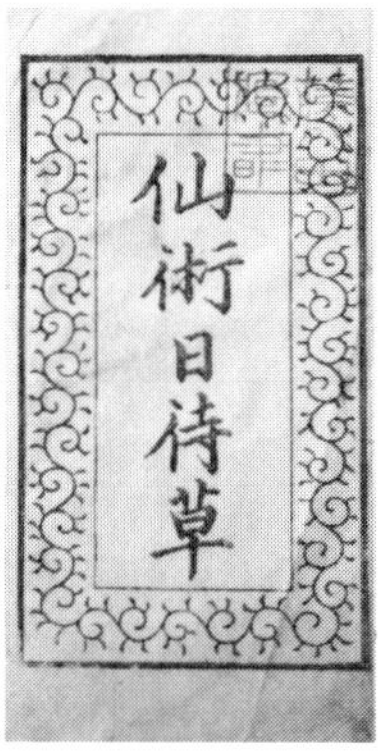

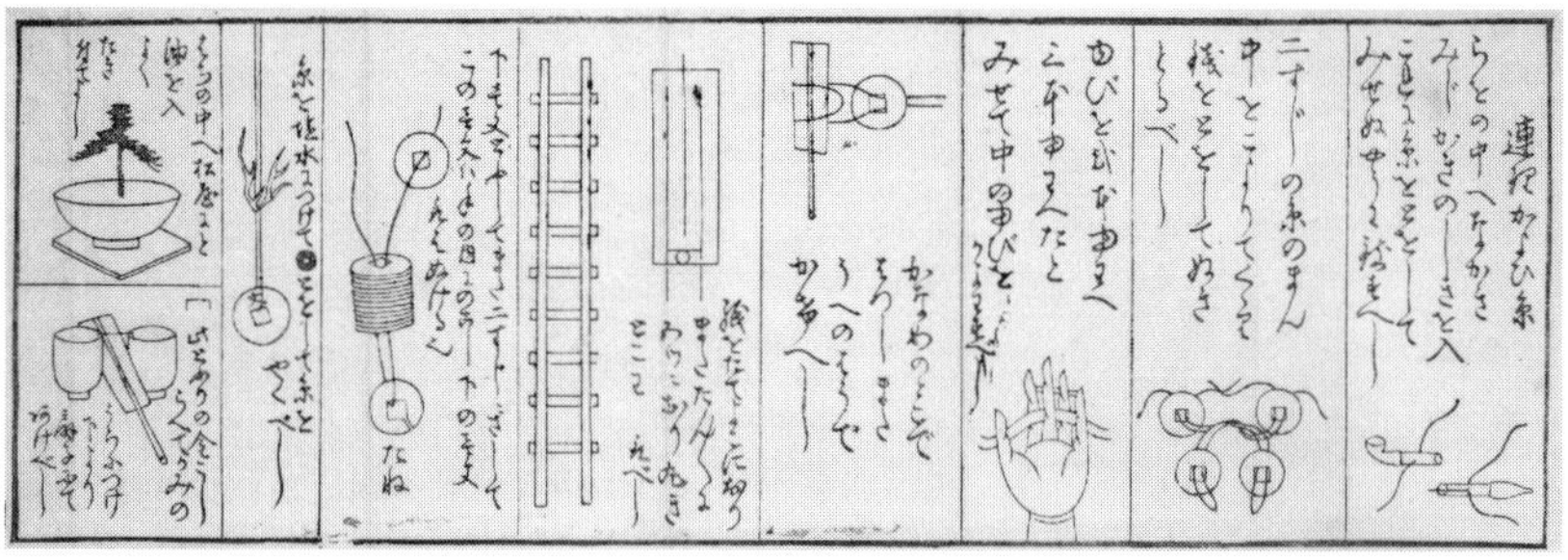

てくゝり、銭をとをしてぬきとるべし」は「神力《しんりき》の縄《なわ》」、「紙をたてよこにおり、またたんたんに五ツニおり、丸きとこわ取べし」は「三間紙梯子《さんげんかみばしご》」、「下壱文とふして、また二すじニさして、この壱文ハ手の内にのこし、下の壱文取は、ぬける也」は「天狗のぬけ銭」、「此とふりの金こしらへて、かみのうらにつけ、下より扇子にてあけべし」は「相生茶碗」のことである。この一枚刷りを巻き折りにし、『仙術日待草』と印刷された包み紙に入れて、街頭で実演販売したものと思われる。

※本編は国立劇場資料課編『緒方奇術文庫書目解題』（解題は山本慶一が担当）を参考にしてまとめた。

※本編で使用した図版は、所蔵先を明記したもの以外は、すべて河合勝コレクションである。

日本奇術書目録（江戸時代）

河合　勝

江戸時代に国内で発行された手品、からくり、秘事・秘法、釣り物、目付絵、パズル、記憶術などの伝授本を一覧にした。ほとんどが版本であり、その数は約二〇〇種である。これらのなかには、既刊の改題本、再版本も含まれている。

【凡例】

1. 原則として年代順に掲載した。一部、種類別、著者別にまとめた。
2. 記載事項は№（通し番号）、書名、編著者、初版発行年、特記事項である。
3. 書名は第一に外題により、そのほか巻頭題なども参照した。
4. 書名、編著者に使われていた旧漢字は新漢字に直した。
5. 一枚刷り伝授書の書名は内題によった。書名が書かれていない場合は、巻頭の演目名を仮の書名とした。
6. 一枚刷り伝授書は特記事項に「1枚刷」と明記した。
7. 書名の後ろに※印の付くものは既刊本の改題、あるいは再版である。
8. 書名の後ろに△印の付くものは数学、パズル、記憶術などの本である。
9. 書名の後ろに◇印の付くものは自筆の絵目録で、解説はない。
10. 編者（河合）が未見のものは、特記事項に（未見）と明記した。
11. 目録は二〇一六年一月五日現在のものである。

№.	書名	編著者	初版発行年	特記事項
1	神仙《しんせん》戯術《げじゅつ》	陳眉公	元禄9年（1696）	日本最古の手品伝授本。20種。
2	続《ぞく》神仙《しんせん》戯術《げじゅつ》	馬場信武	元禄12年（1699）	手品、まじない、生活の知恵。
3	仙術《せんじゅつ》極秘巻《ごくひのまき》　※	馬場信武	（不明）	№1、2の改題本。上下2冊。
4	珍術《ちんじゅつ》さんげ袋《ぶくろ》	環中仙い三	享保年間	手品、遊び、影絵。
5	続《ぞく》懺悔袋《さんげぶくろ》	環仲仙い三	享保12年（1727）	手品、影絵。
6	万世《ばんせい》秘事枕《ひじまくら》	早水兼山	享保10年（1725）	生活の知恵。カルタ当て1種。
7	和国《わこく》智恵較《ちえくらべ》	環中仙	享保12年（1727）	図形パズル17種。カルタ当て1種。
8	たはふれ草《ぐさ》	鬼友	享保年間	小品奇術41種。
9	たはふれ草《ぐさ》　※	鬼友	享保年間	№8の5種目改変。
10	続《ぞく》たはふれ草《ぐさ》	鬼友	享保14年（1729）	大小奇術25種。釜抜け。
11	仙術《せんじゅつ》続《ぞく》戯草《たわふれぐさ》　※	兼勝	天明元年（1781）	№10の再版本。
12	璣《からくり》訓蒙《きんもう》鑑草《かがみぐさ》	多賀谷環中仙	享保15年（1730）	からくり人形の伝授本。
13	唐土《もろこし》秘事海《ひじのうみ》	多賀谷環中仙	享保18年（1733）	科学手品等19種。水からくり初出。
14	神仙《しんせん》秘事睫《ひじまつげ》	イ専	寛保2年（1742）	指先手品等15種。小豆割り詳細。
15	清少納言《せいしょうなごん》智恵《ちえ》の板《いた》　△	（不明）	寛保2年（1742）	図形パズルの本。
16	勘者《かんじゃ》御伽《おとぎ》双紙《ぞうし》　△	中根法舳	寛保3年（1743）	数学の本。当てもの手品4種。
17	仙術《せんじゅつ》夜半楽《やはんらく》	幾篠	宝暦5年（1755）	題簽題『珍術夜半楽』。上下2冊。

18	絵本《えほん》一興《いっきょう》鑑《かがみ》	幾篠	明和5年（1768）	No.17に中巻を挿入して合冊。
19	放下筌《ほうかせん》	平瀬輔世	宝暦14年（1764）	優れた手品本。金輪の曲。しな玉。
20	即席手妻種《そくせきてづまのたね》 ※	平瀬輔世	（不明）	No.19の合冊改題本。
21	天狗通《てんぐつう》	平瀬輔世	安永8年（1779）	曲芸、手品、幻燈等。通い銭詳細。
22	妙術《みょうじゅつ》手妻品玉伝授種《てづましなだまでんじゅぐさ》 ※	平瀬輔世	寛政8年（1796）	No.19、21の改題本。全6冊。
23	珍術天狗通《ちんじゅつてんぐつう》 ※	平瀬輔世	慶応2年（1866）	No.21の改題本。
24	物覚早伝授《ものおぼえはやでんじゅ》 △	久保田雲亭	天明4年（1784）	記憶術の本。
25	人間記臆伝《にんげんきおくでん》 △	原菊潭	明和2年（1765）	記憶術の本。
26	物覚秘伝《ものおぼえひでん》 △	藤逸章	明和8年（1771）	記憶術の本。
27	物覚伝授《ものおぼえでんじゅ》 △	丹陽竹水	寛政6年（1794）	記憶術の本。
28	盃席玉手妻《はいせきたまてづま》	離夫	天明5年（1785）	優れた手品33種。葛籠抜け。
29	伝受玉手箱《でんじゅたまてばこ》 ※	離夫	（不明）	No.28の改題本。
30	仙術日待種《せんじゅつひまちぐさ》	花山人	天明4年（1784）	銭、カルタ等小品奇術27種。
31	手津満《てづま》ひと里《り》伝授《でんじゅ》 ※	花山人	文化14年（1817）	No.30の再版本。
32	機巧図彙《からくりずい》	細川半蔵頼直	寛政8年（1796）	時計、からくり人形の製作法解説。
33	手妻伝授《てづまでんじゅ》 紫帛《むらさきふくさ》	春風堂	（不明）	問答形式の文章。六尺の棒呑み。
34	座敷芸手妻《ざしきげいてづま》 操《からくり》	（不明）	（不明）	内題『座敷けい手妻からくり』。
35	八人芸《はちにんげい》おしえ草《ぐさ》 △	（不明）	（不明）	擬音、声色の本。
36	からくり物《もの》ほうかの相伝《そうでん》	（不明）	（不明）	No.5、8、10より計12種引用。
37	絵本新手《えほんしんて》づまでんじゅのまき	（不明）	（不明）寛政頃	初期伝授本から引用。絵は独自。
38	絵本手妻宝船《へほんてづまたからぶね》（仮題）	（不明）	（不明）寛政頃	七福神が手品をする図。13種。
39	手妻秘密《てづまひみつ》の奥義《おくぎ》	（不明）	文化年間	20種。阿蘭陀エレキテル、魚釣り。
40	珍術万宝全書《ちんじゅつまんぽうぜんしょ》 ※	早水兼山ほか	文政6年（1823）	No.4、5、6、13など、5種再版。
41	新編塵劫記《しんぺんじんこうき》 △	吉田光由	寛文11年（1671）	数学の本。目付絵2種所載。

42	往来物売目付絵《おうらいものうりめつけえ》（仮題）	近藤清春	享保12年（1727）	目付絵。16種の物売りの絵。
43	浮世目《うきよめ》つけ絵《え》	近藤清信	（不明）	目付絵。福神と役者の絵25種。
44	新板浮世目《しんぱんうきよめ》つけゑ	（不明）	（不明）	目付絵。No.43の改刻本。
45	福神役者目付絵《ふくじんやくしゃめつけえ》	（不明）	（不明）	目付絵。福神と役者の絵25種。
46	役者目付《やくしゃめつけ》	（不明）	（不明）	目付絵。（未見）
47	化物目付《ばけものめつけ》	（不明）	（不明）	目付絵。（未見）
48	あやつり目付絵《めつけえ》	（不明）	（不明）	目付絵。（未見）
49	宝迺目付画《たからのめつけえ》	（不明）	（不明）	目付絵。（未見）
50	新板今様宝目《しんぱんいまようたからのめ》つけ絵《え》	（不明）	（不明）	目付絵。（未見）
51	玉手筥《たまてばこ》心《こころ》之《の》当物《あてもの》	（不明）	（不明）	目付絵。子ども向き25種の絵。
52	十二支射覆《じゅうにししゃふく》	（不明）	（不明）	当てもの手品。12種の干支の絵。
53	徹透早点頭《みとうしはやがてん》	美那ミ乃山人	明和6年（1769）	目付絵。64種の草花の絵。
54	風流新工夫目付絵《ふうりゅうしんくふうめつけえ》	東里鼻山	弘化2年（1845）	目付絵。15種の生活用品の絵。
55	絵合《えあわせ》たのしみ艸《ぐさ》	松美庵	（不明）	当てもの。100種の絵。上下2冊。
56	しんばんあて物《もの》	（不明）	（不明）	1枚刷当てもの。16種の吉祥絵。
57	秘事百撰《ひじひゃくせん》	智徳斎	文政10年（1827）	100種。見返しに施本秘事百撰。
58	秘事百撰《ひじひゃくせん》 ※	智徳斎	嘉永元年（1848）	No.57の再版本。再版4種あり。
59	秘事百撰《ひじひゃくせん》 後編	智徳斎	嘉永元年（1848）	50種。3種の版あり。
60	秘事百撰《ひじひゃくせん》 三編	米百斎三升	慶応3年（1867）	60種。新手品を含む優れた本。
61	新板《しんぱん》ざしき手《て》づま 珍曲秘伝《ちんきょくひでん》 前ぺん	旭文亭	文政10年（1827）	12種。No.61～64は同系統本。
62	新板《しんぱん》ざしき手《て》づ満《ま》 珍曲秘伝《ちんきょくひでん》	（不明）	江戸後期	18種。No.61に6種追加。
63	新曲《しんきょく》ざしき手《て》づま	旭文亭	江戸後期	22種。No.61に10種追加。
64	坐敷手《ざしきて》づま ※	旭文亭	江戸後期	内容はNo.63と同じ。題簽が大字。

65	人《ひと》のかほを長《なが》く見《み》せる伝《でん》	〔旭文亭〕	江戸後期	1枚刷。4種。書名は巻頭演目。
66	妙術《みょうじゅつ》智恵《ちえ》之砂越《のすなこし》	（不明）	文政11年（1828）	釣物積物の本。13種。
67	大新板即席手《おおしんばんそくせきて》づま　後篇	歌月庵喜笑	文政13年（1830）	尾張藩士の著した手品本。
68	神仙妙術錦嚢秘巻《しんせんみょうじゅつきんのうひかん》　乾一	武総堂鶴翁	天保6年（1835）	48種。手品はなし。
69	神仙妙術錦嚢秘巻《しんせんみょうじゅつきんのうひかん》　巽一	武総堂鶴翁	天保6年（1835）	26種。手品は3種。
70	ざしき手《て》じな	（不明）	江戸末期	No.70～74の5種は同系統の本。
71	秘方集《ひほうしゅう》	平砂亭其石	江戸末期	No.74の冬、夏編と同じ。計47種。
72	神僊妙術錦嚢奇巧撰《しんせんみょうじゅつきんのうきこうせん》　艮一	（不明）	江戸末期	No.74の春編と同じ。25種。
73	神僊妙術錦嚢奇巧撰《しんせんみょうじゅつきんのうきこうせん》　坤一	（不明）	江戸末期	No.74の秋編と同じか。（未見）
74	神僊手品妙術秘伝集《しんせんてじなみょうじゅつひでんしゅう》	平砂亭其石	江戸末期	春、夏、秋、冬編で構成。計88種。
75	手妻独稽古《てづまひとりげいこ》	十方舎一丸	天保14年（1843）	37種。
76	手《て》づま独稽古《ひとりげいこ》　初編　※	十方舎一丸	江戸末期	No.75の前半を改題再版。
77	手《て》づま独稽古《ひとりげいこ》　二編　※	十方舎一丸	江戸末期	No.75の後半を改題再版。
78	風流看楼手都満《ふうりゅうざしきてづま》	十方舎一丸	江戸末期	No.75と同じ内容か。（未見）
79	風流秘事袋《ふうりゅうひじぶくろ》　初編	十方舎一丸	弘化3年（1846）	1枚刷20枚を本仕立て。80種。
80	風流秘事袋《ふうりゅうひじぶくろ》　二編	十方舎一丸	江戸末期	1枚刷20枚を本仕立て。50種。
81	古今風流《こきんふうりゅう》ざしき遊《あそび》　※	十方舎一丸	明治前期	No.79とNo.80を4分冊にして改題再版。
82	手妻早伝授《てづまはやでんじゅ》　初編	十方舎一丸	嘉永2年（1849）	39種。
83	手妻早指南《てづまはやしなん》　※	十方舎一丸	嘉永2年（1849）	No.82の前半を改題再版。
84	手《て》づま早《はや》でんじゅ　※	十方舎一丸	嘉永2年（1849）	No.82の後半を改題再版。
85	手《て》づま伝《でん》じゅ　※	十方舎一丸	江戸末期	No.82の中から35種を収録再版。
86	手妻早伝授《てづまはやでんじゅ》　二編	十方舎一丸	嘉永2年（1849）	35種。
87	手妻山早合点《てづまやまはやがてん》　初編　※	十方舎一丸	江戸末期	No.82の前半を改題再版。
88	手妻《てづま》はや合点《がてん》　二編　※	十方舎一丸	江戸末期	No.82の後半を改題再版。
89	手妻早合点《てづまはやがてん》　三ぺん　※	十方舎一丸	江戸末期	No.86の前半を改題再版。
90	手妻《てづま》は屋合点《やがてん》　肆へん　※	十方舎一丸	江戸末期	No.86の後半を改題再版。
91	長崎伝法手《ながさきでんぽうて》じな早指南《はやしなん》　※	十方舎一丸	江戸末期	No.82全種とNo.79の一部を合冊。
92	新板手《しんばんて》じなでんじ　※	十方舎一丸	江戸末期	No.82とNo.79から一部を抽出再版。
93	新板手《しんばんて》じなでんじ　※	十方舎一丸	江戸末期	No.82と他から一部を抽出再版。
94	手品早指南《てじなはやしなん》　※	十方舎一丸	江戸末期	No.82から前半12種を抽出再版。
95	手品早指南《てじなはやしなん》　※	十方舎一丸	江戸末期	No.82とNo.79から一部を抽出再版。
96	妙々智恵《みょうみょうちえ》くらべ	小池小天狗	弘化3年（1846）	内容不明。（未見）
97	手《て》しなの種本《たねほん》	（不明）	弘化4年（1847）	見返し題『坐敷遊手品の種本』。
98	手《て》しな独《ひとり》けいこ　※	（不明）	江戸末期	No.97の改題本。
99	手妻種《てづまのたね》	松旭坊	嘉永3年（1850）	目録題『座敷即興手妻』。
100	新撰《しんせん》てづ満《ま》の種《たね》　※	松旭坊	江戸末期	No.99から抜き出して改題再版。
101	捿《てづま》の種《たね》　※	松旭坊	明治前期	No.99の改題再版本。
102	手品早指南《てじなはやしなん》	予満道士	江戸末期	目録題『手品早合点』。
103	錦嚢秘事宝《きんのうひじたから》　※		嘉永4年（1851）	No.7、8、10、14など、5種再版。
104	座《ざ》しき手《て》づま	歌川一宝斎	江戸末期	53種。
105	座敷新手《ざしきしんて》じな　※	歌川一宝斎	江戸末期	No.104の改刻本。
106	たからの手箱《てばこ》　※	（不明）	江戸末期	No.105の改刻本。
107	料理《りょうり》こんだて手品伝授《てじなでんじゅ》	（不明）	江戸末期	手品と料理を組み合わせた本。
108	御座敷手品《おざしきてじな》	春川作五郎	江戸末期	22種。
109	春遊座敷手品《はるあそびざしきてじな》	三三亭四五六	嘉永7年（1854）	No.8、10、14から引用。小本。
110	春遊座敷手《はるあそびざしきて》じ那《な》	三三亭四五六	安政2年（1855）	主にNo.10から引用。小本。
111	珍術秘伝書《ちんじゅつひでんしょ》　※	三三亭四五六	江戸末期	No.109と110を合冊改題。小本。
112	妙曲手品玉手箱《みょうきょくてじなたまてばこ》　※	三三亭四五六	明治前期	No.109の改題本。30種。

113	妙《みょう》曲《きょく》手品《てじな》玉手箱《たまてばこ》	（不明）	明治前期	No.112と同名異書。36種。
114	長崎《ながさき》伝来《でんらい》智恵《ちえ》の海《うみ》	（不明）	安政元年（1854）	秘法、生活の知恵、手品。165種。
115	手品《てじな》独稽古《ひとりげいこ》	（不明）	安政5年（1858）	柳川一蝶斎・序。10丁。38種。
116	手品《てじな》伝受集《でんじゅしゅう》	（不明）	江戸末期	柳川一蝶斎・序。20丁。72種。
117	手妻《てづま》早稽古《はやげいこ》	（不明）	文久2年（1862）	柳川一蝶斎・序。内容はNo.116と同じ。
118	手品《てじな》独稽古《ひとりげいこ》	楳亭漁夫	江戸末期	No.115とは別。103種、内手品は15種。
119	風流《ふりゅう》手妻《てづま》秘事嚢《ひじぶくろ》	和是	江戸末期	小本。
120	伝方《でんぽう》智恵鑑《ちえかがみ》	（不明）	江戸末期	小本。No.120～123は同系統の本。
121	妙術《みょうじゅつ》智恵鑑《ちえかがみ》	（不明）	江戸末期	小本。
122	長崎《ながさき》伝来《でんらい》智恵鑑《ちえかがみ》	（不明）	安政元年（1854）	小本。
123	妙術《みょうじゅつ》智恵加々美《ちえかがみ》　弐篇	（不明）	江戸末期	小本。
124	智恵《ちえ》競《くらべ》博物筌《はくぶつせん》　初編	（不明）	江戸末期	小本。No.124～127は同系統の本。
125	智恵《ちえ》競《くらべ》博物筌《はくぶつせん》　二編	（不明）	江戸末期	小本。
126	智恵《ちえ》競《くらべ》博物筌《はくぶつせん》　三編	（不明）	江戸末期	小本。
127	智恵《ちえ》競《くらべ》博物筌《はくぶつせん》　四編	（不明）	江戸末期	小本。
128	ひじまつげ　一	（不明）	江戸末期	1枚刷を本仕立て。
129	花《はな》の笑顔《えがお》　四	（不明）	江戸末期	自筆を含む。
130	花乃笑顔《はなのえがお》	（不明）	江戸末期	No.130～135は同系統の本。
131	風流《ふりゅう》翫物《がんぶつ》　巻上　※	（不明）	江戸末期	No.130の改題本。
132	花乃露《はなのつゆ》　※	（不明）	江戸末期	No.130の改題本。
133	調法記《ちょうほうき》	（不明）	江戸末期	秘事、秘法、手品など10種。
134	智恵鏡《ちえかがみ》	（不明）	江戸末～明治期	釣り物、積み物の本。10種。
135	玉手箱《たまてばこ》	（不明）	江戸末期	秘事、秘法、手品など10種。
136	万伝集法《よろずでんしゅうほう》	（不明）	江戸末期	釣り物、積み物の本。10種。

137	万伝集法《よろずでんしゅうほう》　上	（不明）	江戸末期	No.136と同名異書。秘法など48種。
138	妙術《みょうじゅつ》珍宝記《ちんぽうき》	（不明）	江戸末期	呪い、秘法、手品など39種。
139	珍宝《ちんぽう》知恵鏡《ちえかがみ》　上・下	（不明）	江戸末期	秘法、暮らしの智恵など48種。
140	仙術《せんじゅつ》万宝記《まんぽうき》　上・下	（不明）	江戸末期	秘法、呪い、手品など35種。
141	秘法《ひほう》智慧海《ちえのうみ》	（不明）	江戸末期	40種のうち、手品は4種。
142	秘法《ひほう》智恵海《ちえのうみ》	（不明）	江戸末期	No.141と同名異書。全35種。手品8種。
143	紅毛《こうもう》奇《き》妙術《みょうじゅつ》	（不明）	江戸末期	上巻。
	座《ざ》しき手品《てじな》はやしなん	（不明）	江戸末期	下巻。上下巻で書名の異なる本。
144	阿蘭陀《おらんだ》細工《ざいく》妙術《みょうじゅつ》　△	（不明）	江戸末期	化学薬品製造法。手品はなし。
145	妙術《みょうじゅつ》座鋪《ざしき》手品《てじな》	（不明）	江戸末期	No.146と同名異書。8種。
146	妙術《みょうじゅつ》座鋪《ざしき》手品《てじな》	（不明）	江戸末期	東都・新井吉五郎版。17種。
147	妙術《みょうじゅつ》宝年《ほうねん》手品《てじな》	（不明）	江戸末期	東都・新井吉五郎版。5種。
148	極秘《ごくひ》口伝《くでん》清書《きよがき》重宝記《ちょうほうき》	（不明）	江戸末期	No.148～150は同名異書。31種。
149	極秘《ごくひ》口伝《くでん》清書《きよがき》重宝記《ちょうほうき》	（不明）	江戸末期	東都・角吉版。36種。
150	極秘《ごくひ》口伝《くでん》清書《きよがき》重宝記《ちょうほうき》	（不明）	江戸末期	東都・角吉版。32種。
151	極秘《ごくひ》口伝《くでん》懐中《かいちゅう》重宝記《ちょうほうき》	（不明）	江戸末期	東都・角吉版。33種。
152	座鋪《ざしき》手品《てじな》百色《ひゃくしょく》こん立《だて》	（不明）	江戸末期	東都・角吉版。36種。大根細工。
153	民家《みんか》調法《ちょうほう》奇術伝《きじゅつでん》	（不明）	江戸末期	東都・寿楽堂。21種。
154	へそに字《じ》をよませる伝《でん》	（不明）	江戸後期	1枚刷。1種。
155	手品《てじな》でんしゅ書《しょ》	（不明）	江戸末期	1枚刷2枚。16種。
156	扇《おうぎ》、糸《いと》からくりの伝《でん》	（不明）	江戸末期	1枚刷。20種。書名は巻頭演目。
157	水画《すいが》の伝《でん》	（不明）	江戸末期	1枚刷。27種。書名は巻頭演目。
158	ざしき手《て》じな	（不明）	江戸末期	1枚刷。10種
159	伝方《でんぽう》	（不明）	江戸末期	1枚刷。複数枚でセット。

160	ゆうれへろうそくの伝《でん》	（不明）	江戸末期	1枚刷。1種。書名は巻頭演目。
161	座鋪手《ざしきて》からくり	森竹平司	江戸末期	1枚刷。ヒヨコ5種。
162	座敷《ざしき》なくさミ	（不明）	江戸末期	1枚刷。ヒヨコ7種。
163	蜘蛛《くも》のすがらみ	（不明）	江戸末期	1枚刷。ヒヨコ4種。書名は巻頭演目。
164	座敷《ざしき》なくさミ	（不明）	江戸末期	1枚刷。ヒヨコ8種。
165	生物細工七ケ条《いきものざいくしちじょう》	（不明）	江戸末期	1枚刷。ヒヨコ6種。手品1種。
166	てづま	芳尾光山	江戸末期	1枚刷2枚。12種。
167	即席手品《そくせきてじな》のでん	（不明）	江戸末期	1枚刷。6種。書名は巻頭演目。
168	徳用《とくよう》ひぢまつげ	（不明）	江戸末期	1枚刷。6種。
169	しんばん手妻伝《てづまでん》	（不明）	江戸末期	1枚刷。3種。
170	手取御料理伝《てどりおりょうりでん》	（不明）	江戸末期	1枚刷。4種。料理秘伝。
171	座鋪手《ざしきて》づ満《ま》	（不明）	江戸末期	1枚刷。9種。
172	いけ花《ばな》すなどめのでん	（不明）	江戸末期	1枚刷2枚。20種。書名は巻頭演目。
173	仙術日待草《せんじゅつひまちぐさ》	（不明）	江戸末期	1枚刷。9種。
174	らうの中《なか》ニながくミじかく	（不明）	江戸末期	1枚刷。17種。書名は巻頭演目。
175	らうの中《なか》ニながくミじかく	（不明）	江戸末期	1枚刷。16種。書名は巻頭演目。
176	らうの中《なか》ニながくミじかく	（不明）	江戸末期	1枚刷。17種。書名は巻頭演目。
177	おそろしきどくろの執念《しゅうねん》	（不明）	江戸末期	1枚刷2枚。18種。書名は巻頭演目。
178	手桶《ておけ》の水《みず》、とうしんニ而釣伝《てつるでん》	（不明）	江戸末期	1枚刷。13種。書名は巻頭演目。
179	ぶりき、あかゞねニするでん	（不明）	江戸末期	1枚刷。6種。書名は巻頭演目。
180	蘭法座敷伝授《らんぽうざしきでんじゅ》	（不明）	江戸末期	1枚刷6枚。27種。
181	ざしきにて月日《つきひ》を顕《あらわ》す伝《でん》	（不明）	江戸末期	1枚刷。39種。書名は巻頭演目。
182	らうそくの火《ひ》をけし、おのれととぼす	（不明）	江戸末期	1枚刷。39種。書名は巻頭演目。

183	らうそくの火《ひ》をけし、おのれともす	（不明）	江戸末期	1枚刷。39種。書名は巻頭演目。
184	青物《あおもの》を石《いし》にするでん	（不明）	江戸末期	1枚刷。10種。書名は巻頭演目。
185	豆腐《とうふ》、玉子《たまご》ニ絵《え》をかく伝《でん》	（不明）	江戸末期	1枚刷。書名は巻頭演目。
186	生竹《なまたけ》さいくのでん	（不明）	江戸末期	1枚刷。書名は巻頭演目。
187	かくし文《ふみ》の伝《でん》	（不明）	江戸末期	1枚刷2枚。64種。書名は巻頭演目。
188	銭《ぜに》をかくす伝《でん》	（不明）	江戸末期	1枚刷。1種。No.189と同形式の刷物。
189	木《き》をねぢる伝《でん》	（不明）	江戸末期	1枚刷。1種。
190	新工夫女夫合《しんくふうめおとあわせ》の伝《でん》	（不明）	江戸末期	1枚刷。1種。
191	活花止方極秘伝《いけばなとめかたごくひのでん》	平砂亭其石	江戸末期	1枚刷。1種。
192	大《おお》どんぶりより いろいろの品《しな》をいだすでん	（不明）	江戸末期	1枚刷。1種。
193	当意即妙伝《とういそくみょうでん》	（不明）	江戸末期	1枚刷。8種。複数版あり。
194	妙術阿蘭陀細工手品《みょうじゅつおらんだざいくてじな》	（不明）	江戸末期	内容不明。（未見）
195	奇妙不測智恵《きみょうふしぎちえ》の山《やま》	風狂庵	（不明）	内容不明。（未見）
196	古手妻品玉手箱《こてづましなだまてばこ》	錺屋大五郎	寛政7年（1795）	内容不明。（未見）
197	手品秘伝図巻《てじなひでんずかん》 ◇	（不明）	江戸期	自筆。手品上演26図。伝授なし。
198	手妻秘伝図巻《てづまひでんずかん》 ◇	（不明）	江戸期	自筆。釣物積物。15図。伝授なし。
199	釣物積物秘伝《つりものつみものひでん》（仮題） ◇	（不明）	江戸期	自筆。釣物積物。33図。伝授なし。
200	蘭法奇妙釣物之伝《らんぽうきみょうつりもののでん》 ◇	（不明）	江戸期	自筆。釣物積物。36図。伝授なし。

日本奇術用語集

河合　勝

本用語集では、日本奇術に関する専門用語、舞台用語、芸能用語などを収録した。

編集に際しては、以下に掲げる文献を参考にした。なお、演目については「第二部 日本奇術演目図説」を、伝授本については「第三部 資料編・日本奇術書解題（江戸時代）」を参照いただきたい。

参考文献

・『緒方奇術文庫書目解題』紀伊國屋書店、一九九二

・『奇術研究』力書房、一九五六～一九七九

・『奇跡と大魔法』金沢文庫、一九七四

・『芸能辞典』東京堂出版、一九五三

・『図説・日本の手品』青蛙房、一九七〇

・『日本奇術演目事典』日本奇術博物館、二〇一一

・『マジック用語辞典』植木将一、二〇一五

いちまいずりでんじゅしょ▼一枚刷り伝授書　一枚の紙に一種、あるいは数種の手品の種明かしを載せたもの。一枚に一種が載る小さめのものは何枚かを組み合わせて、数種が載る長めのものは巻き折りにして、たとう紙に包んで販売した。一枚刷り伝授書は江戸後期から昭和前期まであり、香具師が街頭で実演販売したものと考えられる。

いっぽんがさ▼一本傘　日本手品の演技名。たぐり寄せたのベシルクの中から傘一本を取り出し、演技の最後のポーズを決める。

いろもの▼色物　寄席演芸のうちで落語、講談などの話芸に対して、曲芸、奇術、紙切りなどの芸のことをいう。色あいに入れるもの、または色とりどりの変わったものという意味であるらしい。

うかれのちょう▼うかれの蝶　帰天斎派の伝える「胡蝶の舞」の呼び方。「浮かれの蝶」、「浮連の蝶」とも書く。（→胡蝶の舞）

えにしのいと▼縁の糸　「通い玉」「あやぎせる」「通い扇（扇の糸からくり）」などの手品を総称して「縁の糸」という。その現象は、竹筒の左右に通した糸の一方を引くと、関連のない他方の糸が引き込まれていくというものである。なお、海外の同種のマジックに「チャイニーズステッキ」「ポンポンステッキ」などがある。

えびら▼絵ビラ　手品、軽業、力曲持ち、見世物などの興行で、上演種目を紙に絵入りで印刷したもの。報条、絵番付、辻ビラともいう。現代の写真入り公演プログラムにあたる。大きさは、江戸時代のもので約三五×四五センチ、そのほとんどが墨摺りである。奇術興行の絵ビラは、文化・文政期ごろから出始めたと推察されるが、一枚のビラに数種の演目の場面が描かれている。また明治時代の絵ビラに値段の印刷されたものがあることから小屋の中で入場者に販売したものもあったと考えられる。購入した客は、見物記念に、あるいは後日、絵ビラを見ることによって興行の内容を振り返ることもできる。このような絵ビラは明治末期まで発行された。現存する奇術興行の絵ビラは一〇〇種以上ある。

おうぎ▼扇　扇子のこと。「お椀と玉」などの日本手品において、マジックウォンドと同様の使われ方をする小道具。また、扇本来の風を送る道具として「胡蝶の舞」「落花」などに使われる。

おおぎり▼大切　芝居や奇術興行などで、その日の最後の演目。

おがたきじゅつぶんこ▼緒方奇術文庫　緒方知三郎博士が収集した日本古奇術書約二七〇冊は氏の没後、国の買い上げとなり、国立劇場に移管され、緒方奇術文庫となる。現在、国立劇場に所蔵されている。

おでこ▼御出木偶　「おででこ」は、江戸時代の享保・元文期（一七一六～四一）、放下師などが見世物に使った人形のこと。笊などを伏せておいて、人形がこれを開けるたびに、次々と変化したものが出るような仕掛けにした。

おててこてん　「おててこてん」は、おででこを使う見世物のお囃子の音。品玉（お椀と玉）が、茶碗や笊から品物を次々と変化させて出す現象であることから「おててこてんの品玉」と呼ばれるようになり、演じるさいも太鼓を「おててこてん」と叩き、ない場合は「おててこてん」と口ずさんで調子を取った。（→おででこ）

おはこ▼十八番　とっておきの、得意とする芸。江

戸中期に、当たり狂言を「十八番」と呼ぶようになったことと、七代目市川團十郎が市川家の得意な芸を「歌舞伎十八番」として公表したことに由来する。奇術の世界での十八番には、松旭斎天勝の「水芸」、三代目帰天斎正一の「浮かれの蝶」、ダーク大和の「バケツ」、布目貫一の「浪曲奇術」などがある。

おわんがえし▼お椀返し　日本手品「お椀と玉」の演技のなかで、お椀改めを行うときの所作。お碗を持ち、右へ左へと流れるような動きのなかで、三個のお椀の改めを行う。明治二八年（一八九五）発行の『ざしき手しな四季のしな玉』に、「お椀返し（当時は茶碗返し）」の方法が解説されている。江戸時代の伝授本に、その方法が書かれたものはなく、行われていたかどうかも不明である。

おんなてづま▼女手妻　女性の奇術師。『名陽見聞図会』の天保七年（一八三六）の記事に、女性奇術師の伊藤繁野が「から箱」を演じる図が、また『美人職人尽』には、女性の手品遣いが「胡蝶の舞」と「水からくり」を演じる図が載る。この時代、欧米のマジシャンはほとんどが男性であったが、日本では何人かの女性奇術師が活躍していた。

かぎあて▼嗅ぎ当て　客が書いた文字や選んだ品物を演者が嗅いで当てる手品。演目としては「文字の嗅ぎ当て」「銭の嗅ぎ当て」などがある。「嗅ぐ」という仕草は見せかけである。

かたもの▼型物　演技や演出などが決められていること。日本古典奇術では、流派によって決まった演じ方が師から弟子に直接伝えられる。そこに創作が入り込む余地はない。

からくりずい▼機巧図彙　細川半蔵頼直著、寛政八年（一七九六）発行、首・上・下の三冊本。本書は、日本のからくり文献では『璣訓蒙鑑草』と並ぶ名著である。首巻が、掛時計、櫓時計、尺時計などの製作法、上巻はからくり人形三種、下巻は同六種の作り方を詳しく解説する。本書は製作することを目的に書かれているため、図解、寸法など、きわめて詳細で正確である。からくり人形は、ぜんまいを使用した「茶運び人形」をはじめ、水銀の重力移動を利用した「五段返り人形」、そのほか「連理返り」「龍門滝」「鼓笛児童」「揺盃」「闘鶏」「魚釣人形」「品玉人形」など、当時としては驚くべき内容の公開である。著者の細川半蔵は土佐の人。天文、暦学を修め算学にも長じ、幕府の「天文方作暦御用手伝い」を務めた。

きじゅつ▼奇術　手品、マジックのこと。芸能としての奇術をわが国では古くは「放下」といった。江戸時代になると「手妻」「手品」と呼ぶようになり、明治中期から大正、昭和にかけて「奇術」「奇魔術」「魔奇術」という言葉が使われるようになった。現代では「手品」「マジック」が一般的である。古く「奇術」という言葉が使われたのは、『日本書紀』の皇極天皇四年（六四五）に、「高麗学問僧等言。同学鞍作得志以虎為友。学取其術。或使枯山変為青山。或使黄地変為白水。種々奇術不可殫究。又虎授其針曰。慎矣慎矣。勿令人知。以此治之。病無不愈」とあり、鞍作得志（くらつくりのとくし）が怪しき術を使ったとある。しかし、この記述は針を使っての病気治療と考えられる。また『道聴塗説』に「文政八年、両国の見世物に棒呑といふ者出来りて、三種の奇術を顕す。（後略）」とあるが、内容は曲芸的な危険術である。明和七年（一七七〇）に出版された『一心相伝極秘巻』に「松杉を植て、五年三年のうちに臼を作る大木にする奇術」とあり、また、江戸後期の忍術を扱った錦絵の表題に「奇術競」とあるが、どちらも手品ではない。弘化四年（一八四七）刊行の『秘事百撰後編』の序に「奇術」という言葉が使われており、内容からして、これは手品、秘事、秘法を含む言葉と考えられる。このように江戸時代に、奇術という言葉が使われた例は極めて少ない。明治時代に「奇術」という名の付く本がいくつか出版されたが、内容は、病気治療、秘事・秘法、暮らしの智恵、まじないなどであり、手品はほとんど含まれていない。マジックとしての奇術という言葉を使ったのは、明治二一年（一八八八）に来日したアメリカのノアトンで、興行のタイトルを「不可思議奇術」としたのが早い例である。この影響を受けたと思われるが、明治二二年（一八八九）頃から松旭斎天一が、それまで使われていた「放下、手妻、手品」を奇術という言葉に統一して使うようになった。なお、手品伝授本の書名に使われた言葉としては、戯術、珍術、仙術、妙術、玉手妻、手妻、手品、秘事、品玉、鬼術、手術、魔術、奇術、奇魔術などがある。

きてんさいしちしゅ▼帰天斎七種　帰天斎家に伝わる七種の持ち芸。「浮かれの蝶」「霊狐術」「から箱」「女夫引出し」「比翼の竹」「札焼き」「金魚うつし」の七種。

きょく▼曲　もともとの「曲」の語には「正式では

ない」という意味があり、朝廷で行われた正式な芸に対する民間の雑芸として、頭に曲を付ける「曲鞠」「曲馬」という使われ方がされた。これが「曲持」「曲独楽」「曲乗」のように曲芸・曲技全般に対して使われるようになると、「手妻の曲」や「独楽の曲」「手鞠の曲」「枕の曲」という「〜の曲」の形でも使われるようになった。しだいにこの使用法は、その芸能のなかの各演目名を表す際にも使われるようになる。たとえば奇術の分野では「蝶の曲」「水の曲」「おごけの曲」「玉子の曲」という場合がこれにあたり、「曲」そのものには「演目」という程度の意味しかない。

くがたち▼探湯　探湯は、古く宗教的な儀式として行われた。まずは大釜で湯を沸かす。僧が手に笹を持って熱湯に飛び込むと、僧の身体の周りは、蒸気としぶきでもうもうとなる。この荒行は、釜の湯が空になるまで続けられ、僧は無傷のまま釜から出て行が終わる。この術は、水は温められると上昇するという原理に基づいている。すなわち釜の上方は沸き立っていても下方は冷たい状態のままとなる。僧が中に飛び込んで、上の熱い湯と下の冷たい水をかき混ぜると、全体の温度は危険でない程度にまで下がる。

くものいと▼くもの糸　能、歌舞伎、手品などで使用する細い紙テープ。これを空中に投げると滝のように見える。これにはたくさんの紙テープを包帯のように巻いたものと、袋に入れたものとの二種類のタイプがある。日本手品では「まき」という。現代の商品名は「投げテープ」。

げざ▼下座　寄席などにおける伴奏音楽。下座とは舞台の下手を指し、転じて囃子方を指した。さらには伴奏音楽自体をいうようなった。下座の囃子は演技の効果を上げるうえで極めて重要な位置を占める。

げじゅつ▼外術　朝倉無声著『見世物研究』では「幻術」の項に「室町時代に行なはれた幻術は、奈良時代には呪師、平安時代に外術と呼ばれ」とあり、奇術的芸能（者）を平安時代に外術と呼んだとしている。しかし、本来、外術の語には仏教からみた異端の術という意味しかない。『今昔物語集』で、奇術的演目を演ずる下衆法師が「外術と云う事を好で役とする」と記されるのは、この法師が反仏教的存在である天狗を祀っていたためである。さらに『見世物研究』は、散楽から分離独立した呪師を外術と呼んだとするも、そのような意味で外術が用いられた例は確認できない。

けんかいばこ▼顕晦筐　明治時代の「日本せいろう」の呼び方。顕晦とは、現れることと隠れることをいう。

こうけん▼後見　太夫の席から下手側の少し離れたところに控えていて、太夫を補佐する人。現在のアシスタントにあたる。江戸時代から明治前期には、いぼ太鼓を置いて座り、下座の囃子に合わせて太鼓を打つこともした。

こうじょう▼口上　舞台で出し物の説明などを述べること。また、述べる人自身。舞台挨拶として口上を述べたり、演者の演技を面白おかしく説明したりして、観客を楽しませた。江戸時代の興行ビラには、口上を述べる人が演者と一緒に描かれているものもあり、舞台における口上の果たす役割は大きかったと考えられる。

こちょうがく▼胡蝶楽　一陽斎派の伝える「胡蝶の舞」の呼び方。

こちょうのまい▼胡蝶の舞　紙の蝶を扇であおいで空中に飛ばす手品。初代柳川一蝶斎がこの芸を完成させた。また昭和の三世帰天斎正一はこの芸の名人と呼ばれた。

蝶の芸を「胡蝶の舞」と呼ぶようになったのは、そう古い時代のことではない。江戸時代の興行ビラには「蝶の曲」「蝶の一曲」とだけ書かれており、江戸末期発行の手品伝授本『妙術座鋪手品』にも単に「蝶をとばす伝」とある。同じく明治前期の伝授本でも「紙の蝶をつかう伝」「蝶のつかいわけ」などとあって、「胡蝶」の名称そのものが見られない。

「胡蝶」の語が使用されるようになるのは明治後期になってからのことで、明治三八年（一九〇五）発行の『奇々妙術少年新手品』に載る「浮れ胡蝶の術」が早い例である。また明治四〇年（一九〇七）発行の松旭斎天一著『西洋手品種明し』に載る演目名は「胡蝶の術」である。

管見の限りでは昭和二五年（一九五〇）発行の長谷川智著『日本の手品』に載るのが「胡蝶の舞」という語の初出であり、その後、昭和二八年一一月に開催された第九回TAMC試演大会で、田中仙樵が「日本手品胡蝶の舞」と題して演じている。これらのことからこの演目名は、昭和二〇年代から全国に広がりはじめ、次第に定着していったと考えられる。なお欧米では「バタフライ・トリック」という。（→うかれの蝶）、（→胡蝶楽）

こや▼小屋　芝居、見世物などの興行で使用する建物。劇場。本来の意味は、小さく粗末な家のこと。

さらし　日本手品で使う「のベシルク」のこと。

さるがく▼猿楽　→散楽

さんがく▼散楽　奈良時代、唐からわが国に伝来した舞踊、演奏、寸劇、曲芸などを総称して散楽という。初期に伝来した散楽のなかに奇術的な演目が含まれていたかどうかは明らかではなく、否定的な見解も示されている。実際、正倉院御物「弾弓図（だんきゅうず）」にも、楽人や曲技、お手玉の図は見られるが奇術らしきものはない。また、平安時代から鎌倉時代にかけての散楽のなかにも、品玉や輪鼓といった曲芸的な演目は確認できるが、やはり奇術的なものは見られない。したがって、本邦化した散楽が猿楽と呼ばれ、さらにそこから外術が別れて放下や幻術と呼ばれるようになり、それが手妻、手品になったとする『見世物研究』の図式は再考が求められる。

しなだま▼品玉　「品玉」という言葉は、初め、いろいろな物を投げ上げて取る「綾とり」の曲芸を指したものが、江戸時代になって「小豆割り」や「お椀と玉」の奇術を指すようになる、と考えられてきた。ところが、一三世紀末〜一四世紀初頭頃成立の『普通唱導集』には、「品玉」が縄切りと呑刀という奇術的演目を演じる芸能者として記載されており、江戸時代より前にも奇術の意味を含んでいたことが明らかとなった。現代の奇術界では「品玉」は「お椀と玉」の演目を指す。この演目は江戸時代には三個ないし四個の茶碗を使って演じ、クライマックスでは猫や子犬を出現させた。手練技で、玉の出現、消失、移動、増加、拡大、変化など、種々の現象をおこす。宝暦一四年（一七六四）刊行の平瀬輔世著『放下筌』にその演技図と解説が載る。世界最古の手品の一つといわれ、欧米では「カップ・アンド・ボール」という。

じゃり▼ジャリ　マジックで使う細い糸。隠語と思われるが、いつ頃から使われたかは不明である。江戸時代に使われた記録はない。

しらいと▼白糸　日本手品で、まき、蜘蛛の糸と呼ばれる白くて細い紙テープ。「連理の紙」「紙うどん」「白糸の滝」などで使われる。

しんぜいこがくず▼信西古楽図　正しくは『舞図』という。『舞図』は原本が唐から伝わった可能性があるが、詳細は不明。現在、写本が一〇数点伝わっている。この絵巻物はそのうちの一つで、信西入道の追記があることから、一般には『信西古楽図』と呼ばれている。内容は、散楽の諸芸（楽器演奏、舞踊、曲芸、奇術など）を絵にしたもので、奇術的演目は「飲刀子舞」「吐火」「臥剣上舞」「入壺舞」「入馬腹舞」の五種が載る。これらがわが国で実演されたものであるかどうかは不明。

すがいと▼すが糸　江戸時代、「蝶の曲」や「紙人形を踊らす」などを演じる際に使用した生糸。

だいかぐら▼太神楽　獅子舞、曲芸、掛合茶番などの芸。もともとは伊勢神宮に、その人にかわって神楽を奉納すると称したところから出たもので、一座は諸国を巡業して歩いた。後に寄席芸にもなった。海老一、鏡などの流派がある。

だいせん▼題簽　本の表紙の左上側に貼り付ける短冊型の紙片で書名が印刷されている。初期の手品伝授本は、すべてこの形式である。

だいばこ▼台箱　→タネ箱

たきのしらいと▼滝の白糸　泉鏡花原作の小説『義血侠血』をもとにした新派戯曲「滝の白糸」のこと。この作品が舞台化され、その劇中で水芸が演じられたことから「滝の白糸」が水芸の代名詞のようになった。なお、劇中の水芸は、大宮大洋と弟子の瀧の小糸が花柳章太郎に伝授したものが基になっている。

たけだからくり▼竹田からくり　竹田近江が寛文二年（一六六二）、大坂道頓堀に開場したからくり専門の人形芝居。人形、屋台、道具の類が器械仕掛けに加え、マジックの要素も取り入れて動くようにした見世物。

たしんつう▼他心通　『続たはふれ草』に、客が紙に書いた言葉を当てるという手品があり、その方法として、文字を見た奏者が太鼓と鼓の音を使って暗号を送り、離れたところにいる演者に文字を伝えるというもので、伝授の最後に「これを他心通といふ」と書かれている。本来の意味は、他人の心の動きをすべて見通すこと。

たね▼種　マジックの仕掛け。江戸時代も「種」といった。

たねあかし▼種明かし　マジックの仕掛けや方法を明かすこと。

たねばこ▼タネ箱　太夫が座って演じる際、高座中央の太夫の席の左右両脇に置く箱。台箱ともいう。箱は高さ二五センチ、横二七センチ、縦三〇センチほどで、裏側は開いており、この中にタネを仕込んだ。左右の箱は入子になっていて、通常は容器として用いた。

たゆう▼太夫　主演者。舞台の進行は太夫、口上、後見、下座、裏方によって成り立っている。若い演者のことを若太夫という。

たゆうもと▼太夫元　興行主。プロモーター。

ちょうのきょく▼蝶の曲　「胡蝶の舞」の江戸時代の演目名。

づま▼妻　手品のこと。楽屋符牒。「きょう、づまはあるのかい？」

づまし▼妻師　手品師のこと。楽屋符牒。「きょうの妻師は誰だい？」

つみものひでん▼積み物秘伝　銭、卵、湯呑み茶碗などをいくつも積み上げて見せる不思議な細工物。今でいうトリックアートに属する。

つりものひでん▼釣り物秘伝　釣鐘、大石、石臼などの重いものを灯心などで吊って見せる不思議な細工物。釣り物、積み物は江戸時代、手品として認知されていた。伝授本としては、文政一一年（一八二八）に発行された『妙術智恵之砂越（みょうじゅつちえのすなこし）』があり、このなかに「積み銭の刃渡り」など一三種が解説されている。

てじな▼手品　奇術、マジック。手がしなやかに動くところから手しな、手品といわれるようになったという。手品という言葉は慶安二年（一六四九）成立の『西山宗因千句』第七、六三六番「茶碗の露は何にたとえむ」に続いて、六三七番に「品玉の手品とから申されず」とある。

てづま▼手妻　江戸時代の手品の呼び方。手妻の語源には「手爪」「手のつま」「手妻人形」、あるいは「手が稲妻のごとく素早く動くこと」などがあるがどれも定かではない。手妻という言葉は天和元年（一六八一）刊行の俳諧句集『西鶴大矢数』第二七に「春の風障子の穴をつつくりて早き手つまに山を出します」とあり、また天和二年（一六八二）刊行の『天和笑委集』巻六に、「亦ためしなき孫四郎、昔まさりの手づま事」とある。

でんじゅぼん▼伝授本　技芸などの方法を解説した本。手品伝授本は、手品の種明かしを書いた本のこと。享保〜寛政期に発行された初期の伝授本のほとんどは目録と伝授とを分けて二冊、あるいは三冊にしたものであるが、その後に発行されたものはすべて一冊である。また手品伝授本を著したのは、プロの奇術師ではなく、博学の好事家である。庶民は伝授本に描かれた絵と文章によって、手品の方法や演じ方を覚えることができた。そのため江戸時代中期から、宴席でのお座敷手品が広く普及することになった。

でんじゅや▼伝授屋　手品の指導を生業としている人。伝授屋は客に手品の絵目録を見せ、そのなかから客が選んだ演目や演目数によって相応の指導料を取って教えた。現存する資料のなかに、江戸本八丁堀の柏屋吉兵衛が、手品や余興の出演、指導、道具の販売などを記したチラシがある。

とり▼トリ　発表会などで最後に行われる演技。（→大切）

どんとう▼呑刀　剣を呑み込む芸。これには刀を本当に呑み込む芸と仕掛けを使って呑み込んだように見せる手品とがある。前者は『信西古楽図』や『幕末日本図絵』などに、後者は『放下筌』や『手妻早伝授 初編』などに載る。

にっぽんいちざ▼日本一座　慶応二年（一八六六）、曲独楽の松井源水、軽業の鳥潟小三吉、手品の柳川蝶十郎（アサキチ）ら一行一二人はヨーロッパへ巡業に出かけた。一行の最終の目的地は一八六七年開催のパリ万博である。一八六七年二月二三日号のイラストレイテッド・ロンドン・ニュースに、源水の曲独楽とアサキチの胡蝶の舞が絵入りで紹介されている。

にっぽんていこくいちざ▼日本帝国一座　慶応二年（一八六六）、軽業の濱碇定吉、手品の隅田川浪五郎、曲独楽の松井菊治郎、後見人の高野広八ら日本帝国一座一行一八人は、アメリカ、ヨーロッパへ巡業に出かけた。一行の最終の目的は一八六七年開催のパリ万博での公演である。浪五郎の演じる「胡蝶の舞」は海外のどの公演でも絶賛された。なお、高野広八は八五〇日間の巡業の様子を「広八日記」として記録した。また、浪五郎は日本の民間人公式パスポート取得者第一号になった。

にほんきじゅつきょうかい▼日本奇術協会　昭和一一年（一九三六）四月、初代松旭斎天勝の肝いりにより「職業奇術家団体同好会」（後の日本奇術協会）創立の会合が開かれた。会員は三二名で、規約はなく親睦を第一として、奇術界の発展のために定期的に集合しようというものであった。
昭和一五年（一九四〇）一二月、目黒雅叙園で日本奇術協会第一回集会が開かれ、名誉会長に初代松旭斎天勝、会長に松旭斎天洋、副会長に二代目松旭斎天勝と萩原秀長が選ばれた。昭和一六年（一九四一）一月に「会則及び役員名簿」を作成。昭和一六年一二月二四日から二八日まで、新橋演舞場で日本奇術協会主催「豪華奇術大会」を開催。二代目天勝、天洋、松旭斎洋子、松旭斎たこ松、李彩、保田春雄らが出演した。

昭和五二年（一九七七）一一月に創立四〇周年記念公演を、昭和六一年（一九八六）五月に創立五〇周年記念公演をともに浅草公会堂で開催した。

平成二四年（二〇一二）四月に公益社団法人日本奇術協会となる。

協会の歴代会長は次のとおりである。

初代・松旭斎天洋、二代・初代松旭斎天右、三代・松旭斎天洋、四代・アダチ龍光、五代・松旭斎天晴、六代・アダチ龍光、七代・松旭斎広子、八代・松旭斎すみえ、九代・北見マキ、一〇代・渚晴彦。

※日本奇術協会はプロマジシャンで組織する法人。二〇一六年三月現在の正会員は一〇二名、準会員は四名である。

のべ　日本手品で使用する彩色した幅広の紙テープ。幅二寸五分（約八センチ）、長さ一〇間（約一八メートル）。巻き返すと何度でも使える。

のべしるく▼のべシルク　「日本せいろう」などのプロダクションマジックで使う長い寸法のシルク布。のベシルクを束ねて、このなかから、傘、ダルマ、提灯などを出す。

のろんじ▼呪師　朝倉無声著『見世物研究』には、奈良時代「奇術を総称して、雑伎又は呪師と称してゐた」とある。典拠は、江戸時代後期に成立した『嬉遊笑覧』と思われる。しかし本来、呪師の語には、陀羅尼による加持祈祷をする法師、または法会の後に呪法の内容をわかりやすく舞楽の形で演ずる者、という意味しかない。奈良時代、奇術的演目を演じた芸能（者）を呪師と呼んだ例は一例も確認できない。

はやがわり▼早替わり　日本手品の演技名。「万倍」の最後の演技として大幔幕の裏で衣装を着替えて現れるという見せ方。太夫がダルマに変装するもの、福助になって手踊りするもの、そのほか水中に飛び込んでの早替わりもある。

ひふき▼火吹き　口から火を吹く芸のこと。『信西古楽図』には男が口から火を吐く絵が描かれている。しかし江戸時代の手品伝授本には「火吹き」の演目は見当たらない。明治時代前期の手品興行ビラに、演者が障子に向って火を吹く絵が描かれたものがある。昭和時代、日本では「人間ポンプ」と称して、見世物小屋などで口から大量の火を吹く芸が行われていた。

ひょこ▼ヒョコ　糸を使って箸、蜘蛛、紐、蝶、かんざし、紙人形などを生きているかのように動かす手品で、主に座敷で演じた。江戸時代の伝授本には「紙人形を踊らす」、「手からくり」という演目名がつく。明治から昭和にかけてはこの手品で使う用具が「座敷一流活動手品」という商品名で販売されていた。現在では、この手のマジックを「ヒョコ」と呼ぶ。三井晃天坊はこのマジックの名人であった。

ほうか▼放下　手品、曲芸のこと。室町中期から江戸末期まで使われた。

ほうかし▼放下師　大道や屋敷に呼ばれ、手品や曲芸などを生業とした人。

ぼうのみ▼棒呑み　長さ三尺の鉄棒や樫の棒を呑み込む芸。文政八年（一八二五）記の『道聴塗説』には、両国の見世物に「棒呑といふ者出来りて、三種の奇術を顕す。第一は三尺余の麺棒を衆目の前にて口に入れ、左右裃著の後見附居て、小槌を以て之を打込む。第二は二尺五寸の腰刀、抜身にて柄先まで呑込む。第三は三本の抜見切先を揃へ、其上を笠をかぶりて籠ぬけに飛越る。従来此類の手妻多しといへども、此度の奇術に勝る者なしとて、見物の徒、日々に群をなせり」とある。また、「ぼうのみ太夫小川吉五郎」と題した興行ビラには、棒呑みの演技図とともに「鉄棒長サ三尺、大身槍同一尺八寸、太刀同二尺八寸、大釘同一尺八寸、樫ノ棒同三尺」と書かれている。なお、『手妻伝授紫帛』に載る「六尺の棒呑み」は、トリックを使って呑んだように見せる手品である。

まいず▼舞図　→信西古楽図

まき　日本手品で使うくもの糸。（→くもの糸）

まんばい▼万倍　日本手品で多くの品物を取り出す現象をいう。一粒万倍（いちりゅうまんばい）ともいう。たとえば「万倍傘」は、束ねたさらしやのべの中からたくさんの傘を取り出す現象の手品である。

みずからくり▼水からくり　水からくりの起源は、江戸前期にまでさかのぼることができる。文化年間（一八〇四～一八）には、江戸、京都、名古屋で大掛かりな水からくり興行が行われた。水からくりの最も古い種明かしは『唐土秘事海』の「蝋燭の芯より水を出す」である。また、水からくりの見世物細工としては「臥龍竹」「龍泓玉」「錦龍水」などがある。歌月庵喜笑著『名陽見聞図会』の天保八年（一八三七）六月九日からの興行の見聞記に、ガラス玉から水が噴き出る「満干の玉」という水からくりの上演図が載る。

みずげい▼水芸　日本古典奇術の傑作。水が台上の湯のみ茶碗や刀の刃から、あるいは手に持った羽子板や扇子から噴水する。水芸は、江戸時代「水の曲」「水からくり」「水仕掛け」と呼ばれた。水芸と呼ばれるようになったのは明治に入ってからである。水芸を得意とした主な手品師は養老瀧五郎、吉田菊丸、吉田菊五郎、音羽瀧寿斎、中村一登久、松旭斎天一、松旭斎天勝、二代目松旭斎天勝である。なお、新派戯曲「滝の白糸」の劇中でも水芸が演じられている。また、大水を使う「水からくり芝居」に、天竺徳兵衛の「水中早替わり」、竹澤藤治の「龍宮玉取の曲」、上方狂言の「鯉つかみ」などがある。これらは、舞台に作られた大水槽の中に演者が飛び込み姿を消すと、水面一斉に噴水がふきあがる。しばらくすると演者が裃姿に衣裳替えして水中からせり上がってくるという筋書きである。これらの芝居は、水芸よりも、水中早替わりの方に重点が置かれている。

めくらまし▼幻戯　朝倉無声著『見世物研究』では、田楽の雑伎のうち、輪鼓（りゅうご）と品玉を演じた法師が独立して、曲手鞠や筑子（こきりこ）、幻戯を加え、放下僧になったとする（後に放下師に）。つまり、室町時代以降の放下僧・放下師が演じた奇術的演目、たとえば「牛馬を呑み草履を狐に成し、或は底無しの空桶から、種々の品を取り出す」などを幻戯と呼んだという。しかし、ここに記されるような奇術的演目を、同時代に幻戯と呼んだ例は確認できない。「目くらまし」の語を奇術の意味で用いた早い例は、江戸時代前期になってからのことで、特に『見世物研究』の記載の典拠となったのは、正徳二年（一七一二）成立『和漢三才図会』の「幻戯」の項とみられる。

めつけえ▼目付絵　目付絵とは、二五種類の絵のなかから相手が心に浮かべた一つの絵を当てるという遊びで、数学の理論を基にしたものである。初めは、字を当てる目付字であったが、後に目付絵に変わった。目付絵本には「役者目付絵」「化物目付絵」など、多くの種類がある。なお、書名に「玉手箱心の当物」と書かれたものもある。

やまもときじゅつぶんこ▼山本奇術文庫　山本慶一が生前、国立劇場に寄贈した約二五〇〇冊の和洋奇術書は山本奇術文庫として、国立劇場に所蔵されている。

ようづま▼洋妻　西洋手品の呼び方。明治時代、欧米から西洋手品が導入されると、従来からある日本手品と区別するために、西洋の手品を洋妻、日本の手品を和妻と分けて呼ぶようになった。使われ始めた時期については不明である。

りゅうは▼流派　芸能上、流儀・主義などの相違により生じたそれぞれの系統。江戸時代から明治にかけての奇術師の流派には、鈴川派、養老派、柳川派があり、明治前期以降にできた流派には、吉田派、帰天斎派、一陽斎派、松旭斎派などがある。

ろうきょくきじゅつ▼浪曲奇術　布目貫一が昭和二一年（一九四六）一〇月、東宝名人会で発表したマジック。浪曲の名調子にのせて奇術の種明かしをしていく演出をとる。柳沢義胤の原作を浪曲のできる布目貫一が作品に仕上げた。

わかんさんさいずえ▼倭漢三才図会　全一〇五巻からなる絵入りの百科事典。寺島良安著。正徳二年（一七一二）自序。和漢古今の万物を天・地・人の三才に分けて分類。その「十六芸能」に、手品と関係の深い「幻戯」「高組」「籠脱」「堅物」「弄丸」の五項目が絵入りで簡潔に解説されている。

わづま▼和妻　明治時代、欧米から西洋手品が導入されると、従来からある日本手品と区別するために、西洋手品を洋妻、日本手品を和妻と分けて呼ぶようになった。その時期は明治二〇年（一八八七）頃といわれているが、はっきりしない。明治時代に発行された手品本にこの言葉は出てこないことから、楽屋言葉として使われたと考えられる。最も古い記録としては、昭和二五年（一九五〇）発行の長谷川智著『日本の奇術』に「和づま」という言葉が載る。

日本奇術人名事典

長野 栄俊

凡例

一 概要

本事典は、昭和六四年（一九八九）までに没した奇術師、およびこれまでの奇術史で取り上げられてきた人物、奇術史家など約五〇〇人、約六五〇項目を収録している。なお、没年不明の場合でも、主な活動時期が明治期以前の者は収録対象とした。

二 対象

（一）奇術師

奇術師と奇術的演目を演じた芸能者などを立項した。明治期までの人物は網羅的に採録したが、それ以後に活動した者は主な者だけを取り上げた。また外国人は、基本的に採録を見合わせた。実在が疑われる人物もあるが、その旨を明記して採録した。

改名した人物は、最もよく知られる名前の項目に解説を加えた。あわせて改名前後の名前からも参照できるよう立項し「→（を見よ）」で示した。ただし、本名は立項しなかった。

（二）伝授本著者

江戸期に出版された伝授本の著者のうち、主要な伝授本の著者、履歴の判明する者を立項した。明治期以降については主な本の著者だけを取り上げた。

（三）奇術史家

奇術史研究上、重要な意味を持つ史料の著者、明治期以降に奇術を研究した人物を立項した。

三 立項

（一）見出し

人名のかな見出し、漢字見出しの順に示した。

（二）用字

人名の漢字は、基本的には常用漢字、新字体を用いたが、「龍」や「瀧」「萬」「澤」など一部に旧字体を用いた箇所もある。

（三）排列

人名のかな見出しを五十音順に排列した。読み方は史料上ルビが振られたものはそれに従ったが、不明の場合、適宜、音読みを付して排列した。

四 項目内記載

（一）生没年

ある時点における年齢が判明する場合、それを数え年として逆算のうえ生年を算出した。

（二）活動時期

おおよその活動時期を、飛鳥期（〜七一〇）、奈良期（〜七九四）、平安期（〜一一八五）、鎌倉期（〜一三三三）、室町期（〜一四六七）、戦国期（〜一五七三）、安土桃山期（〜一六〇三）、江戸前期（〜一七〇〇頃）、江戸中期（〜一七七〇頃）、江戸後期（〜一八三〇頃）、幕末期（〜一八六八）、明治前期（〜一八九〇）、明治後期（〜一九一二）、大正期（〜一九二六）、昭和前期（〜一九四五）、昭和後期（〜一九八九）に便宜的に区分した。

（三）初出史料

明治期以降の人物は、確認できる限り、初出史料（新聞記事や絵ビラ、番付など）を示すよう努めた。

（四）文献

著作【著】、参考文献【参】を末尾に記した。

五 備考

人名の読みや生没年、初出史料は、今後の調査研究の進展により、正確さが向上されるものと考える。現時点での成果として利用してほしい。

六 謝辞

編集に際しては、以下に掲げる奇術史や芸能史の文献・成果に負うところが大きい。とりわけ江戸〜明治期にかけての見世物興行を年表形式で編集したウェブサイト「見世物興行年表」には大変お世話になった。事典項目という性質上、一々の記述に典拠を示すことができなかったことをお詫びするとともに、この場を借りて心からの感謝の意を表したい。

参考文献・史料

一部の引用・典拠に際しては→『略称』で示した。

- 『芸人名簿』文芸協会、一九一五
- 『古今落語系図一覧表』日本芸術文化振興会、二〇〇四→『文系図』
- 『実証・日本の手品史』松山光伸著、東京堂出版、二〇一〇
- 『通俗教育ニ関スル調査』東京府教育会編、久保秀三、一九一六→『通俗教育』
- 『手品芸業元祖調記』（『遊芸由緒書』所収）国立国会図書館蔵→『調記』
- 『日本奇術演目事典』河合勝編、日本奇術博物館、二〇一一
- 『日本芸能人名事典』三省堂、一九九五

・『マジシャンの3から7まで（マジック用語辞典付属資料）』植木将一編、私家版、二〇一五
・『本朝話者系図』日本芸術文化振興会、二〇一五→『話系図』
・『明治の寄席芸人』三遊亭圓生著、青蛙房、一九七一
・『見世物興行年表』蹉跎庵主人 二〇一一〜
・『落語家名前揃』国立国会図書館蔵→『名前揃』
・『落語系図』月亭春松編、植村秀一郎、一九二九

あいのすけ▼アイノスケ　?〜?　幕末期　慶応二年（一八六六）九月、旅券を持たずに出国した鉄割一座に参加。一八六六年一二月、サンフランシスコで蝶を演じたとする現地の新聞記事が確認されている。

あおやぎ すけじろう▼青柳助治郎　?〜?　明治後期　明治三四年（一九〇一）の番付『東京落語花競』に「手品 青柳助治郎」と載る。

あおやぎ はるひ▼青柳春日　?〜?　明治前期　『文系図』西洋手品の項の先頭に掲載。「LONDON TESHINA」と題した絵ビラは、明治六年（一八七三）東京浅草蔵前八幡神社境内での興行のもので、西洋手品をうたった最も早い興行例とされる。絵ビラには、鶏の首継、菜種箱、帯の断ち継ぎなど和洋取り混ぜた一一の演目が載り、このうち柱抱き（サムタイ）は、わが国での初出例という。

あさきち▼アサキチ　→柳川蝶十郎

あさくら むせい▼朝倉無声　一八七七〜一九二七　明治後〜大正期　本名は亀三。初め帝国図書館司書、後に著述家、見世物研究家。奇術を含む見世物の歴史を体系的に捉えた論考を発表、没後に『見世物研究』としてまとめられて出版される。見世物絵の収集家でもあり、コレクションは『観物画譜』『観場画譜』などの形でいくつかの機関に分かれて伝来している。

あさひ あさこ▼アサヒ朝子　一八八六〜?　明治後〜大正期　本名は朝日藤カツ。アサヒマンマロの娘か。明治四三年（一九一〇）刊『浅草繁昌記』では営業種別は「昔話手品」、大正四年（一九一五）『芸人名簿』では落語の部に載り、寄席に出演していたとみられる。

あさひ こまんまろ▼アサヒ小マンマロ　一八九一〜?　明治後〜大正期　本名は朝日藤義治。アサヒマンマロの実子か。明治四三年（一九一〇）刊『浅草繁昌記』では営業種別が「昔話兼活動写真技手」となっており、大正四年（一九一五）『芸人名簿』では落語の部に載ることから、寄席に出演していたと思われる。

あさひ しゅういち▼朝日秀一　?〜?　明治後期　本名は岡本弥太郎。明治三二年（一八九九）一〇月、東京での新奇術興行（空中の夢・月世界戦争等）の記事が確認され、四三年刊『浅草繁昌記』では営業種別「西洋手品兼小説噺」として載る。

あさひ ちえこ▼旭千恵子　?〜?　明治後期　本名は朝日藤のぶ。明治四三年（一九一〇）刊『浅草繁昌記』に営業種別「昔話兼手品曲芸」として載る。苗字からアサヒマンマロの家族か。

あさひ とも▼アサヒ・トモ　?〜?　明治後〜大正期　一九〇九〜二一年、米国でグレート・アサヒ一座を率い、サムタイや水芸を演じた。詳しい履歴は不明だが、アサヒマンマロの一門とみる説がある。

あさひ まんまろ▼アサヒマンマロ　一八五七〜?　明治期　本名は朝日藤兵三郎。江戸内藤新宿の妓楼辰巳屋の倅。本人談によると、化学を学ぶため英国留学中に奇術をおぼえ、明治五年（一八七二）帰国後に風晴ハーンの名で、西洋手品と幻灯を演じたという。九年八月『落語業名鑑』には「風情ハン」と載る。一〇年に朝日マンマロと改名、新聞記事や番付には旭マンマロやアサヒマンマロ、アサヒマンマルとも記される。一五〜四一年にかけて、東京での高座出演および各地巡業の記事が確認される。一七年の番付『落語鏡』では西の前頭三枚目。『名前揃』によると、門下に満洋（本名は風戸宗次郎。一八六〇〜?）と満平（本名は宮崎守太郎。一八七九〜?）がいた。

あじあ ふろとん▼亜細亜フロトン　?〜?　明治後期　女性奇術師。明治二五年（一八九二）一一月、甲府での興行を伝える記事が確認される。

あじあ まんじ▼亜細亜マンジ　?〜?　明治期　前名は立川錦龍斎。マージンとも表記される。明治一五年（一八八二）頃から演じ始めた一里四方物品の取り寄せで大当たりを得た。新聞では明治二一年一〇月、盛岡での興行を伝える記事が初出。少年時代の石田天海がマンジの裏方を務めたことがあり、奇術人生を歩むきっかけになったという。
【参】阿部徳蔵『奇術随筆』

あじゃぺいる▼アジャペイル　?〜?　明治後期　明治二四年（一八九一）五月、仙台での興行を伝える記事が確認できる。自身は幻妙奇術者座長となり、太夫は女性奇術師のフローン。英国戻りとあることから日本人とわかる。

あずま けしのすけ▼東芥子之助 →芥子の助

あずま たけぞう▼東竹蔵 ?〜? 江戸後期 手妻名人。上方から戻った辻放下東徳蔵とともに浅草寺境内で興行し、大当たりをとった。

あずま とくぞう▼東徳蔵 ?〜? 江戸後期 安房磯村（千葉県）の生まれ。芥子の助（三代目か）の弟子。師匠の金輪を盗んで上方で修行。再び江戸に戻ると、浅草寺境内で手妻名人の東竹蔵、めだかの身ぶり名人のきも八と三人で興行し、大当たりをとった。その後は湯島天神でも一人で興行している（『只今御笑草（豊芥補）』）。

あだち りゅうこう▼アダチ龍光 一八九六〜一九八二 大正〜昭和期 本名は阿達一（後に中川）。新潟県の曹洞宗多宝寺に生まれる。初め役者を目指すも、大正八年（一九一九）頃、奇術師の木村マリニーに師事して木村荘一を名乗る。まもなくアダチ龍光と改名。戦前は吉本興業の専属として、奇術に加え声帯模写を演じて評判を得た。戦後は東京に移り、草創期のテレビ番組出演で人気者となる。トークマジックを得意とし、立川談志をはじめその話術を評価する者も多い。昭和四六年（一九七一）には昭和天皇の古希祝いで天覧を果たしている。日本奇術協会第四・六代会長。【参】藤山新太郎『タネも仕掛けもございません』

あべ とくぞう▼阿部徳蔵 一八八九〜一九四四 昭和期 奇術研究家、著述家。東京アマチュアマジシャンズクラブ（TAMC）の創設メンバー（第二代会長）。絹問屋の一人息子に生まれるも、家業を顧みずに奇術研究に没入。昭和五年（一九三〇）には天覧も果たしている。一一年に『奇術随筆』、一三年に『とらんぷ』を出版。天城勝彦（坂本種芳）との共著に『即席奇術種明し』がある。没後の二七年には遺稿『近代日本奇術史』をもとにして、友人の秦豊吉が『明治奇術史』を出版した。谷崎潤一郎とも交流があり、作品『三つの場合』に最末期の阿部のことが描かれている。【参】坂本種芳監修『奇術に賭けた人生』

あまからや ぎへえ▼甘辛屋儀兵衛 ?〜? 幕末期 元は大坂の唐辛子売りで、後に興行の口上に転じた。文政四年（一八二一）三月、大坂四天王寺における一田正七郎の籠細工興行の絵本番付に「口上あまからや」と載るのが初出。その後、明治一〇年代まで、動物見世物やからくり、生き人形、軽業などジャンルを問わず多くの興行で口上を務めている。活動期間が長期にわたることから、途中で別の人物が襲名した可能性もある。嘉永二年（一八四九）五月、大坂西横堀新築地での「大水からくり」興行では、髷の先から水を噴出させたことが珍しがられており、この演出の考案者と推測される。

あらき しげお▼荒木茂郎 一八九九〜一九八一 昭和期 力書房の創業者。創業は昭和一八年（一九四三）頃か。自然科学系の書籍を主に発行するかたわら、二二年に奇術専門誌『奇術の世界』を創刊。これが創刊号のみで終わったため、三一年に坂本種芳を監修に迎え、柳沢義胤の編集により『奇術研究』を発刊した。以後、五四年の八六号まで二三年にわたって最新の奇術情報や研究の成果を愛好家のもとに届けた。力書房では坂本種芳『奇術の世界』や高木重朗『あなたは奇術師』など、名著とされる奇術関係書も多く出版。子の祥允（一九三〇〜一九八四）が奇術道具を開発し、通信販売も行った。

ありた いとこ▼有田糸子 ?〜? 大正期 サーカス団「有田洋行会」に属し、一線上の曲芸（綱渡り）のほか、小奇術を演じた。

ありた たいよう▼有田太陽 ?〜? 大正期 サーカス団「有田洋行会」の座長。猛獣使いのほか水芸や喜劇応用大魔術などを演じた。

ありた なつこ▼有田奈津子（夏子） ?〜? 大正期 サーカス団「有田洋行会」に属し、懸賞トランクや仮装タンバリン、空中少女の消隠、魔術美人閣などの大魔術を演じた。

ありまる▼アリマル ?〜? 明治前期 年不詳「西洋手品 昔ハ祖師方今為観物」と題された絵ビラが伝わる。太夫名の判読が難しく「アソマル」あるいは「アリテル」と読む可能性もある。ビラには鶏の首継や菜種箱など和洋の演目九種が載る。この絵ビラの表題「西洋手品 昔ハ祖師方今為観物」は、キリウサン、中村光鶴女、モオリートウの絵ビラに共通し、絵柄や演目にも類似点がみられる。

あれきはーすん▼アレキハースン →前田正二

いかぞう▼烏賊蔵 ?〜? 幕末期 安政二年（一八五五）四月、江戸浅草奥山で手妻の小屋がけ興行をしていたところ、隣で興行していた力持の矢向弥五郎との間で揉め事が生じ、刃傷沙汰になったとの記録が伝わる（『藤岡屋日記』）。

いくた なかつかさ▼生田中務 ?〜? 江戸中期 朝倉無声『見世物研究』は『よしあし草』を典拠に、明和期（一七六四〜七二）、京都二条川端の住人・生田中務が「奇怪の術を行ひ死刑に処せられた」と述べる。一方『閑窓自語』には、宝暦期（一七五一～六四）、「生田某」が「京師に住して、さま〳〵奇術をあらはせし」が、のちに「関東にゆきて終をよくせす」と聞いたと記す。両者は同一の人物のことを指すと思われるが、他に史料はなく、詳細は不明。

いこま おうみのだいじょう▼生駒近江大掾 ?～? 幕末～明治前期 初代柳川一蝶斎の門人分で、得意芸は三ッ蝶。初出は文久元年（一八六一）の番付『東都自慢花競』。大阪に転じて後、明治四年（一八七一）大掾号の停止に伴い、三代柳川一蝶斎を名乗るも、正式な襲名ではなかったという。明治初期の絵ビラには、組み上げ蒸籠や曲独楽、大仕掛けの怪談手品などが描かれている。一二年大阪で市川男女蔵と改名し、歌舞伎俳優に転じた三代目一蝶斎も同一人物か。なお、柳川長七郎と同一人物とする説がある。

いしかわ がしょう▼石川雅章 一八九八～一九七九 昭和期 本名は政芳。読みは「まさぶみ」とも。新聞記者、作家。一時期、初代松旭斎天勝一座の文芸部長を務める。昭和四三年（一九六八）に評伝『松旭斎天勝』を発表、平成三年（一九九一）刊の松旭斎天勝著『魔術の女王一代記』も石川の原稿をもとにまとめたものという。『誰にもできるやさしい手品の遊び方』『奇術と手品の習い方』などの手品教本のほか、心霊批判の書『奇蹟解剖』などの著作がある。

いしだ おきぬ▼石田おきぬ 一八九五～一九八〇 大正～昭和期 本名は石田いわ。大正二年（一九一三）に石田天海と結婚、ともに松旭斎天洋一座に属し、松旭斎絹子の名を与えられる。その後、初代天勝一座に移ってからは、先に天勝の姪の絹子が在籍していたため、信子と改名している。アメリカに移ってからは、おきぬと名乗り、天海が亡くなるまで行動を共にした。

いしだ てんかい▼石田天海 一八八九～一九七二 明治後～昭和後期 本名は石田貞次郎（戸籍上は貞治郎）。初め楽士として初代松旭斎天一一座に加わる。若い頃に天耕を名乗ったというが、いつのことかは不明。大正元年（一九一二）に旗揚げした天洋一座に加わると、天海と名乗り、司会や音楽、滑稽奇術などを担当した。その後は初代天勝一座に移り、一三年の米国巡業に同行。一座の帰国後もおきぬとともに米国にとどまって奇術の修行を続け、ミリオンカード、ミリオンシガレット&ウォッチを得意とした。途中、何度かの一時帰国をはさみながらも、昭和三三年（一九五八）までは米国を本拠地として活躍、在米マジシャンたちからはグレート天海と呼ばれて敬愛される。一時帰国の度に最新奇術のネタを持ち帰り、谷口勝次郎と舞台奇術道具の製作を行ったり、プロとアマの両方に奇術の指導を行ったりしている。三三年の帰国後はテレビ出演や各地での帰朝公演を通して、日本の奇術界に及ぼした影響は大きい。石田天海賞創設者の風呂田政利（一九二六～二〇〇三）や天海直伝の手順を『四つ玉研究』にまとめた金沢天耕（一九〇九～一九九五）らも影響を受けた例である。なお、天海の名は松浦康長（一九三六～二〇〇八）が襲名し、松浦天海を名乗った。【著】『奇術五十年』

いせん▼イ専 ?～? 江戸中期 寛保二年（一七四二）伝授本『神仙秘事睫』を和泉屋伝兵衛から出版。経歴は不明だが、名前に「傳（イ専）」の字がつく人物すなわち伝（傳）兵衛自身の筆名か。

いちぐうさい せつこ▼一宮斎節子 ?～? 明治後期 明治四〇年（一九〇七）一〇月、大阪での光国の東洋奇芸競技会に出演した記事が初出。四一年八月、宮岡天外一座に参加した。

いちぐうさい みつくに▼一宮斎光国 ?～? 明治後期 明治三四年（一九〇一）三月、岡山での興行を伝える記事には「理学的応用空中学美人」など西洋奇術の演目が載る。翌年六月の京都興行では「二世天一改一宮斎光国」と称しているが、二世襲名の事実はない。四〇年七月には京都で催眠術娯楽会を行い、四一年八月には宮岡天外一座の催眠魔術興行にも加わっている。

いちたろう▼市太郎 一六八八頃～一七六二 江戸中期 博多辻堂町、合薬売り孫六の子。『石城志』は孫六の姓を藤田と記す。元禄一二、三年（一六九九、一七〇〇）大坂道頓堀で博多独楽の興行を行い、大評判を得て、各地を巡業する。これ以後、博多独楽の芝居興行が盛んになるきっかけとなった。弟の源之助も享保一八年（一七三三）京に出て独楽の芝居興行をしたといい、以後は多くの独楽師が博多から上方・江戸に出た。なお『傾城色三味線』には、初太郎という少年が曲独楽を演じたとあるが、これは市太郎を誤記したものという。

いちとく▼イチトク →中村一登久

いちとをり▼イチトヲリ ?～? 明治前期 明治

一〇年（一八七七）二月、名古屋大須で奇妙手妻を演じた記録が残る（『勾欄雑集記』）。イチトク（中村一登久）と同一人物とする説がある。

いちはし しょうすけ▼市橋庄助　？〜一五八八？　安土桃山期　元は和泉の国境の商人で呉服屋安右衛門（安左衛門とも）。後にキリシタンとなって洗礼名は告須蒙（ごうずもう）。堺で外科医となり市橋庄助と改名した。『切支丹宗門来朝実記』は「手づまの名人」と記す。天正一六年（一五八八）島田清庵とともに豊臣秀吉に召され、術（手妻）を披露したところ、キリシタンであることが露見し、磔刑になったという。しかし、排耶文学にしか名前は見えず、実在は疑問視されている。

いちようさい こしょういち▼一陽斎小正一　昭和期に複数人を数える。

【初代】→一陽斎正一（二代）

いちようさい しょういち▼一陽斎正一　大正〜昭和期に三代を数える。一陽斉とも表記する。

【初代】一八八九〜一九四七　大正〜昭和前期　本名は宮田源之助。ジャグラー操一の子。初名はジャグラー小操一。東京から大阪に移った際に改名。西洋手品を売りにしたが、一陽斎流の胡蝶楽も創出している。門人にジャグラー都一、一陽斎双一（後にワンダー正光）、一陽斎美蝶、一陽斎陽一、一陽斎弘一、島一郎らがいる。

【二代】？〜一九四四　昭和前期　初代の長男。前名は小正一。昭和一四年（一九三九）二代目を襲名するも、戦病により急逝。弟の小正一（一九一八〜一九九五。本名宮田純二）が三代目を襲名した。

いちようさい といち▼一陽斎都一　→ジャグラー都一

いちりゅうさい てんか▼一龍斎天花　？〜？　明治前期　明治二一年（一八八八）一二月、京都での諸芸大会を伝える記事に「柳川喜代丸、一龍斎天花の西洋手品」と載る。

いちりゅうさい りゅういち▼一柳斎柳一　一八六六〜一九二九　明治後〜大正期　本名は渡辺国太郎。講釈師の五代目伊東凌潮の子。初め初代帰天斎正一の門人で正孝。後に三代目春風亭柳枝の門下に入って春風一柳、明治二四年（一八九一）『名前揃』では春風一柳斎とある。三〇年代後半には一柳斎柳一と改名。西洋手品だけでなく、皿廻しや記憶術を得意とした。また、巌谷小波主宰のお伽噺の会に属し、お伽丸柳一とも名乗り、東京都台東区の本法寺には、小波らによって建立された「お伽丸柳一の碑」がある。なお、『奇術と私』に初代松旭斎天一の門人天柳をお伽丸柳一とする説が載るも、詳細は不明。**【参】**安藤鶴夫『寄席紳士録』

いちりゅうさい りゅうすい▼一柳斎柳水　？〜？　明治後期　明治四一年（一九〇八）『東京落語音曲奇術番附』で「奇術」の項に、柳川一蝶斎、帰天斎英一、一柳斎柳一と並んで載る。

いっしんさい つうてん▼一心斎通天　一八六四〜？　明治〜大正期　本名は内山兼次郎。『文系図』では、春風亭柳枝または初代三遊亭圓右の門人で一右。後に西洋手品に転じ、明治三五年（一九〇二）六月には名古屋で「仏国巴里 大奇術士 心古琳」を名乗り、「理化学応用電気作用」と題した興行を行っている。大正二年（一九一三）『三遊連一覧』では一心斎通天とあり、四年刊『芸人名簿』にも載る。

いっとくさい びちょう▼一徳斎美蝶　明治〜昭和期にかけて二人を数える。

【代数不詳①】？〜？　明治〜大正期　本名は鷲野峯吉（後に山口）。糝粉（新粉）細工の名人であり、高座では飴細工の飴の中から物を取り出す手品や曲独楽も見せた。明治二六年（一八九三）改正『昔話音曲一覧』に載る「しんこさいく ときハや美蝶」や三四年の番付『東京落語花競』に載る「しんこノ早業美蝶」が同一人物と思われる。二二年の番付『落語家高名鏡』に載る「しんこさいく 春蝶」との関係は不明。

【代数不詳②】一八九九〜一九七六　大正〜昭和後期　本名は栗原孝次郎。父は落語家の四代目人情亭錦紅（三代とも）。大正七年（一九一八）西洋奇術の松旭斎天外に師事して松旭斎天光と名乗り、昭和六年（一九三一）日本手品に転向した（昭和二年入門、一二年天光とする史料もあり）。一八年（一五年とも）一徳斎美蝶と改名するも、二代目を冠してはいない。高座では皿廻しや箱積み（枕返し）の曲技も見せ、日本手品の一本傘を代表芸とした。下座を妻の藤川力代、いぼ太鼓を弟の蝶二に打たせ、自身は座ったままで芸を披露し、最後の日本手品師と呼ばれた。**【参】**藤山新太郎『タネも仕掛けもございません』

いとう いちよう▼伊藤一葉　一九三四〜一九七九　昭和期　本名は家晴。二代松旭斎天左・天勝一座に入り、奇術を習う。その後、一座で一緒だったローザミエ（本名ヒサ子）とコンビを組み、キャバレーを巡って剣通し（剣刺し箱）を演じた。単身で寄席などに出演するようになってからは、トークマジックを得意とし、手品を演じた後の決めゼリフ「何か質問はございませんか？」が流行語にもなった。テレビでも活躍し、CMにも出演。天左譲りの針金を使ったサムタイを演じている。
【著】『伊藤一葉の手ちがい手品』『大人をへこます伊藤一葉の手品の本』『ガンとの闘い』【参】藤山新太郎『タネも仕掛けもございません』

いとう いちまつ▼伊藤市松　?〜?　幕末期　天保七年（一八三六）九月と一一月、名古屋において、しげのとともに、神心当物四十八字みくじ遊びや袋ぬけ大手つまなどを演じた（『見世物雑志』）。

いとう しげの▼伊藤しげの　?〜?　幕末期　伊藤繁野とも。天保七年（一八三六）九月と一一月、名古屋において、市松とともに女手妻興行を行い、蝶の演目や空箱から傘一〇本や鶏五羽を出すなどして大評判をとった（『名陽見聞図会』『見世物雑志』）。

いとう やはち▼伊藤弥八　?〜?　江戸後〜幕末期　寛政七年（一七九五）夏、大坂難波新地の夕涼み見世物で手妻からくりを演じたことが『年代記』に載る。天保七年（一八三六）九月、名古屋において市松・しげのとともに糸細工・女手妻興行を行った際の「大坂男芸者伊藤弥八」と同一人かは不明。この時は伊藤七五三蔵、伊藤万吉の名も見える（『見世物雑志』）。

いにしえの でんない▼古伝内　?〜?　江戸前期　放下師、江戸歌舞伎の座元。寛永二一年（一六四四）二月と四月に、久三郎（久三、久左とも）の名で、京都で放下を演じた記録が残る（『隔蓂記』）。その後は江戸に下り、明暦四年（一六五八）四月には、江戸堺町で「みやこ伝内所」として島原狂言の芝居を構えていた。しかし同名の放下師が下ってきたことから「いにしへ（古）伝内」を名乗るようになり、万治三年（一六六〇）以降は、松田日向太夫と相座して「古都伝内日向太夫座」として合同興行を行っている。延宝八年（一六八〇）正月には都右近の名で松村又楽座に属しており、同年四月には江戸城二の丸に呼ばれ、枕の曲や緒よけ（ヲゴケ）の放下、玉子の曲、籠より小鳥出る曲などを演じた（『玉露叢』）。なお、都右近を古伝内ではなく、新伝内とする史料も存在する。

いはし いちたろう▼井橋市太郎　?〜?　大正期　大正五年（一九一六）刊『通俗教育』に種別「音曲手品」、大正三年六月開業と載る。

いわなが かさぶろう▼岩永嘉三郎　?〜?　明治前期　明治一八年（一八八五）一一月の新聞記事に、新潟において骨抜・手品・足芸を演ずるとある。

うえはら うらたろう▼上原浦太郎　?〜一九六〇　昭和期　ジャパン・タイムズ社に勤務のかたわら、昭和三〇年（一九五五）に世界最大の奇術団体IBM（International Brotherhood of Magicians）日本支部を設立、支部長を務めた。TAMCの会員でもあり、国際素人奇術倶楽部の会長も兼ねた。

うかせんにん▼羽化仙人　→渋江保

うきふね だいのしん▼浮舟大之進　?〜?　江戸中期　元禄一五年（一七〇二）七月、名古屋において、十三狂言・輪ぬけ軽捷・櫝へ入てぬける演目を見せた（『鸚鵡籠中記』）。

うたがわ きんちょう▼歌川錦蝶　?〜?　安土桃山期　『調記』に、鈴川伝五郎の養子、文禄三年（一五九四）三月、伝五郎とともに伏見桃山御殿で上覧手品を務めたとある。なお、同書には、享和二年（一八〇二）四月、江戸久保町での五代目錦蝶の興行を記すが、両者とも他書では名前を確認できない。

えいじょう かあーん▼英情カアーン　?〜?　明治前期　カーンとも。『文系図』西洋手品の項所載。年不詳「英国ルロントル不思議鬼術」と題した絵ビラが伝わり、水火の早技、手ぬぐい焼き、菜種箱、鶏の首継など六演目が描かれる。明治七年（一八七四）五月、名古屋での興行記事が確認でき、九年『落語業名鑑』では上等印で掲載。一七年の番付『当時落語家有名鏡』にも名前が載る。来日した英人奇術師との見方もあるが、日本手品も演じていることから、日本人とみてよい。

えいじょう わん▼英情ワン　?〜?　明治前期　明治一七年（一八八四）の番付『当時落語家有名鏡』の「てしな」の欄に、英情カーンより大きな文字で載ることから、カーンの兄弟子あるいは師匠か。

えいしん▼英信　?〜?　明治前期　明治八年（一八七五）『諸芸人名録』落語之部上等之部に手品「小田原丁　英信」とあるが、その後の名簿・番付類では名前が確認できない。

えいじん ぶらっく▼英人ブラック　→快楽亭ブラック

えどべえ▼江戸兵衛　?〜?　江戸中期　『名陽旧覧図誌』によると、明和期（一七六四〜七二）に名古屋の広小路などで品玉や金輪切を演じ、阿保らしきことを言って見物人を楽しませたという。大坂出身で、鼻の先が赤い異相だった。

えどがわ らんぽ▼江戸川乱歩　一八九四～一九六五　大正～昭和後期　本名は平井太郎。推理小説家。作品のタイトルに「奇術師」を用いたり、作品中で手品の種明かしを取り入れるなど、奇術愛好家としての一面を持っていた。奇術文献の蒐集家でもあり、旧江戸川乱歩邸には多くの蔵書が伝わっている。

おうみや しょうじろう▼近江ヤ庄治郎　？～？　江戸後期　初代柳川一蝶斎の師。近江屋庄次郎とも。『話系図』とこれを引く『落語系図』にのみ名前が見える。「手品之業」を始めたとするが、具体的なことは不明。実娘に小蝶がいる。『落語系図』は、初代一蝶斎の前名を二代目近江屋庄次郎とするも、他書ではこのことは確認できない。また、近江屋を手品屋（マジックショップ、からくり細工師）と見る説があるが、明確な根拠はない。

おおた さいじろう▼大田才次郎　一八六四～一九四〇　明治後～昭和前期　儒学者、漢学者。曾祖父の錦城、祖父の晴軒、父の晴斎と代々続く儒者の家に生まれる。号は淳軒。わが国初の日本奇術史概説である「手品」を『風俗画報』第一〇〇号に掲載した。【著】『淳軒詩話』『日本児童遊戯集』『新撰歴史字典』等多数。

おがた ともさぶろう▼緒方知三郎　一八八三～一九七三　昭和期　病理学者（東京帝国大学名誉教授。文化勲章受章）。蘭学者・緒方洪庵の孫。東京アマチュアマジシャンズクラブ（TAMC）の創設メンバー（第四代会長）。松旭斎天洋に師事。わが国で初めて奇術文献のコレクションを形成、現在は緒方奇術文庫として国立劇場に収蔵されている。全八章からなる「日本奇術史」の執筆を構想するも未完に終わった。【参】『緒方奇術文庫書目解題』

おがわ きちごろう▼小川吉五郎　？～？　江戸後期　『摂陽奇観』に、文政九年（一八二六）三月、大坂難波新地で六尺の棒呑み興行をした記載が見える。また年不詳「ぼうのみ太夫小川吉五郎」と題した絵ビラが伝わり、「鉄棒 長サ三尺」をはじめ「大身鎗 一尺八寸」「太刀 二尺八寸」「大釘 一尺八寸」「樫ノ棒 三尺」と呑んだものの長さが記されている。

おがわ まつよ▼小川松与　？～？　江戸後期　年不詳「博多一流無綱駒風流手品」と題した絵ビラが伝わる。曲独楽が中心だが、箱から「のべ（細長い布）」を取り出す様子も描かれる。「大坂新下り」とあることから大坂の曲独楽師か。

おくむら かつたろう▼奥村勝太郎　？～？　明治前期　明治一六年（一八八三）九月、静岡で「ちう〳〵太夫」こと中村吉次郎（後の正天一）とともに鼠手品を演じたとする記事が確認される。

おくやま けしのすけ▼奥山けし之助→芥子の助

おくやま でんじ▼奥山傳司　？～？　幕末期　曲独楽師。天保一五年（一八四四）三月、江戸浅草奥山でからくり細工の竹田縫殿之助と合同で興行を行った際の記録や絵ビラが確認される。両国で大当たりをとった竹澤藤治の向こうを張る形となったが、興行的には失敗に終わった。水芸と積物に曲独楽を組み合わせた錦絵が伝わる。また、同四年三月には再び奥山で博多小蝶との興行対決となったが、ここでも独楽を取り落とすなどの失態により、世評は芳しくなかった。

おけまつ▼桶松　？～？　幕末～明治前期　桶屋松蔵とも。慶応期（一八六五～六八）上野山下を活動の場とした豆蔵。倅の伴三郎とともに籠抜けを演じる一方、口中に入れた二、三〇本の針に糸を通すニードル・トリックを見せた（『わすれのこり』）。

おけや まつぞう▼桶屋松蔵→桶松

おざわ おうがい▼小澤桜外　？～？　明治期　秦豊吉著『明治奇術史』に明治期の日本手品師として名前が載り、「渡英す」とあるも、他書では確認できない。

おだぎり しゅんこう▼小田切春江　一八一〇～一八八八　幕末～明治前期　実名は忠近、通称は伝之丞、別号は歌月庵喜笑など。尾張藩士。高力猿猴庵、森高雅らに絵を学ぶ。著作『名陽見聞図会』は、天保三～一〇年（一八三二～三九）まで、名古屋で見聞したことを、彩色した挿絵を交えて記したもの。芸能や見世物を多く取り上げており、奇術に関する記載や挿絵も見られる。また文政一三年（一八三〇）には伝授本『大新板 即席手づま 後篇』を著してもいる。【著】『尾張名所図会』の挿絵など多数。

おとぎまる りゅういち▼お伽丸柳一→一柳斎柳一

おとわ たきじゅさい▼音羽瀧寿斎　？～？　明治前期　初代養老瀧翁斎の門人。明治一三年（一八八〇）大阪での水芸興行に関する記事が確認でき、「皇国手品西洋手術 一流水芸早替」と題した絵ビラも伝わる。絵ビラに描かれる演目は水芸が中心で、乱杭渡りならぬ噴水渡りや、盥からの噴水に乗って、さらに傘や宝珠から水を噴き上げるなど、演出に工夫が見られる。四五年、初代松旭斎天一の訃報記事によると、若き日の天一が音羽瀧寿斎を名乗って水芸の巡業をしたというが、真偽の程は不明。

かいらくてい ぶらっく▼快楽亭ブラック　明治〜平成期にかけて二代を数える。

【初代】一八五八〜一九二三　明治〜大正期　本名はHenry James Black、後に石井アカと結婚して石井貎剌屈（ブラック）。豪州生まれ。明治九年（一八七六）柳川一蝶斎（長七郎とみる説がある）に雇われ、「西洋の手づま遣ひ」として寄席に出演（ハールブラック、ハレーイワク）。一〇年代前半は寄席で政談演説を行い、後半は英人ブラックを名乗って西洋人情噺を語った。二四年頃に快楽亭ブラックを名乗り、人情噺に加えて奇術や催眠術を演じ、弁士なども務めている。また一九一四〜一五年、英国の『*The Magician Monthly*（月刊マジシャン）』誌上に日本の伝統奇術の演目を紹介する記事を連載した。**【参】**小島貞二『決定版 快楽亭ブラック伝』・松山光伸『実証・日本の手品史』

かいらくてい ほすこ▼快楽亭ホスコ　→松旭斎天左

かさんじん▼花山人　?〜一八一七　江戸後期　江戸の書肆星運堂の主人。通称は花屋久次郎（久二郎とも）。天明四年（一七八四）『仙術日待種』を著す（版元不詳）。川柳作者「菅裏」として、自らの書肆で刊行した『俳風柳多留』に句を載せている。

かしわや きちべえ▼柏屋吉兵衛　?〜?　幕末期?　江戸本八丁堀五丁目で開業していた手品伝授屋。口上書が伝わる。手品芸の指南や手妻の種道具の販売、お座敷での上演などを手がけていた。

かしんこじ▼果心居士　?〜?　安土桃山期　果進居士・化身とも。松永久秀や豊臣秀吉を相手にさまざまな幻術を披露したといい、小説の登場人物としても著名。江戸時代を通じて多くの書物に登場するが、同時期の記録には見えず、後世の読み物だけに載る。演じたとされる演目は、実現可能なものもあれば、荒唐無稽なものもあり、全てを史実と見なすことはできない。実在を完全に否定することもできないが、徐々に話が作り上げられていった過程を追うことができる。江戸前期の人びとが、果心居士を後の辻放下の先駆的存在と見なしていたことだけは確かである。

かただ げんしち▼片田源七　一八四三?〜?　明治後期　明治四二年（一九〇九）宮城県の山中で修行したという触れ込みで、不思議仙人、蟇仙人を名乗り、各地で興行した。剣の梯子登り、火渡り、湯探り、焼火箸を手でしごくなどの危険術で話題となる。また宮岡天外の動物強制術との合同興行も行った。なお、源七の仙術には、京都大学や心象会といったアカデミズムからの検証も行われている。

かとう だんぞう▼加藤（加当）段蔵　→飛加藤

かねかつ▼兼勝　→蓍屋勘兵衛

かねふさ かんいちろう▼金房冠一郎　?〜?　明治後期　明治三五年（一九〇二）八月、東京での興行時は真正今様剣舞と称する興行だったが、余興として化学的作用の奇術も見せていた。翌年九月の大阪では武術大演芸と理化学的大奇術興行（ただし記事には冠二郎とあり）、三七年一月には岡山で清国人韓鳳山・韓合順、英国人ジョンベールとともに三国同盟奇術興行を行っている。

かへえ▼加兵衛　?〜?　江戸前期　京都で活躍した放下師。『隔蓂記』寛永一三年（一六三六）七月二二日条に鹿苑寺に呼ばれて「術」を見せたとする記事が載る。

かわむら きよろう▼河村清郎　一八四六〜?　明治前期　明治二三年（一八九〇）一月の新聞記事によると、宇都宮で化学的手品と称する興行を行っていたが、薬品の調合に失敗して爆発を起こし、左腕を失う大怪我をしたという。

かんちゅうせん いぞう▼環中仙い三　→多賀谷環中仙

きくかわ かぎょくさい▼菊川花玉斎　?〜?　明治前期　新聞記事には、明治一三年（一八八〇）三月、大阪での西洋手品興行が大入りとある。

きくかわ きよし▼菊川清　?〜?　明治期　本名は渡辺忠次郎。明治四三年（一九一〇）『浅草繁昌記』に営業種別「手品」として名前が載る。

きくかわ とじゃく▼菊川都雀　?〜?　明治前期　明治八年（一八七五）『諸芸人名録』落語之部上等之部に手品「芝金杉ハマ丁 菊川都雀」と載るも、一四年『東京遊芸社会一覧』では写絵の部に載る。初め手品で後に写絵に転じたものか。

きこくさい そういち▼郷国斎操一　?〜?　明治前期　明治一五年（一八八二）七月「英国手品太夫郷国斎操一」と題された絵ビラには「キコクサイソウイチ」とルビがつくため、ヨミはそれに従う。テッポウアテモノ、銅貨ダシ、中ヅリハヤガワリなど二二の演目を描く。一八年頃から活動が確認されるジャグラー操一との関係は不明だが、両者の絵ビラには同じ紋が配されている。

きじょう▼幾篠　?〜?　江戸中期　宝暦五年（一七五五）伝授本『仙術夜半楽』を江戸の吉文字屋次郎兵衛・小川彦九郎から刊行、明和五年（一七六八）には同書の巻数を増して一部改刻し『絵本一興鑑』と題して再版した。再版時の届書には「著者武一条」とあるというが、この人物と幾篠との関係は不詳。

きじよこり▼キジヨコリ　?〜?　明治前期　年不詳「西洋手品」と題した絵ビラが伝わり、松竹梅扇子（色変わり扇子）や手ぬぐい焼きなど和洋一二の演目が載る。

きっけいどう りさい▼吉慶堂李彩　明治後〜昭和期に二代を数える。

【初代】一八七九〜一九四五　明治後〜昭和前期　本名は李徳福。芸名は清国人（中国人）李彩。明治三〇年代に清国から来日し、京都の寄席に出演。三五年一〇月、東京新富座にて王福順、王福林の三人で清国人大曲芸と題した興行を行った記事がみえる。『文系図』では西洋手品の項に載るも、実際に演じたのは金魚丼出し（飛来魚紅）や布さらし切りなどの中国手品。後に東京に移り、三遊派の寄席で奇術や皿回しを演じた。子の小李彩（チーリーサイ。一九〇九〜一九九二）が二代目を襲名している。

きてんさい いすと▼帰天斎イスト→ジレメイスト

きてんさい いちおう▼帰天斎一翁　?〜?　明治後期　明治二三年（一八九〇）七月、高松において帰天斎一学とともに西洋奇術興行を行った記事が確認できる。

きてんさい いちがく▼帰天斎一学　?〜?　明治期　明治一一年（一八七八）『落語人名鑑』に載るのが初出か。一三年一一月、新潟県での「機械手品」興行の記事が確認される。また、一六年一月「欧州奇術 器械广志久（マジク）」と題した大阪での興行絵ビラが伝わり、ボックス剣刺し、ダラー棒などの演目が載る。二三年七月、高松において帰天斎一翁とともに西洋奇術興行を行った記事が確認できるが、二七年の新聞によると廃業して岡山の会社の書記になったと記される。

きてんさい えいいち▼帰天斎英一　一八六八〜?　明治後〜大正期　本名は鈴木半次郎。『文系図』西洋手品の項および明治三〇年代後半からの番付に名前が載る。父は養老ヒサマロ（柳亭燕曲斎）。明治四一年（一九〇八）『東京落語音曲奇術番附』では帰天斎英一と載り、四四年の新聞ではマヂツクゴール（マヂクゴール、マジツコオル）と改名しており、東南アジアに二度渡航したとある。また大正四年（一九一五）『芸人名簿』では鈴木半次郎の芸名は天玉斎天龍（天玉斎天斎とあるは誤記）となっており、さらなる改名が確認される。天龍としては、明治四五年一月、東京での興行記事が見え、大正二年一〇月には伏見宮邸で大正天皇の天覧を賜ったとある。

きてんさい こしょう▼帰天斎小正　?〜?　明治前期　明治二一年（一八八八）の番付『落語名鑑』では、行司に擬する中央の欄に「手術 帰天斎小正」と載る。小正一（本名平山平吉）、普天斎小正との関係は不明。

きてんさい こしょういち▼帰天斎小正一　明治〜昭和期に二人を数える。

【代数不詳①】一八七六〜一九二三　明治中〜大正期　本名は平山平吉（旧姓松岡）。林屋正楽の次男。初め落語家の三代目柳家小さん門人で柳家小松、明治二〇年代半ばに初代三遊亭圓右門下に移って三遊亭右光、三〇年代には正右と改名し、三五年（一九〇二）初代正一の門人となって小正一とした。寄席では燕尾服姿で西洋奇術や皿廻しを演じ、時にべらんめえ調で小噺も演じたという。大正一二年（一九二三）関東大震災の時、被服廠で罹災し亡くなった。明治四一年『東京落語音曲奇術番附』に載る三天斎小正一は同一人物か。

【代数不詳②】→帰天斎正一（三代）

きてんさい しょういち▼帰天斎正一　明治前〜平成期に六代を数える。

【初代】一八四三〜?　明治期　本名は波済粂太郎。初め落語家の四代林屋正蔵門下で林屋正楽（三代目門下とも）。後に帰天斎正一と改名し、西洋奇術に転じた。洋行帰りをうたったが、その事実は確認できない。明治七年（一八七四）横浜居留地でのハンガリー人奇術師ヴァネクの演技に触発されたともいう。九年に東京の寄席に登場した際の記事が初出で、同年五月『落語業名鑑』には名前がないが、八月のものには上等印で名前が見える。一三年には一座を率いて大阪の中の芝居（中座）で興行しており、「元祖西洋手品」と題した絵ビラには、大砲芸や空中時計の飛行、後手の縄抜けといった西洋手品の演目が多く載る。一四年の番付に西洋手品で載るのは、朝日マンマロと正一の二人だけで、一七年の番付『落語鏡』では西の関脇。二二年、宮中学問所において天皇皇后の天覧を賜る。一座を組んでの巡業から、しだいに高座に上がるスタイルに移行したが、四〇年には英人奇術師モートアンバーと日英合同大奇術を組織して、西日本各地を巡業した記事が確認できる。【著】『和洋奇術種あかし』

【二代】？〜一九一〇　明治期　本名は福岡宗兵衛（正二）。大阪の両替商の家に生まれる。独学で奇術を始め、上京後に初代に師事。初名は東京斎魚一。事典類に二代目襲名は明治三〇年（一八九七）頃のこととあるが、二〇年の時点ですでに大阪で帰天斎正一を名乗って興行していた記事が確認される。二五年には大阪で自身の引退興行も行い、芸能社（余興屋）「遊芸舎」の経営に専念した。

【三代】一八八二〜一九七三　明治後〜昭和後期　本名は山中一二（旧姓福岡）。二代目の三男。初名は小正一。明治四〇年（一九〇七）頃に三代目を襲名し、女弟子の正菊女らと一座を組んで大魔術興行を行った。関東大震災後は九州から樺太、満州まで一〇年間以上巡業し、西洋奇術に日本手品を交えた舞台、特に日本一霊狐術（命名は頭山満。稲荷取寄のこと）で人気を得た。昭和一五年（一九四〇）に三代吉田菊五郎の勧めで大阪に戻る。浮かれの蝶を得意とし、昭和の名人と呼ばれた。この蝶は初代正一が三代柳川一蝶斎と同行することが多く、覚えてしまったために、二代目に伝授、さらに三代目が引き継いだものという。ただし、三代目からは立って演じる型に変更した。子の正楽を後見とし、孫の正華、正若に蝶を伝えている。

【四代】一九〇五〜一九八一　昭和期　三代正一の子。前名は正楽。大正一四年（一九二五）の初舞台以降、長く三代正一の後見を務めた。三代目の没後に襲名したが、まもなく没した。

きてんさい しょうがく▼帰天斎正学　？〜？　明治期　明治二二年（一八八九）六月、松江で養老瀧三郎と一座を組んで興行した記事が確認でき、「東京新下り欧州奇術」と見える。二七年の新聞によると廃業して松山で料理屋になったと記されるが、三二年の記事では同地で割烹・酔月楼の主人をしながら、西洋奇術も興行していたとある。

きてんさい しょうぎょく▼帰天斎正玉　？〜？　明治後期　新聞記事によると、明治二三年（一八九〇）一月、熊本での西洋手品興行の記事が初出。翌二四年二月、香川県片原町で竹川寿鶴らの踊りとともに、西洋手品を演じたとある。

きてんさい しょうこう▼帰天斎正好　一八六六〜？　明治後期　本名は山崎国太郎。明治二五年（一八九二）の『名前揃』に開業届が載る。初代正一の門人の可能性があるも、二二年改正『落語家高名鏡』には「ハナシ 帰天斎正好」と載り、落語家だったとも思われる。

きてんさい しょうこう▼帰天斎正孝→一柳斎柳一

きてんさい しょうじき▼帰天斎正直　一八六七〜？　明治前期　本名は江口国太郎。初代正一の門人か。明治二二年（一八八九）の『名前揃』に下等として名前が載る。

きてんさい しょうじゃく▼帰天斎正若　明治〜昭和期にかけて複数人を数える。

【代数不詳】一八六五〜？　明治期　本名は森川よし。落語家の古今亭志ん馬の娘。『文系図』西洋手品の項に、初め古今亭志ん若、後に帰天斎正若に改めたとある。しかし、明治一七年（一八八四）の番付『当時落語家有名鏡』では張出しの位置に「西洋てじな 帰天斎正若」とあり、二三年『名前揃』に古今亭志ん若とあることより、改名の順序、経緯は不詳。一六年一二月、静岡での興行記事が初見で、バネキ（ヴァネク）伝来をうたっている。その後一九年にかけて東海地方での興行記事が確認できる。

きてんさい しょうじょ▼帰天斎正女　？〜？　明治前期　明治一七年（一八八四）『落語鏡』に女芸人の東方前頭二枚目に載る（正若は西方前頭筆頭）。

きてんさい しょうぞう▼帰天斎正三　？〜？　明治前期　明治一一年（一八七八）『落語人名鑑』に載る。

きてんさい しょうまる▼帰天斎正丸　一八四二〜？　明治前期　本名は岩橋太郎兵衛。初代正一の門人（『文系図』）。明治一二年（一八七九）『落語人名鑑』では「林家正丸」とあり、後に帰天斎に改名したとみられる。二二年八月、長野で正一の一座に加わっていたとする記事が確認でき、同年の番付『落語家高名鏡』では「西洋てしな 帰天斎正丸」とある。

きてんさい しょうみょう▼帰天斎正妙　？〜？　明治前期　初代正一の門人。『文系図』に「少年手品」と載る。

きてんさい しょうらく▼帰天斎正楽→帰天斎正一（四代）

きてんさい しょうりゅう▼帰天斎正龍　？〜？　明

治前期　明治二二年（一八八九）『落語家一覧表』に載る。帰天斎を名乗るも、奇術を主としなかった可能性もある。

きてんさい じょん▼帰天斎ジョン →萬国斎ジョン

きてんさい とういち▼喜天斎東一　?～?　明治後期　明治三五年（一九〇二）一〇月、京都での興行を伝える記事が確認できる。

きてんさい ゆいいつ▼帰天斎唯一　?～?　明治後期　明治二七年（一八九四）一月の番付『落語音曲実地腕競』に載る。二五年一一月に東京で初代帰天斎正一と共演している乾坤斎唯一が同一人物か。

きてんらく せいいち▼喜天楽清一　?～?　明治後期　明治二五年（一八九二）一〇月、明石での興行の不入りを伝える記事が確認される。

きむら そういち▼木村荘一 →アダチ龍光

きむら そうろく▼木村荘六 →木村マリニー

きむら まりにー▼木村マリニー　一八九四～一九六五　昭和期　本名は木村荘六。木村マリーニとも。父は実業家で政治家の荘平。兄弟に画家の荘八、直木賞作家の荘十、映画監督の荘十二らがいる。初め木村紅葉の名で活動写真の弁士をしていたが、来日した米人奇術師マックス・マリニーの通訳（司会）をするうち、見よう見まねで手品を覚え、大正八年（一九一九）奇術師木村マリニーとしてデビュー。読心術や消えるステッキなどを得意とした。弟子にアダチ龍光、保田春雄（腹話術と魔術）らがいる。【参】近藤幸三『奇術 その魅力 その世界』

きゆう▼鬼友 →蓍屋勘兵衛

きゅうざ（ぶろう）▼久三（郎） →古伝内

きゅうびこぞう てんいち▼九尾小僧天一　?～?　明治後期　明治二七年（一八九四）、東海地方で東洋奇術や魔術の興行をした記事が確認される。

きょうらいじ やへえ▼教来寺弥兵衛 →馬場信武

きよかわ くにたろう▼清川国太郎　?～?　幕末期　本名は牧山平蔵、江戸青山の生まれ。初め初代鈴川春五郎と同じく、落語家の初代三遊亭圓喬の門人で、錦橋を名乗った。初代船遊亭扇橋に似ていたことから青山扇橋とも呼ばれたという。天保七年（一八三六）『東都噺者師弟系図』に錦橋として載ることから、手品に転じたのはこれ以後のことか（『話系図』）。

きょくてんさい いっしょう▼旭天斎一昇　一八六〇～?　明治～大正期　本名は木村浜次郎。大正四年（一九一五）『芸人名簿』奇術の部に載る。

きりうさん▼キリウサン →柳川小蝶斎

きんちょうさい▼錦蝶斎　?～?　明治前期　明治一二年（一八七九）五月、名古屋での興行を伝える記事が確認される。洋行帰りをうたい、五色の酒の術を演じたとある。なお、屋号・斎号の有無は不詳。

きんどる▼キンドル　?～?　明治期　キントルとも。明治二一年（一八八八）八月、仙台で東洋手品師を称して興行を行っている。翌二二年四月には、東京の文楽亭でミサヲ、クレーンの三人で「一大矯風技術」と題した興行を行っており、絵ビラも現存する。新聞に「泰西各国ヲ巡芸ナスコト八箇年、今回当地ニ帰朝セリ」とあることより日本人であることがわかる。二八年には飯田でも単独興行を行っている。

くちわたり きょうが▼口渡教我 →萬国斎ジョン

くにのじょう▼国之丞　?～?　幕末期　弘化三年（一八四六）春、江戸から大坂難波新地に上り、剣のはしごのぼりや、湯を煮えたぎらせる中での釜脱けを演じた（『近来年代記』）。

くれーん▼クレーン　?～?　明治前期　クレエンとも。明治二二年（一八八九）四月、東京の文楽亭でミサヲ、キンドルの三人で「一大矯風技術」と題した興行を行った記事が確認され、絵ビラも現存する。新聞に「泰西各国ヲ巡芸ナスコト八箇年、今回当地ニ帰朝セリ」とあることより日本人。

けしのすけ▼芥子の助　芥子の介、けしの助、罌粟の助、浅草のけしの助、奥山けし之助などともいい、『風俗画報』一三三号には東芥子之助と載る。江戸中～後期に三代を数える。

【初代】?～一七六四頃　江戸中期　江戸の浅草奥山で活動し、徳利や鎌、豆の曲取りを得意芸とした。また、植瓜術やお椀と玉、立てた屏風の中に小玉や徳利を入れて泥鰌や鳩に変える奇術も演じている。子や孫も芥子の助を名乗ったが、名人と呼ぶべきは初代だけとされる。ただ曲技や奇術を演じただけでなく、噺もうまかったという。

【二代】?～一七七六?　江戸中～後期　初代の子。明和六年（一七六九）には罌粟の助が二代目だと記されている（『半日閑話』）。辻放下として、鶴吉と人気を二分した時期があった。豆と徳利の曲取り以外に、金輪や枕の曲も得意とした。

【三代】?～?　江戸後期　初代の孫。弟子の東徳蔵に金輪を盗まれたとされる。器用にさまざまな珍しい芸を見せたが、初代には及ばなかったという。

けー てぃー くま▼K・T・クマ 一八八四～一九六三 明治後～昭和後期 本名はクマジョウ（タナカ）・キンジロウ。朝鮮生まれで、後に渡米していた曲芸師クマジョウ（タナカ）・トラ（一八七九～一九二五）と結婚して日本に帰化。一九一〇年頃から、アメリカでクマ日本人一座を率い、足芸や刃渡り、空中芸などの軽業に奇術を交えた舞台を演じた。得意芸としたプロダクション・マジック「クマ・チューブ」（中華蒸籠）が高く評価されている。日米開戦後はKim Yen Sooと改名し、韓国人奇術師と称して活動した。【参】松山光伸『実証・日本の手品史』

けんこんさい ゆいいつ▼乾坤斎唯一 →帰天斎唯一

こうえいてい せいいち▼高栄亭清一 ？～？ 明治期 本名は高田辰二郎。明治四三年（一九一〇）『浅草繁昌記』に営業種別「手品」として名前が載る。

こうこくさい こういち▼皇国斎光一 ？～？ 明治後期 明治三五年（一九〇二）一〇月、富山での東洋奇術・茶番狂言興行を伝える記事が確認できる。

こうさか かんべえ▼上坂勘兵衛 →蓍屋勘兵衛

ごうすもう▼告須蒙 →市橋庄助

こうりき えんこうあん▼高力猿猴庵 一七五六～一八三一 江戸中～後期 実名は種信。尾張藩士で文筆家。実景を描写した絵入本を多く著す。また、明和九～文政一一年（一七七二～一八二八）まで途中一五年の空白を除く数十年間にわたる記録は『猿猴庵日記』として知られている。名古屋周辺の市井のできごとを記したこの日記のなかには、奇術の興行を含む見世物に関する記載も多い。このほか『名陽旧覧図誌』でも辻放下をはじめ、雑芸者や物売りの姿を彩色で描いている。

こせんしけ▼コセンシケ ？～？ 明治前期 明治九年（一八七六）八月改『落語業名鑑』に上等印で記載されるも、同年五月の名鑑には名前が見えない。

こだま いわじ▼児玉岩治 一九〇八～一九八一 昭和後期 東京の新橋ベーカリー（奇術愛好家が集う喫茶店）の店主。日本奇術会会長。毎年、全国奇術愛好家懇親会を開催し、会員には用具付きの通信教本『TEXT MAGIC』を配布。高木重朗とともに、多くのマジシャンを育成した。子の恭治が活動を継いだ。

こだま さだじろう▼児玉定次郎 ？～？ 明治後～昭和前期 建具職から初代天一一座の道具師となり、衣装を担った妻の歌子とともに一座を支えた。天一没後は初代天勝一座の奇術考案なども担当した。

こだゆう▼小太夫 ？～？ 江戸前期 尾張の出身。『隔蓂記』には、承応二年（一六五三）京都の大聖寺門跡や仙洞御所に呼ばれ、放下品玉を演じたとする記事が確認される。後に江戸に下り、古伝内座で活躍した「おやまの開山」と称される伊藤小太夫になったとする説があるが、伊藤小太夫の京都での前名は古今（こきん）とされることから、おそらく別人であろう。

こちょう▼小蝶 ？～？ 幕末期 天保六年（一八三五）六月、安芸宮島での「九州登り女足芸」と題した絵ビラが伝わり、前芸に「座敷手づま」として「さらし・玉子のきょく・うかれ蝶・すがらみのくも・せいろう」を演じている。

こでら ぎょくちょう▼小寺玉晁 一八〇〇～一八七八 幕末～明治前期 実名は広治（後に広路・広道）、号は連城亭や珍文館など。尾張藩の陪臣で文筆家。名古屋の風俗に関心を持ち、一五〇余の著作を著した。著作『見世物雑志』は、文政元～天保一三年（一八一八～四二）の名古屋における見世物を挿絵入りで克明に記録したもので、奇術に関する記載も含まれている。

こわたり きりす▼コワタリキリス ？～？ 明治前期 年不詳「西洋手品 東京下り コワタリキリス」と題した絵ビラが伝わり、耶蘇服や洋服で十字架の磔やメリケンハット、ハンカチの焼き捨てなどを演じる様子が描かれる。口上を務めた語笑は『文系図』に載る口渡語笑と同一人物と思われ、「コワタリ」も「口渡」をもとに西洋風の名前に変じたものであろう。また、キリスはキリスト教をイメージさせるもので、絵ビラに描かれる道具の多くには十字架が描かれる。なお、語笑の同門の教我は、後に萬国斎ジョンと改名した奇術師であり、キリスとも何らかの関係を有すると考えられる。

さいとう げっしん▼斎藤月岑 一八〇四～一八七八 幕末～明治前期 通称市左衛門、実名は幸成、月岑は号。江戸で代々名主を務める家に生まれ、祖父幸雄、父幸孝以来編纂してきた『江戸名所図会』を完成させた。この過程において、天正一八年（一五九〇）から明治六年（一八七三）まで江戸東京で起きたできごとを編年体でまとめたのが『武江年表』である。同年表はその後、喜多村信節や関根只誠らによって増訂・補訂された。奇術やからくりに関する記述も確認できる。

さいとう てんらくさい▼斎藤天楽斎 →天楽斎

さかき いっしん▼榊一心　？〜？　明治後期　明治三一年（一八九八）八月、名古屋での東洋奇術興行を伝える記事が見える。平素は東京・京都・大阪を往来し、名古屋での興行は初めてとある。

さかもと たねよし▼坂本種芳　一八九八〜一九八八　昭和期　技師（石川島造船所・鉄道省）。TAMC創設メンバー（第五・七代会長）。昭和一八年（一九四三）わが国初の奇術学の書『奇術の世界』を執筆。同書巻末付録の「奇術文献集録」や「世界奇術史年表」は、その後の奇術史研究の基礎となった。また一二年、天城勝彦名義で『TAMC会報』に「サーストンの三原則」を発表、以後、日本では奇術家の心構えを説いた格言として定着した。演目の開発にも力を入れ、考案した「香炉と紐」で一九三八年度のスフィンクス賞（アマチュア部門）を受賞している。【著】『手品』『即席奇術入門』『超常現象のカラクリ』ほか多数。

さくらつな こまじゅ▼桜綱駒寿　？〜？　幕末期　駒司とも。大坂の軽業師。安政四年（一八五七）二月、江戸浅草奥山での興行が大人気を得て、多くの錦絵が版行された。得意とした乱杭渡りや蝋燭渡り、乱板渡りは技芸だけによるものではなく、トリックも併用したものとみられる。足芸による曲持や曲独楽に水芸も取り入れ、さらに芝居仕立てとした華やかな芸を見せた。

さくらなが せいいち▼桜永政一　？〜？　明治前期　新潟県士族という。明治一九年（一八八六）一〇月、仙台で縄抜けを演じたとする記事が初出。年不詳「西洋幻妙術」と題した絵ビラが伝わり、太夫名には政一と綱女が連名で記される。千人水（または五色酒）のほか、剣を用いた演目が多く描かれる。

さたけ せんたろう▼佐竹仙太郎　？〜？　江戸後期　文政一〇年（一八二七）九月と一一月、名古屋大須で釜抜け、葛籠抜け、火喰いなどの手妻を演じた。座員は政吉、新蔵、次郎三（『見世物雑志』『猿猴庵日記』）。また「座元佐竹仙太郎」と書かれた絵ビラの版木が現存し、二つの茶碗に差し渡した杉丸太を別の棒で切る棒切りや火渡りの様子が描かれる。

さとう きくじ▼佐藤喜久治　一九〇三?〜一九六二　昭和期　佐藤峰晴とも称した。昭和一四年（一九三九）頃から佐藤奇術研究所を主宰、縁日の露店などでマジック用具を販売。「タバコの取り寄せ」「小さくなるトランプ」などの演技は名人と評された。また、種明かしの冊子『霊交術と図解入奇術解説』などを発行している。

さとう てんう▼サトウ天右 →松旭斎天右（初代）

さとう ほうせい▼佐藤峰晴 →佐藤喜久治

さらしな こうたろう▼更科荒太郎　？〜？　江戸後期　文政九年（一八二六）五月、名古屋で棒呑み、前芸に吹飴の興行をした記録が確認できる（『猿猴庵日記』『見世物雑志』）。

さわむら ちとせ▼沢村チトセ　？〜？　明治後期　新聞記事によれば、明治三四年（一九〇一）七月、一座を率いて、富山で西洋百品万化の手品・足人形劇を演じている。

さんてんさい こしょういち▼三天斎小正一 →帰天斎小正一（代数不詳①）

さんゆうてい きんしょう▼三遊亭金勝　一八七九〜一九三九　明治後〜昭和前期　本名は山下稲太郎。萬国斎併喜（後に二代目三遊亭金馬）の門人。大正五年（一九一六）刊『通俗教育』に「昔話手品」、明治四二年（一九〇九）三月開業とあり、寄席で手品を演じていたとみられる。

さんゆうてい ゆうなり▼三遊亭遊成 →隅田川浪五郎（初代）

しおや ちょうじろう▼塩屋長次郎　？〜？　江戸中期　塩の長次郎、塩売長次郎とも。元禄期（一六八八〜一七〇四）の放下師。馬を呑むと噂されて有名になった。記録には、銭を使った演目や刀を呑む演目、箱からの脱出を演じたとあるだけで、呑馬術を実際に演じたという記載はまったく確認できない。なお、呑馬術はブラック・アートによって実現可能とする説があるが、当時の舞台環境ではブラック・アートは困難だったという指摘もある。俳諧をはじめ生存中から多くの文芸作品に引かれていたが、宝暦九年（一七五九）の浄瑠璃『難波丸金鶏』には主人公の兄として登場している。

しずかわ どうぎょく▼静川堂玉　？〜？　明治前期　明治一八年（一八八五）一〇月の新聞記事に、仙台において磁石を用いた逆さ天井渡りや水芸を演じたと見える。

じっぽうしゃ いちまる▼十方舎一丸　？〜？　幕末期　安芸広島の生まれ。大坂で活躍した戯作者。

十返舎一九の『東海道中膝栗毛』に触発されて『宮嶋名所新膝栗毛』『滑稽道中宮嶋みやげ』を著す。天保～嘉永期（一八三一～五五）にかけて、『手妻独稽古』『風流秘事袋』『手妻はや合点』『手妻早伝授』『新板てじなでんじ』等多くの伝授本を著す。文だけでなく、飄逸な挿絵も描いている。

しのづか はる▼篠塚春　一八六三～？　明治前期　明治一四年（一八八一）六月、東京浅草奥山で剣渡り興行を行った記事が確認され、年不詳「大坂上り娘 剣わたり・手おどり 篠塚春女」と題された絵ビラも伝来する。着物の裾を捲り上げ、足を露わにして剣の梯子を渡って人気を得た。

しばた なおみつ▼柴田直光　一八九八～一九六三　昭和期　土木技師（鉄道院・鉄道省）。ＴＡＭＣ創立メンバー。昭和二六年（一九五一）図解とわかりやすい表現で一〇〇種を超す奇術を解説した『奇術種あかし』を出版、以後四〇年間にわたって版を重ねた。また、パズル考案家としても知られる。

しぶえ たもつ▼渋江保　一八五七～一九三〇　明治後～大正期　本名は成善。父は森鷗外の史伝小説に描かれた漢方医の渋江抽斎。明治二六年（一八九三）羽化仙人の筆名で、Professor Hoffmann（ホフマン）の大著『*Modern Magic*』（モダン・マジック。一八七六年刊）やArprey Vere（ベアー）の『*Ancient and Modern Magic*』（古今魔術。一八八〇年刊）などの抄訳を編集して『魔術』上下巻を刊行。抄訳とはいえ、明治期に出版された西洋奇術書の翻訳としては初めての本格的なものだったため、その後も版を重ねた。なお、渋江には催眠術や心霊術に関する著作、訳書もある。

しまだ せいあん▼島田清庵　？～一五八八？　安土桃山期　元は和泉国墨村（黒村とも）の百姓善五郎。後にキリシタンとなって洗礼名は寿問（しゅもん）。堺で本道医となり島田清庵と改名した。『切支丹宗門来朝実記』は「手づまの名人」と記す。天正一六年（一五八八）市橋庄助とともに豊臣秀吉に召され、術（手妻）を披露したところ、キリシタンであることが露見し、磔刑になったという。しかし、排耶文学にしか名前は見えず、実在は疑問視されている。

しまむら うんしゅう▼島村雲洲　一八七八～？　大正期　本名は鈴木藤一郎（藤市郎とも）。大正五年（一九一六）刊『通俗教育』に種別「手品」、大正二年九月開業と載る。

じゃぐらー きいち▼ジャグラー輝一　？～？　明治後期　明治二六年（一八九三）一二月、名古屋で神代古術文明奇術伝芸士を名乗って興行した記事が見える。

じゃぐらー こういち▼ジャグラー光一　明治後～大正期に二人を数える。

【代数不詳①】→ジャグラー操一（二代）

【代数不詳②】？～？　大正期　本名は伊藤源次郎。大正五年（一九一六）刊『通俗教育』に種別「奇術」として名前が載り、四年一二月開業とある。二代操一の門人か。

じゃぐらー こそう▼ジャグラー小操　？～？　明治後期　明治三八年（一九〇五）三月、高松における春天斎ウイルスとの合同興行の記事が見える。

じゃぐらー こそういち▼ジャグラー小操一　→一陽斎正一（初代）

じゃぐらー せいいち▼ジャグラー清一　？～？　明治後期　晩年の操一が片腕と頼んでいた弟子。足が不自由だったという話が伝わる。また明治四三（一九一〇）の新聞記事では長患いの後に亡くなったとある。

じゃぐらー せいいち▼ジャグラー聖一　一八五一～？　明治後～大正期　本名は奥野助次郎。操一の弟子。操一一座上京の翌年にあたる明治二一年（一八八八）から、一座の末期にあたる四〇年の興行まで在籍。二二年の番付『落語家高名鏡』には、操一門下としては唯一「西洋手術 ジャグラー聖一」として名前が載っている。大正四年（一九一五）『芸人名簿』にも名前が載る。

じゃぐらー そういち▼ジャグラー操一　明治前～大正期にかけて二人を数える。

【初代】一八五八～一九一四　明治期　本名は安達初三郎（八三郎、操太郎とも）。大坂の造り酒屋の生まれ。明治八年（一八七五）頃、横浜で英国人ヘボンから手品をはじめ化学や生理学などを学んだという（ヘボンから学んだ松本某に伝授されたとも）。縄抜けを得意とし、一五年二月には長崎で興行をしたとも伝える。最も古い絵ビラは一八年九月「東洋手術表」と題された大阪のもの。一九年三月の京都興行の新聞記事も確認され、この頃まで関西を中心に興行していた。二〇年に上京し、理化学の応用をうたった「東洋奇術」で人気を得て、帰天斎正一、松旭斎天一とともに明治奇術の一時代を築く。その後、各地を巡業し、二五年頃から朝鮮や中国に渡ったが、結果は思わしくなかったとみえ、帰国後は長崎で缶詰業を営んだ時期もあった。三五年頃から興行を再開し、この間、欧米や中国大陸にも渡ったとみられる。四〇年頃から体調を崩し、門弟の光一に二代目を譲る。その後、復帰するも、人気を取り戻せず、最後は興行先の盛岡で縊死した。

【二代】?〜? 明治後〜大正期 初代の門弟。初名は光一。初め初代の一座にあったが、明治三九年（一九〇六）に単身で柳派に加入し、高座に上がった。年不詳ながら、浅草花屋敷で一座を率いて興行したときの絵葉書や絵ビラが伝わる。また年不詳『教育娯楽 西洋手品伝習』と題した一枚刷り（非売品）も著している。四〇年に病を得た初代から名前を譲られ、二代目襲名披露を東京の高等遊芸館で行った。晩年、弟子の光子と浅草花屋敷に長期間出演していたが、後に房総で不遇のうちに亡くなった。

じゃぐらー そうこう▼ジャグラー操光 ?〜? 明治後期 新聞記事によれば、明治三七年（一九〇四）一月、松山で東洋奇術興行を行っている。

じゃぐらー といち▼ジャグラー都一 一九〇九?〜一九六〇 昭和期 本名は小田登。神戸市役所勤務のかたわら城地都夢（ジョージトム）の名で活躍。後に初代一陽斎正一の門人となって一陽斎都一を名乗った。昭和二九年（一九五四）四月、ジャグラー家再興という師の遺言により改名。一陽斎派の胡蝶の舞楽を伝承し、金魚釣りやメリケンキャップ、紙幣焼却などを得意とした。駅の階段で転倒した際、手をかばったために死去したという。門下に一陽斎泰玉やジャグラー禎一、ジャグラー晴一らがいる。

じゃくら わたり▼ジヤクラ渉 ?〜? 明治後期 明治二六年（一八九一）五月、名古屋での西洋手品興行を伝える記事が確認される。

しゃっく▼シャック ?〜? 明治後期 新聞記事には、明治二四年（一八九一）一月、福島で西洋手品興行を行い、「各国の七ツ箱」を演じたと報じられる。

しゅもん▼寿問 →島田清庵

しゅんてんさい いちがく▼春天斎一覚 ?〜? 明治期 本名は真鍋森造。初代帰天斎正一の門人となって春天斎一覚と名乗り、三等芸人として活動後、一旦は大阪に戻る。明治三一年（一八九八）六月に再度上京し、大蜥蜴の見世物の興行主となった記事が確認される。

しゅんてんさい ういるす▼春天斎ウイルス ?〜? 明治後期 ウイルースとも。明治三四年（一九〇一）七月、名古屋での興行記事には、洋行戻りとあり、三八年頃まで各地で興行している。

しゅんてんさい りゅういち▼春天斎柳一 一八六二〜一八九六 明治期 本名は橋本錦太郎。初め初代帰天斎正一の門下で西洋奇術を修行（芸名は不詳）。後に落語家の四代目麗々亭柳橋の門人で柳家柳の助、麗々亭柳之助と名乗り、明治二四年（一八九一）に春天斎柳一と改名した。二七年の番付では年寄に擬した中央の欄に春風蝶柳斎（後の三代目柳川一蝶斎）と並んで「テジナ 春天斎柳一」と載り、『文系図』には春風柳一と載る。

しゅんてんさい りゅうこう▼春天斎柳光 →松旭斎小天一（代数不詳②）

しょうきょくさい いっこう▼松旭斎一光 一八八六〜? 明治後〜昭和後期 本名は市橋一。初め白浜サーカスに在籍し、欧州を回る。明治四二年（一九〇九）八月、初代天一一座の小樽興行中に入座。足芸や傘回し、球曲技などを見せている。四四年の天勝一座旗揚げに加わってからも滑稽曲芸などを演じ、独立してからは妻の天優（本名は優子）と小一座を組織して地方を巡業した。戦後は寄席にも出演している。**【参】**八木義徳「津軽の雪」

しょうきょくさい うめてんかつ▼松旭斎梅天勝 一九一六?〜一九八四 昭和期 松旭斎広子（一九一三〜二〇〇七）の妹。同時期に初代天一一座に加わり、広島出身だったことから、姉が広子、妹が島子と芸名がつけられた。二代目天勝襲名をめぐる五人の候補に選ばれ、梅天勝と改名した。

しょうきょくさい きくこ▼松旭斎菊子 →松旭斎天菊（初代）

しょうきょくさい きぬこ▼松旭斎絹子 大正期に二人を数える。

【代数不詳】→石田おきぬ

しょうきょくさい きみこ▼松旭斎君子 →松旭斎天華（初代）

しょうきょくさい きよこ▼松旭斎清子 昭和期に二代を数える。

【二代】一九二〇〜一九八二 昭和期 本名は杉山千恵子。初代の姪。初代天勝一座から出た天晴の流れを汲む。着物スタイルで清美（本名は安藤江美子）とコンビを組み、無の風呂敷から金魚鉢を取り出したり、パラソル芸を見せたりした。弟子に藤山新太郎がいる。

しょうきょくさい きんのすけ▼松旭斎金之助 →山崎金之助

しょうきょくさい こてんいち▼松旭斎小天一 明治後～大正期に複数人を数える。

【代数不詳①】 一八六八？～？ 明治～大正期 本名は笠井義賢。初代天一の門人で二番弟子。初め松旭斎天海を名乗って天一一座に属し、後に独立して自らの一座を率いた。「賜天覧 世界無比西洋一大新奇術 松旭斎天海」と題した絵ビラには、水芸やサムタイなど天一譲りの演目が多く描かれる。明治三二年（一八九九）一〇月には小天一の名で各地を巡業した記事が確認され、これより前に天海から小天一に改名している。四三年、政府が日英博覧会に派遣する芸人一座に加わり、英国へ渡る。閉幕後も欧州にとどまり、The Ko Ten Ichi Troupeを率いて各地を巡業。大正一〇年（一九二一）に帰国した。

【代数不詳②】 一八八一～？ 明治後～大正期 本名は宮田光三。『文系図』によると地天斎貞一の伜で初名は小貞一。明治四三年（一九一〇）刊『浅草繁昌記』では「昔話兼手品 春天斎柳光」と載ることから、後に春天斎柳一の弟子か。大正四年（一九一五）『芸人名簿』では松旭斎天雷（初代）と同じ住所に記載され、松旭斎小天一と記され、同一座への入団時にさらに改名したとみられる。

しょうきょくさい こてんかつ▼松旭斎小天勝 大正～昭和後期に複数人を数える。

【代数不詳①】 →松旭斎天華（初代）

【代数不詳②】 一九〇一～？ 大正期 本名は亀山徳。初代天勝一座の結成時に加入し、前名は徳子。後に小天勝の名を与えられるも、結婚により退団。大正一三年（一九二四）の天勝一座渡米時には、天勝と野呂辰之助夫妻の養女になって同行している。

しょうきょくさい こてんきく▼松旭斎小天菊 ？～一九六一 昭和期 初代天雷の弟子の女性奇術師。男髪で木の葉カードを得意とした。弟子に松旭斎すみえがいる。

しょうきょくさい こてんよう▼松旭斎小天洋 一八九六～一九三一 明治後～大正期 本名は厚地政儀。大正四年（一九一五）『芸人名簿』奇術の部に松旭斎天正の名で載り、住所は松旭斎菊子（初代天菊）と同じく、初代天勝一座の支配人だった「榎本方」となっている。後に天洋の一座に移り、小天洋と改名した。

しょうきょくさい ことえ▼松旭斎琴江 →松旭斎天花（二代）

しょうきょくさい しげこ▼松旭斎しげ子 一九〇四～？ 大正期 本名は江尻しげ。一二歳の時、初代天勝一座で初舞台を踏む。同一座の大正九年（一九二〇）のプログラムによれば、中奇術を演じている。ほかにトーダンスを特技とした。

しょうきょくさい しまこ▼松旭斎島子 →松旭斎梅天勝

しょうきょくさい しょうきく▼松旭斎正菊 →松旭斎天菊（二代）

しょうきょくさい つるこ▼松旭斎鶴子 →松旭斎天華（二代）

しょうきょくさい てんいち▼松旭斎天一 明治～昭和期に三代を数える。

【初代】 一八五三～一九一二 明治期 本名は服部松旭（初め牧野八之助）。福井藩の陪臣牧野海平の子。幼少期を阿波の寺院で過ごす。初め四国で旅芸人の一座に加わり、棒呑みや剣の刃渡りなどを演じ、水芸に出会ってその工夫を重ねたという。西洋人ジョネスに雇われて渡航したとするが、その事実は今のところ確認できない。明治一〇年代には一座を結成して西日本を中心に活動し、二一年（一八八八）に東京に初進出、文楽亭での長期興行を成功させ、一躍一流芸人の仲間入りを果たした。この頃は水芸に加え、十字架の磔やボックス剣刺し、大砲芸など残虐な演出による西洋奇術の演目が多かったため、批判も多くあった。しかし、明治天皇の天覧をはじめ、皇后、皇族、大臣など上流階級の邸宅にも招かれて演技を披露しており、芸能としての奇術の地位向上に果たした役割は大きい。二二～二三年には清国、三四～三八年には欧米各国、四二年には台湾での興行も成功させている。特に欧米では水芸とサムタイが評判となり、一九〇三年には米国で「*Ten Ichi Performing His Wonderful Water Trick*」「*Ten Ichi, the Famous Japanese Magician, with His Troop*」という映画も撮影・公開された。東京歌舞伎座をはじめとする国内各地での興行はどこも大入りを続け、病気で引退する明治四四年までの二〇年以上の期間、日本奇術界の頂点に君臨した。欧米巡業から帰国した三八年、和洋奇術魔術工曲芸電気応用奇術組合を結成、その家元頭取に就任。天二（二代目天一）、天勝（初代）、天洋ら弟子の数も多く、その後の日本奇術界発展の礎を築いたことから、「日本近代奇術の祖」とも呼ばれている。【著】『西洋手品種明し』【参】青園謙三郎『松旭斎天一の生涯』

【二代】→松旭斎天二

【三代】?～一九四八　昭和期　昭和二三年（一九四八）六月二八日、福井地震により命を落としたとする記事が『*Linking Ring*』誌に掲載された（著者はJohn Booth）。天二（二代目天一。服部勝蔵と天栄（達子）の実子（一男一女の息子）とみる説があるが、天洋著『奇術と私』には天二の「長男勝一氏は太平洋戦争で戦病死され」とあって詳細は不明。【参】松山光伸「夭折した三代目松旭斎天一」

しょうきょくさい てんう▼松旭斎天右　明治後～昭和後期に複数人を数える。

【代数不詳】?～?　明治後期『技芸偉観』に列記される初代天一門人中に名前が確認できる。天一の欧米巡業中にあたる明治三五年（一九〇二）一月、天右が一座を率い、名古屋で東洋奇術興行した記事が確認されるが、その後の消息は不明。英国戻りとある。

【初代】一八八九?～一九六二　明治後～昭和後期　本名は佐藤良之助。明治三八年（一九〇五）欧米巡業から帰国した初代天一一座の再結成に参加。天良と名乗り、時計の修繕の演目を得意とした。四四年に引退した天一から天右の名をもらい、ホスコ改め天左と松旭斎青年団（天右・天左一座）を結成。しかしまもなく解散し、大正三年（一九一四）には妻の松子とともに初代天勝一座に入座した。一二年以前に天勝一座を退座しており、後には道化師として活躍、一時期、サトウ天右と称している。煙のコミック芸を得意とし、頭から煙を出したり、目や眼鏡から水を飛び出させる芸を見せた。戦後は日本奇術協会名誉会長も務め、子の小天右（佐藤辰雄）が二代目を襲名している。

しょうきょくさい てんえい▼松旭斎天栄　?～?　明治～大正期　本名は服部達子。天二（二代目天一。服部勝蔵）の後妻。天二の舞台姿に惚れ込んでの結婚とされる。後に天栄の名で奇術も演じ、勝一と君乃（君野とも）の二人を生んだ。

しょうきょくさい てんか▼松旭斎天歌　一八九三～?　大正期　本名は関根とめ子。天外の妻。初め二代天一の一座に属し、後に天外一座に移って歌劇に出演する。

しょうきょくさい てんか▼松旭斎天華　明治～昭和期に複数人を数える。

【代数不詳】?～?　明治後～大正期『技芸偉観』に名前が載る初代天一の門人。一九〇九～一一年に欧州各地で、一三～一四年にはオセアニアでTenka一座が水芸を演じたという興行記事が確認されている。

【初代】一八九六～一九二〇　明治後～大正期　本名は萩原君雄（結婚して櫛木）。自転車曲乗りの秀長の妹。兄とともに初代天勝一座に加わり、君子の名で在籍。大正四年（一九一五）に突如退団し、小天勝を名乗って独立興行をうった。しかし天勝の抗議を受けて、翌年天華と改名し、バラエティ芸を取り込んだ一座で人気を得ている。同年台湾を皮切りにアジア各地を巡業、帰国後も新富座をはじめとする大劇場で興行した。天洋から水芸を指南されたという。

【二代】一八九七～一九六二　明治後～昭和前期　本名は始子。初名は足立鶴子。柿岡曲馬団に属していたが、萩原秀長、君子（初代天華）らとともに初代天勝一座に加わり、鶴子の名で在籍。君子が小天勝として独立した際に行動を共にした。トーダンスを得意としたが、コロンボでは天華の代役を務めている。初代没後の大正九年（一九二〇）、二代天華を襲名し、天華大魔術団を結成、虎を使った大掛かりな舞台などで人気となった。一〇年には一座の名でレコードも出しており、そのなかの一曲「赤い唇」が全国的に流行している。萩原秀長と結婚したが、台湾巡業中、萩原が一座の歌手赤田龍子と結ばれたため、三代目を龍子に譲った。

しょうきょくさい てんかい▼松旭斎天海　明治～昭和期に複数人を数える。

【代数不詳①】→松旭斎小天一

【代数不詳②】→石田天海

【代数不詳③】?～?　明治後～大正期　二代目天一一座の座員で、滑稽奇術や「デツセイジジヤグラ（曲芸か）」を演じた。

しょうきょくさい てんがい▼松旭斎天外　一八九〇～?　明治後～大正期　本名は関根初之助。明治四五年（一九一二）三月、京都での天二一座の興行を伝える記事に、前芸を務めた天外のことが載り、同一人物とみられる。年不詳の興行チラシに「三代目天一の保有者 新帰朝 松旭斎天外」と刷られたものが確認され、天洋が『奇術と私』において「勝手に天一を名乗って興行した」とするのは、宮岡天外ではなく、この松旭斎天外のことと思われる。チラシが残ることから、二代目天一（天二）

一座にいた天歌嬢との合同公演や、いわゆるニセ天勝のひとつ松旭斎美天勝一座との合同公演を行ったことが判明する。美人身体両断術や芝居仕立ての演目、レビューなどバラエティに富んだプログラム構成がうかがえる。女優の浦辺粂子は大正一二年（一九二三）に日活京都に入社する以前、天外一座に所属していた時期があったという。

しょうきょくさい てんかつ▼松旭斎天勝　明治～昭和期に二代を数える。

【初代】一八八六～一九四四　明治後～昭和前期　本名は中井かつ（結婚して野呂、金沢）。明治三〇年（一八九七）前後に初代天一一座に加入、三四～三八年の同一座の欧米巡業に姉・妹とともに参加した。帰国後は舞台映えのする美貌で人気を集め、ついには天一・天勝の二枚看板で興行するまでになった。天二の帰国後は三枚看板で天一一座は全盛期を迎えるも、四四年二月の天一引退後は、天二一座と分裂。天洋・天花（初代）・一光ら人気の芸人に加え、腕利きの興行師野呂辰之助をマネージャーに迎えて天勝一座を結成。浅草帝国館での三ヶ月の旗揚げ興行を成功させ、国内各地や朝鮮、台湾を巡業した。大正四年（一九一五）には前々年に松井須磨子が演じて話題となったサロメを魔術応用劇として上演、空前の大当たりをとる。その後は、子ども向けのお伽劇やレビュー、ダンス、曲芸を取り入れたバラエティショー化を進め、子どもから大人まで楽しめる一座として一世を風靡した。一二年には関東大震災で道具や衣装を失うも、翌年には一年間におよぶ米国巡業を行い、欧米の最新の舞台奇術を日本に導入している。昭和九年（一九三四）に引退を宣言するや、各地で十指に余るニセ天勝一座が叢生。そのため二代目を襲名させることになり、絹子改め正天勝（本名は絹子。一九一二～一九九六）、松子改め小天勝（本名は多毎子。一九一三～？）、琴江改め松天勝（本名は琴江。一九一五～？）、竹子改め竹天勝（本名は栄子。一九一七？～？）、島子改め梅天勝の五人の候補から、一一年に姪の正天勝に二代目を譲った。一一年公開の映画『魔術の女王』に主演、一六年にも『世紀は笑ふ』に出演している。

しょうきょくさい てんきく▼松旭斎天菊　大正～昭和後期に三代を数える。

【初代】一八九八～？　大正～昭和後期　本名は加藤きく（高田）。大正元年（一九一二）一座を結成した天洋の門弟となり、初名は松旭斎菊子。四年には天菊を名乗り、浅草オペラ館で数ヶ月にわたる座長興行を行った。後に正菊に二代目を譲り、自らは天麗と改名して天洋の舞台を手伝った。

【二代】一八九六～？　大正期　本名は米澤きく。前名は正菊。初代天雷と結婚後に襲名し、ともに舞台に立ったが、一年ほどで引退した。

【三代】？～一九六一　大正～昭和後期　本名は吉沢てる。初代天雷と結婚し、三代天菊を名乗る。天雷・天菊のコンビで寄席に出演した。昭和二三年（一九四八）の天雷没後も姪の菊代と菊江ほか菊美・菊枝・信子・小菊・登代子ら多くの女弟子を育てた。二六年にはハワイで水芸を演じている。

しょうきょくさい てんきぬ▼松旭斎天絹　？～？　明治後～大正期　初代天一一座に明治四〇年（一九〇七）頃に加入。金魚の奇術や花盆の花活けなどを演じた。天一没後、一座が分裂した際は天二の一座に加わった。

しょうきょくさい てんぎょく▼松旭斎天玉　？～？　明治後期　明治四一、四二年（一九〇八、〇九）頃、初代天一一座に在籍。中国服に弁髪のカツラをつけ、毛先に鉢をつけて回す「頭上の茶碗回し」で人気を得た。

しょうきょくさい てんけい▼松旭斎天慶　→宮岡天外

しょうきょくさい てんこう▼松旭斎天光　明治～大正期に複数人を数える。

【代数不詳①】→中村光徳女

【代数不詳②】→一徳斎美蝶（代数不詳②）

しょうきょくさい てんこう▼松旭斎天耕　明治～昭和後期に二人を数える。

【代数不詳】→石田天海

しょうきょくさい てんさ▼松旭斎天左　明治後～昭和後期に二代を数える。

【初代】一八八三～一九四五　明治後～昭和前期　本名は石井清吉。初め初代天一門人で天左を名乗るも、明治三四年（一九〇一）一座の解散に伴い、快楽亭ブラックの養子となってホスコと改名。四四年に引退した初代天一から天良が天右の名をもらった際、再度天左を許され、二人で松旭斎青年団を結成した。しかし、まもなく解散し、小天左、ローザ、時子らを率いて、喜劇応用連鎖魔術や抜現活動写真奇術を演じている。また、昭和九年（一九三四）の初代天勝の引退興行開始前後には、東京松竹派天勝嬢一座を結成、各地を巡業した（ニセ天勝の嚆矢）。

【二代】一九一一～一九六二　昭和期　本名は石井

宏志。初代の娘婿。初名は天丸。二代目襲名後、初代の娘ローザ（二代）とともに天左・天勝一座として地方巡業する。その後、浅草演芸場やキャバレーに出演した。

しょうきょくさい てんざん▼松旭斎天山 →松旭斎天雷（二代）

しょうきょくさい てんじ▼松旭斎天二 一八七七～一九二一 明治前～大正期 本名は服部勝蔵。徳島の魚屋の子で、後に初代天一の養子となる。幼少の頃から初代の一座に加わり、各地を巡業。明治三四～三八年（一九〇一～〇五）の欧米巡業にはメンバー八人のうちの一人として参加。初代の帰国後も米国にとどまり、スライハンド・マジック（手先の技術）の研究に取り組んだ。一九〇六年頃には再度欧州に渡り、英仏独蘭など各国の劇場に出演している。帰国は明治四二年のことで、翌年正月からは天一・天二・天勝の三枚看板で興行を行い、天二の技術は各地で絶賛された。しかし、四四年二月、病気を理由に初代天一が引退すると、一座は天二一座と天勝一座に分裂、天二が天一の道具一式を引き継いだ。四五年天一が没したときには満州や中国を巡業しており、その後ロシアに渡るも興行は失敗に終わったという。大正三年（一九一四）一二月には大阪で襲名披露公演を行っており、この前後に二代目天一を襲名したとみられる。自身はスライハンドと水芸を演じ、女性メンバーによる小奇術や曲技、芝居仕立ての演目などバラエティに富んだ構成で各地を回った。一座結成当初は天絹ら初代からの門人が中心だったが、二代目襲名後には新たな門人として天忠・天寿・天童・天禁・天龍・天盛・天清・天宗・天金・天朝、女性の門人に天玉・天鶴・天歌・天子・天房・天艶・天菊・天静・天栄らが加わった。しかし一〇年六月に急逝、一座は解散した。

しょうきょくさい てんしず▼松旭斎天静 一八九七？～？ 大正～昭和後期 本名は宇田川千代子。一九歳の時、横須賀軍港座で興行中の二代目天一（天二）に入門、助手を務めるようになる。大正一〇年（一九二一）天一死去により独立。しばらく初代天左の一座に加わるも、後に天洋の一座に移った。昭和三五年（一九六〇）の時点で、奇術歴四四年のベテランとして舞台に立ち、「二十枚の銀貨」を演じていた。門人に静花、静穂がいる。

しょうきょくさい てんしゅう▼松旭斎天秀 明治期に複数人を数える。

【代数不詳①】一八七四～？ 明治期 明治二一年（一八八八）一一月、東京文楽亭における初代天一一座の絵ビラに若大夫として名前が載る女性奇術師。その後二三年までの在籍が確認され、袋抜けを演じたという記事が伝わる。

【代数不詳②】？～？ 明治後期 明治四四年（一九一一）一月、初代天一一座の東京明治座興行の絵ビラに名前が載る女性。

【代数不詳③】一八九八～一九八八？ 明治後期 本名は高見嘉一。熊本の東雲座で照明係をしていたところ、初代天一一座の興行にあたり、師事することになったという。しかし三九年（一九〇六）九月の東雲座興行時は八歳で入門は困難か。天洋の『奇術と私』によれば、明治末年、天勝一座に入座した池見という人物が天秀を名乗り、後に弁士になったとの記載がある。四四年八月には天二（後に二代天一）、四五年一月には天勝の一座が東雲座興行を行っており、このいずれかに入門したものと思われる。大正三年（一九一四）映画の世界に転じ、一四年には柳妻麗三郎と改名。チャーリー高見と名乗って、チャップリンの物真似をした時期もあった。子はノッポさんで知られる高見映。

しょうきょくさい てんしょう▼松旭斎天正 大正～平成期にかけて二人を数える。

【代数不詳】→松旭斎小天洋

しょうきょくさい てんしょう▼松旭斎天昇 一八八〇～？ 明治後～大正期 本名は辻由次郎。明治三八年（一九〇五）欧米巡業から帰国した初代天一一座の再結成に加わる。四四年の天一一座解散後は初代天勝一座に入座したというが、退座の時期など詳細は不明。

しょうきょくさい てんしょうじょ▼松旭斎天小女 →中村光徳女

しょうきょくさい てんせい▼松旭斎天清 →高瀬清

しょうきょくさい てんせい▼松旭斎天晴 一八九七～一九七三 大正～昭和後期 本名は眞壁清太郎。大正二年（一九一三）頃、初代天勝の一座に入り、コミック奇術を得意とした。昭和四六年（一九七一）日本奇術協会第五代会長に就任。弟子に子の天映（本名は静夫。？～二〇〇七）がいる。

しょうきょくさい てんとく▼松旭斎天徳 ？～？ 明治後～大正期 本名は岡田徳隣。入座時期は不明ながら、明治四一年（一九〇八）五月には初代天一一座に在籍しており、空中飛行のステッキや滑稽奇術を演じている。同一座が三四〜三八年に欧米巡業した際、同行していたとする説があったが、現在では誤りであることが明らかにされている。四四年の天一引退後は天二の一座に加わった。

しょうきょくさい　てんとし▼松旭斎天寿　一八八八〜?　明治後期　本名は北島とし（結婚して矢部）。苗字は異なるが、初代天勝の妹（中井家から北島家の養女に）。明治三四年（一九〇一）初代天一の欧米巡業メンバー八人の一人。一九〇一年からニューヨークに留学していた矢部八重吉（一八七五〜一九四五）と知り合って結婚した。【参】松山光伸『実証・日本の手品史』

しょうきょくさい　てんはな▼松旭斎天花　明治後〜昭和後期に二代を数える。

【初代】一八九四〜?　明治後期〜大正期　本名は梅原春（はなとも。後に結婚して高橋）。明治三八年（一九〇五）欧米興行から帰国した初代天一の一座再結成に参加。初代天勝の遠縁にあたり、妹分として活躍した。四四年の天一引退後は天勝一座に加わるも、大正二年（一九一三）同一座の分裂時には、天洋一座に参加している。

【二代】一九一五〜?　昭和期　本名は今琴江。昭和三年（一九二八）に初代天勝一座に加入、石田天海に奇術を学ぶ。一〇年に松天勝の名を与えられ、一五年には松天勝一座を結成した（〜一六年）。終戦後は松旭斎琴江を名乗り、三四年六月に二代目天花を襲名、ヨーロッパやアメリカ、台湾など海外でも活躍した。五八年に引退。

しょうきょくさい　てんまつ▼松旭斎天松　→松旭斎天洋

しょうきょくさい　てんまる▼松旭斎天丸　→松旭斎天左（二代）

しょうきょくさい　てんよう▼松旭斎天洋　一八八八〜一九八〇　明治後〜昭和後期　本名は島田松太郎（後に山田）。初代天一の姉せきの孫（実母はせきの娘仲子。ただし戸籍上はせきの子）。明治三八年（一九〇五）欧米巡業から帰国した初代天一一座に加わり、初名は天松。四四年の天一一座解散後は初代天勝一座に加わって天洋と改名。大正二年（一九一三）には自身の一座を結成し、各地を巡業。三〜四年には中国、満州を巡った。五年と八年には大正天皇の天覧を賜り、一〇年からは寄席にも出演。昭和六年（一九三一）からは三越で奇術材料の実演販売を行い、新たに開設した天洋奇術研究所でアマチュアを指導した（昭和二八年に六男の山田昭が新たに天洋奇術研究所を発足、三五年には株式会社とし、四五年にはテンヨーと改称、世界的な奇術道具メーカーとなった）。戦後はＧＨＱ慰問のための査定証（ライセンス）審査委員補佐に就任し、奇術界に大きな影響力を持った。天一直伝のサムタイは名人芸といわれ、大勢の弟子にさまざまな演目を伝えた。日本奇術協会の初代・三代会長。【著】『奇術と私』

しょうきょくさい　てんらい▼松旭斎天雷　大正〜昭和後期に二人を数える。

【初代】一八八八〜一九四八　大正〜昭和前期　本名は風間直義。二代目天一の弟子。天右や二代目天菊、三代目天菊を相棒に、トランク抜け、三角美人の怪、魔法ルームなどの大奇術を演じた。初め松旭斎正菊と結婚して二代目天菊を名乗らせ、数年後に吉沢てると再婚して三代目天菊を襲名させた。

【二代】?〜?　昭和期　本名は臼井春吉。初め二代目市川段四郎のもとで歌舞伎を修行するも、無断で旅回り一座に加わったことが露見して破門。昭和一四年（一九三九）初代に入門し、初名は天山を名乗った。師の没後、二七年に二代目を襲名。空の箱から提灯や鳥籠などを取り出す顕晦箱、箱詰めにした人間を剣と槍で串刺しにするキリシタンバテレンの箱などを得意とした。後見を務めたのが妻の松旭斎小菊（本名はかね子）。

しょうきょくさい　てんりゅう▼松旭斎天柳　→一柳斎柳一

しょうきょくさい　てんりょう▼松旭斎天良　→松旭斎天右（初代）

しょうきょくさい　てんれい▼松旭斎天麗　明治後〜昭和期にかけて二人を数える。

【代数不詳①】?〜?　明治後期　明治四四年（一九一一）、新たに結成された天二一座に参加。天絹とともに一座の花形となっているが、天二の二代目天一襲名後の一座には名前が見えない。

【代数不詳②】→松旭斎天菊（初代）

しょうきょくさい　てんわか▼松旭斎天若　一八八一?〜?　明治後期　本名は中井わか。初代天勝の姉。明治三四年（一九〇一）初代天一一座の渡米メンバー八人の一人。ただし、途中で脱けたらしく、一九〇四年四月にブリュッセルを訪れたメンバーには名前が見えない。

しょうきょくさい　とくこ▼松旭斎徳子　→松旭斎小天勝（代数不詳②）

しょうきょくさい まつてんかつ▼松旭斎松天勝 →松旭斎天花（二代）

しょうきょくさい めいぎょく▼松旭斎明玉 →遊天斎明一

しょうきょくさい ゆりこ▼松旭斎百合子　一八九〇～？　明治後～大正期　本名は女川その（とらとも）。テレジャー宝一の妻。明治四四年（一九一一）宝一とともに初代天勝一座に入座、浅草帝国館の旗挙げ興行から出演した。一座の花形的存在で、飛行のハンカチーフが得意芸。夫の死去に伴い退座した。

じょーじ たかはし▼ジョージ高橋　？～一九四四　昭和前期　本名は高橋善治。昭和四年（一九二九）大阪三越百貨店で奇術材料の販売を始める。八～一〇年頃には初代天勝一座に在籍し、スライハンド・マジックを演じた。その後、日本奇術連盟に関わり、一九年には同連盟から『奇術解説』を出版している。

しょうてんいち▼正天一　一八四七～？　明治後期　本名は中村吉次郎。鹿児島出身の士族という。明治三五年（一九〇二）三月、香川丸亀で扶桑義団正天一による東洋奇術の記事が確認される。四二年一一月には名古屋で危険大奇術興行、奇術総長を称し、イギリス魔術首抜き術や噴水の曲芸、無線電気応用空中美人などを演じた記事がみられる。松旭斎天一に芸名が類似することを指摘されると、明治一〇年代から正天一と名乗って奇術師をしていたのだから類似は偶然と答えたという。しかし、一六年九月の静岡で「大坂の中村吉次郎・芸名ちう〲太夫」が鼠手品を興行するという記事、二四年一月の福島での「大阪府の手品師中村吉次郎」の興行を伝える記事があり、以前は本名またはチュウチュウ太夫の芸名で演じていたことが判明する。長男が二代目天一、次男が小天一、娘が天女（天嬢）を名乗り、家族で一座を組んだ。年不詳の絵ビラも伝わる。

しょうてんさい いっきょく▼昇天斎一旭　明治後～大正期に二人を数える。

【代数不詳①】→田中仙樵

【代数不詳②】→昇天斎登喜夫

しょうてんさい ときお▼昇天斎登喜夫　？～？　明治後～大正期　本名は野田秋草。田中仙樵（昇天斎一旭）の門人。明治四四年（一九一一）一一月、師の筆名と同じ昇天斎一旭の芸名で名古屋の舞台に立った記事が確認される。大正七年（一九一八）には一旭の名義で奇術の解説書『奇想天涯大奇魔術集』を刊行、引退後は名古屋に万国奇術会本部をかまえ、登喜夫名義で『奇想天涯大奇魔術集』第一～三編を刊行。同書は扉題に「講習録」とあるように、レクチャーノートの役割を果たしており、内容に沿った奇術材料の通信販売も行われた（大正一一年版『奇魔術材料定価表』が現存）。

じょてんいち▼女天一　？～？　明治後期　明治四三年（一九一〇）一〇月、桑名での興行記事が初出で、四四年七月の富山興行では一座五名で和洋手品、花水奇術、早変わり七変引抜き、五里四方品取寄などを演じたとある。

じょんとろ▼ジョントロ　？～？　明治後期　本名は富士川広太郎（富士川一広とも）。ションドロとも。明治二七年（一八九四）三月、大阪で一座を組み、西洋手品、水芸、身体組み上げ大運動を演じたとする記事が初出。三九年には一枚刷り『東洋座敷奇術案内』を刊行（ジョントロ名義、奥付は富士川広太郎）。四〇年九月の新聞では、仙台での奇術曲芸興行で、国旗の当て物、貴重品の焼き棄て、変色水火美人などを演じたと見える。四一年二月には、東京で英人ホフマンと行った合同興行の記事も確認されるが、本名は富士川一広とある。四三年『浅草繁昌記』では営業種別が「曲芸蹴鞠」と載り、本名が富川広太郎と見えるのは誤植か。

じれめ いすと▼ジレメイスト　？～？　明治前期　ジレメチスト門人の西洋手品師（『文系図』）。明治一一年（一八七八）刊『落語人名鑑』に載る帰天斎イストと同一人物とする説がある。

じれめ ちすと▼ジレメチスト　？～？　明治前期　本名は麓誕三郎。チレメチストとも。『文系図』西洋手品の項に載る。明治八年（一八七五）六月、東京両国回向院での興行絵ビラ「外国の術業」が伝わり、歌う首（スフィンクス）や邯鄲夢枕（空中サスペンション）など西洋手品の演目が載る。また、柱ゆびぬき（サムタイ）や鳥の首伐の方法を載せた『西洋てづまの種』（同一五年刊）の考訂者にも名を連ねている。首継、力ぬけなどを載せたフモトタン名義の絵ビラ「外国手品」も、同じ人物のものか。なお、ジレメチストと中村一登久とを同一人物とみる説がある。

しんこくじん りさい▼清国人李彩 →吉慶堂李彩

しんこりん▼心古琳 →一心斎通天

しんでんない▼新伝内 →都伝内（代数不詳②）

しんどうさい ここう▼神道斎狐光 一八六四?～? 明治後～昭和前期。本名は松永丑松。中村一登久の門人で初め中村右鶴、明治三〇年（一八九七）二代目一登久を襲名（四〇年に襲名とする史料もあり）。四〇年には他に一登久の名を譲って、神道斎明光と改名している。大正九年（一九二〇）一里四方物品の取り寄せを改良した稲荷魔術を演じるため、名を狐光と改め、舞台では狐憑きを装って人気を得た。【参】阿部徳蔵『奇術随筆』

しんどうさい みょうこう▼神道斎明光 →神道斎狐光

すいがく そうほ▼水学宗甫 ?～? 江戸前期 技術者。名は水覚とも。佐渡にアルキメデスポンプの製作法を伝え、大坂で快速船を考案するなど、水を扱う技術に長けた。また、明暦元年（一六五五）には、仙洞御所で池の水を陸地に上げる操りを披露している（『隔蓂記』）。こうした技術が古浄瑠璃の水がらくりに応用されたという。

すがわら げんどう▼菅原幻堂 ?～? 明治後期 本名は菅原文雄。新聞記事によれば、ゴールド義団幻術博士を名乗り、明治四〇年（一九〇七）一二月、大阪道頓堀の角座で「不可思議の大幻術」興行を行うと予告しながら、結局本人は現れず、興行は流れた。

すずかわ こさと▼鈴川小里 ?～? 明治前期 明治一一年（一八七八）『落語人名鑑』に名前が載る。

すずかわ こはる▼鈴川小春 幕末～明治前期に二代を数える。ともに三代春五郎の門人か。

【初代】?～一八七二 幕末～明治前期 本名は原田きぬ。三代春五郎の絵ビラ「大道具怪談てしな」に若太夫として名が載り、幕末には水芸を演じたとする回顧談もある（『艶色落語講談鑑賞』）。美貌で評判をとり、明治元年（一八六八）の番付『東京名誉三種人記』にも人気の女芸人として、清元の春柳志女寿、常磐津の菖蒲家和佐之助とともに名前が載る。後に金貸の妾となって、旦那を毒殺、「夜嵐おきぬ」として新聞錦絵や草双紙の題材になったという。

【二代】?～? 明治前期 『文系図』では「柳朝ノ妻」とある（二代春風亭柳朝か）。明治八年（一八七五）『諸芸人名録』落語之部下等之部に手品「浅草寺地中 鈴川小春」とある。翌九年五月『落語業名鑑』では春五郎、春朝斎に続いて名前が載り、二二年改正の番付『落語家高名鏡』では女連のなかに「てじな 鈴川小春」と見える。

すずかわ しゅんごろう▼鈴川春五郎 江戸後期～明治期まで三代を数える。

【初代】?～一八一八 江戸後期 『調記』に鈴川伝五郎から数えて一二代目の弟子といい、寛政元年（一七八九）二月に江戸両国、享和二年（一八〇二）四月に同外神田で興行したという。文政元年（一八一八）門人の春瀧（後の養老瀧五郎）に鈴川派の「手品芸術」を譲り渡して没した。『話系図』が記す人物と同一とすれば、江戸青山千駄ヶ谷の生まれで、初め落語家の初代三遊亭圓喬の門人で岩橋を名乗り、後に「手品大道具大人」になったという。他の門人に三代春五郎、春徳らがいる。鈴川の家を「江戸手妻の家元」とみる説があるが、史料的な根拠はない。

【二代】→養老瀧五郎（初代）

【三代】?～? 幕末～明治前期 初代没後、後の養老瀧五郎が二代目を襲名するも、その巡業中に三代目を襲名（瀧五郎は養老に改名）。『話系図』では「手品の妙を得大人なり」とあり、「大道具怪談てしな」と題する絵ビラが伝わる。絵ビラによれば、万枚通しと蝶の一曲も得意芸とした。天保一〇年（一八三九）『為御覧噺連中帳』に載る「鈴川春五郎」が同一人物か。明治八年（一八七五）『諸芸人名録』落語之部上等之部には手品「南佐久間丁 鈴川春五郎」とあり、『文系図』では「麴町住」とある。一〇年五月の新聞『かなよみ』で「鶴の髪、亀の腰の老人」と形容されるも、同一四年『東京遊芸社会一覧』にもまだ名前が載る。門人に隅田川浪五郎、小春らがいる。

すずかわ しゅんたろう▼鈴川春太郎 ?～? 明治後期 明治一一年（一八七八）『落語人名鑑』に名前が見える。

すずかわ しゅんちょう▼鈴川春蝶 ?～? 明治前期 本名は木村兼吉。三代春五郎の門弟。明治八年（一八七五）『諸芸人名録』では落語之部下等之部に手品「コウヂ丁六丁メ 鈴川春蝶」とあり、翌九年五月と八月の『落語業名鑑』では春五郎、春朝斎、小春に続いて名が載る（中等の印）。二二年の番付『落語家一覧表』になると、ジャグラー操一、春風蝶柳斎（後の三代柳川一蝶斎）らと同格で掲出されている。

すずかわ しゅんちょうさい▼鈴川春朝斎 ?～? 明治前期 三代春五郎の門弟か。明治九年（一八七六）五月・八月刊の『落語業名鑑』では、春五郎と並んで上等の印がつく。後に萬国斎ヘイドンと改名した春蝶斎と同一人物の可能性があるも、詳細は不明。

すずかわ しゅんちょうさい▼鈴川春蝶斎 →萬国斎ヘイドン

すずかわ すずのすけ▼鈴川鈴之助 ?～? 明治前期 「一流 西洋手品 剣渡 ふしぎの道具箱」「太夫 鈴川鈴之助 若太夫都家小歌 太夫元山本定吉」と記された年不詳の絵ビラが現存し、剣渡りや箱から出てくる化猫、水芸などが描かれる。明治一八年（一八八五）一一月、仙台での興行の記事が確認されるが、この時は山本定吉の一座で、鈴之助は若太夫となっている。

すずかわ でんごろう▼鈴川伝五郎 ?～? 安土桃山期 『調記』によると、文禄元年（一五九二）三月、豊臣氏への手品上覧を勧めたとする。また、滝川伝之丞《ママ》の三代目養子といい、歌川錦蝶を養子にしたとするが、他書にこの人物のことは見えず、架空の人物である可能性がある。

すずかわ とちょう▼鈴川都蝶 ?～? 明治前期 明治一一年（一八七八）『落語人名鑑』に載る。

すずかわ はるのすけ▼鈴川春之助 →萬国斎ヘイドン

すずかわ はるさぶろう▼鈴川春三郎 ?～? 明治前期 三代春五郎の門弟か。明治八年（一八七五）『諸芸人名録』落語之部下等之部に手品「カウジ丁四丁目 鈴川春三郎」と載る。九年五月・八月の『落語業名鑑』では鈴川一門六人が掲出され、その末尾に載っている（中等の印）。

すずかわ はるじゅさい▼鈴川春寿斎 ?～? 明治前期 三代春五郎の門弟か。明治九年（一八七六）五月・八月の『落語業名鑑』にのみ確認できる（下等の印）。

すずかわ はるたき▼鈴川春瀧 →養老瀧五郎（初代）

すずかわ はるとく▼鈴川春徳 ?～? 江戸後期 初代春五郎の門人。『話系図』にのみ掲出される。

すずかわ はるのすけ▼鈴川春之助 →萬国斎ヘイドン

すすき ましく▼ス々キマシク ?～? 明治前期 明治九年（一八七六）八月改『落語業名鑑』に上等印で記載されるも、詳細は不明。

すずき はるじろう▼鈴木春次郎 ?～? 明治前期 明治一六年（一八八三）六月、仙台で観客に自らの腹を刺させる幻戯（てじな）を見せたという記事が確認される。

すみだがわ こきん▼隅田川小金 ?～? 幕末期? 女奇術師、曲独楽師。年不詳「江戸の花一流 娘てじな曲こま」と題した絵ビラが伝わる。若太夫は隅田川小さん。描かれる演目は、独楽、水芸のほか、組み上げ蒸籠、和唐内虎狩、累怪談など。

すみだがわ せんなり▼隅田川千成 →隅田川浪五郎（初代）

すみだがわ とわきち▼隅田川登和吉 →隅田川浪五郎（二代）

すみだがわ なみごろう▼隅田川浪五郎 幕末～明治前期まで二代を数える。

【初代】一八三〇～? 幕末～明治前期 江戸千駄ヶ谷町の矢師林蔵の子。本名は中川浪五郎。初め先代養老瀧五郎に手品を習い、嘉永元年（一八四八）鈴川春五郎の門人となる（『市中取締書留』）。慶応二年（一八六六）リズリー率いる日本帝国一座に加わり渡米、サンフランシスコを皮切りに各地を巡業。その後欧州に渡り、パリ万国博覧会、ロンドンで長期公演を行った。渡航中は蝶の演目で大きな評判を得ている。明治二年（一八六九）に帰国、まもなく落語家の玉ノ家梅翁門で隅田川千成と改名した。八～一七年仏人に雇われて再び洋行し、各地のマジシャンの「言うなり」に日本手品を教えたことから、後に初代三遊亭圓遊門で「遊成（勇成とも）」と名乗った。二五年には引退しており、浅草での隠棲を伝える記事が確認されている。

【二代】一八五〇?～? 幕末～明治前期 初代の妻とわの弟で初名は松五郎。文久三年（一八六三）浪五郎の養子となり、登和吉と名乗って綱渡りをした。慶応三年（一八六七）初代とともに浜碇定吉の一座に加わり渡米、ついで欧州にも渡った。明治二年（一八六九）の帰国後、初代の改名に伴って襲名したものと思われる。明治八年に再び渡欧、ドイツに移住し、現地の女性と結婚した。

すみだがわ なみじゅさい▼隅田川浪寿斎 ?～? 明治前期 『文系図』は「浪五郎門人」とするも、初代と二代いずれかは不明。四代目三遊亭圓喬の門人橘家喬佐登（春里とも）は娘。

すみだがわ なみのすけ▼隅田川浪之助 ?～? 明治前期 浪五郎の門人と思われるが、初代と二代いずれかは不明。明治九年（一八七六）『落語業名鑑』に名前が載る（中等印）。八年『諸芸人名録』落語之部下等之部に載る手品「東福田丁 隅田川浪輔」は同一人物か。

すみだがわ まつごろう▼隅田川松五郎 →隅田川浪五郎（二代）

せかいさい めいいち▼世界斎明一 →遊天斎明一

せきいさい こいち▼関井斎湖一　?～?　明治期　大阪の手品師。明治二一年（一八八八）三月、京都でのボックス剣刺しを伝える記事が初出。二三年には東京文楽座において「文明奇観東洋手術種明し」興行を行い、演目が終わるごとに種明かしの解説をした。年不詳の絵ビラも現存する。

せきいさい こゆう▼関井斎湖遊　?～?　明治期　明治二三年（一八九〇）一一月、国会開設祝いの演芸に湖一とともに加わったとする新聞記事が確認される。

せきいさい たつじ▼関井斎辰治　?～?　明治期　明治二一年（一八八八）三月、湖一のボックス剣刺しで女太夫を務めた。

ぜんじー なかむら▼ゼンジー中村　一九二二～一九七八　昭和期　本名は中村稔。筆名の中村善治を芸名に用いたとされるが、実際の筆名は中村則文。昭和三二年（一九五七）に松旭斎天洋に入門、三六年から関西で活躍した。ハンモックに横たわる女性やバイクを一瞬にして消す大掛かりな演目を得意とした。弟子にゼンジー北京がいる。

ぜんせかい しょういち▼全世界正一　?～?　明治期　『文系図』西洋手品の項に、前名は養老瀧正斎と載る。明治二六年（一八九三）五月の新聞に名古屋での興行記事が載り、全世界正玉、女太夫の全世界正若・同小菊らと西洋手品を見せたとある。

そうりゅうさい こういち▼早龍斎光一　?～?　明治前期　明治二一年（一八八八）七月、博多で両国光琴と一座を組んで西洋手品の興行を行ったとする記事が確認される。

そと すねたろう▼ソトスネタロー　一八五八～一九一〇　明治期　海外の奇術史文献で、一八六〇年に米国に渡った日本人奇術師として紹介される人物。着流し姿で日本風の手品を演じた。しかし、近年の調査により、両親ともに米国人であり、日本人を装った米国人奇術師であることが判明している。**【参】**松山光伸『実証・日本の手品史』

たい たろう▼太太郎　?～?　明治後期　本名同じ。明治四三年（一九一〇）刊『浅草繁昌記』に営業種別「奇術」として名前が載る。

たいようさい まんま▼太陽斎マンマ　?～?　明治後期　明治二七年（一八九四）一月、岐阜において、九尾小僧天一との合併で東洋奇術興行をした記事が確認される。

たかさご せんぞう▼高砂千造　?～?　明治後～大正期　本名は中山倉吉。大正五年（一九一六）刊『通俗教育』で種別「落語手品」、明治四一年（一九〇八）一二月開業と載る。

たかせ きよし▼高瀬清　一八八八?～一九三五　明治後～昭和前期　明治三四年（一九〇一）初代松旭斎天一一座の海外渡航メンバー八人の一人。当時は天清と名乗っていた（「天晴」とするのは誤り）。一九〇六年、天一と天勝の帰国を受けて、一座は解散、高瀬は天二とともに米国に居残り、まもなく再び英国に渡る。一九〇九年、天二の帰国後も英国に残り、各地のミュージックホールに出演、サムタイや縄抜けなどを演じた。一九二一年公開の映画「*The Yellow Claw*」にHo-Pin役として出演して以降、一九三四年までに九本の映画への出演が確認される。このほか舞台にも出演し、俳優としても活躍した。

たかだ だいりんぼう▼高田大林坊　?～?　江戸中期　宝暦期（一七五一～六四）、加賀金沢において、汲んだ水を酒にする、季節外れの花を咲かせる、呑馬術などの妙術を見せたと『三州奇談』に載る。しかし『三州奇談』の性質上、実在した人物かどうかは不明。

たがや かんちゅうせん▼多賀谷環中仙　?～?　江戸中期　本名は不破仙九郎元陳。名古屋出身で京都の住人。環中仙い三とも。京都の石印司・多賀谷仙治郎との関係を指摘する説がある。享保期（一七一六～三六）にすぐれた内容を持つ伝授本『珍術さんげ袋』『続懺悔袋』『唐土秘事海』を執筆。からくりの種明かしをした『璣訓蒙鑑草』や数学遊戯書『和国智恵較』でも、奇術に関する文章を載せた。このほかの著作に『初心算法早伝授』『当世影絵姿鏡』『座狂はなし』がある。

たからや かめのすけ▼宝家亀之助　?～?　明治前期　明治八年（一八七五）『諸芸人名録』落語之部下等之部に手品「桶丁 宝家亀之助」とあり、九年の『落語業名鑑』では中等印が付けられている。

たがわ さんちょう▼田川三朝　?～一八二三?　江戸後期　京都の生まれ。『見世物雑志』によると、文政四年（一八二一）から翌年にかけて名古屋に滞在し、米粒に細密画を描いたり、取り付け物、浮き物、積み物などを披露したりした。こうした技術（手妻）を金百疋で人びとに伝授し、大いに儲かったという。

たきがわ しょうたろう▼滝川正太郎　?～?　室町後期　『調記』で、鈴川派・養老派の祖に位置付けられる人物。美濃岐阜の生まれで、初名は竜埜正蔵。寛正六年（一四六五）三月、手品を始めたとするが、この時代「岐阜」の地名はなく、虚構の人物と考えられる。

たきがわ ちょうぞう▼滝川長蔵　?〜?　江戸後期　年不詳「風流羽形一流」と題した絵ビラが伝わる。描かれる演目は曲独楽が主だが、器物からの水の噴出や箱からの取り出しなど奇術的演目も見える。この時の若太夫は滝川重太郎。

たきがわ でんのじょう▼滝川伝之烝《ママ》　?〜?　安土桃山期　『調記』で、天正一九年（一五九一）三月、京都四条河原で手品興行を始めたとされる人物。他書には見えず、実在は疑問。

たけざわ こうじ▼竹澤幸次　→竹澤藤治（初代）

たけざわ こうしょう▼竹澤幸升　→竹澤藤治（二代〈初代〉）

たけざわ ことうじ▼竹澤小藤治　?〜?　明治期　三代目藤治の子。明治三六年（一九〇三）に欧米巡業から帰朝したと新聞記事は伝える。奴凧の宙乗りなど曲芸を得意とした。

たけざわ こまんじ▼竹澤小萬次　→竹澤藤治（三代）

たけざわ とうじ▼竹澤藤治　江戸後〜明治期まで三代ないし四代を数える。「とうじ」の漢字には、藤治のほか藤次、藤司があてられる。襲名後も前名を名乗った者がいたとみられ、代数の特定は難しい。

【初代】?〜?　江戸後〜幕末期　竹澤藤司と表記される人物。文政元年（一八一八）王子稲荷の境内で次期将軍への上覧を務めた（『御府内備考』）。また、幸次ともいったか。

【二代（初代）】?〜一八五八　幕末期　幕末期の絵ビラや錦絵には二代と記されるも、明治期には初代とされる人物。天保一四年（一八四三）大坂難波新地、安芸宮島での曲独楽興行が初出。翌一五年二〜八月、江戸両国広小路での高小屋興行は、芝居仕立ての大掛かりなもので大評判となった。この興行では随所に水芸が取り入れられており、その後の水芸の発展に大きな影響を与えたとみられる。嘉永二年（一八四九）三月、倅の萬治に名を譲り、自らは梅升と改名したが、同三年の絵ビラに「藤治改木場門弟幸升」と見える。これは歌舞伎俳優市川団十郎の門人となって名前を貰ったことを意味している（三代藤治も団十郎門人で市川好升と称している）。後の新聞記事によると、安政五年（一八五八）頃、長門下関で病没したとある。

【三代（二代）】一八三五〜?　幕末〜明治前期　初名は萬治（萬次）。嘉永二年（一八四九）三代目を襲名（二代と数えることとも）するも、その後も萬治を名乗ったとみられる。明治七年京阪等での修行を終えて東京に戻ると、金主がついたため、翌八年から浅草左衛門河岸に常小屋を新築し、そこでの興行を始めた。曲独楽はもちろんのこと、宙乗りや「西洋手づまに能く類したる」ものも多く演じられたという。三代目の回想によると、晩年中風に罹り、手足が不自由になったとある。

【三代】一八五二〜?　幕末〜明治前期　本名は松下某。実父は尾張藩の能楽師松下新九郎という。初名は小萬次、明治一〇年（一八七七）頃には萬治を襲名しており、一二、一三年の京阪での興行ではその男ぶりが人気を集めることになった。一四年中には三代目藤治を襲名したとみえる。大機関（からくり）の水芸や石橋（連獅子）を得意とした。市川団十郎の弟子で市川好升を名乗る。三六年九月、東京歌舞伎座で倅の小藤治と曲独楽興行を行っているが、これ以前に宙乗りで落下していたため、演技はできなかったと記事にはある。

たけざわ ばいしょう▼竹澤梅升　→竹澤藤治（二代〈初代〉）

たけざわ まんじ▼竹澤萬治　幕末〜明治前期にかけて二人を数える。

【代数不詳①】→竹澤藤治（三代〈二代〉）

【代数不詳②】→竹澤藤治（三代）

【代数不詳③】?〜?　明治期　本名は渡辺末吉。明治一八年（一八八五）一一月、岡山で駒吉・仙吉らを率いて曲独楽・軽業の興行を行った記事が確認される。

たけしば きみのすけ▼竹芝喜美之助　?〜?　明治期　竹柴喜美の助とも。『文系図』日本手品師の項に載り、落語家の桂文馬の娘とある。明治一九〜三〇年頃（一八八六〜九七）の番付に名前が見えるが、二二年改正の番付『落語家高名鏡』では「きよもと 竹柴喜美の助」とある。一七年『落語鏡』に載る「養老喜美の助」が同一人物か。

たけだ おうみ▼竹田近江　江戸前〜中期にかけて四代、五人を数える。

【初代】?〜一七〇四　江戸前〜中期　実名は清房。阿波の生まれ。江戸で松田播磨掾にからくり人形を学んだという。その後京都に上り、万治元年（一六五八）出雲目、翌年に近江少掾を受領。寛文二年（一六六二）大坂道頓堀で竹田座を開き、からくり人形芝居を始めた。ゼンマイ仕掛けの時計からくりに長けていたという。

【二代】一六四九～一七二九　江戸中期　実名は清孝。初代の長男。正徳二年（一七一二）に近江少掾を受領し、竹田座の座元を継ぐ。からくりの前芸に子供狂言を取り入れ、人気を得た。享保一五年（一七三〇）刊の『璣訓蒙鑑草』によれば、当時の竹田芝居は機構だけでなくトリックも併用したものだった。弟は竹本座座元となった初代竹田出雲。

【三代】一七一二?～一七四二　江戸中期　実名は清英。初代竹田出雲の子。元文五年（一七四〇）近江大掾を受領、翌寛保元年（一七四一）に江戸堺町で受領披露興行を行い、評判となった。

【（四代）】?～?　江戸中期　通称は平助。三代目の弟。実際には受領しなかったが、一般に竹田近江と呼ばれる。宝暦七年（一七五七）竹田芝居に加え、大坂京都の竹本座、伊藤出羽掾座、中の芝居など上方の興行界を牛耳った。

【五代（四代）】?～?　江戸中期　実名は清一、通称は小左衛門。竹田一族との血縁関係は不明。明和四年（一七六七）に四代近江を受領したが、実権は平助が掌握していたという。五年には名代・劇場ともに他人の手に渡り、竹田芝居は閉場となった。

たけだ しょうごろう▼竹田正五郎　?～?　幕末期　天保八年（一八三七）名古屋広小路で、満干の玉と桶ぬけという二つの水がらくりを演じた。それまでの水がらくりが、据物からの噴水だったのに対し、満干の玉は手に持ったびいどろ玉から水を噴出させた点で、水芸の歴史における革命とも評価される。

たけだ ていいち▼竹田貞一　→柳水亭金枝

たこぼうず▼蛸坊主　?～?　江戸後期　『年代記』によると、寛政四年（一七九二）六月、大坂難波新地の夕涼みで火喰軽業を演じており、同八年六月には同所で手妻と「口中にて火を自由にする」芸を見せている（同書八年の記事には「東吉五郎」が演じたとあるも、誤記とする説に従う）。

たちばな こみんぶ▼橘小民部　?～?　明治後期　明治二四年（一八九一）の記事によれば、九月に東京文楽座で幻妙術を興行する予定とある。

たちばな みつお▼橘美津尾　?～?　明治後期　明治二五年（一八九二）一〇月、札幌において、亜細亜マージンと興行したとする記事がある。

たちばなや うめのすけ▼立花家梅の助　?～?　明治後期　明治三四年（一九〇一）の番付『東京落語花競』に「手品 立花家梅の助」と載る。

たちばなや きょうさぶろう▼橘屋喬三樓　?～?　明治後期　明治二七年（一八九四）の番付『落語音曲実地腕競』に「同（テジナ）橘屋喬三樓」と載る。

たちばなや つるのすけ▼立花家鶴の助　?～?　明治後期　明治三四年（一九〇一）の番付『東京落語花競』に「日本手品 立花家鶴の助」と載る。

たつの しょうぞう▼竜埜正蔵　→滝川正太郎

たつの とうじろう▼立野藤治郎　?～?　明治前期　藤次郎とも。前橋の人。明治一一～一四年（一八七九～八一）に伝授本三部作『御伽玉手箱』『御伽秘事枕』『御伽智恵競』を執筆した。

たてかわ きんりゅうさい▼立川錦龍斎　→亜細亜マンジ

たなか せんしょう▼田中仙樵　一八七五～一九六〇　明治後～昭和後期　本名は鼎。大日本茶道学会の設立者。青年時代、大阪の竹田貞一や松旭斎天一、同天海（後の小天一）らから奇術の指導を受ける。明治三六年（一九〇三）昇天斎一旭の筆名で『西洋奇術自在』を刊行、四八種の奇術を演芸・説明・注意の三点から解説した。昭和一四～一七年（一九三九～四二）にはＴＡＭＣの第三代会長に就任。アマチュアマジシャンとして胡蝶の舞、ミリオンカードなどを得意とした。門人に昇天斎登喜夫がいる。

たにかわ さだきち▼谷川定吉　?～?　江戸後期　文政期（一八一八～三〇）谷川しげ野とともに大坂から江戸に下り、紙の蝶を遣った「うかれの蝶」で大当たりをとった（『茶番早合点』）。初代柳川一蝶斎がこの蝶の演目を学んだという（『武江年表書入』）。

たにかわ じょうこうさい▼谷川定光斎　?～?　明治前期　明治八年（一八七五）『諸芸人名録』落語之部下等之部に手品「駒込肴丁 谷川定光斎」と載る。『文系図』では、四代・五代の林屋正蔵と同じ丁に載り、どちらかの一門だったとみられる。

たにぐち かつじろう▼谷口勝次郎　一八八五?～一九六二　明治後～昭和後期　和歌山の宮大工。二代目松旭斎天一の奇術道具を専属で担当。二代目没後は、石田天海を介して、初代天勝一座の道具を担うようになる。大正一三年（一九二四）同一座の米国巡業に際しても諸道具を製作した。その後は米国に残留した天海から送られてくるネタをもとに、児玉定次郎とともに道具を製作し、天勝一座を裏から支えた。なお、空襲により焼失した和歌山城天守を昭和三三年（一九五八）に復興した際、鯱の製作を担当している。

たまがわ あゆのすけ▼玉川鮎之助　?〜?　明治前期　明治八年（一八七五）『諸芸人名録』落語之部上等之部に「牛込原丁一丁目 玉川鮎之助」とあり、一四年『東京遊芸社会一覧』にも手品の部に載る。牛込の馬場下や焼餅坂下の下等の寄席で、田舎回りの芸人に混じって日本手品を演じていたという。また、漱石夏目金之助は、小学生の頃、名前が玉川鮎之助に似ていて、あまり強そうではない、と同級生に言われたという話が伝わる。『文系図』では「牛込原町ニテ干物やヲ業トス」とある。

たまもと じょうか▼玉本常化　?〜?　明治期　秦豊吉著『明治奇術史』に明治期の日本手品師として名前が載るも、他書では確認できない。

たむら こうよう▼田村光洋 →地球斎イルマン

ちきゅうさい いるまん▼地球斎イルマン　一八六三〜?　明治後期〜大正期　本名は斎藤勝吉。初め中村一登久の門人で勝寿。明治三〇年代後半から、洋行帰りをうたい、耶蘇服を身にまとって西洋奇術を演じた。イルマンとはポルトガル語でカトリックの修道士を意味する語。明治三九年（一九〇六）一座を率いて大奇術ノアの箱舟を演じ、四五年には流行に乗じて千里眼奇術を演じた。大正に入って田村光洋と改名。月の裏側を念写したという自称超能力者の三田光一はイルマンの弟子という。

ちきゅうさい こういち▼地球斎光一　一八八八〜?　明治後〜大正期　本名は斎藤寛（覚とも）。明治四三年（一九一〇）『浅草繁昌記』では営業種別「八人芸」とあるも、大正四年（一九一五）『芸人名簿』では奇術の部に載る。同姓・同住所で載ることから、イルマンの子か。

ちきゅうさい てんか▼地球斎天華　?〜?　明治後〜大正期?　年不詳「伊太利新帰朝魔術界之新人地球斎天華嬢一行」と題したチラシが現存（米沢の松岬劇場）。縄抜け、魔術忍術水中トランク、少女歌劇などの演目が載り、一座には地球斎羽衣・同春洋らの名が見える。このうち天菊嬢と天雷は松旭斎にもある名だが、両者の関係は不明。

ちきゅうさい まんまる▼地球斎マンマル　?〜?　明治後期　明治三三年（一九〇〇）一〇月、名古屋で一座を率い、幻魔術七不思議の興行を行った記事が初出。洋行帰りをうたい、四〇年代には物品産卵術や身体砲罪術、水中美人バクスなどの西洋手品を演じている。同年にそれぞれ別に興行していることから、アサヒマンマル（マンマロ）とは別人。

ちきゅうさい ももかわ▼地球斎モヽカハ　?〜?　明治後期　明治四三年（一九一〇）九月、名古屋での興行記事が確認される。

ちくさや しんえもん▼千草屋新右衛門 →平瀬輔世

ちてんさい こていいち▼地天斎小貞一 →松旭斎小天一（代数不詳②）

ちてんさい しょうかく▼治天斎松鶴　?〜?　明治前期　年不詳「奇術士英国帰朝 治天斎松鶴一座」と題した絵ビラが現存。柱抜きならぬガス灯抜き（サムタイ）や剣の刃渡り、十字架の磔などが描かれている。

ちてんさい たけこ▼地天斎竹子　?〜?　明治後期　本名は村上たけ。明治四三年（一九一〇）『浅草繁昌記』には名前が載るが、大正四年（一九一五）『芸人名簿』には見えない。

ちてんさい ていいち▼地天斎貞一　一八五二〜?　明治後〜昭和前期　本名は宮田定吉。天地斎とも。力士から手品師に転じた。明治三〇年（一八九七）前後に渡米したといい、三一年以降、各地での興行を伝える新聞記事が確認される。三四年『東京落語花競』には「西洋奇術 地天斎貞一」とあり、この時期は西洋奇術を演じていたことがわかる。四〇年八月には英人トーマス・スミスとの合同興行を行った。「まんちゃく（瞞着）の貞一」の仇名で親しまれた。

ちてんさい ていおう▼地天斎貞桜 →弄球子ビリケン

ちてんさい まさみつ▼地天斎政光　?〜?　明治後期　本名は今田福千代。明治四三年（一九一〇）『浅草繁昌記』に営業種別「手品」として載る。

ちとくさい▼智徳斎　?〜?　江戸後〜幕末期　本名は船越敬祐（君明とも）。錦海、蔵六亭とも号した。伯耆米子の生まれ。『国書総目録』に福井智徳斎とあるのは、『国書解題』に載る誤った記載に従ったもの。初め商家で番頭を務めるが、梅毒に罹患。そのため自身で工夫を重ねて治療薬を開発し、医者に転じた。文政一〇年（一八二七）米子で医薬の啓蒙書『妙薬奇覧』を出版。同年、手品や料理、秘事など一〇〇条をまとめた『秘事百撰』を執筆し、施本として頒布した。後に大坂に出て梅毒専門医として活躍、自家製薬の製造販売や尿道用ゴムカテーテルの販売、『絵本黴瘡軍談』『黴瘡茶談』の執筆を手がけた。また、嘉永元年（一八四八）には伝授本『秘事百撰 後編』を著している。

ちゅうちゅう だゆう▼ちうちう太夫→正天一

ちゅうさぶろう▼長三郎　？〜？　江戸前期　京都で活躍した放下師。『隔蓂記』慶安三年（一六五〇）二月二六日条に種々の「術」を披露したことが載る。

ちょうだゆう▼長太夫　？〜？　江戸前期　放下師。『家乗』延宝八年（一六八〇）四月の記事に、紀伊明王院境内で籠抜け興行に加わり、蜘蛛舞・緒桶・夢想続松を演じたとある。

ちれめ ちすと▼チレメチスト→ジレメチスト

ちんさい▼珍斎　一六八九〜？　江戸前期　『家乗』に、元禄一〇年（一六九七）三月、江戸湯島聖堂で塩屋長次郎とともに箱脱けの曲（エスケープ・マジック）を演じたとする記録が見える。

ちん びこう▼陳眉公　一五五八〜一六三九　中国明代末期　本名は継儒で、眉公は号。書家・画家。昆山などに隠棲し、多くの著作を残した。元禄九年（一六九六）刊、わが国初の伝授本『神仙戯術』には、陳眉公による著述と記されているが、底本となった明での初版本は正徳五年（一五一〇）の刊行であり、年代が合わない。また明の初版本には編者は碧雲散仙とある。何らかの事情で漢文訓読と和訳を担った馬場信武が、著者に仮託したものと考えられる。

つるかわ かえんさい▼鶴川花烟斎　？〜？　明治前期　明治八年（一八七五）『諸芸人名録』落語之部上等之部に手品「向柳原二丁目 鶴川花烟斎」と載るも、詳しいことは不明。

つるかわ かちょうさい▼鶴川花朝斎　？〜？　明治前期　『文系図』の日本手品師の項にのみ載る。花蝶斎と同一人物か。

つるかわ かちょうさい▼鶴川花蝶斎　？〜？　明治前期　明治九年（一八七六）『落語業年鑑』に載る（五月改では上等印、八月改では中等印）。花朝斎と同一人物か。

つるかわ こはな▼鶴川小花　？〜？　明治前期　明治九年（一八七六）『落語業名鑑』で鶴川花蝶斎に続けて名前が載るため、その門人か（下等印）。

つるきち▼鶴吉　？〜？　江戸中〜後期　尾張の生まれ。初め名古屋広小路で、声色や物真似など諸芸を演ずる。後に江戸の上野山下で放下師として活躍し、二代目芥子の助と人気を二分した。得意としたのは豆や徳利の曲取り、鳩出し、植瓜術など。芥子の助の没後は、盛り場である山下の代名詞的存在となり、黄表紙『鳩八幡豆兼徳利』にも登場した。晩年は故郷の名古屋に戻って剃髪し、物乞いをしながら過ごしたという。大田南畝「丐者伝」には松川氏を称したとあるが、声色芸を見せた松川鶴市との混同であろう。なお、嘉永期（一八四八〜五四）初め頃、上野山下に鶴吉を名乗る辻放下がいたが、これは正式に襲名したものではなく、勝手に名乗ったものという。

つるざわ うめきち▼靏澤梅吉　？〜？　明治前期　年不詳「一流西洋首斬手品 太夫靏澤梅吉」と題した絵ビラが伝来する。図柄は前橋喜八のものに類似する。若太夫の名は小せん、口上は靏澤兼吉とある。

できやま はつだゆう▼出来山初太夫　？〜？　江戸前期　『天和笑委集』に、長柄杓、曲鞠、曲撥、品玉といった曲技的演目のほか、「そこなきおごけ」から様々なものを取り出す放下、鷺を鳥の術などを演じたと見える。

できやま まんせい▼出来山万世　？〜？　江戸前期　元禄五年（一六九二）三月、内藤紀伊守の屋敷で塩売長次郎とともに放下を演じた記録が『松平大和守日記』に載る。演目は長柄杓、曲鞠、白刃取、徳利茶碗曲。

てれじゃー ほういち▼テレジャー宝一　？〜？　明治期　本名は渡辺某。初め中村一登久（市徳）の門人で中村小登久（小徳）。明治一三年（一八八〇）一月、大阪道頓堀での市徳の絵ビラ「西洋業事七々不思議」に載る若太夫中村小徳が同一人物か。二七年には京都の落語家林家木鶴の門下に入るも、後にテレジャー宝一と改名し、四〇〜四一年にマリー千代子、テレジャー君子ら女奇術師を加えた一座を率いて各地を巡業。四一年には英人バアレーとの合同興行も行った。なお、この時期は日本マヂック協会名義で興行しているが、その実態は不明。四四年新たに旗揚げした初代松旭斎天勝一座に加わり、本名の渡辺で後見長を務めたというが、新聞記事には保一と記され、改名して出演していたようである。

てんいちさい▼天一斎　？〜？　明治後期　明治三三年（一九〇〇）二月、長崎での東洋奇術興行を伝える記事が確認される。

てんぎょくさい たつこ▼天玉斎龍子　一八九五〜？

明治後～大正期　本名は鈴木静江。大正四年（一九一五）『芸人名簿』奇術の部に載り、天龍一座に加わっていた事が確認できる。

てんぎょくさい てんりゅう▼天玉斎天龍　→帰天斎英一

てんちさい ていいち▼天地斎貞一　→地天斎貞一

てんゆうさい あかし▼天遊斎アカシ　?～?　明治後期　『文系図』西洋手品の項および明治四四年（一九一一）の番付に載る女手品師。父は落語家の三遊亭右猿（後の圓条。本名は太田卯三郎）。

てんゆうさい こういち▼天遊斎弘一　?～?　明治後期　新聞記事によれば、天遊斎寿恵女と一座を組み、明治三五年（一九〇二）七月、高松で手品と俄芸の興行を行っている。

てんゆうさい めいいち▼天遊斎明一　→遊天斎明一

てんゆうさい めいよう▼天遊斎明洋　一八八六～一九六〇　明治後～昭和後期　本名は鳥居兼吉。明治四三年（一九一〇）『浅草繁昌記』では営業種別「新手品」として名前が載る。明誉とも。子どもの頃に明一の後見を務めたという。後に落語家に転じ、初代三遊亭圓遊の弟子で三遊亭遊福、三代目三遊亭圓馬門下に移って立川ぜん馬と名乗った。

てんらくさい▼天楽斎　?～?　明治後期　伊太利奇術師と称す。明治三四年（一九〇一）九月、大阪千日前での興行記事では、首斬り手品に観客が卒倒したことが伝えられている。四四年六月には、富山でサーカス団益井商会興行部の一員として西洋手品を演じている。なお、三〇年三月、京都で西洋奇術の種明かしを演じた斎藤天楽斎は同一人物か。

とうえいさい せいこう▼当栄斎清光　?～?　明治後期　明治四一年（一九〇八）五月、富士川一広（ジョントロか）と合同で大阪で興行を行った記事が確認できる。

とうきょうさい うおいち▼東京斎魚一　→帰天斎正一（二代）

とうよう いちろう▼東洋一朗　?～?　明治後期　明治三二年（一八九九）八月、京都において独楽の早竹虎吉・軽業の金次瀧太郎の一座と合併して、和洋手品を演じたとする記事が確認される。

とうようさい たいしょう▼東洋斎大正　一八八一～?　明治後～大正期　本名は星野文雄（『芸人名簿』に文椎とあるは誤記）。地天斎貞一の門人で初名はフミ雄。『文系図』西洋手品の項に載る。

ときわや びちょう▼ときハや美蝶　→一徳斎美蝶（代数不詳①）

とくがわ よしちか▼徳川義親　一八八七～一九七六　大正～昭和期　尾張徳川家第一九代当主、侯爵。父は元福井藩主松平慶永（春嶽）。奇術好きで知られ、アマチュア奇術の向上と普及に努めた。昭和八年（一九三三）東京アマチュアマジシャンズクラブ（TAMC）の創立に携わり、その後も後ろ盾となった。奇術研究家の阿部徳蔵のパトロンでもあり、自邸へもしばしば阿部を招いて奇術を演じさせたという。

とび かとう▼飛加藤　?～?　戦国期　鳶加藤・加藤（加当）段蔵とも。永禄期（一五五八～七〇）頃に活躍したとされる忍びの者。並外れた跳躍力を持ち、上杉謙信が治める春日山城下で植瓜術や呑牛術を披露したという。本来、武田信玄の元に奉公にきた跳躍力に優れた忍び「とび加藤」の話と、謙信の元に現れて呑牛術を披露した人物の話とは別の話だった。それが後に融合され、巷間に伝わる飛加藤の話ができあがったと考えられる。実在を完全に否定することはできないが、話が作り上げられたものであることは確かである。

とみた つるきち▼富田鶴吉　→宝来家亀六

ながさき ちんぞう▼長崎珍蔵　?～?　江戸後期　享和元年（一八〇一）三月、名古屋での興行記録があり、「手妻の名人」と記される（『金明録』）。

ながしま しゅんこう▼永島春晃　?～?　明治前期　明治一八年（一八八五）『和洋てじなのたねほん』を執筆、挿画も担当した。内容は永島福太郎の『新撰西洋手品の種本』より引いたものが多い。福太郎は初め虎重と号し、二一年頃からは春暁を号したというが、あるいは春晃の号も福太郎のものという可能性もある。

ながしま たまのすけ▼長嶋玉之助　?～?　江戸前期　放下師。『隔蓂記』によると、慶安三年（一六五〇）六月、竹田四郎兵衛とともに仙洞御所に召され、緒小器（おごけ）の術や手鞠を披露した。その後、延宝八年（一六八〇）には江戸で枕返しの名手として有名になった（『俳諧向之岡』）。

ながしま ふくたろう▼永島福太郎　?～?　明治前期　浮世絵師。歌川国芳の門人芳虎（永島辰五郎）の子あるいは門人。初め竹林舎虎重を称し、後に春暁、孟斎とも号した。明治一四年（一八八一）『新撰西洋手品の種本』の一・二号を執筆、作画も担当している。浮世絵師としては玩具絵を得意とした。

なかむら いちえい▼中村一栄　?～?　明治期　秦豊吉著『明治奇術史』に明治期の日本手品師として名前が載り、「渡米す」とあるも、他書では確認できない。

なかむら いちし▼中村一枝　?～?　明治期　秦豊吉著『明治奇術史』に明治期の日本手品師として名前が載り、一登久の娘とあるも、他書では確認できない。

なかむら いちとく▼中村一登久　明治期に二代を数える。

【初代】?～?　明治期　前名はイチトク、市徳。明治一三年（一八八〇）一月、大阪弁天座での絵ビラ「七々不思議」が伝わり、天井渡り、空中浮揚などが描かれる。この時の若太夫は小徳。一四年一一月の新聞では手品・水芸の太夫と載り、一五年一月の絵ビラでも十字架の磔やボックス剣刺しに加え、多彩な水芸の様子が描かれ、水芸を得意芸としたことがうかがえる。一六年一月には関西から東京に進出し、七変化・空中浮揚・壺抜け・曲独楽などで評判を得た。二一年の番付『落語名覧』では養老瀧五郎と同格で名前が載るも、二三年八月には「中村一登久事福寿」と名乗り、東京で一六代目松井源水との合併興行を行っている。初代松旭斎天一一座の水芸に影響を及ぼしたとされ、二〇年代後半には天一一座に水芸の後見として入座したとされる。確かに二七年刊『技芸偉観』にも天一門人として天登久の名が載るが、二九年浅草の火事で、一登久の小屋が延焼したとの記事が見え、この時期にも自らの一座を構えていたことが明らかである。なお一〇年二月、名古屋で興行したイチトヲリをイチトクの誤植とみる説がある。

【二代】→神道斎狐光

なかむら いっこう▼中村一幸→宮岡天外

なかむら うかく▼中村右鶴→神道斎狐光

なかむら おきな▼中村おきな　?～?　明治期　秦豊吉著『明治奇術史』に明治期の日本手品師として名前が載り、「一登久の後見」とある。

なかむら きちじろう▼中村吉次郎→正天一

なかむら くにたゆう▼中村国太夫　?～?　明治前期　明治一八年（一八八五）二月、名古屋での西洋手品興行の記事が確認される。

なかむら こうかくじょ▼中村光鶴女　?～?　明治前期　年不詳「西洋手品昔ハ祖師方今為観物」と題した絵ビラに「太夫 若女 中村光鶴女」として記される。絵ビラに載る演目は、鶏の首継だけだが、外国人の新工夫をいろいろ披露するとある。

なかむら こうとく（じょ）▼中村光徳（女）　一八五四～?　明治後期　本名は森とき。名古屋の生まれ。明治一八年（一八八五）八月、大阪千日前で演じた弾丸受け止め術を仕損ない、片目になったとする記事が初出。その後も二三年二月、水野小三次と一座を組み、名古屋で七化早替りの興行を行っている。『明治奇術史』によると、後に初代松旭斎天一一座に入り、松旭斎天小女と名乗ったとあるも確認はとれない。二九年四月の名古屋で、中村光徳改め松旭斎天光の興行記事が確認され、こちらが正しいと思われる。三三年にも天光女一座が札幌で和洋手品や手踊り、七変化などを演じたとある。

なかむら ことく▼中村小登久（小徳）→テレジャー宝一

なかむら しょうじゅ▼中村勝寿→地球斎イルマン

なかむら ときわ▼中村常盤　?～?　明治前期　年不詳「一流元祖 水芸曲独楽 太夫中村常盤」と題された絵ビラが現存する。題脇に「皇国手品」「大道具早替り」とあるように、芝居仕立ての大掛かりな演目が描かれるほか、洋装で演じる火炎一本竹（空中浮揚）、和装での水芸などが確認できる。

なかむら はなきち▼中村花吉　?～?　明治後～大正期　本名は井橋つな。大正五年（一九一六）刊『通俗教育』に種別「音曲手品」、明治四〇年（一九〇七）四月開業と載る。

なかむら ふくじゅ▼中村福寿→中村一登久（初代）

にしお てんほう▼西尾天芳　一九一〇?～?　昭和期　本名は西尾芳助。昭和三年（一九二八）一九歳で初代天勝一座に加わり、一〇年夏頃まで在籍。その後は独立し、昭和二〇年慰問先の満州で終戦を迎える。天芳を名乗ったのはその頃。戦後は帰国した天海からミリオンカードやミリオンシガレットを学び、指先の手品を得意とした。

にっぽんてい まるまる▼日本亭〇〇　?～?　明治後期　新聞記事によれば、明治三二年（一八九九）五月、富山で西洋手品・昔噺しを興行したとある。

はかた えいぞう▼博多永蔵　?～?　江戸後期　江戸で独楽の細工人だったが、天明七年（一七八七）大坂に上って一〇〇種近い独楽の演目を披露、市中に独楽の大ブームを巻き起こした。

はかた かめぞう▼博多亀蔵　?～?　江戸後期　寛政八年（一七九六）『新版当世役者浮世芸者風流見

立競』によると、宮入り独楽（神殿を形どった箱に独楽が入り、箱が割れて開く）を演じて有名だった。

はかた こちょう▼博多小蝶　?〜?　幕末期　女曲独楽師。弘化四年（一八四七）一月、大坂難波新地での博多蝶之助の絵ビラに女太夫として名前が載る。同年三月には江戸浅草奥山で曲独楽興行を行った記録が残る。曲独楽に水芸を応用した竜宮玉取りの曲を得意とした。万延元年（一八六〇）三月、讃岐金比羅の開帳での興行記録によれば、小蝶は蝶之助の女房、曲芸をみせた玉之助は伜と記されている。

はかた ぜんぞう▼博多善蔵　?〜?　江戸後期　歌舞伎役者の三代目坂東彦三郎（楽善）の弟子で坂東善蔵。後に独楽師に転じて、博多善蔵を名乗る。寛政期（一七八九〜一八〇一）、江戸で名人となり、鐘に吊るされた細糸を独楽が伝って上る道成寺鐘入りを発案した。永蔵の弟子と推定されている。

はかた ちょうざぶろう▼博多長三郎　?〜?　明治期　秦豊吉著『明治奇術史』に明治期の日本手品師として名前が載り、「上海に渡る」とあるも他書に見えず。足芸を得意とした蝶三郎と混同したものか。

はかた ちょうしろう▼博多長四郎　?〜?　江戸後期　大坂の曲独楽師。文政八年（一八二五）七月、名古屋大須での「網（紐か）なし曲こま」の長期興行の記録が残る。

はかた ちょうのすけ▼博多蝶之助　?〜?　江戸後〜幕末期　長之助（介）とも。文政五年（一八二二）大坂若太夫芝居で「風流紐無博多曲独楽」の興行を行った記録が残る。年不詳ながら絵ビラも伝わり、糸渡りや独楽づくしなどが描かれている。明治六年（一八七三）二月の絵ビラでは曲持の演目が多く描かれている。

はかた ちょうべえ▼博多蝶兵衛　?〜?　江戸後期　寛政期（一七八九〜一八〇一）上方から江戸に下った曲独楽の名人。具体的にどのような演目を演じたかは不明だが、幕末頃でも伊勢四日市では蝶兵衛の名で独楽が売られていたほどよく知られた独楽師だった。後の長之助（蝶之助）は、この蝶兵衛の流れを汲むものという。

ばかんとら▼バカントラ（馬関虎）　?〜?　明治後期　本名は吉田虎蔵。明治二四年（一八九一）九月、大阪で玉屋小市と賭博の見世物をしたところ、翌日に停止を命じられた。また二九年にも東京でカルタとサイコロによるいかさま博打の種明かし興行を報じる記事が確認され、この時のものとみられる「日本一カルタ手術番組」と題した絵ビラも現存する。三四年の番付『東京落語花競』には「日本手品　バカントラ」と載る。正岡容『艶色落語講談鑑賞』によると「バカントラは、下関生まれの馬関寅だったのであろうと思う」とある。

はぎわら さくたろう▼萩原朔太郎　一八八六〜一九四二　大正〜昭和前期　詩人。TAMC会員。手品愛好家として知られ、娘葉子の著作『父・萩原朔太郎』には、一人で四つ玉を練習する姿が回想されている。幼き日に見た初代松旭斎天一の舞台を回想した短文「松旭斎天一の奇術」もある。

はせがわ さとる▼長谷川智　一九一二〜一九五五　昭和期　昭和八年（一九三三）影同人社を設立し、本格的に奇術研究に取り組む。一三年にはプロ、アマ双方が参加する日本奇術連盟（JMA）と改称し、用具やテキストの販売を開始（初代会長）。また一五年には日本初の国際奇術大会を開催し、機関誌『奇術界報』を発刊している。戦後間もなく、後に指導者として日本奇術界に大きな影響を及ぼすことになる高木重朗（一九三〇〜一九九一）の加入を得て、各地で講習会やマジックショーを開いた。奇術愛好家として知られる江戸川乱歩とも親交があり、没後は追悼文を寄せられている。**【著】**『奇術徒然草』『奇術の鍵』など多数。

はた とよきち▼秦豊吉　一八九二〜一九五六　昭和期　興行家、演出家、随筆家。筆名は丸木砂土。昭和二七年（一九五二）阿部徳蔵の遺稿『近代日本奇術史』を下敷きにした『明治奇術史』を私家版として出版。帝国劇場社長時代にミュージカル「天一と天勝」をプロデュースした。**【参】**森彰英『行動する異端』

はなかわ じゅきょくさい▼花川寿旭斎　一八六八〜?　明治後〜大正期　本名は中村為助。大正四年（一九一五）『芸人名簿』奇術の部に載る。

はなかわ らっきょく▼花川落旭　一八五六〜?　明治〜大正期　本名は池田辰造。大正四年（一九一五）『芸人名簿』奇術の部に載る。

はなや きゅうじろう▼花屋久二郎（久次郎）→花山人

ばば のぶたけ▼馬場信武　?〜一七一五　江戸前〜中期　儒学者、医者。初め天台宗照高院門跡の道尊法親王に仕え、主君の死後、医者に転じて尾田玄古とも称した。中国軍書や卜占書、天文書などを多く著し、教来寺（経来寺・教来石）弥兵衛の名で書肆を営んだとされる。元禄九年（一六九六）刊、わが国初の伝授本『神仙戯術』は、明で刊行された同書から抄録し、信武が訓読・和訳を添えて編集したもの。また、同一二年には『続神仙戯術』を教来寺から刊行している。初期伝授本刊行に果たした役割の大きさがうかがえる。

はままつ うたくに▼浜松歌国　一七七六～一八二七　江戸後期　京坂の歌舞伎狂言作者、戯作者、考証家。通称は布屋氏助、清兵衛など。別号に颯々亭南水ほか。著作『摂陽奇観』は、慶長二〇年（一六一五）大坂城落城以後の大坂の市井のできごとを編年体で記したもので、文政一〇年（一八二七）の歌国没後も楠里亭其楽らが補記し、天保四年（一八三三）に完成した。特に文芸、演芸、風俗について詳しい記載を持ち、奇術に関する記載も多い。同書は朝倉無声『見世物研究』の典拠の一つにもなった（同書では『摂陽年鑑』『浪華見世物年鑑』と呼称）。

はまむら けいぞう▼浜村慶蔵　？～？　明治前期　大阪の編集者、出版者。明治一九年（一八八六）佐藤冨七郎が一七年に執筆した『西洋てしな独芸好』を改刻した『日本西洋手品の種本』を出版、同書は『日本西洋手品種本』『絵本西洋手品種本』など名前を変えて何度も出版された。浜村が関わった本に『花街妓情』『近世日本外史』などがある。

はやし すけうえもん▼林助右衛門　→林保宅

はやし はくみん▼林伯民　一九〇一～一九八三　昭和期　本名は林実。小児科医、アマチュアマジシャン。創作奇術を得意とし、昭和二八年（一九五三）に考案した如意独楽では第一回石田天海賞を受賞している。

はやし ほうたく▼林保宅　？～？　江戸前期　紀伊和歌山城下の芸能者、興行主。元禄八年（一六九五）二月、紀州藩家老三浦家の別邸で銭之曲・神通幣速・結手巾・ホウタウシ・呑小刀・弘法ツリ水といった幻術を演じた記録が『家乗』に載る。この時併せて独狂言も演じており、ほかに城下で浄瑠璃や歌舞伎の興行主になった記録もある。なお、同三年三月や五年正月に三浦家に招かれ、万子水底曲・海人五色沙取・縄切・奇妙鳥籠・一粒万倍希代筥・夢想挟筥・百人首歌隠などの幻術を演じた林助右衛門を同一人物とみる説がある。

はやしや しょうまる▼林屋正丸　→帰天斎正丸

はやしや しょうらく▼林屋正楽　幕末～平成期まで複数人を数える。

【三代?】→帰天斎正一（初代）

【四代?】一八三五～一九〇九　幕末～明治後期　本名は松岡宗助。子は帰天斎小正一。『文系図』では初め神田伯鯉と名乗る講釈師だったが、後に初代帰天斎正一の門人とある。初代正一は、もと四代正蔵の門人で三代正楽を名乗る落語家だったが、明治九年（一八七六）には正一に改名しており、正楽の名を譲られたとみられる。同年『落語業名鑑』に正蔵、正之助に続いて正楽の名が載る。三一年の番付『落語音曲実地腕競』では東方前頭九枚目に「怪談 林屋正楽」と載り、正一の門人ながら、奇術師ではなかった可能性もある。

はやしや つるのすけ▼林屋鶴之助　？～？　明治～大正期　林家鶴之助、霍之助、鶴の助とも。本名は木村紋太郎（木下とも）。落語家の四代目林家正蔵の養子。『文系図』では日本手品師の項に載り、明治二二年（一八八九）の番付『落語家一覧表』では、ジャグラー操一、春風蝶柳斎（後の三代柳川一蝶斎）らと同格で名前が載っている。三七年『東京明覧』でも色物の項に載る。

はやせ さこん▼早瀬左近　？～？　飛鳥期　『調記』で「手品ノ元祖」に位置付けられる人物。大化元年（六四五）六月、中臣鎌足らによる蘇我入鹿の暗殺（乙巳の変）に際し、白紙を数百の小蝶に変ずる手術を演じたとされるが、『日本書紀』には見えず、虚構の人物と考えられる。

はやたけ とらきち▼早竹虎吉　幕末～明治期にかけて三代を数える。

【初代】？～一八六八　幕末期　京都の軽業師、曲独楽師。天保一三年（一八四二）八月、京都での興行絵ビラが伝わり、兄弟の名（鶴吉・福松）も見えるのが初出。初期には竹梯子や二本竹三人乗りなどの曲芸に博多曲独楽などを交え、大坂、安芸宮島、名古屋など各地を巡っている。安政四年（一八五七）一月には、江戸両国回向院で石橋や小野東風行灯渡りなど芝居仕立ての軽業を演じて大評判となり、多くの錦絵が出版された。また、曲独楽と奇術・からくりを融合させた金魚うつしの演目も得意芸の一つとしている。慶応三年（一八六七）一座を率いて渡米するも翌年ニューヨークで客死した。

【二代】？～？　明治前期　明治七年（一八七四）一月に二代目虎吉の絵ビラが伝わることから、襲名はこの頃と考えられる。襲名したのは初代の弟、実子、養子など諸説あって定説を見ない。

【三代】 ?〜? 明治前期 明治二〇年（一八八七）六月、大阪千日前での興行を伝える記事が初出だが、その後も二代目は活動し続けているため、正式な三代目ではない可能性もある。

はやみ けんざん▼早水兼山 ?〜? 江戸中期 京都の住人。享保一〇年（一七二五）に生活の知恵を集めた雑書『万世秘事枕』を含霊軒（めと木屋）から出版。本書の下巻には歌がるたを用いた手品が載り、わが国におけるカード奇術の初出とされる。なお、兼山は含霊軒の依頼を受けて『万金産業袋』（三宅也来著）の序文も書いていることから、馬場信武、多賀谷環中仙、蓍屋勘兵衛ら、一八世紀京都における奇術愛好家ネットワークの一角を占めた人物と思われる。

はやわざ びちょう▼早業美蝶 →一徳斎美蝶（代数不詳①）

はるかぜ いちりゅう（さい）▼春風一柳（斎） →一柳斎柳一

はるかぜ しめじゅ▼春風志女寿 ?〜? 明治後期 明治二六年（一八九三）改正『昔話音曲技芸一覧』に「てしな春風志女寿」と載るが、他の番付には見えない。

はるかぜ ちょうきち▼春風蝶吉 →柳川蝶太郎（代数不詳②）

はるかぜ ちょうのすけ▼春風蝶之助 →柳川小蝶

はるかぜ ちょうりゅうさい▼春風蝶柳斎 →柳川一蝶斎（三代）

はるかぜ りゅういち▼春風柳一 →春天斎柳一

ばんこくさい じょん▼萬国斎ジョン 一八五〇〜? 明治期 本名は八木沢由次郎。初め落語家の口渡語教の門人で口渡教我（明治九年『落語業名鑑』）。明治一九〜二六年（一八八六〜九三）の番付に萬国斎ジョンと見える。その一方で二二・二四年の『名前揃』では帰天斎ジョンとあり、斎号を改めた時期は不明。番付では行司や年寄に擬して別記される欄で、帰天斎正一やジャグラー操一、松旭斎天一とともに大書されるほどの人気奇術師だった。

ばんこくさい そうり▼萬国斎総理 →養老瀧翁斎（代数不詳）

ばんこくさい へいき▼萬国斎併喜 一八六八〜一九二六 明治期 本名は碓井米吉。平喜とも。盆屋で丁稚奉公の傍ら、天狗連（アマチュア芸人）として活動。近所で公演していたヘイドン一座に出方を頼まれ門人に。後に落語家に転じて二代目三遊亭金馬となる。

ばんこくさい へいし▼萬国斎併枝 一八七六〜? 明治後期 本名は西川幸之助。併呑（ヘイドン）の門人。明治二八年（一八九五）の『名前揃』に開業願が載る。

ばんこくさい へいどん▼萬国斎ヘイドン 一八五一〜? 明治〜大正期 併呑とも。本名は下河辺盛太郎。初め巡査を務め、後に三代目鈴川春五郎の門人となって鈴川春之助（明治八年『諸芸人名録』落語之部上等之部に「本所ミドリ丁 鈴川春之助」）。後に春蝶斎と改めたとされるが、明治九年（一八七六）刊『落語業名鑑』に載る鈴川春朝斎との関係は不明（同名鑑には中等印の鈴川春之助も載る）。二五年『昔話音曲技芸一覧』には「西洋てしな萬国斎併呑」とあり、この頃までには西洋手品に転じて改名していたとみられる。寄席では和洋の手品のほか、落語・操り獅子・生人形・百面相など多彩な芸を披露して人気を得た。

ひきた てんこう▼引田天功 昭和後〜平成期にかけて二代を数える。

【初代】 一九三四〜一九七九 昭和後期 本名は引田功。昭和二八年（一九五三）頃から三越の天洋奇術研究所の売り場でアルバイトをしていたところを、松旭斎天洋に見出され、三二年にプロデビュー。天功を名乗ったが、松旭斎の斎号は辞退したという。初め四つ玉やシガレットなどのスライハンド・マジックを得意とし、三五年にはＮＨＫテレビ「魔法の小箱」に出演、鳩出しやテレビジョンカードで人気となる。三八年には水槽からの脱出奇術を披露し、スケールの大きな屋外での脱出マジックがテレビの特別番組としてシリーズ化された。四一年には東京魔術団を結成、四五年の大阪万国博覧会では会期中、水上劇場でマジック・イリュージョンを演じている。心筋梗塞による急逝により、没後の五五年、弟子の朝風まりが二代目を襲名した。**【参】**藤山新太郎『タネも仕掛けもございません』

ひしや かんべえ▼菱屋勘兵衛 →蓍屋勘兵衛

ひのもと めいぎょく▼日の本明玉 ?〜? 明治後期 明治二五年（一八九二）八月、普天楽好一と一座を組み名古屋で大砲芸などを見せた記事が載る。同年一〇月の記事では、日の出明玉とあり、いずれかが誤植。なお、二六年に松旭斎明玉の名で興行した奇術師との関係は不明。

びゅうさい めいいち▼鼻遊斎明一 →遊天斎明一

ひらせ ほせい（すけよ）▼平瀬輔世　?〜?　江戸中〜後期　大坂の書肆・薬種商の赤松閣主人。通称は千草屋新右衛門。徹斎、鬼望、草野などと号した。宝暦一四年（一七六四）に伝授本『放下筌』、安永八年（一七七九）に続編にあたる『天狗通』を自身が営む書肆から刊行。両書ともにオリジナリティに溢れ、江戸時代の伝授本を代表する存在と言える。博学で知られ、伝授本以外の著作に、宝暦四年刊『日本山海名物図会』、延享五年（一七四八）刊『売買出世車』がある。

ふうじょう はん▼風情ハン→アサヒマンマロ

ふうせい はーん▼風晴ハーン→アサヒマンマロ

ふくし まさいち▼福士政一　一八七八〜一九五六　昭和期　病理学者、日本医科大学教授。文身（いれずみ）研究でも知られる。緒方知三郎、阿部徳蔵らと東京奇術研究会の発足に関わり、昭和八年（一九三三）には後身となる東京アマチュアマジシャンズクラブの初代会長に就任した。

ふじかわ ぎんちょうさい▼藤川銀蝶斎　?〜?　明治期　秦豊吉著『明治奇術史』に明治期の日本手品師として名前が載るも、他書では確認できない。

ふじかわ さだきち▼藤川定吉　?〜?　幕末期　天保七年（一八三六）一一月、名古屋において、伊藤市松・しげのらと、糸細工手妻興行を行った。ほかに男芸者として藤川繁八・藤川七五三蔵の名が見える。同年九月の興行では、伊藤弥八・伊藤七五三蔵・伊藤万吉の名が見えるが、両者が同一人かは不明。

ふじた げんのすけ▼藤田源之助　?〜?　江戸中期　博多の人。享保一八年（一七三三）八月、源蔵、権七の三人で、豊後府内浜之市で「手つま小芝居」興行を行った記録が確認される（『府内藩記録』）。

ふてんさい こしょう▼普天斎小正　?〜?　明治前期　明治二二年（一八八九）『落語家一覧表』で帰天斎正一、養老瀧五郎、アサヒマンマロ、中村一登久と同じ欄に載るため奇術師とみられるが、詳細は不明。

ふてんらく こういち▼普天楽好一　?〜?　明治後期　明治二五年（一八九二）八月と一〇月、日の本（日の出）明玉と一座を組み、名古屋で大砲芸などを見せた記事が載る。

ふもとたん▼フモトタン→ジレメチスト

ふらくさい▼敷楽斎　?〜?　明治前期　明治九年（一八七六）三月、大阪難波新地で足芸の亀澤芳三郎との合同興行をした際の絵ビラが伝わる。絵ビラからは、禿頭であること、水芸や操り人形を得意としていたことがわかる。

ふるすとん▼フルストン　?〜?　明治後期　マルストン（マルトン）とも。明治二四年（一八九一）八月、東京での西洋奇術七変化興行の記事が確認される。台に乗せた張子の首を、女性や骸骨、花籠に変ずる演目を見せた。明治初年に墺国に渡航して帰朝したとあることより日本人と思われる。

ふろーん▼フローン　?〜?　明治後期　女性奇術師。明治二四年（一八九一）五月、座長アジャペイルのもと仙台での興行を伝える記事が確認できる。英国戻りとあることから日本人であろう。

ほうらいや かめろく▼宝来家亀六　一八七四〜?　明治〜大正期　本名は富田鶴吉。大正四年（一九一五）『芸人名簿』奇術の部に載り、五年『通俗教育』では本名で載る。

まえだ しょうじ▼前田正二　?〜?　明治前期　年不詳「各国元祖奇妙成手術 元インド国人アレキハースン改名 前田正二」と題された絵ビラが伝わる。この絵ビラは帰天斎正一のものとほとんど同じ絵柄であることから、正二は正一の門下と考えられている。絵ビラからは、無尽蔵の酒や人体浮遊などの西洋手品を演じたことがわかる。明治一六年（一八八三）二月から、東北地方での興行を伝える記事が確認されている。

まえばし きはち▼前橋喜八　?〜?　明治前期　年不詳「一流西洋首斬一曲 太夫前橋喜八」と題した絵ビラが伝来する。図柄は吉岡金蔵のものとほとんど同じだが、電柱と電線は描かれず、版は明らかに異なる。若太夫は小仲とある。

まぎー のぶさわ▼マギー信沢　一九一九〜一九八四（一九二〇〜一九八五とも）　昭和後期　本名は信沢清一。昭和一七年（一九四二）に長谷川智に入門し、終戦後にプロに転向。スライハンドの名手で、メリケンハットやペーパーハット、マグネットカードなどを得意とした。弟子にマギー司郎（本名野澤司郎）がおり、信沢はマギー一門の始祖に位置付けられている。

ますや とくべえ▼升屋徳兵衛　?〜?　江戸後期　倉敷の手妻師。文化七年（一八一〇）四月、美作一宮における手妻興行の記録が伝わる（『大年寄月番日記』）。

まぢっくごーる▼マヂックゴール→帰天斎英一

まつい しょうようさい▼松井昇陽斎　?〜?　明治後期　明治三八年（一九〇五）一二九種の和洋奇

術を解説した『改良奇術』を出版。無断転載や孫引きが横行するこの時代に、他書には見えない演目を載せた点に特長がある。

まつだ うきふね▼松田浮舟 →松田日向太夫

まつだ しょうたろう▼松田昇太郎　一九〇三～一九八七　昭和期　奇術研究家。江戸初期以来続く老舗の味噌醤油問屋に生まれる。日本奇術連盟に属し、演目や奇術用具の考案を得意とした。海外から新しい情報を入手すると、惜しみなく披露したため、プロアマ問わず多くのマジシャンたちに慕われた。後に「マジック博士」と称される高木重朗も、中学生の頃から松田の知遇を得ていたという。

まつだ ひゅうがだゆう▼松田日向太夫　?～?　江戸前期　日向・日向守・松田浮舟とも。放下師、江戸歌舞伎の座元。寛永二一年（一六四四）正月、京都でヲゴケや縄切り、金輪、白紙を索麺にする演目など多様な奇術を演じた記録が残る（『尚嗣公記』『隔蓂記』）。俳諧に多く詠まれていることから、著名な放下師だったことがわかる。後に江戸に下り、放下に加えて島原狂言を演ずる一座を堺町で構え、大名の邸に招かれるなどして演技を見せた記録が確認される（『松平大和守日記』）。万治三年（一六六〇）頃からは「古都伝内日向太夫座」という合同興行で大芝居も行ったが、二度にわたる分裂騒動を経て、再び小芝居に転じたとみられる。なお、江戸のからくり細工人松田播磨掾と同一人物視する説があるが、別人と見てよいだろう。

まつの そううんさい▼松野早雲斎 →吉川弥三郎

まつの みつこ▼松野光子　?～?　明治期　本名は斎藤エイ。明治四三年（一九一〇）『浅草繁昌記』に営業種別「手品」として名前が載る。

まつもと えいざぶろう▼松本栄三郎　?～?　幕末期　天保三年（一八三二）七月、名古屋で行われた「みいれ駒」の前芸に、刃渡りや煮え湯を浴びる芸を見せた（『名陽見聞図会』）。

まつもと けんきち▼松本兼吉　?～?　幕末期　天保三年（一八三二）七月、名古屋で行われた「みいれ駒」の前芸に、刀の刃渡りを演じた（『見世物雑志』）。

まるすとん▼マルストン →フルストン

まんじ ぎさん▼萬字義山　?～?　明治前期　明治一〇年（一八七七）六月、名古屋で火渡り、剣渡りをした記録が残り（『勾欄雑集記』）、年不詳「火渡り手品」と題した絵ビラが伝わる。来場した客にも火渡りをさせたという。

みさわ たかしげ▼三澤隆茂　?～?　大正～昭和前期　大正七年（一九一八）科学手品一九六種を載せた『趣味的化学実験法』を出版。このほか大正期に『奇術の種あかし』『魔術的物理実験法』『面白い理科遊び』『魔法理科』など科学の知識を活かした教本を多く執筆、昭和前期にも『趣味の奇術』を出版した。

みさを▼ミサヲ　?～?　明治前期　ミサオーとも。明治二二年（一八八九）四月、東京の文楽亭でクレーン、キンドルの三人で「一大矯風技術」と題した興行をした記事が確認され、絵ビラも現存する。

みた こういち▼三田光一　一八八五～一九四三　明治後～昭和前期　明治四四年（一九一一）、千里眼奇術で東京や京都・大阪で評判となる。舞台では空中皿飛や身体石割術なども演じた。上京前の四四年七月には地元仙台において、ジャクラマン朝日勝一の一座で石割術を演じたとする記事が確認されている。後に月の裏側の念写で有名になった。

みつい こうてんぼう▼三井晃天坊　一八九八?～一九六〇　昭和期　初め東京浅草で奇術材料を販売する店を出していたが、後に郷里の兵庫県に移り、関西方面で実演、指導、用具の販売を行った。見えない糸で紙くずや人形、作り物の蛇などを動かすヒョコの名人と呼ばれた。弟子に松旭斎晃洋がいる（後に滉洋。天洋にも師事）。

みやうち のふ▼宮内のふ　?～?　明治前期　明治二一年（一八八八）一二月、福島での手品興行を伝える記事が確認される。

みやおか てんがい▼宮岡天外　一八七五～?　明治後～大正期　本名は節五郎。初め中村一登久の門人で中村一幸（一光とする説は誤り）。明治二七年（一八九四）には伝授本『万国手術伝法 幻妙奇術』を「奇術師中村一幸」名義で執筆、宮岡節五郎名義で出版している。後に初代松旭斎天一の門下に入り松旭斎天慶と改名。三二年五月、同一座に属していた記事が確認できる（松旭斎天洋著『奇術と私』は二一～三〇年頃に天一一座に属したとするが確認できず）。その後は退団して洋行したというが、確認はとれていない。四一年六月、仙台での大魔術催眠術興行の記事が独立後の初出。京都催眠学会長を名乗り、四二年九月には片田源七との合同興行で動物強制術（催眠術の一種）を披露している。また、変態合子術なる奇術を演じ、『精神霊動初法術』なる書物も執筆した。四三年九月には満州での興行記事が確認され、朝鮮や中国も巡業したとみられる。『奇術と私』には「勝手に天一を名乗って興行をした」とあるも、その事実は確認できず、天洋が、宮岡天外と松旭斎天外とを混同していた可能性がある。

みやこうこん▼都右近 →古伝内

みやこ でんない▼都伝内 江戸前期に複数人を数える。

【代数不詳①】 →古伝内

【代数不詳②】 ?〜? 江戸前期 放下師、後に江戸歌舞伎の座元。新伝内とも。初め上方にあり、万治(一六五八〜六一)ごろ江戸に下って興行を始めたところ、先に同名の人物がいたため、前からいた方を「いにしへ(古)伝内」、後から来た方を「新伝内」と呼んで区別した。延宝八年(一六八〇)四月、江戸城二の丸に呼ばれて、放下を上覧に供した都右近と新伝内を同一人物とする史料があるが、一方で古伝内と右近を同一人物とするものもあって定説を見ない。

みやこがわ いちたろう▼都川市太郎 ?〜? 幕末〜明治前期 年不詳の絵ビラが伝わり、蝶やお椀と玉、組み上げ蒸籠など日本手品の数々を描く。内容は不詳ながら、水の上手品「仙人うきすわたり」を得意芸にしたらしい。

みやこてい さんちょう▼都亭三朝 ?〜? 明治前期 明治一七年(一八八四)の番付『当時落語家有名鏡』の「てしな」の欄に名前が載る。

みやもと▼宮本 ?〜? 江戸後期 安永期(一七七二〜八〇)に大坂で活躍した手妻名人(『摂陽奇観』)。名前その他は不詳。

むにさい ますたー▼無二斎マスター ?〜? 明治前期 明治二二年(一八八九)九月、山形市での興行記事が初出で、千人徳利、十字架蘇生などを演じたとある。年不詳「PHILOSOPHY, CHEMISTRY & MAGIC」と題した絵ビラが伝わる。一座にはワタル、カネカヅ、マス女、コトジ、正寿らの名が見え、コップへの銭の打ち込み、箱からの脱出、ブラックアートによる骸骨踊りなどが描かれる。

めどきや かんべえ▼蓍屋勘兵衛(初代) ?〜? 江戸前〜中期 本名は上坂勘兵衛兼勝。京都の老舗書肆出雲寺家の別家衆の一つで、向陽堂、霊蓍軒を堂号とした。初め菱屋を名乗り、後に蓍屋と改称。蓍(めと木)とは易占いに用いる筮竹の材料のことで、書物の刊行・販売のほか、易占用具も扱ったという。初期伝授本のうち、馬場信武編『神仙戯術』の初版は菱屋が版元となった。また、享保一三年(一七二八)刊『初製目付字』、一四年刊『続たはふれ草』は、本名の源兼勝(かねかつ)名義で自身が執筆し、ともに蓍屋勘兵衛が版元になっている。信武や環中仙と親しかったとみえ、二人の著作も出版した。当時の京都における奇術愛好者ネットワークに蓍屋がいたことが推測される。なお、鬼友も筆名の一つとされる。

めどきや でんべえ▼蓍屋伝兵衛 ?〜? 江戸中期 京都の書肆。本名は上坂伝兵衛尹勝。堂号は含霊軒。初め菱屋を名乗ったか。享保一〇年(一七二五)『万世秘事枕』、一二年『続懺悔袋』、一五年には『璣訓蒙鑑草』を出版するなど、享保期の伝授本出版に大きな役割を果たした。同族の勘兵衛兼勝との関係が明らかではないが、『国書人名辞典』は尹勝について「通称、蓍屋勘兵衛、あるいは蓍屋伝兵衛」とする。自身、上坂尹勝名義で『天満宮霊験真書』や『午年開帳廻り』などを著している。

もおりーとう▼モオリートウ ?〜? 明治前期 本名は小塚鶴三郎。明治七年(一八七四)五月、名古屋での興行記録が残る(『勾欄類見聞』)。また、この時のものとみられる「西洋手品 昔ハ祖師方今為観物」と題された絵ビラが伝わり、鶏の首継や菜種箱など和洋の演目九種が載る。まったく同じ図柄の絵ビラを用いていることからキリウサンと同一人物とみる説がある。

もりおか せいべえ▼森岡清兵衛 ?〜? 江戸中期 大坂道頓堀の放下師。豊後国(大分県)『府内藩記録』には、浜之市で一座六人が「からくり夢想櫃(エスケープ・マジックか)」の興行を行ったとする記載がある(年不詳。元禄四〈一六九一〉・同一五・宝永七年〈一七一〇〉のいずれか)。

もりしま こまきち▼森島駒吉 ?〜? 明治後期 明治二四年(一八九一)一一月、甲府での魔法奇術興行を伝える記事が見える。

もり はぼん▼森破凡 一八七二?〜? 明治後〜大正期 本名は森重敏。明治四二年(一九〇九)八月、蟇仙人片田源七に仙術勝負を挑んで敗北。九月には奇術会興行として盟神探湯や刃渡を演じている。四三年刊『浅草繁昌記』では営業種別に奇術と載るが、次第に仙術に傾斜。後には「大統斎破凡」を名乗って『仙道と仙術』を執筆、仙術を応用した治療も行っている。

もりや きよきち▼守屋喜代吉　?〜?　明治前期　横浜の住人で編集者、出版者（横浜各国翻訳所）。明治一五年（一八八二）帰天斎正一とチレメチストを考訂に迎えて『西洋手づまの種 前編』を編集、出版。同書は一八七四年出版の洋書『*The World of Wonders*』を素材にして「真に幽霊を出す法（ペッパーの幽霊）」の解説を掲載している。

やすだ はるお▼保田春雄　一九一一〜一九七四　昭和期　大阪生まれ。木村マリニーに奇術を学ぶ。日本大学芸術学部卒業後、吉本興業文芸部を経て、日劇文芸部へ。秦豊吉の勧めで演者となった。終戦後に結成したグループを「保田春雄とドラゴン魔術団」と改称。驚きと笑い、スリルとユーモアを交えたショーを展開した。その一方で、独自の発声法を考案し、腹話術も得意とした。

やながわ いっちょうさい▼柳川一蝶斎　幕末〜明治後期に三代を数えるが、一蝶斎を称した人物は三人にとどまらない。

【初代】一七九〇頃〜一八七〇頃　江戸後〜明治前期　弘化四年（一八四七）豊後大掾を受領。初め落語家の初代三遊亭圓生に師事して万生と名乗る。後に近江ヤ庄治郎に就いて手品を習い、将軍の御成先御用を務めたという（『話系図』）。『調記』は、享和二年（一八〇二）四月に江戸奥山で興行したとするも、詳細は不明。文政期（一八一八〜三〇）に谷川定吉のうかれの蝶に学んで蝶の曲を完成、幕末に来日した外国使節にも度々披露した。小幡小平次蒸籠抜けや龍宮浦島の曲など大掛かりな演目も得意とした。門人には二代目や三代目、豊蝶らがいる。

【二代】?〜一八八五　幕末〜明治前期　本名は柳川大次郎（大治郎）。父は初代一蝶斎とも落語家の一笑斎喜楽ともいう。初名は文蝶。弘化四年（一八四七）初代の豊後大掾受領に伴い二代目を襲名した。龍宮浦島の曲を演じる様子が歌川国芳一門の浮世絵に描かれる。『話系図』は「アメリカへ渡る」と記し、明治一〇年（一八七七）に洋行から帰国したという新聞記事があるが、現地での史料で確認はとれていない。一〇年代、千葉県飯岡村に移り、寄席柳川亭を開いた。

【三代】一八四七〜一九〇九　幕末〜明治後期　本名は青木治三郎。正式に襲名した三代目。江戸神田の金物屋の伜。文久二年（一八六二）初代に入門し、初名は蝶之助。慶応三年（一八六七）レントンとスミスのグレート・ドラゴン一座に加わり、東南アジアとオセアニアを巡業。帰国後は西洋手品で東海地方を興行するも、一度は造幣局の職工に転ず。明治一〇年代後半には柳川一蝶斎を名乗ったらしいが、三代目春風亭柳枝一門に加わり、春風蝶柳斎と改名した。二五年（一八九二）鍋島侯爵邸で明治天皇の天覧を賜り、二九年に正式に三代目を襲名している。得意としたのは蝶の一曲、白紙練磨の早業、操り獅子の一曲などで、日本手品の名人と呼ばれた。門人に小蝶（蝶之助）、蝶太郎（蝶吉）らがいる。

【三代？】→生駒近江大掾

【代数不詳】→柳川蝶十郎

やながわ きいち▼柳川鬼市 →柳川蝶太郎

やながわ きちょう▼柳川黄蝶　?〜?　幕末期　年不詳「江戸風流手がらくり 柳川黄蝶」と題した絵ビラが現存し、蝶や据物からの噴水、桶から長竹を出す演目、蒸籠抜けなどが描かれる。

やながわ きよまる▼柳川喜代丸　?〜?　明治前期　明治二一年（一八八八）一二月、京都での諸芸大会を伝える記事に「柳川喜代丸、一龍斎天花の西洋手品」と載る。

やながわ きりうさい▼柳川桐生斎　?〜?　明治期　秦豊吉著『明治奇術史』に明治期の日本手品師として名前が載る。

やながわ きりうさん▼柳川喜龍散 →柳川小蝶斎

やながわ きんちょうさい▼柳川金蝶斎 →龍宮玉童子

やながわ くめじ▼柳川粂治（粂次）→柳川粂寿

やながわ くめじゅ▼柳川粂寿　?〜?　明治前期　本名は佐藤粂太郎。初代あるいは二代一蝶斎の門人か。明治八年（一八七五）『諸芸人名録』の落語之部下等之部に手品「赤坂裏三丁目 柳川粂寿」と載る。同年『御布告留』に同住所の粂次が載ることより、九年『落語業名鑑』に載る柳川粂治も同一人物と考えられる（中等印）。

やながわ こちょう▼柳川小蝶　一八六七〜?　明治期　義太夫語りの五厘（周旋人）堀善（須原善太郎）の娘。三代目一蝶斎の門人。師匠の改名に伴い、春風蝶之助と改名。明治一〇年代後半、美貌の女手妻師として書生連の人気を集める。高座では手品以外に手踊も演じた。二三年（一八九〇）中村一登久一座に加わりインドへ渡り、三一年には香港で日本料理屋を開いたという。

やながわ こちょうさい▼柳川小蝶斎　一八五四〜?

明治期　本名は日比官三郎。年不詳「西洋手術キリウサン改元祖柳川小蝶斎」と題した絵ビラが伝わり、一時期、キリウサン（キリウタン）を洋名としていたことがわかる。明治五年（一八七二）頃から化学に関心を持ち、西洋手品師になったというが、絵ビラは蝶の家紋を配し、蝶や組み上げ蒸籠、妖怪人形手品の曲など柳川一門のお家芸を描く。『勾欄雑集記』は一〇年八月、名古屋での興行を記録し、新聞での初出は一五年五月、京都での手品興行（若太夫は小琴）。二一年一二月京都での諸芸大会の記事に「柳川二代目喜龍散花芳」と見えるのは同一人物であろうか。二七年の記事によると、大阪堺に移って伝授屋を開業したとある。なお『明治奇術史』に載る柳川桐生斎（キリウサイ）との関係は不明。

やながわ せんちょう▼柳川扇蝶　?〜?　幕末期　年不詳「香具芝居」と題された絵ビラが伝わり、蝶や蒸籠、蒸籠抜けなど柳川派が得意とした演目が載る。「江戸」の文字も見えるが、一蝶斎との関係は不詳。明治一一年（一八七八）『落語人名鑑』に載る「柳川蝶扇」と同一人物か。

やながわ ちょうぎょくさい▼柳川蝶玉斎　?〜?　明治前期　明治一〇年（一八七七）一月、大阪千日前において、洋服高帽姿で米国伝来の空中浮揚を演じ、大評判を得たとする記事が初出。一方、この時期のものとみられる絵ビラには、裃姿で蝶や女夫引出しを演ずる様子も併せて描かれる。一一年の記事によれば、英人に雇われ、足芸人らとともに海外に渡航したという。若太夫に米蝶の名が見える。

やながわ ちょうざぶろう▼柳川蝶三郎　?〜?　明治前期　明治一七年（一八八四）の番付『当時落語家有名鏡』では、行司や年寄に擬した中央の欄に載り、柳川一門では蝶柳斎（後の三代一蝶斎）や蝶の助（後の小蝶か）よりも大きな字で記される。この番付以外では名前は確認できないが、初代一蝶斎（豊後大掾）の門人で蝶二の弟弟子か。

やながわ ちょうじ▼柳川蝶二　?〜?　明治前期　初代一蝶斎の門人。明治一九年（一八八六）六月、初代一蝶斎の「三十七回忌」を企画したが、他の門人から横槍が入ったとする新聞記事が確認される（「三十七回忌」は「十七回忌」の誤りという）。

やながわ ちょうしちろう▼柳川長七郎　一八二〇〜?　明治期　初代一蝶斎の門人。明治五〜八年（一八七二〜七五）太神楽の粟田勝之進らの一座に座長格で加わりオセアニアを巡業。渡航前後から一蝶斎を名乗り、現地の新聞でも「Echouwi（一蝶斎）」と表記されるが、正式な襲名ではなかったとされる。生駒近江大掾と同一人物とする説がある。

やながわ ちょうじゅうろう▼柳川蝶十郎　?〜?　幕末〜明治前期　本名は浅之助。初名はアサキチ。慶応二年（一八六六）曲独楽師松井源水らの「日本人一座」に加わり、同三年ロンドンの劇場で公演、パリの万国博覧会にも出演した。渡航前から横浜居留地で演じた蝶が評判となっており、英国巡業の様子も『イラストレイテッド・ロンドン・ニュース』に絵入りで報じられた。帰国後に一蝶斎を称した形跡が残るが、正式な襲名とはみられていない。また、明治六年（一八七三）東京浅草蔵前八幡神社境内で「英国ロンドン手品」を興行した人物とされてきたが、これは青柳春日によるもので誤り。三代目一蝶斎（青木治三郎）と混同されることも多い。

やながわ ちょうせん▼柳川蝶扇→柳川扇蝶

やながわ ちょうたろう▼柳川蝶太郎　江戸後〜明治後期にかけて二人を数える。

【代数不詳①】?〜?　幕末期　嘉永四年（一八五一）の番付『昔はなし』の東方三段目に名前が載る。初代あるいは二代一蝶斎の門人とみられるが、詳細は不明。

【代数不詳②】一八七二〜?　明治期　本名は柳川成一郎（鬼一郎とも）。二代目一蝶斎の倅。初名は『文系図』によると鬼市（兎市とも）。春風蝶柳斎（後の三代目一蝶斎）のもとで修行し、明治二五年（一八九二）春風蝶吉、同二九年に柳川蝶太郎と改名した。

やながわ ちょうのすけ▼柳川蝶之助　明治期に複数人を数える。柳川一門が名乗った名。

【代数不詳①】?〜?　明治前期　『調記』に、二代目養老瀧五郎の名代として上覧を勤めたとする記載がある。この蝶之助を初代一蝶斎の前名とする説があったが、上覧は明治一二年（一八七九）上野におけるものであり、初代一蝶斎とは明らかに別人。八年刊『諸芸人名録』落語之部下等之部に載る手品「池之端仲丁 柳川蝶之助」や一一年『落語人名鑑』の「柳川蝶の助」が同一人物か。

【代数不詳②】→柳川一蝶斎（三代）

【代数不詳③】→柳川小蝶

やながわ はしのすけ▼柳川橋之助　?〜?　明治前

期　明治八年（一八七五）『諸芸人名録』では落語之部上等之部に手品「新栄丁 柳川橋之助」と載る。初代または二代一蝶斎の門人か。九年『落語業名鑑』に載る柳川一門では、一蝶斎、蝶之助、文蝶斎に続く四番手（上等印）。

やながわ ぶんごのだいじょう柳川豊後大掾 →柳川一蝶斎（初代）

やながわ ぶんちょう▼柳川文蝶 →柳川一蝶斎（二代）

やながわ ぶんちょう▼柳川豊蝶　?～?　幕末期　江戸霊岸島の生まれ。『話系図』によると、初代一蝶斎の門人。「豊」の字から、弘化四年（一八四七）師匠の豊後大掾受領後の弟子か。

やながわ ぶんちょうさい▼柳川文蝶斎　?～?　明治前期　明治八年（一八七五）『諸芸人名録』落語之部上等之部に手品「永シマ丁 柳川文蝶斎」とあるのが初出で、一四年の番付まで確認できる。二代目一蝶斎（前名文蝶）と文蝶斎を同一人物とみる説があるが、『文系図』では伜鬼市が並記された一蝶斎と同じ丁に文蝶斎が載っており、「うつしゑ兼る」ともあり、別人と考えるべきか。

やながわ ぶんりゅうさい▼柳川豊龍斎　?～?　明治後期　新聞記事によれば、明治三五年（一九〇二）一二月、香川丸亀で一座を率いて日本西洋手品と照葉狂言の興行を行っている。

やながわ やましろ（もとのだいじょう）▼柳川山城（元大掾）　?～?　明治後期　本名は野崎久次郎。明治二七年（一八九四）の「三遊社一覧」に「柳川山城」の名が見える。また、二九年七月、京都で電気逆様綱渡りをはじめとする西洋奇術興行を行った記事が確認される。

やながわ ゆめまる▼柳川夢丸　?～?　明治前期　元は幇間の夢助。手品に熱心なあまり英国に渡って修行し、帰阪したと明治一三年（一八八〇）三月の記事は伝える。千日前で西洋手品を興行している。

やなぎさわ とくたろう▼柳澤徳太郎　?～?　明治後～昭和期　鋳職。明治二七年（一八九四）に軍楽隊の輸入管楽器の修理を始める。金属加工の腕を見込まれ、初代松旭斎天勝一座の金属製奇術道具の製作担当となった。なお、徳太郎が始めた事業は、戦後、柳澤管楽器と名前を変え、世界的なサクソフォーンメーカーとなった。

やなぎさわ よしたね▼柳澤義胤（柳沢よしたね）　一九一〇～一九八二　昭和期　奇術研究家。入門書『一週間・奇術入門』や『トランプ遊び全書』などを執筆、坂本種芳との共著に『手品 特選五〇題』『奇術 特選二〇題』がある。また、昭和四八年（一九七三）からは緒方奇術文庫の伝授本の復刻版を解説付きで頒布。昭和三一年創刊の『奇術研究』では表紙イラストを担当した。腹話術を得意とし『腹話術 発生から実技まで』という著作もある。

やなぎだ しんじろう▼柳田新次郎　?～?　大正期　大正五年（一九一六）刊『通俗教育』に「西洋奇術」、大正三年一二月開業と載る。

やなぎだ ひさ▼柳田ひさ　?～?　大正期　大正五年（一九一六）刊『通俗教育』に種別「西洋奇術」、大正三年一二月開業と載る。

やなぎば ひさまる▼柳葉久丸 →養老ヒサマロ

やなぎや えんきょくさい▼柳家燕曲斎 →養老ヒサマロ

やまおか こうよう▼山岡光洋　?～?　大正期　帝国奇術協会を立ち上げ、大正四～六年（一九一五～一七）にかけて『極秘伝授書』第壱～三編を刊行。巻末に「奇術用材料品販売目録」を添付し、手品用品の通信販売を行ったのは先駆的な事例とされる。

やまざき きんのすけ▼山崎金之助　一九〇六?～一九七七　昭和期　初代松旭斎天勝一座の後見長。昭和九年（一九三四）座員の松旭斎広子（一九一三～二〇〇七）と結婚。夫婦で二代目天勝一座にも在籍したが、終戦前に広子一座として独立、大道具を用いた魔術を得意とした。四三年には日本魔術団を結成し、四五年万国博覧会会場での公演や台湾公演を行っている。また四七年には金之助作、広子主演、娘の正恵も出演した「日本の奇術」を公演、翌年文化庁芸術祭優秀賞を受賞した。

やまねこ ずんどべえ▼山猫ずんど兵衛　?～?　江戸後期　『猿猴庵日記』によると、安永八年（一七七九）冬から翌年にかけて名古屋で興行した手づまつかい。小さなツボに入って首だけを出す芸を見せた。

やまもと こしま▼山本小嶋　幕末～明治期にかけて二代を数える。

【初代】?～?　幕末期　手妻師・山本嶋蔵の子。弘化三年（一八四六）浅草境内で曲芸興行をした際の絵ビラが二種伝わる。口上によれば、この時は嶋蔵回忌の追善興行でもあったという。軽業師として「新工夫刎出シ欄杭渡り」や「障子渡り」

「胡蝶夢のはやぶさ」などを演じた。安政二年（一八五五）大坂難波新地での絵ビラには、軽業に水芸を取り入れた様子が描かれ、口上の頭上からの噴水も見られる。

やまもと しまぞう▼山本嶋蔵　?～?　江戸後期年不詳の「しんてつま 太夫元山本嶋蔵」と書かれた絵ビラが伝わり、蒸籠から鶏を出す演目、鉢から竹を取り出す演目が描かれる。子は軽業の小嶋。

やまもと やさごろう▼山本弥三五郎　?～?　江戸前期　からくり細工・人形遣い・浄瑠璃作者。人形遣いおやま五郎兵衛の子。特にからくり細工に長け、飛騨掾と河内掾を受領。水学宗甫の技術を応用し、衣服を濡らさず水中に出入りする水がらくりなどを得意にしたという。

ゆうざき てんぎょう▼勇崎天暁　一九〇九～一九七一　昭和期　本名は正次。独学で奇術を学び、昭和九年（一九三四）札幌に天暁魔奇術研究所を設立、道内の百貨店で奇術用具の販売と公演を行った。また戦後にはガリ版で天暁奇術愛好家協会会報『奇術』を創刊している。なお、二七年から東京で天地奇術を創業し、奇術用具の販売を始めた天地創一（本名は岡本健司。一九三一～?）も天暁での通信販売を経験していた。天地は四〇年代まで営業を続け、最盛期には松坂屋や高島屋、そごうなど各地の有名百貨店で実演販売を行っており、そのディーラーからプロに転じたものも少なくない。【参】土屋理義『マジックグッズ・コレクション』

ゆうてんさい めいいち▼遊天斎明一　?～?　明治～大正期　本名は柴田信吉。『文系図』によると初めヒカル、明治二六年（一八九三）三月には松旭斎明玉として東京で興行した記事が確認される。また三一、二年頃には鼻遊斎とあり、三三年には遊天斎明一（天遊斎とも）、三四年『東京落語花競』では「西洋手品 世界斎明一」とある。『文系図』では西洋手品の項に載るも、中華蒸籠を得意とした。「あばたの明一」と仇名された。

ようろう きみのすけ▼養老喜美の助　→竹芝喜美之助

ようろう こたき▼養老小瀧　?～?　明治期　秦豊吉著『明治奇術史』に明治期の日本手品師として名前が載るも、他書では確認できない。

ようろう しょうじ▼養老正二　?～?　明治後期　明治三四年（一九〇一）三月、札幌での西洋奇術興行を伝える記事が確認される。

ようろう たきお▼養老瀧尾　?～一八八〇　明治前期　明治一八年（一八八五）九月の新聞記事に、名古屋での大寄せで手品を演じるとある。

ようろう たきおうさい▼養老瀧翁斎　明治期に複数人を数える。「りゅうおうさい」とルビをふる新聞もある。

【初代】?～一八八〇　明治前期　明治一二年（一八七九）二月、大阪での水芸手品興行を伝える記事が初出。この時点で年齢は七〇歳を過ぎており、多病のため、弟子の瀧三郎に名跡を継がせる予定とある。他の門弟に音羽瀧寿斎がいる。『話系図』には初代瀧五郎（江戸青山の生まれ）が「明治四年春、尾州ニ剃髪して瀧翁斎と改む」とあることから、従来、この瀧翁斎を、初代瀧五郎が改名したものと考えられてきた。しかし、初代瀧五郎は明治改元より前に亡くなっていると見られ、同一人物とは考えにくい。弘化三年（一八四六）大坂から江戸に下り、刃渡り興行を行った瀧五郎が別におり、この瀧五郎が改名したのが瀧翁斎だった可能性もある。

【二代】?～?　明治前期　前名は瀧三郎か。初代瀧翁斎が明治一三年（一八八〇）二月に没し、四月には二代目瀧翁斎が金沢で興行した記事が確認できる。瀧翁斎の絵ビラは二種確認されるが、どれが何代目のものかは不明。

【代数不詳】?～一八八七　明治前期　本名は大鹿由太郎。前名は瀧五郎。瀧翁斎の門弟。名古屋の手品師。明治一七年（一八八四）四月、約四年ぶりに東京から名古屋に戻った「養老瀧翁斎（瀧五郎更）」の改名披露興行の記事が確認される。得意としたのは水芸で、一八～一九年にも愛知県内での興行記事を見出せる。『浪華新聞』によると、二〇年に萬国斎総理と改名し、同年一一月四日、神戸戎座で縊死したという。

ようろう たきごろう▼養老瀧五郎　江戸後～大正期に複数人を数える。

【初代】?～?　江戸後期　『話系図』によると、江戸青山の生まれ。初代鈴川春五郎の門人。初名は鈴川春瀧で、幼年より手品の技術に長けたという。『調記』によると、文政元年（一八一八）八月に初代春五郎が亡くなる前の二月、鈴川派の「手品芸術」を譲り受けて二代目を襲名。しかし、巡業中に同門による三代目襲名があったため、養老瀧五郎と改名した（改名の経緯は『話系図』にもあり）。同二年に将軍、天保八年（一八三七）六月に上野宮への上覧を務めたともいう。初代の隅田川浪五郎は、弘化二年（一八四五）江戸で「先代芸名養老瀧五郎」から手品の手ほどきをしてもらったといい、そのことが慶応二年（一八六六）の公文書『市中取締書留』に記される。ここに「先代」と記され、また『調記』にも「御改政」以前に初代が「世ヲ去リ」二代目の襲名があったとする記載があることから、慶応二年時点で初代瀧五郎は既に死去していたものと考えられる。従来『話系図』に「明治四年春尾州ニ剃髪して瀧翁斎と改名」とあることをもって、初代瀧五郎は瀧翁斎と改名、明治一三年（一八八〇）に大阪で亡くなったとされてきたが、別人の記事が混入したものと考えられる。

【二代】一八四一～一九〇四　幕末～明治期　本名は西井庄吉。江戸の初代瀧五郎門人。「瀧三郎改二代目養老瀧五郎」と書かれた絵ビラが伝わることより、前名は瀧三郎か（瀧之助とする説もあり）。初代の死去を受けて、慶応二年（一八六六）より前に二代目を襲名。明治二年（一八六九）には、瀧之助・瀧壽を率いて名古屋で興行した記事が残る（『勾欄類雑集録』）。一一年、興行鑑札を受けるための手品頭取となり、一五年には劇場取締規則の布達により「調記」を執筆した。九～二六年の番付・名簿類に名前が見え、二二年『落語家高名鏡』では「西洋てじな 養老瀧五郎」と記されている。襲名後間もない頃とみられる絵ビラは、蝶や水芸、万倍傘、天竺徳兵衛を下敷きにした早替り、龍宮浦島の曲など、伝統的な日本手品だけを描く。これに対し「西洋不思議手品術」と題した一〇年代の絵ビラには、磁力を応用した天井高渡り、十字架の磔、空中一本竹など西洋手品の数々が描かれ、日本手品は裃姿の水芸だけになっている。

【三代】一八五七～一九二四　明治後～大正期　本名は笠井松五郎。二代目の門人で、前名は瀧之助。瀧之助時代、明治九年（一八七六）五月の番付『落語業名鑑』に、瀧五郎、瀧太郎、瀧之助の順で名前が載る（瀧太郎とともに中等印）。三七年の二代目没後に三代目を襲名しており、『文系図』で「二代」とあるのは三代の誤り。三八年には影絵兼手品頭取に選挙で選ばれた。四二年に二代目ジャグラー操一の興行に補助として加わった記事が確認できる。『芸壇三百人評』や『明治の寄席芸人』に記された評価はあまり芳しくない。

【代数不詳①】？～？　幕末期　大坂から江戸に下って興行した瀧五郎で、江戸の初代瀧五郎とは別人か。『見世物研究』によると、弘化三年（一八四六）五月、江戸両国広小路で養老瀧五郎が刃渡りを演じたという。この時の様子を描いたものとして、歌舞伎の石橋姿を取り入れた刃渡りと、宝珠から水を噴き上げながらの刃渡りの二種の錦絵が確認される。この興行に関連する絵ビラの口上には「養老の滝五郎、大坂表より罷下り」との文言が見え、剣の舞、水中の早替り、蝶を演じながらの剣先渡りなど、水芸と刃渡りを組み合わせた演目が多く描かれる。また、別に「大坂下り風流手品養老瀧五郎」と題した絵ビラも伝わり、水芸と蝶、組み上げ蒸籠、龍宮玉取りの曲などが描かれている。弘化二年には江戸在住の瀧五郎がいたことが確認されており、これとは別に大坂在住の瀧五郎がいたということになる。

【代数不詳②】→養老瀧翁斎（代数不詳）

ようろう たきさぶろう▼養老瀧三郎　江戸後期～明治期に複数人を数える。

【代数不詳①】→養老瀧五郎（二代）

【代数不詳②】？～？　明治前期　初代瀧翁斎の門人。明治六～一二年（一八七三～九）東海地方を拠点に早替りや水芸の興行をした記事が散見される。一二年には初代瀧翁斎が瀧三郎に二代目を襲名させる予定との記事が見えるが、実際に襲名したかどうかは不明。

【二代】？～？　明治前期　名古屋大須桔梗座での口上文が伝わり、「二代目養老瀧三郎」と明記される（年不詳）。それによると「十一ヶ年へて」東京から愛知に帰県し、「養老瀧翁斎石碑」を建て、追福のために桔梗座で興行するとある。これにより、本人瀧三郎と瀧翁斎はともに愛知の出身とみられる。明治二〇年（一八八七）神戸戎座で縊死した瀧翁斎（万国斎総理。本名大鹿由太郎）も名古屋出身とされ、おそらくはその門弟であろう。右に掲出した代数不詳②の瀧三郎と同一人かどうかは不明。

【代数不詳③】一八七六～？　明治後～大正期　本名は上原仙蔵。大正四年（一九一五）の『芸人名簿』によると、三代瀧五郎（本名笠井松五郎）と同じ芝区田八ノ五に居住しており、内弟子とみられる。生年からみて、代数不詳②とは明らかに別人であるが、二代瀧三郎と同一人かどうかは不明。大正五年『通俗教育』では「昔話、手品 ゑん丈」とあり、落語家の出身とも考えられる。

ようろう たきしょうさい▼養老瀧正斎　→全世界正一

ようろう たきたろう▼養老瀧太郎　明治期に二人を数える。

【代数不詳①】一八五〇～？　明治前期　本名は吉川常二郎。二代瀧五郎の門人。明治九年（一八七六）五月と八月の『落語業名鑑』では、瀧五郎の次に名前が載り、一番弟子と見られる。明治初年と思しき絵ビラ「術者東京下り養老瀧五郎」には瀧松とともに名を連ねており、一七年の番付『当時落語家有名鏡』では西方四段目に「三人ゑかき養老瀧太郎」とあり、同年の番付『落語鏡』では東方三段目に名前が載る。『文系図』によると、改名して春風亭竹枝とあり、二二年の『名前揃』に竹枝の名で載ることから、改名はそれ以前のこと。

【代数不詳②】？～？　明治後期　明治三一年（一八九八）の番付『落語音曲実地腕競』所載。

ようろう たきのすけ▼養老瀧之助　明治～昭和期までに三人を数える。

【代数不詳①】→養老瀧五郎（二代）

【代数不詳②】→養老瀧五郎（三代）

【代数不詳③】一八七九～？　明治後～大正期　本名は根岸常次郎。二代と三代の瀧五郎の前名が瀧之助であることから、三代瀧五郎の門弟か。大正四年（一九一五）『芸人名簿』落語の部に載り、寄席で活動したと思われる。

ようろう たきひで▼養老瀧秀　？～？　明治前期　明治一四年（一八八一）七月、「東京下り 英国手品 太夫養老瀧秀」と題された絵ビラが現存する。シャッポマッチダシ、火中一本竹、五色ノ酒などの一四の演目が描かれている。

ようろう たきまつ▼養老瀧松　？～？　明治前期　二代目瀧五郎門弟。明治初年とみられる「術者東京下り養老瀧五郎」と題した絵ビラに、瀧太郎とともに名を連ねる。明治九年（一八七六）五月の『落語業名鑑』では瀧五郎、瀧太郎、瀧之助に続いて名が載り、下等の印もあることから、瀧太郎の弟弟子か。一二年四月には名古屋で同門の勇扇の興行で前座を勤めており、一三年一月には京都で瀧五郎一座に瀧太郎・瀧平・瀧寿とともに加わっている。

ようろう たきゆう▼養老瀧遊　？～？　明治期　本名は小林庄太郎。二代瀧五郎の門人か。明治二七年（一八九四）『三遊社一覧』に載るも、詳細は不明。

ようろう たきよ▼養老瀧代　？～？　明治前期　本名は橋本仁三郎。明治二〇年（一八八七）二月、東京での興行の記事が載り、「瀧五郎の弟子」とあるも、どの瀧五郎かは不明。弾丸受け止め術を演じていた。

ようろう たきりさい▼養老瀧鯉斎　？～？　明治期　二代目瀧五郎門人。『文系図』西洋手品の項に載り、明治二〇年代末～四〇年代の顔付に見えるという。

ようろう ひさまろ▼養老ヒサマロ　？～？　明治期　本名は芦川利兵衛。初め上方二輪加師で音琴と名乗り、後に西洋手品に転じて二代目瀧五郎の門人となる。明治一四年（一八八一）一〇月の新聞記事に見える二代目瀧五郎の弟子、柳葉久丸が同一人物か。三〇年代には柳亭（柳家）燕曲斎と改名した。

ようろう まぼろし▼養老マボロシ　？～？　明治期　『文系図』では西洋手品の項に載り、写絵師の項にも「都円 兼業マボロシト云」とあって、両方を兼業したとみられる。

ようろう ゆうせん▼養老勇扇　一八二六～一八八六？　明治期　本名は佐藤勇吉。山形県の出身で二代瀧五郎の門人。蜘蛛男と称して、明治一〇年（一八七七）横浜で興行を始め、各地で評判となった。先天的な肢体不自由者で、簡単な手品をした後、手踊りなどを見せた。錦絵が何種もつくられている。

よしおか きんぞう▼吉岡金蔵　？～？　明治前期　年不詳「西洋首斬手品 太夫吉岡金蔵」と題した絵ビラが伝来する。金蔵が若太夫吉岡小豊の首をサーベルで斬り落とすと、電気を流された首が三味線にあわせて歌い出す様子が描かれる。

よしかわ はるぞう▼吉川春蔵　？～？　江戸後期　現存する「長崎下り手妻」と題した絵ビラは、雀や碁石を用いた演目を描くとともに、五つの種明かし伝授も載せる。文化期（一八〇四～一八）握らせた碁石を抜き取る幻術を演じ、江戸で評判となった茅川春蔵と同一人物とされる（『江戸風俗惣まくり』）。

よしかわ やさぶろう▼吉川弥三郎　？～？　明治後期　大阪出身。明治二八年（一八九五）に伝授本『一等奇術専門』、三三年に『理外之理遊戯奇術』を出版。このほか『新奇術』『西洋手品独習』『酒席手品伝授書』『学理応用遊戯奇術』など一枚刷も多数出版した。街頭で実演販売していたと推測されているが、四三年刊『浅草繁昌記』に松野早雲斎の芸名で載ることから、上京して寄席に出演したものとみられる。

よしだ がくゆう▼吉田学遊　?〜?　江戸前期　延宝八年（一六八〇）三月、籠抜座に加わり、紀伊の慈光院明王院境内で幻術三段（天狗唐櫃・鶉変化・天狗通筥）を演じたとする記載が『家乗』に載る。

よしだ きくごろう▼吉田菊五郎　明治前〜昭和後期まで三代を数える。

【初代】?〜?　明治期　初名は吉田菊丸。大坂寺町の生まれで、極道坊主から奇術師に転じ、初め関西を中心に活躍した。明治七年（一八七四）二月、名古屋での「水からくり」の記事が初出で（『勾欄類見聞』）、二代目の回想にも明治七、八年頃に初めて水芸を興行したとある。また回想によれば、一〇年頃に渡米し、シカゴ、サンフランシスコなどを巡業、ゴム管と空気枕を買い込んで水芸の改良に努めたという。水芸のほか早替りを得意とし、天竺徳兵衛や化け猫物など芝居仕立ての演出で人気を博した。一九年以前に東京の歌舞伎役者五代目尾上菊五郎に奇術のネタを口伝したことがきっかけで、一九年から菊五郎に改名。また晩年、宙乗りの落下事故によって左手を失ったと言われているが、二九年の新聞には花火製造中の破裂により大怪我をしたと見える。その後、片腕のまま舞台を務め、三二〜三三年の間に渡仏もしたようで、二代目が襲名した後も初代として共演した。八八歳で死去。

【二代】一八六八?〜一九三九?　明治前〜昭和前期　本名は吉田芳松、初代の子。初名は小菊丸、後に菊丸。襲名の時期は不明ながら、明治三三年（一九〇〇）九月の新聞には「同人の父初代菊五郎」との記載が見え、この時点では二代目襲名の事実が確認される。四〇年末、欧米巡業のため神戸を出港する記事が載り、四四年二月には大阪での興行記事が掲載されている。また、年不詳（大正〜昭和初期か）「大奇術 奇術界のプロフエサー吉田菊五郎師出演」と記された色刷りポスターには、西洋奇術八種、日本奇術五種に加え、奇術早替り水芸応用大喜劇として怪談伝法庄吉の伝・浦島玉手箱・怪談岡崎猫退治・天竺徳兵衛伝が載る。七二歳で死去。

【三代】一八八九〜一九六五頃　明治後〜昭和後期　本名は吉田勝彦。二代目の子。明治三六年（一九〇三）吉田菊丸を名乗り、昭和一〇年（一九三五）三代目を襲名。二〇本以上の絵日傘や洋傘を取り出す万倍傘を得意とし、最後に早替わりを見せた。

よしだ きくまる▼吉田菊丸　明治〜昭和前期に三代を数える吉田菊五郎の前名。

【初代】→吉田菊五郎（初代）

【二代】→吉田菊五郎（二代）

【三代】→吉田菊五郎（三代）

よしだ こうとく▼吉田光徳　?〜?　明治前期　西洋手品師。新聞記事に、明治一四年（一八八一）一月、吉田小徳とともに大阪で剣渡りや天井渡りを演じたとある。

よしだ こきくまる▼吉田小菊丸　→吉田菊五郎（二代）

よしだ ことく▼吉田小徳　?〜?　明治前期　西洋手品師。明治一四年（一八八一）一月、吉田光徳とともに大阪で剣渡りや天井渡りを演じた記事が確認される。

よしだ たけきち▼吉田竹吉　?〜?　幕末期　天保九年（一八三八）七月、名古屋で手妻の興行を行った女太夫。この時の太夫は吉田春吉と夏吉（『見世物雑志』）。

よしだ とらぞう▼吉田虎蔵（虎造）→バカントラ

よしはら きちぞう▼吉原吉蔵　?〜?　江戸後期　文化六年（一八〇九）一一月、名古屋での手妻興行の記録が確認される（『猿猴庵日記』）。

よどがわ ねのすけ▼淀川子之助　?〜?　明治前期　年不詳「西洋手品 太夫 淀川子之助」と題した絵ビラが現存し、十字架の磔、剣の刃渡りの演目が描かれる。

りちょう▼鯉兆　?〜?　幕末期　天保五年（一八三四）四月頃、名古屋大須門前町で、積み物や釣り物、浮き物などの「手づまの伝授」をした（『名陽見聞図会』）。

りふ▼離夫　?〜?　江戸後期　苗字や経歴は不詳。天明年間おそらくは四年（一七八四）に著作『盃席玉手妻』が出版される。五年に京都の書肆菱屋孫兵衛から出版された本の広告に、同書のことが載ることから、京都の住人と思われる。

りゅうぐう たまどうじ▼竜宮玉童子（玉童司）?〜?　明治期『文系図』西洋手品の項に載り、「始柳川金蝶斎卜云」とあるが、柳川錦蝶斎との関係は不明。柳川派では竜宮玉取の曲をお家芸としており、そのことと芸名に関連があるか。明治一九年（一八八六）五月、竹澤藤治・養老瀧五郎と三人で歓芸社を結成し、火吹きを演じたとする記事がある。

りゅうすいてい きんし▼柳水亭金枝　?〜?　明治後期　本名は吉田定吉か。竹田貞一と名乗った頃は西洋奇術専門博士を肩書きとし、明治二七年（一八九四）の記事によると大阪千日前に伝授屋の店を出したとある。同年から翌年にかけて『西洋奇術独習』という伝授書を何種か出版。三三年には京都で柳水亭金枝の改名披露興行を行った記事が確認される。また三五年には羅馬奇術、東洋一大改良奇術と銘打った興行を行っており、首抜けや大砲芸を描いた絵ビラも伝わる。若き日の田中仙樵も金枝に師事したという。

りゅうてい えんきょくさい▼柳亭燕曲斎→養老ヒサマロ

りょうごく こうか▼両国光華　?〜?　明治前期　明治二一年（一八八八）九月、熊本での興行記事が伝わる。

りょうごく こうきん（じょ）▼両国光琴（女）　?〜?　明治期　女性手品師。明治二一年（一八八八）七月、福岡博多で早龍斎光一と一座を組んだ西洋手品興行の記事が確認される。また二二年四月印刷の「西洋手品 太夫 両国光琴女」と題した絵ビラには、十字架の礫や箱抜けをドレス姿で演じる様子が描かれる。『明治奇術史』に載る「両国小琴女」は誤記と思われる。

りょうせんてい こせん▼両川亭小せん　?〜?　明治期　明治二二年（一八八九）改正『落語家高名鏡』に「女連 てじな」として名前が載る。

ろうしゅし びりけん▼弄珠子ビリケン　一八七五〜?　明治後〜大正期　本名は高尾徳太郎。単に弄球子とも。『文系図』西洋手品の項に載る。初め落語家の五代目林家正蔵の門人で林屋正太、後に奇術に転じて地天斎貞一の門人で地天斎貞桜を名乗る（貞五とも）。大正四年（一九一五）以降の名簿等に弄珠子ビリケンとあり、同年刊の伝授本『図解説明和洋手品種明し』では伝授者として名前が載る。なお、芸名は、米国で一九〇八年に誕生した福の神、ビリケンの名を取り入れたものか。

ろーざ▼ローザ　大正から昭和期に二人を数える。

【初代】一八八六〜一九四九　大正〜昭和期　本名Julie V.Pequignot。フランス生まれ。初代松旭斎天左の妻。快楽亭ブラックの娘と書かれることもあるが、血縁関係はない。天左と一座を結成し、活動写真技術を組み合わせた抜現奇術を演じたり、仏蘭西式羽衣ダンス（バタフライ・ダンス）を披露したりした。ブラック没後の大正一二年（一九二三）以降、ニセ天勝になって各地を巡業したという説もあるが、確認はとれない。

【二代】?〜?　昭和期　初代松旭斎天左と初代ローザの娘。二代天左と結婚し、天勝を名乗って、天左・天勝一座として全国を巡業したという。

わいちさい えーるまん▼倭一斎エールマン　?〜一八九二　明治前期　本名峰吉。年不詳「五大州第一等仏国基督手術」と題した絵ビラが伝わり、大礼服姿で十字架の礫や壺抜け、鉄砲の玉受けなどを演じる姿が描かれる。若太夫の名はアリキとマルト。明治二五年（一八九二）三月の新聞記事によると、千葉県佐原町の朝日座で興行中、未明に劇場から出火、楽屋で寝ていたエールマン夫妻は逃げ遅れて焼死したという。

わんだー まさみつ▼ワンダー正光　明治後〜昭和後期にかけて二人を数える。

【代数不詳】?〜?　明治後期　明治四三年（一九一〇）一〇月、東京で英人ランデールとの合同興行を行い、その後に各地を巡業した記事が確認される。記事によれば、四三年八月、七年ぶりに英国での修行を終えて帰国し、前田侯爵邸で皇后の上覧を得たとある。一座には正勝、千代子、満子、春子ら女性が多く在籍し、トランク内で男女の入れ替えを行うシュリックトランクや空中ハンモック美人（空中浮揚）など大掛かりな演目を演じた。なお、昭和後期に、一陽斎双一からワンダー正光に改名した大阪の奇術師（本名は今田正光。一九一六〜）との関係は不明。

著者プロフィール

河合　勝（かわい まさる）

１９４５年愛知県蒲郡市生まれ。三重大学教育学部卒業。元愛知江南短期大学教授。奇術史研究家。奇術史文献収集家。１９８２年第15回ＦＩＳＭローザンヌ大会（スイス）に出演。著書に『保育に生かすマジック』（明治図書出版）、『日本奇術演目事典』（日本奇術博物館）、論考に「日本古典奇術『胡蝶の舞』について」「日本古典奇術『水芸』について」などがある。

長野栄俊（ながの えいしゅん）

１９７１年石川県小松市生まれ。金沢大学大学院文学研究科修士課程修了。福井県立図書館司書。歴史研究者。幕末の福井藩に関する論考のほか、共著に『妖怪文化研究の最前線』（せりか書房）、奇術史の論考に「松旭斎天一と福井藩陪臣牧野家」「松旭斎天一の新出写真資料について」「松旭斎天一興行年表」がある。

本書は平成23～27年度文化庁補助事業により刊行された『日本奇術文化史』(2016年3月25日、公益社団法人日本奇術協会刊行)に、若干の加筆修正をして刊行したものである。

日本奇術文化史

2017年2月10日　初版発行
2020年10月20日　再版発行

著　者　河合　勝
　　　　長野栄俊
編　集　公益社団法人日本奇術協会『日本奇術文化史』編集委員会
　　　　(花島皆子・ドルフィン・元はじめ)
発行者　大橋信夫

発行所　株式会社東京堂出版
〒101-0051　東京都千代田区神田神保町1-17
電話 03(3233)3741
http://www.tokyodoshuppan.com/

ブックデザイン／黒岩二三[Fomalhaut]
印刷・製本／日経印刷株式会社

ISBN978-4-490-20957-0 C1020